集人文社科之思　刊专业学术之声

总主编　马小红

法律文化研究

RESEARCH ON LEGAL CULTURE

第十七辑

中国监察制度专题

Symposium on China's
Supervision System

主　编　赵贵龙

社会科学文献出版社
SOCIAL SCIENCES ACADEMIC PRESS (CHINA)

原　序
从传统中寻找力量

　　出版发行《法律文化研究》（年刊）酝酿已久，我们办刊的宗旨当然与如今许多已经面世的学术刊物是一致的，这就是繁荣法学的教育和研究、为现实中的法治实践提供历史的借鉴和理论的依据。说到"宗旨"两字，我想借用晋人杜预《左氏春秋传序》中的一段话来说明："其微显阐幽，裁成义类者，皆据旧例而发义，指行事以正褒贬。"即通过对历史上"旧例""行事"的考察，阐明社会发展的道理、端正人生的态度，记述历史、研究传统的宗旨就在于彰显复杂的历史表象背后所蕴含的深刻的"大义"。就法律文化研究而言，这个"大义"就是发掘、弘扬传统法的优秀精神，并代代相传。

　　然而，一部学术著作和学术刊物的生命力和影响力并不只取决于它的宗旨，在很大程度上，它是需要特色来立足的，需要用自身的特色力争最好地体现出宗旨。我们定名为《法律文化研究》（年刊）有这样几点考虑，第一，我们研究的对象是宽阔的，不只局限于"法律史"，从文化的角度，我们要探讨的甚至也不仅仅是"法"或"法律"。我们的研究对象包括法的本身与产生出不同模式的法的社会环境两个方面。因此，我们在考察法律的同时，要通过法律观察社会；在考察社会时，要体悟出不同国家和地区的法律特色之所在，以及这些特色形成的"所以然"。第二，在人类的历史长河中，传统文化的传承、不同文化间的交流与融合，构成了人类文明不断发展的主旋律。一个民族和国家的传统往往是文化的标志，"法律文化"研究的重点是研究不同民族和国家的不同法律传统及这些传统的传承；研究不同法律文化间的相同、相通、相异之处，以及法律文化的融合、发展规律。

因此，我们的特色在于发掘传统，利导传统，从传统中寻找力量。

在此，我们不能不对近代以来人们对中国传统法律文化的误解作一辩白。

与其他学科相比，法学界在传统文化方面的研究显得比较薄弱，其原因是复杂的。

首先，近代以来，学界在比较中西法律文化传统时对中国传统法律文化基本持否定的态度，"发明西人法律之学，以文明我中国"是当时学界的主流观点。对传统法律文化的反思、批判，一方面促进了中国法律的近代化进程，另一方面也造成了人们的误解，使许多人认为中国古代是"只有刑，没有法"的社会。

其次，近代以来人们习惯了以国力强弱为标准来评价文化的所谓"优劣"。有一些学者将西方的法律模式作为"文明""进步"的标尺，来评判不同国家和地区的法律。这种理论上的偏见，不仅阻碍了不同法律文化间的沟通与融合，而且造成了不同法律文化间的对抗和相互毁坏。在抛弃了中国古代法律制度体系后，人们对中国传统法律的理念也产生了史无前例的怀疑甚至予以否定。

最后，受社会思潮的影响，一些人过分注重法学研究的所谓"现实"性，而忽视研究的理论意义和学术价值，导致传统法律文化虚无主义的泛滥。

对一个民族和国家来说，历史和传统是不能抹掉的印记，更是不能被中断或被抛弃的标志。如果不带有偏见，我们可以发现中国传统法律文化中凝聚着人类共同的精神追求，凝聚着有利于人类发展的巨大智慧，因此在现实中我们不难寻找到传统法律文化与现代法律文明的契合点，也不难发现传统法律文化对我们的积极影响。

就法的理念而言，中西传统是不谋而合的。东西方法治文明都承认"正义"是法律的灵魂，"公正"是法律追求的目标。只不过古今中外不同的文化对正义、公正的理解以及实现正义和公正的途径不尽相同。法国启蒙思想家伏尔泰说："在别的国家法律用以治罪，而在中国其作用更大，用以褒奖善行。"西方文化传统侧重于强调法律对人之"恶性"的遏制，强调通过完善的制度设计和运行来实现社会公正与和谐。中国传统法律文化的主流更侧重于强调人们"善性"的弘扬、自觉的修养和在团体中的谦让，通过自律达到和谐的境界。在和谐中，正义、公正不只是理想，而且会成为可望也可即的现实。

就法律制度而言，中国古代法律制度所体现出的一些符合人类社会发展、符合现代法治原则的精华也应该引起我们的关注。比如，尊老恤弱精神是传统法律的一个优秀之处。历代法律强调官府对穷苦民众的冤屈要格外关心，为他们"做主"。自汉文帝时开始，中国古代"养老"（或敬老）制度逐渐完善，国家对达到一定岁数的老者给予税役减免，官衙还赐予米、布、肉以示敬重。竞争中以强凌弱、以众暴寡在中国传统文化中被视为大恶，也是法律严惩的对象。这种对困难群体的体恤和关怀，不仅有利于社会矛盾的缓和，而且体现了法律的公正精神，与现代法律文明完全一致。再比如，中国古代法律中对环境开发利用的限制也值得我们借鉴。《礼记》中记载，人们应顺应季节的变化从事不同的工作和劳动，春天不得入山狩猎，不得下湖捕捞，不得进山林砍伐，以免毁坏山林和影响动植物生长。这一思想在"秦简"和其他王朝的法律典籍中被制度化、法律化。这种保护自然、保护环境的法律法规，反映的是"天人合一"的观念、对自然"敬畏"的观念及保护和善待一切生命的理念等，而这些观念与现代法治中的环境保护、可持续发展精神也是吻合的。

在现代法治的形成过程中，从理念到制度，我们并不缺乏可利用的本土资源，我们理应对中国源远流长的传统法律文化充满信心。我们进行研究的目的，也是希望能够充分发掘传统法律文化的价值，从中找到发展现代法治文明的内在力量。

我们也应该切忌将研究和弘扬传统法律文化理解为固守传统。任何一种对传统的更新都不可能在故步自封中完成。只有在与现实社会相联系的淘汰与吸收中，传统才能充满活力，完成转型。传统法律文化也是如此，古今中外，概莫能外。

就中国法律而言，现代社会已经大不同于古代社会，我们的政治、经济环境和生活方式已经发生了巨大的变化，古代的一些法律制度和理念在确立和形成的当时虽然有其合理性，但随着时代的变迁，这些制度和理念有些已经失去了效用，有些甚至走向发展的反面，成为制约社会进步的因素。在对传统法律文化进行改造和更新时，我们要注意积极地、有意识地淘汰这样的制度和理念，注意学习和引进外国的一些先进的法律文化，并不断总结引进外国法律文化的经验和教训。近代以来，我们在引进和学习西方法律文化方面有过成功，也有过失败。比如，罪刑法定主义的确立就值得肯定。1764 年，意大利法学家贝卡里亚出版了《论犯罪与刑罚》一书，对欧洲封建刑事法律制度的野蛮性和随意性提出了谴责，从理论上提出了一些进步的刑法学说，其中罪刑法定的原则影响最大。罪刑法定，即犯罪和刑罚应由法律明文规定，不能类推适用。近代以来，这一原则逐渐为各国刑法承认和贯彻。1948 年联合国大会通过的《世界人权宣言》和1966 年的《公民权利和政治权利国际公约》都规定了罪刑法定原则。罪刑法定主义的学说在清末传入中国，此后，在颁行的一些刑法中也得到原则上的承认。但是，由于种种原因，这一原则在司法实践中或难以贯彻实行，或类推适用一直被允许。直到 1997 年修订《中华人民共和国刑法》，才明确规定了"法律明文规定为犯罪行为的，依照法律定罪处刑；法律没有明文规定为犯罪行为的，不得定罪处刑"。类推适用在立法上被彻底废止，司法实践则在努力的贯彻之中。罪刑法定原则的确立，对促进中国法律的发展和提升中国的国际形象有着重要的意义。

世界文明兴衰史雄辩地证明，一个民族、一种文明文化唯有在保持其文化的主体性的同时，以开放的胸襟吸收其他文明的优秀成果，不断吐故纳新，方能保持其旺盛的生命力，保持其永续发展的势头，并创造出更辉煌的文明成果。其实，近代西方法律传统转型时也经历过一个反思传统—淘汰旧制—融合东西—形成新的传统并加以弘扬的过程。在许多启蒙思想家的法学经典著作中，我们可以看到西方法学家对中国法律的赞扬和批判、分析和评价。孟德斯鸠《论法的精神》、伏尔泰《风俗论》、魁奈《中华帝国的专制制度》、梅因《古代法》、黑格尔《历史哲学》等都对中国的法律有着精湛的论述。即使现代，西方的法治传统仍然处在变化"扩容"之中，中国的一些理念不断地融入西方法治中。一些现代欧美法学家或研究者更是将中国法律制度作为专门的领域精心地进行研究。比如费正清《中国：传统与变迁》、D. 布迪等《中华帝国的法律》、高道蕴《中国早期的法治思想》以及欧中坦《千方百计上京城：清朝的京控》、史景迁《王氏之死》等。一些中国传统法律的理念，比如顺应而不是"征服"自然，弱者应该得到或享有社会公正，以和睦而不是对立为最终目标的调解，等等，在吸纳现代社会气息的基础上，在西方法治体系中被光大。如同历史上的佛教在印度本土式微而在中国的文化中被发扬一样，这些具有价值的思想和理念在中国却常常因为其是"传统"而受到漠视或批判。

因此，我们应该发扬兼容并蓄、与时俱进的精神，在融合中西、博采古今中改造和更新传统法律文化，完成传统法律文化的现代转型。

近代以来，中国传统法律文化的断裂是一个不争的事实，但是，另外一个不争的事实是，近年来，中国传统文化越来越受到社会的广泛重视，不仅政府致力于保护各种文化遗产，学术界也从哲学、史学、社会学等各个方面对传统文化进行研究。中国人民大学首创全国第一所具有教学、科研实体性质的"国学院"，招收了本科学生、硕士研究生和博士研究生，受到国人的广泛关注。此前，武汉大学在哲学院建立了"国学班"，其后，北京大学建立了"国学研究院"和"国学教室"，中山大学设立了"国学研修班"，国家图书馆开办了"部级干部历史文化讲座"。鉴于各国人民对中国传统文化的热爱和兴趣，我国在世界许多国家和地区设立了近百所"孔子学院"。2005 年底，教育部哲学社会科学重大攻关项目"中国传统法律文化研究"（十卷）正式启动，这个项目也得到国家新闻出版总署的重视，批准该项目为国家重大图书出版项目，从而为传统法律文化的研究工作注入了新的推动力。我作为项目的首席专家深感责任重大。孔子曾言"人能弘道，非道弘人"，我们希望能从传统中寻找到力量，在异质文化中汲取到法治营养，并为"中国传统法律文化研究"（十卷）这个项目的顺利进行营造学术环境，努力将这一项目做成不负时代的学术精品。

《法律文化研究》是学术年刊，每年出版一辑，每辑约 50 万字，这是我们献给学人的一块学术园地，祈望得到方家与广大读者的关爱和赐教。

曾宪义

2005 年

改版前言

《法律文化研究》自 2005 年至 2010 年已经出版六辑。时隔三年，我们改版续发，原因是多方面的。

《法律文化研究》停发最为直接的原因是主编曾宪义教授的不幸去世。此外，近年来我本人新增的"做事"迟疑与拖沓的毛病也是这项工作停顿的原因。

2004 年我调入中国人民大学不久，曾老师告诉我他有一个计划，就是用文集的方式整合全国法史研究的资源，展示法史研究成果。不久曾老师就联系了中国人民大学出版社并签订了六辑出版合同。后来，作为教育部重大攻关项目"中国传统法律文化研究"（十卷）的首席专家，曾老师明确将年刊与《百年回眸——法律史研究在中国》定位为重大攻关项目的配套工程。

在确定文集的名称时，曾老师斟酌再三，名称由"中国传统法律文化研究"改为"传统法律文化研究"，再改为"法律文化研究"。对此，曾老师在原序《从传统中寻找力量》中解释道："我们研究的对象是宽阔的，不只局限于'法律史'，从文化的角度，我们要探讨的甚至也不仅仅是'法'或'法律'。我们的研究对象包括法的本身与产生出不同模式的法的社会环境两个方面。因此，我们在考察法律的同时，要通过法律观察社会；在考察社会时，要体悟出不同国家和地区的法律特色之所在，以及这些特色形成的'所以然'。"

时光荏苒，转眼近十年过去了，当时我所感受到的只是曾老师对法史研究抱有的希望，而今天再读"原序"中的这段话，则更感到曾老师对法史研究方向或"出路"的深思熟虑。

感谢学界同人的支持与关注，《法律文化研究》自出版以来得到各位惠赐大作与坦诚赐教。近十年来"跨学科""多学科"研究方法的运用，已然使曾老师期冀的法律文化研究"不只局限于'法律史'"的愿望正在逐步成为现实，而唯有如此，"法律史"才能与时俱进，在学术与现实中发挥它应有的作用。我本人在编辑《法律文化研究》的过程中，在跟随曾老师的学习中，也认识到"学科"应是我们进入学术殿堂的"方便门"，而不应是学术发展的桎梏，研究没有"领地"与"边界"的限制，因为研究的对象是"问题"，研究的目的是解决学术和实践中的问题而不只是在形式上完善学科。

为此，在《法律文化研究》再续时，我与学界一些先进、后锐商议，用一个更为恰当的方式反映法律文化研究的以往与现实，于是便有了这次的改版。改版后的《法律文化研究》，不再设固定的主编，每辑结合学术前沿集中于一个专题的研究，由专题申报者负责选稿并任该辑主编，每一辑都力求能反映出当前该专题研究所具有的最高学术水准与最新研究动向。每辑前言由该辑主编撰写"导读"，后附该辑专题研究著作与论文的索引。这样的形式不仅可以使研究集中于目前的热点、难点问题，而且可以使更多的学者在《法律文化研究》这个平台上发挥作用。

编委会与编辑部的工作机构设于中国人民大学法律文化研究中心与曾宪义法学教育与法律文化基金会。希望改版后的《法律文化研究》能一如既往地得到学界的赐稿与指教。

马小红

初稿于 2013 年仲夏

再稿于 2014 年孟春

目　录

第三编 新中国监察制度研究

主编导读：中国监察制度研究评析

2016 年底开始、2018 年初基本完成的国家监察体制改革，是我国国家治理体系的重大调整，同时也是中国传统监察制度与现代国家制度相结合的政治体制改革成果。中国古代监察制度、中国近代监察制度与新中国监察制度，构成了中国监察制度的整体历史图景。①

"监察制度与考试制度同为我国固有之政治制度，论其源流，则监察制度较考试制度尤为古远。"② 我国古代的监察制度作为几千年人类文明的结晶，有必要对其作一认真探究，以为前车之鉴。作为承前启后的重要发展阶段，"五权宪法"政制下的监察院时期，对中国古代监察制度精心扬弃、推陈出新，呈现出"中西合璧"的显著特征，有着十分独特而重要的法律文化研究价值。作为新中国成立后的重要制度文明成果，新中国监察制度以及国家监察体制改革同样是法律文化研究领域的富矿。

本书共选编涉及中国古代、近代和现代监察制度的文献 22 篇。其中民国时期的多数文献是第一次以简体横排的形式出版。③ 限于篇幅和笔者能力，一些优秀的作品很难尽收囊中。但本辑收录的作品，能够清晰勾勒出中国监察制度研究的学术轮廓。

---

① 参见赵贵龙《中国历代监察制度》，法律出版社，2010。
② 陈世材：《两汉监察制度研究》，商务印书馆，1944，第 1 页。
③ 需要说明的是，民国时期文献存在与现行文字规范不符现象。本书除对个别明显不当之处予以校正外，尽量保持文献原貌。

一 中国古代监察制度研究：中华优秀传统
制度文明的镜鉴

（一）研究状况概述

1. 民国时期研究概况

民国时期是中国古代监察制度研究的一个重要阶段。这一时期出版的有关中国古代监察制度的学术专著有：高一涵《中国御史制度的沿革》（初版，商务印书馆，1926）；曾纪蔚《清代之监察制度论》（初版，兴宁书店，1931）；监察院监察制度编纂处编纂《监察制度史要》（初版，南京汉文正楷印书局，1935）；徐式圭《中国监察史略》（初版，中华书局，1937）；陈世材《两汉监察制度研究》（初版，商务印书馆，1944）；等等。1989年，上海书店出版发行"民国丛书"，重点选收了具有代表性、权威性的民国著作，以翔实的资料为读者纵向梳理了民国时代在发展史上的地位。丛书包括第一编至第五编（500册），共收书1126种，其中第五编收录的四部中国监察制度著作即为：高一涵《中国御史制度的沿革》；徐式圭《中国监察史略》；陈世材《两汉监察制度研究》；曾纪蔚《清代之监察制度论》。其史学地位可见一斑。

这一时期的主要论文有：高一涵《中国现在是否有恢复御史制度的必要》（载《晨报》七周年纪念增刊，1925年12月，另载《法政学报》［北京1918］第5卷第3~4期合刊，1926年）；文公直《监察制度之研究》（载《中央月刊》第3卷第5期，1931年）；赵超《中国监察制度》（毕业论文，国立武汉大学第3届，1933）；曹雄《中国地方行政督察制度的研究》（载《政治评论》第45期，1933年）；王履康《中国之监察制度》（载《东方杂志》第33卷第17期，1936年）；曾资生《中国过去之监察制度与监察权的制置运用与精神》（载《新中国》第5期，1945年）；陈锡瑚《御史制度与检察制度：论检察与监察制度的一元化》（载《法律评论》［北京］第15卷第4期，1947年）；何鹏毓《明代监察制度》（载《东方杂志》第44卷第2期，1948年）；等等。

民国时期之所以兴起探讨中国古代监察制度之风气，实与孙中山先生倡导借鉴古制并于"五院制"中创设监察院有关。正如《清代之监察制度论》的作者曾纪蔚所言："先总理于三民主义中，一再赞誉监察制者，不无深远广博之意存焉！夫监察二字，古称都察。始于三代，行于历朝。至亡清而大备。都察为制，维严维密。御史之行，若冰若霜。前此政治之澄清，官方之端正者，御史之设，不无宏伟之功！……今之监察制度，其源为古之都察，治监察学者，其得忽其本而趋其末乎？"①

2. 当代研究概况

新中国成立后，关于中国古代监察制度的研究出现较长时期的断层。其理论成果主要出现在 20 世纪 80 年代以后。通史领域的学术专著主要有：林代昭主编《中国监察制度》（中华书局，1988）；彭勃、龚飞《中国监察制度史》（中国政法大学出版社，1989）；皮纯协、潘祜周、王英昌等编著《中外监察制度简史》（中州古籍出版社，1991）；关文发、于波主编《中国监察制度研究》（中国社会科学出版社，1998）；王正《监察史话》（中国大百科全书出版社，2003）；贾玉英等《中国古代监察制度发展史》（人民出版社，2004）；左连璧主编《中国监察制度研究》（人民出版社，2004）；邱永明《中国古代监察制度史》（上海人民出版社，2006）；杨一凡编《中国监察制度文献辑要》（红旗出版社，2007）；张晋藩《中国监察法制史稿》（商务印书馆，2007）；张晋藩主编《中国古代监察法制史》（江苏人民出版社，2007）；张晋藩主编《中国古代监察制度史》（中国方正出版社，2013）；赵贵龙《中国历代监察制度》（法律出版社，2010）；刘社建《古代监察史》（东方出版中心，2018）；彭勃、龚飞《中国监察制度史》（人民出版社，2019）；秦前红主编《监察法学教程》（法律出版社，2019，第五章）；马怀德主编《监察法学》（人民出版社，2019，第三章第二节）；等等。

断代史领域的学术专著主要有：胡宝华《唐代监察制度研究》（商务印书馆，2005）；贾玉英《宋代监察制度》（河南大学出版社，1996）；刘双舟《明代监察法制研究》（中国检察出版社，2004）；丁玉翠《明代监察官职务犯罪研究》（中国法制出版社，2007）；修晓波编译《明代巡视监察制度辑要：〈大明会典〉有关记载译注》（中国方正出版社，2016）；陶道

---

① 曾纪蔚：《清代之监察制度论》，兴宁书店，1931，"自序"。

强《明代监察御史巡按职责研究》（中国社会科学出版社，2017）；刘社建《清代监察史》（格致出版社、上海人民出版社，2019）；等等。

主要论文有：张晋藩《中国古代惩贪治吏的历史借鉴》（载《政法论坛（中国政法大学学报）》1990 年第 4 期）；张天录《略论中国古代监察制度》（载《河北法学》1993 年第 5 期）；邱永明、朱莲华《略论我国古代监察制度的运行机制和方式》（载《上海大学学报》［社会科学版］1999 年第 5 期）；陈径《试论中国古代监察制度的特点》（载《河南省政法管理干部学院学报》2001 年第 4 期）；李青《唐宋监察制度初探》（载《现代法学》2004 年第 3 期）；张国安《论中国古代监察制度及其现代借鉴》（载《法学评论》2009 年第 2 期）；张世闯《清代"科道合一"的历史镜鉴》（载《法学杂志》2015 年第 9 期）；艾永明《利异相监：法家理论与中国古代监察制度》（载《法治现代化研究》2017 年第 6 期）；赵晓耕《中国传统御史监察制度的经验教训》（载《环球法律评论》2017 年第 2 期）；张晋藩《中国古代监察思想、制度与法律论纲——历史经验的总结》（载《环球法律评论》2017 年第 2 期）；张生《中国古代监察制度的演变：从复合性体系到单一性体系》（载《行政法学研究》2017 年第 4 期）；郝媛媛《中国古代监察制度及其现代借鉴》（载《黑龙江工业学院学报》［综合版］2017 年第 11 期）；李青《中国古代行政监察的几个重要环节及其历史借鉴》（载《河北法学》2017 年第 5 期）；杨联《中国古代监察制度的变迁、特征及启示》（载《法大研究生》2019 年第 1 期）；张德权《论中国古代监察制度之当代借鉴》（载《社会科学动态》2020 年第 11 期）；焦利《以史为鉴 资政建言——谈张晋藩先生对中国监察法制史的研究》（载《中国检察官》2020 年第 1 期）；等等。

（二）代表作品评析

1. 高一涵：《中国御史制度的沿革》《中国现在是否有恢复御史制度的必要》

《中国御史制度的沿革》一书系 1925 年夏天高一涵养病期间所作，"这时正是段祺瑞的执政府中，一两个无聊的政客，高唱恢复科道制的时代，恐怕他们把这个制度白白的糟蹋了，所以我那时不得不表示反对"①。这本书由商务印书馆 1926 年 6 月出版，之后几度再版。全书三万字，分五章：绪论；御史官职的沿革；给事中官职的沿革；清代科道制的概略；结论。作者研究中国历史得出的结论是："代议制是目前民治国家的唯一制度，科道制是从前专制国家的唯一制度。"在民治国家中，自上而下的监察权便根本上没有可以存活的余地。故为当时的中国计，作者认为："只须抬高或改善行使监察权机关的地位和组织，似不必另起炉灶的重新创造新机关。"

1925 年 12 月发表于《晨报》七周年纪念增刊、1926 年又发表于《法政学报》（北京 1918）第 5 卷第 3~4 期合刊的《中国现在是否有恢复御史制度的必要》一文，显然是从《中国御史制度的沿革》摘录而来。文章中，高一涵表达了同样的观点："御史制度乃是以上制下、以内制外的专制的或集权的制度，根本上就不适用于以下制上、以外制内的民治的或分权的制度……故就御史的职权说，现在都分配在各种机关，没有恢复御史制度的必要；就御史制的利害说，御史制的弊害或远过乎代议制的弊害，也没有恢复御史制度的必要。"

2. 徐式圭：《中国监察史略》

徐式圭的《中国监察史略》由中华书局于 1937 年 5 月出版。该书共十八章，从"未有监察以前的官吏状态"写至南京国民政府的监察院，内容全面而简洁。其十八章篇目分别为：第一章"未有监察以前的官吏状态"；第二章"监察名称的沿革"；第三章"监察的雏形时代——秦"；第四章"监察成长的初期——汉"；第五章"魏晋监察的仅存"；第六章"十六国监察的拾零"；第七章"南北朝监察的互异"；第八章"有隋监察的转捩"；第九章"监察的全盛时期——唐"；第十章"五代监察的没落"；第十一章"监察的复兴时代——宋"；第十二章"辽金监察的仿制"；第十三章"元代监察的异制"；第十四章"都察院的监察时代——明清"；第十五章"共和政治的监察"；第十六章"谏议大夫"；第十七章"司隶校尉"；第十八章"封驳诏书"。2016 年 4 月，中国书籍出版社"中国史略丛刊"第一辑以简体横排出版该书，又于 2020 年 4 月再版，其封面

---

① 高一涵：《中国御史制度的沿革》，商务印书馆，1930，"再版自序"第 1 页。

载明："一本关于中国监察的小史通史，上自未有监察制度之前的官吏状态，下迄民国监察体制，足见大概。"《中国监察史略》虽然缺乏评析性的内容，且涉及近代内容篇幅过简，但在学术界依然有着广泛影响，被普遍认为内容翔实，结构清晰，对于了解中国古代、近代监察制度具有较高的参考价值。

3. 赵贵龙："中国古代监察制度鉴略"

赵贵龙的《中国历代监察制度》由法律出版社于 2010 年出版。出版评语称：此书从"中国古代监察制度鉴略""中国近代监察制度概览""新中国监察制度的沿革"三部分入手，对中国历代监察制度进行了简明扼要的勾勒和评析，实为一部简明的"中国监察制度史"。作为该书的第一部分，"中国古代监察制度鉴略"对中国古代监察制度从先秦到明清的发展脉络作了系统梳理，认为中国古代监察制度萌芽于王权政治的沃土，经历了以下发展历程：监察制度的形成与发展时期——秦、汉；监察制度的停滞与互异时期——三国、两晋、南北朝；监察制度的转捩与鼎盛时期——隋、唐；监察制度的没落、复兴与融合时代——五代、宋、辽、夏、金、元；都察院的监察时代——明、清。此部分还对中国古代给谏制度的沿革进行了专门梳理。在对中国古代监察制度的小结中，作者指出：中国古代监察制度，是与封建专制官僚政体相伴随而存在的。这一专制政体是中国固有封建制度的产物。只有人民真正掌握了政权，才能为有效监督政府权力提供根本性的制度保障。

4. 陈世材：《两汉监察制度研究》

陈世材的《两汉监察制度研究》由商务印书馆于 1944 年 3 月出版，共分为五章：第一章"绪论"；第二章"官名"，涉及"御史大夫""御史中丞""侍御史""部刺史""其他监察官"等；第三章"职掌"，列举了"佐辅丞相""察举非法""受公卿奏事举劾违失""典法度掌律令""理大狱治疑案""纠察朝仪祭礼""监察州郡""讨捕盗贼禁察逾侈""其他职掌"等九类；第四章"待遇"，分为"仕进""秩禄""社会地位""奖赐""惩戒"；第五章"结论"，论述了"两汉监察制度之优点""两汉监察制度之缺点""监察制度之评价"。作者认为监察制度既为我国之古制，又极合乎现代民主政治之潮流，苟能改良之，发扬之，光大之，使其成为一种健全完美之制度，则可造福于我国国家和民族。陈世材的《两汉监察制度研究》不仅史料翔实，而且有深刻的评析，通过探讨制度之间的互动关系，揭示两汉监察制度的主要内容与特征，可谓中国监察制度断代研究的典范。

5. 曾纪蔚：《清代之监察制度论》

曾纪蔚（1908—1994），广东梅县人，自上海光华大学文学院毕业后投身教育工作，历任中山大学校长室助理秘书、大夏大学香港分校副教授、大夏大学文学院英语副教授、国立贵阳师范学院英语教授兼系主任、广东文理学院英语系教授、华南师范大学外语系主任和广东中小学外语教学研究会长等职。曾纪蔚曾于1930年翻译马基亚维利的《君主论》，当时题名为意大利麦克维利著《横霸政治论》，由上海光华大学政治学社出版。另译有《罗马政治概论》、著有《县政学》等。曾纪蔚的《清代之监察制度论》由兴宁书店于1931年6月出版，共分为十章：第一章"导言"；第二章"都察之意义及其沿革"；第三章"清都察院之组织"；第四章"清都察院在政府中之地位"；第五章"清都察院御史之职权"；第六章"清都察院御史之工作"；第七章"清都察院御史之人选"；第八章"清都察院御史之俸给"；第九章"都察制度与当时之吏治"；第十章"结论"。作者认为，中国监察制度发展至清代达到最完备程度："夫监察二字，古称都察。始于三代，行于历朝。至亡清而大备。都察为制，维严维密。御史之行，若冰若霜。前此政治之澄清，官方之端正者，御史之设，不无宏伟之功！"① 作者指出："惟吾人于改进政制时，切勿忘自己过去之历史，目前之环境。采用他人之制度，尤当先审其是否适于吾国之国情，然后采其所长，补己之短。……吾人于监察制度未作具体计划之前，首宜审视过去施行之成绩，厘其得失，指其舛误而后已。"② 曾纪蔚的《清代之监察制度论》堪称研究清代监察制度的权威专著。

（三）研究展望

20世纪80年代以来，关于中国古代监察制度的研究成果不断涌现，且有专家学者长年进行持续性研究。如张晋藩先生1990年在《政法论坛》

---

① 曾纪蔚：《清代之监察制度论》，兴宁书店，1931，"自序"。
② 曾纪蔚：《清代之监察制度论》，兴宁书店，1931，第105～107页。

发表《中国古代惩贪治吏的历史借鉴》一文，2007 年出版《中国监察法制史稿》并主编出版《中国古代监察法制史》，2013 年主编出版《中国古代监察制度史》，2017 年发表《中国古代监察思想、制度与法律论纲——历史经验的总结》一文。彭勃、龚飞 1989 年在中国政法大学出版社出版《中国监察制度史》一书，2019 年在人民出版社出版同名专著。刘社建继2018 年出版《古代监察史》后，2019 年又出版《清代监察史》一书。

2016 年开展深化国家监察体制改革试点工作以来，监察法学研究渐成显学。其中有的专著也涉及中国古代监察制度领域的研究，如秦前红主编的《监察法学教程》第五章即为"我国监察法的历史与发展"；马怀德主编的《监察法学》第三章第二节即为"中国古代监察制度"。

可以预见，随着国家监察体制改革的进一步深入，对中国古代监察制度的研究也必将取得更加丰硕的学术成果。

二 "中西合璧"的监察权："五权宪法"对
中国古代监察制度的更新

（一）研究状况概述

1. "五权宪法"研究
（1）孙中山"五权宪法"构想的提出
A 第一个时期：辛亥革命以前
1904 年（清光绪三十年），正赴欧美考察的孙中山在美国纽约与留美攻读法律的王宠惠研讨"五权宪法"。孙中山后来在《五权宪法》中追述道："就将我底五权宪法说与他听，足足与他讨论了两个星期。他说这个五权宪法比什么都好。"① 这是目前所知孙中山最早谈及"五权宪法"的史料，但由于是追忆，具体内容不得而知，只知道孙中山与王宠惠足足"讨论了两个星期"，王宠惠当时称道五权宪法"比什么都好"。但是，既然已经提出了"五权宪法"的概念，可以推断就已经提出了监察权独立的问

---

① 孙中山：《五权宪法——在广东省教育会的演说》（1921 年 3 月 20 日），载黄彦编注《论三民主义与五权宪法》，广东人民出版社，2008，第 83~97 页。

题，并给予了监察权与立法、司法、行政、考选其他四权并立的隆崇地位。①

1906 年 11 月 15 日，孙中山在日本东京与前来拜访的俄国社会革命党首领该鲁学尼晤谈时提出："希望在中国实施的共和政治，是除立法、司法、行政三权外还有考选权和纠察权的五权分立的共和政治。"孙中山还特别谈到监察制度："至于纠察制度，是除了要监察议会外，还要专门监督国家政治，以纠正其所犯错误，并解决今天共和政治的不足处。而无论任何国家，只要是立宪国家，纠察权归议会掌管，但其权限也因国家不同而有强弱之别，由此产生无数弊端。况且从正理上说，裁判人民的司法权独立，裁判官吏的纠察权反而隶属于其他机关之下，这是不恰当的。"孙中山认为："考选制和纠察制本是我中国固有的两大优良制度，但考选制度被恶劣政府所滥用，纠察制度又被长期埋没而不为所用，这是极可痛惜的。我期望在我们的共和政治中复活这些优良制度，分立五权，创立各国至今所未有的政治学说，创建破天荒的政体，以使各机关能充分发挥它们的效能。"②

1906 年 12 月 2 日，孙中山在东京《民报》创刊周年庆祝大会的演说中指出："将来中华民国的宪法是要创一种新主义，叫做'五权分立'。"针对五权之一的监察权，孙中山特别指出，"一为纠察权，专管监督弹劾的事。这机关是无论何国皆必有的，其理为人所易晓。但是中华民国宪法，这机关定要独立。中国从古以来，本有御史台主持风宪，然亦不过君主的奴仆，没有中用的道理。就是现在立宪各国，没有不是立法机关兼有监督的权限，那权限虽然有强有弱，总是不能独立，因此生出无数弊病。比方美国纠察权归议院掌握，往往擅用此权，挟制行政机关，使他不得不俯首总命，因此常常成为议院专制；除非有雄才大略的大总统，如林肯、麦坚尼、罗斯威等，才能达行政独立之目的。况且照正理上说，裁判人民的机关已经独立，裁判官吏的机关却仍在别的机关之下，这也是论理上说不去的，故此这机关也要独立。""合上四权，共成为五权分立。这不但是

---

① 参见王晓天《孙中山的监察思想》，《求索》2007 年第 12 期。
② 孙中山：《与该鲁学尼等的谈话》（1906 年 11 月 15 日），载《孙中山全集》第一卷，中华书局，2011，第 319~320 页。

各国制度上所未有，便是学说上也不多见，可谓破天荒的政体。"①

以这两次谈话和演讲为标志，孙中山的监察思想已经成熟。②

1910 年 2、3 月间，孙中山与旧金山至公堂所办《大同日报》主笔刘成禺谈话时指出："曰监察权。自唐虞赓歌飏拜以来，左史记言，右史记事，行人采风之官，百二十国宝书之藏，所以立纲纪、通民情也。自兹以降，汉重御史大夫之制，唐重分司御史之职，宋有御史中丞、殿中丞。明清两代御史，官品虽小而权重内外，上至君相，下及微职，儆惕惶恐，不敢犯法。御史自有特权，受廷杖、受谴责在所不计，何等风节，何等气概！譬如美国弹劾权，付之立法上议院议决，上议院三分之二裁可，此等案件开国以来不过数起，他则付诸司法巡回裁判官之处理贪官污吏而已。英国弹劾亦在贵族、平民两院，关于皇室则在御前议政院，亦付诸立法也。如我中国，本历史习惯弹劾鼎立为五权之监察院，代表人民国家之正气，此数千年制度可为世界进化之先觉。"孙中山认为："立法、司法、行政三权，为世界国家所有；监察、考试两权，为中国历史所独有。他日五权风靡世界，当改进而奉行之，亦孟德斯鸠不可改易之三权宪法也。"③

B 第二个时期：辛亥革命以后

辛亥革命以后，革命事业接连遭受挫折失败的严酷现实迫使孙中山更加冷静地思考和反省，由此他更加深刻地认识到，如果不从政治制度上建立一套独立、完备和具有权威的监察体系，就无法改变军阀横行、民主殆失的恶劣政治局面，也无法根除"官以财当，政以贿行"的腐败现象。因此孙中山在其政治活动的后期，集中精力对政治体制尤其是监察问题作了更为深入的研究。④

1916 年 7 月 20 日，孙中山在沪金星公司等欢送两院议员会上的演说中指出："此之所谓五权者，如立法、司法、行政三权固可弗论，其他二权，各国之所无者，我国昔已有之。其一为御史弹劾，即皇帝亦莫能干涉

---

① 孙中山：《在东京〈民报〉创刊周年庆祝大会的演说》（1906 年 12 月 2 日），载《孙中山全集》第一卷，中华书局，2011，第 330~331 页。
② 王晓天：《孙中山的监察思想》，《求索》2007 年第 12 期。
③ 孙中山：《与刘成禺的谈话》（1910 年 2、3 月间），载《孙中山全集》第一卷，中华书局，2011，第 444~445 页。
④ 王晓天：《孙中山的监察思想》，《求索》2007 年第 12 期。

之者；其二为考试，即尽人之所崇拜者也。此弹劾权及考试权实我国之优点，吾人采取外国良法，对于本国优点亦殊不可抛弃。"①

1916 年 8 月中旬，孙中山赴浙江作短期访问。8 月 18 日晚，孙中山出席浙江省军政界欢迎宴会，席间发表演说，主张行五权分立制以救三权鼎立之弊，指出："古时弹劾之制，不独行之官吏，即君上有过，犯颜谏诤，亦不容丝毫假借。设行诸近世，实足以救三权鼎立之弊。"②

1921 年 3 月 20 日，孙中山在广东省教育会作了题为《五权宪法》的演说。他在演说中指出："我们中国亦有三权宪法……一是君权，一是考试权，一是弹劾权；而君权则兼有立法、行政、司法之权。""说到弹劾，有专管弹劾底官，如台谏、御史之类，虽君主有过，亦可冒死直谏，风骨凛然。"孙中山提出"五权宪法分立法、司法、行政、弹劾、考试五权，各个独立"，并系统阐述了其"五权宪法"之构想。③

从 1923 年以后，孙中山正式提出"监察权"的概念。1923 年 1 月 1 日公布的由孙中山主持起草的《中国国民党党纲》第二条中规定："五权宪法：（甲）立法权；（乙）司法权；（丙）行政权；（丁）监察权；（戊）考试权。"④ 这是在国民党的党内文献中正式使用"监察权"的概念。⑤

1924 年 1 月，孙中山起草《国民政府建国大纲》，并提交中国国民党第一次全国代表大会审议。建国大纲第十九条规定："在宪政开始时期，中央政府当完成设立五院，以试行五权之治。其序列如下：曰行政院；曰立法院；曰司法院；曰考试院；曰监察院。"⑥ 建国大纲部分内容被列入国

① 据《两大公司欢送两院议员记》，《民国日报》（上海）1916 年 7 月 21 日，第 10 版，转引自黄彦编注《论三民主义与五权宪法》，广东人民出版社，2008，第 30~31 页。
② 据《孙中山先生游杭记》（三），《民国日报》（上海）1916 年 8 月 20 日，第 3 版，转引自黄彦编注《论三民主义与五权宪法》，广东人民出版社，2008，第 32~33 页。
③ 据《孙大总统五权宪法讲演录》（又名《孙先生五权宪法讲演录》），广东官印刷局承印，转引自黄彦编注《论三民主义与五权宪法》，广东人民出版社，2008，第 83~97 页。
④ 《孙中山全集》第七卷，中华书局，2011，第 4 页。另见黄彦编注《论三民主义与五权宪法》，广东人民出版社，2008，第 167~168 页。
⑤ 王晓天：《孙中山的监察思想》，《求索》2007 年第 12 期。
⑥ 《国民政府建国大纲》（1924 年 1 月 23 日），载黄彦编注《孙中山全集》第九卷，中华书局，2011，第 126~129 页。另见《国民政府建国大纲》（1924 年 1 月 18 日），载黄彦编注《论三民主义与五权宪法》，广东人民出版社，2008，第 219~223 页。两者落款时间有出入。

民党一大宣言："民权运动之方式规定于宪法，以孙先生所创之五权分立为之原则，即立法、司法、行政、考试、监察五权分立是已。凡此既以济代议政治之穷，亦以矫选举制度之弊。"① 至此，孙中山之"五权宪法"，包括其监察思想，正式进入国民党权威的纲领性文献，成为国民党施政之指导思想。②

1924 年 1 月至 8 月，孙中山在广州国立高等师范学校礼堂作了题为《三民主义》的系列演讲。其在《民权主义》第六讲中指出：

> 外国从前只有三权分立，我们现在为什么要五权分立呢？其余两个权是从什么地方来的呢？这两个权是中国固有的东西。中国古时举行考试和监察的独立制度，也有很好的成绩。象满清的御史，唐朝的谏议大夫，都是很好的监察制度。举行这种制度的大权，就是监察权。监察权就是弹劾权。……我们现在要集合中外的精华，防止一切的流弊，便要采用外国的行政权、立法权、司法权，加入中国的考试权和监察权，连成一个很好的完璧，造成一个五权分立的政府。象这样的政府，才是世界上最完全、最良善的政府。国家有了这样的纯良政府，才可以做到民有、民治、民享的国家。③

1925 年 3 月 11 日，孙中山在临终遗言中仍念念不忘三民主义、五权宪法之实现，指出："余此次来京，以放弃地盘谋和平统一，以国民会议建设新国家，务使三民主义、五权宪法实现。……希望诸同志努力奋斗，使国民会议早日成立，达到三民、五权之主张，则本人死亦瞑目矣。"④

（2）立法与政制实践

国民政府实施"五权宪法"的政治和法律依据主要为《训政纲领》与

---

① 《中国国民党第一次全国代表大会宣言》（1924 年 1 月 30 日），载黄彦编注《论三民主义与五权宪法》，广东人民出版社，2008，第 230 页。
② 王晓天：《孙中山的监察思想》，《求索》2007 年第 12 期。
③ 孙中山：《三民主义》（1924 年 1 月至 8 月），载《孙中山全集》第九卷，中华书局，2011，第 353~354 页。
④ 孙中山：《促成国民会议务使三民主义与五权宪法实现——在北京对随侍人员的临终遗言》（1925 年 3 月 11 日），载黄彦编注《论三民主义与五权宪法》，广东人民出版社，2008，第 307 页。

《国民政府组织法》。民国学者认为："《训政纲领》与《国民政府组织法》，可视为训政时期之根本大法。"[①] "此国府组织法，虽名为普通法律，而其制定之权，向例属于中央委员会全体会议或常务会议，其解释之权，依十七年十月三日中常会议决之训政纲领所定，属于中央执行委员会政治会议，与普通法律由立法院议决司法院解释者，大相歧异，故国府组织法，不特在实质上含有根本法之性质，且在形式上亦具根本法之效力焉。"[②]

《训政纲领》全文六条，于1928年10月3日经国民党中常会通过。其中有关"五权宪法"的内容体现于第四条：

> 第四条 治权之行政、立法、司法、考试、监察五项，付托于国民政府总揽而执行之，以立宪政时期民选政府之基础。

《国民政府组织法》则自1925年出台以来，历经多次修正，归纳起来可分为三个体系：一是1925年7月1日公布之《国民政府组织法》，后经1927年3月、1928年2月两次修正；二是1928年10月8日公布之《国民政府组织法》，后经1930年11月及1931年6月两次修正；三是1931年12月30日公布之《国民政府组织法》，后经六次修正，直至1943年9月10日国民党五届十一中全会以新修正的《国民政府组织法》取代之。[③]

1925年7月1日的《国民政府组织法》全文共十条，直至1928年2月修正，均未涉及"五权宪法"与五院制问题，"表明国民党并不是一开始就要打着孙中山五权宪法的旗号，实行五院分立制"[④]。

五权宪法之制度，《国民政府建国大纲》已略规定，但成国家根本大法，开实行五院制之先河者，则实为1928年10月公布之《国民政府组织法》。关于此次《国民政府组织法》的通过与公布时间，民国学者钱端升、

---

① 杨幼炯：《近代中国立法史》，中国政法大学出版社，2012，第235页（1936年上海商务印书馆初版）。

② 熊伯履：《国民政府组织法之变迁》，《河南大学学报》第1卷第3期，1934年。

③ 参见熊伯履《国民政府组织法之变迁》，《河南大学学报》第1卷第3期，1934年；钱端升、萨师炯等《民国政制史》上册，商务印书馆，2018，第267~268页（1939年初版、1945年和1946年增订再版）。

④ 张皓：《1928年~1937年国民政府组织法述论——兼向陈瑞云教授请教》，《史学集刊》1997年第3期。

萨师炯等记载："当十七年十月三日中常会通过训政纲领时，即同时通过试行五院之国民政府组织法，八日，国府以训令通知各机关。"① 熊伯履记载，"十月三日由中央政治会议第一五七次会议及中执第一七二次常务会议通过修正国民政府组织法，于同月八日公布"②。杨幼炯则记载，该法于10月3日经中政会及中执会通过后，"于明日公布，即十七年十月四日公布"③。通说应为10月8日公布。这次修正的《国民政府组织法》全文共七章四十八条，除第一章"国民政府"、第七章"附则"外，其余五章分别规定"行政院""立法院""司法院""考试院""监察院"内容。"本法系根据孙中山先生所定五权宪法之原则，经几番讨论，一再易稿始付审查通过公布，是为吾国有五院制之开端，亦开世界立法之新局也。"④

1931年12月以及此后的历次修正，则主要围绕国民政府主席与行政院院长谁负实际政治责任等问题展开，五院制的政制架构再未改变。

具体到监察制度，更是经过了一个波折发展的历程。1925年6月，中国国民党中央执行委员会政治委员会于第二十五次会议议决设立监察院，推鲍罗廷起草监察院组织法，草竣后，经第三十四次会议议决通过，交国民政府。国民政府监察院于1925年8月1日组织成立。《监察院组织法》在军政时期（1925年7月至1928年10月）经历了三次修正，由国民政府分别于1925年9月30日、1926年10月4日、1927年11月5日予以公布。⑤ 但军政时期监察院的工作并没有实质性开展。1928年10月3日，国民党中常会通过《训政纲领》实施训政，1928年10月8日公布《国民政府组织法》、宣布实行五院制，10月20日公布新修正的《监察院组织法》，但因院长人选更迭不定等原因，监察院并未成立。直至1930年11月改推于右任为院长，1931年2月2日于宣誓就职，启用院印。2月16日，国民政府任命23名监察委员。21日，国民政府撤审计院，改审计部，隶属于监察院。从1931年2月监察院成立至1949年12月国民党撤离大陆，监察院的绝大部分时间处于训政时期，这一时期也是监察院历史上最重要的

① 钱端升、萨师炯等：《民国政制史》上册，商务印书馆，2018，第267页。
② 熊伯履：《国民政府组织法之变迁》，《河南大学学报》第1卷第3期，1934年。
③ 杨幼炯：《近代中国立法史》，中国政法大学出版社，2012，第235页。
④ 杨幼炯：《近代中国立法史》，中国政法大学出版社，2012，第231页。
⑤ 钱端升、萨师炯等：《民国政制史》上册，商务印书馆，2018，第235~238页。

阶段。①

1946 年 12 月 25 日，国民党主导的制宪国民大会通过《中华民国宪法》；1947 年 1 月 1 日，国民政府颁布了《中华民国宪法》，宣布从同年 12 月 25 日起施行。1948 年 3 月至 5 月，"行宪国大"召开，国民政府改组为总统府，"行宪"五院相继成立。1948 年 6 月 5 日，"行宪"监察院正式成立。从 1948 年 6 月成立至 1949 年 12 月，"行宪"监察院的存续时间很短，但这一时期仍是监察院历史上十分重要的阶段。"宪政"时期的监察制度在台湾得到了相当长时间的延续。②

（3）民国学者对"五权宪法"的研究

自孙中山提出"五权宪法"构想后，对于"五权宪法"的研究成为民国时期之显学。而围绕"五权宪法"的研究，又与国民政府的制宪活动密不可分。因此有必要先对国民政府制宪活动作一简要梳理。

国民会议于 1931 年 5 月 12 日通过、国民政府于同年 6 月 1 日公布的《训政时期约法》，便具有临时宪法的性质。但国民政府正式启动制宪事业，则根源于 1932 年 12 月在南京召开之国民党第四届中央执行委员会第三次全体会议。当时经孙科等 27 人提案，全会决定"继续进行宪政开始之筹备"，又决定"于民国二十四年三月，开国民大会，议决宪法"，并"饬立法院从速起草宪法草案发表，以备国民之研讨"。③ 立法院于 1933 年 1 月组织宪法草案起草委员会，孙科兼委员长，张知本、吴经熊为副委员长。1933 年 6 月，吴经熊所拟就之宪法草案初稿完成，得孙科院长许可，以私人名义发表，征求各界批评。史称"吴氏宪草"。1934 年 3 月 1 日，立法院以宪法草案起草委员会名义发表《中华民国宪法草案初稿》。1934 年 10 月，立法院三读通过《中华民国宪法草案》。后经国民党中常会核议，1935 年 10 月 25 日立法院三读通过《修正中华民国宪法草案》。后经国民党中执会全会决定，立法院于 1936 年 5 月 2 日将修正草案通过。1936 年 5 月 5 日，国民政府正式公布宪法草案，史称"五五宪草"。④ 因战争原因，直至 1946 年 12 月 25 日，制宪国民大会才通过《中华民国宪法》。1948

---

① 刘云虹：《国民政府监察院研究（1931—1949）》，上海三联书店，2012，第 43~44 页。

② 刘云虹：《国民政府监察院研究（1931—1949）》，上海三联书店，2012，第 58~59 页。

③ 杨幼炯：《近代中国立法史》，中国政法大学出版社，2012，第 262 页。

④ 参见钱端升、萨师炯等《民国政制史》上册，商务印书馆，2018，第 416~417 页。

年3月至5月"行宪国大"召开后，中华民国正式进入"宪政"时期。①

从辛亥革命开始到定都南京之前，有关宪政问题的文章主要有：郦生《民国政治观》（载《民国》第1卷第2期，1914年）；陈启修《国宪论衡》（载《学艺》第1卷第1期，1917年）；高元《九权宪法论》（载《东方杂志》第18卷第16期，1921年）；陈顾远《五权宪法论》（载《新民国》第1卷第2期，1923年）；邹德高《三权分立与我国》（载《努力周报》第46期，1923年）；张志让《国宪应修正之各点》（载《宪法论丛》第1卷，1924年）；罗瑶《我国十三年来的政象与宪政中几个重要的原则》（载《法政学报》［北京1918］第3卷第10期，1924年）；鲍明钤、周淦《新宪法之缺点》（载《法政学报》［北京1918］第3卷第10期，1924年）。其中陈顾远的《五权宪法论》对"弹劾权"与"考试权"进行了专门论述。

1927年定都南京至1932年底正式启动立宪期间，有关"五权宪法"的研究氛围十分活跃。其中，关于"五权宪法"或"五权制度"的研究文献有：王宠惠《研究五权制度略述》（载《国闻周报》第5卷第41期，1928年）；张云伏《五权政制的分权论》（载《新生命》第2卷第2期，1929年）；梅思平《五权宪法的设计》（载《新生命》第2卷第2期，1929年）；萨孟武《五权宪法与民生主义：与梅思平同志商榷》（载《新生命》第2卷第2期，1929年）；金鸣盛《对于梅同志"五权宪法的设计"之商榷》（载《新生命》第2卷第5期，1929年）；孙乃湛《五权宪法绎义》（载《民鸣月刊》第1卷第2~3、5~6期，1929年）；肇修《五权宪法研究》（载《新广西旬报》第3卷第20号，1929年）；萨孟武《由三权宪法到五权宪法》（载《新生命》第3卷第8期，1930年）；王去病《五权宪法论略》（载《建国月刊》第3卷第1~2期，1930年）；陈念中《五权宪法的蠡测》（载《建国月刊》第4卷第2期，1930年）；萧步云《五权宪法之根本问题》（载《法学丛刊》第1卷第2、5期，1930年）。关于"五权宪法"与地方治理的文献有：杨幼炯《五权宪法下的地方政府》（载《中央半月刊》第2卷第5~6期，1928年）；金鸣盛《省政府应该五权分治么》（载《新生命》第3卷第8期，1930年）。探讨"四权"以及"四

---

① 刘云虹：《国民政府监察院研究（1931—1949）》，上海三联书店，2012，第58~59页。

权"与"五权"关系的文献有：孙乃湛《论四权行使范围及其五权之关系》（载《民鸣月刊》第 2 卷第 5 期，1930 年）；陈念中《使用四权的意义及其方法》（载《建国月刊》第 3 卷第 1~2 期，1930 年）；陈子诚《使用四权的利器》（载《建国月刊》第 4 卷第 1 期，1930 年）。当然，也有文献从更广阔的视野对宪政问题加以探讨，如章渊若《现代宪法之社会化》（载《法学杂志》［上海 1931］第 5 卷第 6 期，1932 年）。

1932 年底国民政府正式启动制宪事业之后，学术界对"五权宪法"的研究更趋集中和专业。宪法学者金鸣盛的文章有：《国宪问题的探讨》（载《时事月报》第 8 卷第 5~6 期，1933 年）；《吴氏宪法草案与五权宪法之特性》（载《宪法论文选刊》第 4 期，1933 年）；《宪法初稿与五权宪法之特性》（载《时事月报》第 9 卷第 7~12 期合刊，1933 年）；等等。其他文章有：孙科《宪法与三民主义》（载《时事月报》第 9 卷第 2 期，1933 年）；陈茹玄《宪法之过去与未来》（载《时代公论》［南京］第 70 期，1933 年）；张知本《怎样才是五权宪法》（载《东方杂志》第 31 卷第 8 期，1934 年）；葛召彤《五权宪法》（载《前导月刊》［安庆］第 1 卷第 2 期，1936 年）；等等。当然也有一些文章间接涉及"五权政制"问题，如熊伯履《国民政府组织法之变迁》（载《河南大学学报》第 1 卷第 3 期，1934 年）。

1936 年 5 月 5 日"五五宪草"公布后，对于"五权宪法"的研究主要围绕"五五宪草"展开。重要文献有：金鸣盛《我国宪草的分权观》（载《中华法学杂志》新编第 1 卷第 4 期，1936 年）；萨孟武《权力分立与权能分别》（载《时事月报》第 17 卷第 1 期，1937 年）；罗隆基《五五宪草之修正》（载《再生》第 45 期，1940 年）；孙亚夫《论宪政》（载《再生》第 45 期，1940 年）；王宠惠《五权宪法》（载《时代精神》第 9 卷第 5 期，1944 年）；吴绂征《五权宪法与五院政制》（载《中华法学杂志》新编第 3 卷第 10 期，1944 年）；孙科《五五宪草检讨之收获（三十四年四月五日出席中华民国法学会第三届年会演讲）》（载《中华法学杂志》新编第 4 卷第 5 期，1945 年）；陈海澄《对于五权宪法应有的认识》（载《中华法学杂志》新编第 5 卷第 2~3 期合刊，1946 年）；罗鼎《对于五权宪法应有的认识》（载《中华法学杂志》新编第 5 卷第 2~3 期合刊，1946 年）；周洪本《五五宪草检讨之收获（三十四年四月五日出席中华民国法学会第三届年会演讲）》（载《中华法学杂志》新编第 5 卷第 2~3 期合刊，1946年）；张知本《五五宪草检讨之收获（三十四年四月五日出席中华民国法学会第三届年会演讲）》（载《中华法学杂志》新编第 5 卷第 2~3 期合刊，1946 年）；刘静文《五五宪草检讨之收获（三十四年四月五日出席中华民国法学会第三届年会演讲）》（载《中华法学杂志》新编第 5 卷第 2~3 期合刊，1946 年）。

1946 年 1 月 10 日，国民政府在重庆召开了有中国共产党和民主党派参加的政治协商会议，通过了关于宪草问题等的多项协议。制宪成为当年新的研究热点。主要学术文献有：田炯锦《对于五权宪法应有的认识》（载《中华法学杂志》新编第 5 卷第 2~3 期合刊，1946 年）；田炯锦《五权宪法与现代政治趋势》（载《中华法学杂志》新编第 5 卷第 7 期，1946年）；张知本《五权宪法的认识》（载《法令月刊》1972 年第 2 期）。

2. 民国学者对"五权宪法"框架下监察制度的研究

"监察制度"范畴的研究成果有：吴南如《北京宣布之宪法评论：审计制度》（载《国闻周报》第 1 卷第 21 期，1924 年）；金鸣盛《监察制度改进问题》（载《政治评论》第 125 期，1934 年）；于右任《监察使之设置与国家政治之推进》（载《上海党声》第 1 卷第 18 期，1935 年）；李宗黄《总理遗教中之监察制度》（载《中央党务月刊》第 87 期，1935 年）；江毓麟《如何树立完整之监察机构》（载《远东杂志》第 2 卷第 5 期，1937 年）；陶伍樵《中国现行监察制度》（毕业论文，国立武汉大学第 12届，1942）；胡汉业《健全监察制度》（载《时代周刊》[重庆] 第 14 期，1946 年）；陈洪《法治与行政监督》（载《中华法学杂志》新编第 5 卷第 8期，1947 年）。

"监察院"范畴的文献和研究成果有：《监察院组织法》（载《法律评论》[北京] 第 61 期，1928 年）；《监察院之将来》（载《国闻周报》第 8卷第 7 期，1931 年）；《人民与监察院》（载《国闻周报》第 8 卷第 7 期，1931 年）；《值得监察院注意的一件事》（载《国闻周报》第 8 卷第 16 期，1931 年）；汤吉禾《宪法草案中之"监察院"》（载《时事月报》第 15 卷第 5 期，1936 年）；杜光埙《行宪后的监察院》（载《东方杂志》第 44 卷第 2 期，1948 年）；李景禧《监察院之同意权》（载《法律评论》[北京]第 16 卷第 9 期，1948 年）。

"监察权"范畴的文献和研究成果有：《弹劾案种种：议员张华澜等弹劾政府违法案》（载《宪法新闻》第 12 期，1913 年）；小苏：《弹劾之意义》（载《宪法公言》第 3 期，1916 年）；渊渊《众议院提出弹劾国务总理案》（载《新中国》第 1 卷第 1 期，1919 年）；《弹劾投票》（载《法律评论》［北京］第 56 期，1924 年）；吴南如《北京宣布之宪法评论：弹劾权》（载《国闻周报》第 2 卷第 5 期，1925 年）；胡长清《论审监对立》（载《法律评论》［北京］第 6 卷第 20 期，1929 年）；商文立《近代监察权在宪法上之地位》（载《中华法学杂志》第 2 卷第 5 期，1931 年）；若愚《监察院弹劾官吏之程序》（载《法律评论》［北京］第 8 卷第 20 期，1931 年）；高一涵《宪法上监察权的问题》（载《东方杂志》第 30 卷第 7 期，1933 年）；金鸣盛《罢免权与责任及弹劾》（载《政治评论》第 65 期，1933 年）；《弹劾问题之论争》（载《国闻周报》第 11 卷第 29 期，1934 年）；《监察权问题》（载《国闻周报》第 11 卷第 30 期，1934 年）；张国安《弹劾制度》（载《国立武汉大学社会科学季刊》第 5 卷第 4 期，1935 年）；等等。

3. 当代学者对近代监察制度的研究

新中国成立后，社会发生巨大变革，对中国近代监察制度——尤其是民国时期监察制度的研究，一度形成学术空当。当代学者的相关理论成果主要出现在 20 世纪 80 年代以后，且数量有限。

首先，20 世纪 80 年代以后出版的中国监察制度通史中，有的涉及近代监察制度内容，如林代昭主编《中国监察制度》（中华书局，1988）；彭勃、龚飞《中国监察制度史》（中国政法大学出版社，1989，第九章"监察制度的中西合璧时代——中华民国"；人民出版社，2019）；关文发、于波主编《中国监察制度研究》（中国社会科学出版社，1998）；左连璧主编《中国监察制度研究》（人民出版社，2004）；赵贵龙《中国历代监察制度》（法律出版社，2010，第二编"中国近代监察制度概览"）；秦前红主编《监察法学教程》（法律出版社，2019，第五章第二节"民国时期的监察法"）；等等。

其次，关于"五权宪法"和近代监察制度的专门性著作数量极少，但是不乏上乘之作。①2005 年开始，苏州大学组织编辑"东吴大学先贤文丛"，其中《王宠惠法学文集》于 2008 年由法律出版社出版，王宠惠的

《五权宪法》等名篇得以被当代读者熟知。① 无独有偶，2013 年开始，中国人民大学组织编选"朝阳大学先贤文集"，其中《张知本法学文集》于 2018 年由法律出版社出版，收录了张知本的《中华民国宪法僭拟》等文章。② ②2007 年以来，孙中山故居纪念馆等组织编写"孙中山著作丛书"，其中《论三民主义与五权宪法》一书于 2008 年由广东人民出版社出版，该书选辑孙中山阐述三民主义和五权宪法的文章、演说、谈话及有关文告、规章 38 篇，成为研究孙中山五权宪法思想包括监察思想的重要工具书。③ ③2003 年，教育部重点研究基地南京大学中华民国史研究中心申请到教育部的重大公关项目——"中华民国史研究"，首席专家为著名史学家张宪文教授，陈红民教授主持其中的子课题"国民政府五院制研究"，刘云虹博士负责其中的监察院部分。④ 2012 年，刘云虹的博士学位论文《国民政府监察院研究（1931—1949）》，由上海三联书店出版。该书从"制度设计""制度沿革""制度比较""制度实践""制度分析"五个方面，对监察院制度进行了深入研究，透视在制度创新中制度、观念、环境的互动关系，揭示近代中国政治制度创新的内在特点和规律。这是关于国民政府监察院制度研究的一部佳作。④2015 年，高大同编选的《高一涵监察工作文选》由凤凰出版社出版。权威学者认为，《高一涵监察工作文选》具有诸多价值，最突出的有这几个方面：一是有助于研究高一涵的生平活动，二是有助于研究高一涵的监察思想，三是有助于研究民国时期监察工作的状况。因此这部文选应该引起学术界高度重视。⑤ ⑤2017 年，张晋藩主编的《中国近代监察制度与法制研究》由中国法制出版社出版，其第二章为"北京政府时期的监察制度与法制"、第三章为"南京国民政府时期的监察制度与法制"。⑥ ⑥2018 年，孙宗一的《国民政府监察院分区监察制度的历史考察与当代启示》由科学出版社出版。该书将监察院分区监察

---

① 参见《王宠惠法学文集》编委会编《王宠惠法学文集》，法律出版社，2008。
② 参见《张知本法学文集》，蒋正阳点校，法律出版社，2018。
③ 参见黄彦编注《论三民主义与五权宪法》，广东人民出版社，2008。
④ 刘云虹：《国民政府监察院研究（1931—1949）》，上海三联书店，2012，"序言"第 1 页。
⑤ 高大同编《高一涵监察工作文选》，凤凰出版社，2015，"序"第 3~4 页。
⑥ 参见张晋藩主编《中国近代监察制度与法制研究》，中国法制出版社，2017。

制度放在近代中国由传统社会向现代社会转型的历史大背景下加以考察，从国家治理现代化的视角进行分析，从一个侧面透视了近代中国社会转型时期国家治理现代化的进展情况，并为当今国家治理体系的完善提供历史借鉴。[①]

最后，关于近代监察制度的论文数量同样有限，主要有：颜远志《广州国民政府时期的监察制度》（载《中山大学研究生学刊》［社会科学版］1996 年第 4 期）；余信红《民国时期的监察制度评析》（载《华北水利水电学院学报》［社科版］2002 年第 2 期）；王浩宇《评南京国民政府监察制度》（载《松辽学刊》［人文社会科学版］2002 年第 3 期）；刘云虹《论孙中山的监察思想》（载《东南文化》2004 年第 5 期）；王晓天《孙中山的监察思想》（载《求索》2007 年第 12 期）；刘云虹《论孙中山监察思想在国民政府时期的实践（1931～1949）》（载《民国研究》2010 年第 1 期）；孙宗一、经盛鸿《国民政府监察院分区监察制度研究》（载《历史教学》2013 年第 16 期）；孙宗一《民国初年监察思想述论——以高一涵为中心的考察》（载《学术界》2014 年第 8 期）；郭相宏《法律移植与制度惯性的冲突——以国民政府监察院之弹劾权为例》（载《山东科技大学学报》［社会科学版］2017 年第 3 期）；徐伟红《孙中山监察权独立思想及其对廉政监察的启示》（载《湖南人文科技学院学报》2018 年第 2 期）；郑深迪《中国监察法制传统的近代转型——以国民政府前期监察制度为例》（载《法律适用》2023 年第 1 期）；等等。

值得关注的是，有的博士学位论文将近代监察制度作为选题。如：何增光《民国监督制度研究》（博士学位论文，浙江大学人文学院，2004）；徐德刚《五权宪法监察权研究》（博士学位论文，武汉大学法学院，2006）；孙宗一《国民政府监察院分区监察制度研究（1935—1949）》（博士学位论文，南京大学历史学系，2014）；等等。硕士学位论文涉及近代监察制度选题的较多，在此不予赘述。

[①] 参见孙宗一《国民政府监察院分区监察制度的历史考察与当代启示》，科学出版社，2018，"内容简介"。

（二）民国学者代表性论著评介

1. "五权宪法"研究

（1）王宠惠：《研究五权制度略述》《五权宪法》

王宠惠作为近代中国历史上著名的法学家、国际著名的法官和外交家，也是最早与孙中山先生探讨"五权宪法"的学者。① 因此他对"五权宪法"的解读甚为权威。

1928 年出版的《国闻周报》第 5 卷第 41 期刊登了王宠惠的《研究五权制度略述》一文。记者按："国民政府组织法四十八条，已于十月四日正式公布。本法系基于孙中山先生五权宪法之原则，在世界为创制。其中先后经过情形，王宠惠博士以系身历其境之故，书之最详。以下之文，即王氏在双十节日发表者，所言皆个中真相，爰为披露以供参考。"此文主要阐释了两个重要问题。一是五权制度从前之讨论。王宠惠指出："五权宪法之制度，建国大纲略已规定。但当总理在时，曾与宠惠反复讨论。讨论之要点甚多，而在施行时应顾虑者约有五端：①监察委员本身谁弹劾之；②被弹劾者应由何处裁判；③司法行政与司法审判之关系；④何种官吏准免考试；⑤议员应否在考试之列。"对于上述各点，王宠惠均谈了见解，并申明了孙中山先生"先须赞成原则，至于施行方面，尽可别想办法"的创制思路。二是此次制定组织法之经过。1928 年 10 月颁布的《国民政府组织法》，"是训政时期中一种成文的刚性宪法"②，在中国政制史上地位十分重要。王宠惠在文章中对其制定经过作了详细描述，是研究该法的宝贵资料。作者描述，北伐告成以后，胡汉民、孙科在巴黎电达国民政府，提议促成五权制度。1928 年 9 月 19 日，蒋中正邀请诸同志谈话，公推胡汉民、戴季陶、王宠惠三人共同研究。20 日三人细加讨论成稿付油印，共计 49 条。复经讨论，23 日成第二次草案。经由张人杰、李煜瀛、戴季陶三人于 26 日提出中央执行委员会政治会议。经一度之讨论，议决推审查员蒋中正、胡汉民、孙科、王宠惠、张人杰、李煜瀛、戴季陶、李济

---

① 参见孙中山《五权宪法——在广东省教育会的演说》（1921 年 3 月 20 日），载黄彦编注《论三民主义与五权宪法》，广东人民出版社，2008，第 86~87 页。

② 杨幼炯：《近代中国立法史》，中国政法大学出版社，2012，第 239 页。

深、蔡元培、吴敬恒、谭延闿、李烈钧、何应钦、王正廷等公同审查。10月2日由蒋中正召集开审查会，将提交审查会的修正案53条审定为48条。10月3日上午将审定案报告于政治会议，议决通过，并加一议决案，其文云"关于中华民国国民政府组织法之修正及解释，由中国国民党中央执行委员会政治会议议决行之"。同日下午，全案由执行委员会常务会议照原文议决，于4日公布，即1928年10月4日公布《国民政府组织法》是也。王宠惠在文章中还对各委员发表意见及讨论要点，列出十三项附之，并对训政时期应不应该行五院之制、立法院既非民选何以有类似国会之职权等问题予以阐释。

1939年7月1日，王宠惠在国民党中央训练团党政训练班演讲《五权宪法》，对五权宪法的基本问题作出系统阐述，《五权宪法》是研究"五权宪法"的重要文献。当时"惟因时间关系，多有语焉不详之处"，作者后来"就原稿略为损益"，于1944年分别发表在《时代精神》第9卷第5期、《中央党务公报》第2卷第34期。文章共分"序言""总理对于政治之基本观念""五权分立之精义""五权间之相互关系""结论"五个部分。在"序言"部分，王宠惠开宗明义指出："五权宪法为我总理所独创，不独在我国宪政史为然，即在全世界各国宪政史上亦为创制。在总理遗教内，可得而考者，五权宪法实首次公开揭示于前清光绪乙巳年（一九〇五年）。"关于孙中山对于政治之基本观念，王宠惠总结为："吾人欲确知五权宪法之精义，必须了解总理对于政治之伟大发明。其发明维何？即政权与治权之分别是已。""以人民行使四种政权为全国政治之基础，在此基础之上，建设五种治权之中央政府，殆为总理建国之要旨也。"关于五权分立之精义，王宠惠指出，总理周游世界研究观察后深感外国三权政治之缺点：一是考试权附属于行政权；二是弹劾权附属于立法权。因此借鉴中国古代之考试制度与弹劾制度以弥补之。"一言以蔽之，五权宪法实冶中外政制之优点于一炉，取我之长，补彼之短，而集全民政治之大成。"王宠惠还对五权间之相互关系详加分析，并指出五权制所独有之七种新关系为考试权及监察权独立之意义所在，进而得出国民党"秉承遗教，以三民主义为最高之原则，自国民政府成立以来，无时不以实现五权宪政为鹄的"的结论。

（2）梅思平、金鸣盛：《五权宪法的设计》及其商榷

1929年1月16日，梅思平在国民党中央党校演讲《五权宪法的设

计》，后于同年刊登在《新生命》第 2 卷第 2 期。梅文分四个方面进行了论述：第一，一权制与五权制；第二，总理对五权分立制的意见之推测；第三，五权分立制与责任内阁制及苏维埃制；第四，五权宪法的设计。其中第四部分之设计，系在国民大会之下，设立法院、大总统、监察院、最高法院、考试委员会，并申明："我对于五权的排列，是立法行政监察司法考试。前三者为一组，后二者为一组。"① 该文在当时引起较大争议，除《新生命》同期即刊登了萨孟武《五权宪法与民生主义：与梅思平同志商榷》一文外，1929 年 3 月 11 日，金鸣盛于湖州省立三中草就《对于梅同志"五权宪法的设计"之商榷》一文，后于同年刊登在《新生命》第 2 卷第 5 期。

金鸣盛对梅思平的设计提出商榷意见，并提出自己对五院的排序为：立法院、行政院、司法院、考试院、监察院。金文分"对人的"（三项）和"对事的"（四项）两个方面对监察权进行了列举，认为"监察院更应兼管审计事宜"。金鸣盛指出，梅思平"对于五权宪法的设计，未免太拘执于西洋的成例，所以一方面想把五权分别清楚，一方面却只从外国的制度里去找相像的办法，自然扞格不通，而且离去总理的原意太远。我以为讨论五权宪法，固然不能仅凭臆想，不管从前的实例；却只好拿实例来符原则，不可将五院的大概职权去凑成例（譬如将监察院去合美国的上院）"②。

（3）张知本：《怎样才是五权宪法》《五权宪法的认识》

1933 年 1 月，立法院组织宪法草案起草委员会，著名法学家张知本被任命为副委员长，与吴经熊一起主持中华民国宪法草案起草工作。1934 年 3 月 1 日，国民政府立法院以宪法草案起草委员会名义发表《中华民国宪法草案初稿》，开始征求一般民众意见。1934 年 8 月，张知本发表《怎样才是五权宪法》一文，刊登于《东方杂志》第 31 卷第 8 期。文章对"五权宪法"问题论述详尽，主文分为两大部分。一是"关于政权方面的"，主要对国民大会的组织和职权加以论述。对于国民大会的组织论述了四个方面：第一，代表产生的方法；第二，代表的人数；第三，大会的集会次数和会期；第四，大会闭会期内的常设机关。关于国民大会的职权，则分

---

① 梅思平：《五权宪法的设计》，《新生命》第 2 卷第 2 期，1929 年。

② 金鸣盛：《对于梅同志"五权宪法的设计"之商榷》，《新生命》第 2 卷第 5 期，1929 年。

选举权、罢免权、创制权、复决权加以论述。二是"关于治权方面的"，重点论述了三个方面的问题。第一，不要设置国民政府机关。张知本认为，"如果是五院之上，另设一个政府机关来统辖它们，这简直是一权制的政府，而不是五权分立制的政府了"。还有一层，五院之上既设了一个国民政府，而其主脑大总统已有统揽行政立法司法考试监察等之大权了，不仅与各国政治制度不相符合，而且"实与五权宪法精神未能符合，所以主张不设置之"。在张知本的推动下，立法院三读通过的《中华民国宪法草案》中，国民政府不再有实权，五院权力尤其是立法院、监察院的权力得以扩充。[①] 第二，军人当选大总统的限制。"军人非退职三年后，不得当选为大总统。"这是张知本个人独创的见解，并被写入宪法草案。该文中，张知本从我国的政治历史和孙中山的"权能分开"理论两方面论述了限制军人当选大总统的理由："从我国的政治历史上说：我国自辛亥革命以后，许多年来战争频仍，纷乱不已，使国家人民，同陷于万劫不复的境地，推厥由来，无一不是军人闹出来的，而军人之所以要这样互相战争者，又无一不是为拥护总统地位或觊觎总统地位而发，这从袁世凯以至于曹锟，都是历历不爽的事实"；"再从孙中山先生的'权能分开'理论来说：……军人的技能是战术，军人尽其'能'，便在防卫攻击。如果要他来当大总统，这便是叫他弃其所'能'，而强为其所不'能'，结果便是一无所'能'"。当然，张知本的这一主张遭到以蒋介石为首的国民党当局的反对。《中华民国宪法草案》经 1934 年 10 月 16 日立法院第三届第七十四次会议通过后，复经提交国民党四届五中全会讨论，交中常会核议。1935 年 10 月 17日经中常会第一九二次会议议决原则五项，再交立法院重加修正。修正后的《中华民国宪法草案》第四章第一节"总统"删去第四十七条"军人非解职不得当选总统或副总统"的规定。[②] 第三，各院职务须各别独立行使。包括：其一，行政组织应采内阁制，由行政院院长对国民大会负责，立法院不能提出不信任案；其二，大总统只能对行政院所属的公务员有任免的权限，其余各院的公务员，除国民大会所选任或罢免的外，均应由各院院长任免；其三，法律的公布权，应该属于立法院院长，法律不必送交

---

① 杨幼炯：《近代中国立法史》，中国政法大学出版社，2012，第 265～266 页。
② 杨幼炯：《近代中国立法史》，中国政法大学出版社，2012，第 266～267 页。

大总统公布；其四，赦免系一种刑事政策，赦免案件应该由司法院院长处理，不必由大总统主持之。

1946 年 11 月 15 日至 12 月 25 日，制宪国民大会在南京召开。大会通过了《中华民国宪法》。在这次制宪国民大会上，张知本作了题为《五权宪法的认识》的演讲。① 演讲分五个部分。一是宪政与宪法。张知本指出，国父的建国程序分为三个步骤，即军政、训政、宪政三个时期，又称为"军法之治"、"约法之治"和"宪法之治"。"宪政"二字的简单定义就是"宪法之治"。宪法既然是宪政的根据，而宪政乃是宪法的实施。因此，宪法之应该结合本国的实际，适应本国的需要，乃是无可否认的事。"我们希望宪政能够顺利进行，必须有一个以立国的精神和切合人民实际状况的宪法，也就是说，必须要有一个与革命目的相合，与人民需要相应的好宪法，才能产生良好的宪政。"二是五权宪法与三民主义。张知本认为，要想有真正的宪政，必须有良好的宪法，而一个良好的宪法，它必须适合于革命的目的和人民的需要。中国需要一个能够真正实行三民主义的宪法，就是五权宪法。三民主义是体，五权宪法是用，二者之间是有不可分性的。五权宪法乃是根据三民主义，体察外国施政的得失和中国历代政治制度的优点，顺应世界潮流，贯彻立国精神而独创的。三是五权宪法的真解。第一，五权宪法绝对不是三加二等于五的公式，也不是三权宪法之总和再除以五的公式。第二，五权宪法的考试、监察两权，虽说是参照中国旧制，可是如果说考试制度就是科举制度，监察制度就是御史制度，那就大错了。第三，有人以为五权宪法只是三权宪法的改良，算不上创造，这就把"创造"二字看得太呆板了。五权宪法完全是国父独出心裁的创造品。四是五权宪法的特点。张知本认为，五权宪法第一个特点是权能区分；第二个特点是把政权和治权归属清楚；第三个特点是均权主义，不偏于中央集权与地方分权。五是五权宪法与宪政。张知本指出，不要把"五五宪草"与五权宪法混为一谈，将"五五宪草"的缺点指摘为五权宪法的不足；也不要拿现行制度与五权宪法相提并论，将现行制度的缺点作为五权宪法的坏处。"我们要认清五权宪法的真面目，制定一个真正以五权宪法为依归的宪法，中国才能实现真正的宪政，才能建立一个富强康乐的三

---

① 张知本：《五权宪法的认识》，《法令月刊》1972 年第 2 期。

民主义共和国！"

（4）吴绂征：《五权宪法与五院政制》

1944年10月，吴绂征在《中华法学杂志》新编第3卷第10期发表《五权宪法与五院政制》长篇论文，对五权宪法下的五院政制问题进行了系统而深入的探讨。文章共分九个部分。其一，"引言"开宗明义指出，"五院政制应该根据五权宪法的原理原则来设计"。其二，"五权宪法的精神"指出五权宪法与三权宪法的三点不同：所根据的主义不同、政制设计不同、制度重心不同。其三，"五院政制的特点"，从三方面论述：一是国民政府五院为纯粹的职务上分工制度；二是政治权力的重心，在于代表人民行使政权的中央政治指导机关，初时为中央政治委员会，抗战期间则为国防最高委员会；三是五院的职权分配，有轻重大小之不同，而以行政院为执行政务的总汇机关。其四，"五院的分工与合作"。其五，"治权与政权的界限"。其六，"五院职权的平等"。其七，"中国的战时体制"。其八，"五权宪法的五院政制"指出"现在的五院政制实有以下的三大缺点"：五院只有分工，而不能合作联系；治权与政权的界限不明；五院并无政治上平等的权力，行政院以外各院并不能分掌治权。同时提出了相应的改进方案。其九，"结论"指出："五院政制乃系根据五权宪法的原理原则而来……中国宪政的实施，其成功与失败，一方面是决定于民权方面的国民大会与地方自治，一方面则决定于政府的总统与五院。"

2. 五权宪法语境下之"监察制度"研究

以下几篇文章的共同特点是对中国古代监察制度、西方议会监察制度、"五权宪法"监察制度作了比较性研究，并针对现行制度提出见解。故将其作为一组予以评介。

（1）谢瀛洲：《五权宪法下之监察制度》

谢瀛洲的《五权宪法下之监察制度》，1930年发表于《中华法学杂志》第1卷第3期。当时训政时期之五院只有监察院的设立尚未完成。谢瀛洲在文中综合分析比较中西之制度，重点探讨了监察机关的"权限问题"与"组织问题"。"权限问题"方面，关于"对人之权力范围"，文章认为："弹劾权之适用范围，自当略仿美国，使之普及于全国一切官吏，不宜有所制限；否则无以统一事权，澄清吏治也。"关于监察院"对事之权力范围"，文章认为："当以官吏之犯罪或违法行为为限。至若官吏之不当行为，自有其上级长官以考核之结果，予以公正的制裁，监察院不必为之越俎代庖也。"对于处分之权力范围，只列举了中外几种处理模式。"组织问题"方面，文章分"弹劾机关之组织""审判机关之组织"进行了比较研究。谢瀛洲认为，五权宪法中之监察权，乃渊源于中国古代之台谏及外国议会弹劾制度，故欲研究监察机关之权限及组织问题，自以探讨中外成规为最正确之方法，进而得出如下结论。关于权限方面，应认定：第一，监察权当普及于全国官吏，不论其职位之高下；第二，监察权固不能涉及不当行为，然亦不当限于违法行为，盖设立监察制度之主要目标，正在于严惩官吏之犯罪；第三，监察权运用之结果，不只应发生褫职处分，而尤须科犯罪官吏以应得之刑罚。关于组织方面，应认定：第一，宜仿造中国御史制度之精神，予监察人员以巩固之保障；第二，宜依照丹麦、挪威等国之成例，采混合法院制，以膺审判之重任。

（2）文公直：《监察制度之研究》

文公直的《监察制度之研究》写作于 1931 年 1 月 20 日，同年发表于《中央月刊》第 3 卷第 5 期，写作与发表时间正值训政时期监察院正式成立之前后。文公直为早期同盟会会员，曾参与"讨袁运动""护法运动"，系民国时期元老级人物，该文较系统地反映了其监察思想。文章分为六部分："绪论""中国监察制度之研究""中国谏官制度之变更""欧美各国之监察制度""五权宪法中之监察制度""监察制度行使要点之研究"。文公直在对中国古代监察制度和谏官制度进行历史梳理，对英、美、法、德、意、苏等六国监察制度以及五权宪法中之监察制度进行比较研究的基础上，重点探讨了"监察权如何行使"的两个问题：一是"建议权行使之商榷"，认为"我国创行五权分立，提出弹劾权于立法权之外而独立，是否并此建议权亦随之而归于监察院，一如昔日台谏职权之旧"；二是"事前监督之必要"，认为"夫监察权之行使，必于事前事后皆得充分监察，始为全备"，"惟有使中央及地方一切机关之政治报告及政治设施，悉数检抄，全部送达监察院，俾监察院得从而研究其利弊，而为事前监察之实施"。

（3）李宗黄：《总理遗教中之监察制度》

李宗黄于 1910 年加入中国同盟会，系国民党资深党政实务工作者，1935 年 5 月出任国民党中央监察委员。其《总理遗教中之监察制度》系1935 年 10 月 21 日在中央国府联合纪念周所作演讲，当时"适值上周中常会决定宪法草案五项原则"，即 1935 年 10 月 17 日国民党中常会第一九二次会议议决原则五项，再交立法院对宪法草案重加修正。此文 1935 年发表于《中央党务月刊》第 87 期。文章分为三部分。其一，中外监察制度略考。从历代监察制度、欧美各国之监察权、民国以来之监察制度、现行之监察制度几方面予以考证。其二，总理遗教中之监察制度。从独立精神、权限划清、人选问题、保障问题几方面予以论述。其三，结论。李宗黄认为，现行之监察制度，仅有弹劾权而无审判和惩戒权，无异于猎人入山打猎而无枪械与猎狗。因此，应扩充监察职权，"务使事前监督之审计权、质询权、建言权，事后监督之弹劾权、行政审判权、惩戒权，完备无缺，成立最完美之监察制度"。

（4）王履康：《中国之监察制度》

王履康 1902 年赴日留学，肄业于早稻田大学。1904 年归国后曾任贵州道、辽沈道、山东道监察御史，因此其研究中国监察制度的论著极具代表性。这篇《中国之监察制度》写作于 1935 年 12 月，1936 年发表于《东方杂志》第 33 卷第 17 期，写作于中常会议决"宪法草案"原则五项、1935 年 10 月 25 日立法院第四届第三十五次会议三读通过修正后的《中华民国宪法草案》之后，发表则在 1936 年 5 月 5 日公布"五五宪草"之后。王履康文分为六部分："引言""我国监察制度之史的观察""现行监察制度下监察院职权之分析""现行监察制度下弹劾权之对象及其运用""我国监察制度与西洋弹劾制度""中国监察制度的问题"。王履康在文中充分利用比较分析的方法，对古今、中外监察制度作了深入探讨。他将监察院的职权归纳为弹劾权、审计权、查询调查权、监察使置设权、请求急速处分权、监试权、制限的行政监察权七项，并重点研究了弹劾权的对象和运用。在比较分析现行监察制度与古代御史制度、西洋弹劾制度之不同的基础上，着重研究了"监察院是否须有事前监察权"和"监察院是否须有审判权惩戒权"两个问题：对于前者，王履康认为"监察院不必有事前监察权"；对于后者，王履康认为"宪草修正案没有把弹劾案的审判权和惩戒权授予监察院，不能不算聪明的事"。

（5）江毓麟：《如何树立完整之监察机构》

江毓麟既是民国时期重要学者，又曾担任监察院官员，其关于监察制度的论著具有特殊价值。这篇《如何树立完整之监察机构》1937 年发表于

《远东杂志》第 2 卷第 5 期，在 "五五宪草" 公布之后。文章分三个方面
对五权宪法语境下的监察制度进行了研究。其一，监察权独立之渊源。主
要论述了 "古代监察制度之特质" "立法机关兼司监察之弊" "总理主张
监察权独立之根据"。其二，监察权之范围问题。关于监察权对事之权力
范围，江毓麟在分析中外历史经验的基础上，主张监察院应有事前监督各
项行政之全权，认为："欲谋监察制度之完整，端不仅在事后有弹劾权、
紧急处分权、惩戒权、事后审计权等，而事前监督行政之质询权、调查
权、建议权、事前审计权等，在促进行政效率、减少设施上之错误而言，
尤为必要也。"关于监察院对人之适用范围，江毓麟认为，根据 1929 年 6
月国民党第三届中央执行委员会第二次全体会议议决之《治权行使之规律
案》第四项，"可知现行监察制度中弹劾权对人之适用范围，不以最高或
高级官吏为限，而普及于一般之公务员矣"。其三，宪草与今后之监察制
度。江毓麟对 "五五宪草" 新增的 "惩戒权之划入" "质询权之增加"
"法律提请解释权之授予" 给予高度评价，同时提出两点建议：事前监督
之建议权、事后监督之行政裁判权，应分别增入或依归监察院。

3. 五权宪法语境下之 "监察权" 和 "监察院" 研究

（1）商文立：《近代监察权在宪法上之地位》

商文立具有民国学者和监察院官员双重履历。其《近代监察权在宪法
上之地位》一文，1931 年发表于《中华法学杂志》第 2 卷第 5 期。文章对
近代中、外之监察权分七个方面进行了探讨："弹劾权" "审判权" "质问
权" "调阅文件权" "调查权" "监察财政权" "设立特别监督委员会权"。
商文立总结认为："中山先生之五权宪法，虽未经先生详细规定，然其主
张独立之监察权，散见各部遗教中。其渊源中国旧时御史制度及参酌现代
国会之监察制度，屡经先生剀切言之。故欲研究监察机关之权限，自以探
讨中外成规为正当办法。年来中外学者关于监察论文，于纯理推阐者甚
多，于分析及历史研究者则不多见。吾友谢君瀛洲昔著五权宪法，及近时
所发表《五权宪法下之监察制度》各文，精审宏博，足供参详。故不揣谫
陋，特述近代各国监察权行使之梗概于此篇，至关中国御史制度之研究，
容俟他日另述之。"

（2）高一涵：《宪法上监察权的问题》

高一涵的《宪法上监察权的问题》1933 年发表于《东方杂志》第 30

卷第 7 期。高一涵在文章中明确提出："弹劾案的审判权究竟以属于什么机关为最相宜呢？我的答案，就是以属于监察院为比较的相宜。""如果只教监察院司弹劾，不教他司审判，便是半弹劾。"只有将弹劾权与审判权通同放在监察院，"监察权才可以称为真正的独立，弹劾权才可以称为整个的弹劾权，而审判的机关也不像现在那样的支离破碎。这也是关于监察权本身的一个重要问题"。该文是能够较好反映高一涵先生监察思想的一篇佳作。

（3）汤吉禾：《宪法草案中之"监察院"》

汤吉禾的《宪法草案中之"监察院"》1936 年发表于《时事月报》第 15 卷第 5 期，适值"五五宪草"刚刚公布。因此文章对照"五五宪草"之规定，对"监察院的组织"和"监察院的职权"问题详加论述。在监察院组织方面，汤吉禾认为监察委员不宜选举而应任命，且其任期应为终身之职或十年以上之期。汤吉禾先生是跨越民国和新中国两个时期的重要学者，通过该文可以略窥其基本的监察思想。

（4）杜光埙：《行宪后的监察院》

杜光埙一生经历过大学教授、监察院监察委员、海牙国际法院公断员等职业生涯。其《行宪后的监察院》，1948 年发表于《东方杂志》第 44卷第 2 期，即《中华民国宪法》正式颁布之后。文中载明，"三十五年（1946 年）十二月二十五日国民大会通过之《宪法》，业经我政府依照国民大会之决议，于三十六年（1947 年）十二月二十五日明令于三十七年（1948 年）三月二十九日召开国民大会，开始施行《宪法》"。行宪后监察院与训政时期监察院异同之点何在？该文从"组织""职权""职权行使之方式"三个方面进行了系统性比较研究。关于"组织"，训政时期监察院监察委员均由政府任命，行宪后监察院之监察委员改由人民选举，这是监察院组织性质上的一种根本变革，也是行宪后监察院和训政时期监察院之间最重大的一点不同。院长、副院长在训政时期都是政府的官吏，行宪后则类似议会制度中上议院议员自己选举的议长了。地方监察机构方面，训政时期监察院为推行监察权并加强地方监察机构之组织及人员建设起见，将全国划分为若干监察区，各区设监察使。行宪后的变化则难以判断。关于"职权"，分弹劾权、审计权、纠举权、同意权、纠正权加以论述。关于"职权行使之方式"，论述了由训政时期的"单独行使"向行宪后的"会议制行使"的变化。杜光埙的这篇文章是研究训政时期监察院与行宪后监察院之变化沿革的重要文献资料。

（三）"五权宪法"对中国传统监察制度的更新

1. "五权宪法"对监察组织之更新

（1）中国古代监察组织之变迁

秦、汉是中国监察制度的形成与发展时期。秦汉御史纠弹制度得到了长足发展，形成了封建御史制度的基本框架，使御史机关成为两千年来制约相权、维护皇权的有力工具。地方监察机构也已基本建成，为中国地方监察制度的发展奠定了基础。三国、两晋、南北朝为监察制度的停滞与互异时期。隋唐则是监察制度的转捩与鼎盛时期：隋唐政治制度是中国整个封建社会政制的楷模，它具有自己突出的特点和杰出的代表性，而监察制度是它不可分割的一个十分重要的组成部分。五代、宋、辽、夏、金、元为监察制度的没落、复兴与融合时期。此前的监察组织以御史台体系为主线，以言谏体系为辅助，一脉相承发展下来。明清两朝建立都察院以取代原来的御史台，中国监察制度进入都察院时代。清末民初，中国引进西方代议制度，传统监察制度受到根本性冲击。①

（2）国民政府监察组织发展概况

A 大革命时期国民政府的监察组织

1924 年至 1927 年大革命时期，以孙中山为首的国民党在广州成立了革命政府，后又改名为国民政府。随着北伐战争的胜利，国民政府迁都武汉。这一时期设有监察院、惩吏院等监察机关。

监察院成立于 1925 年 8 月，直隶国民党中央执行委员会，并受其指导与监督。根据 1926 年 10 月修正的《国民政府监察院组织法》的规定，监察院"受中国国民党之监督、指导与国民政府之命令，掌理监察国民政府所属行政、司法各机关官吏"的活动。

监察院成立不久，1926 年 1 月又成立了惩吏院。惩吏院直隶国民党中央执行委员会，在国民党的监督、指导及国民政府的命令下，负责对官吏的惩处。同年 5 月，撤销惩吏院，改设审政院；至年底撤销审政院，将惩

① 详见赵贵龙《中国历代监察制度》，法律出版社，2010，第 1~128 页。

治官吏之职权合并于监察院。根据 1926 年 2 月 17 日正式颁布的《惩治官吏法》，广州国民政府在形式上确立了较为完备的官吏惩治制度。只不过其官吏惩治制度实际上是无法实行的，何况惩吏院不久即被撤销，审政院也无人负责，最后并职权于监察院，不过是形式而已。

B 南京国民政府的监察组织

1927 年 4 月，南京国民政府成立。次年 10 月，国民党中常会通过了《训政纲领》与《国民政府组织法》，试行五权宪法的政体，设立五院。但直至 1931 年 2 月以于右任为院长时，监察院才算正式宣告成立。最初，由院长提请国民政府任命监察委员 19~29 人组成监察院会议，1931 年 12 月增至 30~50 人，其中一半人数"由法定人民团体选举"；并将全国划为若干监察区，每区设一监察使署，作为监察使的办事机构。监察院开始直隶国民党中央执行委员会，受其指导与监督，1943 年又改向国民政府主席负责。1947 年 1 月 1 日颁布的《中华民国宪法》，将监察院建置进一步制度化。

监察院为国民政府主要监察机关，由正副院长、监察委员、各委员会等组成，另设有秘书处、参事处等机构。监察院设审计部，掌理全国审计业务。监察院与惩戒机关一起构成了完整的监察组织体系。

（3）监察组织的两个特点

A 监察组织与中国国民党的依附关系

"国民政府为党治政府，故党政关系极为密切。"[1] 监察组织也不例外。监察院于 1925 年 8 月成立之初，即直隶国民党中央执行委员会，并受其指导与监督。1925 年 7 月《国民政府监察院组织法》规定：监察院受中国国民党之指导监督。1926 年 10 月修正的《国民政府监察院组织法》规定：监察院"受中国国民党之监督、指导与国民政府之命令，掌理监察国民政府所属行政、司法各机关官吏"的活动。

国民党中央政治会议之党国体制对监察制度的影响更是如此。政治会议，或称政治委员会，其第一次会议在 1924 年 7 月 11 日举行。"此会议之产生，远在国民政府成立之前，而其权力亦超于国民政府之上。"[2] 1931

---

[1] 钱端升、萨师炯等：《民国政制史》上册，商务印书馆，2018，第 204 页。

[2] 杨幼炯：《近代中国立法史》，中国政法大学出版社，2012，第 224 页。

年 6 月 2 日，监察委员刘侯武提出弹劾铁道部部长顾孟余，一时舆论哗然。因为此案，中政会最终把政务官弹劾案的决定权保留到自己身上。1934 年 7 月 11 日中政会第四一六次会议议决补订弹劾办法三条，其中第二条规定："凡经中政会议决定之政务官，经惩戒机关决定处分后，中央政治会议认为必要时，得覆核之。"后在 1934 年 10 月中政会第四三一次会议又议决："凡经中政会议议决之政务官被付惩戒时，其惩戒之决定书应呈报中央政治会议。"①

B 监察组织的法治化

国民政府时期，监察组织的更新变迁呈现出较强的法治化特征。首先，监察组织严格依法设立。以初期国民政府监察院组织法为例，广州国民政府监察院于 1925 年 8 月 1 日组织成立，而 1925 年 7 月 17 日公布的《国民政府监察院组织法》即规定其组织设监察委员五人执行院务，五人互推一人为主席；1925 年 9 月 30 日修正之《国民政府监察院组织法》，组织方面增设常务委员一人；1926 年 10 月 4 日修正之《国民政府监察院组织法》，组织方面于监察委员五人之外增设审判人员三人；1927 年 11 月 5 日修正之《国民政府监察院组织法》，组织方面监察委员增为七人；等等。② 其次，审计组织亦严格依法设立。如：1929 年制定《审计部组织法》，对审计部组织详加规定；1933 年修正该组织法，对审计部组织加以调整。③ 最后，制定《监察委员保障法》，对监察委员提供类似国会议员的特别保障。④

2. "五权宪法"对监察职权之更新

（1）监察权范围的宏观比较

中国古代监察权的范围十分广泛。以清代都察院的六科十五道为例，高一涵先生曾将其职权综括为十项：建议政事权、监察行政权、考察官吏权、弹劾官吏权、会谳重案权、辩明冤枉权、检查会计权、封驳诏书权、注销案卷权、监察礼仪权。⑤

---

① 王履康：《中国之监察制度》，《东方杂志》第 33 卷第 17 期，1936 年。
② 钱端升、萨师炯等：《民国政制史》上册，商务印书馆，2018，第 235~236 页。
③ 杨幼炯：《近代中国立法史》，中国政法大学出版社，2012，第 297 页。
④ 钱端升、萨师炯等：《民国政制史》上册，商务印书馆，2018，第 366 页。
⑤ 高一涵：《中国御史制度的沿革》，商务印书馆，1926，第 82~89 页。

　　五权宪法框架下的监察院，其监察权范围就小得多。大革命时期国民政府监察院的监察职权，主要是监察国民政府所属各机关官吏之行为及考核财税收支。凡查出官吏有非法失职之案件，即起诉于惩吏院审办。具体包括以下方面：调查质疑权、弹劾权、纠举权。对于训政时期国民政府监察院的监察职权，1928 年 10 月颁布的《国民政府组织法》第四十一条规定："监察院为国民政府最高监察机关，依法律行使下列职权：（一）弹劾；（二）审计。"从法条看，好像监察院的职权仅限弹劾权和审计权。其实监察院尚有其他权限。有民国学者将训政时期监察院的职权归纳为七项：弹劾权、审计权、查询调查权、监察使置设权、请求急速处分权、监试权、制限的行政监察权。与古代台谏制和科道制的权力相比，监察院的监察权并没有完全把它继承过来，例如建议政事权、监察行政权、考察官吏权、会谳重案权、辩明冤枉权等，都已分别分配到行政、立法、司法、考试各院去了。[①]

　　（2）训政时期弹劾权范围的变迁

　　孙中山先生早期谈及五权宪法时，使用的是"弹劾权"的概念。1906 年 12 月 2 日在东京《民报》创刊周年庆祝大会的演说中，孙中山阐述他的"五权分立"主张时指出："一为纠察权，专管监督弹劾的事。"[②] 1916 年 7 月 20 日在沪金星公司等欢送两院议员会上的演说中，孙中山指出："此之所谓五权者……其一为御史弹劾，即皇帝亦莫能干涉之者……此弹劾权及考试权实我国之优点，吾人采取外国良法，对于本国优点亦殊不可抛弃。"[③] 1916 年 8 月 18 日晚在出席浙江省军政界欢迎宴会的演说中，孙中山指出："古时弹劾之制，不独行之官吏，即君上有过，犯颜谏诤，亦不容丝毫假借。设行诸近世，实足以救三权鼎立之弊。"[④] 1921 年 3 月 20 日在广东省教育会所作《五权宪法》演说中，孙中山指出："我们中国亦有三权宪法……一是君权，一是考试权，一是弹劾权；而君权则兼有立法、

　　① 王履康：《中国之监察制度》，《东方杂志》第 33 卷第 17 期，1936 年。
　　② 孙中山：《在东京〈民报〉创刊周年庆祝大会的演说》（1906 年 12 月 2 日），载《孙中山全集》第一卷，中华书局，2011，第 330~331 页。
　　③ 据《两大公司欢送两院议员记》，《民国日报》（上海）1916 年 7 月 21 日，第 10 版，转引自黄彦编注《论三民主义与五权宪法》，广东人民出版社，2008，第 30~31 页。
　　④ 据《孙中山先生游杭记》（三），《民国日报》（上海）1916 年 8 月 20 日，第 3 版，转引自黄彦编注《论三民主义与五权宪法》，广东人民出版社，2008，第 32~33 页。

行政、司法之权。""说到弹劾，有专管弹劾底官，如台谏、御史之类，虽君主有过，亦可冒死直谏，风骨凛然。""五权宪法分立法、司法、行政、弹劾、考试五权，各个独立。"① 直至 1923 年 1 月 1 日公布由孙中山主持起草的《中国国民党党纲》，其第二条中规定"五权宪法：（甲）立法权；（乙）司法权；（丙）行政权；（丁）监察权；（戊）考试权"②，这才在国民党党内文献中正式使用"监察权"的概念。③ 可见，孙中山创立"五权宪法"的初衷之一，是将"弹劾权"从立法权中独立出来。因此在后来的五权政制构建中，"弹劾权"始终处于监察权的核心位置。

国民党军政时期，监察院的工作并未实质性展开。1928 年 10 月国民党宣布实行训政，但直至 1931 年 2 月监察院才正式成立。训政时期监察院的职权主要有：弹劾权、审计权、监试权、调查权、纠举权、建议权。④

训政时期弹劾权的权力范围变迁，大体可分为"对人的权力范围变迁"和"对事的权力范围变迁"。

①对人的权力范围变迁。先看中国古代台谏制与科道制之监察权的范围。"中国古代台谏，本为两官：台官之职掌，在于肃正纪纲，纠弹官邪；谏官之职掌，在于规谏讽喻，献可替否。及至明清，其都察院之权限，乃合两者而一之；故凡主德阙遗，朝政得失，百官贤佞，上自天子王公大臣藩服督抚，下至府州县吏官，不分尊卑，不论文武，一律皆可以尽量陈奏。"但需要注意的是，都察院对于君主，只能规谏，不能弹劾。因此，都察院的弹劾权适用范围应是君主以下之一切官吏。⑤ 五院政制框架下的监察制度，因吸收了西方议会弹劾制的元素，监察权范围发生根本性变化。根据 1929 年 6 月国民党三届二中全会议决、7 月 10 日公布的《治权行使之规律案》，"在监察院成立以后，一切公务人员之弹劾权皆属于监察院。凡对公务人员过失之举发，应呈由监察院处理。非监察院及其所属不得受理，其不经监察院而公然攻讦公务人员，或受理此项攻讦者，以越权

---

① 据《孙大总统五权宪法讲演录》（又名《孙先生五权宪法讲演录》），广东官印刷局承印，转引自黄彦编注《论三民主义与五权宪法》，广东人民出版社，2008，第 83~97 页。
② 《孙中山全集》第七卷，中华书局，2011，第 4 页。另见黄彦编注《论三民主义与五权宪法》，广东人民出版社，2008，第 167~168 页。
③ 王晓天：《孙中山的监察思想》，《求索》2007 年第 12 期。
④ 刘云虹：《国民政府监察院研究（1931—1949）》，上海三联书店，2012，第 53~58 页。
⑤ 谢瀛洲：《五权宪法下之监察制度》，《中华法学杂志》第 1 卷第 3 期，1930 年。

论。监察院不提出质询者，以废职论"。1929 年 5 月 18 日经立法院通过、同年 5 月 29 日由国民政府公布（后于 1932 年 6 月修正）的《弹劾法》第二条规定："监察委员对于公务员违法或失职之行为，应提出弹劾案于监察院。"可见监察院弹劾权对人的权力范围应囊括所有公务员。

②对事的权力范围变迁。有的民国学者认为："监察院之对事的权力范围，当以官吏之犯罪或违法行为为限。至若官吏之不当行为，自有其上级长官以考核之结果，予以公正的制裁，监察院不必为之越俎代庖也。"① 但是 1929 年颁布、1932 年修正的《弹劾法》规定"监察委员对于公务员违法或失职之行为，应提出弹劾案于监察院"，"所以弹劾权的事的对象是公务员违法的行为，和解释极宽泛的失职行为"②。

（3）行宪后监察权范围的变迁

行宪后的监察院，其职权发生较大变化。在训政时期，《国民政府组织法》所规定的监察院之职权为弹劾与审计。"弹劾权行使之对象，为政府官吏之违法与失职，而弹劾法中的政府官吏，概括一切机关之人员，没有中央与地方之分，亦没有阶级大小之别，遇有违法及失职情事发生，即足以构成其受弹劾之罪行。依《宪法》之规定，弹劾仍列为监察院之主要职权，按之《宪法》第九十七条'监察院对于中央及地方公务人员之失职或违法得提出弹劾案'的规定，中央地方机关人员之违失都成了监察院行使其弹劾权的对象。根据《宪法》第一百条监察院对于总统也可以行使弹劾权，但监察院之弹劾总统在程序上与弹劾一般公务人员不同，对总统之弹劾'须有监察委员四分之一以上提议，全体监察委员过半数之审查及决议'，而对于一般公务人员之弹劾仅须'监察委员一人以上之提议，九人以上之审查及决议'。这种程序上繁简的不同，乃是在于行使弹劾违失情事范围以内，兼寓保障国家之首地位，以安定国家政治之意。……训政时期监察院所行使的纠举权，是根据着非常时期监察权行使办法来的。……《宪法》实行之后，根据《宪法》第九十条监察院行使纠举权的规定，监察院仍保有他的纠举权……并没有明白的规定……"关于审计权，"《宪法》上对审计制度只规定审计长之设置，并无行使审计权之详细规定"。

---

① 谢瀛洲：《五权宪法下之监察制度》，《中华法学杂志》第 1 卷第 3 期，1930 年。
② 王履康：《中国之监察制度》，《东方杂志》第 33 卷第 17 期，1936 年。

关于同意权，"依《宪法》第七十九条和八十四条的规定，仅适用于司法院院长、副院长、大法官，及考试院院长、副院长及考试委员几项人员"。关于纠正权，"根据《宪法》第九十七条之规定，监察院得向行政院及其各部会提出纠正案。所谓纠正案与《宪法》中所规定的纠举案不同"。① 除上述五种权力外，根据宪法、监察法、监试法之规定，监察机关还享有调查权和监试权。

（4）"五权宪法"政制下之监察权的几个特质

①权力来源性质之革命。从政治架构形式上看，五院制的监察制度与古代御史制度的权力来源有着相似之处。在古代专制政体下，统治权在君主手里，君主是政治的原动机，科道或御史是由君主授权而以辅弼君主、监督百官为职务的。在五权制度之下，监察权是治权的一种，监察院之有监察权，和科道之有纠察权一样，由于上层权力机关（在训政时期为中国国民党中央执行委员会，在宪政开始后为国民大会）的授权行为，监察院行使监察权，亦和科道制一样，在于辅助政府而不是基于民意机关的地位来监督政府。所以五院制的监察制度继承我国固有的御史制度，两者在政治机构中的地位是相同的。②

但是，辛亥革命以后，监察制度所处政治环境与古代御史制度时期相比已经发生根本性变化。御史制度的政治环境是封建专制政治制度，监察制度的政治环境是新型的五权制度。监察权属于治权之一种，治权的"五权"（行政权、立法权、司法权、考试权、监察权）之上有政权的"四权"（选举权、罢免权、创制权、复决权）。政权是民权，政权的行使主体是国民大会。"宪法颁布之后，中央统治权则归于国民大会行使之，即国民大会对于中央政府官员有选举权、有罢免权，对于中央法律有创制权、有复决权。"（《国民政府建国大纲》第二十四条）③ "故五项治权之效用，有俟乎此四项政权之行使焉。"④ 这样看来，作为治权之一的监察权，其权力来源于人民，与台谏和科道的权力来自君主就有着本质的不同。

---

① 杜光埙：《行宪后的监察院》，《东方杂志》第44卷第2期，1948年。
② 王履康：《中国之监察制度》，《东方杂志》第33卷第17期，1936年。
③ 孙中山：《国民政府建国大纲》（1924年1月23日），载《孙中山全集》第九卷，中华书局，2011，第129页。
④ 孙乃湛：《论四权行使范围及其与五权之关系》，《民鸣月刊》第2卷第5期，1930年。

行宪以后，根据《中华民国宪法》之规定，监察院院长、副院长由监察委员互选之，监察委员由各省市议会、蒙古西藏地方议会及华侨团体选举产生。监察委员任期 6 年，连选得连任。"训政时期监察院监察委员均由政府任命，行宪后监察院之监察委员改由人民选举，由政府任命方式而产生的监察委员乃是政府一部门之官吏，而由各省市及其他地方团体选举出来的监察委员就成了人民的代表。监察委员之由政府官吏一变而为人民选举的代表乃是监察院组织性质上一种根本变革，也是行宪后监察院和训政时期监察院所不同的最重大的一点。"① 行宪后的监察制度，即便是在政治架构形式上也与古代御史制度形成了根本区别，其权力来源于民的特质更为直接。

②监察权行使方式之发展。训政时期，监察院之弹劾、纠举和建议几种职权，大概都由监察委员和监察使单独行使，即由监察委员或监察使一人提议弹劾，呈送监察院院长核阅，交付提案监察委员以外之监察委员三人负责审查，如经审查成立即呈请监察院院长移送惩戒机关依法惩戒。这种训政时期的"单独行使"方式，在行宪后开始向"会议制行使"发展变化，例如，根据宪法之规定，"弹劾总统须经监察委员四分之一以上之提议，全体监察委员过半数之审查及决议，始得向国民大会提出"；监察院提出纠正案，应经各委员会之审查及决议；"监察院行使同意权时，出席委员过半数之议决行之"。②

在弹劾铁道部部长顾孟余案中，因顾氏认为监察院公布弹劾文的时间太早，双方在报上论战了几回，最后中央政治会议提议补订《弹劾法》三条，其中第一条规定："监察院弹劾原文，与被弹劾人申辩书，及一切有关该案之内容消息，非经受理本案之机关，决定公布以前，概不得披露。"③

③监察权党化与监察权法治化之并存。监察权党化与监察权法治化并存的现象，跟前文"监察院组织的两个特点"之论述同理：一方面，监察院组织法明文规定监察院受中国国民党之指导监督，国民党中央政治会议之党国体制对监察权的直接影响即为例证；另一方面，监察权的行使和保

---

① 杜光埙：《行宪后的监察院》，《东方杂志》第 44 卷第 2 期，1948 年。
② 杜光埙：《行宪后的监察院》，《东方杂志》第 44 卷第 2 期，1948 年。
③ 王履康：《中国之监察制度》，《东方杂志》第 33 卷第 17 期，1936 年。

障又呈现出法治化特征，这一点从监察院组织法、弹劾法、审计法、监察委员保障法的内容中可以明确看出。

3. "五权宪法"对地方监察体制之更新

1935 年 4 月 29 日，适当监察院监察使就职之日，监察院院长于右任在国府纪念周作了题为《监察使之设置与国家政治之推进》的演讲，指出："监察使之设置的意义，从中国监察制度的历史言，监察制度，本是内外并重的。"① 回顾中国古代地方监察体制，秦代即设"监御史掌监郡"②。汉承秦制，西汉初年各郡设监察御史执掌地方监察事务，汉武帝"初置刺史部十三州"③，将全国划分为十三个监察区。至东汉末年，刺史已演化为郡县之上更高一级的地方长官。唐代御史台内设有监察御史十人，"掌分察巡按郡县"④。此外在地方实行分道监察制度，唐太宗将全国划分为十道监察区，唐玄宗"分天下为十五道，每道置采访使"⑤，从而建立了分道监察的地方监察体制。宋代建立了路—府、州、军、监两级地方监察体制。明清时期为中国古代地方监察制度高度发展阶段，明设十三道，巡按御史"代天子巡狩"⑥。明中期以后又在地方设置兼任都察院职衔的总督和巡抚。清代因袭明制，设置十五道监察御史，实为民国时期设置地方监察区之蓝本。纵观中国古代地方监察制度发展历程，可发现其具有普遍规律性的特征：一是实行"垂直监察"体制；二是地方监察官员兼掌一定的行政权力；三是存在巡回监察和常驻监察两大体系。⑦

训政时期监察院为推行监察权并加强地方监察机构之组织及人员建设起见，最初于 1933 年 6 月划分全国为十六个监察区，旋即在每个监察区成立监察使署。行宪后，《中华民国宪法》规定：监察委员对于地方公务人员认为有失职或违法情事得提出纠举或弹劾案。1948 年 7 月，国民政府公布《监察委员行署组织条例》，以监察委员行署代替了原来的监察使署，

---

① 于右任：《监察使之设置与国家政治之推进》，《上海党声》第 1 卷第 18 期，1935 年。
② 《史记》卷六《秦始皇本纪第六》，中华书局，1982，第 240 页。
③ 《汉书》卷六《武帝纪第六》，中华书局，1962，第 197 页。
④ 《旧唐书》卷四十四《职官三》，中华书局，1975，第 1863 页。
⑤ 《旧唐书》卷三十八《地理一》，中华书局，1975，第 1385 页。
⑥ 《明史》卷七十三《职官二》，中华书局，1974，第 1768 页。
⑦ 孙宗一：《国民政府监察院分区监察制度的历史考察与当代启示》，科学出版社，2018，第 4 页。

并将全国增改为十七个监察区，每区行署派监察委员三人主持，由全体监察委员推选，任期一年，不得连任。监察委员行署之职权与中央监察委员同等，各行署之监察委员得随时向监察院报告该监察区的情况。可见，与训政时期所设监察使署不同，监察使署仅由监察使一人主持，而监察委员行署由监察委员三人以合议方式共同主持，负责本区之巡回监察事宜。①

五权宪法下的分区监察制度，显然与中国古代地方监察制度一脉相承。例如，"监察使"的名称正是来源于秦代的"监御史"；唐代确立的分道监察制度与监察院分区监察制度具有明显的传承关系；明清地方监察制度对监察院分区监察制度影响更为直接，正如《监察制度史要》所载："监察院为便于行使巡回监察职权起见，于二十年三月依组织法第六条第三项之规定，制定监察使巡回监察规程；并仿照前清都察院十五道监察御史之制，参酌国内现情，定全国为十四监察区。"②

但是，五权宪法毕竟受到西方宪政体制的深刻影响，以权力制衡和法治化运行为特质的监察院分区监察体制与中国古代君主制下的地方监察制度已经有了本质区别。

此外，五权宪法对西方议会监察制度之更新体现在监察权由附属权力到独立权力、监察体制的政治属性由党派之争到党国体制两个方面。而五权宪法下监察制度及其历史局限性也为我国当代监察体制改革提供了难得的历史经验和教训。

三 新中国监察制度研究：历史的脚步在改革中向前

新中国成立后，最初十年是人民监察制度的创建和调整时期，但1959年后进入长期的停滞，直至20世纪80年代恢复、90年代重组，进而走到新时代的国家监察体制改革，历史的脚步在曲折中向前。关于新中国监察制度的学术研究，也与这一发展脉络相伴而行。

---

① 参见赵贵龙《中国历代监察制度》，法律出版社，2010，第135页；刘云虹《国民政府监察院研究（1931—1949）》，上海三联书店，2012，第60页。
② 监察院监察制度编纂处编纂《监察制度史要》，南京汉文正楷印书局，1935，第148~149页。

（一）新中国监察制度宏观研究

前述中国古代监察制度研究之当代文献中通史领域的学术专著，有些也涵盖新中国的监察制度。如：赵贵龙的《中国历代监察制度》（法律出版社，2010），其第三编即专门研究"新中国监察制度的沿革"[①]；彭勃、龚飞的《中国监察制度史》（人民出版社，2019），其第十一章、第十二章即专门研究中华人民共和国的"人民监察制度"。国家监察体制改革之前，存在一些专门研究"行政监察制度"的专著，如彭武文、赵世义、秦前红主编的《中国行政监察学》（中国人事出版社，1992）。也有研究现代监察制度的专门史论，如王永祥、杨世钊主编的《中国现代监察制度史论》（福建人民出版社，1998）。

主要论文有：柯锡银、杭富裕《新中国行政监察制度的沿革》（载《郧阳师范高等专科学校学报》1999 年第 4 期）；徐德刚《新中国行政监察法律制度回溯与前瞻》（载《求索》2004 年第 12 期）；刘晓峰《新中国成立以来我国监察制度发展历程、演进趋势及改革目标》（载《社会主义研究》2018 年第 2 期）；李凌云《新中国监察制度七十年的嬗变》（载《西部法学评论》2019 年第 3 期）；郭世杰《独立而专业：中国监察制度的改革与完善方向》（一）（载《人大研究》2021 年第 8 期）；郭世杰《权力制约与公众参与：中国监察制度的改革与完善方向》（二）（载《人大研究》2021 年第 9 期）；郭世杰《监察制度改革的基本思路与根本遵循》（载《河南社会科学》2021 年第 8 期）；等等。

不容忽视的是近年来的博士学位论文越来越多涉及新中国监察制度领域的内容。如：陈远树《国家监察体制改革背景下职务犯罪主体研究》（博士学位论文，华南理工大学法学院，2020）；张咏涛《监察管辖制度研究》（博士学位论文，湘潭大学法学院，2020）；池通《论纪检监察体制的法理逻辑与制度构造》（博士学位论文，西南政法大学行政法学院［纪检监察学院］，2020）；刘峰《监察处置权研究》（博士学位论文，湘潭大学法学院，2022）；张可《监察立法权研究》（博士学位论文，厦门大学法学院，2022）；谢汶兵《当代中国监察制度变迁研究》（博士学位论文，吉林

---

① 该部分内容收入本书时作了改动，将新中国监察制度的沿革更新至 2024 年 12 月。

大学行政学院，2023）；等等。当然，这些博士学位论文同样涉及国家监察体制改革和监察法领域的内容。

（二）国家监察体制改革研究

2016 年开展国家监察体制改革试点工作以来，关于国家监察体制改革研究的论著日增。专著方面，大致有三类。①有的全面论述监察制度改革问题。如：秦前红、叶海波等《国家监察制度改革研究》（法律出版社，2018）；钱小平主编《创新与发展：监察委员会制度改革研究》（东南大学出版社，2018）；姚文胜《国家监察体制改革研究》（中国社会科学出版社，2019）；李智伟、蓝彬洋、蔡毅达《国家监察体制改革理论和实践探索》（群众出版社，2019）；伊士国、尚海龙等《国家监察体制改革研究》（知识产权出版社，2020）；薛小建编著《中国国家监察体制的历史与变革》（人民日报出版社，2020）；等等。②有的专门探讨监察体制改革某一领域的问题。如：郭华《监察制度改革与监察调查权的界限》（经济科学出版社，2019）；刘用军《监察体制改革下的职务犯罪调查》（法律出版社，2022）；廖秀健、张静馨、刘白《国家监察体制改革的相关法律问题研究》（人民日报出版社，2022）；张瑜《国家监察体制改革及法治研究》（外语教学与研究出版社，2020）；等等。③有的重点研究地方纪检监察制度改革问题。如：过勇、宋伟《中国县级纪检监察机关改革研究》（清华大学出版社，2014）；陈宏彩《地方纪检监察派驻机构制度创新研究》（中国社会科学出版社，2016）；等等。

论文方面，更为庞杂，作者群体涉及宪法学、行政法学、刑诉法学、监察法学等多学科领域。下面按照时间顺序举其要者，便可说明这一学科交叉的特点：马怀德《国家监察体制改革的重要意义和主要任务》（载《国家行政学院学报》2016 年第 6 期）；朱福惠《国家监察体制之宪法史观察——兼论监察委员会制度的时代特征》（载《武汉大学学报》［哲学社会科学版］2017 年第 3 期）；陈光中、邵俊《我国监察体制改革若干问题思考》（载《中国法学》2017 年第 4 期）；韩大元《论国家监察体制改革中的若干宪法问题》（载《法学评论》2017 年第 3 期）；秦前红《国家监察体制改革宪法设计中的若干问题思考》（载《探索》2017 年第 6 期）；冯俊伟《国家监察体制改革中的程序分离与衔接》（载《法律科学（西北政法大学学报）》2017年第6期）；李洪雷《论我国监察机关的名与实》（载《当代法学》2018年第1期）；骆梅芬《习近平监察法治论述研究——以国家监察体制改革为视角》（载《法治论坛》2018年第3期）；彭新林《国家监察体制改革：历史借鉴与现实动因》（载《法学杂志》2019年第1期）；褚福民《以审判为中心与国家监察体制改革》（载《比较法研究》2019年第1期）；秦前红、刘怡达《国家监察体制改革的法学关照：回顾与展望》（载《比较法研究》2019年第3期）；李少文《国家监察体制改革的宪法控制》（载《当代法学》2019年第3期）；周佑勇《监察权结构的再平衡——进一步深化国家监察体制改革的法治逻辑》（载《东方法学》2022年第4期）；周长军、张瑞斌《国家监察体制改革中纪法衔接的问题与应对》（载《云南大学学报》［社会科学版］2023年第2期）；刘艳红《监察中心主义倾向的理论反思》（载《中外法学》2024年第1期）；等等。

（三）监察法研究

对于监察法史的研究起步稍早，如：张晋藩《中国监察法制史稿》（商务印书馆，2007）；刘双舟《明代监察法制研究》（中国检察出版社，2004）；丁玉翠《明代监察官职务犯罪研究》（中国法制出版社，2007）。其均出版于国家监察体制改革之前。国家监察体制改革以来出版的监察法史学专著有：张晋藩主编《中国近代监察制度与法制研究》（中国法制出版社，2017）；焦利《清代监察法及其效能分析》（法律出版社，2018）；张晋藩《中国监察法制史》（商务印书馆，2019）；钱宁峰、李小红、徐奕斐等《监察立法史研究》（东南大学出版社，2021）；等等。

全面论述"监察法学"的专著，主要出版于国家监察体制改革试点工作开展之后。如：江国华《中国监察法学》（中国政法大学出版社，2018）；秦前红主编《监察法学教程》（法律出版社，2019）；马怀德主编《监察法学》（人民出版社，2019）；谢尚果、申君贵主编《监察法教程》（法律出版社，2019）；褚宸舸主编《监察法学》（中国政法大学出版社，2020）；吴建雄、廖永安主编《监察法学》（中国人民大学出版社，2020）；张云霄主编《监察法学新论》（中国政法大学出版社，2020）；谭宗泽、张震、褚宸舸主编《监察法学》（高等教育出版社，2020，2023［第2版］）；赵恒编著《监察法学》（法律出版社，2023）；等等。

　　有的专著具体到监察立法、监察法治、监察法与其他部门法的衔接等领域。如：江国华编著《国家监察立法研究》（中国政法大学出版社，2018）；杨宇冠《监察法与刑事诉讼法衔接问题研究》（中国政法大学出版社，2018）；郝建臻《法治监察研究》（法律出版社，2020）；秦前红《监察改革中的法治工程》（译林出版社，2020）；张瑜《国家监察体制改革及法治研究》（外语教学与研究出版社，2020）；刘用军《监察体制改革下的职务犯罪调查》（法律出版社，2022）；廖秀健、张静馨、刘白《国家监察体制改革的相关法律问题研究》（人民日报出版社，2022）；周长军、冯俊伟、韩晗《监察调查的法治逻辑——以涉罪被调查人的权利保障为视角》（北京大学出版社，2024）；等等。

　　监察法领域的论文数量较多，这里很难进行面面俱到的点评分析，只能择其要者简要归纳。①有的论文宏观论述监察法治问题，如：解志勇《习近平法治思想之监察理论研究》（载《东方法学》2024年第4期）；骆梅芬《习近平监察法治论述研究——以国家监察体制改革为视角》（载《法治论坛》2018年第3期）；卫跃宁、赵伟中《新时代十年监察法治建设的回顾与展望》（载《贵州师范大学学报》［社会科学版］2022年第6期）；赵金龙《改革开放以来中国特色纪检监察工作制度化和法制化发展实践与启示》（载《中国监狱学刊》2022年第6期）；等等。②有的论文系统论述监察法学的制度体系、学科定位和框架结构，如：郭世杰《建立健全中国监察法律制度体系》（载《人大研究》2022年第9期）；江雪松、郑淑珺《监察法学的学科定位及体系化构建》（载《学术交流》2023年第12期）；吴建雄、刘美《论〈监察法学〉的框架结构与编撰要点》（载《语言与教育研究》2024年第1期）；等等。③有的论文专门探讨监察法领域的某个具体问题，如：周长军、纵博《论纪检监察机关办案方式的调整——以刑事诉讼法的最新修正为背景》（载《政法论丛》2013年第1期）；周长军《监察委员会调查职务犯罪的程序构造研究》（载《法学论坛》2018年第2期）；周长军、韩晗《监察立案的法理反思与制度优化》（载《山东大学学报》［哲学社会科学版］2022年第6期）；周长军、韩晗《职务犯罪监察调查指定管辖研究》（载《浙江工商大学学报》2023年第3期）；谭波《论〈监察法〉中的"有关人员"——基于党和国家监督体系的统合需求》（载《行政法学研究》2023年第5期）；江国华《没收的正义——基于

〈监察法〉没收违法所得条款之诠释》（载《河北大学学报》[社会科学版] 2024 年第 1 期）；喻少如、唐成余《论监察法上的集体讨论制度》（载《河北法学》2024 年第 8 期）；陈辉《司法制约职务犯罪监察调查的逻辑定位与法治路径》（载《政治与法律》2024 年第 8 期）；等等。④有的论文针对性研究"监察法规"问题，如：贾志强《整合与回应：〈监察法实施条例〉对监察法制困境的纾解》（载《中外法学》2023 年第 3 期）；朱福惠《〈立法法〉上监察法规条款的体系解释》（载《行政法学研究》2024 年第 2 期）；王丹、胡弘弘《监察法规的法律属性、位阶与规制——基于〈立法法〉第 118 条的学理阐释》（载《河北大学学报》[哲学社会科学版] 2024 年第 3 期）；等等。⑤有的论文论及监察法的研究方法，如朱福惠《监察法研究中的数理实证方法——以 26 篇监察法实证研究论文为样本的分析》（载《法学评论》2024 年第 4 期）等。

当前，国家监察体制改革第一阶段的任务虽然告一段落，但是新中国监察制度的改革发展仍然任重而道远。有学者敏锐地指出："改革进入第二阶段即深化国家监察体制改革，应当回归一切问题的最核心，认真审视监察权力本身的弊端与不足。监察权作为公权力也要关进制度的笼子里。规范和正确行使监察权，关键要厘清其在纪监和司法'两组关系'中的不同定位，不能将纪监关系中的监察主导模式延续至司法关系，放任监察中心主义倾向的发展。司法关系中的监察权应当服务于以审判为中心的刑事诉讼制度，依此逻辑，需要对监察权按照准司法权进行实体规范与程序约束，促进监察权运行的法治化规范化。"① 随着形势的发展变化和国家监察体制改革的深化，学术界和实务界对于新中国监察制度的研究探索必将越来越深入，历史一定会在改革中不断前行。

四　絮语：拣起历史的珠玑

从大学本科毕业论文选题《中国当代监察制度初探》算起，笔者关注监察制度学术研究，已逾三十六年。当年在四川大学图书馆复印的两本民国时期出版的小册子——高一涵的《中国御史制度的沿革》、陈世材的

---

① 刘艳红：《监察中心主义倾向的理论反思》，《中外法学》2024 年第 1 期。

《两汉监察制度研究》，至今仍为我案头珍藏。

2010 年，拙著《中国历代监察制度》由法律出版社出版。

2019 年开始，在马小红教授带领下，我有幸参加国家社科基金重大项目"中国宪法学文献整理与研究"（项目编号：17ZDA125）子课题团队，具体承担"监察权：'五权宪法'对中国古代监察制度的更新"研究工作。

以此为基础，在马老师鼓励下，我接续着手《法律文化研究》专辑之本卷的编写。对民国时期繁体文献影印件的梳理、筛选尤其是打印、校对工作，是烦琐而艰辛的，同时也充满乐趣与收获。在此，特别感谢我的学生黄玉慧硕士、陈娜硕士（当时就读于山东大学法学院）以及山东大学儒学高等研究院（文史哲研究院）张清美博士在文献检索方面提供的帮助，感谢我的同事刘妍妍硕士协助统稿并会同王逸图、李岩、刘娟、张乐乐、欧姗姗、戴亚男、张宇婷等在文献校对方面付出的辛勤劳动。尤其感谢社会科学文献出版社的责任编辑和各位审稿人悉心提供审稿意见，芮素平老师耐心指导我完成全书内容结构的重大调整，她的敬业精神令人钦佩。感谢山东大学周长军教授、中国社会科学院大学李洪雷教授出具专家审读意见。掩卷回首，又是一段难忘的岁月。

中国监察制度，带着华夏远古泥土的芬芳一路走来，栉秦风、沐汉雨，跨唐宋、越明清，经历民国"中西合璧"的洗礼，迎来新中国监察制度的春光，创造出国家监察体制改革的辉煌。

我，愿在探索中国监察制度的治学征程中，继续——拣起历史的珠玑！

第一编　中国古代监察制度研究

中国御史制度的沿革

高一涵[*]

编者按：《中国御史制度的沿革》从五个部分对中国御史制度的发展脉络进行了梳理，尤其对御史官职沿革、给事中官职沿革以及清代科道制进行了重点论述。作者研究中国历史得出的结论是："代议制是目前民治国家的唯一制度，科道制是从前专制国家的唯一制度。"高一涵先生的这部早年专著，是研究中国古代监察制度的经典之作，不仅在民国时期产生重大影响，而且能为今天的国家监察体制改革提供重要的历史经验。本次编选对"自序"和"再版自序"进行了删节。

关键词：御史制度 给事中制度 科道制 历史沿革

一 绪论

本书所说的御史，乃是包括清代都察院中的科道而言。所谓科，就是六科给事中，所谓道，就是十五道监察御史；此外还有总理台政的左都御史，襄赞左都御史的左副都御史；以及其他由科道中派遣的巡仓、巡漕、巡察、巡城等御史或给事中，都一律包括在内。

考唐宋以前的制度，言官与察官本是分立的。谏官司言，御史司察；

---

* 高一涵（1885—1968），"新文化运动"代表人物，曾留学日本明治大学攻读政法。1949年前历任国民政府监察院委员、两湖监察使、甘宁青监察使等职。1949年后历任南京大学教授、江苏省政协副主席、全国政协委员等职。——编者注

谏官掌规谏讽谕，献可替否，御史掌纠察官邪，肃正纪纲；谏官监督政府，御史监督官吏。到了宋真宗天禧年间，虽然设言事御史，神宗熙宁元丰年间，虽然以言事官为殿中侍御史，或诏使监察御史兼言事，但却不想使谏官兼行纠弹的职务。故宋孝宗淳熙十五年虽依唐朝制度，置拾遗补阙，但却专掌谏诤，不许纠弹。大概唐代重谏官、轻御史，而宋代的御史则多由言官兼权。故从前谏诤之官或阙人不补，而居言官的地位者，又往往分行御史的职务，至于箴规阙失，不曾多见。所以孝宗时，兵部侍郎林栗有言官不许纠弹的建议。自此而后，君主多恨言官足以妨害自己的专断，虽阳存其名，却阴使行御史的职权，故言官反不见重要了。

金元以前的制度，御史属于御史台，给事中则或属于集书省（如宋齐梁、北齐等朝是），或属于门下省（如隋、唐、宋等朝是）。到了金元以后，虽废门下省，而元、明两代虽不设或裁废其他谏官，但仍留给事中一职。明初使给事中属于通政司，后乃独立自为一曹，称为六科都给事中，凡章疏案牍，皆同部院衙门平行。只因科道并立，各树党援，互相攻击。御史还要听都察院堂官的考察，独给事中无所隶属，故往往放纵自恣。清初尚沿用明制，六科独立，自为一曹，直到雍正元年，才使六科隶属于都察院，听受都御史的考核。科道既然合并，实际上的职权亦因而变异。从法律上说，给事中虽然还有封驳诏令的大权，但是从事实上说，诏令多由军机处密行，不从给事中手中经过，故给事中实际上亦变成御史了。我们若就御史的纠察权说，实在可算是世界上他国从古未有的特殊制度，因此便不能不引起一般研究中国政治制度的学者的特别注意。现在为说明科道的职权起见，故先分述御史制度和给事中制度在历史上沿革的大概。

二 御史官职的沿革

（一）自三代到后汉

秦代以前，虽然有御史的名称，但多掌记事的职务，和后来的御史职权迥不相同。在战国时代，献书多曰："献书于大王御史。"秦、赵会于渑池，也命御史书事。淳于髡亦说："御史在后，执法在旁。"由此可见这时的御史多掌记事的职务。但是《周礼》如果可靠，那么《周礼》上所说的御史职掌倒很有一点像是后代御史的渊源。且看《周礼·天官》说：

> 小宰之职，掌建邦之宫刑，以治王宫之政令，凡宫之纠禁。（郑
> 康成注"若今御史中丞"）

再看《周礼·春官》：

> 御史……掌邦国都鄙及万民之治令，以赞冢宰，凡治者受法令
> 焉，掌赞书，凡数从政者。

故《历代职官表》以此为根据，便说"汉御史中丞执法殿中，与周官小宰
掌宫刑以宪禁于王宫者相近，故郑氏援以为比"。又说"周官御史次于内
史外史之后，盖本史官之属，故杜佑以为非今御史之任。然考其所掌，如
赞冢宰以出治令，则凡政令之偏私阙失，皆得而补察之。故内外百官悉当
受成法于御史，实后世司宪之职所由出"（《历代职官表》卷十八）。由此
看来，《周礼》上所说的御史，职务固然和后代的御史不同，但是小宰掌
王宫的纠禁，与汉代御史中丞居殿中兰台察举非法，似同为宫掖的近臣。
而御史虽属小臣（因皆以中下士为之），但是因为他们掌治令，授成法，
也的确可算是司宪之官了。

秦代以后，御史始掌纠察的职任。不过秦制太简略，不能推想出来御
史的详细的职权，姑且把那可靠的记载列举如下：

> 御史大夫秦官，侍御史之率，故称大夫。（杜佑《通典》）
> 秦置御史大夫，以贰于相。（章俊卿《山堂考索》）
> 御史中丞本秦官也。（《晋书·百官志》）
> 秦时为御史，主柱下方书。（《史记·张苍列传》）
> 侍御史于周为柱下史，老聃尝为之。秦时张苍为御史，主柱下方
> 书，亦其任也。又云：苍为柱下御史，明习天下图书计籍。（［原注］
> 见《史记》，如淳曰："方板也，谓事在板上也。秦以上置柱下史，苍
> 为御史，主柱下事。"或曰："主四方文书也。"又《职官录》曰："秦
> 改御史为柱下史。"）一名柱后史，谓以铁为柱，言其审故不挠也。

亦为侍御史。（杜佑《通典》）

监御史秦官，掌监郡。（《汉书·百官公卿表》）

初秦以御史监理诸郡，谓之监察史。（杜佑《通典》）

把以上所引的各条总集起来，可以知道秦时已经有御史大夫、御史中丞、侍御史或柱下御史、监察史等官。御史大夫在秦为丞相的辅助，秦以太尉掌武事，以丞相承天子，助理万机，故贰于丞相的御史大夫其实就是副相，凡丞相出缺，即以御史大夫升迁。杜佑因此便说："此皆为三公，非今御史大夫也。"（《通典》卷二十四）《历代职官表》亦说："秦汉御史大夫史称其掌副丞相，故汉时名为两府。（［原注］《薛宣传》简在两府。师古曰：'丞相御史府也。'）凡丞相有阙，则御史大夫以次序迁。乃三公之任，与今都御史之职不同。"至于御史中丞在秦时所掌何职，虽然无书可考，但是汉朝的御史中丞想必是因袭秦制的，或者职在"居殿中察举非法"，亦未可知。此外柱下御史显然是掌古今图书计簿的了。故《历代职官表》说："如淳注，以方书为四方文书，然考《汉书·叙传》称：'北平志古，司秦柱下。'（［原注］张苍封北平侯，故称北平。）颜师古曰：'志，记也；谓多记古事也。司，主也。'是可知柱下实掌古籍，不独天下图书计簿也。秦虽燔灭诗书，而博士所存故在，则禁中亦必有藏书之所，故以张苍主之欤？"（《历代职官表》卷二十五）应劭《汉官仪》说："侍御史即柱下史。"《通典》也是这样说，或者秦代的柱下御史并有汉代侍御史的察举非法的职任，也未可知。此外最可注意的就是监察史。因为秦代罢侯置守，并把古代的什么方伯连帅等官一齐废掉，单用御史去监理诸郡，所监何事，虽然无书可考，但是后代御史奉命出外巡察，或者即由此而起。明代的巡按御史，的确是仿效秦代的监郡，再一变便成为清代兼右都御史和右副都御史衔的督抚。

汉朝的御史制度，典籍上所载，比较秦代稍觉得完备，职权大都有书可考。现在且依各书所载，条举如下：

御史大夫位上卿……掌副丞相。有两丞，秩千石。一曰中丞，在殿中兰台，掌图籍秘书，外督部刺史，内领侍御史十五人，受公卿奏事，举劾案章。（《汉书·百官公卿表》）

汉代的御史大夫和秦代相同，仍为三公之一，并不是后代的御史大夫。汉代的三公，一曰太尉（汉武帝元狩四年改名大司马），一曰丞相（汉哀帝元寿二年罢丞相置大司徒），一曰御史大夫（汉成帝绥和元年改名大司空）。故汉代的御史大夫"为三公，职副丞相，丞相阙则大夫迁"（李华《御史大夫厅壁记》）。但汉代的御史大夫虽然不能算是清代的都御史，可是他这个官却是御史的长官。而且照《薛宣传》说："御史大夫内承本朝之风化，外佐丞相统理天下。"《朱博传》也说："御史大夫典正法度，总领百官，上下相监临。"照这样看来，御史大夫虽然不是后代的都御史，但他的职掌在承风化、典法度，执法以监临百官，的确可算是兼执宪之官了。

汉代的御史制度一个大变迁，就在汉成帝绥和元年。这一年御史大夫何武建言：设三公官，分职授政。故把御史大夫改作大司空，分行丞相的职务。自此而后，中丞便变为御史台的长官，很同清代都察院的都御史相似。故《通典》说：

> 初汉御史大夫有两丞：一曰御史丞，一曰中丞。亦谓中丞为御史中执法。中丞居殿中……察举非法。及御史大夫转为大司空，而中丞出外为御史台率，即今之御史大夫任也。（《通典》卷二十四）

大概从前的御史中丞虽然也掌纠察的职务，但他住在殿中兰台，不过宫庭中的近臣，和后代的副都御史职任各有不同。自成帝时这样一变，中丞出居外台，他的职务便是清代的都察院堂官的职务了。故《历代职官表》说："自东汉省御史大夫，而以中丞为台率，始专纠察之任。其后历代或复置大夫，或但设中丞，规制各殊，要皆中丞之互名，盖即今都察院堂官之职矣。"（卷十八）《通典》"御史大夫"注中亦说："今御史大夫即汉以来御史中丞是也。后代或置大夫，皆中丞之互名，非汉旧大夫之任。"故从御史制度说，这一次变迁，不能不算重要了。

前汉的御史，照《西汉会要》所载，除御史大夫及中丞外，尚有侍御史、治书御史、符玺御史、御史中丞从事、监军御史、御史大夫掾、西曹掾、主簿、少史、御史属、柱下令等官，现在且分别叙述于下：

《汉旧仪》曰："汉御史员四十五人，皆六百石；其十五人给事殿中，为侍御史，宿庐在石渠门外；二人尚玺，四人治书给事，二人侍前，中丞一人，领录二十人，留寺理百官事。"（《通典》"侍御史"注）

如淳曰："《汉仪》注：御史大夫史员四十五人，皆六百石；其十五人给事殿中，其余三十人留寺治百官事；皆冠法冠。"（《汉书·萧望之传》注）

御史中丞，旧治书侍御史也。（应劭《风俗通》）

初汉宣帝元凤中，感路温舒尚德缓刑之言，季秋后，请谳时，帝幸宣室，斋居而决事，令侍御史二人治书，治书御史起于此也。后因别置，冠法冠，有印绶，与符节郎共平廷尉奏罪，当其轻重。（《册府元龟》）

侍御史有绣衣直指（服虔曰："指事而行，无阿私也。"师古曰："衣以绣者尊宠之也。"），出讨奸猾，治大狱。武帝所制，不常置。（《汉书·百官公卿表》）

绣衣御史暴胜之使持斧逐捕盗贼。（《汉书·王䜣列传》）

王贺为武帝绣衣御史，逐捕魏郡群盗。（《汉书·元后列传》）

江充拜直指绣衣使，督三辅盗贼，禁察逾侈。时近臣多奢僭，充皆举劾，请没入车马，令身侍北军，击匈奴，奏可。贵戚皇恐，见上叩头，愿得入钱赎罪。又王贺字翁儒，武帝时为绣衣御史，逐捕群盗，皆纵而不诛。暴胜之亦为之。（《通典》"侍御史"注）

惠帝初遣御史监三辅郡，其后又置监御史。（《汉官仪》曰："侍御史出督州郡盗贼，运漕军粮，言督军粮侍御史。"）（《通典》）

从以上各条看来，侍御史职任既多且重。至于治书侍御史，"掌以法律当天下奏谳，定其是非，参主台事，犹其初之有两丞，则亦当如今副都御史之职也"（《历代职官表》卷十八）。各种御史都归大夫及中丞管辖，不管他们是在殿中，或寺中。如中丞奉诏治狱，那么侍御史就负有逮捕犯人的责任。故侍御史虽居殿中，却常听中丞的差委。

至于侍御史的绣衣御史，职在逐捕盗贼，虽然和清代五城御史缉捕奸盗的职任不尽相同，但他出监三辅，督运军粮，却是清代巡漕、巡察等御史的来源。大概西汉而后，御史出差的事日见其多。故《历代职官表》

说："御史出使，至西汉而渐多，如绣衣直指监郡督运监军（监军御史见《汉书·胡建列传》）之类，皆以事专行，正如今巡漕、巡察诸差之比。其他随时奉遣者，尚屡见于史。如《食货志》载，分遣御史即治郡国缗钱；《宣帝纪》载，黄龙元年，诏御史察计簿；《霍光传》载，侍御史五人持节护丧事：皆非常例。而收缚罪人亦多以侍御史为之（《刘辅传》上使侍御史收系辅，《谷永传》上使侍御史收永，《朱云传》御史将云下殿）。盖因亦给事殿中，职居亲近，故事之重且急者，往往使之衔命耳。"（《历代职官表》卷十八）由此可见侍御史的地位和职任。

此外如《叔孙通传》载：长乐宫"置法酒，御史执法，举不如仪者辄引去……无敢欢哗失礼者"。后代御史纠察朝仪的职务，大概即由此而来。在上述的各御史之外，还有御史主簿（《通典》卷二十四）、御史属（见《汉书·武帝本纪》）、御史掾（见《汉书·严延年列传》），当与清代都察院中"掌董察吏胥或缮写章疏"的经历都事相同；如少史（见《汉书·萧望之列传》），当与清代都察院中"掌章奏文籍"的笔帖式相同。

到了后汉，废掉御史大夫，或虽复设御史大夫，却不率领中丞。故此后中丞为一切御史的长官，权势日益尊重，可"与司隶校尉尚书令会同，并专席而坐，故京师号曰三独坐"（《后汉书·宣秉列传》）。现在为表明御史台各御史的职权起见，且照《后汉书·百官志》所载，列图如下（见下页）：

后汉的御史，在上列的正职之外，还有其他的职务。例如中丞督兵讨捕盗贼（如范史所载，冯绲以御史中丞将兵督扬州、九江诸郡军事；盛修以御史中丞募兵讨长沙、零陵贼之类皆是），即后世督抚兼都御史的来源。此外侍御史的职务如《历代职官表》所举：

> 有出使安集州县者。（例如《杜诗传》为侍御史安集洛阳）
>
> 有主从驾行幸平治道路者。（例如《章帝纪》："帝东巡狩，敕侍御史方春毋得有所伐杀。虞延传驾经封丘城门，门小不容羽盖，帝怒，使拔侍御史（此即所谓乘曹之职）。"）
>
> 有出督军旅者。（例如《高彪传》："第五永为督军御史使督幽州。"《桓典传》："典为侍御史奉使督军破贼。"）
>
> 有慰抚属国者。（例如《李恂传》："拜侍御史持节使幽州宣布恩

泽，慰抚北狄。"）

有监护东宫者。（例如《种暠传》："顺帝时，为侍御史，监护
太子。"）

有使典丧事者。（例如《杨赐传》："赐卒，使侍御史持节送丧，
兰台令史十人，发羽林骑轻车介士。"）

我们如果根据上述各项，来定秦汉御史的职务，至少有下列几种：①察举非
法；②受公卿奏事，举劾违失；③典法度、掌律令；④理大狱、治疑案；
⑤掌图书秘籍；⑥监理诸郡；⑦督察部刺史；⑧监察三辅郡；⑨监督军

旅；⑩督运军粮；⑪讨捕盗贼；⑫禁察逾侈；⑬纠察朝仪祭礼；⑭安抚属国州县；⑮护从巡幸；⑯监护东宫。

（二）自三国到北齐

照上边说的，可见得御史制度到两汉已经演进，成为一种很完全的纠察制度。自三国到后周，这三百六十年中，官制上也有种种的变革。要想研究隋唐的御史制度，必先要知道这三百多年中的变迁沿革。现在且把从三国到后周的御史制度，作个简单的说明。

> 魏文帝黄初二年，又以御史大夫为司空，改中丞为宫正，后皆复旧名。侍御史八人。又置治书执法，掌奏劾，治书侍御史但掌律令。（《册府元龟》）
>
> 魏置御史八人，有治书曹，掌度支运，课第曹，掌考课，不知其余曹也。（《宋书·百官志》）
>
> 魏置御史八人，当大会殿中，御史簪白笔，侧陛而坐。帝问左右，此何官？何主？辛毗曰：此谓御史。旧时簪笔以奏不法何当，如今者直备位，但眊［耗］笔耳。（《通典》）
>
> 魏兰台遣二御史居殿中，察非法，即殿中侍御史之始也。（《通典》）
>
> 文帝践阼，袭为督军粮御史，更为督军粮执法。（《三国志·魏志·杜袭列传》）
>
> 黄初七年，遣治书侍御史荀禹慰劳边方；景初元年，冀、兖、徐、豫四州民遇水，【遣】侍御史循行没溺，开仓赈救之。（《三国志·魏志·明帝本纪》）

现在且把魏代的御史制度列图如下（见下页）：

魏

御史大夫 或 司空

中丞 或 宫正

治书执法 — 掌奏劾

治书侍御史 — 掌律令

侍御史

御史省丞

符节谒者执法　督军粮御史

课第曹 — 掌考课

治书曹 — 掌度支运

案魏治书执法及治书侍御史署如清代的左副都御史

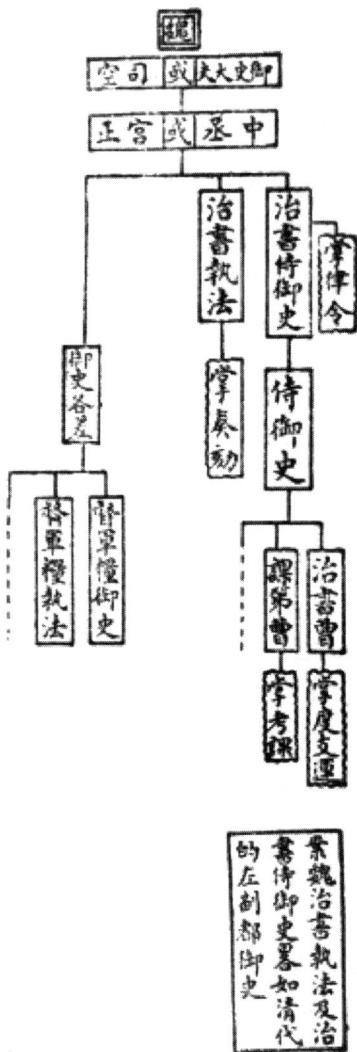

由此看来，魏代御史的职任，如掌奏劾、掌律令、察非法、掌度支运、掌考课、督军粮以及安抚赈济等事，大致和两汉相等。惟治书侍御史，从应劭《风俗通》上看来，已经比作御史中丞，到了魏代以后，便分统侍御史，沈约说他好像尚书省的二丞，可见它的职位渐渐尊重了。大概治书侍御史职在掌法令、治疑狱，故后汉以来，选用深明法律之人，并"选御史高第者补之"（蔡质《汉仪》），可见他地位的重要。"自汉桓帝之后，无所平理，充位而已"（《通典》），又可见它由重官而降为备员。

到了魏代，又复后汉以前的旧制，而分统侍御史，地位且较汉代更为崇高了。这乃是三国时御史制度变迁的重要之点。至蜀吴官制，史志不大详载，但是《蜀志·向朗列传》有"朗子条景耀中为御史中丞"的话，《册府元龟》中有"吴亦有御史大夫，后又置左右御史大夫"的话，此外还有"中执法""左执法""监农御史"等官，见于《三国志·吴志》的各列传。《历代职官表》说"吴之中执法、左执法，其职较崇，当亦即中丞之改名也"（《历代职官表》卷十八）。从这句话上看来，稍稍可以知道三国时御史制度的变迁。

晋代的御史制度多因袭汉朝制度，但亦略有变更，现在且略举史志上的话来说明如下：

> 晋初罢大夫，因汉制，以中丞为台主。（《册府元龟》）
>
> 晋亦因汉，以中丞为台主，与司隶分督百僚。自皇太子以下，无所不纠；初不得纠尚书，后亦纠之。中丞专纠行马内，司隶专纠行马外；虽制如是，然亦更奏众官，实无其限。（《通典》）
>
> 晋置治书侍御史四人，泰始（武帝年号）四年，又置黄沙狱治书侍御史一人，秩与中丞同，掌诏狱，及廷尉不当者皆治之。后并江[河]南，遂省黄沙治书侍御史，及太康（武帝年号）中，又省治书侍御史二员。侍御史员九人，品同治书。而有十三曹：吏曹、课第曹、直事曹、印曹、中都督曹、外都督曹、媒曹、符节曹、水曹、中垒曹、营军曹、法曹、算曹。及江左，初省课第曹、置库曹，后分置外左库内左库云。殿中侍御史，晋置四人，江左置二人。又案魏晋官品令又有禁防御史，第七品。孝武太元中有检校御史吴琨，则此二职亦兰台之职也。（《晋书·职官志》）

此外叶梦得《石林燕语》中有监搜御史（说"自晋魏以来，凡入殿奏事官，以御史一人，管[立]殿门外搜索，而后许入，谓之'监搜'。御史立药树下，至唐犹然，太和中始罢之"），《武帝本纪》中有督运御史官，皆晋代御史的差委。现在且把晋代御史各官列图如下（见下页）：

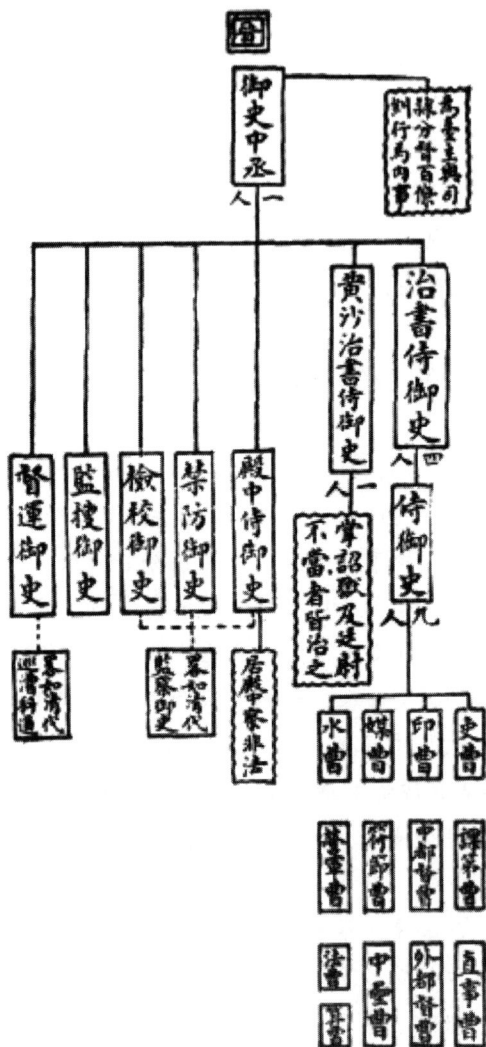

表中所列是晋代御史各官。据李华说："晋宋元魏以还，无御史大夫，由是中丞威望愈尊，礼有加等。"（《御史中丞厅壁记》）又《通典》说："魏晋以来，治书侍御史分掌侍御史所掌诸曹，若尚书二丞。"大概晋代的特色，就在不设御史大夫，因而抬高中丞的地位，即以中丞任御史大夫的实职；同时又沿魏制，抬高治书侍御史的地位，即以治书侍御史任中丞的实职。从此演进，便渐渐变成隋代的制度。

宋齐梁陈几朝，大概多因袭魏晋制度，没有多大的变更。不过治书侍御史一职，在宋齐两朝职任稍轻，故"自郎官任治书者谓之南奔。梁谢幾卿自尚书三公侍郎为治书侍御史，颇失志，多陈疾，台事略不复理，是也"（《通典》）。至梁朝才又看作重要，选任亦比较慎重。至于中丞一官，在这个时代，掌奏劾不法、督司百僚、论劾的责任，集于一身，故百官中有犯罪而被发觉者，便坐中丞以失察之罪，因而免职者颇多。故《刘休传》说："建元（齐高帝年号）初，为御史中丞，顷之，启言宋世载祀六十，历斯任者五十有三，校其年月，不过盈岁。于臣叨滥，宜请骸骨。"可见这时中丞职任的重要。现在且把宋齐梁陈各代御史各官之见于史志的，附录于下：

（宋）御史中丞掌奏劾不法，秩千石。治书侍御史掌举劾，官品第六已上，分掌侍御史所掌诸曹，若尚书二丞。侍御史掌察举非法，受公卿奏事，有违失者举劾之。（《宋书·百官志》）

（齐）御史中丞一人，治书侍御史二人，侍御史十人。（《南齐书·百官志》）

（梁）御史台梁国初建，置大夫，天监（武帝年号）元年复曰中丞，置一人，掌督司百僚。治书侍御史二人，分统侍御史。侍御史九人，居曹，掌知其事，纠察不法。殿中御史四人，掌殿中禁卫。（《隋书·百官志》）

（陈）陈承梁，皆循其制官。（《隋书·百官志》）

北魏的御史制度也有两点可以使人注意：就是①改中丞为中尉，盛张中尉的威仪；②慎重御史的选任。北魏的"中尉，督司百僚，其出入千步清道，与皇太子分路，王公百辟咸使逊避，其余百僚下马，弛车止路旁，其违缓者以棒棒之"（《通典》）。大概从后汉以来，中丞的地位日高，故威仪也日盛。专制政体的精神在恐怖，故君主使臣下畏服的唯一方法，就在盛张那耳目之官的威仪，使百僚个个怕惧。唐韦仁约说："御史衔命出使，不能动摇山岳，震摄州县，诚旷职耳。"就是这个用意。故自晋以后，中丞出外皆"专道而行，骖辂禁呵，加以声色"。倘若有人触犯他，便可用鞭杖殴打。这种仪制到北齐益盛，《通典》说"武成以其子琅玡王俨兼为御史中丞，欲雄宠之，复兴旧制。俨出北宫，凡京畿之步骑，领军之官属，中丞之威仪，司徒之卤簿，莫不毕备"（时俨总领四职）。此等风气，到周隋才渐渐革除了。故盛张中丞的威仪，虽然不自北魏起，但北魏和北齐总算是中丞威仪达到极点的时代。至于重视御史及御史的选任方法，北魏时也有可以令人注意的事实。例如治书侍御史，自"梁天监初始重其选。……后魏掌纠禁内朝会失时，服章违错，飨宴会见，悉所监之"（《通典》）。他的职任仅在中尉之次，那时中尉李彪犯罪，郦道元就以治书侍御史的资格做御史台官长，去讯问他。这是力反宋齐以来轻视治书侍御史的旧习，在历史上也可算是治书侍御史地位的一个小小变迁。至于侍御史亦是这样，《通典》说："后魏御史甚重，必以对策高策者补之。"这样的慎重选任，大致和后汉治书侍御史"选御史高第者补之"及侍御史"以公府掾属高第补之，或以故牧守议郎郎中为之"（皆见《通典》）相同。此较"前汉御史多以刀笔吏积劳得之"（《历代职官表》卷十八）者大不一样了。故就北魏的御史选任说，也是研究御史制度的人应当注意的一点。

北魏的御史各官大致和前代相似，有御史中尉（第三品上），治书侍御史（第五品上），侍御史、殿中侍御史（从五品中）；更有检校御史、监军御史；此外如奉命出使征兵、典治丧事、巡察州郡等职，大概多和前代的制度相同。

北齐的"御史台掌纠察弹劾，中丞一人，治书侍御史二人，侍御史八人，殿中侍御史、检校御史各十二人，录事四人"（《隋书·百官志》）。后周的御史制度只有名称上的变迁，至于职权上的变迁，却不甚可考。据《册府元龟》说："后周六官之建，改中丞为司宪中大夫，御史台为司宪，属秋官府。司宪上士二人，中士（人数阙），旅下士八人。""司宪中大夫二人，掌司寇之法，辨国之五禁"（《通典》），职任和中丞相同。司宪上士，职任略同治书侍御史；司宪中士，职任略同侍御史；司宪旅下士，职任略同监察御史。

（三）自隋到唐

以上所说的历代御史制度，虽然没有重大的变革，但是有许多重要的倾向，便是演成隋唐两代制度的基础。隋代御史台的变迁特点有二：①废中丞一官，抬高治书侍御史的品位，来代替中丞的职任；②自炀帝废御史直宿禁中的旧制，于是御史便专属于外台。现在且把隋代的御史制度条举于下：

> 高祖受命，置御史台大夫二人，治书侍御史二人，侍御史八人，殿内侍御史、监察御史各十二人，录事二人。御史始自吏部选用，仍依旧入直禁中。炀帝即位，多所改革，御史台增治书侍御史为正五品，省殿内侍御史员，增监察御史员十六人，加阶为从七品。开皇中，御史直宿禁中，至是罢其制。又置主簿录事员各二人。侍御史惟掌侍从纠察，其台中簿领皆治书侍御史主之。（《隋书·百官志》）
>
> 隋以国讳改中丞为大夫。……隋置侍御史八人，自开皇之前，犹踵后魏革选，自开皇之后，始自吏部选用，不由台主。仍依旧入直禁中。大业中，始罢御史直宿。台内文簿，皆治书主之，侍御史但侍从纠察而已。由是资位少减焉。……隋开皇二年，改检校御史为监察御史，凡十二人，炀帝增置十六员，掌出使检校。（《通典》）
>
> 隋室讳中，省中丞，增置治书御史之品以代之。（《徐坚初学记》）

由上述的各条中看出，隋代废中丞，抬高治书御史的地位来代替他，只因偶然的事故，并非有意改制。故官名虽变，而官职实则丝毫没有变更。故《历代职官表》说："隋以中丞为大夫，而治书侍御史专主簿领以为之贰，至唐复改治书为中丞，自是而后，大夫即汉魏中丞之职，中丞即汉魏治书侍御史之职，名虽递易，而实则无殊也。"（卷十八）所以隋代御史台的治书御史便直居中丞的地位，试列图如下（见下页）：

至于侍御史的选任，后魏以前，本"不随台主简代。延昌中，王显有宠于宣武，为御史中尉，始请革选。此后踵其事，每一中尉则更简代御史"（《通典》）。隋自开皇之始，才废后魏革选的旧制，由吏部选用，不由台主。这也是侍御史选任的方式一大变迁。至于侍御史与殿中侍御史，在后魏"昼则外台受事，夜则番直内台"（《通典》）。这种制度成立很久，汉以前姑且不说，就是汉代御史也常给事禁中，号称亲近的职任。故《后汉书·郅寿传》说，侍御史何敞上疏，有"臣谬预机密"的话，可见在两汉时代，御史乃是参与机密的近臣了。后世虽然常有变更，可是兰台却始终属内省，御史常在禁中治事。自炀帝废入直禁中的旧制，御史渐渐离开宫禁，专隶属于外台了。这也是隋代制度一个重要的变迁。

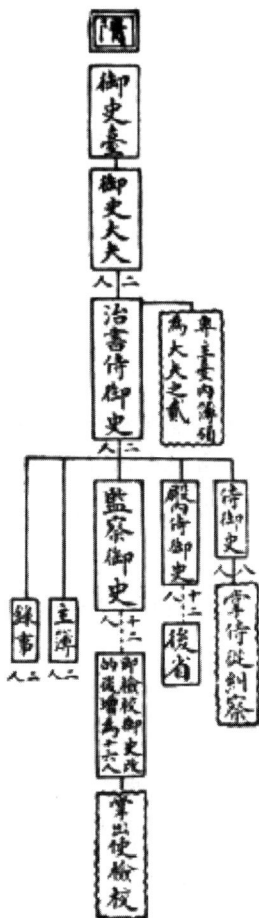

唐代的御史制度发达更为完全，贞观初，"以法理天下，尤重宪官，故御史复为雄要"（《通典》）。至于十道分巡，六部分察，更为后代制度的章本。现在且略引史志来说明唐代制度的大概。

御史大夫一人，从三品；中丞二人，正五品：掌邦国刑宪典章之政令，以肃正朝列。侍御史四人，从六品下；令史十五人，书令史二十五人：掌纠举百僚，推鞫狱讼。主簿一人，从七品下；录事二人，从九品下：掌印及受事发辰，勾检稽失。殿中侍御史六人，从七品上；令史八人，书令史十人：掌殿廷供奉之仪式。监察御史十人，正八品上；令史三十四人：掌分察百僚，巡按郡县，纠视刑狱，肃整朝

仪。(《唐六典》)

　　御史台三院：一曰台院，其僚曰侍御史。……二曰殿院，其僚曰殿中侍御史。……三曰察院，其僚曰监察御史。(赵璘《因话录》)

现在且把他列图如下：

唐代御史制度的重要变迁就是分巡分察两事。武后时改御史台为肃政台，设左右肃政两台，"左以察朝廷，右以澄郡县"（《通典》）。故《唐会要》说："光宅（武后年号）二年改为左肃政台，专管在京百司，及监军旅。更置右肃政台，其职员一准左台，令按察京城外文武百僚。"到了中宗以后，又改为左右御史台。"武后天授二年发十道存抚使，以右肃政御史中丞知大夫事李嗣真等为之。时分巡天下者，皆左右台官。神龙（中宗年号）二年，敕左右台内外五品以上官，识理通明无屈挠者二十人，分为十道巡察使，二周年一替，以廉按州郡。景龙（中宗年号）二年，置十道按察使，分察天下。"（《通考》卷六十一）且看李峤请每十州分置御史巡按疏上说：

> 陛下（武后）创置右台，分巡天下，自非分州统理，无由济其繁务。请大小相兼率，置御史一人，以周年为限。使其亲至属县，或入闾里，督察奸讹，观采风俗，然后可以求其实效，课其成功。

由此看来，唐以御史出外巡察州县，虽然昉自秦代的监察史，但他所行使的职务，只是御史的职务，绝不是如清代的巡抚的职务。故唐代的十道巡按御史确是明代的各省巡按御史及清代的巡察御史的渊源；此外若安抚、存抚、宣抚等使，方才是明清两代巡抚的渊源。至于按察使在先本为观察使，颇与明代的按察使职分相似，皆与纯粹的御史职任不同。所以唐代设立这廉按州县再周而代的十道巡察使，实在是御史制度上一个重要的新发展。

分察各部院衙门，是清代十五道监察御史的重要职权，而这种制度实在是从唐代分察制度渐渐演进而来的。唐代的分察制虽未十分发达，但是总可算是已经有个样子了。且看王应麟《玉海》说：

> 监察御史分察尚书省六司，由下第一人为始，出使亦然。兴元（德宗年号）元年，以第一人察吏部、礼部，兼监察使；第二人察兵部、工部，兼馆驿使；第三人察户部、刑部。岁终议殿最。元和（宪宗年号）中，以新人不出使，无以观能否，乃命颛察尚书省，号六察官。开元（玄宗年号）十九年，以监察御史二人莅太仓左藏库，其后

以殿中侍御史上一人为监太仓使，第二人为监左藏库使。

从这一段记载上看来，唐代的分察，很像清代十五道监察御史分察部院衙门。而且监太仓使就是清代巡仓御史的渊源，馆驿使就是清代巡察御史兼查驿站的渊源。故唐代的分察制度发生，在御史制度的历史上的确有很可注意的价值。

再唐代京外各官多兼大夫中丞的称号，或并以中丞兼任。例如：

> 开元二十二年，置京畿采访处置使，以中丞为之。（《唐会要》）
>
> 今之制，受命临戎，无所统属者，谓之使。开元以来，其制愈重，故取御史之名而加焉。至于今若干年，其兼中丞者若干人，皆得以壮其威，张其声，其用远矣。（柳宗元《河东集》）

大概唐代自从开元时候用中丞做采访使后，所有节度使、观察使、刺史等官，多加御史大夫或御史中丞衔。如节镇入京为本官，便叫做"知台事"（如《代宗纪》以浙西观察使、苏州刺史、御史大夫李涵知台事是）；如在外的各使而兼大夫中丞官衔者，他的幕府参佐属员，皆用御史为之，叫做"外台"。元代的行御史台的制度，是从唐代的外台制度发源而来的；而明代的总督巡抚的制度，又是从元代的行御史台的制度发源而来的（见《续通考·行御史台门》）。这又是唐代的御史制在历史上有很可以令人注意的一点。

又唐代的旧制，御史可以闻风弹事，这种制度究竟是从何时而起，没有方法详考。但据洪迈《容斋随笔》说："御史许风闻论事，相承有此言，而不究所从来。以予考之，盖自晋宋以下，如北齐沈约为御史中丞，奏弹王源曰：'风闻东海王源……'苏冕《会要》云：故事，御史台无受词讼之例，有词状在门，御史采状有可弹者，即略其姓名，皆云风闻访知。其后疾恶公方者少，递相推倚，通状人壅滞。开元十四年，始定受事御史人知一日，劾状遂题告事人名，乖自古风闻之义。"从这一点上看来，御史风闻奏事，与近代检察官因直接闻见得以施行侦查处分，大致相似。但御史的风闻，范围更大，无论有无实据，或与事实相符与否，皆不深究。故这种风闻奏事的成例，实在是历代保障御史奏弹的重要方法。

此外还有一点，算是御史制度中最完善的成例，就是御史台虽然由长官总管，可是执行奏劾的职务，却是各自独立，不受长官的指挥命令。且看刘肃的《大唐新语》说：

李承嘉为御史大夫，谓诸御史曰："公等奏事须报承嘉【知】，不然毋妄闻也。"诸御史悉不禀之。承嘉厉而复言，监察萧至忠徐进曰："御史人君耳目，俱握雄权，岂有奏事先咨大夫？台无此例。设弹中丞大夫，岂得奉咨耶？"承嘉无以对。

大概凡是御史，都是人君的耳目，就职务说，各有专责，故萧至忠说："故事：台官无长官。御史人君耳目，比肩事主，得自弹事。"盖唐朝的故事，侍御史以下，可与大夫抗礼，后来虽有大夫坐而受拜的事，但往往因人而起，人去便废。又《通典》说："故事：大夫与监察竞为官政，略无承禀。"这乃是专制君王操纵臣下的巧妙法术。虽美其名曰，"水火相济，盐梅相成"，考其实，则不过想使人人互相纠举，不教一个人逃出纠察权的管束之外罢了。但单就御史制度本身说，这种各自独立行使纠察权的御史，很有点像近代各自独立行使审判权的法官，也可算是御史制度的一种特色。

然唐代御史台的故事，不但有各御史不受长官支配的成例，并且有大夫、中丞不受君主随便调遣的成例。如果君主任意调遣，便可以拒绝不受。且看《大唐新语》上说：

宋璟则天朝以频论得失，内不能容，而惮其公正，乃敕璟往扬州推按。奏曰："臣以不才，叨居宪府，按州县乃监察御史事耳，今非意差臣，不识其所由。请不奉制。"无何复令按幽州都督屈突仲翔，璟复奏曰："御史中丞非军国大事不当出使。且仲翔所犯赃污耳。今高品有侍御史，卑品有监察御史。今敕臣，恐非陛下意，当有危臣者。请不奉制。"月余优诏，令副李峤使蜀，峤喜召璟曰："叨奉渥恩，与公同谢。"璟曰："恩制示礼数不以礼遣璟，璟不当行，谨不谢。"乃上言曰："臣以宪司，位居独坐（后汉中丞与尚书令、司隶校尉，朝会皆专席而坐，京师号为三独坐，言其尊也）。今陇蜀无变，不测圣意令臣副峤何也？恐乖朝廷故事，请不奉制。"

中国一切官吏没有一个可以不听君主随便迁调，御史各官也和其他官吏一样，他的升降也并没有法律上的特别保障。但历代君主多慕不杀言官的美名，甚且很怕惹起杀戮言官的清议，御史和谏官，全靠这种习惯做保障，效力自然是非常的薄弱。然如果和其他官吏相比较，这种习惯却可算是无保障中的一点保障了。宋璟三次"不奉制"，武后也无可如何，便是这种习惯保障的效果。所以御史在唐代可以拒绝君主非法的迁调，更可以算做御史制度中的一个特色。

（四）自五代到宋

御史各官在五代时并没有什么重大的变迁，如御史大夫、御史中丞、侍御史、殿中侍御史、监察御史、主簿等官，仍依唐朝的旧制。就是三院制也承继唐代旧制，没有变更。到了宋代，御史制度的变迁，最重要的约有三点：①御史大夫无正员，只为兼官；②御史中丞除正员外，多以他官兼权，而三院出外任风宪之职，常用他官兼领；③尤其重要的，是以御史兼言事，开台谏合一的先例。

宋代的御史制度常有变更，今据《宋史·职官志》所载如下：

> 御史台掌纠察官邪，肃正纲纪，大事则廷辨，小事则奏弹。中丞一人，为台长；侍御史一人，掌贰台政；殿中侍御史二人，掌以仪法纠百官之失；监察御史六人，掌分察六曹及百司之事；检法一人，掌检详法律；主簿一人，掌受事发辰，勾稽簿书。

再《文献通考》说：

> 宋承唐制，有三院（［附注］宋代三院以侍御史的班位为最高，监察御史为最卑，故御史的迁升常由监察升殿中，再由殿中升侍御史）。

现在且根据这两条列图如下（见下页）：

御史台

御史中丞 一人（为台长）

掌纠察 官怫肃 正朝仪

察院 —— 监察御史 六人 掌分察六曹 凡百司之事

殿院 —— 殿中侍御史 二人 掌以仪法刺举 百官之失

台院 —— 侍御史 一人 掌贰台政

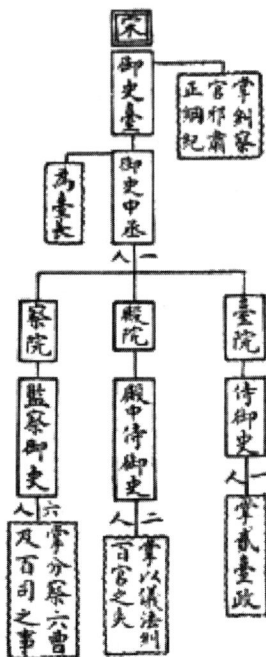

宋朝不除御史大夫，"自国初至元丰（神宗年号）中，检校官多带宪衔，有检校御史大夫者，官制行，并除去"（《通考》）。元丰年间，变更官制，本有可以除御史大夫的机会，神宗并且想用司马光任这个官职，只因宰相蔡确、王珪反对，所以终未除人。至于不想除人的原因，照叶梦得说：

> 元丰既新官制，四十年间，职事官未有不经除者，惟御史大夫、左右散骑常侍至今未尝除人。盖两官为台谏之长，非宰执所利，故无有启之者。崇宁（徽宗年号）中，朱圣予为中丞，尝请除二官，竟不行。（《石林燕语》）

大概御史大夫位高望重，不除大夫，只用中丞做台长，已经于无形之中，使御史台的地位低减。但是以中丞代行大夫的职任，位虽较卑，却仍可以行使纠察的大权，于宰相仍属不便。故在神宗以前，往往连中丞缺人也不愿即补，再使那品职更卑的知杂御史独掌台务。且看李焘说：

> 御史台自薛奎后，中丞缺人不补，侍御史知杂事韩亿独掌台务者逾年。天圣（仁宗年号）四年，始命王臻权御史中丞。（《续资治通鉴长编》）

大概"唐世台官，虽职在抨弹，然进退从违，皆出宰相，不若今之雄紧"（《容斋随笔》），宋朝在未改官制之先，任监察满四年而转殿中，又四年转侍御史，四年解台职，始转司封员外郎。由此可见宋代御史迁叙都有常规，不由宰相随便任免，因此，便不能不用久不除人的一法来抵制他。这是宰执官深恨御史制度的一种表现。

宋代各官多用他官兼领，御史中丞及三院御史也都是这样。故《文献通考》说：

> 宋中丞除正员外，或带他官者：尚书则曰某官兼御史中丞，丞郎则曰御史中丞兼某官，给事中谏议则曰某官权御史中丞事。……三院多出外任风宪之职，用他官领之。

又说：

> 宋承唐制，无大夫，以中丞为台长，无正员，以两省给谏权。……凡除中丞而官未至者，自正言而上，皆除右谏议大夫权。熙宁（神宗年号）初，言者以为躐等，乃诏以本官职兼权。熙宁五年，以知杂侍御史邓绾为中丞，初除谏议大夫，王安石言：疑近制除待制或可，乃以绾为龙图阁待制，权御史中丞。中丞不迁谏议大夫，自绾始。九年，邓润甫自正言知制诰，为中丞，以宰相属官，不可长宪府，于是复迁右谏议大夫权。元丰五年，以承议郎徐禧为知制诰，权中丞，禧言：中丞纠弹之官，赴舍人院行词，疑若未安。会官制行，罢知制诰，禧乃以本官试中丞。

由此看来，宋代的御史中丞，不但多用言官兼权，并且多用宰相的属官兼权。这样一来，便不啻于无形之中，把御史的纠弹权取消了。因为使属官去纠弹长官，势必不能做到，故以宰相的属官兼中丞，中丞的进退从违，自然都逃不出宰相的权力之外。换句话说：就是在表面上虽然仍保存中丞的名称，在实际上却不啻把中丞的纠察权根本取消了。这又是宰执官操纵御史的又一种表现。

唐代的御史和谏官本是分立的，御史不得言事，谏官也不得纠弹。就在宋初，御史和谏官也是各有职司，不相闻问的。就在真宗天禧初年，也曾下诏明定御史和谏官的权限。且看《文献通考》说：

> 天禧中，两省置谏官六员，御史台中丞知杂推直外，置御史六员，并不兼领职务。……其或诏令乖当，官曹涉私，措置失宜，刑赏逾制，赋敛繁暴，狱犴稽留，并令谏官奏论，宪臣弹举。每月须一员奏事，或有急务亦许非时入对。(《谏议大夫门》)

由此可见就在天禧初年，御史和谏官的职务仍是分开的，各司各事，不能侵越权限。可是同时又置言事御史，且看《玉海》说：

> 天禧元年二月八日丁丑，始置言事御史。……庆历（仁宗年号）五年正月乙亥，以殿中梅挚监察李京并为言事御史。今中丞厅之南，有谏官御史厅，盖御史得兼谏职也。……元丰二年十一月六日，诏御史六员：三分察，三言事。……八年十月丁丑，诏监察兼言事，殿中兼察事，用吕公著刘挚之言也。

大概宋制虽然许御史兼谏官职，却不使谏官兼御史职。故神宗时，以谏议大夫赵彦若侵御史论事，左转秘书监。《容斋随笔》说："盖许其议论，而责其弹击为非也。元祐初，孙觉为谏议大夫，是时谏官御史论事有限，毋得越职。觉请申《唐六典》及天禧诏书，凡发令造事之未便，皆得奏陈。"又孝宗淳熙十五年，依唐制，置拾遗补阙，专掌谏诤，不许纠弹。由此可见宋制使御史兼言事，虽然开台谏合一之端，可是却不许谏官行使御史的纠弹权。而且谏官仍属门下省，不属御史台，比较清代使给事中隶属都察院，将台谏两官完全混合起来，却大不相同了。但是宋代的台谏虽然没有完全合一，可是御史得在纠察非违的职权以外，还有论列时政得失的职权，也可算是御史职权的一大扩张。故宋制虽然不能算是台谏合一的制度，但至少总可算是开台谏合一之端。

此外还有一点可以使我们注意的，就是六察的制度。照谢维新《合璧事类》说：

> 唐台案有六监司，元丰二年，李定请复六察，于是御史专领六察。元丰三年御史台言：请以吏部，及审官东西院、三班院、隶吏察；户部三司，及司农寺，隶户察；刑部、大理寺、审刑院，隶刑察；兵部、武学，隶兵察；礼祠部、太常寺，隶礼察；少府将作等，隶工察。从之。其后大正官名，……以六察官为监察御史。

这种分察制度，本发源于唐代，到了清代，御史得稽查各衙门，大概就是监察御史的旧职。故特在此处叙述一下，表明后代御史分察制的渊源。

（五）自元到明

元朝起自北方，所有的制度，都和辽金有密切的关系。故在未述元代御史制度之先，不能不略述辽金两代的御史制度。辽南面官有御史台，有御史大夫、御史中丞和侍御史。但除侍御史外，并没有殿院的殿中侍御史和察院的监察御史；只把三院的职事，合并起来。这也是御史制度中一大变革。至金代，御史制度大概和唐宋两代略同。且看《金史·百官志》说：

> 御史台，御史大夫从二品，掌纠察朝仪，弹劾官邪，勘鞫官府公事。御史中丞从三品，贰大夫。侍御史二员，从五品，掌奏事，判台事。治书侍御史二员，从六品，掌同侍御史。殿中侍御史二员，正七品，每遇朝对，立于龙墀之下，专劾朝者仪矩。监察御史十二员，正七品，掌纠察内外非违，刷磨诸司，察帐，并监祭礼及出使之事。典事二员，从七品，架阁库管勾一员，从八品，检法四员，从八品。

金代的御史制度不但恢复唐宋的旧制，并且他的具体的法规非常的发达，可以挽回宋代御史渐渐衰颓的趋势。金代对于御史，只有积极的强制他行使职权的法令，却没有像宋代消极的阻止他行使职权的习惯。例如金世宗大定中间，制："纠弹之官，知有犯法而不举者，减犯人一等科之。关亲者许回避。"又令："监察职事修举者，与迁擢；不称者，大则降罚，小则决责。仍不许去官。"宣宗贞祐年间，定监察御史黜陟格，"以所察大事至五，小事至十，为称职；数不及，且无切务者，为庸常；数内有二事不实者，为不称职"（王圻《续通考》）。兴定年间，又定《监察御史失察法》和《监察御史违犯的决法》。此类以升迁为奖励御史的方法，以不许去官为保障御史的方法，以不得与人相见为免除御史贪缘贿赂的方法，以各种法令为敦促御史尽职的方法……，皆是积极的激劝御史行使职权的表现。

元承金制，御史台中各官也很完备，且看《元史·百官志》说：

> 御史台大夫二员，从一品；中丞二员，正二品；侍御史二员，从二品；治书侍御史二员，从二品；掌纠察百官善恶，政治得失。殿中司殿中侍御史二员，正四品。凡大朝会，百官班序，其失仪失列，则纠罚之。察院秩正七品，监察御史三十二员，司耳目之寄，任刺举之事。

元代御史制度的特点，就在抬高御史的品位。唐代御史大夫只从三品，中丞只正五品，侍御史只从六品下。金代御史大夫只从二品，中丞只从三品，侍御史只从五品。到了元代，御史大夫升到从一品，中丞升到正二品，侍御史和治书侍御史升到从二品。即就侍御史说：唐代的侍御史虽然在殿中监察之上，宋代的侍御史虽然佐中丞、管台政，金代的侍御史虽然与治书御史同判台事，但是品位皆在从五品以下。到了元代，侍御史已经增秩到了二品，从此便成为堂上官了。三院仅存殿中察院，而殿中又只有两人，故明初便废去殿中侍御史，将纠仪的职务，归并到察院里边去，故三院制便从此告终了。这是元代御史制度变迁的重要几点。

元代虽然仍别设谏官，但是御史却承宋制，得兼言职，故《元史·张雄飞传》说："雄飞言于世祖曰：'古有御史台，为天子耳目。凡政事得失，民间疾苦，皆得言；百官奸邪不职者，即听纠劾。如此则纪纲举，天下治矣。'帝善之。"又《廉希宪传》说："立台察古制，内则弹劾奸邪，外则察视非常，访求民瘼，裨益国政，事无大于此者。"由此看来，元代的御史一方面可以建言，讨论时政得失；一方【面】可以纠察，弹击百司邪恶。这样的职权，完全是承继宋制的。

此外元代还有一种特殊的制度，就是行御史台。行御史台分道设立，"统制各道宪司，而总诸内台"。元代这个制度，就是明代的督抚制度的渊源；故《续通考》说："若明之总督巡抚，即行御史台之职。"（《行御史台门》）因为他的职位专在统制各道宪司，究竟和内台大有差别，故《历代职官表》，但把他列入督抚表内，并不列入都察院表内。

到了明代，御史台便改称都察院，御史大夫便改称都御史，中丞便改称副都御史；又佥都御史略当从前侍御史治书御史的职位。明初也曾仿效唐、宋、辽、金、元各代，置御史台，设御史大夫（从一品）、御史中丞（正二品）、侍御史（从二品）、治书侍御史（正三品）、殿中侍御史（正五品）、察院监察御史（正七品）等官。后来废治书及殿中等官，由监察御史摄行职务。而监察御史竟增加到一百一十人，人数之多为从古所未有。洪武中，罢御史台，置都察院。照《明史·百官志》说：

> 洪武十六年升都察院为正三品；设左右都御史各一人，正三品；左右副都御史各一人，正四品；左右佥都御史各二人，正五品；经历一人，正七品；知事一人，正八品。十七年，升都御史正二品，副都御史正三品，佥都御史正四品，十二道监察御史正七品。建文元年改设都御史一人，革佥都御史。……宣德十年，始定为十三道。……十三道监察御史一百十人。浙江、江西、河南、山东各十人，福建、广东、广西、四川、贵州各七人，陕西、湖广、山西各八人，云南十一人。其在外加都御史或副佥都御史衔者：有总督，有提督，有巡抚，有总督兼巡抚，提督兼巡抚，及经略总理赞理巡视抚治等员。

《续文献通考》说：

> 都御史职专纠劾百司，辨明冤枉，提督各道，为天子耳目风纪之司。凡大臣奸邪，小人构党作威福乱政者劾；凡百官猥茸贪冒坏官纪者劾；凡学术不正，上书陈言变乱成宪，希进用者劾。遇朝觐考察，同吏部司贤否黜陟；大狱重囚，会鞫于外朝，偕刑部大理谳平之。

十三道监察御史主察纠内外百司之官邪，或露章面劾，或封章奏劾。凡差，在内，两京刷卷，监临乡会试及武举，巡视光禄京营仓场内库皇城五城，轮值登闻鼓（后改科员）；在外，巡按，清军，提督学校，巡盐茶马，巡漕，巡关，攒运印马，屯田，师行则监军纪功。各以其事专监察。而巡按则代天子巡狩，所按藩服大臣府州县官诸考察，举劾尤专。大事奏裁，小事立断。按临所至，必先审录罪囚，吊刷卷案，有故出入者理辨之。诸祭祀坛场省其墙宇，祭器。存恤孤老，巡视仓库，查算钱粮，勉励学校，表扬善类，剪除豪蠹，以正风俗，振纲纪。凡朝会纠仪，祭祀监礼。凡政事得失，军民利病，皆得直言无避。有大政集阙廷豫议焉。

由此可见御史的职权到明代已经发达到极点。大概自元代以来，中央政府也有他的三权分立制，例如元"世祖立中书省以总庶务，立枢密院以掌兵要，立御史台以纠弹百司。尝言：'中书朕左手，枢密朕右手，御史台是朕医两手的。'历世遵其道不变"（叶士奇《草木子》）。明初也用这种样式的三权分立制，故"太祖赐〔谕〕御史大夫汤和等曰：'国家立三大府：中书总政事，都督掌军旅，御史掌纠察。朝廷纪纲尽系于此，而台察之任尤清要。'"（《职官志》）由此看来，御史的地位，到元明两代，增加到了极高的限度，仿佛恢复了汉代的太尉、丞相、御史大夫的旧制。御史得到一二品的地位，总算是元明两代御史制度的特色。

到明代以后，监察御史简直得到独立的地位，不受御史大夫以下的节制。元明两代的监察御史署衔皆不用御史台或都察院三字。故陶宗仪《辍耕录》说："监察御史署衔无御史台三字，以为天子耳目之官，非御史大夫以下可制也。行台则不然。"邱濬《大学衍义补》亦说："今六部官属皆书其部，如吏部属，则曰，吏部文选清吏司，兵部属，则曰，兵部武选清吏司之类是也。唯监察御史则书其道，而不系于都察院焉。"大概到了明代，因为废去侍御史、殿中侍御史、治书侍御史等名衔，把那纠劾巡按照刷问拟的责任，一概委给监察御史，故监察御史职权大大的扩张。由此可见监察御史的职权扩张，乃是明代和清代御史制度的一种特色。

至于御史的选任，在明代也设下许多限制。大概重经验，重才能，并禁止任用新进之士。"洪熙元年，谕：御史耳目之官，惟老成识治体者可任。又曰：都御史十三道之表，如廉清公正御史虽间有不才，亦当畏惮，今之不才者无畏惮矣。其咨访可任都御史者。"（《春明梦余录》）再看马文升说：

> 御史为朝廷耳目之官，自洪武、永乐、宣德年间，不分进士知县教官，皆得除授；但选之甚精，而授之不苟。至正统年间，朝廷颁降宪纲，新进士初仕，不许除授御史。至正统八年，进士复得除之。成化六年，仍遵宪纲，凡遇御史有缺，止于进士出身知县，并行人内行取。中间多有不分贤否，但资格相应，皆得授任者，所以未尽得人。乞敕吏部行移各处抚按等官，各于所属进士、举人除授，到任六年以上知县内，从公推访廉慎公勤、政绩昭著者，明白具奏。遇有御史员缺，吏部据此，并于考满行人博士内行取。如果六年以上知县员少，于办事二年以上进士中选取。仍照例会同本院官考选具奏除授。若所举不实，事发连坐以罪。如是则御史得人，而风纪振肃。（《明臣奏议》）

由此可见明代人希望选任御史的慎重。大概新进之人，多好以纠弹要声誉，明代御史结党营私，颠倒是非，纷纷攻讦者，不可胜数，甚至引用私人，做他自己的爪牙，渐渐发生朋党的弊病。这种重经验重才能的选任，也许是为事实所逼迫的。

再明代的都御史出使，就是清代督抚兼都御史的渊源。且看《续通志》上说：

> 明永乐十九年，遣尚书蹇义诸人巡行天下，安抚军民，名曰巡抚，事毕停遣，后定为都御史出使之职。兼军务者，加提督；有总兵者，加赞理；事重者加总督。又有经略总理整饬抚治巡治诸衔，然必以都御史任之，以便行事也。盖仿秦监郡御史，唐巡按州县御史之制，而其秩较尊，大略与元之行御史台同。

明代在巡抚之外，有巡按御史，与巡抚不相统属。又兼多用新进好事之人，往往倚势作威，受贿不法，或干涉州县之事，任意举错。清代裁去这个官职，事权才能统一。故御史出使一制，也是明代御史制度上很重要的一点。自秦代监郡，唐代巡按，元代行御史台，经过明代巡抚，而变成清代的督抚兼都御史制。这也是研究御史制度的人所应当注意的。

三　给事中官职的沿革

（一）　自秦到隋

给事中一官，在清代以前，或属于集书省，或属于门下省，或独立自为一曹，皆和御史台或都察院不生关系。到了清代雍正元年，才使六科改隶都察院，把台谏两官完全合并起来。故在清代以前，给事中制度的变迁沿革，不能不和御史制度的变迁沿革分别叙述。

给事中一官，在六朝以前，大概多以名儒贵戚充任，除侍从左右、备君主顾问外，似还没有"封驳"的职掌。封驳之事究竟始于何代，很难考定。照顾炎武《日知录》说："汉哀帝封董卓，而丞相王嘉封还诏书。后汉钟离意为尚书仆射，数封还诏书。自是封驳之事多见于史，而未以为专职也。"由此看来，王嘉封还诏书，可算是后世给事中封驳的渊源了。考给事中设为官名，大概是从秦代起的。故《晋书·职官志》说："给事中秦官也。"但是秦汉时代虽然都有给事中的官名，可是只是加官，并无正员。给事中设为专官，大概是起于晋代。不过汉代的给事中虽然没有正员，可是他的职掌已经有做后代给事中职掌渊源的资格了。现在姑且抄出几条关于给事中的记载为证：

> 给事中亦加官，所加或大夫、博士、议郎，掌顾问应对，位次中常侍。（《汉书·百官公卿表》）
>
> 《汉仪注》曰：诸给事中日上朝谒，平尚书奏事，分为左右曹。以有事殿中，故曰给事中。多名儒国亲为之，掌左右顾问。（《册府元龟》）

照这样说来，给事中不过是君主的趋从左右以备顾问的近臣，和侍中给事黄门侍郎等官之侍从左右，出入禁中者，地位都很相近。汉武帝用儒者孔安国做侍中，掌唾壶，当时都以为是儒者之荣，正因为他能够陪侍左右。至于给事中也是这样。照《汉书》所载，那时曾做过给事中的：如韦贤、匡衡是经学家，刘向是宗室，金敞、金钦是勋戚，可见若不是名流贵戚，便很难侥幸得到这样的荣任。他们所以能够"平尚书奏事"，"掌顾问应对"，正因为他们都是君主尊宠之人，和清代所谓"内廷行走"大致相似。后来这个官职，所以得到专掌封驳的职任，就是因此而起。故《历代官职表》说："所掌在平尚书奏事，则后来封驳之任，亦已权舆于此矣。"（卷十九）

后汉到了章帝以后，把给事中废掉，到曹魏时又置给事中，但仍同汉制一样，只为加官（《通典》说"或为正员"不确，似以从《历代职官表》为是）。到了晋代，据《晋书·百官志》说：

> 给事中魏世复置，至晋不改，在散骑常侍下，给事黄门侍郎上。无员。

又据《唐六典》说：

> 晋代无加官，亦无常员。隶散骑省，位次散骑常侍。晋令云：品第五，武冠，绛朝服。

照这样看来，晋代的给事中已经无加官，而且品位已经定为第五，一定是设下正员了。故《历代职官表》说："晋给事中设有定品，《册府元龟》载：武帝授张建、陈劭二诏，俱不言以某官给事中，可知并非加官，是给事中之为正员，实自晋始也。"（卷十九）不过晋代就官制说，自加官变成正员，可算是进步；就用人说，自名儒勋戚转移到"帝室茂亲，或贵游子弟"，又可算是退步。

到了六朝，给事中的品秩和职掌更比从前确定了。照《唐六典》说：

> 给事中宋齐隶集书省，位次诸散骑下，奉朝请上。梁陈秩六百石，品第七。

又《通典》说：

> 宋齐给事中隶集书省，梁陈亦掌献纳，省诸闻奏。

又《隋书·百官志》说：

> 梁集书省有给事中，掌侍从左右，献纳得失，省诸奏闻。文书意异者，随事为驳。陈承梁，皆循其制官。

从上述的各条看来，给事中一职，在梁时已经有"随事为驳"的职掌，可见给事中的"封驳"的职任，实在是从梁代起的（《通典》说"今之给事中盖因古之名用隋之职"不确）。可惜到南齐以来，给事中的人数既多且滥，因而不能得人，比较汉代，却是大大的退化了。

北魏有中给事中（从第五品）、给事中给事（从第三品上）、给事中（从第六品）及北部给事中、南部给事中、主客给事中等名称，但是史书上都没有详载他们的职掌。到了北齐，给事中不但有明定的职掌，并且有明定的员额。且看《通典》说：

> 北齐给事中亦隶集书省，凡六十人。

又《唐六典》说：

> 北齐集书省署给事中六十员，从第六品上。

《隋书·百官志》并详载北齐给事中的职掌说：

> 后齐集书省掌讽议左右，从容献纳，给事中六人（当是"六十人"之误）。

由此看来，北齐的给事中已经定下额数，设为定缺，可算是给事中制度上的又一进步。

后周把给事中改为给事中士（六十人），属天官府，"掌理六经，及诸文志，给事于帝左右。其后六官之外，又别置给事中四人"（《唐六典》）。到了隋代，给事中又改名给事或给事郎，员额虽然大大的减少，可是职掌却由此渐渐的确定。且看《隋书·百官志》说：

> 高祖受命，置门下省，有给事二十人，掌部从朝直。开皇六年，吏部又别置给事郎，散官番直，常出使监检。炀帝即位，移吏部给事郎为门下之职，位次黄门下，置员四人，从五品，案〔省〕读奏案。

隋制有可以令人注意的两点：①从前的给事中属集书省，到隋代属门下省，后世便因袭不改；②隋以前给事中或专事侍从，或聊备顾问，或掌理经籍，自隋承宋齐梁陈的旧制专掌"省读奏案"，便为后代抄发本章的渊源。故《历代职官表》说"今……六科职掌所沿，亦本于隋代"就是此意。把以上各代的给事中的职掌总括起来，计有五项：①侍左右，备顾问；②献纳得失；③省读奏案；④驳正违失；⑤掌理六经文志。

（二）自唐到宋

给事中一职，到唐宋两代，在法令上所载的职权，可算是发达到了极点。尤其是唐代重谏官，薄御史，故谏议大夫和给事中可称为侍臣，而御史却只能称为法吏。给事中在封驳外还有他种的大权，直到唐代才在法律上有确实的根据。且看《旧唐书·职官志》说：

> 给事中四人，掌陪侍左右，分判省事。凡百司奏钞，侍中审定，则先读而署之，以驳正违失。凡制敕宣行，大事则称扬德泽，褒美功业，覆奏而请施行；小事则署而颁之。凡国之大狱，三司详决；若刑名不当，轻重或失，则援法例退而裁之。或发驿遣使，则审其事宜与黄门侍郎给之。其缓者给传，即不应给罢之。凡文武六品以下授职官所司奏拟，则校其仕历浅深，功状殿最，访其德行，量其才艺；若官非其人，理失其事，则白侍中而退量焉。若宏文馆图书之缮写雠校，亦课而察之。凡天下冤滞未申，及官吏刻害者，必听其讼，与御史中书舍人同计其事宜而申理之。录事四人（从七品上），主事四人（从

八品下），令史十一人，书令史二十二人，甲库令史七人，传制八人，亭长六人，掌固十人，修补制敕匠五人。

再看白居易《长庆集》说：

> 给事中之职，【凡】制敕【有】不便于时者，得封奏之；刑狱有未合于理者，得驳正之；天下冤滞无告者，得与御史纠理之；有司选补不当者，得与侍中裁退之。率是而行，号为称职。

《新唐书·百官志》说：

> 凡百司奏钞，侍中既审，则给事中驳正违失。诏敕不便者，涂窜而奏还，谓之涂归。

田锡《论军国机要朝廷大体疏》说：

> 臣又读唐书，见给事中得以封驳诏书，封谓封还诏书而不行，驳谓驳正诏书之所失。

由此看来，唐代的给事中职权扩张很大，可以封驳诏敕，可以驳正刑狱，可以纠理冤滞无告，可以裁退选补不当。门下省事可以由他分判；若侍中侍郎并阙，可以由他监封题给驿券。故从职权上说，给事中一职，到唐代真可算是权力大到极点了。不过在六朝以前的给事中，天天追随左右，掌顾问应对，故常常能在诏书未曾起草之前，就可以献纳得失，驳正违误；到了隋唐时代，"给事中……皆以外庭之臣为之，并不预宫中之事"（《文献通考·自序》），故只能涂窜于诏书已下之后，不能陈说于诏书未制之前。这可算是给事中一官，由宫内移到宫外及由事先谏止变成事后谏止的一大变革。但是唐制虽有这种变革，可是凡诏旨和百司的奏疏由中书宣出者，皆必先经给事中书读，然后才交到外边施行。比较清代凡重要或秘密的诏旨由军机处密行，不由给事中手中经过，却大不相同了。

五代的时候，给事中大概皆兼他官，不能专司封驳之任。故给事中的固有职权在五代时几乎停止，因此，这个制度便没有什么进步可说。到了宋代，给事中在制度上有两个重要的变迁：①给事中分治六房；②给事中升为门下后省的长官。现在且先举史志为证：

> 给事中四人，分治六房，掌读中外出纳，及判后省之事。若政令有失当，除授非其人，则论奏而驳正之。凡章奏日录目以进，考其稽违而纠治之。故事：诏旨皆付银台司封驳，官制行，给事中始正其职，而封驳司归门下。（《宋史·职官志》）
>
> 元丰五年四月，知谏院舒亶试给事中，自是给事始除为职事官。（《文献通考》）
>
> 元丰官制：门下增设后省，以左散骑常侍，左谏议大夫，左司谏，左正言，给事中，为门下后省，设案六。建炎（高宗年号）三年，诏谏院别置局，不隶两省，又因旧制，置门下后省，以给事中为长官，四员为额，掌封驳书读，设案四。（王应麟《玉海》）

从这几条上看来，宋初给事中几乎和五代一样，多用他官兼任，直到元丰官制施行时，给事中才有专任的官员。明代给事中分为六科治事，乃是承继宋代给事中分治六房的旧制，故这一类的变迁，在给事中制度的沿革上，含有很重要的意味。到南宋后，又设门下后省，用给事中为后省的长官，自此而后，给事中已经渐渐的进步，封成独立的一曹。后来金代废门下省，仍留给事中一官，和宋代的给事中自为后省的长官，大有因果相联的关系。故宋代给事中制度变迁的这两点，是很值得我们注意的。

宋代的谏官与台官例不相见，天禧之后，虽然设言事御史，可是谏官仍是谏官，故真宗时有令谏官奏论宪臣弹举的诏书。大概台谏两官在宋仍然分立，故谏官御史可以互相纠驳。至于给事中虽同谏议大夫、拾遗、补阙、司谏、正言等同属门下省，但他的主要职务在主封驳书读，当然和谏官不大相同。自宋代起，渐渐有嫌恶谏官的倾向，所以谏官往往不常除人。到了后来三省的制度一废，凡谏议司谏正言等官之在门下者，也因之而废。虽有谏院，也不常除官。到了明代，只存给事中一职，因把前代谏议拾遗补阙等职务，一并兼而有之。这是宋以后给事中制度和职权变迁的大概，推求原因，实在是由宋代给事中独立自为一曹的事实上发生出来的。故我们关于这一点，不能不特别的注意。

（三）自辽金到明

到了辽金而后，谏官一职，不是名存实亡，便是名实皆废。至于给事中虽名衔未改，可是职权却常有变更。"辽南面门下省有给事中，次于散骑常侍"（王圻《续文献通考》）。金代没有门下省，因而没有主封驳的机关，故特设审官院来掌封驳。至于给事中名目虽存，实则不掌封驳的职务，不过附属于管朝会宴享的宣徽院，作为内侍转官罢了，故我们所应该注意的，只在金代废掉门下省而仍留给事中一官的一点，至于给事中的职权却是名存实亡了。

元代的给事中据《元史·百官志》说：

> 给事中秩正四品。至元六年，始置起居注，左右补阙，掌随朝省台院诸司。凡奏闻之事悉纪录之，如古左右史。十五年改升给事中兼修起居注，左右补阙改为左右侍仪奉御，兼修起居注。皇庆元年，升正三品，延祐七年，仍四品。后定置给事中兼修起居注二员，右侍仪奉御同修起居注一员，左侍仪奉御同修起居注一员。

由此看来，给事中的职掌，到元代又发生一大变迁。在唐宋两代，给事中与起居郎虽同为门下省的属官，但给事中掌封驳，起居郎掌记注，职事本是不一样的。到了金代，特别设一记注院，专掌修起居注事；而给事中虽然不掌封驳，却也不掌记注。一到元代，给事中便变成兼修起居注的官吏，名衔虽然与唐宋一样，而职掌却和唐宋大异。故就给事中本职说，也可算是名存实亡了。

但是元代的给事中虽然变成记注的官吏，可是这种职掌也有个渊源。考宋代给事中曾掌五案："曰上案，主宝礼及朝会所行事；曰下案，主受发文书；曰封驳案，主封驳及试吏校其功过；曰谏官案，主关报文书；曰记注案，主录起居注。"（《宋史·职官志》）由此看来，给事中主录起居注事，实在是自宋代起首的，元代不过因袭宋制罢了。但是在宋代，修起居注事不过是给事中许多职掌中的一种，在元代，则给事中乃以记注为专职，故名虽为因，而实则却是变革了。

到了明代，给事中的职掌，不但恢复唐宋的旧制，并且比较唐宋两代给事中的职掌兼要扩张。因为自明革中书省后，并把一切谏官裁去，只留给事中一官，故给事中兼掌谏议补阙拾遗的职任。这就是明代给事中职掌扩张的唯一原因。不过唐宋的给事中属于门下省，明代的给事中却独立自为一曹（洪武中，虽暂属承敕监或通政司，但皆是暂时的），这又是明代的给事中渊源于宋，而和唐代不同的地方。

《明史·职官志》载给事中的官职很详，说：

吏户礼兵刑工六科各都给事中一人（正七品），左右给事中各一人（从七品）。给事中吏科四人，户科八人，礼科六人，兵科十人，刑科八人，工科四人（并从七品）。掌侍从规谏，补阙拾遗，稽察六部百司之事。凡制敕宣行，大事覆奏，小事署而颁之。有失，封还执奏。凡内外所上章疏下，分类抄出，参署付部，驳正其违误。

吏科：凡吏部引选，则掌科同至御前请旨；外官领文凭，皆先赴科画字；内外官考察自陈后，则与各科具奏拾遗纠其不职者。

户科：监光禄寺岁入金谷甲字等十库钱钞杂物，与各科兼莅之，皆三月而代。内外有陈乞田土隐占侵夺者，纠之。

礼部［科］：监订礼部仪制。凡大臣曾经纠劾削夺，有玷士论者，纪录之，以核赠谥之典。

兵科：凡武臣贴黄诰敕，本科一人监视，其引选画凭之制，如吏科。

刑科：每岁二月下旬，上前一年南北罪囚之数，岁终类上一岁蔽狱之数，阅十日一上实在罪囚之数，皆凭法司移报而奏御焉。

工科：阅试军器局，同御史巡视节慎库，与各科稽查宝源局。

而主德阙违，朝政得失，百官贤佞，各科或单疏专达，或公疏联署奏闻（虽分隶六科，其事属重大者，各科皆得通奏。但事属某科则列某为首）。凡日朝，六科轮一人立殿左右，珥笔记旨。凡题奏日附科籍，五日一送内阁，备编纂。其诸司奉旨处分事目，五日一注销，核稽缓。内官传旨必覆奏，复得旨而后行。乡试充考试【官】，会试充同考官，殿试充受卷官。册封宗室诸藩，或告谕外国，充正副使。朝参门籍，六科轮流掌之。遇决囚，有投牒讼冤者，则判停刑，请旨。凡大事廷议，大臣廷推，大狱廷鞫，六掌科皆预焉。

从这一段话看来，明代的六科制度，在历史上可算是没有先例的特别制度。明制本多因袭元制。但是给事中在元代却不分科；宋代的给事中分治六房，虽然可算是明代六科的渊源，但是究竟是否如明代分职的详尽，史志上无从稽考。而且唐宋的给事中虽然和别的谏官同属一省，但是给事中只掌封驳，不掌其他的谏净，职权究竟大有不同。到了明代，给事中官与职都大大的增加，给事中之上，有都给事中，有左右给事中；而都给事中为六科领袖，格外慎重选任，又可见他的职掌的尊重。至于职务的扩张，是把从前所有的谏官职掌，兼而有之，专司封驳的官吏，一变成为奏论朝政得失百官贤佞的官吏。而且六科都给事中凡章疏案牍得与部院各衙门平列，官虽很卑，职权却很重要。明代的纪纲，多靠六科维持；明代各部，又多怕"科参"的严厉。且看顾炎武说：

> 明代虽罢门下省长官，而独存六科给事中，以掌封驳之任。旨必下科，其有不便，给事中驳正到部，谓之科参。六部之官，无敢抗科参而自行者，故给事中之品卑而权特重。万历之时，九重渊默，泰昌以后，国论纷纭，而维持禁止，往往赖科参之力，今人所不知矣。（《日知录》）

在顾氏看来，明代的六科在历史上是很有价值的制度。

不过明代的六科独立，无所统属，故往往放纵自恣，干预分外的事务。例如"赵兴邦在兵科，至以红旗督战，敢干预兵事机宜，侵扰国政"（《历代职官表》），反不若御史尚受堂官的考察。而且科道两方，互相对峙，党同伐异，叠相攻击，竟没有方法去调和他们。这也是六科独立的一大弊端。清代把六科归并到都察院，大概是以明制为殷鉴了。

四　清代科道制的概略

把台谏完全合并起来，在六科之外，不设别种谏官，这样的制度是从清朝起首的。清初还因袭明制，六科独立，自为一署，直到雍正元年，才把六科归并到都察院，造成台谏完全合一的制度。清代都察院的职掌如下：

> 都察院专掌风宪，以整纲饬纪为职，凡政事得失，官方邪正，有关于国计民生之大利害者，皆得言之。大狱重囚，偕刑部大理寺谳之。左都御史满洲汉人各一人（从一品），左副都御史满洲汉人各二人（从三品）。右都御史、右副都御史，俱外省督抚加衔，无专职。（《皇朝文献通考》卷八十二）

> 吏科户科礼科兵科刑科工科掌稽察六部百司之事，凡制敕宣行，大事覆奏，小事署而颁之。如有失，封还执奏。内外章疏，分类抄集，参署付部，驳正其违误焉。（《皇朝文献通考》卷八十二）

> 监察御史掌纠察内外百司之官邪；在内，刷卷，巡视京营，监文武乡会试，稽察部院诸司；在外，巡盐巡漕巡仓等，及提督学政。各以其事专纠察。朝会纠仪，祭祀监礼，有大事集阙廷预议焉。分道十有五：曰京畿，曰河南，曰江南，曰浙江，曰山西，曰山东，曰陕西，曰湖广，曰江西，曰福建，曰四川，曰广东，曰广西，曰云南，曰贵州。（《皇朝文献通考》卷八十二）

以上为都察院及科道等的职掌。此外还有科道的各差，如巡视仓库、盐课、漕运、满洲、台湾、五城的各科道，又各有专掌。现在且列图如下（见下页、下下页）：

清代都察院六科十五道的职掌，大致已经在前面叙述过了，现在且把他们的职权综括起来如下：

①建议政事权。清代承继唐宋旧制，凡左都御史、左副都御史、给事中、监察御史都许风闻言事。旧有轮班条奏之例，凡政事得失，民生疾苦，制度利弊，风俗善恶，皆能以耳目官的资格，尽量陈奏。故顺治十年上谕："凡事关政治得失，民生休戚，大利大害，应兴应革，切实可行者，言官宜悉心条奏，直言无隐。"平时的条奏，随人各抒意见，如果遇到政事上有大阙失，便可由各道全体列名，公同封进。清初设有建白牌，由各道轮流司管，遇有可言的事件，即由司建白者具稿，会同各道御史署名奏陈。

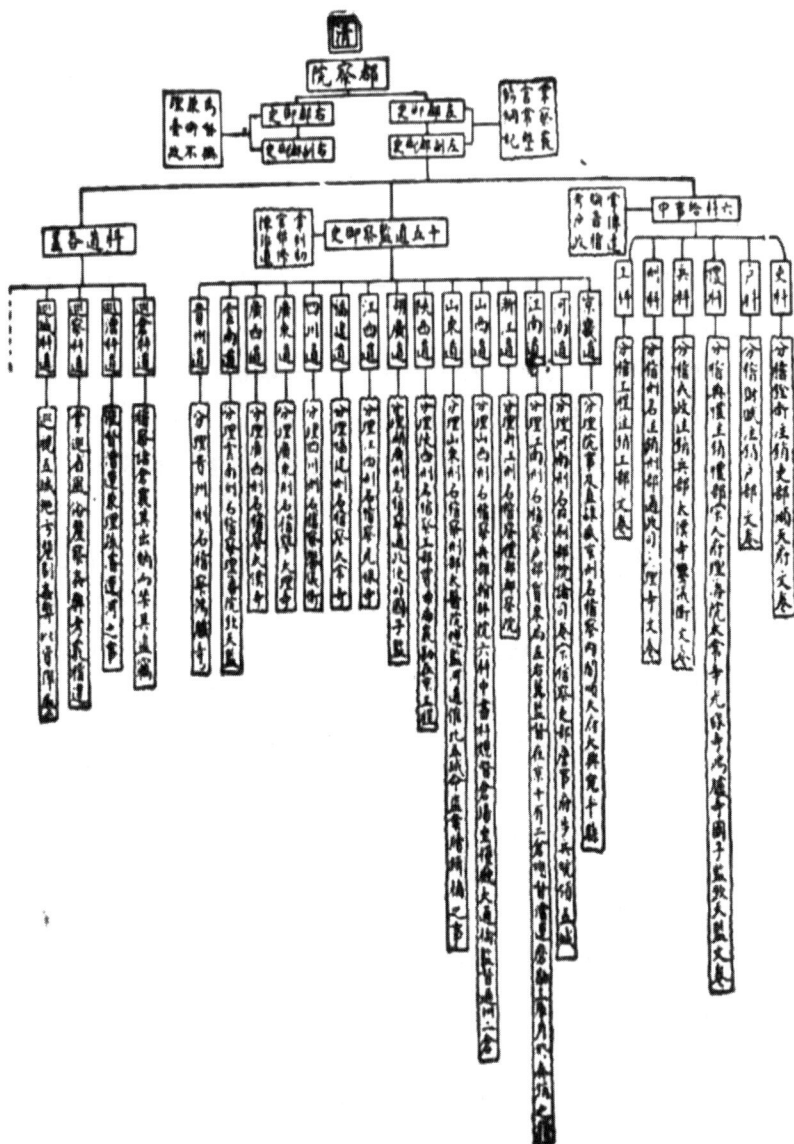

②监察行政权。不管是中央官厅，或是地方官厅，凡他们所管事务的施行和成绩，皆当向都察院或各科各道报告，各科各道得检查这一类的报告，兼察视政治的状况。如有违反法令、妨碍公益，以及紊乱官纪的事情，都可由各科各道奏请纠正。

③考察官吏权。凡"京察"由本衙门考核，填注考语事迹，造册密送

吏部都察院吏科京畿道会考。至于外官"大计"，由各省督抚核实官评，分别汇题吏部会同都察院吏科京畿道详加考察，分别奏请。如课［果］有鉴衡不公、黜陟失当、徇情滥保、姑容不职者，皆可由科道纠参。此外如吏兵等部及宗人府等衙门的议处人员，如降级罚俸等惩戒处分，亦由都察院堂官察核例案，定议具奏。

④弹劾官吏权。都察院虽然有监察行政考察官吏的权，但却没有指挥命令官吏的权，并且没有直接的惩罚官吏的权。故都察院监察权的行使，全靠这弹劾官吏权来做保障。弹劾不用都察院的名称，只用御史的名字，各御史皆有独立的弹劾权。因为都察院有整饬风纪的责任，故在法律问题之外，还可以管道德问题。因此不独对于百官违反法令，及妨碍公益的行为，可以弹劾；就是对于官吏个人的私德私行，也可以弹劾。不但对于败坏风纪已成实事的行为，可以弹劾；就是对于风闻传说未明真相的行为，也可以弹劾。不独对于普通官吏可以弹劾，就是对于王公贝勒大臣也可以

弹劾。天聪十年，上谕："凡有政事背谬，及贝勒大臣有骄肆慢上、贪酷不法、无礼妄形者，许都察院直言无隐。即所奏涉虚，亦不坐罪。"（《钦定台规》卷二）这种风闻弹劾的旧例，的确是御史的唯一保障。

⑤会谳重案权。凡犯罪至死的重狱，必定要下刑部都察院大理寺三法司会同复核，这就是近代司法制度中的终审权。古代御史职在执法，故常常被称为法吏。清代也承认"御史理刑，是其职掌"，故"凡交三法司核拟事情，御史会同大理寺官面审同议"（《钦定台规》卷一）。至于"各省刑名事件，分道御史与掌道御史一同稽核"（《钦定台规》卷一）。"若意见不符，或有两议者，应于五日内缮稿送部，一并具题。至外省会稿事件，或有另议，亦于五日内缮稿送部。"（《钦定台规》卷一）由此可见都察院随同刑部大理寺核审，虽然没有独立的裁判权，可是却能以独立的意见拟定判决书上陈君主。故都察院至少也可算是构成终审裁判机关的一个重要部分。

⑥辩明冤枉权。清代的上告，到都察院及通政使司衙门具本奏闻为止。顺治八年上谕："自今以后，凡有奏告之人，在外者，应先于各该管司道府州县衙门控诉；若司道府州县官不与审理，应与该管总督巡抚巡按衙门控诉；若总督巡抚巡按不准，或审断冤枉，再赴都察院衙门击鼓鸣冤；都察院问果冤枉应奏闻者，不与奏闻，准赴通政使司衙门具本奏闻。在京有冤枉者，应于五城御史及顺天府宛大二县告理；若御史府县接状不准，或审断不公，再赴都察院衙门通政使司衙门具奏申告。"（《钦定台规》卷十一）又十八年都察院题准："官民有冤枉许赴院辩明，除大事奏闻外，小事立予裁断；或令行该督抚，覆审昭雪。"（《钦定台规》卷十一）由此看来，都察院乃是清代救济冤枉的上告机关，都察院处理上告案的方法有三：一是具本奏闻，二是咨回各该省督抚覆审，三是径行驳斥。不过据嘉庆四年的上谕："遇有控告该省督抚贪渎不职，及关涉权要等事，或瞻徇情面，压搁不办，恐启贿嘱消弭之渐，所关非小。"（《钦定台规》卷十一）故关于这一类的上告案，一概不许"擅自驳斥"。由此可见都察院在事实上一半是救济冤狱的裁判机关，一半是行使行政裁判权的行政裁判机关。

⑦检查会计权。无论中央或地方官厅，凡经费的出纳，皆受都察院的监察，各官厅所作的会计报告，皆付都察院检查。例如户科，凡京内各衙

门支领财物的册簿及捐项，皆得随时考查；京外各省的钱粮杂税漕粮盐课关税等事，有浮冒舛错朦混的，皆得指出参劾。故都察院对于会计的审查，似乎比近代审计院的权限还大。

⑧封驳诏书权。六科对于本章诏旨的封还驳正权，早定于顺治初年。就是"凡部院督抚本章已经奉旨，如确有未便施行之处，许该科封还执奏；如内阁票签批本错误，及部院督抚本内事理未协，并听驳正"（《钦定台规》卷十二）。这就是自梁陈以来，历代给事中所有的驳正违失权。清代凡中央或地方官厅的本章，先经内阁阅看，附以意见，送到军机处，军机大臣在御前会议，决定后乃下上谕，上谕下即由给事中赴内阁取领，分发各科。如果科员确实认定该上谕未便施行，即可说明理由，封还军机处，这就叫做封驳。唐代的给事中可以涂窜诏敕，或就敕尾批却之，封还与驳正并用。到了清代，对于上谕只能封还，惟对于本章才可以驳正。故就法令说，六科对于君主的诏书，严格说起来，只有封而无驳了。

⑨注销案卷权。顺治十八年的上谕："各部事务虽巨细不同，于国政民情均有关系，理宜速结。今各部一切奉旨事件，及科抄，俱定有限期，六科按月察核注销。其余不系奉旨事件及无科抄者，若不专令稽察，必致稽迟。除刑部已差科员稽察外，吏户礼兵工五部亦应照刑部例，各差科臣一员，不时稽察。如有迁延迟误事件，即行参奏。"（《钦定台规》卷十二）此外如顺天府宗人府理藩院等各衙门的文卷，也一律分科稽核，依限注销。如有逾限不结的事件，听各科指参。这种注销权后来虽然变成虚应故事，但是对于执行的监督，总算以这个方法为最周密了。

⑩监察礼仪权。自汉代用御史纠仪而后，历唐宋到明清，监察朝仪的职掌或归殿中侍御史，或归监察御史。清代的朝会，必由御史稽查朝仪，遇有紊越班行，言语喧哗，威仪不肃者，皆可弹劾。至举行祭祀临雍各种典礼，也由御史稽察违失，肃正礼仪。这也是在专制的时代，维持君主尊严的一种重要的方法。

从上边所述的各种职权看来，科道乃是专制君主的耳目喉舌，他的职掌是非常的重要。大概专制的朝廷，政治组织的根本原理，就在以上制下，以内制外。御史制度不但是以上制下、以内制外的最好方法，并且是政权出自一人的专制制度的最真实的表现。

五 结论

大概只要是专制政治，万权总是自上而下的，绝不许有自下而上的监督权发生。凡是民治的国家，总由人民去监督政府和官吏，故治事之官多，治官之官少。凡是君治的国家，总只许君主一人有监督内外百官的大权，故治事之官少，治官之官多。中国的政论家，大概都承【认】州县知事是亲民之官，换句话说，就是治事之官。可是从州县知事朝上数，知府和直隶州知州是监督官，道台是监督官，藩臬是监督官，督抚是监督官；而督抚之上，除君主外，还有许多互相牵制互相纠察的官吏。简单一句话，自直隶州知州和知府而上，一直数到君主，大都是治官之官，而都察院尤其是专以治官做职掌的。故民治的国家，虽然明明白白的知道代议制的坏处，可是总没有完善的方法用来代替代议制，反过来说，如中国从前那样的专制国家，也无论怎样发现出来科道制的弊害，但总没有别的完善的方法，可以用来代替科道制。我们现在可以武断的说一句话，就是代议制是目前民治国家的唯一制度，科道制是从前专制国家的唯一制度。

科道在清代以前，不但机关分立，并且职权也绝不一样，就法令说：给事中掌宣行制敕，故居于内；御史掌纠弹百官，故居于外。给事中所以监督朝廷，御史所以监督官吏：一是纠正于法令未布之先；一是纠正于败坏已成之后。就在清代，科道虽然合一，但是六科分察京内各部院的文书；十五道除稽查京内各部院事务外，还分理京外各省的刑名。一似偏重在纠正君主的违失，一似偏重在纠正百官的违失。故科道的职权，在法令上仍然是分立的。不过自唐代重谏官之后，到了宋元各代，或谏官多不除人，或并谏官一概裁去。虽然仍慕盛代多设谏官的美名，勉强把给事中一官留下，可是却不想给给事中以谏诤的职权。明代所谓科参，乃是参六部，并不是驳君主。到了清代，六科既已附属于都察院之后，事实上便变成察官，就是名义上有言责，也不能实行。故清代的实例，往往科中只留一人，虚应抄发本章的故事，其余的科员多同御史一并出差。例如城仓漕盐等差，科道一并充任，出差人多，留科人少，乃是数见不鲜的故事。最大的原因：就因为在君主专制的朝廷，只愿科道察臣下，绝不愿科道察君主自身。自雍正以后，上谕或由军机处密下，或由内阁直达各部。故名义上虽有给事中一职，而事实上给事中简直无事可做；他们既然无事可做，便不得不借口科道合一，以言官去做察官的事务了。

清代自科道合一而后，六科几乎等于裁撤，且看乾隆十一年曹一士《请复六科旧制疏》说：

> 会典开载：凡内阁交出密本，由各该科挂号，即将原封送各该部，取职名附簿备查。是从前密本未有从内阁径下者，即前代中书门下两省更互校验之意也。今臣到任以来，所发见各科本章，只有红本，而密本并未一见。至皇上谕旨径由内阁发部者，臣等迟至浃旬，始得从邸抄一读。如此则虽欲有所论列，或已无及于事，似非设立科臣之初旨也。（《皇朝掌故汇编·内编》卷一）

再看光绪年间，蔡镇藩《请审官定职疏》说：

> 今事或由廷寄，或由阁抄，其下科者；皆系循例奏报，无所用其参驳。虽察六部，只按月由部赴科注销而已。（《皇朝掌故汇编·内编》卷一）

这就是清代的六科失掉封驳的职掌，至于无事可办，不得不和御史做同样事务的明证。历代的君主，大多数嫌恶言官，对于谏官或缺出而不除人，或并谏官而不设，或勉强在名义上设几个谏官，在事实上却不愿他们尽职。自宋以后，虽也许御史兼言事，但是如果直言君主自身的阙失，总是无效的多，有效的少。故近代的台谏实际上都变成察官之官，这就是台谏不得不合一的原因。

在现在的民治国家中，代议制虽然可以任人尽量的反对，可是民治的原理——就是由人民管理政府监督官吏的原理，总是反对不掉的。如果民治的原理无法可以根本推翻，那么，自上而下的监察制便根本上没有可以存在的余地。再在现在的分权国家中，联邦制虽然也尽可以任人反对，可是政治分工的原理——就是地方自治行业自治的原理，总是反对不掉的。如果政治分工的原理无法可以根本推翻，那么，由内制外的监察制也根本上没有存在的可能。我们也承认现在无论那一国都没有把科道的职权完全废掉，可是我们同时又承认现在无论那一国总不能把科道的职权通同集中在某一个由政府任命的机关。

中国人现在，可以说有大多数人痛心疾首的咒骂代议制，但是平心而论，民国十四年来可有一件事是因为实行代议制而失败的？我敢断言：中国代议制的失败，只是没有真正实行代议制的结果，并不是真正实行代议制的结果。换句话说，正因为代议士受政府威迫利诱而失败，并不是因为代议士受人民支配操纵而失败。现在想废掉那受政府威迫利诱的代议制，而代以仍然免不掉受政府威迫利诱的科道制，可不是以害易害吗！大家因为深恨议员万能的弊害，便忘却了御史万能的弊害；因为深恨议员结党营私依附权势的弊害，便忘却了御史结党营私依附权势的弊害。可是议员的行动或多是党派的行动，一个人往往未必能任意的为非作恶；至于御史的行动多是个人的行动，故一个人往往可以任意的横行无忌。故国会固然一方面可以牵制住少数的好人，使他们不能发挥个性；可是同时又可以牵制住少数的坏人，使他们不能自由作恶。反过来说，御史制度固然可以使一个好人独立的行使监察权；可是同时又何尝不能使一个坏人独立的妄用监察权呢！

中国的政治紊乱，并不是因为各种监察权没有机关行使，只因为各机关法律上有监察权，事实上不能行使监察权。照上边所列举的科道职权，除掉极少数的职权没有行使的必要外，其余的职权大概都分散在各种不同的机关。例如建议政事、监察行政、弹劾官吏各权，都分配在国会。官吏的考绩权，如京察大计等，都分配在各种监督官厅；关于铨选叙任的考核权，都分配在铨叙局；官吏的惩戒处分决定权，都分配在惩戒委员会。关于刑事案的终审权分配在大理院；检举权分配在检察厅；判断违法不公的救济权又分配在各级审判厅。检查会计乃是审计院的专责，封驳诏书很有些像国务员的拒绝附署，又是阁员的责任。至于辩明冤枉权中，有一部分是关于行政处分的违法或不公的救济，现在的平政院专管行政裁判，就是属于这一类。文卷的注销权虽然没有专管的官厅，但是上级官厅的核销，与六科但在文书上察核，相去也不甚远。民治的国家，不尚严肃繁重的典礼，故纠仪监礼等权，早已根本上不能存在，就是现在要想恢复科道制，也当然没有恢复这种职权的余地了。故为目前的中国计，关于这一点，只须抬高或改善行使监察权机关的地位和组织，似不必另起炉灶的重新创造新机关。

（商务印书馆 1926 年 6 月版，1930 年 10 月版，1934 年 11 月版。后选入高大同编《高一涵监察工作文选》，凤凰出版社 2015 年版；高一涵《中国御史制度的沿革·中国内阁制度的沿革》，四川文艺出版社 2021 年版）

中国监察史略

徐式圭[*]

编者按：《中国监察史略》主要讲述了中国监察制度的历史沿革和发展，从"未有监察以前的官吏状态"写至南京国民政府的监察院，内容全面而简洁。被出版界评价为："一本关于中国监察的小史通史，上自未有监察制度之前的官吏状态，下迄民国监察体制，足见大概。"此书在学术界得到了较高的评价，读者普遍认为其内容翔实，结构清晰，对于了解中国古代、近代监察制度具有很高的参考价值。其涉及近代内容，但篇幅较简，故未析出置于本书第二编，特此说明。

关键词： 监察　政治制度史　中国　古代

一　未有监察以前的官吏状态

吾国古代所标榜的是贤人政治，所推行的是政教合一。政治上的威权者，同时即是社会上的导师。一切伦理道德，都凭着他们的意向做标准。必能"作师"才能"作君"，也必能"作师"才能"作吏"。《通典》说：

> 伏羲氏以龙纪，故为龙师名官；共工氏为水师水名；神农氏为火师火名；少皞氏为鸟师鸟名；黄帝则云师云名。

---

* 徐式圭（1892—1963），早年就读于福建私立法政专科学校政治经济系。毕生热心公益，致力于教育事业。著有《中国教育史略》《中国田制史略》《中国监察史略》等。——编者注

　　这虽是个传说，但当时官师的一体已够证明了。《易经》《诗经》时代，做模范人格的"君子""大人"，他方面即是拥有政权的称号。他们的吐辞可以为经，举足可以为法，周旋可以中规，折旋可以中矩。简直说：他们已是"治""教"的极轨了，更有甚么违法失度的可能？所以当时的君主可以完全不负法律上的责任，刑也可以不上大夫。即使万一有了脱离常轨的不幸，民众救济的方法，就只有痛痛快快地举行斥逐或革命。那些和平纠正的手段，在他们眼里好像是不必需的。《周礼》八法虽有"官法以正邦治"的记载，但根本上这部书已被人公认做汉儒的赝鼎，所以在这里也无烦多说了。

　　我国官制，大概周秦以前员数较少，而且多半是用来管事不是管官。周秦以后，情形恰恰不同。冗员之多，他的弊病比现在的冗兵还要厉害。所以汉建武唐贞观都曾经过极度的减政。可是后世事情一复杂了，官员就不得不多；官数一多了，里头就不免走出漏洞。违法越纪植党营私，这些乱子，倘非预先设法，当然要闹得更凶起来。这便是周秦以后，监察制度会自然诞生的一个因子。

二　监察名称的沿革

　　我国监察机关，第一次和古人见面的便是秦的御史——御训统治史；《说文》记事也。合说起来，只是总管文书的官吏罢了，和监察的实际还没有多大关系。汉兴以后，把这个机关叫做御史府，或者御史寺，也有叫做宪台的——他同尚书的"中台"、谒者的"外台"统叫"三台"，在官位上很是体面。东汉因此就把御史叫做御史台，又叫兰台寺。这是甚么呢？原来"兰台"是汉朝藏储秘书的坊所，后汉御史的官署刚好也设在那里，因是人以地称也叫兰台。刘宋时候，称尚书为北省，御史为南台，梁和后魏的时候，又把御史叫做北台，和中书门下叫做南省的对举，这当然是台省位置的关系。但有时也叫南台，或许受了南朝的影响吧！北周改名司宪。隋唐仍叫御史台，或者简称宪台。伪周武后特别把他改做肃政台，但没有多久又复原名了。自此一直相沿数百年，至宋至元还没更改。同时辽金也有御史台的名目。明朝把他叫做都察院，这是根据宋的御史三院——台院、殿院、察院来的。清尚沿用明名。民国袁世凯时候，有个官署叫肃政厅，恰巧仿用伪周的名称，他的命运也不会比他长久。国民革命肇兴，南北统一，便在民国十七年，遵据孙总理遗训，创立监察院于南京，试行五权政治，树古今未有的宏模。因此监察制度，也就跟着民国长垂不朽了。

三　监察的雏形时代——秦

秦始皇统一六国，罢侯置郡以后，疆土广大，中央的权力对于郡县，渐觉有些鞭长莫及，便令各郡立下"守""监""尉"三官，又令御史出监诸郡，名叫"监御史"，这就是以后"部刺史"的渊源。那在京辅弼丞相的，单名御史，也名御史大夫。《通鉴》："始皇元年既并天下，令丞相王绾、御史冯劫议定帝号。"可见御史原是秦的旧官，但他的职权满不在乎监察。

此外有个柱下史或名柱后史的，是御史底下掌图籍的属官。汉张仓原先在秦就曾任过这职。《汉志》只说他"明习天下图书史籍"，可见他也不是专掌纠劾的了。为甚么要叫柱下呢？有的说：他所戴的法冠以铁为柱，象征他的"审固不挠"，因是名柱下。但查法冠的来源，《通典》注引《秦事》说："始皇灭楚，以其君冠赐御史。亦名獬豸冠。豸，兽名，一角，触不直者，故执法者冠之。"这样说来，以铁为柱，便是做那帽角上的骨子。可是发明这帽式的楚君，根本就不是法官，怎的也要取法獬豸呢？有的说：柱下史的朝班站在殿柱的下面，所以有这个称呼，这倒有些理由，战国的楚，不是有个最高官"上柱国"么？他位极人臣，班次最高，站立在柱前，叫上柱国。史是丞相的辅弼，班次消低，站在柱后，当然只是柱下史了。

说起"御史"两字的来历，也不始于秦。周末老聃曾为柱下史，这便是御史的属官。战国时，秦赵好会渑池，他们各的纪录就叫"御史"。滑稽大王淳于髡对齐威王酒问，也说"执法在旁，御史在后"。这都是秦前已有御史的明证。不过他的执掌，都不监察罢。汉叔孙通起朝仪，"以御史执法举不如仪者去之"，这才是监察的真起源。《周官》："御史掌邦国都鄙及万民之法令以赞冢宰。"魏壮渠注云："格王正厥事，冢宰之任也；绳愆纠谬，格其非心，御史以之。"很像是个监察的御史了。但《周官》既是汉儒托古的作品，那些述说，当然是受秦汉官制的影响而来，不能把他算做御史的最初记载。

四 监察成长的初期——汉

（一）大夫制和中丞制的概说

汉自定官制起朝仪之后，监察制度已渐形成。但有大夫制和中丞制的差别："大夫制"是由位列三公的御史大夫兼负监察全责；"中丞制"便是由御史大夫的副贰中丞，主持府务，大夫的设与不设，反不成为问题。大概在前汉时候，大夫制很是盛行；后汉以后便走入中丞制了。我们为要明了他的内容，先把大夫和中丞的概念，根据史实，述说于次。

御史大夫在汉初时代，虽是侍御史的首领；但他于负责监察以外，还要赞襄丞相办理政务。位上卿，印银质，绶青色，秩二千石。定例由各郡守相的高第选任。选任御史大夫以后，倘有政绩便可即真相位。统计《前汉志·百官表》，四十九个丞相里头，由御史升任的就有二十三个。他的权位的高要，前程的远大，可想而知了。

御史的属员，职位最大的是正丞和副丞，秩各千石。正丞名叫御史中丞，简称中丞；为他常住殿中主持法纪，又叫"中执法"。他既可外督各部刺史内领侍御史，又可以接受公卿奏事举劾案章，就是廷尉办的狱词也要送给他过目。用现制来比，御史大夫是部长，是政务官；中丞便是次长，是事务官；那个副丞或者单叫"丞"的，只是个秘书罢了，而且设与不设还没一定。

中丞的出身途径有二：

①退职二千石；

②高第侍御史。

1. 御史大夫的列入三公和大夫制的递嬗

西汉中初两叶，完全由御史大夫主持监察，丝毫没有更动。成帝时候把御史大夫改称大司空，和丞相（哀帝元寿二年改称大司徒）、大司马比并，叫做"三公"，别置长史一官做他的副贰。御史府方面专由中丞负责。这是大夫制移入中丞制的一个转枢。但这时的中丞名义上还是大夫的僚属。到了哀帝建平二年，听了朱博的话，废除了大司空，仍称御史大夫，虽然依旧尊他做"百僚师导"，究竟比不上三公时候的尊荣。元寿二年又更前制，改御史大夫为司空。这个是和成帝一样。但他把中丞改称长史，不再另设负责监察的长官，又似乎是大夫制的歧形复活。

2. 中丞制的完成和中丞的独坐

光武中兴，罢长史，设中丞，升他做御史的首席，由是中丞制便告完成。据《后汉书》所载，中丞的职权是：

> 执宪中司，朝会独坐，内掌兰台，外督诸州刺史，纠察百僚。

把前汉御史大夫的责任，完全移到中丞手上，不算，还添上一个"独坐"的荣宠。原来汉制，在朝会时候可以专席独坐的，只有尚书令和司隶校尉，现在中丞也够享受这个殊典了，因此当时便有"三独坐"的名目。

那时的御史大夫呢？据《百官表》所列，前汉哀帝以后早就没有了。虽然史里有说："更始至长安以隗嚣为御史大夫"；"光武东巡泰山以张纯视御史大夫"。其实只是虚应故事的备员，礼成即撤，那里谈得到监察问题？献帝建安六年，虽曾罢三公，设御史大夫，但也别置长史以为副贰，大夫自大夫，中丞自中丞，各干各的，不相领属，全不是御史大夫负责监察时候的局面了。

3. 台臣各论

（1）侍御史

侍御史是御史府内的普通职员，即给事殿中归中丞直领的。所以有的也叫"殿中御史"。汉时秩六百石，额十五人。

他的品级，和丞相的掾史相当；他的办事处，是在石渠门外；他的工作分配，计有五曹：

①令曹（掌律令）；

②印曹（掌刻印）；

③供曹（掌斋祀）；

④尉曹（掌厩马）；

⑤乘曹（掌车驾）。

他的职权，可以察非法，可以受公卿，可以举劾违失。在大朝会、大封拜、大郊祀时候，还得由他派遣二人监视仪容。

他的出身，一是公府掾属的高第，二是退职的牧守议郎郎中，但都以品德为重。顺帝以后便专用"宰士"了；同时若是侍御有三缺，便在三府里头各选一人。①

他的铨叙，"初上称守"，"满岁拜真"。在选授外任时候，高第的补授刺史，二千石，稍次补授县令。

（2）治书侍御史

汉初只有普通侍御史，没有"治书"两字的名目。宣帝元凤时候，打算了结各种疑案，便在每年秋季以后，划定时间，斋居宣室，决断大狱，并选择明律的侍御史二人挟持书籍在旁帮助；因是特别叫做持书御史，或叫治书御史，本来不是常设的。到了后汉沿袭故事，才有专员。定额二人，戴法冠携印绶，遇见御史中丞只要持版长揖，以示优异。

他的职任据《后汉书·百官志》所载：

> 凡天下诸谳事，掌以法律，当其是非。

所以他们定要精明法律的高第御史，才可充任。但至后汉桓帝以后，一味因循，不加整饬，虽是清要的官员，也变成"无所平理，苟充其位"了。

（3）绣衣直指御史

绣衣是穿着锦绣袍服，表示尊荣；直指是指定一事叫他去干——换句话说，便是临时的特派员。开始在前汉文帝的时候。那时为着要"出讨奸猾，理大狱"，方差遣的。但经过这次开例以后，便有常设的专员。至后汉光武时候撤除，至顺帝时候又复设置。

（4）御史员额

前汉御史员额，共有四十五个。两个"尚玺"的，叫"符玺御史"；两个"持书"的，便是前说的"治书御史"；又有两个"给事"，两个"侍中丞"，两个"领录"；又有二十个人在府里掌百官事务：这些叫"侍御史"。合并前面所说由中丞直领十五人，便整整四十五员了。此外还有一个"主簿"——这是张忠做御史大夫以后才有的。后汉光武大举裁员，

---

① "春秋之义，上公为宰。"三府即是三公府的简称；三府的人士又名宰士。

御史府里只剩下持书三人，侍御史一十五人。

4. 事例总说

秦汉御史大夫本是以辅弼丞相为主职，所以他要和丞相共同讨论朝政。若是政治纷乱，他要和丞相共同负责。所谓弹官吏的责任，反是中丞所专司。哀帝元寿时候，御史大夫彭宣，犯了摧辱丞相案子，哀帝把他交给中丞论罪。这便可知中丞和御史大夫，在行使职权的时候，委实不像是个僚属关系。现在把御史大夫和侍御史所办事例，列举在下面：

（1）御史大夫

他在监察以外，所管的是：

①副贰丞相：这是《汉书·百官志》所明定的。

②选举人才：元帝元初元年，诏丞相御史举天下明阴阳灾异者各三人；永光元年诏丞相御史举质朴敦厚逊让有行者——这些都是。

③方面专征：武帝征和三年，御史大夫商丘臣将二万人出西河伐匈奴；宣帝本始二年，以御史大夫田广明为祁连将军，讨匈奴；顺帝时，御史中丞冯赦讨九江贼，督扬徐二州军事——这些都是。

（2）侍御史

除前说"受公卿奏事举劾案章"以外，还有下列各种事例：

①稽核财政：宣帝黄龙元年，诏御史察计簿疑非实者案之——这是一例。

②纠察仪容：该见上面详。

③视察郡国：这虽是监御史的专职，但也用及御史以外的人员。

a. 太常博士：武帝元狩二年遣博士十六人分循行天下，察奸猾为害、野荒治苛者——这是一例。

b. 丞相掾属：宣帝五凤五年遣丞相御史掾二十四人循行天下，举觉冤狱，擅为苛禁深刻不改者——这又是一例。

④捕治盗贼：这个大概都是绣衣直指的职务。汉武帝天汉二年，遣直指暴胜之衣绣枚斧，分部捕逐；太始三年，江充拜直指绣衣使，督三郡盗县，禁察逾侈，都是。王贺做绣衣御史，逐捕群盗纵而不诛，那是例外了。

⑤案举风俗：汉平帝以谯玄为绣衣侍御史，持节分行天下，观览风俗，所至专行诛赏；后汉安帝遣八使按行风俗。侍御史张纲埋轮不行，归劾梁冀兄弟，都是。

⑥督运军粮：这个汉曾设有专官。《汉官仪》"侍御史出督州郡盗贼运漕军粮言运漕侍御史"是也。

（二）监御史、部刺史和州牧的转变

汉时州郡监察有监御史、部刺史和州牧各种的变迁。监御史设在国初，除监察以外，丝毫不兼他务；部刺史于六条察郡外，他的末流常兼与政治。州牧那简直是州郡长官，不过也可稽察属吏罢了。现在把他分述于下：

1. 监御史

监御外察州郡，内隶中丞，本是秦官，在当时也名监察史。汉高祖代秦，未遑设置，惠帝时候，派遣御史监察京兆、冯翊、扶风三辅，这才是汉代监御史的起源。自是以后，便设专员，并且把他列为选举科目之一。武帝举郡国孝廉，他的第三科目，便是：

> 明习法令足以决疑，能案章覆问文中御史。

这可见当时的重视了。

2. 部刺史

武帝元封五年，既经攘却胡越，开地拓境，便置交趾及幽冀等州凡十三部（据《通鉴》），各置刺史，以秋分行部察州，革除监御史的名目改成部刺史。"刺之为言犹参驳也"，顾名思义，和监御原没多大分别。他的察州条诏，共有六个范围：

> ①强宗豪右，田宅逾制，以强陵弱，以众暴寡。
> ②二千石不奉诏书，遵承典制，背公向私，旁诏守利，侵渔百姓，聚敛为奸。（"旁诏守利"，《日知录》作"旁诏年利"，前后汉书均同原文。）
> ③二千石不恤疑狱，风厉杀人，怒则任刑，喜则任赏，烦扰刻暴，剥削黎元，为百姓所疾。山崩石裂，妖祥讹言。
> ④二千石选署不平，苟阿所爱，蔽贤宠玩。
> ⑤二千石子弟怙恃荣宠，请托所监。

⑥二千石违公下比，阿附强豪，通行货赂，割损正令。

部刺史依据这六条，周行郡国，察省治状，黜陟能否，断治冤狱。六条以外虽有重大事情，也无权过问。所以朱博做冀州刺史，布告乡民不能受理告诉县丞、尉的状子；鲍宣做豫州牧，却因为察举超过六条，被人弹劾；薛宣上疏，也认定"政教烦苛"，是刺史"不遵诏条，任意举错"的结果。其实未免太过拘牵，把刺史约束得在六条以外虽有重大事故，要说也不敢说，岂不冤枉？

3. 州牧

前汉成帝绥和元年，丞相翟方进、御史何武，他们以为：用爵秩六百石的刺史，监临二千石的州郡，那是"以卑临尊"，未免不配。因此，把刺史换做州牧，进秩二千石；并规定他的官署，为：

别驾从事史一人——从刺史行部
治中从事史一人——主才谷部书
兵曹从事史一人——主兵事
部从事史每郡一人——主察非法
主簿一人——录阁下众事省署文书
门亭长一人——主州正门
功曹书佐一人——主选用
孝经师一人——主试经
月令师一人——主时节祭祀
律令师一人——主平律
簿曹书佐一人——主簿书
典郡书佐每郡一人——主一郡文书

这样看来，他的权位虽尊，而巡行所部察举非法，原初也不是没有的。

（三）刺史的复活和州牧的确定

州牧的初制，原和部刺史不大分别；所以还有随时移调的可能。等到州制确定，牧守成为地方的常任长官，他的察吏的职务已不及于牧民，要想稽校吏治，便不得不另找途径，这个等到后面再说。现在先把成帝以后刺史州牧的一起一落，分说如次。

第一次恢复刺史制的便是哀帝。他在建平二年，依了丞相朱博的主张，废州置牧，策励外臣。他的理由，不外乎：

> 部刺史秩卑而赏厚，咸劝功乐进。州牧秩真二千石，位次九卿，九卿缺以高第补。其中材则苟自守而已，恐功效陵夷，奸轨不胜。
>
> ——这是朱博疏里说的
>
> 刺史监纠非法，不过六条，传车周流，匪有定镇。秩才数百，咸望轻寡，得有举察之勤，未生陵犯之衅。
>
> ——这是梁刘昭追论的

可是哀帝"信道不笃"，到了元寿二年又更换了。王莽得国，仿用《周官》，便把这些州牧刺史的名目一起根本除掉。

第二次恢复刺史制的，要算到光武了。建武初头，还是采用州牧制度。至十七年才依祖宗旧制，分天下为十三州，设刺史十二，各领一州。近京一州另由司隶校尉兼理。刺史之下，有从事、史、假、佐等官分理庶务。①

末了，灵帝之时，黄巾贼起无法收拾。宗室刘焉以为这是刺史权轻而且没有兵柄的缘故，便建议改置州牧，并派遣宗室重臣前往充任，无论财赋兵权，都由他们统率。由是州牧的权力，便大大膨胀起来，结果，成了诸侯割据的局面。《魏志》说："汉季以来，刺史（盖即州牧）总统诸郡财赋即于外，非若曩时司察之任而已。"晋武帝诏书里头，也说："汉末四

---

① 司隶校尉掌察百官以下及京师近郡犯法者，职务与监察御史略同，故不另设刺史。这些都和前汉差不多；但有不同的两点。1. 汉朝旧制，州牧举奏二千石要经过三公的审查。审查以后，还要派员按验。世祖中兴，用法明察，刺史举奏不必经三公的覆核便可宸断执行。这在当时原也不错，可是无形之中，把刺史地位提高，容易酿成专断之蔽。2. 刺史巡郡，原例是前年八月出发次年春初回奏。光武为着节省费用，只令他汇同州郡每年上计一起奏报。《宋书》里头说："前汉刺史，乘传周行，无适所治；后汉所治始有定处，止八月行部不复奏事京师。"梁刘昭也说："世祖中兴，监乎政本，复约其职，还遵旧制，（刺史）断亲奏事，省人惜烦，渐得自重之略。"这样说来，后世州牧的专镇一方，和光武"作法于凉"不无影响了。

海分崩，刺史内亲民事，外领兵马，此一时之宜尔。"这可知道汉末州郡长官，由刺史变成州牧，由流性变成固性，由察吏变成治军治民，也是环境使然，并非一二人所能移转的呵。

（四）政绩述评

汉时御史风节很严；他的权力亦在三公之上。《汉书》列传里说："张禹为御史大夫，每朝奏事日旰，天子忘食，丞相充位而已。"又说："贡禹为御史大夫，列于三公，数言得失，书数十上。"这可是他的包括一切，不单以弹劾为能事了。所以倪宽为御史大夫，"称意任职，久无匡谏"，便为朝廷所轻。

里头最为峻厉的：如江充任绣衣直指，贵戚重臣，奢侈逾度，车马便被没收，本身还要充戍，弄得贵重畏惧，要求罚款赎罪的至积数千万元。彭宣为侍御史，执正不阿，百官畏忌，瞧见他的骢马，就先跑开。因此，京师有"行行且止避骢马"之谣，被人传做佳话。

但是汉时御史办事既没有一定范围，他们自身又没有法律保障，因是举措失当，跌入法网的也很多。《史记》里说："御史大夫冀幸丞相物故，或乃阴相毁害。"这是为了御史可以真除丞相的缘故，但也希冀非分太无法纪了。此外我们翻阅汉史，见得御史大夫犯法得罪的，有：

> 暴胜之坐失纵自杀
> 桑弘羊坐谋反伏诛
> 商丘臣有罪自杀
> 田广明有罪下狱
> 伊忠坐河决不忧职自杀
> ……

虽然这些致死原因，不一定完全为着监察，但至少总和他有些关系，这便不得不归咎到立法的不大完善了。

五　魏晋监察的仅存

（一）三国的各自为政

三国时候，魏蜀和吴三分鼎峙，政务不相影响，制度不相沿袭；所以反映在监察上面也各自为政不会相同。现在把他分开来说：

1. 曹魏

曹魏直接承汉室，和蜀吴的崛起边州不同。他的政治里面，含有东京成分很多。就监察方面来说，如御史大夫、中丞、侍御史等，汉室有的他也尽有。

（1）御史大夫

曹魏御史大夫，完全绍续建安遗绪并没更改。魏臣王朗要减缩政费，在《节省奏》里说："御史大夫官属吏从之数，若此之众，既已屡改于哀、平之前，不行于光武之后。"他的意思，好像说国家不自审择，把胜朝弊政盲目沿袭下来，这是不可以的。第二年文帝改元黄初，变更官制，便把大夫裁掉，只剩中丞主持台务。

（2）中丞（宫正）

中丞魏时改称"宫正"，或者就名"台主"。《魏志·鲍勋传》："黄初四年，司马宣王举勋为宫正——宫正，即御史中丞也。"《晋书》考证："魏初改中丞为宫正，或曰台主。"说的便是这个。明帝即位，以后又改中丞。《魏志·杜恕传》："恕谓明帝践祚以来，御史中丞宁有举纲维督奸宄者？"这便是证据。而且杜恕本身，就在明帝太和时候当过御史。

（3）侍御史

魏的侍御史共有八人，分领数曹，据《宋书》所载，是：

①治书曹（掌度支运）；

②课第曹（掌考课）；

③其他各曹（未详名目及职掌）。

在朝会时候，侍御史一齐簪笔站朝旁。当时有一段故事说：

御史八人大会殿中，簪笔白事，侧陛而坐。帝问左右何官。（案辛毗历事文明二帝，而文帝博览群书，深明故事，当无此问。）辛毗曰："此谓御史，旧时籍笔以奏不法，何当如今者，直备位但眊［耗］笔耳。"

把这个和上面杜恕的话合拢一看，曹魏御史的虚滥，不更明白吗？

（4）持书侍御史

即汉之治书侍御史，但魏制于持书侍御史之外更置"持书执法"，叠床架屋，很是可异。

（5）殿中侍御史

魏时由兰台择定二人常住殿中，举察非法，名叫殿中侍御史，这便是后代"殿院"的滥觞。

2. 蜀汉

《蜀志》里头没有御史的记载。诸葛亮《出师表》备述宫府大臣，也不曾涉及御史，似乎蜀汉未有此官。但《出师表》里曾说，"若有作奸犯科及为忠善者，宜付有司论其刑赏"，又像监察之制蜀未尽无。但不知这个"有司"到底是甚么名儿罢。

3. 孙吴

吴国御史大夫的设置，是创始在永安之中。永安以前是没有的。《三国志注》引《吴录》："群臣表峻为丞相不置御史大夫，人皆失望。"孙峻封相在吴主亮太元元年，接着就是孙峻谋逆，和孙休即位改元永安。那时有个武卫将军名恩加衔御史大夫，这在《吴志》是创见的。永安五年吴主休拜廷尉丁密做左御史大夫，光禄勋孟宗做右御史大夫，才开后代左右御史的先例。吴主皓宝鼎二年，又把左御史换做"司徒"，右御史换做"司空"，虽在短时期之中，却也闹过许多的花样。

（二）两晋的因循故事

1. 御史类别

晋武帝泰始元年，封御史大夫王沉为骠骑将军，博陵公司空荀颤为临淮公，其实只是结束魏御史的残局，并不是御史大夫和司空的重叠。晋时充当监察台主的，只有中丞一人。他的官属，有的沿魏，有的沿汉，有的"自我作古"。大略情形，是：

（1）持书御史

这是魏官。魏置治书执法二人掌奏劾，治书御史二人掌律令。晋兴合并两职，共设治书侍御史四人。太康以后裁去二人。

（2）殿中侍御史

殿中侍御史也是魏官。魏在殿廷兰台里面，特设御史大夫二人，常住殿中举察非法，由是便有殿中侍御史的专名。晋初增至四人；江左以后裁去两人。

（3）符节御史

秦时叫符玺令，汉初叫符玺御史，赵尧夫曾为之，原只混合在侍御史里面。魏时把他特立"台位"，仅次中丞，掌授节和铜武符、水使符。晋武帝太康九年，又把他并入兰台，叫符节御史。

（4）禁防御史

禁防御史也是魏官，案魏晋《官品令》均有是职，列第七品。

（5）检校御史

检校御史，是东晋孝武帝太元时候创设的。第一任御史《晋书》说是吴琨，《通典》说是吴混，他是专掌行马外事的。行马是署门外的交木栅栏，古时叫做梐枑，梐枑以外便是街道了。俗说有巡街御史，大概就由这里来吧？晋初中丞司隶分督百僚，中丞专纠行马以内，司隶专纠行马以外。东晋废除司隶的官员，便设了这个御史来代替。

（6）黄沙御史

黄沙御史，原是治书御史的旁。武帝时候专为办理黄沙狱事设的，所以也叫黄沙狱治书御史。他的品秩和中丞相同。四年以后江南并入版图，黄沙特别狱便跟着裁撤（"江南"《晋书》作"河南"）。

（7）侍御史

这是普通御史的统名。晋时只有九人，多由郡守选任。《山公启事》所说的，旧时御史颇用郡守，是也。里头分设十三曹：

①吏曹；②课第曹；③直事曹；④印曹；⑤中都督曹；⑥外都督曹；⑦媒曹；⑧符节曹；⑨水曹；⑩中垒曹；⑪营军曹；⑫法曹；⑬算曹。

江左省课第曹置库曹，掌厩牧牛市租。后又分库曹为左库、外库共十四曹。

2. 刺史治军

汉末改刺史置州牧，并由在朝九卿出领，他的权力已经很重，真的如《魏志》所说“内亲民事，外镇兵马”了。曹魏得国初头，虽把州牧仍旧改成刺史，但他的权力并不比州牧小，他的监察职任反比州牧松。有的将兵，有的不将兵。不将兵的叫“单车刺史”。将兵里头，地位较高的叫“使持节都督”；地位较轻的，单叫“都督”。疆圻坐镇，早忘掉他原只监察之官了。其余虽是不掌兵权，也只管牧民不管察吏。贾逵在荆河州（《魏志》作豫州）刺史任内曾说：

州本监郡，谓察二千石以下。其状（委任状）皆言严能鹰扬有督察之才，不言安静宽仁有恺悌之德也。今长官不法，盗贼公行，知而不纠，天下复何取正乎！

因此，他便振顿风规，回复本来面目。州郡二千石以下，阿从不法，即刻奏免他。魏文帝见了，称他做“真刺史”，布告天下，要把荆河州做模范。

晋太康之中，曾经明令都督治军，刺史治民，实行军民分治的政治。但于刺史察吏一事，也老早“淡然忘之”了。惠帝末年，复行合并两职，把州郡分成“单刺史州”和兼督军事两种。① 但里头也有和监察有关的：

①回复汉初奏事之制，令刺史三年入奏一次。

②采用犯罪地主义，凡在辖内违犯法纪，虽非所部亦得弹劾。

3. 政绩述评

魏时监察事务，在明帝太和初年好像是很废弛的。所以杜恕疏里有一段说：

骑都尉王才幸乐人孟思，所为不法，振动京师，而其罪状发于小吏，公卿大臣初无一言。

① 刺史兼督军事，始于冯赦都督扬徐二州。

公卿大臣吧？当然是御史最负责任了。所以又接着说：

> 自陛下践祚以来，司隶校尉、御史中丞宁有举纲维以督奸宄，使朝廷肃然者乎？

这已明白地把监察的失职指出。

晋朝的监察，也不见得比魏高明；但他有两件事例值得注意的，便是：

（1）打破行马的界域

中丞专纠行马以内，司隶专纠行马以外，这好像是一道鸿沟，好久不曾逾越了。但到了晋朝，礼制虽存，早已"更奏众官，实无其限"了。简文帝即位，京师戒严，大司马桓温屯驻中台，夜吹警角。中丞王怡劾温大不敬，请治罪。明日温见奏叹曰：是儿乃敢弹我真可尚！这便是一个例子。

（2）打破不纠三公的限制

汉代官仪，是很讲阶级的；所以刺史品秩不及郡守，便有以卑临尊之嫌。中丞秩卑，三公秩尊，更不容颠倒纠察了。后汉陈元说"有司不宜省察公辅"，盖已成了政治上的习惯。然行马内事，虽是皇太子也要受中丞的监察，为甚三公偏得例外？这实在是讲不通的。晋傅咸奏说："司隶、中丞得纠太子，而不得纠尚书，臣所未喻。"他们对这限制，已经有了怀疑。到了刘暾做中丞的时候，便不客气地一直奏免尚书仆射犯法的至十余人；由是"不纠三公"的例，遂行打破。

六　十六国监察的拾零

晋朝不上数传，便有五胡十六国的割据。他里头监察事务，零散在载记上面的：

（1）曾设御史大夫的

①前赵刘聪以陈元达为御史大夫，位列三公之下。

②西秦乞伏乾归以悌眷为御史大夫；乞伏炽磐以麴景为御史大夫。

③夏赫连勃勃以叱干阿利为御史大夫，并设中丞以为副贰。

（2）曾设御史中丞的

①后赵石季龙以李巨为御史中丞，百僚震慑，州郡肃然。

②秦苻坚以梁光平为御史中丞。

（3）劾弹事迹

①石季龙的初政，以诏旨令御史弹劾吏部不行考选，又以豪戚侵恣，贿赂公行，特擢殿中御史李巨为中丞，亲加宠命：这都是很有价值的。但至末年，驰骋田猎，竟至派遣御史"监察（行苑）禽犯者罪至大辟"，简直是"为阱国中"了。结果，"御史擅作威福，百姓有美女牛马，求之不得，便诬以犯兽，论者百余家"。

②苻坚朝里，梁光平做御史中丞，纪纲严肃。张瓘称他"才识明达，令行禁止"。李柔做御史中丞，弹劾宗臣苻丕久围襄阳，师老无功。这在当时都是仅见的了。

七　南北朝监察的互异

南北朝的政制各有渊源，跟着监察制度也不能一致。现在把他分述于次。

（一）南朝

1. 刘宋巡宫的特制

刘宋时代只设御史中丞一员，主持监察事务。他的僚属：

（1）治书侍御史

二人，分统诸侍御史。①

（2）侍御史

十人，分治诸曹。

①吏曹。

②库曹：由晋之课第曹改置，初分内左库及外左库。武帝元嘉中，省外左库，直曰左库。孝武大明复外左库，旋废。废帝景和元年复置。

③直事曹。

④印曹。

⑤中都督曹。

———————————

① 《宋书·礼制》："黄沙治书侍御史，银印，墨绶，服朝法冠。"似宋时另有此职。

⑥外都督曹。

⑦媒曹。

⑧符节曹。

⑨水曹：顺帝时省营军曹并入。

⑩法曹：顺帝时省算曹并入。

这里头有和前代不同的，便是中丞每月二十五日要绕行"宫垣白壁"一次。按汉朝旧制，执金吾每月三次巡视宫城。刘宋把这责任交给中丞，未免太涉苛细了。

2. 萧齐南司略纪

齐梁时候，御史通叫"南台"，也叫"南司"。齐明帝谓"江淹今为南司，足以振肃百僚"，便是证据。他的制度，多沿刘宋。据《南齐书·百官志》，有的是：

御史中丞一人，职无不掌；

治书侍御史二人，掌举劾不法并分统侍御史；

侍御史十人，分掌诸曹事务。

3. 萧梁御史大夫的一现

梁国初建，曾设御史大夫。翌年即位，改元天监，便废大夫，设中丞。他的监察范围：

①皇太子，宫门行马以内各官犯法。

②行马以外各官犯法，监司失察不劾。[1]

他的属员：

①治书侍御史二人，掌举劾官品第六以下，并分统侍御史。

②侍御史九人，掌居曹治事，并纠不法。

③殿中侍御史四人，掌殿中禁卫以内。[2]

④符节令史一人，掌符玺。

他的仪仗，梁武帝尊崇体制，新给仪仗十人，武冠绛鞴，呼喝入殿。还给青仪囊，题为"宜官告以受讼辞"，确是异数。

---

[1] 监司便是负监督责任的官司。《晋书·范宁传》"监司相容初无弹劾"，这是"监司"两字的来历。

[2] 自魏设殿中御史以后，停废多年，梁天监后始复。

4. 陈的相沿故事

陈的御史无所变更。据史里所载，计有：

御史中丞一人；

治书侍御史二人；

侍御史九人。

他们的职掌都和前一样。

5. 台使之害

刺史原叫"外台"，他的监察任务是和"内台"比美的。可是自汉以后，早就"无闻"了。《南齐书》里面，有个"州牧刺史"的名目，那是"罢牧置史，即以刺史领州"的缘故。盖汉前为两官，至江左却合为一职了。梁时刺史皆令提督军事，则又把治吏、治军、治民合拢在一块。对于监察的本业，当然名是实非，刚合《日知录》的说数：

> 汉之刺史，犹今之巡按御史；魏晋以下，犹今之总督；隋以后之刺史，犹今之知府、直隶州。

南朝的刺史，也只是南朝各州的总督罢了。他的察吏之官，另外有个"台使"。宋文帝元嘉三年，诏遣大使巡行四方曾说：

> 宰守称职之良，闾阎一介之善，详悉列奏；刑狱不恤，政治乖谬，伤民害教，具以事闻。

这便是台使的责任了。然台使的弊害，在当时亦甚重大。《廿二史札记》有一条说：

> 宋元嘉中，簿书赋税，皆责成郡县。孝武急速，乃遣台使。自此公私劳扰。齐初王子良疏曰："此辈使人，既非详慎，或贪险崎岖，营求此役。朝辞禁门，形态即异，暮宿村县，威福便行。胁过津吏，恐喝邮传，既望城郭，便飞下严符，但称行台，未知所督。先词官吏，却摄郡曹，绛标寸纸，一日数至。四乡所召，莫辨枉直，万姓骇迫，争致馈遗，今日酒谐肉饫，即与附申，明日礼轻货薄，复责科

算。及其独蒜转积，鹅粟渐盈，远则分鬻他境，近则托质吏民，反请郡邑助民祈缓。"此齐台使之害也。《梁书·贺琛传》亦有疏曰："今东境户口空虚，皆由使命繁数。大邦大县，舟船衔命，非唯十数，即穷幽之乡，极远之邑，亦皆必至。驽困邑宰，则拱手听其渔猎；桀黠长吏，又因之而为贪残。故细民弃业流冗者多。"此梁台使之害也。

察郡既没有专官，派遣又不详慎，擅作威福，苟诈吏民，那当然是免不掉的。赵瓯北矫枉过正，至说："外吏不可信而遣朝使，小官不可信而遣大僚，宜其厉官方而达民隐，乃滋累更甚，则不如不遣之为愈也。"未免"因噎废食"了。顾亭林的话，比较持平。他说："倚势作威，受赇不法，此特其人之不称职耳。不以守令之贪残而废郡县；岂以巡方之浊乱而停御史？"这是不错的。

6. 四朝事迹略述

江左御史诸员，虽多一时名彦。然世家阀阅每不重视此官，以致政绩亦鲜可举：

> 宋颜延之为中丞，何尚之与之书曰：绛骢清路，白简深劾，取之仲容，或有亏耶？
>
> 王球甚矜曹地，遇从弟僧朗除御史中丞，谓曰：你为此官，不复成膏粱矣。[1]
>
> 齐甲族由来多不居宪职，王氏分枝居乌衣者，为官微减。王僧虔为御史中丞，乃曰此是乌衣诸郎坐处，我亦试为耶？
>
> 梁张绾由宣城王长史迁御史中丞。高祖宣旨曰：为国之急，惟在执宪直绳，用人本不限升降。晋宋之际周闵、蔡廓并以侍中为之，勿疑是左迁也。
>
> 谢瀹卿由尚书三公侍郎寻为治书侍御史。旧郎官转为此职者世谓为"南奔"[2]。瀹卿失志多陈疾，台事略不复理。

---

[1]　三世有三公曰膏粱。
[2]　御史台为"南司"，尚书省为"北省"，故由省至台曰南奔。

御史既不为人所重视如是，因而居是职者亦不肯奋发自厉。《宋书》称颜延之为御史中丞，在任纵容，无所举奏。齐明帝亦曰：宋世以来，不复有严明中丞。那时的御史诸官，实只备员充数而已。中经梁武帝尊崇体制，并特加旌赏，以示优异，风气为之稍有移转。梁陈之间，御史颇多称职。史载：

江淹弹中书令谢朏、司空左长史王绩、护军长史庾弘远，并以久疾不与山陵公事。又奏前益州刺史刘悛、凉州刺史阴智伯并赃货多巨，将付廷尉治罪，内外肃然。明帝称为"近世独步"。

张缅居宪司，推绳无所愿望，号为劲直。武帝乃遣工图其像于台省，以励当官。

张绾再为宪司，弹纠无所回避。豪右惮之。

到洽迁御史中丞，弹劾无所顾望，号为劲直，当时肃清。

孔休源除黄门侍郎兼御史中丞，正色直绳，无所回避，百僚惮之。

臧盾性公强，居宪台甚称职。

江革为御史中丞，弹奏权豪，一无所避。

——以上俱《梁书》

孔奂性刚直，善持理，居中丞多前纠弹，朝廷甚惮之。

袁宪为御史中丞，豫章王叔英不奉法度，逼取人马。宪依事劾奏，叔英由是坐免黜。自是朝野皆惮焉。

徐陵除御史中丞；安成王顼为司空，以帝弟之尊，势倾朝野。直兵鲍叔叡假王威福，抑塞词讼，大臣莫敢言者。陵闻之，乃为奏弹，导从南台官属引奏案而入。世祖见陵服章严肃，若不可犯，为敛容正坐。陵进读奏版时，安成王殿上侍立，仰视汗流失色。陵遣殿中侍御史引王下殿，遂劾免侍中中书监。自此朝廷肃然。

宗元饶为御史中丞，吏有犯法政不便民及于名教不足者，随事纠正多所裨益。

——以上均《陈书》

由宋齐的萎靡，可以转至梁陈的严肃。他的枢纽只在于体制的尊崇，和朝廷的提倡。我们要监察制度发生实效，对于官吏的待遇不可不先计及。

（二）北朝

1. 元魏的中尉

后魏建国初头，曾有个外兰台御史。《魏书·官氏志》载："太祖天兴四年罢外兰台御史，总属内省。"这有两个解释，不是撤废御史台，便是把御史台附属在内省底下。这样下来，一直至高祖时候，方才事事模仿中国古法，设立太和官制。里头属于监察的：

（1）御史中尉

一人。后魏的中尉，即汉晋的中丞，掌督百司百僚。凡属朝会，自尚书令丞、仆射以下，都要送册往"南台"备查。

（2）治书侍御史

人数未详。高祖太和官制，和世祖职令，皆有此官。前令列第五品以下，后令列六品上阶。他们是"掌纠禁内朝会失时报章违错"的。飨宴会见，也在他们监察里头。

（3）殿中侍御史

员数未详。太和官制列从五品中阶，世祖职令列入八品上阶。

（4）侍御史

员数未详。他的职掌，是随同殿中侍御史，白天值事外台，夜里番宿内台，督察非法。

（5）检授御史

世祖职令有检授御史一官，列从八品上阶，盖即前说的检校御史。

这里有一个特点，值得注意的：便是后魏定制，侍御史不随台主更换，使他可以专心治事，不至跌入政治旋涡，这不能不说是后魏监察的一个进步。可是世宗延昌时候，王显拜御史中丞，借口"属官不悉"要求更换；而更换的结果，又"或有请属，未皆得人"，遂致王显的声名堕落，而监察上的良好习惯也就跟着打破了。

2. 北齐御史和尚书的关系

北齐官制，和魏相同。关于监察方面，有：

（1）台官

①中丞一人。

②治书侍御史八人。

③殿中侍御史十二人。

④检校御史十二人。

（2）属吏

①录事四人。

②领符节史令一人。

③符玺郎中四人。

但他也有个特例，便是尚书令"专掌纠弹现事"，凡是现行犯一类，他都可以和御史中丞"更相廉察"。这是前代所没有的。

3. 北周的改制

北周官制，起初也和北魏相同。待至"方隅粗定"，便令苏绰、卢辩改创章程。他的特点有二：

（1）减裁冗员

苏绰所上六条诏书，有说："善官人必先省其官；官省则事省，事省则民清；官烦则事烦，事烦则民浊。"这是他主政的方针。

（2）仿古定制

卢辩绍述苏绰遗业，远师周制，设立六官，鄙夷汉魏之法。因是监察制度也大有变更，把御史府改名司宪，列入秋官府内。他的名目是：

司宪中大夫二人，掌司寇之法，辨国之五禁。这个和御史中丞相当。

司宪上士二人。这个和持书御史相当。

司宪中士若干人。这个和侍御史相当。

司宪旅下士八人。这个和监察御史相当。

4. 政绩述评

北朝的监察制度，虽然稍为特别些儿，究也不会脱离人存政举人亡政息的窠臼。所以在得人的时候，有：

> 王显领宪多所弹劾，百僚肃然。（魏）
>
> 延周转治书御史，劾奏王公大臣，先后免职。（魏）
>
> 赵郡王琛除御史中丞，正色立朝，纠弹无所回避。（魏）
>
> 窦泰领御史中尉，虽无多弹劾，百僚退惮。（齐）

但在失人的时候，便未免像：

> 裴延俊守职台阁，不能有所裁断直绳。（魏）
>
> 甄琛领中尉，俯眉畏避，不能绳纠贵游，凡所劾治率为下吏。（魏）

最明显的例，便是：魏肃宗正光以后，天下多事，在任群臣，甚少廉洁之辈。后来齐王高澄奏用崔暹为中尉，纠劾权豪，会使风俗更始，连世宗都骇异起来，对他说："我犹畏暹，何况余人？"这样看来，风宪得人，实在是政治清明的第一关键。

那项外郡的巡察，倒很风厉。张纂在乐陵受贿，听得御史将到，便至弃郡而逃；韩轨在瀛洲稍微聚敛，便被御史纠劾免官：这都是实例。

（三）中丞专道问题

南北朝时候，有个"中丞专道"的老例。自刘宋以及萧梁都很"奉行制令"，中丞的仪仗，便也"一蟹胜过一蟹"起来。但依据法令和习惯，可以和他分道的，有：

1. 尚书省令

这是武帝孝建二年明诏允许的。但只限定"令"的一级，丞郎以下便没有这特权了，虽在退朝下班，中丞也可打断他的行列。

2. 皇太子

这是文帝元嘉十三年，中丞刘式之议定的，他说："皇太子不宜与众官同列，应与分道。"

3. 扬州刺史、丹阳令、建康令

这也是刘式之说的。理由是：

> 扬州刺史、丹阳令、建康令为京辇土地之主，或检校非违，或赴救水火，事贵神速，不宜稽驻，应与分道。

别的官吏，自然是坐车的下车，坐马的下马，遇着中丞，都要"停驻"或"回避"了。在南齐时候，还因为和武将相遇，"卤簿呵禁"，打起几回架来。

北朝的中丞专道，不让南朝，还加上一个棒打的例。原来后魏时候，中尉出入，是要清道千步以外，虽是王公大臣，在那时候也得停骖。若是不然的话，他就可以用棒子棒他。最惹人注意的，便是：北齐武成帝所遣的中使，犯了中丞琅琊王名俨的仪仗，被打得鞍碎人仰马翻，都没话说。寿阳公主和中丞高恭之冲道，被恭之打碎宫车，他的帝兄还要向他道歉，这真是推崇极了。在实际上，如果也会这样，岂不好吗？专讲仪式，那是没用的。

当时因专崇太过，未免出了岔子。一个是在后魏时候，《北史》说：

> 元志为洛阳令，与中尉李彪争道，俱入见。彪曰："御史中尉，碎乘舆羽盖，驻论道鼓剑，安有洛阳令与臣抗衡？"志曰："臣神州县主，普天之下，孰非编民？岂有俯同众官，趋避中尉。"遂令分路。

刘宋都扬州，北魏都洛阳，为他都是京兆首都，所以才有特别待遇。又一个出在唐朝，《洪容斋随笔》说：

> 唐御史中丞温造，道过左补阙李虞，志不辟，捕从者笞辱之。左拾遗舒元褒等言，故事供奉官惟宰相外无屈避。造弃蔑典礼，辱天子侍臣，请得论罪！乃诏台官、供奉官共道路，听先后行，相值则揖。

但这只是余波而已，其实周隋以后，中丞出入只有私骑匹马相随，一切以前隆重的仪仗，早就没有了。

八　有隋监察的转捩

监察制度，经过南北朝的纷更，已入衰颓状态。隋高祖代周，改易制度，废除六官，仍立御史台以专纠弹，实是中国监察史上由衰还盛的一个转枢。现在把他述说于下。

（一）高炀台制互异

隋高祖和炀帝虽是站在一作一述的地位，但他的台制却不相同。分说起来，有如：

1. 御史大夫

原是周的司宪中大夫，又即是南朝的御史中丞。他所以不叫中丞要叫大夫，那只是避犯国讳罢了。他们专掌纠弹，不管政治，只此一层已够说明不是三公之任了。员数一人，阶从三品，炀帝把他降做正四品。

2. 治书侍御史

即周司宪上士，也就是隋的中丞，专管台里簿书，做大夫的副贰。只因隋氏讳"中"，更移称治书侍御史，和前朝的持书挟律原不相同。唐时高宗讳"治"，又把他回宗做中丞，这是后话不题。员数二人，阶从五品。

3. 殿内侍御史

即是前朝的殿中侍御史，隋朝讳"中"所以改做殿内。高祖时员数十二人，阶正八品；炀帝时省。

4. 监察御史

即是秦的监御史，魏的检授御史。高祖时，员数十二人，阶从八品。炀帝增至十六人，阶从七品。掌出使检校。

5. 侍御史

员数未详。高祖初年，令依故事直宿禁中，阶从七品。炀帝罢直宿之例，并升阶为正七品。大业中，员数增至百余人，降阶从九品。掌任侍从纠察。

6. 录事

二人，高祖初置。

7. 主簿

二人，炀帝增置。

那时有最可注意的两点，便是：①隋御史不听台主更换，他选授全出"吏铨"——吏部铨选；②遣将出外，常令御史监军。

（二）司隶台和六条察郡

1. 州郡的变更

《日知录》里头说："汉之刺史犹今之巡按御史；魏晋以下犹今之总督；隋以后犹今之知府及直隶知州。"这是说他的领域细小，又不举行巡察的缘故。所以炀帝罢州置郡，一般学者都认他做地方制度的改革。其实炀帝罢州，只是高祖废郡的反响，在根本上并没有更换。高祖开皇三年"废郡留州，用州统县"，这是采取地方两级制，删除中间阶级的郡。炀帝罢州置郡，也只是换文帝之州，即以为郡，名目虽有变更，并不曾把地方分割零碎。我们只看，南朝疆土最小的要算是陈，他还有四十多州。北朝后周大象时候，全国的州共有二百一十一个，合算两朝不是二百五十多个吗？隋氏统一南北，炀帝又从新定林邑各地，而所置的郡仅有一百九十。虽然比不上汉魏之州之大，但和南北朝相较，已"有过无不及"了。可知地方区域的缩小，实在晋时已然，并不自隋始。

2. 司隶的六条察郡和刺史督军的禁制

自隋以后，州郡之官早已不司察郡。炀帝大业年间，设立司隶台，这才是专察州郡的机关。他的组织：

①司隶大夫一人，掌诸巡察。

②别驾二人，一人掌按东都，一人掌按京师。

③刺史十四人，掌巡视畿外诸郡。①

④从事十四人，掌副刺史巡察。

视察的范围，和汉一样，也只六条：

①察品官以上理正能否；

②察官人贪残害正；

③察强豪奸猾侵害下人，及田宅逾制官司不能禁者；

④察水旱虫灾不以实言枉征赋役，及无灾妄蠲免者；

⑤察郡内盗贼不能穷逐，隐而不申者；

⑥察德行孝悌茂才异行，隐而不贡者。

定每年二月乘轺巡郡，十月入奏，恰和汉制的六条后先辉映。说他"不行视察"真是梦话。后虽罢废司隶台，而司隶从事，仍然存在，不过不是常员，要待临时选官权摄罢了。

那时还有一事可以注意的，便是：革除魏晋刺史持节督军之例。于刺史以外，别置都尉领军，与郡守不相知问，使军民分治的实行性，更加一层坚固。

大业末年，司隶刺史薛道衡触犯了炀帝；因是虞世基乘机奏免，并废

---

① 与部刺史之刺史不同。

置刺史以下官属。州郡监察遂至隳废，而隋之社稷也就不久沦亡。

（三）政绩述评

隋的监察事迹，很少可纪。开皇八年，尚书主簿元寿奏章里，有一段说：

> 御史之官，义存纠察，直绳莫举，宪典谁寄。……萧摩诃远念资财，近忘匹好，……殿内侍御史韩微之亲所见闻，竟不弹纠。……治书侍御史刘行本出入宫省，备蒙任遇，摄职宪台，时月稍久，庶能整肃缨冕，澄清风教；而在法司，亏失宪体，瓶罄罍耻，何所逃愆？……行本、微之请付大理。

这便是监司失职的一个证明。而炀帝嗣位以后，"王纲不振，朝士多赃货"（见《昂千里传》），尤不得不归罪于司宪的大臣。大业中，裴蕴做御史大夫，竟和虞世基、裴矩狼狈为奸，逢迎意旨。而裴矩尤其善伺人主微意，"若欲罪之，则曲法顺情锻成其罪；所欲宥者，则附从轻典从而释之"。哪里还有风宪的可言？

州郡方面，自大业末年，罢置司隶刺史，增设御史百人，越发造成安置奸党的机会。"郡县有不阿附，便阴陷以法"，监察的话，更不消说了。另一方面，却又"兴师动众，留守京师"，以及"互市诸藩，派遣臣使"，都要御史从中监制。弄得"污沾官方，侵扰百姓"，地方政治不清，四方盗贼群起。我们虽说隋氏之败，由于御史，也不算是什么过言。

就里的鸡群立鹤，要算开皇时候，阴骨仪为侍御史，处法平当，不为势利所回；大业初头，陆知命为治书侍御史，俨然正色立朝，为百僚所惮。

九　监察的全盛时期——唐

监察制度，到了唐朝可算是全盛的了。组织既很详密，法度也颇完备，现在把他分述于下。

（一）唐代御史总说

唐的监察机关，仍名御史台，掌用"刑法典章纠正百官之罪恶"。有大夫一员做台主，有中丞两员做副贰（《新书》作三员，从《旧书》）。中叶以后，朝廷以大夫秩崇，官不常设，只留中丞摄任台长（见武宗会昌二年敕）。所以也把中丞品秩升至四品下阶，和大夫三品中阶相拟。但这都是后话。

高宗龙朔二年，用"义训"更改百官名目，叫御史台做宪台，大夫做大司宪，中丞做司宪大夫。咸亨元年仍复旧制，中间更换名号，不及八年，而且在实质原只一样。武后文明元年窃夺大位，改元易服，才把台制根本变更，以御史为肃政，并分左右两台。中宗神龙复国，御史也复原名；但两台之制，还沿至睿宗太极元年，始行合并。

（二）两台和三院

1. 两台的起灭

唐初御史，只有一台。武后亲制，才分左右两台肃政。左台主督察百官军旅；右台主督察州县政治风俗。初时两台"互相纠正颇加敬惮"。时议以为右多名流，左多寒刻，故选登南省也是右台居多。末后，两台兼主京师和州县的督察，权限既不分开，而御史里头又多互相倾轧。睿宗景云三年下诏说：

> 二台并察京师，资位既等，竞为弹劾，百僚被察，殆不堪命。

这大概就是裁并的理由了。太极元年，遂废右台。是年五月改元延和，复设右台御史；但以尚书事务归入左台。右台不服，起而争缩。左台大夫窦怀贞，遂依故事奏撤右台，把人员并入左台安置。先天二年再复，十月又废。

2. 三院的组织

台的下面更有三个附属机关：

（1）台院

这是侍御史办公的所在。侍御史叫台端，又被人称做端公。唐初标榜

"法理"（理即治也）主义，他的职位很居雄要。里头有侍御史六人（《通典》《旧书》均作四人，兹依《新书》）、主簿一人、录事二人、令史十七人、书令史二十三人，分掌"推""弹""公廨""杂事"四种台务。推是推鞫，弹是弹劾，公廨是常驻衙门，杂事是总理一切庶务。他的分配如下。

知杂事侍御史一人，特别叫做"杂端"，要年资最老的方才可以充任，主管御史进名改转，以及台内一切事务。

知公廨侍御史一人，这便是常驻廨内的御史，用今制来说，便是常务委员。

知弹侍御史一人，侍御史提起的弹劾事件，都得经过台长手上。大事台长另用"方幅"上奏，小事只在御史疏末署名押奏。知弹便是帮助台长知这些事。

知推侍御史二人，名叫"副端"，分掌东西推鞫事务。原来唐初把京官州县分做东西两推，设知杂御史各一人，主监赃渎。在三司受事时候，又各要一个殿中侍御史为副，通叫"四推御史"。宪宗元和八年，令四推轮直受事，周而复始，罢东西分日之制。

分司东都留台一人，这便是后世"行台"的蓝本。

这些侍御史的权力，在唐初原是很重的。肃宗至德以后，宰相以侍御史权重，建议弹奏先白中丞大夫，又要通状中书门下，然后才得进奏。由是拘牵制限，侍御史的权力便不及从前那样自由行使了。

（2）殿院

这是殿中侍御史的所在。内里有御史九人（《通典》《旧书》均作六人，兹从《新书》），令史八人，书令史十人，掌纠察殿廷各种仪节和分知京城内外的左右巡。他的工作分配，是这样：

①同知东推一人，掌监太仓粟米出纳，双日出台，单日在殿，间日一往。

②同知西推一人，掌监左藏锦帛出纳，双单日的分配同前。

③廊下食使二人，朝官就食廊下，要有殿中侍御史二人出监。

④分知左右巡二人，左巡知京城内，右巡知京城外，但以雍洛两州的境界为限。境内有所不法之事，无论何人皆得举究。后以巡务太烦，归京畿县尉管理。

⑤内供奉三人，掌监殿廷供奉仪式。

其他巡幸朝会郊祀等事件，定例也要殿中侍御史派员纠察。

（3）察院

这是监察御史的所在。内里有御史十人，御史里行五人，掌监察百僚以及巡按州县各种事务。他的工作分配，原有：

①六察御史：简称"六察官"，分掌尚书省吏、礼、兵、工、户、刑六司的监察。

②监太仓使：这个原属监察御史的范围，后由殿中侍御史专监，此职遂停。

③监左藏使：同前。

④黜陟使：享有黜陟州县官吏的特权。太宗贞观八年设；肃宗乾元元年罢；德宗建中元年复置黜陟十一人，分巡天下。

⑤监军御史：这是隋的旧制。武后垂拱二年，以御史监军为"以卑制尊且非委任专征之道"，此制遂停。

⑥知左右巡：这个原是监察御史的责任。初制每月巡视刑部、大理、东西徒坊、金吾县狱，不限次数，一月一代。开元以后，改由殿中侍御史知巡，此职遂停。

⑦馆驿使：开元中年，监察御史兼巡传驿，二十五年改兼巡为"检校"，代宗十四年，复改检校为"知"，名为知两京驿使。

⑧察院杂差

a. 监决囚徒及罪人之笞于朝者；

b. 监屯田铸钱；

c. 战时大克掌数俘奏功；

d. 国忌日与殿中侍御史分巡寺观；

e. 宴飨、习射、大祠、中祠，纠察不如仪者；

f. 搜狩，监察断绝失禽。

（三）台臣的正除和额外

1. 正除

唐御史除拜，皆由吏部丞相和本台长官共同议定，但也有由内诏特任的。高宗以后台官选授，逐渐鲜受铨管。睿宗神龙时候，为着李义府主选，奸弊甚多，便完全令他脱离吏部。那时颇能慎选名流，回复贞观、永徽之旧。

2. 额外设置

唐的御史，有假，有试，有兼，有摄：这些都是正员。有里行，有里使，有员外各种名称，这些都是特别加额。

太宗诏令马周以布衣在监察御史里行，这便是"里行"二字之始，犹今言在某某衙门行走一样。到武后时，又有殿中侍御史里行之官，都由他官兼充。他的俸薪即由他官支给。自从王太宾兼摄里行，罢给本官之俸以后，里行一职才有真除。

员外试监察之制，始自武后。那时李峤主天官选事，名器虚滥，朝廷员外官多至数千人，监察的员外，自然也极拥挤了。

里使始自玄宗，有御史里使、侍御史里使、监察里使各名目，但都没有常员。

原来唐的台例，只限占阙正员，才有职田庶仆。额外无阙可占，便只一年两次请地于太仓，每月一次受俸受禄于太府。

（四）御史处事成规

唐代御史处事的成规，也可分做数种来说。

1. 风闻论事

旧例御史不受词讼。通词的人须在台外守候。御史按时在门外收状，察其可劾者具奏，但不叙告者姓名，托言风闻访知。这便是"风闻论事"的来源。但御史里面，究竟嫉恶如仇的少，奉行故事的多，因循玩愒，渐把"通状"雍滞，或竟无人受理。高宗永徽时候，崔义元为御史大夫，便开"受事"之例，由御史一人轮直受状，劾状中亦得叙述告人姓名。开元以后遂定为制。

2. 奏置台狱

唐初御史鞫案，皆寄送大理寺禁系。太宗贞观末年，御史中丞李乾祐，以囚自大理往来，诸多未便。又台中鞫治入法案件，多被大理寺推翻释放；便奏请自置东西二狱，禁系罪人。开元时候，崔隐甫奏罢台狱，仍归大理。

3. 三司会审

唐时中书省、门下省、御史台，名叫"三司"。朝日，御史大夫、中书舍人、门下给事中，坐堂受理冤狱，叫做"三司受事"。又同尚书省、刑部、大理寺，共同覆审疑狱，叫做"三司推事"。有时推事非由长官，仅由侍御史同刑部郎中员外，大理司直评事，共同审理，这叫做"小三司"。

（五）地方制度和监察

1. 地方述要

高祖武德元年，变更隋制，罢郡置州，改太守为刺史（只雍州置牧）；然仍非察吏之官。太宗分天下为十道；武后置台使八人分察天下。玄宗开元二十一年，分天下为十五道，置采访使以察吏民。天宝元年，改州为郡，改刺史为太守，自是以后，无甚变更。

2. 监察的名称和范围

唐代州郡监察制度的变迁，略如下面：

（1）台使

唐初监察的官叫做台使，随事随时遣派，没有定员。武后时候定额八人，每年春秋两次出视州县，春曰"风俗"，秋曰"廉察"；并令凤阁（即尚书省）侍郎韦方质删定巡察条例四十八条，以凭遵守。延载以后，便不岁出，定须奉有诏敕方才出巡。

（2）巡按使

中宗神龙二年，设各道台使二十人，定名为巡按使，各以判官为佐，择内外官五品以下坚明清劲者兼充之，再岁而易。并定察例六条：

①察官人善恶；

②察户口流散，籍赈[帐]隐没，赋役不均；

③察农桑不勤，仓库减耗；

④察妖猾盗贼，不事生产；

⑤察德行孝弟，茂才异等，藏器晦迹，应时用者；

⑥察黜[黜]吏豪宗，兼并纵暴，贫弱冤苦，不能自由[申]者。

这便是后代巡按使的始祖。

（3）按察使

睿宗景云二年，改巡按使为按察使，定额十人。

（4）按察采访处置使

玄宗开元二年，又更名按察使为十道按察采访使。四年罢；八年复置；十年复罢；十七年又置，并令以六条检察非法。但访善恶举大纲，细故委之郡守，毋须干涉。

（5）观察处置使

肃宗乾元元年，停采访使，回复贞观八年新置之黜陟使，更名为观察处置使。掌宣化、观风、录囚、赈恤各政。后代之观察使，即权舆于此。

（六）政绩述评

御史大夫，在唐的时候，品秩最高。但也因为品秩高了所以不专授也不常置，大概都是大臣的兼官和荣典。受这荣典的，也不一定要是勋贵名流。庸臣如安禄山，戚幸如杨国忠，酷吏如王𫓶，奸佞如卢杞，都曾加过这个官衔。这可见当时原不把他当做甚么一回事了。结果，他的事迹，恰恰操之太刻和纵之太宽，两个相反方面。

武后时代，来俊臣为御史中丞，以罗织为能事，大开告密之门，弄得朝士骚然，刑狱冤滥。长寿元年，严善为御史，覆案罗织之狱至于引虚伏罪者八百五十余人。当时苛刻之情形，可以想见了。

另一方面，武氏之后，韦氏当朝。安乐公主和上官婕妤卖官鬻爵，破坏官方。官吏不必经过吏部执奏，只有宫中墨敕便可迁授，冗滥淫污，单说吏部李朝隐执驳的不合法官吏，一批便有一千四百余人，朝廷风宪更何从说起呢？元载当国，所拟注的官吏，污滥尤多，恐被劾奏；乃请别敕所除六品以下官吏，吏部兵部无得检核，朝臣阿附，纲纪荡然。代宗大历六年内出制书，特任李栖筠为御史大夫，不经宰相手上，令他专事纠劾奸邪，由是朝廷纪纲稍微整肃。

但当时除授得人，也颇有政绩可纪；像徐有功在武后时代，独能用法平恕，拜授御史，至于远近闻风称贺。又像纪履忠劾奏来俊臣的五罪；王义方廷叱李义甫朗诵弹文；他那种耿直的风骨，尤其不易做到。

十　五代监察的没落

（一）司宪与中丞并设

五代台制，新旧史记载不全。我们把散见在本纪列传上的汇集起来，可以知道：梁太祖是把御史大夫改做司宪，而在司宪之下仍设中丞。《唐书·崔沂传》"入为御史司宪，纠缪绳违，不避豪右"，《晋书·王权传》"梁祖革命御史司宪表权为侍御史，俄拜御史中丞"，是也。然而御史大夫也不是没有的。《梁书·末帝纪》说，检校太傅朱友能兼御史大夫、上柱国，列爵为王。这或许是，贞明以后改制吗？——不然便是兼衔。

（二）中丞主台的实制

后唐官制多沿唐旧，御史大夫虽置而不常设。明宗天成六年以李琪为御史大夫，这算是仅见了。但还不上两月，为着安重诲事件，辞职不干。便改命卢文纪为中丞，主持台务。大夫一职就此告终了，历晋汉周都没更变。

（三）台臣出外的限制

后晋高祖天福五年，以御史中丞系清望之官，特地提高品秩，由五品升做四品；七年把他列入令文。少帝开运三年，令御史除准式请假外，不得以细故请假离京，除差推案外不得以诸杂差遣出外。他的原因，是关系在颜衍的一疏。《宋史·颜衍传》说：

> 朝臣才除御史，旋授外藩宾佐，复有以私故细事求假外拜。州郡无参谒之仪，出入失风宪之体，渐恐四方得以轻易，百辟无所准绳。请自今藩镇幕僚勿得任台官！亲王、宰相出镇，亦不得奏充宾佐，非奉敕勘事，勿得出京，自余不令厘杂务。诏惟辟召入幕，余从其请。

说的便是这些事。

（四）省郎知杂

五代以来，知杂御史一职，多由省郎兼任。晋高祖天福三年以后，才停此制，诏用御史年资较深的人委充。少帝开运三年，复嫌仅由御史知杂，纪纲未峻，改由省郎中选任清慎强干一人知杂。汉周相沿未改。汉李知捐以左司郎中兼御史知杂，便是一例。

（五）割据诸国的台制

五代割据诸国，关于御史制度，所可知道的：各国皆设中丞，只燕刘守光曾设御史大夫。南唐虽设御史，但在李煜乾德以后，却把御史台降称御史府，想要借此尊崇中央，稍示区别，这是特例。

（六）政绩述评

五代诸藩割据，算是一个军政时期。那时武臣的权力极重，台臣监察几等具文。梁太祖时候，符彦卿在京都天津桥外摔死犯道的人民，御史司宪崔沂提出弹劾，太祖还替他出脱，结果仅仅降阶做游击将军了事。符氏方面，反声言"有得崔沂之头者赏百缗"，跋扈的状态，跃跃如绘。后唐安重海在御史台门外杀死殿直马延，台臣畏怯不敢说话，激得大夫李琪只好三上辞呈，引咎去职。后晋张彦泽惨杀属官张式，御史中丞王易简率带三院台臣诣阁交章论罪，高祖也只用了"不报"两字消极对付他。这样看来，据乱的监察，未免无聊得可怜。

但在琐细仪节方面，他们却很讲究：比方后唐庄宗同光初年，崔协拜御史中丞的时候，宪司举奏，每以文字错误受罚；末帝时候，中丞卢捐要矫正宪司颓废，反因奏里有"平明启钥，日出守端"的话，被人讥笑，说他词理欠亨。舍掉宪台的大体不说，只晓吹求文字，他的结果当然会同唐明宗所说："丧乱孔多，纪纲隳紊，霜威扫地，风宪销声"了。

入周以后，稍为整饬纪纲。周世宗显德二年，诏说："御史台官，任处宪纲，是击搏纠弹之地，论其职分，尤异群臣。"先把他地位提高，然后实行弹劾的权力。"凡逐官内所启发弹举者，至月限满合迁转时，皆责中书门下先奏取进止。"证之事实，如显德三年，中丞杨昭俭知杂赵砺侍御史张纠都因鞫狱失实停职；陈州刺史陈令坤只因侍御史率汀按劾，便至流配。由是皂白分明，纪纲整肃，同时闽越御史中丞刘赞也因居职不曾纠察受笞，这些在据乱期中，确是很少见的。

十一 监察的复兴时代——宋

（一） 宋的虚大夫制

宋时御史也分三院，名虽由御史大夫主持，而其实权则在中丞手上。御史大夫不是正员也不常设，只是一个加官的空衔。这个和唐制一样，我们可以加他一个名称，叫"虚大夫制"。

原来宋官不算正员的，有检校、兼权、试秩三种。除试秩和这里无涉外，三公、三师、仆射、尚书等职，多是检校；御史各职，多是兼权。但在初时御史大夫也有检校的。元丰改定官制，不但废除掉检校御史大夫，而且通通把宪官改授实职。不过御史大夫一职，仍是始终没有除过。

中丞是事实的台长，员额一人，原有一定的资历。若是才识可用，资历不够，便先除谏议大夫，即以谏议大夫名义兼权中丞事务：这是宋初的旧例。神宗熙宁五年，邓绾当知杂御史和龙图馆待制。朝廷要把他升做中丞，便要"非次"超升谏议大夫，才得兼权；但这在宋朝事例是叫做"越级"。因此王安石便叫邓绾率性只用龙图馆待制名义，兼权中丞，打破了中丞的要经谏议的成例。元丰官制行后，所有宪职皆成职事实官，非用本官不得视事：由是兼权之制，也一起破除。

（二） 御史事例

御史职掌监察，大事廷辩，小事奏劾，这是通例。但在宋时还有几个特点：

1. 台谏权限不分

宋前御史和谏议的分际很严：御史主弹劾，谏议主论争。所以拾遗补阙，名叫"侍臣"；御史中丞名叫"法吏"，分工合作，很有法治的精神。到了宋朝以后，御史可以兼论朝事，谏议也可以兼任奏弹，事权混化，这便是"台谏"两字连合一起的由来。孝宗淳熙十年，林粟请置左右补阙专任谏正，不任纠劾，这才把谏官划出监察门墙之外；然而台官仍是兼任廷净的。

2. 御史未能独立

御史大夫在唐时虽然也是兼职，然而台主中丞，仍然独立。宋初御史长官，全由他官兼摄。邓润甫以宰相属官兼任台长，徐禧以舍人院吏兼任中丞，对于行政之监察事宜当然有所拘忌。钦宗靖康元年，诏令宰臣不得荐举台臣，这便是预防他们朋比为奸和挽回积弊的意义。

3. 监察自身的监察

前代御史系监察的最高机关，他们只受君主的统制，别的机关都管不了他。宋时便不那样，尚书省曾有"掌奏御史失职"的权能。神宗元丰六年，又在尚书省里面，设立都司御史房，专任弹劾御史按察失职事件。元丰七年又在都司御史房置簿，记录御史六曹纠察多寡当否，岁终比较成绩高低，取旨升黜。理宗复诏置籍中书，记录谏官御史言事，岁终比较事绩考成。这么一来，御史的言论和举动处处都受制限，便未免有吹求苛细免应格律的毛病。

4. 台臣兼任讲官

旧时御史都不兼任讲官，宋仁宗庆历四年，为着御史中丞贾昌朝擅长讲说，特令破例一为。自此便沿为例，但这还是临时聘充的。南渡以后，御史中丞王宾奏请重开讲筵，高宗即令他兼讲，由是王唐、万俟卨、罗汝楫等都叠主讲筵，但这还只限台长一个。绍兴二十五年，董德元仅以侍御史资格，也得参与讲筵；隆兴二年台臣尹穑便不但参与侍讲，而且也兼任说书了。

（三）三院组织的内容

宋的三院，仍用唐制：①台院——侍御史；②殿院——殿中侍御史；③察院——监察御史。现在把他分说在下面：

1. 台院说要

宋时中丞以下，只有侍御史一人，还是或有或无不皆设置的。他们掌辅助中丞"纠察百僚奸匿，肃清朝廷纪纲"。

中丞的除授资历，前已说过；侍御史定例要由监察御史转迁。

2. 殿院

宋时殿中侍御史只有二人，定例由侍御史升授。掌"纠百官仪法"。

大朝会、祭祀、六参，各种时候，他俩便对立朝班，纠察失仪。

真宗咸平四年，却令殿中侍御史在前列事件以外，还要兼任文武臣的"左右巡"，神宗元丰以后，又叫他们兼办"察事"——也叫"察案"。由是殿院的权职，便侵入察院范围以内。

3. 察院

宋初置监察御史六人，宁宗庆元以后只置三人。他的政制：

（1）职守

监察御史掌纠察六曹百司的谬误，大事奏劾，小事随时纠正。并以拜跪、书札、察验参谢官的老疾。人民控诉官吏事件，经过郡守监各级还未伸雪，他便替他直牒阁门上殿论奏。所谓监察"里行"，便是官卑可以入殿的意思。

至于监察得兼论事，这也是唐以后才有的。宋神宗元丰三年，明令监察御史里头，三人分领察案，三人分任言事；他方面又令殿中侍御史兼察曹司，监察御史兼言得失，把谏臣察院殿院搁做一团，没有分别。徽宗崇宁二年，省臣申明台官职在绳愆，这才停止了言事之例。但没多久，察臣胡舜陟，又在靖康元年，奏说：

> 监察御史，自唐至本朝皆论政事击官邪。元丰、绍圣著在令甲。崇宁大臣欲其便己，遂更成宪。乞令本台增入监察御史言事之文！

钦宗准奏施行，察院权限便又扩充了不少。

（2）升转

察官升转资格，原没一定。神宗熙宁二年诏由中丞奏举不限资格，便是实例。三年时候，选人李定只因奏对称旨，便拜御史里行，省臣诧异起来，至于封还诏书不肯草制；但选人"擢察"之例，却由是开始了。直至孝宗乾道三年，才定下非经两任县令不得除授监察御史。

（四）监察杂差

宋制台臣，除上列外更有：

1. 检法官

主检详法律，宋初置。高宗绍兴中，诏由殿中侍御史奏辟。

2. 主簿

汉时即有此职，系以孙宝为之，以后便无闻了。隋大业中，始再置。唐贞观中，以名流张弘济曾任此官，遂为美职，掌台中杂务、公廨、厨库。宋置一人，掌受事、发辰、勾稽、簿书。

3. 推直官

宋初置，专治狱事，有台一推、台二推、殿一推、殿二推那些名目。好像是分庭二审的。真宗咸平中，置官十员，元丰以后罢。

4. 五使

宋初置。元丰以后更正官名，定官分职，"使"的名目便被取消。但在初置时候，有：

①廊下使，专掌入阁监食；

②监香使，专掌国忌行香；

③监祭使，专掌祭祀仪法；

④左巡使，专掌巡视文臣朝班及告假禄料等；

⑤右巡使，专掌巡视武臣朝班及告假禄料等。

（五）知州的设立和察臣的临时派遣

《日知录》里有一条引叶适的话说：

> 五代之患专在藩镇。太祖思靖天下，以为不削节度则其祸不息；于是置通判以监统刺史而分其柄，命文臣知州事，使名若不正义若不久者以轻其权。

接着他自己也推断说：

> 宋初本有刺史而别设知州以代其权，后则罢刺史而专用知州，以权知之名为经常之任。

这样看来，宋的外官，实在过于没有系统了。刺史在前代原是监吏之官，隋以后才变做临民之吏。宋初经过一番改革，便只"块然徒守空城受词讼"，连临民之权都不得专。太宗太平兴国时候，诏废支郡，根本便没有刺史这个官名。跟着监察的责任，也变成没有专属。据《宋史》所载，有：

1. 转运使

太平兴国元年诏诸转运使纠察吏之能否第为三等，岁终以闻，是转运使也可以兼任察吏的事务。至仁宗庆历中，便径直由他兼任按察使了；但这都不是常例。

2. 观察使

唐的观察使原是察吏之官。宋初沿袭唐制，也有观察使这个名目，但多由他官"遥领"。所以《续通志》说他"存其名而不有其权"。

3. 按察使

设废无定。

4. 外任御史

这是察院临时派往州郡巡视的。

（六）政绩述评

宋时台谏的权际不分，台官事绩见诸言事的多，见诸察吏的少，处事模棱，绝鲜风宪。仁宗皇祐时代，政治也可以算是清明的了，然而御史孙抃在皇祐五年手疏里，说：

> 方今人士，以善求事为精神，以能讦人为风采。捷给者谓之议论，深刻者谓之有政。

张昪为御史中丞，被人称做"指切时政无所畏避"了；他也说：

> 陛下之臣持禄养望者多，赤心为国者少。

风宪的松懈，可见一斑。神宗元祐以后，朋党大兴，御史大臣也卷入党同伐异的漩涡里面。黄履为御史中丞，报复仇怨，元祐党人无一幸免。与蔡确、章惇、邢恕交结，被人称做"四凶"。自是以后，御史弹劾多以党见为标准。宁宗庆元元年，至于下诏台臣论奏不得更及旧事，盖亦深鉴于党见之贻害了。别的，吴执中为御史中丞勾结蔡京，卢航为御史中丞勾结童贯，龙如渊为御史中丞勾结秦桧，只晓得挑剔异己，做门户的走狗，他的眼里那里有"风宪"二字？理宗时候，贾似道当国，便利用这个弱点，特地铨遣庸懦，充任台臣。弄得弹劾不敢自由，只好向着远州太守或州县小官，"毛举细故，虚应故事"。监察的威权日趋低落，一直到了亡国才止。

里头号称得人的时候，像包拯、吕公著、司马光、苏辙等，充任台官，都饶有声誉。邵康节为中丞，被人称做"真御史"，和富韩的宰相、欧阳的内翰，通叫"三真"。孙抃为中丞，荐拔无私，尝说："昔人耻为呈身御史，今我岂荐识面台官？"一时传为佳话。

十二 辽金监察的仿制

（一）辽制举要

1. 南北面官的分立

辽的官制，原分南北两院。北院"治宫帐部族属国之政"，叫北面官，也可以说是他们的本色官。南院"治汉人州县租赋军马之事"，叫南面官，这是模仿汉人才设的。世宗兼并燕代十六州以后，便有南面各官。太宗入汴，兼制中国，南面之官才备。御史台便是南面官的一种。

2. 台司的歧形并峙

辽的台长官也叫御史大夫，副官也叫中丞，属官也叫侍御史，同列一台。台外另有一个殿中司，其实即是唐宋的殿院，不过不曾独立罢了。司里的长官叫殿中丞，管辖尚舍、尚乘、尚辇、尚食、尚衣五局。各局又设一个奉御主理。说起奉御这官儿，唐宋也不是没有的；但他只在殿中府里办理杂务，全和监察没有相干。辽制却把他列入司中，算做监察官的一种。

3. 监御在京在州的不同

上面所说都是本台的组织内容，说到外台的州郡监察，辽时是这样的：

（1）在诸京的

①五京处置使。

②中京按问使。

（2）在方州的

①观察使，他和京使都设有"司"。以上两种都是常设的。

②分决滞狱使，圣宗统治三年邢抱扑等五人、马守瑛等三人分决诸州滞狱便是。

③按察诸道刑狱使，圣宗开泰五年遣刘泾等分路按察刑狱便是。

④采访使，太宗会同三年，以干骨邻为采访使便是。以上三种都是临时配遣，没有专官。

4. 政绩述评

辽御史大夫只是"三师"的一员，和监察职务原不大相关。中丞虽以监察为专职，但在治狱以外，也很少成绩可言。史载耶律俨为中丞，诏察上京滞狱多所平反；萧思护由中丞迁御史大夫，亦以穷治诸王之狱称旨；这便是他的例证。州郡方面：史志所称某某平理庶狱采摭民隐的很多，其实也只注目在刑狱一门。

（二）金制发凡

史志虽说"金景祖始建官属，自成一国"，但还不脱酋长时代的遗留。熙宗更定官制，这才辽宋并用。海陵正隆以后，又把官司分做院、台、府、司、寺、监、局、署、所九个阶级，模仿宋制，借着吸收汉族的文明。

1. 台的组织

辽的御史，便是前面所说九个阶级里面的"台"。台的内容是：

（1）台长

御史大夫和中丞是，但都没有定额也不常设。他的执掌是：①纠察朝仪；②弹劾官邪；③勘鞫公事；④覆谳大狱。

在大夫制底下，中丞不过是个副贰，原没用印的必要。世宗大定廿四年，铸造中丞印信，使他可以独立办事，这在前朝是没有的。

（2）台官

侍御史、治书侍御史、殿中侍御史是也，侍御史定额二人，史志说是"掌奏事判台事"，既名曰"判"，那末，在大夫中丞阙额时候，当然可以代理做台里的主人了。治书侍御史定额也只二人，他的职务和普通侍御史没有多大分别。殿中侍御史仍是二人，他的职务是掌理纠察朝仪和百官请假事项。官僚告假，要向他说明理由，具"奏目"进奏。天子坐朝的时候，他俩还要分立龙墀维持秩序。

（3）吏员

金时御史台的属吏有：

①典事二人，即唐宋的主簿，掌理文书。

②架阁库管勾一人。

③检法四人，宋时亦有此官，即掌勾稽簿籍者。

④狱丞一人，看守台狱。

⑤令史女真籍十三人，汉籍五人。

2. 监察御史的选授和年资

金制关于监察御史方面，规定颇多。现在把他分做执掌、升黜、年资三方面来说：

（1）执掌

金的监察御史共有一十二人，分掌下面各种事务：

①纠察内外非违，刷磨诸司。

②察帐（稽核财政）。

③监祭礼。

④出使（巡视州郡）。

（2）升黜

金监察御史原由尚书省疏名进呈选授。他的升黜也由尚书。台长不过保留着考核叙列"解由"送省之权。章宗即位，虽曾改革旧例，令御史可以举台官，也可自行奏罢，但不到明昌二年便又复古了。里头稍微不同的，只是台官缺出，台长可以拟择三人送省圈定罢了。

宣宗贞祐二年，制定监察御史的《黜陟格》，以察得小事五件大事十件为"称职"；察数不及而又没有切，务为"庸常"；所察事件有两件以上不实，便为"不称职"。称职的升擢，庸常的临时取旨，不称职那只有降除了。

（3）年资

金监察御史，颇重年资。世宗大定二十七年以前，监御人员定例要在六十岁以上。后因他们多至年老废事，才设定一个例外，倘是廉干人员，虽在六十以下也得选取。

3. 属院附记

金时受台官管辖的，还有三院：

（1）登闻检院

掌奏尚书省、御史台理断不当事。

（2）登闻鼓院

掌奏御史台、登闻检院理断不当事。

这两院原是"奏御进告"御史的机关，宋时都属门下省。金制即把他附属在御史里面，这是很特别的。

（3）审官院

金制除授随朝六品，外官五品以上，都要送到审官院审查，补阙拾遗虽在七品以下，但以职务重要也要送审。倘审有拟注失当的所在，便上御史台官论列。

这审官院创设在章宗承安四年，终止在卫绍王大安二年，存续期间不上九年，这是很可惜的。撤废以后，他的审查职务，便并入台官。

4. 察郡的官司与风气

（1）官司的变迁

金时监察州郡的官吏，于御史以外，还不时派遣他臣，分说起来，便是：

A 审录官

金制每州设置刺史一人，纪纲全州事务，并随时派遣监察御史和审录官分诣诸州考核。熙宗天眷三年，温都思忠廉问诸路，得廉吏杜遵晦以下百二十四人，贪吏张轸以下二十一人，这便是他的成绩了。

B 暗察御史

有时为着预防矫饰，派遣密使，微行州郡，叫"暗察御史"。和诸郡察官并行不悖。这便是"暗察明访"的来源。但这都是临时委任，不设专官的。世宗对人说，"常设访察，恐任非其人，以之生弊"，便是重要的理由。

C 提刑司

到了大定二十九年，世宗又设置提刑司，分按九路刑狱；同时采访的事务也由他兼行。

D 按察司

章宗明昌四年改提刑司做按察司，由是监察渐有专职。

E 御史巡视

宣宗贞祐二年南迁以后，各州政务愈多，监察事情归由御史担任巡视。起初还不过一年一巡，兴定元年以后改做一岁两巡，并于监察御史以外，更令他官巡访。但这都是后事，暂且不题。

F 监察采访使

贞祐三年，又以按察司空立机关没有成绩，便把这个"司"撤废了，只留下监察采访使一人，掌察刑狱以及纠劾滥官污吏豪猾，巡查私盐酒面诸务。同时廷臣也要求恢复监御史、审录官分察诸州的旧例，由是"明访暗察"的故事，又稍稍兴复起来。

G 司农分察

哀宗正大元年，设置司农，令卿以下的朝官，都要出外巡行察吏。监察之网，遂入了最密的一个时期。

（2）静风气的移转

金初监察风气以"镇静"为主，这是受了世宗的影响。他说："大臣时出，郡县动摇，谁敢行事？"又定下监察的考格，把镇静知大体的叫"称职"，苛细暗大体的叫"不称"。弄得各路官吏都放纵自由不知畏法，巡按按期出视，也不过奉行故事而已。

5. 御史的督责和保护

金时对待御史很严，他的权职又很重，所以监察颇有成效。世宗大定二年敕御史台检察六部文移稽迟失当，打破官僚窳腐的恶习；又敕三公以下善恶邪正，御史皆当审察，借以打破朝贵的瞻徇；这都很有振作的气象。倘是官吏发现贪污，纠弹之官知情不举，便要减犯人一等推科；倘是不知情而失察，又要以怠慢治罪。这是世宗大定九年和章宗泰和四年明白规定过的。

另一方面，又定下保护的方法：如章宗明昌四年，令御史台奏事，虽是修起居注官，遇着也要回避。宣宗贞祐五年，又诏监察御史有所弹奏虽是同列也不得与闻。这都是为他保守秘密的缘故。

至御史不与外人见面的禁制，那是章宗即位时候才改定的。那时御史台官奏说：

御史不与外人相见，亲王宰执怙势之家，倘有私弊，何从访知？

民间利害，官吏罪恶，亦何从得见？

章宗览奏，便把禁令放松，准许台臣接见四品以下的官员；但三品以上大官，仍是不能晤见的。

十三　元代监察的异制

（一）总说

拓拔氏发祥在蒙古地方，部落散处，原没宫室城郭的可言。所以政治极形简陋，尚在初民榛狉的时期。他们把主军旅的叫"万户"，主刑政的叫"断事官"，只要数人便够管理，自然没有甚么监察机关了。吞并金国以后，便渐渐沿用金官，和中原文化接近。世祖即位，汉人刘秉忠、许衡为他拟定官制，设中书省总政务，枢密院总兵柄，御史台总黜陟，才成立了中枢的三大机关（明三府本此）。

（二）本台组织的内容

元御史台创立在世祖至元五年，主纠察百官善恶政治得失，这个都和前代一样。

他的职属有御史大夫二人，中丞二人，典事二人，检法一人，狱丞一人，经历一人，照磨一人，架阁库管勾兼承发一人；但都时有时无，不能定准，比方御史大夫，原先就只一人。

他的属司有二：

1. 殿中司

沿用辽名，其实就是唐宋的殿院，里头有殿中侍御史二人、治书侍御史二人。他的职属，又有知班、通事、译史各一人。所掌事务如下。

①朝仪：大朝会百官班序失仪失列，便纠罚他。

②假告：在京百官到任假告等事，出三日不报，便纠举他。

③奏事：大臣入内奏事，他便随入宫廷，有不可与闻的人，便纠避他。

2. 察院

元的察院，虽然附在御史台里，却不受他的统制，算是一个独立机关，专司"天子耳目"。共有监察御史三十三人。（《元史》作三十二人，依《通典》改。查至元五年置十一人，八年增六人，十九年增十六人，适如前额。）他的属员，各有书吏一人。

（三）御史行台的创制

唐肃宗至德时候，有个东京留台，以中丞为台长。宋都汴京时候，在西京洛阳也设立留司御史，名叫西台。这便是行台的远祖。金熙宗皇统二年，也曾制定行台官品，不过《金史》简略没有甚么记载罢了。元世祖十四年，为着江南政务纷杂，便置行御史台，外统宪司，内比内台，别开监察的生面。二十七年增置陕西诸台行台，顺帝至正二十五年又增福建分台一所，现在把他分述如下。

（1）江南道行御史台，亦称南台

①正官：大夫一人，中丞二人，侍御史二人，治书侍御史二人。

②属官：经历一人，都事二人，照磨一人，架阁库管勾一人，承发兼管勾狱丞一人，史令十六人，译史四人，回回掾史二人，知印二人，通使二人，宣使十人，典史、库子、台医无定额。

③察院一署：监察御史二十八人，书吏二十八人。

监察江南湖广三省，统制浙东十道。初设扬州，继设杭州，又迁江州，终迁建康。顺帝至正十六年，移至绍兴。

（2）陕西道行御史，亦称西台

①正、属各官略同南台。

②察院一署：监御、书吏各二十八人。监陕西一省，统制汉中、陇北、四川、云南四道。初设云南，后移陕西京兆。

（3）福建分台

顺帝以后，变乱时起。湖南、湖北、广东、广西、海北、江西、福建等处，文书送至南台，风信不便，直送内台，又无先例。御史大夫鄂勒特穆尔便奏在福建设立分台，再由分台转奏入内。官制未详。

（四）台道的监察和分配

元时临民长官，分做路、府、州、县四级，各有"达噜噶齐"（译言令长）主持事务；但皆受"行省"的监督。尤其行台是"监临各省统制诸道"的专官。甚么叫行省呢？那便是由内省分出的行辖。甚么叫"道"呢？那便是提刑按察司巡视的区域。元初只有四道：山东西、河南北、山北东西、河南陕西。以后逐渐增加，并颁定按察司巡行郡县法例。至世祖至元廿八年已有二十二道了；同时改按察司做肃政廉访司，每道设正使二人、副使二人、金司四人。正使留京常住，余官按时分巡，无论民事钱谷官吏奸弊，都归他们视察。年终台省派员考核成绩；同时行台大臣，也回京报告举劾数目一次。

现在再把各台的辖地，列表在下面（这表是福建分台未设以前的情况）：

台别	道别	置司处
内台八道	山东东西道	济南
	河东山西道	冀宁
	燕南河北道	真定
	江北淮东道	扬州
	山南江北道	中兴
	淮西江北道	庐州
	江北河南道	汴梁
	山北辽东道	大宁
南台十道	江东建康道	宁国
	江西湖东道	龙兴
	江南浙西道	杭州
	江南湖北道	武昌
	浙东海右道	婺州
	岭北湖南道	天临
	岭南广西道	静江
	海北广东道	广州
	海北海南道	雷州
	福建闽海道	福州
西台四道	陕西汉中道	凤翔
	河西陇北道	甘州
	西蜀四川道	成都
	云南诸路道	中庆

（五）监察事例

1. 蒙汉的歧视

元时种族之见甚深，政军大臣非蒙族不用，尤其忌嫉汉族中的南人，所以当时有"南人不可为相"的话。反映在监察上面的，便是御史大夫须用国姓。至于次要的御史，反限定只用汉人，借着掩饰耳目。顺帝时候汉人贺惟一真除御史大夫，可算是一种殊遇。但还要赐姓拓拔，更名太平，保全这个习惯。御史方面，在至元十八年早就依了崔彧的话，参用蒙人，不属汉人的专利了。

但汉人中的南人，还被他摈在台司门外。至元廿三年，学士程文海奏说，省院诸司皆有南人，御史台按察司不必殊异。世祖便令文海由侍御史权行台事，采访江南士人。由是一时知名，如赵孟頫、赵孟适、叶李等二十多人，都登台选。

2. 台选的独立

台官的选任，元初没有规定。世祖至元十九年，中丞崔彧为着旧时之选权出中书，未免有偏党的弊洞，便令省台独立一选。台臣用舍之柄，都属大夫；只肃政廉访司，还有由省臣请求内旨特用之例。到了成宗大德十一年，御史要求完全停废。成宗答他说："若此者，卿等当执勿与！"自是台选便完全独立，虽以皇上制尊，也无由干与了。

3. 风宪的尊严

元时御史，颇受倚重。世祖丞相僧格恨御史不肯帮忙，在世祖面前说他"戆傲沮法"。世祖反奖重了他，说这样才算尽了御史的职务。随后僧格的罪迹暴露了，世祖又以台臣知情不肯说话罢黜很多。这样看来，世祖对于台臣的权责，确是丝毫不肯假借的。

英宗即位，也令御史大夫振顿台纲，下诏说：

> 朕深居九重，臣下奸贪，民生疾苦，岂能周知？故举卿等为耳目。

这是重视台臣的一个表示。顺帝时候，亲王阿鲁图给御史污蔑了一场。阿鲁图不肯计较，还说：

> 今御史劾我，我即宜去。御史乃世祖所建，我与御史抗，即与世
> 祖抗。

便辞去相位不干。这虽未免矫枉过正，但当时倚重的情形已可概见了。他
的反动方面便是权臣屡想推翻祖制，减轻御史的威权。《元史·廉希宪传》
有这么一段：

> 呵哈玛言庶务责成各路，钱谷责之转运，若必任御史绳治，事何
> 由办？希宪曰："立台古制，裨益国政，无大于此。若欲罢之，必上
> 下专恣，贪暴公行，而后可耶？"

《续通鉴》里头也说：

> 江淮省臣有忌台察者，欲行台隶行省，诏廷议。兵部董文用持不
> 可，曰："御史台譬如卧虎，虽未噬人，人畏其虎。一旦摧抑，则风
> 采尔然。"遂罢。

这都是当时想要摧陷台臣的痕迹。

4. 台臣遭陷之多

元的丞相大臣，被御史弹劾去职的固然很多；但受他的反噬，也不
少。世祖至元时候御史陈天祥为弹劾纳苏穆尔贪暴下狱，南台中丞刘宣为
弹劾蒙固岱悍恣自杀，同时台臣坐罪的且至六人。仁宗时候，中丞杨多尔
济为弹劾特们德尔奸赃被杀，顺帝时候西台范文、刘希等为着弹劾额特穆
尔丧师辱国贬谪外郡判官。中台大夫老的沙为着弹劾宦者托欢畏罪逃避。
同时傅公让、陈祖仁等也坐是左迁了。

5. 察吏政绩

州郡方面，成宗遣使巡视天下罢黜贪赃一万八千四百七十三人，审察
冤狱三千一百七十件；顺帝时候廉访使苏天爵、中丞定定巡视京畿，罢黜
九百四十九人，兴除七百八十三事，给人称做"包韩"：这些都是很可惊
人的数字了。然而吏治的昏庸，却不见得减除了多少；史里头说："英宗
承平日久，内外以观望为政。"又说："顺帝用人非次，不作伦纪，诸道奉

使皆与台谏交相掩弊。"吏治的不振，怕就是这些原因？

6. 台司人品

世祖至元时候，董文用做中丞，胡袛遹、王恽等十多人充监察，徐琰、魏初充行台中丞，一时称为"极选"。顺帝时候，额琳沁巴额做御史大夫，尽选中外廉能置诸风宪，一时称为"得人"，拔茅连茹这是一定的事例。

当时御史大臣的品节，好的如大夫布哈尔、福寿，中丞穆丞均能为国殉难；坏的便如多尔海、特克锡竟至以御史大夫谋逆弑帝了。

十四　都察院的监察时代——明清

（一）明

1. 台察的合并

明时有"三府七卿"的名目。三府便是中书、都督和御史；七卿便是都御史和六部尚书。太祖尝说："国家立三府，中书总政事，都督掌军旅，御史掌纠察，朝廷纪纲尽系于此，而'台''察'尤清要。"这可想见当时对于御史的重视了。台是御史台，察是察院，入元以后本已分立。太祖洪武十三年罢御史台设都察院，便把台察合并为一个机关。

2. 都察院组织的内容

都察院的长官为都御史。洪武十八年，置：

左右都御史各一人，同于前代的大夫；

左右副都御史各一人，同于前代的中丞；

左右佥都御史各一人，同于前代的侍御史。

他的属官有经历一人，都事一人，司务厅司务一人，司狱司司狱一人。

至于前代的治书侍御史、殿中侍御史等职，在洪武九年未经设院以前，早就裁废，归由监察御史管理。

惠帝建文二年，复设御史府置御史大夫，并分监察为左右院，想要回复台察并立的局面。不久，成祖建极，便又遵循洪武旧制，一直沿用到清都没更换。

3. 都御史的职权

明都御史的职权，概括说起来，只是"专纠百司辨明冤枉"八个大字。具体些说便是：

①凡大臣奸私构党作威福乱政者劾；

②凡有官猥茸贪冒坏官纪者劾；

③凡百术不正上书陈言变乱成宪希进用者劾；

④朝觐考察同吏部司贤否黜陟；

⑤大狱重囚会鞫外朝同刑部大理谳平；

⑥奉敕内地拊循外地各专其敕行事。

4. 院官的选补

明朝选官的途径，进士、举贡、吏员，这叫做"三途并用"。但台官职居清要，单用吏员是不行的。永乐时候，吏部选用南京御史，有些只系吏员出身。成祖察知便行革斥。并封吏部说，"御史纪纲朝廷须有学问"，下令不得再用吏员。因是风宪流品，渐臻严肃。

他的简拔，有"考选""行取"两途：考选由进士举监，行取由推（推官）、知（知县）、行（中行）、博（评博）。但皆有"试补"之例，通要试职一年，才得实授。此外还有上官荐引、吏部铨升各种；倘会认真起来，未始不是得人的途路。

5. 各道监御的职责和道的分配

明代地方制度分府县两级；州的直隶者同府，散州同县，皆受都察院的监察。各道监察御史直属于都察院，名额之多有至一百一十人的，这可说是极一时之盛了。现在把他分说在下面。

（1）监察总纲

各道监察御史的职权，据《明史》所载，是"纠察官邪，明密奏劾"。但在奏劾时候，要注意下列各点：

①明著事迹；

②开写年月；

③毋虚文泛诋！

④毋讦拾细琐！

定例每年八月出巡，事毕归院。由都御史以上列标准覆劾成绩。

（2）京外权职的不同

各道监察御史的纠察总纲，前面已经说过。但他们的办事细目，却因在京在外有所不同。分说起来，便是：

（甲）在京的

明初定鼎南京。成祖迁入北京，仍以南京为陪都，设立特别官职，留置右都御史、副都御史、佥都御史各一人，和北京约略相同。因此监察御史，对于南京也有特别任务。现在再把两京监察御史的所管事件，分说在下面：

①两京刷卷；

②巡视京营；

③监临乡会试及武举；

④巡视光禄、仓坊、内库；

⑤巡视皇城五城；

⑥轮直登闻鼓；

⑦朝会纠仪；

⑧祭祀监礼。

（乙）在外的

在外监御机关，初称行在都察院。英宗正统以后除去"行在"二字，只称都察院，便和京职相同。他的办事细目是：

①巡按，这是他代理天子巡视四方的最大节目，所以当时有"代天巡狩"的名衔。所至审录罪囚，吊刷案卷，大事奏裁，小事立断。

②清军，偕兵部兵科共同办理。

③提督学校，这个也两京才有。

④提督操江，以副佥都御史为之，领上下江防事。

⑤巡盐，两淮、两浙、长芦、河东等处均有。

⑥茶马，只限定陕西一道才有。

⑦巡漕巡关，宣宗宣德四年还有特别关钞御史，专管关务。

⑧攒运印马，这是临时派遣的。

⑨监军，同上。

⑩杂差，英宗正统十一年，令御史柳华讨矿盗；景帝景泰四年令御史徐有贞治沙湾决河；天顺三年命御史采珠广东。这些都是。

（3）各道的配置

明时共分中国为十三道，设置一百一十个道员，分掌各道。

①浙江道；②江西道；③河南道；④山东道：以上道员各十人。

⑤福建道；⑥四川道；⑦广东道；⑧广西道；⑨贵州道：以上各七人。

⑩陕西道；⑪湖广道；⑫山西道：以上各八人。

⑬云南道，道员十一人。

（4）藩臣兼衔御史

明的行在都察院御史，有的由藩臣加衔兼任，有的由御史外放兼任藩臣，弄得察史问题，有名无实，这不能不算是一个阙点。现在把他分说在下面：

①总督。藩臣里头，"辖多任重"的特别名叫总督，原用尚书侍郎简放；但必须兼个都御史名衔，使他可以"方便行事"。

②巡抚。巡抚的名目，是由懿文太子巡抚陕西来的。他的职务在于巡视地方和宣布德意，原非常置之官。宪宗成化以后，渐渐变做常员。有时还仗他坐镇一方，便更名"镇守"。但镇守侍郎和巡按御史，职任分歧，品级相若，于移文上很有不便；因此又把巡抚定为都御史名衔。

③提督。巡抚有的地方兼任军务便名"提督"。这个照例也要加上都御史名衔。

④赞理或参赞。这都是总兵的巡抚的特别名称。都御史的兼衔当然也是有的。

⑤巡视。这是因事特设的专员，多半都由御史外放。

⑥抚治。宪宗成化十六年郧、襄两次流民屡次叛变，朝廷便遣御史出外安抚，名叫抚治。

⑦经略。万历时候，倭寇侵略高丽。神宗便命御史用经略名义督兵援助。

（附案）《春明梦余录》曰：

> 天下设巡抚都御史，洪武未有也。太祖不欲以重臣典钱粮兵马。……宣德间令巡抚官八月一赴京议事，盖不欲疏逖以悬机重。……自是则曰整饬，曰提督，曰总制，曰镇守，又复典兵部尚书侍郎之职，兼都御史。百僚群将，俯听一人之谋，似于兼制稍疏；故以巡按参杀之。然表里异同，痛痒不相关，而司锋镝者每掣肘不能自尽。近年失事，并罪抚臣，诚得肯綮矣。

6. 院臣遭抑的历史

明太祖政尚严苛，御史风气为之一变。当时颇以抨击为能，只有中丞章溢务持大体。成祖时，御史陈瑛尤甚，劾治建文死难臣士，株连数百余家，至两列御史皆为掩泣。他说"不治此狱，则吾辈无名"，是在残酷里头，还夹有其他作用了。自是以后，朝廷每有权臣，御史颇难峻立，里头足够称道的有：

①周新遇事敢言，不避权贵，被人叫做"冷面寒铁"。

②顾佐公廉有威，奏黜不法老疾御史至于三十二人，朝纲振整，百僚畏避。他每次入直，独坐夹室，不与百司攀谈，因此被人叫做"顾独坐"。

③杨瑄忠谏名闻天下。论治石亨、曹吉祥罪状，景帝称他做"直御史"。

但这三人，除顾佐以外，周新便为着纠弹纪纲死在他的手上；杨瑄便为着曹、石事故，惨遭榜掠，而且累及同官张鹏、罗绮、耿九畴诸人。尤其李俨只因和王振应对不跪，便要下狱贬谪；汤鼐只因劾及大臣，便受刘吉诬陷。天顺时候，巡抚李藩巡按御史杨瑄、韩祺也都是中臣诬奏逮死的。嘉靖时候，御史储良材、郑自璧也因了"权幸侧目"便遭黜斥。诸如此类，俯拾即是。

最明显的，是刘瑾用事，好摧台谏。都御史刘宇便附和着他，每借小事笞挞台臣，挫折正气。张居正为相，存心痛抑御史，"事小不合，诘责随下"，遂使监察的威严降落，院臣成个冗员。

更有一事，便是世宗嘉靖时候，托言祖制，下诏科道官互相纠劾，由是吏部可以侵犯监察的职权，院臣备受牵制。神宗万历以后，朋党之见已成，"南北台议论嚣然，各有左右"，风宪的愈趋下况，更不待言了。

（二）清

1. 院臣的名职

清未曾入关以前，都察院衙门里面有参政一员、左右承政两员、理事等官数员，共同办理。入关以后，改用明制，设都察院。左都御史一员，左副都御史满籍汉籍各一员，专掌风宪整饬纪纲。更有左佥都御史和满洲启心郎、满军启心郎等，甫立即废，无可纪述。

右都御史、右副都御史，在清朝全是各省总督和巡抚的坐衔，没有专官。实际上那时监察的全权，都操在左都御史手上。他的权限：

①政事得失，官方邪正，以及有关国计民生的利害，皆得奏陈。

②大狱重凶，协同刑部大理等审谳。

2. 科道制的由来

清时都察院直辖的有六科十五道。负责六科的是给事中，负责十五道的是监察御史。这便是清朝所谓"科道"制的了。原来给事中这个官名，自汉朝以来就有了。因为他在殿廷里头办事，所以叫给事中；又为他出入琐闱，又叫黄门给事；又为他是门下省侍中所领，所以又和中书省中书通叫省臣。唐宋以来曾有封驳奏书之权，原是个很权要的官职。给事侍中是省，御史是台，古来台省分途，所以科道也不能合拢在一起。明朝时候，废掉门下省不设，只设六科掌督中书六部事务。御史监察百司职居于外，六科宣行制敕职居于内，仍是风马无关。清室初年还是因沿明制。至世宗雍正元年，诏把六科的内升外转，归由都察院考核，渐开台臣干与六科之例，但也只限铨叙一门。那知事例一开，渐移默换，台臣竟把六科和各种侍御一律统制起来。由是"科道"便并合一起，成立了这个特别名词。这是清朝院制变更的一个关键，所以不妨在此多说几句。

（1）六科的工作分配和封驳特权

（甲）工作分配

六科即中书六部的缩写。他的工作分配：

①吏科。设掌印给事中，亦名都给事中，满汉各一人；给事中亦名左右给事中，满汉各一人。掌分稽铨衡，注销吏部、顺天府文卷。

②户科。掌印给事中，满汉各一人；给事中，满汉各一人。掌分稽财赋，注销户部文卷。

③礼科。掌印给事中，满汉各一人；给事中，满汉各一人。掌分稽礼典，注销礼部、宗人府、理藩院、太常寺、光禄寺、鸿胪寺、国子监、钦天监文卷。

④兵科。掌印给事中，满汉各一人；给事中，满汉各一人。掌分稽戎政，注销兵部、太仆寺、銮仪卫文卷。

⑤刑科。掌印给事中，满汉各一人；给事中，满汉各一人。掌分稽刑名，注销刑部、通政司、大理寺文卷。

⑥工科。掌印给事中，满汉各一人；给事中，满汉各一人。掌分稽工程，注销工部文卷。

（乙）封驳特权

六科除了上面列举各职外，朝廷意旨他们认为不便施行的，可以"封还""执奏"；部院督抚奏章，他们认为未协情理的，可以"驳正题参"。以及朝政的得失、百官的贤佞，他都有权处置，只有大事须待奏覆而已。这样看来，他的监察权力委实比谁都大。

（2）六掌道的偏劳和十五道的配置

（甲）六掌道和坐道

清初时有"掌道""坐道"的名称。掌道为他既察在京诸司，复举本道事务，执掌甚烦，非同坐食，如河南、山西、浙江、山东、陕西、江南六道是也；所以又名"六掌道"。其余各道，通叫"坐道"；为他在京坐食，不理本事，徒戴空衔而已。高宗乾隆十四年，厘正官规，按道定额分职给印视事，由是有十五道的配置。

（乙）十五道的职守

清初满洲、蒙古的御史都没分道。高宗乾隆十四年，方才把地方行政区域分做一十五道，指定监察御史分道巡察，但都兼理京职一种以上。

A 京畿道

设掌印监察御史满汉各一人，监察御史满汉各一人。所掌如下：

①本职，掌理本院事务，及直隶、盛京刑名。

②兼职，稽察内阁、顺天府大兴、宛平各县。

B 河南道

掌印御史、监察御史员额同前。他的职掌：

①本职，掌理河南刑名。

②兼职，照刷部诸司卷宗，稽察吏部、詹事府、步军，统领五城。

C 江南道

掌印御史同前，监察御史汉满各三人。他的职掌：

①本职，掌理江南刑名。

②兼职，稽察宝泉局左右翼，监督在京十有二仓，总督漕运，磨勘三库月终奏销之数。

D 浙江道

掌印御史同前，监察御史满汉各一人。他的职掌：

①本职，掌理浙江刑名。

②兼职，稽察礼部、都察院。

E 山西道

员额同前。他的职掌：

①本职，掌理山西刑名。

②兼职，稽察兵部、翰林院、六科、中书科，总督仓场、坐粮所、大通桥，监督通州二仓。

F 山东道

掌印御史同前，监察御史各三人。他的职掌：

①本职，掌理山东刑名。

②兼职，稽察刑部、太医院，总督河道，催比五城命盗案牍并缉捕。

G 陕西道

额员同前。职掌：

①本职，掌理陕西刑名。

②兼职，稽察工部、宝源局，复勘在京工程。

H 湖广道

员额同前。职掌：

①本职，分理湖广刑名。

②兼职，稽察通政司、国子监。

I 江西道

员额同前。职掌：

①本职，分理江西刑名。

②兼职，稽察光禄寺。

J 福建道

员额同前。职掌：

①本职，分理福建刑名。

②兼职，稽察太常寺。

K 四川道

设掌印监察御史满汉各一人。他的职掌：

①本职，分理四川刑名。

②兼职，稽察銮仪卫。

L 广东道

员额同前。职掌：

①本职，分理广东刑名。

②兼职，稽察大理寺。

M 广西道

员额同前。职掌：

①本职，分理广西刑名。

②兼职，稽察太仆寺。

N 云南道

员额同前。职掌：

①本职，分理云南刑名。

②兼职，稽察理藩院、钦天监。

O 贵州道

员额同前。职掌：

①本职，分理贵州刑名。

②兼职，稽察鸿胪寺、宗人府事务。

案宗人府事务原设有宗室御史专任稽察，后以贵州满员监察御史兼任。

（3）科道杂差

清时科道杂差很多，有察特种事务的，有察特别区域的。分说起来，便是：

①巡视京城十二仓，通州中西二仓，科道御史各一人。岁十月行巡，一年而代。

②稽察旗务科道，满籍二人，一年而代。

③稽察宗室科道二人，由宗室中派遣，一年而代。

④巡视淮安、济宁、天津、通州科道御史各一人，每岁奏请派遣。

⑤巡视盛京、吉林、黑龙江科道满籍御史各一人，五年一代。

⑥巡视归化城、察哈尔科道御史各一人，三年一代。

⑦巡视台湾科道满汉各一人，三年一代。但汉人得兼学政。届期由台臣奏请应否续派。

⑧巡视五城科道满汉各一人，科察奸邪兼听狱讼，二年一代。

除了上列以外，还有巡江御史、巡视屯田御史等差。这个在顺治初年便停止了。又有督理茶马御史。这是康熙初年才停止的。又在雍正初年曾

设备省巡察，专稽盗贼，不预地方事务，但不久也停止了。别的如直隶巡
农御史、山东巡视河湖工务御史、各省观风整俗使、各省宣谕化导使。这
都是随事设官，没有定制。

（4）科道员属

清科道员属，见诸记载的有：

①经历，满汉各一人，掌督察胥吏。

②都事，满汉各一人，掌缮写章疏。

③笔帖式，满籍二十五人、蒙古二人、汉军五人、六科满洲八十人。
掌出入文书事务。

3. 院臣的选授铨叙

清时科道的选授，随着满汉种族有所不同。满籍科道多系论俸叙升，
汉籍全由"行取"。凡是知县政绩优长品行可用的，都得经内外大臣荐擢
选用。他的理由，便是圣祖谕里说的：

> 亲民之官，谙悉利弊，得以据实指陈。有裨政治，且足鼓励
> 人才。

但行取人员，都要经过试俸。试俸一年，若不称职，便改授他务。这
个和明制略同。

他的铨叙，有内升、外升、差用、外调、降用、革职六等。前三等是
待遇称职的科道用的。外调便是"无所建白"或"才力不及"的人。降
用、革职那当然是有劣迹了。原初御史内升，还可兼管科道原职。圣祖康
熙十三年以后，便把这个革除。既被内升，就要出缺；只有外调道员一
种，仍可兼戴原衔。

4. 言官挟私与被劾反唇的两方的禁制

清太宗崇德八年，诏说：

> 都察院系朝廷风纪之官，王公大臣办理国政勤惰，应尔衙门稽
> 察。有事应该据实奏闻。

这是清室注重院臣的第一次。但自是以后，渐有挟私妄纠的毛病了。世祖

顺治四年，便定下吏部和都察院参奏科道之例。是年科道拾遗等职，被处分的很多。转过弯来，又成个言官不大言事的局面。所以顺治十一年，又下一诏说：

> 近来言官未有建白切当，及纠参显要，皆因惧被罪之反唇仇讦，遂尔缄口。自今以后，凡被论者如有辩处，止许就所奏事款据实剖白。不许反唇仇讦，有乖法纪。

这等制限确是前朝所未有的。同时又起复了科道为着言事罢官的六人，提倡风气。但又怕科道方面或许也会矫枉过正，所以诏里又说道：

> 言官亦不得挟私诬捏，自取咎戾。其参奏公私当否，或现任或升任，考察京官之时，分别核奏，以为劝惩。

这样一来，言官和被劾方面都可遵循正轨了。可惜数传以后，这等禁制便成具文。

5. 御史的人才与风气

清时御史得人之盛，如圣祖康熙十九年，吏部亲试科道官姚缔虞、王日温与李迥诸人，皆能"条奏详明，谙知大礼"；二十九年行取彭鹏、邵嗣尧、陆陇其、赵苍璧等十二人，皆能秉正不阿，卓著政绩。尤其是彭鹏、郭琇风纪最严，被人称为"彭郭"；吴琠、陈廷敬能知大体，风气为之转移。他的事迹，是这样：

①彭鹏为左都御史，辇下肃然，直声满于天下。出任广西巡抚，墨吏望风解绶。

②郭琇拜左都御史，辇下栗然。出授湖南总督，一时贪吏皆被劾而去。圣祖尝曰："能如郭琇、彭鹏不但为当今名臣，后世亦足重矣。"

③吴琠为左都御史，尝自戒曰："司风纪者当养人廉耻，不专以弹劾为能。"即为所参劾之人，亦以清官好官称之。

④陈廷敬再领台垣，每诫科道，凡有建白不许预闻堂官僚友，以滋指使属托之弊。又云："与其生事以塞责，不如省事而择言。盖毛举细故别摘成规，易至刻薄烦碎。"

这可见清时御史人才与风气的大概了。所以当时科道之制，颇为后代所赞同。

十五　共和政治的监察

民国成立，创立共和政治，关于监察事务，可以分做北京政府和国民政府两方面来说。

（一）北京政府时代

在北京政府时代，关于监察的设施，有文官惩戒委员会、平政院、肃政厅，这可算是差强人意的。这三个机关的分际，肃政厅主弹劾，平政院主审理，惩戒委员会那是处分违职而尚未涉及法律范围的。现在把他分说在下面。

1. 文官惩戒委员会

这个机关设立最早，第一任会长章宗祥，是民国二年便受委任的。他的类别有高等文官惩戒委员会、普通文官惩戒委员会两种。此外惩戒法官的，特别叫做司法惩戒委员会。他的惩戒处分是褫职、降等、减俸、记过、申诫五种。

他的惩戒事件是违背职务、废弛职务、有失官职上之威严与信用三种。

他的处分手续是特任官由大总统交会审查，简任官由国务院或所属长官呈大总统交会审查，荐任官由所属长官呈国务院转呈大总统交会，委任官由长官直接交会。

接着大总统又颁布《官吏四诫》：偷惰、瞻徇、奢靡、嬉游。倘经戒饬，仍有违反，便加以"上玷官箴，下害风俗"的罪名。

2. 平政院

平政院创立在民国三年，钱能训、周树模、熊希龄、夏寿康、张国淦等曾先后受委为院长，专管行政诉讼事件。兹将其受理范围，说在下面。

①中央或地方最高行政官署之违法处分，致损害人民权利者。

②中央或地方最高行政官署之违法处分，致损害人民权利，经人民依法律规定"诉愿"至最高行政官署，不服其决定者。

③肃政史提起的"行政诉讼"。

④大总统交审事件。

以上积极方面。

⑤除官吏违法处分以外，一切单纯要求"损害赔偿"的案件，均不得受理。以上消极方面。

他的审庭组织，有庭长三人、评事若干人。董鸿祎、曾鉴、张一鹏便是民国三年初次被委的庭长。倘是被告远离京师，又可以就地设立平政院、合议庭，以所在地最高法院之司法官及院派评事五人合组之。庭长由院长临时指定。

3. 肃政厅

肃政厅也是民国三年设立的，专任纠察官吏的违失。有都肃政史为长官，肃政史为员属。但纠弹事件虽只肃政史一人亦可提起，不必经过都肃政史的署名或他员的连署。所以肃政史对外是个独立的，只在内务上面要受肃政厅的管辖而已。

他的纠弹事件，因性质的差别可分为直呈大总统和提出平政院两种：

（1）直呈总统的

①官吏之违宪违法事件；

②官吏之行贿受贿事件；

③官吏之营私舞弊事件；

④官吏之溺职殃民事件。

（2）提出平政院的

①人民因中央或地方之最高行政官署之违法处分，致受损害，经过一定之"陈诉"期间尚未陈诉者。

②人民因中央或地方官署之违法或不当处分，致受损害，经过一定之"诉愿"期间尚未诉愿者。

③纠弹事件经大总统认为应交平政院者。

在①②两项的情形时，肃政史得为原告人。

又因事件之性质，有公开弹劾与秘密两种：公劾普通事件行之，密劾则以情节重大未可泄露者为限。

他的弹劾事绩：民国三年肃政史夏寿康弹劾海军总长刘冠雄八款，四年肃政厅呈请取消筹安会纠弹杨度诸人，这算是最大的了；但亦未有何种结果。

（二）国民政府成立以后

1. 监察院的诞生

民国十六年四月，国民政府在南京正式成立，十七年十月中央政治会议便通过《国民政府组织法》试行五权宪法之治，设立五院。原拟蔡元培为监察院长。蔡氏不就，至十八年九月改任赵戴文、陈果夫为正副院长。虽曾宣誓就职过，究竟有名无实，根本上连监察院的招牌尚未张挂起来；所以同年十月，中央政治会议又有催促国府从速成立监察院的议决。十九年二月副院长陈果夫也由京电致山西敦促赵氏来京，共商监院的成立事件。可是那时阎锡山正在通电反对中央，赵戴文与阎氏有特别关系，正是于右任所说"军阀横行，变乱时作"的时候，设院问题，自然暂且按下不表。直至二十年二月于右任以推补国府委员资格兼长监察院，并由中政会通过刘三、朱庆、周觉等二十三人为监察委员。由是五权政治之监察院，才在二十年二月十六日正式宣告成立；而我们的"监察史略"也在这里可以暂告一个段落。

2. 监察院的分区监察计划

（1）分区

监察院成立初头，便仿前清御史分道办法，划分全国为十四区。每区设立监察行署，置监察使一人、秘书二人、书记若干人。由监察院长呈请国民政府特派，或即以监察委员兼任。掌任周巡区内各地。他的区分是：

第一监察区——江苏、安徽、江西；

第二监察区——福建、浙江；

第三监察区——湖南、湖北；

第四监察区——广东、广西；

第五监察区——河北、河南、山东；

第六监察区——山西、陕西；

第七监察区——辽宁、吉林、黑龙江；

第八监察区——云南、贵州；

第九监察区——四川；

第十监察区——热河、察哈尔、绥远；

第十一监察区——甘肃、宁夏、青海；

第十二监察区——新疆；

第十三监察区——西康、西藏；

第十四监察区——蒙古；

其余各特别区市均附属各省。

（2）监察

监察使的监察事务，有如下列各件。

①质问或弹劾，质问向本人行之，弹劾提交一定的上级机关。

②接受控告，监察使可以接受人民举发公务员违法失职之控告，但不得批答。

③急速救济，监察使对于公务员违法失职认为情节重大时，可以径向他的长官请求制止。

④报告，监察使应将监察情形按时报告监察院，并注意下面各事：

a. 关于该管区内各公署及公立机关的设施事项；

b. 关于该管区内各公务员的行动事项；

c. 关于该管区内人民疾苦及冤抑事项。

3. 弹劾的提出

监察院的弹劾事件，有因人民呈诉和监委提出两种。现在分说如下。

①人民呈诉官吏，所要经过的程序：

a. 殷实铺保两家；

b. 详陈事实；

c. 院长核实之后，指定监委三人审查；

d. 实地调查证据。

②监察委员自行提起之弹劾事件，所要经过的程序有：

a. 列举证据，或三人连署；

b. 院长核阅之后，指定另行监委三人审查；

c. 实地调查事实。

但这里有须注意的两点：a. 监委有独立的弹劾权，每一委员均可提出；b. 人民有向之呈诉权，虽系官吏违法事件，亦可径向监察院提诉，不必经过法庭。

4. 秘密与保障

监察院的设立所以打倒贪污肃清吏治，对于便利行使这个职务的事件，当然要极力推行。但这也可分做两个方面。

（1）秘密的原则

人民呈诉官吏，倘非绝对保守秘密，便难免受他借端报复。所以监察院接到呈诉之后，不论被诉那边罪名是否成立，都不明白批示出来。如果真的受理了，那便是监察委员向被诉人负责，呈诉人又向监察委员负责。呈诉和被诉两方，并不发生直接关系。

（2）保障的原则

监察委员提起弹劾事件，虽无须秘密，然而他们是有法律保障的：

①监察委员除现行犯外，非经监察院许可不得逮捕。

②监察委员除开除党籍，受刑事或惩戒处分，受禁治产宣告外，非经本人同意不得免职、停职、转任或罚俸。

③弹劾事件虽经惩戒委员会认为不应处分，也可不负责任。

不过监委提出弹劾事件，被监察院查驳之后，监委倘仍不服再行提出，那时监察院交付惩戒，受了惩委会不应处分的消极反对，这个玷辱的责任便不能不由原监委负担。这是一个例外。

5. 事实的调查

调查确实是监察的一个原则。所以监察院有提证向各机关调阅各种案卷，及调查证据之权。有时因为便利起见，亦得派遣专员或委托其他机关代行调查。

6. 监察院与其他机关的关系

（1）监察与惩戒委员会的关系

监察院不自执行惩戒，他所决定的弹劾国民政务官事件，要交国民政府执行，弹劾事务官事件要交公务员惩戒委员会执行。惩戒委员会有中央、地方两种：中央公务员惩戒委员会管辖中央官吏；地方公务员惩戒委员会管辖地方官吏。他们于接受交付之后，便要开会讨论被诉人应否处分或处分的等级，交给被诉的主管长官立即执行。他的处分等级是：①撤职；②降级；③减俸；④记过；⑤申诫。

若是情节过重，不在前列的处分范围，如贿赂行为之类，那便由会送交法院办理。

（2）监察与审计院的关系

监察的职权，原有弹劾和审计两种。弹劾部分前面已经说过。审计部分，则因审计院，在监察院未曾出生以前早经设立，而且他们对于国家的收支也够行使职权。所以监察院仍把审计部分归他继续办理。不过改院为部，并入监察院里面，受他管辖罢了。

（3）监察院与中央党部监察委员会的关系

监察院是国民政府的机关，监察委员会是中国国民党的机关，在原则上原不相涉。但在以党治国的时期，党的主义即为全国政治之所依归；所以党的监察，同时即为全国监察的最高机关。一方面可以监察党员的背誓违法或不名誉的行为，一方面又可以监察最高官吏的行动。监察院所决定的应付惩戒事件，倘其被弹劾的是国民政府委员，便要将弹劾案连同证据物件移送中央监察委员会请求惩戒。

7. 监察怠工的救济

民国是把人民做主体，最高的监察权当然要归国民大会行使。但在宪政未成训政未了的时候，国民的一切政权都由中国国民党代表。那么，最高的监察权力又以暂属国民党中央监察委员会为最适当，这在前面已经说过。在本款所要说的，便是监察院还要受中央监察委员会的监察，不能任意怠工。

另一方面，公务员有应受弹劾的显著事实，或经过人民举发，监察院故意延玩不行弹劾，这便是监察院的不尽职了，在这个场合，立法院对他也有提出质问之权——这个曾经中央政治会议决定监察院承认。

8. 惩戒权移归监察的主张

在现制底下，官吏惩戒的权力，全属国民政府和他的管辖机关，监察院在弹劾时候，便有种种不便：

①公文往返多费周折；

②多予贪官污吏以活动的机会；

③弹劾官吏不能执行惩戒，有损他们的威信和精神。

所以监察院在训政时期约法公布以后，便想趁着国民政府组织法将要跟着约法修改的时候，把移归惩戒权提出会议，使坐而言的也可以起而行了。

（三）监察院的政绩

监察院是在"铲除贪官污吏使国家登于清明之域"。故其委员也要本刚强不屈的精神、正直无私的气度、廉洁可风的操守、明察秋毫的识力，为人民喉舌，实行监督行政与监督官吏。

溯自二十年二月二十三日成立监察院之日起，至四月十五日止，共只五十余天，据他们报告收到控告官吏事件便有四百余起，除三百余起因未有实据分发主管机关查报外，已经查实即拟提出惩戒的有八十余件，把这事实推论起来可以知道：

①人民对于监察院的信任与欢迎；

②监察委员受任之始工作甚为兴奋；

③政治未上轨道官吏的污劣太多。

但到现在情形便有些不同了，这并不是第三款的原因已经消灭，实是第一、第二方面的热度退衰了许多，他的原因我们且把监察事件发表在《中央周报》的具体列成一表，借悉梗概。

被劾姓名	职务	事由摘要	提出年月	提出监委	结果	备考
吴国义	四川綦县长	违法滥罚	二十年四月十五日	高友唐	撤职查办	
胡剑锋	灌云县长	违法吞罚	同	刘莪青	同	县民张志等呈诉
徐仲白	立法院秘书	贪赃枉法，侵吞国税	二十年五月		停职惩戒	
陈调元	皖省主席	加征盐米捐及土税并勒种烟苗发售牌照			国府电令克日查覆	
庄智焕	交通部电政司长	办理国际电信水线更订合同，丧权辱国	二十年六月	田炯锦、高一涵、刘莪青		工会提诉国府移交
曹伯权	浙江镇海县长	土劣聚敛，法官渎职，县长因循	二十年六月二十日	邵鸿基	停职惩戒	县民丁赛华呈诉

被劾姓名	职务	事由摘要	提出年月	提出监委	结果	备考
王云龙	安徽阜阳县长	废弛烟禁，破坏司法，擅杀多命，勒罚巨款，纵容反动		邵鸿基、高友唐、田炯锦	同	县民陈梦五呈诉
叶筬	福建南平县长	枉法贪赃，妨害自由		邵鸿基	移付惩戒	捎排工会呈诉
韦隽明	浙江仙居县长	违法擅杀，捏诬蒙报		郑螺生	停职惩戒	县民王杜氏呈诉
李慕青	湖南统税处长	废弛烟禁，提倡贩运吃食	二十年七月			
严尔艾	甘肃视察员	遮蔽马廷贤屠杀事情，反称军纪严明				
林子峰	宜昌关监督	擅收船捐，经财政部令撤不遵				关于裁厘事件，监察院曾遣专员调查是否实行、有无变相捐税
张凤乔	安徽来安县长	纵匪虐民并公然行贿本院调查员		高友唐等		
张学良	东北边防司令长官	失地辱国	二十一年一月初提，八月再提	罗介夫、田炯锦、邵鸿基等		因无惩戒，机关延搁
熊式辉	江西省主席	违法征收产销税，任意变更地方制度	二十一年八月一日	周利生	撤销产税，废除区长官	
水灾救济会皖北赈务处		营私舞弊延误赈务，变价短秤化粉各种	二十一年八月十六日	周利生、高一涵	彻底清查	
郑毓秀	上海地方审判厅长	贪婪不法，狼狈为奸	二十二年一月	高友唐		上海人民张志平等呈诉
杨肇焜	上海特区法院长	同上	同	同		此案与前条并案提出

续表

被劾姓名	职务	事由摘要	提出年月	提出监委	结果	备考
张学良	华北军事委员会分会委员长	统帅无方，失地丧师	二十二年三月七日	刘荄青、周利生、刘三等六委		案张氏前被劾为榆关事，此次为热河事，计提出者有刘荄青六委一起，高友唐三委一起
汤玉麟	热河主席	弃职潜逃	同	同		此案与前案并提，但另有邵鸿基单劾汤氏一起
魏道明	南京市长	筹办自来水受贿舞弊，伪造收据，违法渎职	二十二年三月十六日	邵鸿基		并案连及者有前历任厅长齐叙、王人麟、程远帆
赵启骈	江苏民政厅长	违法失职		刘三	由院移付惩戒	
顾祝同	江苏省主席	祖庇赵启骈违法乱纪，蔑视官常，以省府多人请免骈戒	二十二年九月	曾道		

据上表所列，里头被弹劾撤职的以县长为最多；一及疆吏大员，便多是没有结果了。虽然于院长曾说："官职虽有大小，而对于人民国家却各有各的责任。监察院弹劾违法失职官吏，官职大小意义是一样的。"但是我们要肃清吏治，于"大法小廉""惩一戒百"方面，也是不可不注意的。

十六　谏议大夫

总理在《民权主义六讲》里曾说："满清的御史，唐朝的谏议大夫，是很好的监察制度。"在《五权宪法》里也说："说到弹劾权，在中国君主时代，有专管弹劾的官。象唐的谏议大夫和清朝御史之类。"处处都把谏议和御史并提，所以在上面说完御史之后，又得把谏议的历史稍为说一说。

（一）谏议大夫的沿革

谏议原是秦官，那时单叫谏大夫，专备"匡正君主，谏净得失"之用。多至数十人，少或数人，都没一定。汉兴罢废，武帝元狩五年复置。一时充任是职的，有刘辅、王褒、贡禹、王吉、匡衡、何武、夏侯胜、严助诸人，颇称盛况。后汉增名谏议大夫，但在人选方面已不及前代了。这个韦彪疏里，曾经说过：

> 谏议之职，应用公直之士，通才謇正有补益于时者。今或从征试辈任之，不宜也。

因是谏净不甚得力，大夫一职也不必为人所重视了。晋魏六朝时候，便没有这个官员。但三国的蜀还是沿用汉制，曾以费诗、杜微、周群、尹默等充任谏议大夫。魏虽有谏议大夫的空名，但皆是加衔，没有实职。《魏志》"毛玠在职（中尉）数月，疾笃乞退，拜谏议大夫"是也。那时掌任侍从规谏的实职的，转是散骑常侍。北朝后魏仿古立制，复有谏议大夫。北齐定额为七人。北周改设"保氏下大夫谏天子"。入隋又名谏议大夫。炀帝以后，又没有了。唐武德初复，自是历宋辽金皆有是职。元朝不设，明初一设即废。

（二）唐宋谏议的成绩

1. 唐

唐初谏议，最为得人。如魏徵、王珪、褚遂良等都是以直谏见称的。高宗龙朔时候，改名正谏大夫。武后临朝，设立延恩、招谏、申冤、通元四匦，即令正谏大夫主匦。同时复设补阙、拾遗二官为副，日间听人投书受言，日暮汇呈御览。玄宗开元以后，仍名正谏为谏议大夫，定额四人。德宗建中以后，更以谏议大夫为知匦使。"言路大开，谏净有职"，这是唐政得力的地方。

而且当时谏议的职权，还有两个特点。便是宰相入内平章大计，谏官可以随入与闻（见太宗诏）。而谏官论陈政事，却不必先知宰相（见肃宗诏）。他的受人倚重有这样。

但在天授时候，因为武后用人太滥，致有车载斗量之谚。其实那些还是经过四方存抚使荐举，朝廷考试的。谚云：

补阙连车载，拾遗用斗量，把推侍御史，碗脱校书郎。

开元以后，补阙、拾遗渐入清选。另置内供奉一人，代替他的供奉琐务。

案武后所试举人，无分贤愚，高者授给舍，次授御史、补阙、拾遗、校书，故有是谚。把推言授官之泛如用把推转，碗脱言如碗脱模。

2. 宋

宋时有左右谏议大夫、左右司谏（即补阙更名）、左右正言（即拾遗更名）等官。左属门下，右属中书。尤其门下所属，是规谏讽诵的专官。大事廷奏，小事上书，这是一个通例。但因矫正五代杂滥之弊，须经别敕召用才是谏官，又名知院官。其由他官带衔兼领的，只叫知谏院——这是仁宗明道初年在门下省设的，即以左司谏为谏垣长官——但当时很有尸位备员的毛病。《通鉴》里说，"谏议无言责，司谏、正言非特诏供职亦不任谏诤"，为的便是这个。元丰改定官制以后，才极力振顿一番。南宋孝宗仿用唐制，仍复司谏、正言为补遗。

但宋时也有两个特点足够注意的：

①执政的亲戚不除谏官（元祐八年诏）；

②谏官不得用现任辅臣所荐的人（庆历初年诏）。

这个是一种值得仿效的良法。然亦可窥见当时的谏官，实已浸淫监劾之责了；不然为甚么要禁制呢？

（三）台谏的分合问题

故事御史台掌纠官邪，谏官掌规谏讽谕，原是各有分司不相侵犯的。而《宋史》规定谏官的责任，却说："凡朝政阙失，大臣百官任非其人，三省百司事有失当，皆得谏正。"谏臣要实行这个职务，当然不能不涉及弹劾范围了。而在政制上，台谏的禁制国初却定得很严，既不许他俩相见，又不许他俩往来。事不相谋，所以常有台谏论争冲突之事。南渡以后，台谏合住一府，"居同门出同幕"，禁制方面早已不生问题，事权的混乱更不消说了。孝宗淳熙时候，兵部林粟言："谏诤之官，居其位者往往分行御史之职，至于箴规阙失寂无闻焉。请依唐制专掌谏诤，不许纠弹。"接着左补阙薛叔序上疏纠弹王淮。孝宗也对他说："卿等官以补阙为名，专主规谏人主，不任纠弹。此奏乃类弹击，甚非设官命名之意。"自是以后，谏官的本来面目，才稍呈露出来。

十七 司隶校尉

中国古代掌任纠察的更有司隶校尉一官，不过他的管辖范围只在畿内而已。他的性质和现在的巡警有点相同。为他和御史的监察常有关系，所以也在这里带说几句。

（一）司隶的沿革

司隶二字始见于《周官》，至武帝政和四年才设，定名司隶校尉，掌捕巫蛊督奸猾等事，原是个持节武臣。元帝初年诸葛丰为校尉，始罢持节。哀帝绥和二年改名司隶，掌察太子以下行马内事。出行专道，坐朝专席，和御史夹行马而治。

后汉复名司隶校尉，统畿辅、河南等七郡。朝廷百官除三公以外，没有不受纠察的。官属有从事十二人、都官从事史一人，尤其都官最为厉害，百官犯法，全由他一人举劾。

魏的司隶和汉相同，他的纠劾权力也不下于中丞。明帝时候，杜恕疏里说"司隶校尉、御史大夫不能举纲维以督奸究"，可见他是和御史比并了。《魏志》又说：钟会为司隶虽在外司，时政损益，当世与夺，无不毕综。又说：徐邈为司隶校尉，百僚敬惮。这都是司隶纲纪百僚的注脚。

晋亦因汉没有变更，但"不纠三公"和"行马界限的打破"（详前）在历史上是很值记载的。东晋渡江以后，以扬州刺史代行司隶校尉职权，由是南朝便没有司隶了。

北朝后周有司隶下大夫，掌五隶盗贼囚执，这是模仿《周官》设的，和监察不大相关。隋炀帝置司隶台，以薛道衡为司隶大夫，分按东都和京师，权责颇重。后因裴蕴为御史，想专制京都，授意虞世基奏罢司隶。由是司隶校尉便成了历史的名词。

唐开元初置两京观察使，旋改采访处置使，后又改做观察处置使（详前），掌察所部善恶，其实也是司隶的职权。辽时有五京警巡使。金元有警巡院。明有巡视五城御史，掌察藩臣府县，大事奏裁，小事立断，尤与司隶的实质相同；但那古旧的官名，已没有人采用了。

（二）纠察事例

汉元帝时诸葛丰为司隶，纠察无所回避，因是京师有"闻何阔逢诸葛之谣"。哀帝时候，鲍宣为司隶，摧辱丞相孔光下狱，至有太学生千余人趋朝救援。他如王骏奏免匡衡，盖宽饶不避权贵，阳球杖磔王甫，李膺狱杀张朔：这都是司隶风格的一斑。晋时刘毅为司隶，奏免尚书刘实、太尉何曾，其余司令以下与犯案相连的，至于自行投绶去职。时人以为可以继武诸葛、宽饶。这个就在御史里头，也是不可多得的。

至于鲍宣、鲍永、鲍昱世为司隶，皆能肃隶风霜，使贵游敛手以避。京师谚云："鲍氏骢，三入司隶再入公，马虽疲，行步工。"那更是一篇佳话了。

十八　封驳诏书

以上所说都是事后的监察。中国古代还有一种事前预防的方法：凡臣下条奏君主诏敕有不妥当的，都可以由门下省驳斥或封还，这个便叫"封驳"。详说起来有：

（一）唐的涂归

封驳之制，始于唐时。那时分立尚书、中书、门下三省。即以三省长官充任宰相。尚书叫"令"，叫"仆射"；中书叫"令"，叫"侍郎"；门下叫"侍中"，叫"侍郎"，叫"给事中"。照例"中书取旨（亦名中书造命），门下覆奏，尚书施行"。三省之官，"相互匡正，归于无失"，这是唐制的长处。

他的令文是：

门下侍中掌审署奏钞，驳正违失；

侍郎掌署奏钞，驳正违失；

给事中掌读署奏钞，驳正违失。

三职虽稍微不同，但他们专主封驳总是一样。《通典》说：

> 百司奏钞，侍中既审则驳正违失，诏敕则涂窜而奏还之。

这便是所谓"涂归"了。而这涂归之职，实际上全归在给事中手里。只看德宗贞元中，给事中袁高不肯草制复制卢杞，封还词头，揭杞罪状。

文宗开成初，给事中卢载封还以郭承嘏出任刺史诏书，谓其在省封驳称职，便可知道了。而且这样的事例，史里还多。

（二）宋给舍的封驳特权

宋制门下省置给事中四人，"掌读中外出纳，……若政令有失当，除授非其人，则论奏而驳正之；凡章奏录目以进，考其稽违而纠治之"，一封一驳，和唐完全相同。不过唐给事中专主涂归，只是事实的推演；宋给事中专主封驳，却有法令的明文了。但这里面也有个原因：原来宋时元丰事例，以三省秩高费大，废掉长官不设，只设尚书左右仆射。又以右仆射兼中书侍郎，代行中书令职务；左仆射兼门下侍郎，代行侍中职务。实际上三省已经混合，中书取旨事件，事前未经知道的，也只剩下给事中数人。

考《宋史》所载：太宗淳化四年，诏给事"制敕不便准照故事封驳"，可见封驳之例，至少在太宗时候已有些时不能实行了。淳化年间，诏停给事中以封驳司归入银台（宋银台司掌受天下奏状），那便是根本推翻这个制度。神宗元丰官制行后，给事中虽照唐旧，仍司"读署"之权，但那时中书急速文字，往往不送门下便付施行，因是给事中封驳之权，有时也成为例外。

南宋以后，三省大小事件，都是中书"书黄"（元丰五年诏给事中许书画黄，不书草，著为令），宰执"画押"，当制舍人"书行"，门下给事中"书读"。倘是舍人和给事中，发现有不便所在，便可以封还稿件——黄麻——具奏，这叫做"封黄"。但这都是就中书取旨事件说的。倘由枢密院取旨件，那便可以"书黄"径送门下，不送中书，叫做"密白"。

"密白"事件的封还，自然非舍人所管得到了。南宋以后，宰执多兼枢密。孝宗三年便除"密白"之例，凡有诏旨，令枢密院并关两省，由是才复三省并峙的旧规。

（三）辽金元明摄述

辽置门下省给事中。金给事中为内侍寄禄之官，另置审官院掌奏驳除受失当。元时不设省院，给事中只掌纪录如古左右史之职，不主封驳。明设六科给事中，专掌侍从稽察六部百司之事。凡制敕宣行有失，封还执奏；章疏违误参署付部驳正，这正是唐宋封驳的旧制。清时科道虽然合并，但还享有封驳特权。

中国监察史略终

（中华书局 1937 年 5 月初版。此书版本后有上海三联书店 2014 年版，中国书籍出版社 2016 年版，中国书籍出版社 2020 年版）

中国古代监察制度鉴略

赵贵龙[*]

摘　要：本文对中国古代监察制度从先秦到明清的发展脉络作了系统梳理，认为中国古代监察制度萌芽于王权政治的沃土，经历了监察制度的形成与发展时期——秦、汉；监察制度的停滞与互异时期——三国、两晋、南北朝；监察制度的转捩与鼎盛时期——隋、唐；监察制度的没落、复兴与融合时代——五代、宋、辽、夏、金、元；都察院的监察时代——明、清。同时还梳理了给谏制度的沿革，对中国古代监察制度作了小结。法律出版社评价原书对中国历代监察制度进行了简明扼要的勾勒和评析，实为一部简明的"中国监察制度史"。

关键词：监察制度　给谏制度　中国政制　古代史

"监察制度与考试制度同为我国固有之政治制度，论其源流，则监察制度较考试制度尤为古远。"[①] 对于几千年人类文明的结晶，我们必须抱定古为今用的思想，去其糟粕，取其精华；而对于专制政体与民主政体两种绝然不同的社会背景下的产物，我们又必须分清其本质的区别，突破根深蒂固的旧模式，构筑起全新的民主监察体制。无论是从反对历史虚无主义还是反对历史崇拜主义的角度出发，都有必要对我国古代的监察制度作一认真探究，以为前车之鉴。

---

[*]　赵贵龙，全国审判业务专家，法学博士，兼职教授，山东省济宁市中级人民法院党组成员、副院长。
[①]　陈世材：《两汉监察制度研究》，商务印书馆，1944，第1页。

一　监察制度萌芽于王权政治的沃土

传说中的"三皇五帝"时代，中国正处于父系氏族公社代替母系氏族公社、原始氏族社会向奴隶制社会过渡的历史时期。这一时期，社会形态逐渐从血缘关系的氏族联合走向按地域相结合的部落联盟，出现了以黄帝、尧、舜、禹为代表的部落集团首领。由于战争和治水成为当时关系社会存亡的重大事件，因而部落联盟的首领同时也是军事首长。军事首长—议事会—人民大会，构成了原始的管理机构和监督制度。这与古希腊荷马时代（公元前11至前9世纪）的军事民主制是极其相似的。

当时已出现了原始的民主监督制度。其中，权力机关——议事会和人民大会对首领的监督是最主要的，这与荷马时代无甚区别。但当时的华夏民主监督制度至少在两个方面具有了自己的特色。其一，当时的"圣贤"十分注意对自身的舆论监督，设立"明台""衢室"等采纳民意的场所，所谓"黄帝立明台之议者，上观于贤也；尧有衢室之问者，下听于人也；舜有告善之旌，而主不蔽也；禹立谏鼓于朝，而备讯唉；汤有总街之庭，以观人诽也；武王有灵台之复，而贤者进也"①。其二，言官和监官的雏形开始出现。黄帝时，"置左右大监，监于万国"②。这里的左右大监，即具有监察官的性质，负责监督部落所属各氏族的社会活动。舜帝时，曾任命叫"龙"的下属作纳言官。这说明，在当时随着王权萌芽的出现，监察职能的胚胎开始孕育。

然而，当时标榜的是贤人政治，强调政教合一，政治上的威权者同时亦为伦理道德上的导师，官师一体的政治决定了圣贤言辞与举止的权威性，对官吏的行为基本上无监察可言。同时，当时的部落首领还没有成为真正的"王"，不存在专制的权力欲与君王独尊的意念，因而还不可能出现中国古典意义上的官吏监察制度。

上古部落联盟的民主议事制度及首领"选贤与能"的禅让制度，于尧舜之后，至禹而发生了质的变化。禹之前是没有私有财产的"大同"社会，

---

① 《管子·桓公问》，《诸子集成》卷五。
② 《史记·五帝本纪》。

禹之后就逐渐变得"天下为家，各亲其亲，各子其子，货力为己"①了。尽管禹年老时也按照舜的办法，举皋陶为继承人；皋陶早亡后又"以天下授益"；然而随着生产力的发展和私有制的出现，当时的社会已形成了大量拥护世袭制的父系大家庭，世袭制取代禅让制已成为历史的必然趋势。禹死后，禹的儿子启被举荐为王，"诸侯皆去益而朝启"②。后来，"益干启位，启杀之"③。自启子太康失国于后羿至"少康中兴"，世袭制终于战胜了禅让制而得以巩固。夏朝的建立，标志着中国王权政治的开始；而延续了数千年的官吏制度，亦于此发轫了。

夏王启根据当时政务与战争的需要，曾作出"用命赏于祖，弗用命戮于社，予则孥戮汝"④的规定。这种赏罚思想的提出，反映了当时统治者建立官吏监察制度的萌芽观念开始出现。事实上，夏朝职掌宣令事宜的政务官遒人，已具有谏官身份："每岁孟春，遒人以木铎徇于路。官师相规，工执艺事以谏。"⑤另外，夏朝还设有宗教头领"秩宗"，掌握祀戎大典和稼穑天时方面的监察大权，至商则由卜、巫、史、作册等官行使该项权力，一如周朝的"六太"（太宰、太史、太宗、太祝、太卜、太士），这些都是僧侣贵族，反映了当时神权政治的特点。商朝的"小臣"，为商王侍从官，也执掌着一定的监察大权。但对上述官吏来说，监察远不是他们的主要职责。商朝末期，奴隶制度开始瓦解，周由小邦而实力日增，至武王伐纣灭商，建立了周王朝。为按惯例保存商朝祭祀，武王封商纣王之子武庚为诸侯。同时，为防范武庚复仇，将商的领地一分为三，指派武王的兄弟管叔、蔡叔、霍叔各据其一，以监督武庚的活动。《孟子·公孙丑》载"周公使管叔监殷"，当指此事。这就开创了派遣监察官吏的先河。

周朝的监察官员中，掌谏诤的有保氏，"保氏掌谏王恶"⑥；掌纠禁的有小宰，"小宰之职，掌建邦之宫刑，以治王宫之政令，凡宫之纠禁"⑦。

① 《礼记·礼运》。
② 《史记·夏本纪》。
③ 《古本竹书纪年辑证·夏纪》。
④ 《尚书·甘誓》。
⑤ 《尚书·夏书》。
⑥ 《周礼·保氏》。
⑦ 《周礼·天官·小宰》。

此外，御史之名开始出现，《周礼·春官》载：

> 御史中士八人，下士十有六人，其史百有二十人，府四人，胥四人，徒四十人，掌邦国都鄙及万民之治令，以赞冢宰，凡治者受法令焉，掌赞书，凡数从政者。

另外，唐杜佑《通典》载：

> 御史之名，周官有之，盖掌赞书而授法令，非今任也。战国时亦有御史，秦赵渑池之会各命书其事。又，淳于髡谓齐王曰："御史在前。"则皆记事之职也。①

从这里看，御史似乎与监察尚不沾边，但此时的御史实际上已兼掌监察的职能了。清人《历代职官表》云："周官御史次于内史外史之后，盖本史官之属，故杜佑以为非今御史之任。然考其所掌，如赞冢宰以出治令，则凡政令之偏私阙失，皆得而补察之，故外内百官，悉当受成法于御史，实后世司宪之职所由出。"②

周朝的地方监察官吏称为"方伯"，即所谓"千里之外设方伯"③。吕思勉先生解释说："受命于王，以监察一方者，谓之伯。"④ 此外还有"三监"之制。如前所述，武王灭商后派管叔、蔡叔、霍叔监殷，史称"三监"。此后形成一种制度，派大夫辅政监督诸侯，如《礼记》所云："天子使其大夫为三监，监于方伯之国。国三人。"⑤ 这应该是秦汉监察御史和部刺史制度的渊源。

西周虽有了派遣监察官吏的制度。但独立的监察机关的出现和正式的监察官职的设置，应在春秋、战国时代。当时，世袭王位的贵族多系无能之辈，他们无法应付诸侯国称霸、争雄的局面，加之政务活动的日益复杂

---

① 《通典·职官六》。
② 《历代职官表》（永瑢、纪昀等修纂）卷十八。
③ 《礼记·王制》。
④ 吕思勉：《先秦史》，上海古籍出版社，1982，第378页。
⑤ 《礼记·王制》。

化，王廷不得不选用侍臣而委以政务、军事重任，于是"相""尉"逐渐由一般侍从官员演变为相国及军队统领；而掌管王廷文书之事的小臣——御史，由于其谙熟四方政情且深得王廷信任，便被赋予充当耳目之任，成为兼职的监察官员了。战国时各国从中央到地方均设有独立的监察机构。齐国政府于相下置"五官制度"，设大田、大行、大谏、大司马、大理，其中大谏、大行两官皆职掌监察大权。韩、赵、魏等国设有御史、郎官，楚国设有箴尹、司箴谏，齐、赵、秦设有内史，赵国设有左右司过，皆为监察、谏议之官。此外，各国还建立了地方监察制度。这些，乃是中国御史制度的起源。至秦始皇统一中国、建立起第一个中央集权的大一统国家时，御史便专掌纠察之任，中国监察制度便正式建立起来了。

可见，中国监察制度的发达是与专制政体的需要相适应的。从夏启到秦始皇，随着王权政治向皇权政治的一步步转化，贵族政体逐渐为专制官僚政体所取代，监察制度也由萌芽状态而脱颖成长，这是中国专制政体的客观要求。其原始的目的无非是便于君主自上而下地监督内外百官，以保王位永固。这就决定了监察权的行使总以人主个人的爱憎好恶为转移，几千年来皆难脱此窠臼。

拿分权政制的发源地——古希腊城邦与此作一比较，可能给我们一定启示。继荷马时代之后，公元前8至前6世纪，希腊人先后建立起许多奴隶制城邦。希腊城邦（Greek City-state），与我国春秋战国时代及以前存在的一个个小国有着本质区别，对于它们来说，根本不存在凌驾于诸侯国之上的"周王室"，各城邦在政治上是完全独立的。它们国土小，人口寡，如一个小小的希腊半岛已包含一百几十个国家，所谓一国仅为一个城市而已。它们的领袖，完全有条件通过市民直接选举产生。而城邦内部的政制，除斯巴达建立过较为典型的监察官制度外，基本上是采取公民大会和议事会（或长老会议）兼行监督权的政体。即使到了罗马帝国时代，其中央核心还是希腊城邦型的。亚里士多德在归纳城邦政治的基础上，提出了他的分权学说，认为一切政体都要有三个要素——议事机能、行政机能和审判机能。这便是后世分权理论的思想渊源。由此可见，上古时代的中国与希腊，其不同形态的社会结构孕育了不同的政治体制，一个走向了君主专制的集权政体，一个走向了西方国家的分权政体。发达的监察制度则是中国集权政治的伴生物，它既是维系君主专制政体的纽带，又是调节与制衡这一集权政治的必不可少的工具，因而被人们称为中国政权机构领域内的"万里长城"。可见，研究中国的监察制度，对于研究中国政治制度具有极为重要的意义。

二　监察制度的形成与发展时期——秦、汉

公元前 221 年，自商鞅变法后经历了三十年的发展及十年兼并战争的秦，终于吞并六国，统一天下。秦王嬴政认为自己德超"三皇"，功盖"五帝"，遂自称"始皇帝"。从此，中国进入了中央集权的皇帝专制时期。

在确立至高无上的皇权的同时，秦始皇加强了中央和地方各级政府机构与职官的建置，以作为维护皇权政治的工具。监察机关与监察制度的创建，可算是其最突出的贡献之一。秦朝构筑的封建专制主义国家机器蓝图，由汉朝统治者沿袭下来，并逐步加以完善，成为两千多年封建社会历代统治者制定国家制度的模式。

秦汉专制主义中央集权政体下的监察制度，与它的萌芽时期相比，已带有明显的专制与独裁的特征。先秦时代盛行一时的舆论监督制度荡然无存，秦朝还制定了"诽谤者族，偶语者弃市"[1] 的律条；统治阶级内部的言谏监督也遭到践踏和蔑视。这使禁止舆论监督的苛政延续了两千多年，而秦汉的言谏制度也始终没有得到应有的发育。不过，秦汉的御史纠弹制度却得到了长足发展，形成了封建御史制度的基本框架，使御史机关成为两千年来制约相权、维护皇权的有力工具。地方监察机构已经形成，并且制定了中国历史上最早的监察法规，为中国监察制度的制度化与法律化奠定了基础。

（一）　秦朝监察制度概况

提到监察制度，人们首先想到的是秦朝与丞相、太尉并列"三公"的御史大夫。御史原是秦的旧官，始皇刚统一天下时，曾令丞相王绾、御史冯劫议定帝号。这时的御史还不是专司纠察的官员，但亦应拥有相当的司法、纠察之任了。《通典》注引《秦事》说："始皇灭楚，以其君冠赐御

---

① 《史记·秦始皇本纪》。

史。亦名獬豸冠。獬豸，兽名，一角，以触不直也，故执法者冠之。"① 可见，秦朝统一前，御史就已兼掌执宪肃政之职了。秦统一后，"置御史大夫，以贰于相"②，将其位列三公，作为侍御史之率，其主要职掌是"典正法度"，成为全国最高监察长官。御史大夫秩位甚高，位上卿，掌副丞相，因为是侍御史之率，故称大夫。他可以纠察百官，也可以监督丞相并弹劾之。御史大夫之下，设有御史中丞（《晋书·百官志》载："御史中丞本秦官也。"），居殿中察举非法。侍御史或称柱下史，则是大夫属下的中央监察员吏。《通典·职官六》载：

> 侍御史于周为柱下史，老聃尝为之。秦时张苍为御史，主柱下方书，亦其任也。又云：苍为柱下御史，明习天下图书计籍。一名柱后史，谓以铁为柱，言其审固不挠也。亦为侍御史。

可见，御史大夫—御史中丞—若干侍御史，构成了秦朝的中央监察机关。

秦朝在禁止舆论监督的同时，设置了言谏官吏，并建立了议事制度。秦的言官有谏大夫、给事中。谏大夫专司谏诤君主得失，东汉以后称"谏议大夫"，"秦置谏议大夫，掌论议，无常员，多至数十人，属郎中令"③。给事中的职责，则是"掌顾问应付"，"日上朝谒，平尚书奏事，分为左右曹。以有事殿中，故曰给事中"④。不过，给事中在秦朝时只为加官，由大夫、博士、议郎等兼领，无定员。

秦统一六国后，罢侯置守，将郡县制推行全国，"分天下以为三十六郡，郡置守、尉、监"⑤。也就是说，与中央三公相对应，各郡分设郡守、郡尉与监郡御史。监郡御史即"监御史"，又称监察史、监察御史，为地方监察官员。《汉书·百官公卿表》载："监御史，秦官，掌监郡。"《通典》亦载："初，秦以御史监理诸郡，谓之监御史。"这种地方监察制度的

---

① 《通典·职官六》。
② 《通典·职官一》。
③ 《通典·职官三》。
④ 《通典·职官三》。
⑤ 《史记·秦始皇本纪》。

建立，具有划时代的历史意义。秦朝初统天下，疆域广阔，中央对郡县的控制不无鞭长莫及之患，而监御史的纠察与制约则保证着"法令由一统"的实现，对维护大一统的局面起到了重要作用。汉代的部刺史、明代的巡按、清代的督抚，皆由此而源起。

不过，秦朝的御史还远未成为独立于行政之外的政治实体。作为监察长官的御史大夫，同时又是副丞相，受到丞相的节制；自己有无独立的办事机构，也很难说。汉承秦制，仍以御史大夫"为三公，职副丞相，丞相阙则大夫迁"①。《汉书·薛宣传》亦谓御史大夫"内承本朝之风化，外佐丞相统理天下"，可见，御史大夫同时亦为行政长官。这种早期的监察组织形式，不仅使监察职能受到局限和制约，而且容易造成御史大夫与丞相之间的摩擦。《史记》里所说"御史大夫冀幸丞相物故，或乃阴相毁害"，充分说明了史、丞之间互相倾轧的局面。西汉末年到东汉初年，随着"大夫制"向"中丞制"的转化，相对独立的监察机构始得以建立，监察与行政的职能分工才日臻完善。

（二）汉代中央监察制度的发展

历史学家钱穆先生指出：严格说来，要到秦汉中国历史上才正式有统一政府。秦代只是汉代之开始，汉代大体是秦代之延续。

汉代几百年的历史，是中国监察制度继秦之后逐步走向成熟的时期。

汉初，御史大夫的职掌完全因袭秦制，但御史已有了自己的办事机构，即《通典》上说的御史"所居之署，汉谓之御史府，亦谓之御史大夫寺，亦谓之宪台"。不过，至东汉谓之御史台或称兰台寺，以中丞为台率之后，才真正使其拥有独立监察的权威。这有一个演变的过程。西汉末期成帝绥和元年（公元前 8 年），御史大夫何武建言："今丞相独兼三公之事，所以大化久未洽也。宜建三公官，定卿大夫之任，分职授政，以考功效。"② 于是，银印青绶的御史大夫，更名为大司空，金印紫绶，禄比丞相，并置长史以辅之。哀帝建平二年（公元前 5 年），朱博奏请罢大司空，以御史大夫为百僚师，帝从之。元寿二年（公元前 1 年），又改为大司空。

---

① 李华：《御史大夫厅壁记》。
② 《通典·职官三》。

东汉初亦废御史大夫，置大司空；建武二十七年（公元51年）去"大"为"司空公"。至献帝建安十三年（公元208年），虽又置三公官，复置御史大夫，但这时的御史大夫已不领中丞，亦不领侍御史。故《历代职官表》指出，自东汉以后，"以中丞为（御史）台率，始专纠察之任。其后历代或复置大夫，或但设中丞，规制各殊，要皆中丞之互名"①。

御史中丞的监察职能，随着大夫身份的转迁而日见重要。中丞本为宫掖近臣，常居殿中主持法纪。《通典·职官六》云：

> 初汉，御史大夫有两丞，一曰御史丞，一曰中丞。亦谓中丞为御史中执法。中丞在殿中兰台，掌图籍秘书，外督部刺史，内领侍御史十五员，受公卿奏事，举劾案章，盖居殿中察举非法也。及御史大夫转为大司空，而中丞出外为御史台率。

也就是说，到成帝绥和元年，御史大夫更名为大司空后，中丞官职如故，只是不再"居殿中"，而出外为御史台率。哀帝元寿二年，御史大夫复改为大司空时，御史中丞更名为御史长史。光武中兴，并官省职，废御史长史，复设御史中丞，"执宪中司，朝会独坐，内掌兰台，督诸州刺史，纠察百僚"②；时因御史大夫已废，中丞成为最高监察官。东汉时的御史台虽在名义上隶属于九卿之一的少府，但实际上独立执掌监察职能，它与尚书台、谒者台并称为"三台"，御史中丞作为台率"与尚书令、司隶校尉朝会皆专席而坐，京师号为'三独坐'，言其尊也"③。而这时的御史大夫，成为时设时废的临时性职位，也就谈不上监察的问题了。御史台的建立和中丞制的实行，是我国古代监察制度走向成熟的标志。

西汉御史员额，共四十五人。《汉旧仪》载："汉御史员四十五人，其十五人给事殿中，为侍御史；其余三十人，则留居御史大夫寺，理百官事。"④ 其中的侍御史十五人，是给事殿中归中丞直领的，所以也叫"殿中御史"。汉时"侍御史所掌凡有五曹：一曰令曹（掌律令）；二曰印曹

---

① 《历代职官表》卷十八。
② 《后汉书·百官志》。
③ 《通典·职官六》。
④ 《汉书·萧望之传》注引《汉旧仪》。

（掌刻印）；三曰供曹（掌斋祀）；四曰尉马曹（掌厩马）；五曰乘曹（掌车驾）"①。其余三十员，则常因其职掌各有所称，如符玺御史、监军御史、治书侍御史、督运漕侍御史、绣衣直指御史等。其中的治书侍御史又称持书御史、治书御史，设于宣帝元凤年间。当时，皇帝欲了结各种疑案，决定每年秋后，划定时间，斋居宣室，决断大狱，并择明律之侍御史二人持书在旁相助，持书御史便由此得名；东汉时成为定员。至于绣衣直指御史，是一种身着锦服、临时执行指定事项的专门御史，位极尊荣，指事而行，为武帝所置，其任务是"出讨奸滑，治大狱"；光武时废，顺帝复设。另外，在张忠做御史大夫后，有了"主簿"的设置。东汉时，大举裁员，保留侍御史十五人，治书侍御史二人变为常设；另增置兰台令史一官，与侍御史并级，同隶御史中丞。

除上述专门监察官员外，汉朝还有几种不属于御史台系统的监察官吏，即谏大夫、丞相司直、司隶校尉等。谏大夫始置于秦，汉武帝元狩五年（公元前118年）复设，东汉增名为谏议大夫，专司匡正君主，谏诤得失。两汉并属光禄勋。丞相司直，亦简称司直，置于武帝元狩五年，掌左丞相，举朝廷内不法之人，为丞相之属官，位在司隶校尉上。司隶校尉初置于武帝征和四年（公元前89年），掌拥巫蛊，督犬奸猾，原为持节武臣，后罢其兵，察三辅（京兆尹、左冯翊、右扶风）、三河（河内、河南、河东）及弘农七郡。成帝省，哀帝复置，但去"校尉"之称，只名"司隶"。东汉复称司隶校尉，亦察京畿七郡，其职除三公外，无所不纠。汉时亦有"给事中"一职，但属加官。

（三）汉代地方监察制度的变迁

汉代地方监察体制，在秦制的基础上有了进一步的发展。

汉代地方监察官经历了监御史、部刺史至州牧的变迁。秦以御史监郡，谓之监察史。汉高祖代秦，未遑设置。惠帝时，遣御史监察京兆、冯翊、扶风三辅郡，自此以后正式设置监御史。至武帝元封元年（公元前110年），省监御史；元封五年，另置部刺史，奉诏察州。《通典》上说：

---

① 《通典·职官六》。

秦置监察御史，汉兴省之。至惠帝三年，又遣御史监三辅郡，察
词讼，所察之事凡九条，监者二岁更之，常以十月奏事，十二月还
监。其后诸州复置监察御史。文帝十三年，以御史不奉法，下失其
职，乃遣丞相史出刺，并督监察御史。武帝元封元年，御史止，不复
监。至五年，乃置部刺史，掌奉诏六条察州。①

这说明汉代地方监察制度经历了一个曲折的发展过程。第一阶段，于
惠帝三年（公元前 192 年）复置汉初一度废省的监御史以监三辅郡，此后
诸郡普遍恢复了监御史制度。此时的监御史已有任期（二岁更之），并且
还规定了奏事与还监时间。《通典》记载监御史于十月奏事、十二月还监，
《汉旧仪补遗》则称其常以中月（十一月）奏事，《唐六典》又作十一月
奏事、三月还监。不过对其任期"监者二岁更之"的记载却是一致的。关
于监御史所察九条的内容，据《唐六典》云："惠帝三年，相国奏遣御史
监三辅不法事，有辞讼者、盗贼者、铸伪钱者、狱不直者、繇赋不平者、
吏不廉者、吏苛刻者、逾侈及弩力十石以上者、非所当服者，凡九条。"②
第二阶段，文帝前元十三年（公元前 167 年），为制约监御史的违法失职
现象，乃遣丞相史出刺，并督监察御史，这是监御史与丞相史并存的时
期。不过，从文帝前元十三年至元封元年五十多年间，地方监察制度依旧
是以御史监郡为主，丞相史虽有若干人出刺，但不常置、无常官，它只是
御史监郡制度的辅助措施。第三阶段，武帝元封元年，取消监御史，此后
的五年间，是新的地方监察制度产生的过渡时期。作为这一过渡时期的临
时性和非制度化的地方监察形态的，是原御史监郡的补充形式——丞相史
出刺。不过这种丞相史出刺的制度已越来越不适应豪强兼并、长吏乱法的
社会形势的要求，必须有一种新的地方监察制度代替它。于是，武帝元封
五年，"初置刺史部十三州"③，除京师附近七郡由司隶校尉监察外，把全
国划分为十三个监察区，称为十三部，每部置一刺史，以六条察问郡国
事，丞相史出刺遂正式演化为新的地方监察制度——十三刺史部。这是第

---

① 《通典·职官十四》。
② 《唐六典·御史台·侍御史》。
③ 《汉书·武帝纪》。

四阶段。

刺史部的监察官员称部刺史，或简称刺史。黄泰《交州记》云："刺者，言其刺举不法；史者，使也，言其为天子所使也。"① 部刺史的职责是"掌奉诏六条察州"。这里的"六条"，是指武帝时制定的限定六类监察对象的六条规章，内容如下：

　　一条，强宗豪右田宅逾制，以强凌弱，以众暴寡。
　　二条，二千石不奉诏书遵承典制，倍［背］公向私，旁诏守利，侵渔百姓，聚敛为奸。
　　三条，二千石不恤疑狱，风厉杀人，怒则任刑，喜则淫赏，烦扰刻暴，剥截［戮］黎元，为百姓所疾，山崩石裂，妖祥讹言。
　　四条，二千石选署不平，苟阿所爱，蔽贤宠顽。
　　五条，二千石子弟恃怙荣势，请托所监。
　　六条，二千石违公下比，阿附豪强，通行货赂，割损正令。②

六条之中，一条以察民，五条以察吏，但察吏不得参与治民之事，亦不得代二千石置吏。六条之外，虽有重大事件亦不能察。

部刺史制向州牧制的转化，是汉代地方监察体制变迁的第五阶段。汉代刺史秩禄为六百石，所察郡国守相为二千石，这是一种小官监察大官的制度。成帝绥和元年，丞相翟方进、御史大夫何武认为，用爵秩六百石的刺史，监临二千石的州郡，以卑临尊，轻重不相准，失位次之序，于是奏罢刺史，改置州牧，进秩二千石，并增设属下十数人。起初，州牧与刺史相似，可以随时移调；后来州制确定，牧守成为地方常任长官，一州之事可全权处理，察吏反不及牧民的职务重要了。哀帝建平二年，朱博奏请罢州牧而复置刺史；但四年后（元寿二年）又改刺史为州牧。王莽篡位，仿用周制，改称御史为执法，州牧、刺史皆废除。光武中兴，又复旧制。建武初期采用州牧制度，建武十八年（公元 42 年）罢州牧，复设刺史十二人，各领一州，而京畿一州由司隶校尉兼理。刺史之下，设从事、史、

───────────

① 《历代职官表》卷五十二。
② 《汉书·百官公卿表》刺史条，颜师古注引《汉官典职仪》。

假、佐等官分理庶务。这时的地方监察制度与西汉旧制相比，已有不小的变化：其一，西汉时州牧举奏二千石要经三公复查，东汉刺史可直接举奏之；其二，刺史巡郡旧例是每年八月出发次年春初回奏，东汉时只令刺史汇同州郡每年上计时一起奏报。这对后世州牧的专镇一方不无影响。

东汉灵帝时爆发了黄巾起义，局面一发难收。宗室刘焉认为这是刺史权轻不掌兵权的后果。于是，灵帝中平五年（公元 188 年）复有改置州牧之举。《后汉书·刘焉传》载："时灵帝政化衰缺，四方兵寇，焉以为刺史威轻，既不能禁，且用非其人，辄增暴乱，乃建议改置牧伯，镇安方夏，清选重臣，以居其任。焉乃阴求为交阯，以避时难。议未即行，会益州刺史郗俭在政烦扰，谣言远闻，而并州刺史张懿、凉州刺史耿鄙并为寇贼所害，故焉议得用。出焉为监军使者，领益州牧，太仆黄琬为豫州牧，宗正刘虞为幽州牧，皆以本秩居职。州任之重，自此而始。"此后，刺史、州牧并存，皆握有兵财大权，权力日重，最后形成了诸侯割据的局面。秦汉以来的地方，郡县二级制也逐渐演变为州郡县三级制，因为原来的地方监察官已经变成了郡以上的军政长官，成为独霸一方的割据势力了。

（四）汉代监察官的职掌与待遇

两汉监察官员的职掌甚为繁杂，既有一般监察官的普通职掌，又有某种监察官的特殊职掌；既有经常性职掌，又有临时性职掌。佐辅丞相统理天下是御史大夫的职务，丞相阙则大夫迁，甚至在张汤为大夫时，每朝奏事，天子忘食，丞相充位而已。丞相司直亦为佐辅丞相之官，不过其地位远不及大夫尊贵。察举非法、举劾违失应是两汉监察官的普通职掌，亦为其最重要的权力。不过，汉时大夫、中丞、侍御史等皆有受公卿奏事举劾违失之权，其余监察官如绣衣御史、丞相司直、司隶校尉、部刺史、中丞从事等，则仅有举劾违失之权。典正法度、掌制律令也是汉代监察官的重要职掌，这是由御史在周为司宪之官延续而来的。治理大狱、鞫谳疑案，说明汉代监察官握有司法职权，不过御史机关受理的争讼案件一般应与官吏违失有涉，并对通词状者略其姓名，托言风闻访知。考课百官、荐举人才，在汉也是御史机关的重要职责，当时还在御史机关建立了考绩档案，即所谓"考绩功课，简化两府"。皇帝招募人才也常遣御史察举，如汉元帝初元二年（公元前 47 年）下诏："丞相、御史、中二千石，举茂材异等，直言极谏之士。"① 监察州郡乃监御史及部刺史特有之职掌，当然也有其他监察官或非监察官出刺州郡的。除此之外，汉代监察官的职掌还有：讨捕盗贼，督兵征战，纠察朝仪，掌监祭祀，掌管图籍秘书及印工文书，等等。至于刺官属官的职掌则更为杂乱。

汉代监察官的仕进途径主要有察举、晋升、任子、保荐、辟除、征召等几种。察举在汉有诸多种类：一为贤良方正，二为孝廉，三为明经，四为明法，五为治剧，六为茂才异等，等等。御史为司宪之官，故其察举多以明法为标准。晋升也是汉代监察官的重要仕进途径，大凡两汉普通文官中奉公守法、劳绩卓著者，都有晋升为监察官的可能。《历代职官表》云："前汉御史，多以刀笔吏积劳得之。后汉如公府掾属选补，盖即如今（清）由部属保举之例。"② 例如西汉的御史大夫，由九卿、列卿、宫官、三辅官出身者，居其大半。任子，即指父兄为二千石以上之官，任满三年后，可保任子弟一人为官，此制始于汉而备于唐。汉代御史大夫、司隶校尉、司空等官中继承其父兄之位者颇多。汉代的茂材异等之士，如经保荐，也可做监察官。辟除与征召，也是汉时入仕的重要途径。以乡举里选，循序而进者，称之察举；以高才重名，蹴等而升者，谓之辟召。当时的人们犹以辟召为荣。辟除是指高级官员聘用属员，有公府辟除与州郡辟除之分，一般来说，侍御史等中央监察官属公府辟除，刺史及司隶校尉的属官由州郡长官辟除，为州郡辟除。征召则是指皇帝直接礼聘人才。此外，汉代有所谓"行守"之制，行即代理，守即试署，汉之监察官的行守之例也不少见。

汉代监察官的秩禄颇优厚。秩禄也称秩俸，秩指官级，禄俸指由级别而定的薪俸。两汉的秩禄属同一系统，禄俸数量是统一折合成粮食计算的，同时又以发粮多少为官秩称谓。汉时三公号称万石（三百五十斛），御史大夫的秩禄想必不低。司隶校尉、诸侯御史大夫、州牧皆为二千石（一百二十斛）。丞相司直为比二千石（百斛）。御史中丞为千石（西汉九十斛，东汉八十斛）。侍御史、治书侍御史、兰台令史、州刺史皆为六百石（七十斛）。一般属员也有百石（十六斛）。

---

① 《西汉会要·选举上》。
② 《历代职官表》卷十八。

另外，两汉御史还有一套严格的升迁奖惩制度。

（五）汉代监察制度得失检讨

秦汉是中国历史上正式有统一政府的开端。汉初皇室与政府是分开的，其职权划分应该说是明确的：皇帝是国家元首，丞相是政府领袖，皇权、相权互不混淆。就中央政府而言，当时有三公（丞相、太尉、御史大夫）、九卿，三公之丞相管行政，太尉管军事，御史大夫掌监察，实为副丞相。御史大夫之下，设有御史中丞，长驻皇宫掌管皇室事务。这样，皇室通过"御史中丞—御史大夫—丞相"的链条，保持着内廷与外朝的联系。从另一角度讲，汉初的丞相通过"御史大夫（副丞相）—御史中丞"这一桥梁监管着皇室事务，监察机制同样也是适用于皇室的。

但当时的重大制度往往缺乏成文法的规定，每遇强势皇帝，常常要侵夺宰相职权。汉武帝的雄才大略，便导致宰相退居无权。武帝临终派霍光做大司马大将军辅政年幼的昭帝，进而形成内廷与外朝分庭抗礼。原来包括尚书在内的内廷诸职隶属于御史中丞，现在霍光以大司马大将军辅政名义掌领尚书，驾驭皇室超越政府之上。汉宣帝为削减霍氏权柄，便恢复旧制，仍由御史中丞管领尚书。但霍氏之后，仍是大司马外戚辅政，内廷权重，外朝权轻，后来就有了外戚王莽篡政。而三公改为大司徒、大司马、大司空后，大司马是内廷官，大司空却完全变成外朝官。从前御史大夫可以管宫廷事，现在大司空不得干预宫廷事。"中国此下政府里的所谓御史台，便是循此趋势，由皇宫渐渐退回政府的。"[①]

就地方监察制度而言，汉时刺史制度演化为州牧制度、监察机构行政化，是导致地方割据乃至汉朝灭亡的重要根源。汉代地方政府本分为郡、县两级，全国大体上有一百多个郡，一个郡管辖十个到二十个县。郡长官称太守，为地方最高长官，地位和九卿平等，都是二千石（为有区别，九卿称为中二千石）。全国有一百多个郡，每个郡的管辖势力范围有限，不可能尾大不掉；但郡太守的名位品秩与九卿相等，并可与九卿进行"岗位交流"，大臣中只有三公居其上，这样就为太守安心于地方治理解除了升

---

① 钱穆：《中国历代政治得失》第2版，生活·读书·新知三联书店，2005，第28页。

迁之苦和后顾之忧。"所谓两汉吏治，永为后世称美。"① 作为地方监察官的刺史，本不过是"秩六百石"的小官，监察范围被严格限制在"刺史六条"之内。但至东汉时期，刺史对地方的监察权限不断扩大，并加重了劾奏处分权。刺史在行使监察权的同时，其掾属分管钱谷、兵马、选举等具体政务，刺史的行政化趋向越来越明显了。原来的郡、县两级地方政府，逐步演化为州、郡、县三级。东汉末年，更以九卿重臣出领州牧，州牧的威权地位大幅度提高。如冀州牧袁绍封邺侯，拜大将军，兼督冀、青、幽、并四州。这样一来，州牧变成了拥兵自重的地方诸侯，由此开启了东汉末年军阀割据的混乱局面。②

两汉监察制度在组织、职权和待遇方面，也存在着制度性缺陷。组织方面：隶属关系尚有杂乱之处，除御史大夫、御史中丞、侍御史、部刺史等属御史台外，还有数种监察官吏不属于御史台，如丞相司直属丞相府，谏议大夫属光禄勋，光禄勋为九卿之一，实质上亦属丞相府。职权方面：两汉监察官很多职掌超出了纯粹的监察权范围，如在纠察弹劾权外，尚兼杂受公卿奏事、谏诤得失、司法、考试、督兵、外交诸权，又掌图籍秘书、刻印、厩马、护驾、护宫等杂务。待遇方面：监察官缺乏制度性的职业保障，如哀帝建平二年至元寿元年，不满四年间，御史大夫凡七易其人，大大影响了监察官的职业稳定性。

综观两汉之制，虽存在上述制度性缺陷，但总体上讲，中央与地方两支监察队伍组织严密，职责分明，权威极高，其监察制度建设的历史功绩是不可磨灭的。这是我国传统的监察制度得以定型与巩固，并已卓见成效的关键历史时期。

三 监察制度的停滞与互异时期——三国、两晋、南北朝

东汉末年，诸侯群起，中国历史进入春秋战国之后的又一次大分裂大动乱时代。从公元 220 年曹魏代汉，至公元 589 年隋文帝统一南北朝，这一时期，皇权与士族矛盾尖锐，北方少数民族亦入主中原建立政权，因此

---

① 钱穆：《中国历代政治得失》第 2 版，生活·读书·新知三联书店，2005，第 9 页。
② 张晋藩：《中国监察法制史稿》，商务印书馆，2007，第 104～106 页。

政治制度胡汉杂糅，复杂多变。但其主流是在秦汉基础上有所发展，混乱与停滞中孕育着新的生机，对隋唐之制有着深远的影响。

魏晋南北朝的政治制度，从总体上看，是以士族门阀地主为基石的权臣操纵朝廷，篡位夺权，造成长期分裂割据的局面；但具体看来，当权臣夺权建立王朝后，又构筑起一个中央集权的君主专制的国家。这些王朝的统治者为了吸取前朝覆亡的教训而从制度上限制宦官、宗室、外戚的权势，创立了三省诸曹制度，取代秦汉沿袭下来的三公九卿制。由于以"献纳谏正"为职掌的门下省成为与尚书省、中书省并分宰相之权且相互制约的高级谋议、决策机关，这一时期的言谏监督得到充分发育，并有了独立的谏官机构。同时，这一历史阶段的御史机关与言谏系统都明显地染上了门阀化的色彩。一方面，御史制度出现了"中衰""式微"现象；另一方面，门下省、集书省的创建又推进了规谏职能的强化。因此，有的学者认为，"中衰"不是魏晋南北朝整个监察制度的表现，而"门阀化"却是这个时期监察制度的特征。①

（一）三国时期的监察制度

魏、蜀、吴三国鼎立达半个世纪，其时权臣争霸，各自为政。不过其监察制度的设置，因各国忙于征战而无所建树，基本上承继汉制，不过称谓上有所改变罢了。

魏的监察制度，史籍记载较蜀吴为详。其以御史台掌监察，侍中寺兼管规谏，察劾与言谏皆有一套职能部门机构。

曹魏开国以前，曹操大业草创，众官未备，作为权宜之制，曾设"校事"与"刺奸令史"以司监察。魏文帝称帝后，立"帝王之正典"，沿袭了汉朝的政体。汉室所有官职，如御史大夫、御史中丞、侍御史等，它一般也有，不过名称屡有所改。《册府元龟》载：

> 魏文帝黄初二年，又以御史大夫为司空，改中丞为宫正，后皆复旧名。侍御史置八人，又置治书执法，掌奏劾（治书侍御史但掌

① 彭勃、龚飞：《中国监察制度史》，中国政法大学出版社，1989，第67页。

律令）。①

　　魏文帝黄初元年（公元 220 年），大行建制，看来应设有御史大夫一职；次年改御史大夫为司空，与司徒、太尉并列三公，不领侍御史。后又复旧名，与司空并存，居位而已。监察权责实际由中丞主领。中丞为台主，兼巡行宫省事，故于黄初二年更名为"宫正"，专纠宫内百官违失。"黄初四年，尚书令陈群、仆射司马宣王并举（鲍）勋为宫正。宫正即御史中丞也，帝不得已而用之，百僚严惮，罔不肃然。"② 后又复为中丞。

　　御史中丞以下属官，并设治书侍御史与治书执法，前者掌律令，后者掌奏劾。这时的治书侍御史地位较前代为尊，充中丞副贰之任，分统侍御史。曹魏侍御史减为八人，分曹司职。《宋书·百官志》载："魏置御史八人，有治书曹，掌度支运；课第曹，掌考课；不知其余曹也。"除治书、课第两曹外，其他诸曹是否设置，未考；不过，《三国志》中还记有治书侍御史慰劳边防及侍御史循行没溺、开仓赈救等事。另外，汉时的符节御史，"魏别为一台，位次御史中丞，掌授节铜武符、竹使符"③。

　　魏御史台创设了殿中侍御史。《通典》载："魏兰台遣二御史居殿中，察非法，即殿中侍御史之始也。"④ 这是后世"殿院"的起源。

　　为应征战军需之急，魏时还创建了军事监察制度。据《晋书》载，司马懿曾任督军御史中丞：

　　　　及魏受汉禅，以帝为尚书，顷之转督军御史中丞，封安国乡侯。黄初二年，督军官罢。⑤

《三国志·杜袭传》中记载有督军粮御史、督军粮执法的名称：

　　　　文帝……践阼，（袭）为督军粮御史，封武平亭侯，更为督军粮

---

①　《册府元龟·宪官部·总序》。
②　《三国志·魏书》。
③　《晋书·职官志》。
④　《通典·职官六》。
⑤　《晋书·宣帝纪》。

执法，入为尚书。①

可见，魏的督军官系由督军御史中丞、督军粮御史、督军粮执法等官职组成。以督军御史中丞为统帅，以督军粮御史、督军粮执法为特职，既具有整体性的督军职能，又反映了"兵马未动、粮草先行"的战争特色。不过，这些都是为应付战争需要而临时设置的官职，或许还有更多的种类，或许根本没有形成完整的体系，征战即遣，兵罢即废。

魏的言谏机关是侍中寺。侍中一官源于秦，时为丞相史，因"史五人往来殿内东厢奏事，故谓之侍中"②。汉时侍中为加官，无定员，但后汉曾设侍中寺。魏承汉制设侍中寺为言谏机关，置侍中四人，始有定员，亦有加官，职掌乃侍皇帝左右，"备切问近对，拾遗补阙"③。其属官有散骑常侍、给事中、给事黄门侍郎、员外散骑常侍、谏议大夫等。自魏始，言谏始有独立机构，官属也有定员，开历代之先河。

魏于御史台、侍中寺外，还设司隶，"魏晋司隶，与二汉同"④，以察京畿州郡百官违失。

不过，魏时御史制度能起多大的监察作用，就不好说了。《通典》上曾载有这么一段皇帝不认识御史的故事：

> 魏置御史八人，当大会殿中，御史簪白笔侧陛而坐。帝问左右："此何官？何主？"辛毗曰："此谓御史，旧时簪笔以奏不法。何当如今者，直备位但耗笔耳。"⑤

《三国志·魏书·杜恕传》亦载：恕谓明帝"自陛下践阼以来，司隶校尉、御史中丞宁有举纲维以督奸宄，使朝廷肃然者邪？"

由此可知，当时的监察制度在很大程度上已形同虚设了。

蜀制直接承续汉室，在监察制度方面无甚创新。如《晋书·职官志》

————————

① 《三国志·魏书》。
② 《通典·职官三》。
③ 《晋书·职官志》。
④ 《通典·职官十四》。
⑤ 《通典·职官六》。

云："孙吴、刘蜀多依汉制，虽复临时命氏，而无忝旧章。"《蜀书》中载有向朗之子向条"景耀中为御史中丞"① 的话，说明蜀的御史台由中丞主领。其属官有殿中督、符玺郎等。还置司隶校尉，督察京师及益州百官不法。言谏系统则设有谏议大夫，其属员有议曹从事。

吴的监察制度亦承汉制，置御史台；其创新之处是设置左、右御史大夫。《册府元龟》载：

> 吴亦有御史大夫，孙休永安元年命大将军孙綝领之。后又置左右御史大夫，五年以廷尉丁密、光禄勋孟宗分为之。②

这就开创了后世设置左右御史大夫的先河。至孙皓宝鼎二年（公元267年），又改左御史为司徒、右御史为司空。御史台的属吏有"中执法""左执法""侍御史""监农御史""督军御史""节度""符节郎"等。左右御史大夫改司徒、司空后，位尊而无实权，其监察权重心移至相当于中丞的中执法、左执法身上。《历代职官表》案云："吴之中执法、左执法，其职较崇，当亦即中丞之改名也。"

（二）两晋的监察制度

两晋监察制度基本承袭汉制，发展较缓。其突出之处一是创设了门下省，二是御史台与司隶校尉分纠行马内外事（御史台纠举行马内，司隶校尉纠察行马外），加重了监察机关的门阀色彩，在魏制的基础上将监察制度向门阀化推进了一大步。从形式上看，晋代监察机关的权限增大，无所不纠；但在其士族门阀专政的情况下，御史台的职能常常受到干预，尤其是九品中正制的运用，降官必先降品，降品也必改官，而触犯清议的案件，更多是中正出面弹劾。这实际上是中正分割了御史台的监察之权。至于地方机构中，由于刺史变成了行政长官，所以并无专门的监察机关了，仅由中央御史台不定期地派员巡察而已。

可见，晋代监察制度虽有某些方面的创新，但从总体上看，仍然处于

---

① 《三国志·蜀书》。
② 《册府元龟·宪官部·总序》。

停滞的局面。

晋代创设门下省以为独立的言谏机构，比魏时的侍中寺机构更完备。晋之门下省以侍中四人为长官，而给事黄门侍郎四人"与侍中俱管门下众事"①。此外，谏官还有给事中、散骑常侍及奉朝请等职。给事中一官，晋代始有定员，其位在散骑常侍下，给事黄门侍郎上。

晋的御史台以中丞为台主，"晋初罢大夫，因汉制，以中丞为台主"②。其职掌乃"与司隶分督百僚，自皇太子以下无所不纠。初不得纠尚书，后亦纠之。中丞专纠行马内，司隶专纠行马外；虽制如是，然亦更奏众官，实无其限"③（注："行马"指围京城的栅栏）。

可见，晋代御史中丞的权限已打破了不纠三公的旧例，无所不纠。其实开初是不纠三公的，后来，晋臣傅咸进言："司隶中丞得纠太子，而不得纠尚书，臣所未譬。"④ 于是开了禁令，尚书违法亦可纠弹。刘曒做中丞时，一直奏免尚书仆射犯法的至十余人，朝廷嘉之。

司隶校尉一官，晋时与中丞分庭抗礼，专纠行马外非法。不过，制度上虽然为中丞与司隶作了分工，但其其实可以更奏百官，打破了行马的限制。东晋时，废司隶一官，于孝武太元中置检校御史，司掌行马外事。

晋的御史台于中丞之下所设官属，有治书侍御史（下统侍御史九人）、黄沙狱治书侍御史、殿中侍御史、禁防御史、检校御史、监搜御史、督运御史等。

治书侍御史四人，为中丞副贰，参主台事。黄沙狱治书侍御史一人，乃为汉武旧制的承续，于东晋时省。《晋书·职官志》对此有载："及晋，唯置治书侍御史，员四人。泰始四年，又置黄沙狱治书侍御史一人，秩与中丞同，掌诏狱及廷尉不当者皆治之。后并河南，遂省黄沙治书侍御史。及太康中，又省治书侍御史二员。"⑤

侍御史九人，"颇用郡守为之，品同持书，而有十三曹"⑥。十三曹计

① 《晋书·职官志》。
② 《册府元龟·宪官部·总序》。
③ 《通典·职官六》。
④ 《通典·职官六》。
⑤ 《晋书·职官志》。
⑥ 《文献通考·职官七》。

有：吏曹、课第曹、直事曹、印曹、中都督曹、外都督曹、媒曹、符节曹、水曹、中垒曹、营军曹、法曹、算曹。东晋初，省课第曹，置库曹掌厩牧牛马市租；后又分库曹，置外左库、内左库二曹。

殿中侍御史，西晋时置四人，东晋时置二人。

监搜御史一人，于殿门外职掌搜索入殿奏事官。督运御史置于东晋孝武帝太元六年（公元 381 年）。禁防御史列第七品。另外还有替代司隶校尉一职的检校御史等。

与东晋差不多并存的十六国，也有着各自的监察制度。散见于史料的，有的曾设御史大夫，如前赵、西秦、夏等；有的曾设中丞，如后赵石季龙以李巨为之，前秦苻坚以梁光平为之。弹劾事迹亦不少见。

（三） 南北朝时期的监察制度

南北朝时期，政制各有渊源，监察制度也极不一致。就言谏制度而言，各朝倒都沿袭晋制，以门下省为独立的言谏机关，由侍中主领。除此之外，为强化纳言，还从门下省分出集书省，散骑常侍、给事中、谏议大夫等官便划归集书省内。此制源于刘宋的"六省制"（于三省外又设秘书省、集书省、中侍中省），其时原归门下省的散骑常侍、通直散骑常侍、散骑侍郎、通直散骑侍郎、员外散骑侍郎以及给事中、奉朝请，均划入集书省。南齐时，侍中呼为门下，给事黄门侍郎世称小门下；而集书省职置正书令史，永明中奉朝请多至六百余人。梁陈集书省置散骑常侍、给事中等官，自梁起已有封驳之权。后魏亦仿梁制，分置门下、集书二省以掌言谏，且复设谏议大夫一官，至北齐定额为七人。北周言谏机关，以御伯中大夫二人为门下省长官，属天官府，下隶御伯下大夫二人，武帝改为纳言下大夫，还置给事中士六十人。北周谏议大夫称"保氏"，归地官府，即所谓"后周地官府有保氏下大夫，规谏于天子"①。其下属有外史、著作等职。

就御史台机构而言，南北朝时期的建制更为紊乱，互有异别。宋齐梁陈几朝，多因袭魏晋之制，不过治书侍御史的地位，宋齐职任稍轻，至梁才又显要，选任也慎重；而中丞权特重，失察者多被免职。宋"御史中

---

① 《通典·职官三》。

丞……掌奏劾不法……秩千石。治书侍御史掌举劾，官品第六已上……分掌侍御史所掌诸曹，若尚书二丞。侍御史……掌察举非法，受公卿奏事，有违失者举劾之"①。其与前代不同的，是中丞"每月二十五日绕行宫垣白壁"②，而在汉时巡视宫城的责任属执金吾。齐梁皆谓中丞为"南司"，而自梁历后魏至北齐又谓御史台为"南台"。齐有"御史中丞一人，治书侍御史二人，侍御史十人"③。梁初建，"置大夫，天监元年复曰中丞。置一人，掌督司百僚。皇太子已下，其在宫门行马内违法者，皆纠弹之。虽在行马外，而监司不纠，亦得奏之。……属官治书侍御史二人，掌举劾官品第六已下，分统侍御史。侍御史九人，居曹，掌知其事，纠察不法。殿中御史四人，掌殿中禁卫内。又有符节令史员"④。而"陈承梁，皆循其制官"⑤。

南朝的刺史，已是各州的地方长官；察吏之职，另派有"台使"。但台使的弊害，在当时甚大，倚势作威，受贿不法，对于监察却不称职。另外，宋齐两朝在地方设置典签官监察州郡藩将，也是地方监察的重要内容。典签职微权重，一方之事，悉以委之，刺史行事之美恶系于典签之口。因此，当时"诸州唯闻有签帅，不闻有刺史"。

北朝之制，台主名称稍有变易。后魏、东魏、西魏御史中丞改名御史中尉，主领台事，督司百僚，虽秩三品，但权势颇隆，凡属朝会，自尚书令丞仆射以下，都要送册往"南台"备查。当时侍御史不随台主更易，具有相对独立的监察地位，但后来这一良好习惯被破坏。北齐的御史台亦称南台，掌纠察弹劾，由中丞一人为台主。下设治书侍御史二人，侍御史八人，殿中侍御史、检校御史各十二人，录事四人。但这时的尚书令"专掌纠弹现事"，凡是现行犯之类，他都可以与中丞"更相廉察"，这是以前所没有过的。北周的官制，仿周朝设立六官，"改中丞为司宪中大夫，御史台为司宪，属秋官府"⑥。其司宪中大夫二人"掌司寇之法，辨国之五

① 《宋书·百官志》。
② 《通典·职官六》。
③ 《南齐书·百官志》。
④ 《隋书·百官上》。
⑤ 《隋书·百官上》。
⑥ 《册府元龟·宪官部·总序》。

禁"①。下隶司宪上士二人，职类治书侍御史；司宪中士若干人，类侍御史；司宪下士八人，类监察御史。

南北朝时期，有个"中丞专道"的礼仪，在历史上影响很大。宋国之制，唯尚书令、皇太子及扬州刺史、丹阳令、建康令可与中丞分道，其余百官与中丞路遇，必须停驻或回避。齐时中丞亦"专道而行，驺辐禁呵，加以声色。武将相逢，辄致侵犯，若有卤簿，至相殴击"②。梁的中丞专道而行，"逢尚书丞郎亦得停驻"③，上殿时还专给威仪十人，有的绷衣执鞭，有的执青仪囊，有的则唱呼入殿。北朝的中丞专道，不亚于南朝，还加了棒打的特权。北魏中尉"其出入千步清道，与皇太子分路，王公百辟咸使逊避，其余百僚下马、弛车止路旁，其违缓者以棒棒之"④。北齐时帝姊寿阳公主与中丞高恭之（字道穆）冲道，被打碎宫车，帝不责穆，谓曰："家姊行路相犯，极以为愧。"⑤ 可见当时中丞享受礼仪之尊崇。但这其实不过是为了增强皇权威势、制约士族门阀阶层的特权罢了，御史在廉政监察上的权威却未必如此。

四 监察制度的转捩与鼎盛时期——隋、唐

（一）隋唐政制与监察制度

公元 581 年，杨坚称帝建立隋朝，并随后灭了南朝最后一代政权陈，使中国结束了近四百年的分裂局面，出现了统一的多民族的封建君主专制的中央集权国家。公元 618 年，李渊父子乘农民起义摧垮隋朝统治之机，起兵太原，占领长安，建立唐王朝，在隋制的基础上重新构筑起统一的地主阶级政权，把封建专制制度推向一个鼎盛时期。隋唐政治制度是中国整个封建社会政制的楷模，它具有自己突出的特点和杰出的代表性，而监察制度是它不可分割的一个十分重要的组成部分。

---

① 《通典·职官六》。
② 《南齐书·百官志》。
③ 《隋书·百官上》。
④ 《通典·职官六》。
⑤ 《通典·职官六》。

首先，隋唐两朝在政治上以封建中央集权的君主专制取代了此前门阀士族势力分权割据的局面，由皇帝独揽政治、经济、军事大权，建立起高度统一的集权政治。科举制取代了九品中正制，均田制取代了士族土地兼并制，府兵制取代了方镇分揽军队的特权。至此，中国封建史上才实现了君主专制的绝对化和国家政权的真正统一。在此前提下，隋唐初中期几代明君在加强中央集权政制的同时，对监察制度的建树是有史以来举足轻重的，也是有史以来功勋无比的。如唐太宗对献纳谏正的从善如流的态度，即让唐朝的监察制度在承袭隋制的基础上，臻于完备，监察机关的地位和权力亦更尊崇。这说明，在君主专制的集权政体下，帝王的态度与作为对政治制度的建设起着十分重要的作用。尤其是监察制度，越是在高度集权的君主专制政体下，它就越会成为帝王所必不可少的支撑皇权、维系统一的御用工具，皇帝也就愈益重视它的建置与完备。这是隋唐监察制度高度发达的重要原因和条件。

其次，随着三省六部制的创建，隋唐逐步形成一种三省并相的群相集体负责制度，"以三省之长中书令、侍中、尚书令共议国政，此宰相职也"。[①] 唐太宗时，设政事堂作为三省长官联席议政的机关，创置了政事堂议事制度。唐代这种以政事堂为核心的三省六部的行政体系，有一套严格复杂的发令、封驳、执行程序，缺一不可。"唐初，每事先经由中书省，中书做定将上，得旨再下中书，中书付门下。或有未当，则门下缴驳，又上中书。中书又将上，得旨再下中书中书又下门下。若事可行，门下即下尚书省。尚书省但主书填奉行而已。"[②] 可见，中书省（隋为内史省）为皇帝最高决策与出令机关，受命于皇帝起草诏令，然后送门下省审议。门下省专司审正纠驳，如有不妥，可封驳给中书省重拟；无异议则副署，送尚书省执行。另有御史台掌行政监察，九寺五监等分理群司庶务，条分缕析，各有所司，程序严密，职责分明。然而，也正是这种繁复的程序，不仅牵制了中枢宰相，也束缚了君主的手脚。于是，皇帝直接任命专使的制度便应运而生。杜佑在《通典·历代官制总序》中称唐"设官以经之，置使以纬之"，可见使职在唐朝地位的重要。据学者统计，有唐一代先后设

---

① 《新唐书·百官志》。
② 《朱子语类》卷一百二十八。

使二百余种，致使中唐以后的政治格局基本上是以使职为中心而展开的。新设使职分割了三省六部职权并对地方行政制度产生了较大的冲击，因而也对中央和地方的监察制度有着较大的影响。

最后，作为唐代监察制度重要组成部分的分道监察体制，随着节度使的设置与方镇权势的膨胀而渐趋颓靡，成为唐朝由盛转衰并最终走向灭亡的重要原因之一。节度使之制本是为防御边境少数民族侵扰，由皇帝赐予戍边都督以旌节而专管军事的官制，肃宗以后中原内地刺史亦循其例受节度使之号。唐制本在州上置道，原为监察区，各道设观察使一人；后来节度使以道为其管辖区，不仅拥有军权，而且掌握了财权、行政权，乃至监察权，节度往往职兼观察，逐渐发展成为藩镇割据势力。这就使隋唐以来完备的监察体制受到极大的破坏。加之黄巢农民起义、宦官外戚擅权等诸多原因，使鼎盛一时的唐王朝一蹶不振，日趋衰败，最终走向灭亡。这深刻地说明，隋唐监察制度的兴衰，正是其鼎盛王朝兴衰的一面镜子；对于整个中国封建政体来说，这一道理也莫无通焉。

（二）隋唐言谏制度

门下省为隋唐言谏机关，同时它又与中书、尚书二省共同组成中央的最高政务决策机关，居位甚崇。言谏制度，于秦汉出现职官设置，但无独立机构；魏晋南北朝时始有侍中寺、门下省与集书省的建置，但其封驳权力尚未显露；隋唐之时，言谏机关的封驳大权得以确立，这表明封建君主专制中央集权的政制，至隋唐进入了成熟与完备的时期。

门下省长官原为侍中，隋因讳忠，改侍中为纳言，置二人；炀帝大业十二年，又改纳言为侍内。唐武德时为纳言，后又改为侍内，仍为二人。龙朔二年（公元662年）改门下省为东台，称侍中为东台左相，后复称侍中。光宅元年（公元684年）改东台为鸾台，改东台左相为纳言。神龙复为侍中。开元元年（公元713年），改门下省为黄门省，侍中称为黄门监；五年复为侍中；天宝时又改为左相。至肃宗至德二年复确定为侍中。其秩位，隋及唐初皆定正三品，代宗大历二年（公元767年）升为正二品。

其门下属员，隋于纳言二人以下，有"给事黄门侍郎四人，录事、通事令史各六人。又有散骑常侍、通直散骑常侍各四人，谏议大夫七人，散骑侍郎四人，员外散骑常侍六人，通直散骑侍郎四人，并掌部从朝直。又有给事二十人，员外散骑侍郎二十人，奉朝请四十人，并掌同散骑常侍等，兼出使劳问"①。

唐朝门下省属员，于侍中以下，计有如下。门下侍郎（又称黄门侍郎、鸾台侍郎）二人，为侍中副贰，武德时定秩为正四品上，大历二年升为正三品。给事中四人，秩正五品上，龙朔改为东台舍人，咸亨复；掌侍左右，分判省事，驳正违失，并与御史、中书舍人组成"小三司"听天下冤滞而申理之。下隶录事、主事、令史、书令史、甲库令史、传制、亭长、掌固、修补制敕臣等职。左散骑常侍二人，秩三品，掌规讽过失，备顾问应对。谏议大夫四人，掌谏谕得失，侍从赞相；武德初置为正五品上，龙朔改为正谏大夫，德宗贞元四年（公元 788 年）分左右谏议大夫，共八人，左隶门下，右归中书，秩升正四品下；凡谏有五：一曰讽谏，二曰顺谏，三曰规谏，四曰致谏，五曰直谏。起居郎二员，从六品上，掌录天子起居法度，以修记事之史，其属员有楷书手三人。左补阙二人，从七品上，左拾遗二人，从八品上，后皆加置，掌供奉讽谏，大事廷议，小则上封事。典仪二人，专掌殿上赞唱之节及殿廷版位之次。城门郎四人，掌诸门启闭之节。符宝郎四人，掌天子八宝及国之符节。弘文馆，设学士，掌详正图籍，教授生徒；朝廷制度沿革、礼仪轻重，皆参议之。

综括门下省之职掌，概有如下几点。一是辅佐皇帝。"侍中之职，掌出纳帝命，缉熙皇极，总典吏职，赞相礼仪，以和万邦，以弼庶务，所谓佐天子而统大政者也。凡军国之务，与中书令参而总焉，坐而论之，举而行之，此其大较也。凡下之通上，其制有六：一曰奏抄，二曰奏弹，三曰露布，四曰议，五曰表，六曰状；皆审署申覆而施行焉。"② 二是驳正违失。此权力为门下省给事中所司掌。三是献纳谏正，此为门下诸官之权责，尤以谏议大夫、左散骑常侍、左补阙、左拾遗为专职。四是监管礼法，侍中、门下侍郎、典仪官、起居郎、弘文馆皆掌此职。

应该指出，隋唐的封驳与规谏制度，并不等于影响了皇权的行使，相反，它保证着皇帝诏令更能符合整个统治阶级的利益和要求，因而是巩固君主专制政体的一种手段。

---

① 《隋书·百官下》。
② 《旧唐书·职官二》。

（三）隋朝的三台

监察制度，经过南北朝的纷更，坠入衰颓状态。隋灭北周后废除六官制，仍立御史台以专纠察之任，这是中国监察史上由衰转盛的一个契机。此时于三省之外所设的御史台，已脱离宰相府而独立行使监察权，至炀帝又罢侍御史直宿禁中的旧例，使御史台成为真正独立的监察机关。

据《隋书·百官志》载，高祖受命，置"御史台大夫一人，治书侍御史二人，侍御史八人，殿内侍御史、监察御史各十二人，录事二人。……自开皇后，（御史）始自吏部选用，仍依旧入直禁中"。而炀帝即位，多所改革，"御史台增治书侍御史为正五品。省殿内御史员，增监察御史员十六人，加阶为从七品。开皇中，御史直宿禁中，至是罢其制。又置主簿、录事员各二人。五年，又降大夫阶为正四品，减治书侍御史为从五品；增侍御史为正七品，唯掌侍从纠察，其台中簿领，皆治书侍御史主之。后又增置御史，从九品，寻又省"。①

《通典·职官六》亦载：

> 隋以国讳改中丞为大夫。
>
> 隋侍御史八人，自开皇之前，犹踵后魏革选，自开皇之后，始自吏部选用，不由台主。仍依旧入直禁中，大业中，始罢御史直宿。台内文簿，皆持书主之，侍御史但侍从纠察而已。由是资位少减。
>
> 隋开皇二年，改检校御史为监察御史，凡十二人，炀帝增置十六员，掌出使检校。②

可见，隋朝御史台组织与职掌的变化，其一是恢复汉初以御史大夫为台主的旧制，其二是省去中丞一职，以治书侍御史为台主副贰。据说是因隋文帝之父名杨忠，讳其"忠"字，"中"因同音也得避讳，其实也是承袭东汉以来以治书御史为台主副贰的制度。其三，自炀帝废除侍御史入直禁中的旧制，御史渐渐离开宫禁，专属于外台了。其四，隋的侍御史，自

────────────

① 《隋书·百官下》。

② 《通典·职官六》。

开皇以来，不由台主更换，而经吏部铨选，并可不受大夫约束直奏天子。另外，隋时遣将出外，也常令御史监军。

文帝开皇三年（公元 583 年），废郡留州，以州统县，从此刺史监察地方官吏的职能废。炀帝大业初年，复罢州置郡。后置谒者、司隶二台，与御史台并称"三台"。"谒者台大夫一人，掌受诏劳问，出使慰抚，持节察授，及受冤枉而申奏之。驾出，对御史引驾。"① 下置司朝谒者二人以贰之。属官有丞一人，主簿、录事各一人等员，还有诸多的专职。"司隶台"是专察州郡的机关，其组织上置"司隶台大夫一人（正四品），掌诸巡察。别驾二人（从五品），分察畿内，一人案东都，一人案京师。刺史十四人（正六品），巡察畿外诸郡。从事四十人，副刺史巡察"。又"置丞（从六品）、主簿（从八品）、录事（从九品）各一人。后又罢司隶台，而留司隶从事之名，不为常员。临时选京官清明者，权摄以行"。② 司隶台官员"每年二月乘轺巡郡县，十月入奏"③。其监察地方的职责与汉相似，也有六条：

> 一察品官以上理政能不。
> 二察官人贪残害政。
> 三察豪强奸滑，侵害下人，及田宅逾制，官司不能禁止者。
> 四察水旱虫灾，不以实言，枉征赋役，及无灾妄蠲免者。
> 五察部内贼盗，不能穷逐，隐而不申者。
> 六察德行孝悌，茂才异行，隐不贡者。④

汉时部刺史只限纠察二千石以上官吏，而隋则扩至"品官以上"，可见监察范围扩大了。

后因朋党倾轧，废除司隶台，只留司隶从事之名，临时选任京官之清明者权摄以行。罢司隶刺史后，增置御史百余人，引致奸黠共为朋党，郡县有不阿附便阴陷以法，弄得地方政治不清，四方"盗贼"群起，监察的

---

① 《隋书·百官下》。
② 《隋书·百官下》。
③ 《隋书·百官下》。
④ 《隋书·百官下》。

颓废加速了隋朝的灭亡。

（四）唐御史台的兴盛

"盖姬周而下，文物仪章，莫备于唐。"[1]

唐朝是我国封建专制主义中央集权制的强盛时期，其监察制度也无疑得到了高度的发展与完善。其中央御史台的建置，尤其是三院制的定型，更堪称中国御史制度史上的楷模与杰作。

唐初承隋，中央建御史台。高宗龙朔二年改称宪台。咸亨复。武后光宅元年（公元 684 年）分台为左右，号曰左右肃政台，左以察朝廷，右以澄郡县。中宗神龙年间复为左右御史台。睿宗在位并左右台。玄宗先天二年（公元 713 年）复置右台，数月又废，自此不再分为左右台。

御史台的编制，据《唐六典》记载如下：

> 大夫一人，中丞二人。
>
> （台院）侍御史四人，主簿一人，录事二人，令史十五人，书令史二十五人，亭长六人，掌固十二人。
>
> （殿院）殿中侍御史六人，令史八人，书令史十人。
>
> （察院）监察御史十人，令史三十四人。[2]

关于三院职官定员，新旧唐书等史料记载各有出入，说明其编制亦如台称，颇有变故。但其大要如此，无须细究。现分述如下。

台主　御史大夫一人，从三品，后升至正三品；中丞二人，正五品，后升至正四品下。大夫掌以刑宪典章纠正百官之罪恶，以肃正朝列。中丞为之贰。具体说来，其职掌有四。第一，"百僚有奸非隐伏，得专推劾。若中书、门下五品以上，尚书省四品以上，诸司三品以上，则书而进之，并送中书、门下"[3]。第二，"凡天下之人，有称冤而无告者，与三司诘

---

① 柳赟：《唐律疏议序》。
② 《唐六典》卷十三。
③ 《唐六典》卷十三。

之"①。三司，"谓御史大夫、中书、门下也。大事奏裁，小事专达"②。第三，"凡中外百僚之事应弹劾者，御史言于大夫，大事则方幅奏弹，小事则署名而已"③。第四，"若有制使覆囚徒，则与刑部尚书参择之。凡国有大礼，则乘辂车以为之导"④。

大夫、中丞之下，分立台院、殿院、察院，各有所司，相互配合，构成严密的监察体系。

台院 设侍御史四人（后为六人），从六品下。"侍御史掌纠举百僚，推鞫狱讼。其职有六：一曰奏弹，二曰三司，三曰西推，四曰东推，五曰赃赎，六曰理匦。"⑤ 也就是说，侍御史执掌纠弹中央百官，参加大理寺审判和推鞫由皇帝制敕交付的案件。具体分为如下几类。

知杂事侍御史一人：又称"杂端""台端"，以年资最老者充之，主管御史进名、迁改及令史考第等台内一切事务。

知公廨侍御史一人：常驻台内值院事的常务性御史。

知弹侍御史一人：辅佐台主处理御史提出弹劾的案件。

知推侍御史二人：唐初分京城诸司及诸州为东、西两推，各置推御史一人，分掌东西推鞫事务。知西推侍御史又称"副端"。在三司受事时候，又各要一个殿中侍御史为副，合称"四推御史"。元和八年（公元813年），令四推轮值，罢东西分制。

分司东都台侍御史一人：属御史台派驻东都洛阳的机构，即后世"行御史台"的渊源。

侍御史职权重要，因此在诸御史中地位最高，颇受重视，或由皇帝直派，或经宰相、御史大夫商定由吏部选任。自肃宗至德年间，规定侍御史弹奏须先白中丞、大夫，又要通状中书、门下，然后才得进奏，因此其权力受到了较大限制。

侍御史之下，有令史、书令史若干人；另有主簿一人，从七品下；录事二人，从九品下。

---

① 《唐六典》卷十三。
② 《新唐书·百官三》。
③ 《唐六典》卷十三。
④ 《唐六典》卷十三。
⑤ 《唐六典》卷十三。

殿院 设殿中侍御史六人（后为九人），从七品下。掌殿廷供奉之仪式及分知京城内外的左右巡。其工作分配如下。

同知东推一人：掌监太仓粟米出纳，双日出台，单日在殿。

同知西推一人：掌监左藏锦帛出纳，亦双日出台，单日在殿。

廊下食使二人：朝官就食廊下，以之出监。

分知左右巡二人：左巡知京城内，右巡知京城外，但以雍、洛两州的境界为限，纠举境内不法之事。后以巡务太烦，归京畿县尉管理。

内供奉三人：掌监殿廷供奉仪式。

其他巡幸、朝会、效祀等事件，定例也要殿中侍御史派员纠察。另有令史八人，书令史十人；协助殿中侍御史。

察院 设监察御史十人（后为十五人），正八品上。另有里行五人，令史三十四人。"监察御史掌分察百僚、巡按郡县、纠视刑狱、肃整朝仪。"① 察院具体使职如下。

六察御史：简称"六察官"，分察尚书省六司，由监察御史之前三人为之。其分工是：第一人察吏部、礼部，兼监察使；第二人察兵部、工部，兼馆驿使；第三人察户部、刑部。

监太仓、左藏使：开元十九年以监察御史二人莅太仓、左藏库；后改由殿中侍御史专监，此职遂停。

黜陟使：享有黜陟州县官吏的特权。贞观八年（公元634年）设，肃宗乾元元年（公元758年）罢。德宗建中元年（公元780年）复置黜陟十一人，分巡天下。

监军御史：这是隋的旧制。武后垂拱三年（公元687年），应奏诏以御史监军，以卑制尊，"非所以委专征也"②。

知左右巡：初置监察御史每月巡视刑部、大理、东西徒坊、金吾县狱，不限次数，一月一换。开元以后，改由殿中侍御史知巡，此职遂停。

馆驿使：开元中，监察御史兼巡传驿，二十五年改兼巡为"检校"，代宗复改"检校"为"知驿"，号馆驿使。

除上述专使之职外，察院还负有诸多杂差，如：①"凡将帅战伐，大

---

① 《唐六典》卷十三。

② 《通典·职官六》。

克杀获，数其俘馘，审其功赏，辨其真伪"①；②"若诸道屯田及铸钱，其审功、纠过亦如之"②；③"凡岭南及黔府选补，亦令一人监其得失"③；④"凡决囚徒，则与中书舍人、金吾将军监之"④；⑤"国忌斋，则与殿中侍御史分察寺观"⑤；⑥"莅宴射、习射及大祠、中祠，视不如仪者以闻"⑥；⑦搜狩，监察断绝失禽；等等。

概括言之，唐代御史台的职掌有如下几方面。

其一，纠举百僚。这是御史台的本职。在唐主要由台院、察院掌此职责，由台主领之。凡弹劾对象品阶较高，案情重大的，可联名奏弹。一般情况下御史可独自弹劾。唐朝御史自主权很大，有时可不必征求台主同意而单独奏劾，因而强化了监察职能。与地方监察的有章可循不同，中央御史台纠举百僚的活动大都依据长期以来的成规处事，"风闻论事"便是一例。旧例御史不受词讼，通词的人须在台外守候，御史按时在门外收状，察其可劾者具奏，但不说告者姓名，托言风闻访知。高宗永徽年间，崔义元为御史大夫，便开"受事"一例，由御史一人轮值受状，劾状中叙述告者姓名，开元后遂为定制。

其二，推鞫狱讼。秦汉以来，御史台兼掌司法的制度至唐而登峰造极。由刑部、御史台、大理寺三机关组成的"三法司"制度成为唐朝司法制度的重要内容。

唐杜佑《通典》载：

> （侍御史）与给事中、中书舍人，同受表理冤讼，迭知一日，谓之三司受事。其事有大者，则诏下尚书刑部、御史台、大理寺同按之，亦谓此为三司推事。⑦

---

① 《唐六典》卷十三。
② 《唐六典》卷十三。
③ 《唐六典》卷十三。
④ 《唐六典》卷十三。
⑤ 《文献通考·职官七》。
⑥ 《文献通考·职官七》。
⑦ 《通典·职官六》。

唐时，中书省、门下省、御史台合称"三司"。（《新唐书》谓："三司，谓御史大夫、中书、门下也。"）朝日，侍御史、中书舍人、门下给事中，坐堂受理冤狱，叫作"三司受事"。遇有大狱，则诏下御史大夫（或御史中丞）会同刑部尚书（或侍郎）、大理寺卿共鞠之，叫作"三司推事"。起初，刑部、御史台、大理寺三机关各有职掌，并不会审案件。"三司推事"之事例最早发生在高宗龙朔三年右丞相李义府一案。对地方上报至中央的要案，则派监察御史、刑部员外郎、大理寺评事组成"三司使"前往审判。有时，还由门下省给事中、中书省中书舍人和御史台御史共同组成特别法庭，称为"小三司"（一说"三司受事"为"小三司"）。《唐会要》载：

> 有大狱，即命中丞、刑部侍郎、大理【寺】卿鞠之，谓之大三司使；又以刑部员外郎、御史、大理寺官为之，以决疑狱，谓之三司使。①

与推鞠狱讼职能相配合，唐御史台还曾自置台狱。唐初御史鞠案，皆寄送大理寺禁系；贞观末年，御史中丞李乾祐奏请自置东西二狱，禁系罪人。开元时，崔隐甫奏罢台狱，仍归大理。但其司法大权却一直未变。

其三，司察礼仪。由殿中侍御史专掌。御史大夫在国有大礼皇帝行幸时乘辂车为之导，朝会则率其属正百官之班序。其余殿廷供奉之仪式，则由殿中侍御史掌之。

唐代御史的任免，皆由吏部、丞相及台主共同议定，但也有内诏特任的。其员额，有"假"，有"试"，有"兼"，有"摄"，这些都是正员；有"里行"，有"里使"，有"员外"，这些都是特别加额。另外，自开元时用中丞做采访使后，节度使、观察使、刺史等官，多加以"御史大夫"或"御史中丞"的衔，如入京为本官的便叫作"知台事"；如在外的各使兼大夫、中丞衔的，其属员皆兼御史，组成"外台"，而藩镇往往借以自重。这样，安史之乱后，外有方镇，内有宦官与党争，使中央监察职能的行使大受影响。

---

① 《唐会要》卷七十八。

（五）唐代地方监察制度

唐御史台中的察院，一方面分察六司，监察中央行政；另一方面又分巡州县，乃是地方监察体制的中枢。

唐代地方监察体制十分严密。初，察院分巡地方诸州的台使，随时随事而遣，无定员。贞观元年，太宗"分天下为十道：一曰关内，二曰河南，三曰河东，四曰河北，五曰山南，六曰陇右，七曰淮南，八曰江南，九曰剑南，十曰岭南"①。这十道即成为十大监察区，先后设巡察使、存抚使、按察使以监察之。武后垂拱年间，左肃政台置巡察使八人每年两次分巡天下，春曰"风俗"，秋曰"廉察"，其诸道巡察使科目凡四十四件，别作格勒令访察者三十余条，而巡察使率是三月后出都，十一月终奏事；后不复岁出，奉诏敕方可出巡。天授二年（公元 691 年）发十道存抚使巡察州县。中宗神龙二年（公元 706 年），设各道台使二十人，定名为巡按使，"十道巡按则选判官二人以为之佐；如本道务繁，得量差官人历官清干者，号为支使"②。睿宗景云二年（公元 711 年），改巡按使为按察使，定额十人。玄宗开元二年，更名按察使为十道按察采访使，后屡罢屡复。开元二十一年，全国改设十五监察道（分山南、江南为东西道，增置黔中道及京畿、都畿），各道设采访处置使，监察如汉刺史之职。十五道采访使各有办公署，一般由察院的监察御史派员或兼任，常驻各道监察所属州县官吏。肃宗乾元元年，停采访使，回复贞观八年新置之黜陟使，更名为观察处置使；后期之观察使，即渊于此。

可见，唐代监察御史与地方专使相互衔接而又密切配合，构成了完整的地方监察体系，在很大程度上继承并发展了秦汉以来的地方监察制度。唐代地方监察官"以六条巡察四方，多所贬黜举奏"③。所谓六条亦即仿汉制制定的六条规章：

其一，察官人善恶；

———————————

① 《新唐书·地理一》。
② 《唐六典》卷十三。
③ 《唐会要》卷七十七。

其二，察户口流散，籍帐隐没，赋役不均；

其三，察农桑不勤，仓库减耗；

其四，察妖猾盗贼，不事生业，为私蠹害；

其五，察德行孝悌，茂才异等，藏器晦迹，应时用者；

其六，察黠吏豪宗，兼并纵暴，贫弱冤苦不能自申者。①

唐时的六条，显然比汉、隋监察范围更广；汉时察二千石以上，隋时察品官以上，而唐则官不分等，大小全察。此外，武后时又有四十四件巡察使科目与三十余条勒令之说，其监察范围更广，权限更重。

（六）唐代节度使制度得失检讨

与汉代刺史演化为州牧制度相类，唐朝地方监察官通过"二使"（采访使与节度使）合一的方式演化为地方最高一级行政长官，进而形成藩镇割据局面，最终导致唐朝灭亡。因此有必要对节度使制度得失作一历史检讨。

唐代节度使渊源于魏晋以来的持节都督，本为军事长官。贞观以后，内地都督府并多省罢，唯军事活动频繁的地区尚存，以统州、县、镇戍。镇戍是经常性的防御据点，比较分散，兵力单弱，故每遇战事发生，必须由朝廷派遣行军总管统率出征或备御。规模较大的战役，又设置行军元帅或行军大总管统领诸总管。唐高宗、武后时期，为了加强防御力量和改变临时征调的困难，这类屯戍军设置逐渐制度化，于是长驻专任的节度使应时出现。节度使成为固定职衔是从睿宗景云二年四月以贺拔延嗣为凉州都督充河西节度使开始的。至玄宗开元、天宝间，北方逐渐形成平卢、范阳、河东、朔方、陇右、河西、安西四镇、北庭伊西八个节度使区，加上剑南、岭南共为十镇，始成为固定军区。节度使受命时赐双旌双节，得以军事专杀，行则建节，府树六纛，威仪极盛。节度使集军、民、财三政于一身，又常以一人兼统两三镇，多者达四镇，威权之重，超过魏晋时期的持节都督，时称节镇。于是外重内轻，到天宝末酿成安史之乱。

唐朝节度使制度得以渐成气候，除了均田制度崩溃、边疆形势由攻转守等历史原因外，另一重要机缘是"采访使"制度的设立和二使归一。

① 《新唐书·百官三》。

"采访使"全称"采访处置使"，始置于玄宗开元二十二年。贞观十五年，分天下为十道，朝廷巡抚使、存抚使的派遣络绎不绝，其由于位轻职微，并没有起到很好的作用。开元二十一年，设立更高一级的地方官被提上了议事日程，朝廷因此设立了十五道"采访使"，并要求采访使"准刺史例入奏"，到开元末年，采访使的权限已经是"许其专停刺史务，废置由己"了。初期的采访使无军权，政权与军权尚未合一。天宝年间，采访使和节度使的区域划分并不完全吻合，常常是一个地区既有节度使，又有采访使。但是随着边疆战争形势剧烈化，多元化指挥难以胜任，于是出现了采访使与节度使逐渐归一的状况。天宝九年（公元750年），平卢节度使、范阳节度使安禄山兼领河北采访使，实现了军政、财务兼领。安史之乱时期，由于玄宗下令给予各道节度使自调兵食、总管内征发、任免管内官吏等权利，采访使的权限实际上被节度使架空。乾元元年，罢省采访使，改为"观察处置使"。但肃宗以后的观察使，往往由势力膨胀的节度使兼任，武官取代了文官。集监察权、行政权、司法权、军事权、人事权于一身的节度使，又往往加以"大夫"及"中丞"衔，与其属员组成"外台"。这样，中央失去了对地方的监察权力，藩镇的军权和行政监察权彻底合而为一。

综观唐代之节度使、采访使、观察使，都没有与六部和州县相对应的机构、官员和职权，性质上仍然是中央派出长官并兼管监察地方官吏。至于节度使逐步发展为军政合一、尾大不掉的地方割据势力，则是最高统治者所始料不及的。

唐末农民战争爆发后，朝廷进一步失去对地方的控制，节度使林立，他们拥兵自雄，互相兼并，逐步成为藩镇割据势力。中唐以来，各类监察官员也往往陷于朋党之争，大大破坏了唐王朝的监察体制。唐末监察制度的废弛和节度使制度的雄起，加速了唐王朝的衰亡。

五　监察制度的没落、复兴与融合时代——
五代、宋、辽、夏、金、元

（一）五代十国的监察制度

自公元907年唐朝灭亡至960年北宋建立，中国先后经历了后梁、后唐、后晋、后汉、后周五个朝代，史称"五代"。与此大体并存的，还有"十国"。

五代十国的历史，是唐朝末年藩镇割据的继续与发展。监察制度继唐末的废弛进一步堕入五代的没落，在此期间无所建树，监察职能荡然无存。但形式上的制度还是没有中断。

五代历朝皆依唐制，设三省。门下省仍以侍中为长官。后梁侍中升为正二品，后唐则由节度使兼任，后周时枢密使亦加"同中书门下二品"，列居宰相。门下侍郎为侍中副贰。左散骑常侍、给事中、谏议大夫等职皆存在，另外还有起居郎、符宝郎、城门郎等，皆隶门下，职司如唐旧。

五代十国御史制度基本上也承袭唐朝，唯后梁改御史大夫为御史司宪，司宪之下仍设中丞。但末帝时，检校太傅朱友能曾兼御史大夫上柱国，列爵为王，这要么是后来的改制，要么是大夫成为兼衔。后唐时，御史大夫虽置而不常设，只有李琪曾任大夫，但不久便因安重诲（枢密使）在御史台门外杀死殿直马延、台臣畏怯不敢说话之事，含愤辞职。此后命卢文纪为中丞，主持台务。大夫一职，直至后周均未复设。中丞的品秩也有所提高，后晋高祖时将其由五品升为四品。知杂御史一职，五代多由省郎兼任；后晋高祖改用御史年资较深者充任，而出帝复改由省郎知杂，汉周相沿未改。另外，为显示御史为清望之官，后晋出帝开运三年（公元946年）诏令御史除准式请假外，不得以细故请假离京，除办案外亦不得以诸杂差遣出外。

其他割据江南的十国，均设中丞，而大夫一职只有燕国刘守光在位时曾置。南唐虽设御史，但将御史台降称御史府，借此尊崇中央政府的地位，这是特例。

总起来说，五代时期诸藩割据，处于军政时期，武臣权重，监察废弛。后梁太祖时，大将军符彦卿在京都天津桥外摔死犯道的平民，司宪崔沂提出弹劾，太祖只将其降格做游击将军了事，而他反而声言"有得崔沂之头者赏百缗"。后唐安重诲杀死殿直马延，只落得御史大夫李琪辞职。后晋节度使张彦泽残杀属下张式，中丞王易简率三院台臣奏弹，高祖只以"不报"二字消极对付。可见当时的监察机关已形同虚设了。只是进入后周，整饬纪纲，先将台官地位提高，然后令其行使弹劾权力，才使这种颓靡状态有所改观。

（二）宋制总论

公元 960 年，赵匡胤陈桥兵变夺取后周政权，建国为宋，至 1279 年为蒙古所灭，其间历经三百余年，分北南二朝。两宋处于一个阶级矛盾和民族矛盾交错冲击的动荡年代，不时受到少数民族辽、金、夏、蒙的侵掠，其王朝的复兴与发展受到了一定影响。但总的来说，政治制度在宋代由颓废而转入复兴时期，得到了不同程度的变革与发展。其国家机构与职官建置基本上定型于北宋初期。

宋王朝以君主绝对专制的中央集权政体而著称。自宋以后，中国皇权政治高度成熟，再没有出现藩镇割据而导致分裂的政治局面。隋唐创业帝王也曾力图建立一个君主绝对专制的高度中央集权的政体，但为时不久，即为地方藩镇割据及中央机构朋党之争所破坏。五代十国的分裂局面给了宋王朝极大的历史教训，于是，宋太祖决定进一步强化皇权，将军、政、财、司法、监察大权高度集中于皇帝一人手中，防止藩镇割据势力的产生。兵制方面，收回地方兵权，皇帝直统禁军。财政方面，皇帝下属的三司使总管盐铁、度支、户部财权。而地方路、州、县三级的各司长官，也由皇帝直接委任和控制，互不统属。立法、司法大权也集中于皇帝一人之手，出现"以敕代律""敕律并行"的法律制度，并且复核大理及刑部案事的审刑院、监督司法活动的二府（中书、枢密）三司（盐铁、度支、户部），均直接对皇帝负责。这就使君主专制的中央集权达到了绝对化程度，对台谏职能的变化有着一定影响。

与强化皇权相对应，宋代相权则被削弱，政府职能分工混乱，官僚机构庞大重叠，官与职殊、名与实分。这也是两宋三百余年未现中兴盛世的原因之一。形式上，宋朝承袭三省六部制，台寺监院照依唐旧；事实上，新设机构（政事堂、枢密院、三司使、审刑院、审官院等）顶替了三省六部，差遣官（也称职事官）取代了正官（也称寄禄官，简称官）。《宋史》有载："三省、六曹、二十四司，类以他官主判，虽有正官，非别敕不治本司事，事之所寄，十亡二三。故中书令、侍中、尚书令不预朝政，侍郎、给事不领省职，谏议无言责，起居不记注；中书常阙舍人，门下罕除常侍，司谏、正言非特旨供职亦不任谏净。至于仆射、尚书、丞、郎、员外，居其官不知其职者，十常八九。"① 这种差遣制度造成了一系列严重的恶果，对监察制度不无影响。神宗元丰年间，改革官制，罢去空名之官，复还三省六曹实职，这种重叠紊乱的官制才有所改观。但此后几代帝王又有反复。另外，元丰改制后，仍置中书、枢密二府以对掌文武大权，借此维护皇权的至尊。

在君主绝对专制的中央集权政体下，监察制度发生了新的变革，出现了所谓"台谏合一"的趋向。宋之前，御史、谏官分立，前者不得言事，后者不得纠弹。宋初亦然。开始，谏官隶门下省及中书省，左右拾遗、右右补阙改名为左右司谏、左右正言。仁宗明道年间，乃设谏院。元丰改制，废谏院，设左右谏议大夫、左右司谏、左右正言，左属门下，右隶中书。御史、谏官的设置仍是分开的。但是，言谏机关除了对皇帝献纳谏正、封驳诏书之外，又新增谏正百官违失的职责。其左散骑常侍、左谏议大夫、左司谏、左正言，"同掌规谏讽谕。凡朝政阙失，大臣至百官任非其人，三省至百司事有违失，皆得谏正"②。而右散骑常侍、右谏议大夫、右司谏、右正言，"与门下省同，但左属门下，右属中书，皆附两省班籍，通谓之两省官"③。谏官以三省至百官违失为其谏正对象，这是宋代监察制度的重大变化，也是君主绝对专制在监察体制上的体现。"台谏合一"端倪初露的另一表现是言事御史的设置。五代时御史已有言事之权，但无专职；宋真宗天禧元年始置言事御史，仁宗以殿中、监察各一人并为之，神宗则"诏御史六员，三分察，三言事"④。宋代言事御史的设置为明清台谏合一的先声。

宋代给事中地位升高，并一度成为后省长官。"元丰八年，以门下、中书外省为后省"⑤，门下后省由左散骑常侍、左谏议大夫、左正言、给事中等组成，其给事中"判后省之事"，为后省长官。宋代给事中一度从门下省独立出来升为后省长官，这是言谏体制的重大变革，为以后几朝废除门下省、单留给事中的改革打下了基础。

---

① 《宋史·职官一》。
② 《宋史·职官一》。
③ 《宋史·职官一》。
④ 《历代职官表》卷十九引王应麟《玉海》。
⑤ 《宋史·职官一》。

宋的台臣还兼任讲官，这是仁宗在位时，因中丞贾昌朝擅长演讲而开的先例。南宋高宗时，台主兼侍讲成为惯例。绍兴二十五年（公元1155年），董德元仅以侍御史身份，也参与讲筵了。

宋代监察制度的复兴，在历史上起过不小的积极作用。不少台谏名臣都颇有名声。但是，宋时台谏有时过于专权，也有着若干消极影响。宋时御史可"风闻弹人"，并且每月须奏事一次，叫作"月课"，上任百日无所纠弹则黜为外官或罚"辱台钱"，这在很大程度上助长了弹劾权力的滥用。尤其是保守派任台谏官时，对范仲淹、王安石等推行的改革政策起过很大的破坏与阻碍作用。南宋时，台谏权威下降，并多为秦桧之流利用，实质上成为权臣的工具，监察职能便日见衰落了。

（三）宋制分论

1. 言谏制度

言谏制度至宋而发展到最后的顶峰阶段，自元代废弃门下省后便一落千丈了。宋代在机构设置上，虽然以右散骑常侍、右谏议大夫、右司谏、右正言各一人隶中书省，但言谏机关主要还是门下省。宋初，"尚书、门下并列于外，又别置中书禁中，是为政事堂，与枢密对掌大政"①。门下省成为虚设。元丰改制后有所改观。门下省"凡官十有一：侍中、侍郎、左散骑常侍各一人，给事中四人，左谏议大夫、起居郎、左司谏、左正言各一人"②。侍中"掌佐天子议大政，审中外出纳之事"等，但建隆至熙宁一百多年间真拜侍中才五人，不过有用他官兼领，而实不任其事。元丰官制行，以左仆射兼门下侍郎行侍中职，别置侍郎以佐之。南渡后，置左右丞相，省侍中不置。侍郎掌贰侍中之职，南渡后复置参知政事，省门下侍郎不置。

自唐分谏议大夫为左右以后，左归门下，右隶中书，于是谏官分属两省，打破了门下独掌谏诤的局面。但谏官所上封章，事皆机密，每进一封，两省印署，凡有封奏，人且先知，这样一来大大不利于谏权的行使。于是，贞元中薛元兴为谏议大夫时，奏请别铸"谏院"印，庶免漏泄。可

---

① 《宋史·职官一》。
② 《宋史·职官一》。

见唐时已设谏院。宋代更是专设谏院，以谏议大夫为之长，下隶司谏、正言（唐之补阙、拾遗）。国初所置谏院，知院官凡六人，以司谏、正言充职；而他官领者，谓之"知谏院"。正言、司谏亦有领他职而不预谏诤者。元丰官制行，始皆正名。"中兴初，诏谏院不隶两省。绍兴二年，诏并依旧赴三省元置局处。淳熙十五年，用林栗言，置左右补阙、拾遗，专任谏正，不任纠劾之事。逾年减罢。"① 宋时谏官不仅掌规谏讽谕，而且掌谏正三省及百司违失，在百官事成未败之前予以谏诤，以与御史于事败之后的弹劾相配合，将宰执百官置于言谏监督之中。为配合这一职能的行使，宋代谏官选用权由皇帝掌握，不用宰执所荐人选。

审驳事宜则由门下后省专司，由给事中任后省长官，分治吏、户、礼、兵、刑、工六房。

于谏院、后省之下，还设有检院、鼓院、通进司、进奏院等机关。检院即登闻检院，隶谏议大夫；鼓院即登闻鼓院，隶司谏、正言。此二者属谏院系统。通进司（又称银台通进司）及进奏院皆隶给事中，属后省系统。

宋代言谏机构设置紊乱，变更频繁。但其职掌较为明确：其一规谏君主，其二谏正百官，其三封驳诏书。

值得一提的是，宋代谏垣独立，不再直接隶属于宰相；且谏官不准由宰相任用，而是由皇帝亲擢。于是谏官的实际性质发生了历史性转变：并不为纠绳天子，反来纠绳宰相。谏垣遂形成与政府对立之形势。谏官台官渐渐变成不分，都以政府为监察和诤议的对象，而把皇帝放在一旁，变成没人管。谏官与宰相却变得相互对垒，互为水火，先后导致范仲淹和王安石变法失败。宋神宗尽管信任王安石，但皇帝加上宰相，依然无法扭转乾坤，"这是宋代制度特有的弱症"②。

2. 御史制度

御史制度至宋而日趋于皇权的绝对控制下，随意性与专制性成为其突出的特征。但其机构设置基本上承袭唐制，置一台三院，不过属员较少。另外新增言事御史，初显"台谏合一"的端倪。

---

① 《宋史·职官一》。
② 钱穆：《中国历代政治得失》第2版，生活·读书·新知三联书店，2005，第74~76页。

《宋史》载：

> 御史台，掌纠察官邪，肃正纲纪。大事则廷辨，小事则奏弹。其属有三院：一曰台院，侍御史隶焉；二曰殿院，殿中侍御史隶焉；三曰察院，监察御史隶焉。①

宋的御史大夫不除正员，只为加官。检校官带宪衔，有至检校御史大夫者。元丰官制行，将加衔的"检校御史大夫"一并废除。中丞为台长，员额一人，但除正员外，多以他官兼权：尚书则曰某官"兼"御史中丞；丞郎则曰御史中丞"兼"某官；给事中、谏议则曰某官"权"御史中丞事。起初中丞的任用，本需一定资历；若资历不够而才识可用，便先委以谏议大夫，以谏议大夫名义权中丞事务。神宗熙宁五年（公元1072年），知杂侍御史邓绾仅以龙图馆待制名义权中丞，打破了中丞要经谏议的成规。九年，邓润甫自"正言知制诰"为中丞，以宰相属官不可长宪府，于是复迁右谏议大夫。元丰五年（公元1082年），以承议郎徐禧为知制诰，权中丞。元丰官制行后，宪官皆成实职，兼权之制便被废除。

宋的三院，仍沿用唐制。台院——下隶侍御史一人，掌贰台政，为中丞之副，以知杂御史为之，后由殿中侍御史升任。殿院——下隶殿中侍御史二人，以言事官为之，后由监察御史升任，掌纠百官仪法之失，每于大朝会、祭祀、六参之时，对立朝班，纠察失仪。真宗咸平四年（公元1001年），令殿中侍御史兼左右巡使，其中左巡主纠武官违失，右巡主纠文官违失，与监祭使、廊下使、监香使通称"五使"。神宗元丰以后，又令其兼办"察事"（又称"察案"），殿院职权便涉察院范围。察院——初置监察御史六人，宁宗庆元以后只置三人。以六察官为之，兼监察使。其升转资格，原无限制；孝宗乾道三年（公元1167年），始规定历任两届县令者才得除授监察御史之职。监察御史的主要职能是行使"六察"之权：吏部、审官东西院、三班院隶"吏察"；户部三司及司农寺隶"户察"；刑部、大理寺、审刑院隶"刑察"；兵部、武学隶"兵察"；礼祠部、太常寺隶"礼察"；少府、将作等隶"工察"。另外，监察御史兼言事。元丰二

---
① 《宋史·职官四》。

年，明令监察御史中三人分领察案、三人分任言事。徽宗罢言事之例，钦宗旋又复旧。

宋制台臣，除上述诸职外，还有检法官（掌检详法律）、主簿（掌受事发辰，勾稽簿书）、推直官（专治狱事）、五使（廊下、监香、监祭、左巡、右巡）等名目。另外还设三京留司御史台（又称判台），掌拜表行香、纠举违失。

隋唐之时，宰相可以任命御史；宋代御史则一律由皇帝亲自任命，并有固定的升迁途径（如监察转殿中、殿中转侍御史）。因此御史任免已独立于宰执。但御史台仍受宰执掣肘：因宰臣的极力主张，宋废御史大夫；甚至在神宗之前，中丞缺人也不即补，而令知杂御史独掌台务。这无形中就降低了御史台的权威。另外，御史中丞不但多以言官兼权，而且常用宰相属官为之。邓润甫以宰相属官、徐禧以舍人院吏兼任中丞即是实例。这对监察职能的行使当然有所影响。钦宗靖康元年（公元 1126 年），诏令宰臣不得荐举台臣，便是企图消除这种积弊。此外，宋代还开创了监察御史台的制度。在此以前，御史台系最高监察机关，只受君主统辖，不受其他机关约束。宋代尚书省则曾有"掌奏御史失职"的权能。元丰六年，又在尚书省里设置都司御史房，专劾御史；次年又在都司御史房置簿，记录御史成绩，以决升黜。理宗复诏置籍中书，记录谏官御史言事，供岁终考绩。这就使御史的言行受到很大牵制。

宋代御史台之职掌，综而言之，除纠弹官邪与推鞫冤狱两项以外，又多了言事御史论事谏正的权责。另外，宋代财权由皇帝直接控制，设三司以统管之，对理财官廉洁的监察比前代更为重要，所以，御史台稽察经济罪案的职掌便突出地表现出来了。

3. 地方监察制度

宋代地方行政体制分路、州、县三级；与州平级的有府、军、监。首都、陪都或皇帝即位前住过及任过职的州称为府，要塞之地设军，矿区设监。鉴于汉唐地方割据之祸，宋对地方实施分权管理制度。各路设有"四司"，分掌军、政、财、刑大权：经略安抚司，有经略安抚使一人，掌一路兵民之事，称"帅司"；转运使司，掌经度一路财赋，称"漕司"；提点刑狱司，掌司法，称"宪司"；提举常平司，掌赈灾及盐铁专卖，称"仓司"。这四司统称为"监司"，互不统属，直接对皇帝述职。路政府中除了提点刑狱司稽考司法，转运使司监察税务、运输、考课，提举常平司监察专卖以外，还设有路监察官——走马承受。走马承受"诸路各一员，隶经略安抚总管司，无事岁一入奏，有边警则不时驰驿上闻"。徽宗崇宁年间，"始诏不隶帅司而辄预边事，则论以违制"。大观年间，"诏许风闻言事"。政和六年（公元1116年）七月，改为廉访使者，权平监司。钦宗靖康初年，因廉访官"与监司表里为恶"而罢之，复为走马承受。[①]

州府一级则设"通判"，由皇帝委派朝官充任，既与知州分掌行政，又专掌监察州县官的大权，号称"监州"。大郡置二员，余置一员，州不及万户不置，但武臣知州的小郡亦特置。广南小州则有试秩通判兼知州者。通判职掌副贰郡政，与守臣相互制约。南渡后，依然"入则贰政，出则按县"，权势显赫。

（四）辽的监察制度

辽、夏、金、元几朝，皆是以少数民族掌握政权为特点的封建君主专制国家，其监察制度具有明显的北南文化融合型的特征。事实上，这一段时期是汉族监察制度向少数民族大传播的时期。从体制上看，几代均有重纠弹而轻言谏的特点；从政治上说，其监察制度均带有明显的民族歧视和民族压迫的色彩。

辽代出现两种官制并存现象。"辽国官制，分北南院。北面治宫帐部族属国之政，南面治汉人州县租赋军马之事。"[②]北院的北面官为其本族固有之官，基本沿用契丹旧制，也吸取某些汉制；南院的南面官则采用汉制，实行"以国制治契丹，以汉制待汉人"的政策。其门下省及御史均为南面官。

辽门下省机构庞大，设有侍中、常侍、散骑常侍、给事中、门下侍郎等官，下隶起居舍人院、左谏院、通事舍人、符宝司、通进司、登闻鼓院、匦院、诰院等机构，组织上颇具规模。但辽代门下省徒有其机构，未能行使唐宋时规谏与封驳大权，因为辽的大政实权落在北面官手中，其南面官中门下省长官侍中也仅限于职掌典仪"奏礼"的权责罢了。

---

① 《宋史·职官七》。
② 《辽史·百官志》。

辽南院的御史台亦仿中原王朝建制，但不是承唐，而是承汉。台官有御史大夫、御史中丞、侍御史。大夫为长官，中丞副贰。唐时的殿中侍御史、监察御史均不设，合三院为一台。台外另置"殿中司"，设殿中、殿中丞，殿中丞为之长，管辖尚舍、尚乘、尚辇、尚食、尚衣五局，各局设奉御主理一人。辽之殿中司实为唐之殿院，主供奉礼仪。辽御史台的职掌比之汉唐较为偏于刑狱。

至于外台的州郡监察制度，辽的职官设置如下：在诸京的有五京处置使、中京按问使；在州的有观察使、分决滞狱使、按察诸道刑狱使、采访使。其中，京使与地方州观察使为常设性的，都设有"司"；分决滞狱使、按察诸道刑狱使、采访使为临时派遣性的，没有专官。

（五）夏的监察制度

西夏是以党项、羌为主体的多民族王国，本名大夏，宋人称西夏，由9世纪末出现在我国西北地区的夏州地方政权发展而来。若从公元1038年公开称帝算起，至1227年为蒙古所灭，共存在了一百九十年。元人未修夏的专史，其史料分载于《辽史·西夏外纪》、《宋史·夏国传》及《金史·西夏传》中，内容极为有限。关于监察制度的记载更是凤毛麟角。不过，西夏统治者拓跋（李）氏，从唐末迄于宋初一直以中原王朝的节度使身份统治夏州地区，下统州衙和蕃落两套行政机构，州衙奉行中央政令，无疑也应遵循中原监察制度的设置。

宋仁宗明道二年（公元1033年），即元昊改元称显道的二年，西夏便模仿宋朝建立了一整套官制。据《宋史·夏国传》载：

> 其官分文武班，曰中书，曰枢密，曰三司，曰御史台，曰开封府，曰翊卫司，曰官计司，曰受纳司，曰农田司，曰群牧司，曰飞龙院，曰磨勘司，曰文思院，曰蕃学，曰汉学。自中书令、宰相、枢使、大夫、侍中、太尉已下，皆分命蕃汉人为之。[1]

显然，这里的御史台专掌监察，与宋时当无区别。且自御史大夫以

---

[1] 《宋史·夏国传》。

下，分命蕃（主要是党项）、汉人为之。另外，还有侍中的设置。

西夏的地方政权，采用州（府、军）、县（城、堡、寨）两级制。地方官职，有州主、通判、正听、都案等，通判基本上是地方监察官。

（六）金的监察制度

金是由我国东北边疆女真族建立起来的一个王朝，起于太祖（阿骨打）收国元年（公元1115年），定国号金；终于哀宗天兴三年（公元1234年），共有一百二十年的历史。它是继南北朝对峙局面后又一次出现的与南宋长期对峙的王朝，因此在历史上具有特殊的意义，其监察制度也因与南宋的并存而成为监察史上不可分割的一个环节。

金太祖时自成一国，始建官属；但熙宗时更定官制，才开始借用辽宋之制。海陵王正隆以后，又把官司分作院、台、府、司、寺、监、局、属、所九阶。属于监察系统的，有谏院、审官院和御史台等。

言谏制度方面，金初设门下省，海陵王正隆时废中书、门下，置谏院、审官院。谏院由原中书、门下两省的谏官组成，计有左右谏议大夫、左右司谏、左右补阙、左右拾遗等，属下又设登闻鼓院与登闻检院。审官院则是行使封驳之权的机构。金朝仍设给事中，但不主封驳事宜，改隶宣徽院；故特设审官院以行给事中封驳之权。审官院设于章宗承安四年（公元1199年），官属有知院、同知审官院事各一员，掌书四员。卫绍王大安二年（1210年）罢审官院，权责转御史台。

金御史台仿唐宋制，以御史大夫与中丞为正副台长，但均无定额，也不常设，其职掌为纠察朝仪、弹劾官邪、勘鞫公事、覆谳大狱。台官有侍御史、治书侍御史、殿中侍御史各二人，监察御史十二人。侍御史"掌奏事、判台事"，治书侍御史职务与此略同，而殿中侍御史掌理纠察朝仪和百官请假事项。其属吏还有：典事二人，相当于主簿，掌理文书；架阁库管勾一人；检法四人；狱丞一人；令史十八人（其中女真籍十三人，汉籍五人）。

御史台与检院、鼓院、审官院的关系是：登闻检院掌奏尚书省、御史台理断不当事；登闻鼓院掌奏御史台、登闻检院理断不当事；审官院审查朝官六品、外官五品以上的除授，补阙、拾遗虽在七品以下也要送审，查有失当者送台官论列。审官院废除以后其职并入台官。

金有监察御史十二人，人事上不完全受台长管辖。它原由尚书省疏名进呈选授，升黜也由尚书，台长对其仅有考核送省之权。章宗即位，令御史台可以举、罢台官，旋又复旧，只是规定台官出缺时台长可以拟择三人送省。金的监察御史颇重年资，世宗大定二十七年（公元 1187 年）以前，定例须在六十岁之上方可就任；后来才规定若是廉洁能干之人，六十岁以下也可选任。宣宗贞祐二年（公元 1214 年），还制定了监察御史的黜陟格：以察得小事至十、大事至五为"称职"；数不及且无切务者为庸常；数内有二事不实者为"不称职"。称职者升擢，庸常者临时取旨，不称职者降除。至于监察御史的职掌，主要有以下几项：其一，纠察内外非违，刷磨诸司；其二，察账（稽核财政）；其三，监祭礼；其四，出使（巡视州郡）。

显然，出使即巡视州郡是监察御史的重要职责。除此之外，金时监察州郡的还有不时派遣的其他官员，如审录官、按察御史、提刑司、按察司、御史巡视、监察采访使、司农分察等。派遣大臣四处巡察，是辽金地方监察的主要方式。

（七）元代的监察制度

元朝不设门下省，虽有给事中但不事言谏封驳，仅保留了由"录军国重事""商议中书省事""参议中书省事"三个层次所组成的议事机构。言谏制度至元已退到最低谷。元朝御史制度却在辽金基础上有着一定的发展，具有自己的特色。成吉思汗时，蒙古尚处于部落游牧状态，官制简陋，当然无御史可言。吞并金国后，便沿用金制，接受中原文化。世祖忽必烈即位，"遂命刘秉忠、许衡酌古今之宜，定内外之官。其总政务者曰中书省，秉兵柄者曰枢密院，司黜陟者曰御史台"①。御史台成为中枢的三大机构之一，地位比前代提高了。尤其是御史的品位，超过了以前任何朝代。《元史》载：

> 御史台，秩从一品。大夫二员，从一品；中丞二员，正二品；侍御史二员，从二品；治书侍御史二员，（从二）［正三］品。掌纠察百

---

① 《元史·百官一》。

官善恶、政治得失。……殿中司，殿中侍御史二员，正四品。至元五年始置，秩正七品，后升正四品。凡大朝会，百官班序，其失仪失列，则纠罚之。……察院，秩正七品。监察御史三十二员。司耳目之寄，任刺举之事。①

元御史台创立于世祖至元五年（公元 1268 年），其属员除大夫、中丞、侍御史、治书侍御史各二人外，还有典事二人、检法一人、狱丞一人、经历一人、照磨一人、架阁库管勾兼承发一人，但时有时无，不能定准。下属殿中司（沿用辽名），有殿中侍御史二人，又有知班、通事、译史等属员，掌朝仪、假告、奏事诸职；又辖察院，有监察御史三十二人（《续通典》作三十三人），各置书吏一人，独立行使耳目之任，并不受台官统制。

元朝完善了行台制度。唐有东京留台，宋有洛阳西台，这是行台的渊源。元时，建立行省制度，在各地方设置行中书省、行枢密院、行御史台，分别代表中央处理地方有关事务。于是行台制度便正规化。元世祖时先后设南台（江南行御史台）与西台（陕西行御史台）；顺帝时又设福建分台。行台职官设置略同中台，员额稍减，监察所辖诸道官吏。

元于行省之下实行路、府、州、县四级行政体制，而在地方推行台道监察制度。"道"即提刑按察司巡视的区域。元初只有四道，即山东东西道、山北东西道、河北河南道、河东陕西道；后增至二十二道，同时改按察司为"肃政廉访司"，每道设正副使各二人、佥司四人，正使住京，余官分巡。年终由台省考核成绩，行台大臣也同时回京申报举劾数目一次。

元代已制定了系统的监察法规。元世祖至元五年，在建置御史台的同时，颁布了《宪台格例》三十六条，这是元朝御史台行使监察权的基本规范，也是中国监察史上监察规章向法典化过渡的初步成果。此后又对其作了一些补充，总汇成《台纲》编入《大元圣政国朝典章》。

应该看到，元朝民族歧视严重，在监察制度方面也有着突出的表现。蒙古贵族几乎垄断了监察大权。御史大夫须用国姓，唯一被任命为大夫的汉人贺惟一，尚赐姓拓跋。汉人只能担任次要的监察职务，其中的南人更

---

① 《元史·百官二》。

受歧视。元末，精于吏治的汉臣被排斥，监察制度每况愈下，纲纪废弛，诸帅相争，大元遂被明朝取而代之。

六　都察院的监察时代——明、清

（一）明清总论

公元 1368 年，朱元璋在农民起义的基础上灭元称帝，建立明朝；二百七十多年后，大明朝又覆灭于李自成起义的战火中，女真族（1636 年改称满洲）继金朝之后第二次入主中原，于 1644 年建立清王朝，直至辛亥革命推翻帝制。研究中国封建君主专制政体这段最后的历史，有它独特的价值和深远的意义。

明朝是中国封建社会开始进入衰老的时期。衰老的根源，是这一社会传统体制内部出现了不可遏止的新的因素，那就是资本主义生产力的初步发展。唐宋元几朝，中国是强盛于世界前列的封建大帝国；也正是由于它的旧体制的强盛，新的生产力出现时受到了超常的压抑，于是有明以来中国逐步被抛到了世界资本主义发展潮流之后。表现在政治上，皇权的独裁，吏治的残酷，以及政治经济上的故步自封，构成明代政治制度的显著特征。清朝是中国历史上最后一个封建王朝，继续推行极端的君主专制，加上残酷的民族压迫和闭关自守政策的束缚，导致古老的封建王朝继续迈着艰难的步伐蹒跚于缓缓的历史长河中，进一步拉大了与西方资本主义发达国家的距离。如果说，明王朝只是压抑着资本主义的发展从而失去了世界强国的优势，在内部体制上却依然保留着君主专制的权威，尚不失风度；那么，它所种下的社会恶果却在清朝末期得到了淋漓尽致的表现，清王朝于鸦片战争以后终于成为帝国主义列强瓜分的对象。作为内因，资本主义没能瓦解中国顽固的封建体制；作为外因，帝国主义却用枪炮砸开了中国闭关自守的大门。因而，明清两朝的历史，实质上是封建主义与资本主义明争暗斗的历史。其空前的独裁、专制与暴政，诚然是封建君主专制政体的进一步延续，但也无时不充满着与资本主义相较量的色彩。探讨这一历史时期的政治制度，不能不认识到这一特点。就监察制度而言，它看似发展到了高度完备的程度，事实上其职能的行使越来越难以达到其预期的目的；正与封建社会同一命运，它也到了寿终正寝的时候了。

自宋元到明清，封建政治制度越来越朝着君主专制绝对化的程度发展，这是新旧社会矛盾联合作用的结果（旧的社会矛盾有统治阶级与被统治阶级的矛盾、皇权与相权的矛盾、中央与地方的矛盾等；新的社会矛盾有封建主义与资本主义的矛盾等）。明朝更是取消了在中国古代文官制度中居于枢纽地位的宰相制度，由皇帝直统六部（吏、户、礼、兵、刑、工）三院（都察院、通政司、大理寺）之九卿，开启了极端化的独裁统治。清承明制，仍废宰相制度而不用，使中国历史上以皇权为核心的中央集权制得到进一步的也是最后阶段的高度发展，而由六部、三院所组成的九卿，依然直接对皇帝负责。这种高度专制的政治特点必然要影响到监察制度的建设上。

首先，明清两朝都建立都察院以取代原来的御史台，中国进入了都察院的监察时期。都者，首也，总也；都察院即最高监察机关的意思。有唐以来，御史台被分为台院、殿院、察院；台院掌纠举中央百官及推鞫狱讼，殿院掌殿廷供奉之仪式，察院掌分察百僚、巡按州县。明代之都察院事实上是取消台、殿两院，而将察院职能发展与扩大，御史台的权责事实上被集中到一个"察"字上。这时候，宰相被废除，御史台无须担心对中央首脑人物纠弹的阻力，其实也失去了它的重要性和必要性；一切殿廷礼仪新规旧制均由皇帝一人独断，殿中侍御史的存在似乎也不再那么重要。倒是分察上下百僚、巡按天下州县显得日益重要。于是明太祖在废除宰相制度的同时撤销御史台，随后又更置都察院，总掌纠劾百司、辨明冤枉、提督各道、巡按天下的大任。清朝相沿未改，并进一步将六科给事中并入都察院，完成了台谏最后的合流。明清都察院是直接受控于皇帝的监察机构，它实际上是明清皇权进一步膨胀的产物。都察院重在"察下"而不约束皇权，而且最终将言谏制度弱化并吞噬掉，它看似机构庞大且职掌雄要，事实上已进入软弱无力的衰老时期。道理比较明显：明清皇权进一步绝对化，相权的威势荡然无存，九卿百司相互制约，对皇帝须绝对地服从；而都察院对皇权（包括明代窃权的宦官系统及清代之军机处、满洲贵族等附随性权力集团）毫无规谏匡正之力，对本来已是"作为不足"而"掣肘有余"的内外百官却极尽颐指气使之能。这就产生了一种目标与效果相背离的现象。其实这多少包含了一点二律背反的成分：一方面，皇帝要求皇权是无限的、绝对化的，于是皇权左右下的监察机关必须是能够监察一切权力的、万能的；另一方面，监察机关事实上是不能监察一切权力的，尤其是不能监察皇权的，而皇权正是明清政权中的一枝独秀者，所以监察机关是软弱的、无能的，皇权也因而不可能是无限的、绝对化的、无所不能的。皇权一旦暴露出它的绝对专制的欲望并将其付诸实施，它也就陷入了不可自拔的二律背反的矛盾中，中国封建君主专制政体也就走到了它的顶峰和尽头。所以都察院的监察时代，也正是中国古典监察制度走向衰败与消亡的最后一段历程。

其次，明、清仍依元制不设门下省，但六科给事中制度却得以发展和完善。给事中于秦汉之时只为加官，晋代始有正员，隋唐为门下省要职，宋代则升任门下后省长官，元朝废门下省后给事中已无封驳之权而成为兼修起居注的官吏。明代仿宋代给事中分治六房之制，设六科给事中，即吏、户、礼、兵、刑、工六科，每科设"都给事中"一人，左、右给事中各一人，给事中若干人，"掌侍从、规谏、补阙、拾遗、稽察六部百司之事"①。事实上其职责仅限于抄发章疏、稽察六部百司违误，至于规谏君主之司有名无实。清代只设六科掌印给事中、给事中，均满汉各一人，雍正时更将其并入都察院，令台谏最终合二为一，六科给事中从实质到形式均变成对下不对上的监察官员系统。"给事中"原本是给事殿中为帝王服务之职，宋代为适应帝王专制而令其分治六房，明代进一步将其独立为六科，并进而发展成为清代"科道制"中不可分割的一部分，至此，给事中"有事殿中""顾问应付"的性质与职能全然发生了变化。六科给事中的创置，既钳制六部权限，又分化都察院的监察大权，给事中与御史之间也可以相互纠举，有利于皇帝从中操纵。这是由君主绝对专制的政治特点所决定的。总而言之，明清给事中制度有它自己的特色与独到之处，是都察院时代监察制度中不可分割的一部分。明代的科察分崇事实上在职能方面为给事中并入察院铺平了道路，清代的台谏合一实质上也还继续保留着给事中系统的相对的独立性。

再次，明清两朝在废除言谏机构的同时，创置通政使司以代掌"受内外章疏敷奏封驳之事"。这实质上是在宋门下后省之通进司和进奏院的基

---

① 《明史·职官三》。

础上，将其机构进一步完备而成。明初，于洪武三年（公元 1370 年）置察言司，设司令二人，掌受四方章奏；并统设给事中，与察言司并列为言谏机关两大职能部门。寻罢察言司，于洪武十年置通政使司，以曾秉正为通政使，刘仁为左通政，并谕之曰："政犹水也，欲其常通，故以'通政'名官。卿其审命令以正百司，达幽隐以通庶务。当执奏者勿忌避，当驳正者勿阿随，当敷陈者毋隐蔽，当引见者毋留难。"① 给事中于同年隶承敕监。十二年，划拨承敕监给事中、殿廷仪礼司、九关通事使隶归通政使司。建文中，改司为寺，通政使为通政卿，通政参议为少卿，寺丞增置左、右补阙，左、右拾遗各一人。成祖复旧制。明通政使司员额计有：通政使一人，正三品；左、右通政各一人，誊黄右通政一人，正四品；左、右参议各一人，正五品。其属经历司，经历一人，正七品，知事一人，正八品。其职掌主要为出纳帝命、通达下情、受理章奏、参与要政。

清初亦仿明制设通政使司。顺治元年（公元 1644 年），诏："自今内外章奏，俱由通政司封进。"② 清通政使司，通政使、副使、参议俱满汉各一人；其属：经历司经历、知事，满汉各一人；笔帖式，满洲六人，汉军二人。其品位屡有所改，但与明代略同，只是满员比汉员高一品，有时又改为同级。至于登闻鼓厅笔帖式归属通政使司是康熙六十一年（公元 1722 年）的事，其笔帖式满洲、汉军各一人，"掌叙雪冤滞，诬控越诉者论如法"③。起初，通政使司于通政使下，设左右通政、左右参议等职；乾隆十三年（公元 1748 年），改左通政使为副使，省左、右衔，参议亦如之。光绪二十四年（公元 1898 年），将通政司并入内阁，寻复故。二十八年，因改题本为奏折，职无专司，便彻底废除通政司。

尽管通政使司不乏封驳谏正的权限，但它绝不等于从前门下、谏院的翻版，也不再属于纯粹的监察机关。它仅仅是连通皇帝与百司的一块政治跳板而已。对皇帝却无多少规谏、匡正可言。它的创置，同样是由这一时期高度专制的政制特点所决定的。

最后，明清监察制度高度成熟的另一共同标志，是两朝都制定了完善

---

① 《明史·职官二》。
② 《清史稿·职官二》。
③ 《清史稿·职官二》。

而系统的监察法规。明代于英宗正统四年（公元 1439 年）制定了《宪纲条例》，此后屡有增补，并汇同有关都察院、六科给事中、通政司的其他法规，一并编入《大明会典》中。清代在此基础上于乾隆八年制定《钦定台规》，并历经嘉庆七年（公元 1802 年）、道光七年（公元 1827 年）、光绪年间三次重修，成为一部系统而完善的监察法规。《清会典》中也有监察方面的法规四十多卷。这些法规实际上是整个封建社会监察制度的结晶。尤其是清朝的《钦定台规》，可谓集汉、唐六条及元明条例之大成，实为中国封建社会中最为完备的一部监察法典。

（二）科察分崇——明

科即六科给事中，察即都察院；科察分崇说明明代监察制度至少在形式上进入了完备而辉煌的时期。

明初因袭元制，吴元年（公元 1367 年）置御史台，设左、右御史大夫，从一品；御史中丞，正二品；下隶侍御史、治书侍御史、殿中侍御史、察院监察御史各官，以及经历、都事、照磨、管勾等。御史台为中央三府之一。太祖曾谕御史大夫汤和等曰："国家立三大府，中书总政事，都督掌军旅，御史掌纠察。朝廷纪纲尽系于此，而台察之任尤清要。"①

洪武九年，罢侍御史及治书、殿中侍御史。十三年专设左、右中丞，左、右侍御史，寻罢御史台。洪武十五年更置都察院，设监察都御史八人，分监察御史为十二道，每道置五人或三四人，并铸"绳愆纠缪"印。洪武十六年，升都察院为正三品，设左、右都御史各一人，左、右副都御史各一人，左、右金都御史各二人，经历、知事各一人。洪武十七年，又升都御史正二品，副都御史正三品，金都御史正四品，十二道监察御史正七品。建文元年（公元 1399 年）改设都御史一人，革金都御史；次年改为御史府，设御史大夫，改十二道为左、右两院，只设御史二十八人。成祖复洪武旧制，于是都察院的形式一直沿用到清朝。宣德十年（公元 1435 年），监察御史始定为十三道（明末定为十五道）。

这样，都御史成为都察院长官，相当于大夫；副都御史相当于前代中丞；金都御史相当于侍御史。治书、殿中诸职，早就归属监察御史统掌

———————

① 《明史·职官二》。

了。南京都察院只设右都御史、右副都御史、右佥都御史各一人。

都御史职专纠劾百司,辨明冤枉,提督各道,为天子耳目风纪之司。具体说来,概有如下几项:"凡大臣奸邪、小人构党、作威福乱政者,劾。凡百官猥茸贪冒坏官纪者,劾。凡学术不正、上书陈言变乱成宪、希进用者,劾。遇朝觐、考察,同吏部司贤否陟黜。大狱重囚会鞫于外朝,偕刑部、大理谳平之。其奉敕内地,抚循外地,各专其敕行事。"①

都察院下辖十三道监察御史,计一百一十人,数量超过历代。十三道各协管两京、直隶衙门,都察院分属河南道。各道监察御史的协管对象与员额配置为:浙江道(协管中军都督府)、江西道(协管前军都督府)、河南道(协管礼部、都察院、翰林院、国子监、太常寺、光禄寺、鸿胪寺、尚宝司、中书舍人、钦天监、太医院等)、山东道(协管宗人府、兵部等),各置监察御史十人;福建道(协管户部等)、四川道(协管工部等)、广东道(协管刑部等)、广西道(协管通政司、六科)、贵州道(协管吏部、太仆寺等),各置监察御史七人;陕西道(协管后军都督府、大理寺等)、湖广道(协管右军都督府、五城兵马司)、山西道(协管左军都督府),各置监察御史八人;云南道(协管顺天府),置监察御史十一人。另外,南京监察御史亦分十三道,浙江、江西、河南、山东、山西、陕西、四川、云南、贵州九道各二人,福建、湖广、广东、广西四道各三人;但自嘉靖以后不全设,或以一人兼数道。

监察御史"主察纠内外百司之官邪,或露章面劾,或封章奏劾"②。但纠劾时须明著实迹,开写年月,毋虚文泛诋、计拾细琐。具体说来,监察御史的职掌又分为在内、在外两个方面:"在内:两京刷卷,巡视京营,监临乡、会试及武举,巡视光禄,巡视仓场,巡视内库、皇城、五城,轮值登闻鼓。在外:巡按,清军,提督学校,巡盐,茶马,巡漕,巡关,攒运,印马,屯田。师行则监军纪功,各以其事专监察。……凡朝会纠仪,祭祀监礼。凡政事得失,军民利病,皆得直言无避。有大政,集阙廷预议焉。"③ 可见,明代监察御史的职权已大为扩张,其地位也相对独立了,不

---

① 《明史·职官二》。
② 《明史·职官二》。
③ 《明史·职官二》。

怎么受台主的约束。唯每年八月出巡，事毕归院，由都御史覆劾其称职不称职以闻。凡御史犯罪，加三等处罚，有赃从重论。

巡按即代天子巡视四方，本是监察御史的首要职责，后演化出"代天巡狩"的巡按御史，权威极重。明时御史出外巡按必兼某职某差，这又逐渐形成了总督与巡抚之制。《明史》载：监察御史"在外加都御史或副、佥都御史衔者，有总督，有提督，有巡抚，有总督兼巡抚，提督兼巡抚，及经略、总理、赞理、巡视、抚治等员"①。一般说来，以都御史衔兼理地方行政、民政的，称"巡抚"；巡抚兼军务的称"提督"；兼管行政、民政、军事且辖多任重的，称"总督"。至于辖区内有总兵官的，则称"赞理"或"参赞"；其他经略、巡视、抚治等衔因事特设，事皆即罢。督、抚的权力比巡按御史大，有"便宜行事"的特权。但其均为兼衔，故组织上仍隶都察院。

另外，明朝地方三大机关之一——提刑按察使司，一方面掌管司法；一方面也负有监察职能，协助巡按监察地方官员。

除都察院外，六科给事中在明朝成为独立的监察机构。在明以前，给事中属于谏官系统，隶门下，掌封驳。洪武罢相后，废中书省，提高六部地位；为有效地监督六部，遂废除传统的谏官，并其权于给事中，创立了六科给事中的独立监察系统。按吏、户、礼、兵、刑、工六部所设的六科，各置都给事中、左右给事中、给事中等职，其人数和品秩屡有变化，主要负责监督六部官吏。凡六部奏请皇帝施行之事，须先经给事中审查，认为不当的可以驳回。六部奉旨执行之事，也须在给事中处登记，以便检查执行情况。六科给事中稽查六部百司，实际上成为谏弹合一的监察机关，只是在组织上与都察院还是分立的。

明初，统设给事中，正五品，后数更品秩。洪武六年设给事中十二人，秩正七品，始分为六科，每科二人，铸给事中印一，推年长者一人掌之。九年定为十人。十年隶承敕监，十二年改隶通政司。十三年下置谏院，设左、右司谏各二人，左、右正言各一人，十五年又置谏议大夫。寻皆罢。二十二年改给事中为源士，增至八十一人。后复为给事中。建文中曾废左右给事中而增设拾遗、补阙，成祖复旧。宣德八年增户科给事中，

---

① 《明史·职官二》。

专理黄册。

六科掌侍从、规谏、补阙、拾遗、稽察六部百司之事。根据分工，六科针对六部而各有所掌；但它们的职责又具有某些共同的地方，诸如封驳、劾奏、司法、言谏等。不过，六科给事中名义上虽有侍从、规谏的职权，事实上未见有谏诤天子而振肃朝纲者，明代的言谏权只限于对待臣下百官，不能够冒犯皇权。至于六部百司政有违失、官有不职，六科给事中则可大加督责、极力劾奏。这种言官向察官掠权的趋势，为清代的科道合一奠定了基础。

综观明代监察制度，自太祖起励精图治，锐意革新，其组织之完备，其职掌之广泛，远远超过前代。但是，中叶以来，君庸臣腐，世风日下，监察制度没能够扭转明朝政治的堕落之势。洪武时，太祖因胡惟庸的专权而取消了宰相制度，于是太监近臣的地位日益上升；在地方，也派遣了大量太监充当"税珰"。明中叶以后，这些太监就逐渐垄断了朝内外大权。他们由"税珰"而逐渐转化为特权商人，垄断着大量的专卖商品。于是，明中后叶起，随着商品经济的缓慢发展，一个特殊的阶层——官僚、地主、商人三位一体的市侩主义权臣——垄断了中国的政治。从大太监刘瑾，到严嵩、严世蕃父子，都是其典型。《金瓶梅》中的西门庆，为我们展示了这个阶层的发迹史和典型的生活形象。恰是这样一个特权阶层，阻遏了中国商品经济的充分发展：他们身为"官商"，借强取豪夺而赚到的钱财，不是用作积累资金以发展商品经济，而是胡作非为地挥霍掉了。这种积累资金的破坏，也许是中国没有产生工业资本主义、没能够充分地发展商品经济的极为重要的原因。商品机制的最大用场都转移到了结党营私、贪污受贿上面。御史也无疑陷入了这个巨大的旋涡。官商结合这一封建社会末期的特殊产物，不仅延续到清朝，甚至影响到更远的时代。可见，明朝的监察机关是无回天之力以扭转那种封建腐败的大趋势的。

（三）台谏合一——清

这里的"台""谏"系沿用古称。自宋开始，台官、谏官从职能上开始趋向合流；明代的六科给事中身兼谏、察双职，事实上已不存在纯粹的谏官；清代将六科给事中进一步从组织上并入都察院，从而完成了台谏的彻底合一。清的都察院主要由六科给事中与十五道（清末增至二十道）监察御史构成，所以，一般将清朝监察制度称为"科道制"。

清承明制，设都察院。其长官，左都御史满汉各一人（《清史稿》载俱满汉二人），左副都御史满汉各二人，"掌察核官常、整饬纲纪"①。国初，于崇德元年（公元 1636 年）置承政、参政各官。顺治元年入京后始改承政为左都御史，掌院事；改参政为左副都御史，协理院事。其右都御史为总督坐衔，右副都御史为巡抚坐衔，俱无京员。因此，都察院长官皆以"左"系衔。左都御史总理院事，左副都御史佐之，"掌察核官常，参维纲纪。率科道官矢言职，率京畿道纠失检奸，并豫参朝廷大议。凡重辟，会刑部、大理寺定谳。祭祀、朝会、经筵、临雍，执法纠不如仪者"②。院属办事机构，有经历司，设经历满汉各一人；有都事厅，设都事满汉各一人；另外还曾设值月处、督催所等。并设笔帖式四十二人。

都察院下辖监察机构，计有六科给事中、十五道监察御史、五城察院、宗室御史处、稽察内务府御史处等。

1. 六科

吏、户、礼、兵、刑、工六科，设掌印给事中（都给事中）满汉各一人，给事中（左右给事中）满汉各一人。笔帖式共有八十人（光绪时留三十人）。"掌言职，传达纶音，勘鞫官府公事，以注销文卷；有封驳即闻。"③

早在入关前，置都察院数年后，清即沿明制设六科给事中。当时"六科自为一署，给事中无员限，并置汉军副理事官"④。顺治十八年，六科定满、汉都给事中，左、右给事中，各一人；汉给事中二人；省副理事官。康熙三年，六科只留满汉各一人；五年改都给事中为掌印。雍正初年，"以六科内升外转，始隶都察院。凡城、仓、漕、盐与御史并差，自是台省合而为一"⑤。光绪三十二年，省六科名，别铸"给事中"印，额定二十人。

六科的主要职责是传达纶音、稽考庶政，掌发"科抄"、注销文卷。其具体分工是：①吏科分稽铨衡，注销吏部、顺天府文卷。②户科分稽财

① 《清朝通典·职官四》。
② 《清史稿·职官二》。
③ 《清史稿·职官二》。
④ 《清史稿·职官二》。
⑤ 《清史稿·职官二》。

赋，注销户部文卷。③礼科分稽典礼，注销礼部、宗人府、理藩院、太常寺、光禄寺、鸿胪寺、国子监、钦天监文卷。④兵科分稽军政，注销兵部、銮舆卫、太仆寺文卷。⑤刑科分稽刑名，注销刑部文卷。⑥工科分稽工程，注销工部文卷。

另外，六科给事中还握有封驳权、审计权、监试权、监刑权等。但就封驳权而言，清代给事中对于上谕只能封还，唯对于本章才可以驳正，所以，严格说来，六科对君主的诏书是有"封"而无"驳"了。

2. 十五道

清分全国为十五道监察区。掌印监察御史，十五道各设满、汉皆一人；监察御史，京畿、江西、浙江、福建、湖广、河南、山西、陕西八道，满汉各一人，江南道满汉各三人，山东道满汉各二人。"十五道掌弹举官邪，敷陈治道，各核本省刑名。其祭祀、监礼、侍班纠仪，科道同之。"①

清旧制之监察御史有"掌道""协道""坐道"之分。当时的诸道中，唯河南、江南、浙江、山东、山西、陕西六道授印信，掌印者曰"掌道"，余曰"协道"（京畿道亦给印信，未设专官），"六掌道"既察在京诸司，又举本道事务，且兼理其他诸道，职掌甚繁；湖广等八道之职隶于"六掌道"，曰"坐道"，不理事，只在京坐食。其兼管分工如下：掌河南道兼理福建道，掌江南道兼理江西、四川道，掌浙江道兼理云南道，掌山东道兼理广西道，掌山西道兼理广东、贵州道，掌陕西道兼理湖广道。至乾隆十四年，诏令按道定额，各道并给印信，规制始称。光绪年间又增至二十道。

诸道与六科一样，除分工司职外，有着某些共同的职掌："监察御史掌纠察内外百司之官邪。在内：刷卷，巡视京营，监文武乡会试，稽察部院诸司；在外：巡盐、巡漕、巡仓等，及提督学政。各以其事专纠察。朝会纠仪，祭祀监礼，有大事集阙廷预议焉。"② 至于其分道分掌的职司，除巡察本道事务、各核本省刑名以外，各领京职一种以上，具体情况如下。①京畿道：分理院事，及直隶、盛京刑名，稽察内阁、顺天府、大兴与宛平两县。②河南道：分理河南刑名，照刷部院诸司卷宗，稽察吏部、詹事

① 《清史稿·职官二》。
② 《清朝文献通考》卷八十二。

府、步军统领、五城。③江南道：分理江南刑名，稽察户部、宝泉局左右翼，监督京仓，总督漕运，磨勘三库奏销。④浙江道：分理浙江刑名，稽察礼部及都察院。⑤山西道：分理山西刑名，稽察兵部、翰林院、六科、中书科，总督仓场、坐粮厅、大通桥，监督通州二仓。⑥山东道：分理山东刑名，稽察刑部、太医院，总督河道，催比五城命盗案牍缉捕之事。⑦陕西道：分理陕西刑名，稽察工部、宝源局，覆勘在京工程。⑧湖广道：分理湖广刑名，稽察通政司、国子监。⑨江西道：分理江西刑名，稽察光禄寺。⑩福建道：分理福建刑名，稽察太常寺。⑪四川道：分理四川刑名，稽察銮仪卫。⑫广东道：分理广东刑名，稽察大理寺。⑬广西道：分理广西刑名，稽察太仆寺。⑭云南道：分理云南刑名，稽察理藩院、钦天监。⑮贵州道：分理贵州刑名，稽察鸿胪寺。

八旗、宗人府、内务府事务，则曾设专员稽察。主要有宗室御史处（又称稽察宗人府衙门）、稽察内务府御史处（又称稽察内务府衙门）等。它们是专门对宗室和内务府行使财务监督的机构。

清代还设有"五城察院"，又称"五城御史衙门"。"五城"是指在京都划分的中、东、西、南、北五个警备城区，顺治时为防止来京官员"交通贿赂"而设巡城御史组成"五城察院"。各察院设巡城御史满汉各一人，由六科给事中及十五道监察御史中简派，一年一更。

此外还有诸多的科道杂差，如巡视京城、通州各仓科道十四人，巡视淮安、济宁、天津、通州漕务科道各一人，巡视盛京、吉林、黑龙江科道满籍各一人，巡视台湾科道满汉各一人，等等。更有巡江御史、茶马御史、直隶巡农御史、山东巡视河湖工务御史、各省观风整俗使、各省宣谕化导使等诸多名目。

至于科道员属，有经历，有都事，有笔帖式，等等。

应该指出的是，清代地方监察制度实行双轨制。一是前面所述以十五道监察御史及科道杂差分理各省刑名，监察内外百官违失；二是于都察院之外设右都御史（总督之系衔）、右副都御史（巡抚之系衔），统辖省设的提刑按察使司（又称"臬司"或"臬台"）及道设的按察使副使、佥事（又称"巡道"）。这两道监察网络并行不悖，使皇权的制约力量伸向全国广阔的统辖区域。

清代院臣的选授，因满汉不同而有所区别。满籍多系论俸叙升；汉籍全由"行取",凡知县政绩优良品行可用的,得经内外大臣荐擢选用。但行取人员,要试俸一年,这点与明略同。其铨叙,则分内升、外升、差用、外调、降用、革职六等;前三等用于称职者,外调用于庸常者,降用、革职用于不称职者。

总之,明清都察院时代的监察制度,已达到了高度完善的地步。但是,随着封建社会的极端发展和日益没落,这种服务于皇权、自上而下监察官吏的制度,也逐渐走到了它的尽头,这是由历史发展的客观规律所决定的。

(四) 明清督抚制度得失检讨

今人提起明清之总督、巡抚,印象中均将其作为地方封疆大吏、行政官员来看待。其实在督抚制度产生的初期,无论总督还是巡抚,都属于中央派遣的监察大臣,而非地方大吏。明清督抚都兼宪衔,如明朝总督带都察院"都御史"或"副都御史"衔,巡抚带都察院"佥都御史"衔;清朝总督兼都察院"右都御史"衔,巡抚(包括漕运总督、河道总督)兼都察院"右副都御史"衔。《明史·职官志》和《明会典》都把督抚列入都察院系统,就是明证。

明初仿元制,地方仍设置行中书省。但元朝行省丞相的权力很大,"凡钱粮、兵甲、屯种、漕运、军国重事,无不领之"①。这一体制显然与朱元璋加强中央集权的立国思想相悖。因此,洪武九年,废除行中书省,改置承宣布政使司,设承宣布政使管民政、财政,提刑按察使管司法、刑狱,都指挥使管卫所军事,并称"三司"。三司之间相互制约,不相统属,凡省内重大政事均须三司会议研究,并上报中央有关部院核准,方可推行。废行省、置三司以后,确实达到了加强中央集权、有效节制地方的目的。但是三司分制的缺陷也随之暴露出来:地方政权缺乏一个强有力的权威,各个系统遇事难以协调,导致效率低下、推诿扯皮、拖延不决。为了弥补这一制度缺陷,以巡行天下、抚安军民、提督军务为使命的督抚制度应运而生。明代督抚制度,自建文帝时期开始,经历了从临时派遣朝廷重臣巡行天下、监察地方到分设、定设巡抚、总督形成定制这样一个发展历

---

① 《元史·百官七》。

程。一般认为，巡抚定设制度形成于宣德年间，宣德五年九月，"擢监察御史于谦、越府长史周忱等六人为侍郎，巡抚两京、山东、山西、河南、江西、浙江、湖广等处。各省专设巡抚自此始"①。巡抚起初的职责主要是巡视地方、抚安军民、监察官吏，但至明中期以后其职权已涉及地方政治的方方面面，如嘉靖十一年（公元1532年）谕旨重申："凡徭役、里甲、钱粮、驿传、仓廪、城池、堡隘、兵马、军饷，及审编大户粮长、民壮快手等项地方之事，俱听巡抚处置。"②巡抚渐成总领一省的地方行政首脑。总督的形成晚于巡抚，但地位更崇，事权更重。总督分为专务总督和地方总督两类，地方总督的临时派遣出现于英宗正统六年，时西南麓川之役，朝廷以兵部尚书王骥总督军务，"此设总督之始"③。总督制度的"分设""定设"，正式形成在景泰至成化年间，嘉靖年间进一步制度化。尽管巡抚之设起始于"清吏治"，总督之设起始于"督军务"（这也是其后总督一直偏重于军事的重要原因），但无论巡抚还是总督，其体制归属都在都察院系统之内，说明其最早的身份是监察官员。明朝中后期以来，巡抚和总督逐渐从单纯代表中央监察地方的官员发展为总领一方、节制三司的地方大员，稳固掌控了地方军政大权。

清朝督抚制度与明朝一脉相承，但督、抚成为地方最高行政长官也有一个过程。清初，督抚的设置及管辖省份都未固定。大抵到乾隆三十年，始形成"八督十五抚"的大体格局，督抚所管辖区域也就基本固定。总督俗称"制军"或"制台"，是代表中央掌管一省或两三省的行政长官，其职"掌综治军民，统辖文武，考核官吏，修饬封疆"，④品秩为正二品，加右都御史衔为从一品。巡抚俗称"抚军"或"抚台"，是掌管一省地方政务的行政长官，其职"掌宣布德意，抚安齐民，修明政刑，兴革利弊，考群吏之治，会总督以诏废置；三年大比，献贤能之书，则监临之；其武科则主考试"⑤，品秩为从二品，加右副都御史衔为正二品。清代巡抚地位略逊于总督，督抚关系大体存在三种类型：一是总督兼巡抚；二是只设巡

① 《明通鉴》卷二十。
② 《大明会典·都察院三》。
③ 《明会要·职官六》。
④ 《历代职官表》卷五十。
⑤ 《历代职官表》卷五十。

抚,不设总督;三是总督与巡抚分开(又分为督抚同城和分省而驻两种情况)。其中第三种类型存在着总督与巡抚分权、分治关系问题。总督、巡抚体制归属均在都察院,例兼"右都御史"和"右副都御史"衔,隶属于监察系统。

及至清朝末期,督、抚已完全演变成集行政、财政、军政与监察大权于一身的地方"诸侯"了,似又出现了唐朝后期藩镇割据的情形。八国联军进攻北京之时,两江总督、两广总督、山东巡抚等实行所谓"东南互保",说明督抚从朝廷控制地方政府的工具,最终演变成了与朝廷分庭抗礼的地方政治力量,加之清王朝的腐败衰落,国家政权再次陷入分崩离析的混乱局面。清朝之后,民国时期的军阀混战,从政治制度上说,正是清代督抚制度的流变。[①]

从汉朝的刺史制度演化为州牧制度,到唐朝的"二使"(节度使与采访使)合一,再到明清督抚制度由监察性质向行政性质的嬗变,可以总结出:监察权的价值在于监督行政权,二者绝不可合而为一、兼容并蓄,否则极易导致权力失去监督,导致地方势力失控,以至于尾大不掉,动摇国家之政基。

七 给谏制度的沿革

中国政治制度史上一向存在重御史而轻言谏的风习,这是由君主专制的社会背景所决定的。言官与察官分立之时,言谏机关的建置远没有御史台完备;宋朝以后其职掌渐相渗透,其实主要是谏官向察官靠拢;清朝时更将言官并入都察院,实质上是最后同化了言谏机关。因此,前述对中国古代监察制度的研究,实际上主要是对御史制度的探讨。事实上,御史制度与言谏制度是中国古代监察制度中不可分割的两个方面,相对于皇权政治来说,言谏制度的意义甚至更为重大。因此有必要单独对它作个简单的归纳。

言官系统主要包括谏议大夫与给事中两大分支,因此可以将其称为"给谏制度"。当然也有单独尊称给事中为"给谏"的,我们这里取它的广

---

① 吴宗国主编《中国古代官僚政治制度研究》,北京大学出版社,2004,第499页。

义。与给谏制度相关的机构，则有门下省、集书省、门下后省、谏院等。

门下省由侍中一职发展而来。侍中源于秦官，秦汉俱为加衔，掌侍从皇帝左右、顾问应对，曹魏始有定员。晋代发展为门下省，以侍中为首。南北朝时又分化出集书省。隋设门下省，掌"献纳谏正，及司进御之职"。唐代沿置，设侍中二员，掌"出纳帝命，总典吏职，凡军国大政，与中书令参而总焉"。宋代仍设门下省，其职掌是"受天下之成事，审命令，驳正违失，受发通进奏状，进请宝印"；但因其谏官分左、右，分隶门下、中书，所以又设谏院以统之；又设门下后省，以给事中为长官。元以后，废门下省。

谏议原是秦官，当时叫"谏大夫"，专掌"匡正君主，谏净得失"。汉武帝时复置。东汉增名为"谏议大夫"。汉时谏议大夫属光禄勋。三国时，蜀设谏议大夫，在魏则属加衔，无实职。北朝后魏及北齐均设，北周改名为"保氏"；入隋复为谏议大夫，炀帝以后废除。唐武德初复，历宋、辽、金皆置。元朝不设，明初一设即废。

唐宋是谏议大夫的辉煌时期。唐初谏议最为得人，如魏征、王珪、褚遂良等皆以直谏见称。高宗龙朔年间，改名为正谏大夫。武后时设延恩、招谏、申冤、通元四匦，即令正谏大夫主匦；又置补阙、拾遗二官为之副。开元以后，仍改正谏为谏议大夫，定额四人。德宗建中以后，更以谏议大夫为"知匦使"，且分谏议大夫为左右并隶门下、中书，言路大开，谏净有职，对唐朝政治大有补益。宋时，有左右谏议大夫、左右司谏（补阙更名）、左右正言（拾遗更名）等官，左属门下，右隶中书。由于宋朝规定谏官的职责为"凡朝政阙失、大臣百官任非其人、三省百司事有失当，皆得谏正"，因此谏官亦涉及弹劾的领域。但北宋时台、谏在组织上还是严格分开的，台臣、谏臣不得相互往来。南宋时，台谏合住一府，职掌更相混淆。孝宗时，兵部林栗进言，不许谏官越行御史纠弹之权，谏官始恢复本来面目。事实上谏议官制已走到它的尽头了，元以后便不复存在，明复设谏议大夫不过昙花一现，仅仅是它的一点回光返照而已。

给事中一官，设于秦朝，因给事殿中、以备顾问而得名。秦、汉、曹魏均为加官，晋代始有正员。南朝给事中皆隶集书省，且在梁时有"随事为驳"的职掌，说明给事中"封驳诏书"的大权自梁开始。北魏给事中有诸多名称；北齐则定额为六十员；北周将其改为"给事中士"，亦六十人，属天官府。隋又改名为"给事"及"给事郎",隶门下省(给事郎原属吏部,后亦移门下),专掌"省读奏案"。以后各代给事中皆隶门下,其抄发本章的职掌也自隋起。

唐朝时期,给事中的职权达到顶峰。唐代的给事中,可以封驳诏敕,可以驳正刑狱,可以纠理冤滞无告,可以裁退选补不当,职权大大地扩张了。凡诏旨及百司奏疏由中书宣出者,皆须经给事中书读,然后才可交尚书施行。五代时给事中皆由他官兼任,封驳之权基本废止。宋代元丰官制行后,给事中又为专职,且分治六房,这是明代给事中分六科治事的渊源;又设门下后省,以给事中为后省长官,此后给事中渐有独为一曹的趋势。明代给事中兼具谏议、补阙、拾遗之职掌,便由宋朝发展而来。

辽南面官门下省有给事中;金无门下省,给事中为内侍寄禄之官,另置审官院掌奏驳除受失当。元代废门下省,给事中变成兼修起居注的官吏,封驳之权荡然无存。明朝革除中书省后,并把一切谏官裁去,只设六科给事中稽察六部百司之事,兼掌谏议、补阙、拾遗的权责,于是给事中职掌甚至比唐宋更为宏要,并且独立自为一曹。明代政纲多赖六科维系,而"六部之官,无敢抗'科参'而自行者,故给事中之品卑而权特重"①。正因为权重且无所统属,明的给事中往往也有放纵自恣的一面,科道之间也竞相攻击,党同伐异,这是其弊害的一面。

清朝将六科给事中并入都察院,完成了台谏的合流。但是,清代凡重要或机密的诏旨均由军机处直接密行,不经给事中之手,给事中的封驳之权也就被大大地削弱了。本来,言官的职责是谏君,即监督君主的得失;而清朝之给事中显然是用来察吏了。自宋历明至清,给事中对君主的谏诤特权日益被剥夺,说明封建君主只注重自上而下对臣属的监察,而不能容忍谏官对自己的束缚,这是由其君主专制逐步走向绝对化的政治性质所决定的。

八　古代监察制度小结

中国古代监察制度,是与封建专制官僚政体相伴随而存在的。这一专

---

① 顾炎武:《日知录》卷九。

制政体是中国古代固有封建制度的产物。

在西欧，当封建制度崩溃以后，紧接着就进入了资本主义社会，这是因为，其发生于 14、15 世纪的由领主制经济向地主制经济的转变，是资本主义因素发展壮大的结果，所以由封建领主制经济向地主制经济转变的过程，就是资本主义产生的过程。而中国，却踏上了一条与此截然不同的历史轨道。中国也经历过西方的那种典型的"封建"制度，那是在西周初年到东周的前期。典型的封建制度即以劳动的自然形态（劳役地租形态）的剥削为特征的农权制度。这种剥削方式是建立在农奴对领主的人身依附关系即所谓的"封建关系"的基础之上的，它典型地表现为领主根据一定的分配制度授予农奴以份地（如西周的井田），而农奴必须依附并无代价地耕种它，从而建立起上下隶属的封建关系。这种典型的封建制度，于春秋中后叶随着公田向私田的转化而逐渐瓦解。从鲁国"初税亩"到商鞅的"废井田开阡陌"，土地私有制日益确立，地主阶级的出现使地主制经济取代了领主制经济。土地变成一种生息资本，可以自由买卖。地主与农民的租佃关系代替了领主与农奴的人身依附关系。使用价值的剥削发展为交换价值的剥削，劳役地租日益为实物地租以及随之而来的货币地租所取代。战国时代突出发展的简单商品经济和货币经济使中国社会发生了深刻的变化。司马迁在《货殖列传》一文中以其独到的眼光描述了当时"天下熙熙，皆为利来；天下攘攘，皆为利往"的拜金现象。但是，中国的典型封建制度崩溃以后，资本主义生产方式并未产生。继之而起的社会经济结构，既不是纯封建的生产方式，又不是新生资本主义的生产方式，同时杂糅了旧的残余与新的成分，尤其是注入了一些资本主义的经济因素，这种特有的封建体制在中国一下延续了两千多年。

中国的专制官僚政体也正是在这一时期随着贵族政治的崩溃而诞生的。秦借"策士""处士"或封建官僚的帮助而统一天下，建立起了大一统的专制官僚政体，其后这种局面持续了下来。"二千年的历史，一方面表现为同一形式的不同王朝的更迭，同时又表现为各王朝专制君主，通过他们各别文武官吏对农民施行剥削榨取的支配权力的转移。王朝的不绝再生产，再配合以官僚统治的不绝再生产；同式政治形态的重复，在有些人看来是'循环'（如日本秋泽修二之流的中国历史循环说），而在其他较深刻的历史学家看来则是'没有时间'，'没有历史'（如 Hegel 称中国为'空间的国家'）。但中国官僚政治延续了二千年却是一个事实。"① 皇帝加专制官僚统治，正是中国特别的社会经济形态下的二千年政治的主要内容。而所谓监察制度，不过是维护这种政体的必要的工具而已。

绝对的专制导致绝对的腐败。在中国两千年的专制政体下，官僚的腐败是不可避免的。一方面，官僚的腐败会葬送封建王朝的统治；另一方面，宰臣的专权会危及皇权的至高无上的尊严。因此，为了化解这些矛盾，从秦始皇开始，就正式建立强大而独立的监察机关，以作为自上而下控制臣属的工具。总体上看，皇帝是不受监督的。偶遇开明的君主，极重谏官的进言，于是唐宋的谏议大夫曾红极一时。但这毕竟是极其软弱无力的，其实就连御史对大臣的弹劾也必须以皇帝的喜怒哀乐为转移。于是，发展到清朝，将给事中一职完全并入都察院，言官也只好行使察官的职能，对下不对上，凡军国大事皆由军机处直接奉旨，哪里还谈得上对最高权力的监察！不过，我们必须以历史的眼光看待和评价中国传统的监察制度。民国时期就有有识之士指出："大概只要是专制政治，万权总是自上而下的，绝不许有自下而上的监督权发生。凡是民治的国家，总由人民去监督政府和官吏，故治事之官多，治官之官少。凡是君治的国家，总只许君主一人有监督内外百官的大权，故治事之官少，治官之官多。中国的政论家，大概都承【认】州县知事是亲民之官，换句话说，就是治事之官。可是从州县知事朝上数，知府和直隶州知州是监督官，道台是监督官、藩臬是监督官，督抚是监督官；而督抚之上，除君主外，还有许多互相牵制互相纠察的官吏。简单一句话，自直隶州知州和知府而上，一直数到君主，大都是治官之官，而都察院尤其是专以治官做职掌的。故民治的国家，虽然明明白白的知道代议制的坏处，可是总没有完善的方法用来代替代议制；反过来说，如中国从前那样的专制国家，也无论怎样发现出来科道制的弊害，但总没有别的完善的方法，可以用来代替科道制。我们现在可以武断的说一句话，就是代议制是目前民治国家的唯一制度，科道制是从前专制国家的唯一制度。"②

清末的君主立宪运动冲击着千百年来的君主专制制度，尤其是鸦片战

---

① 王亚南：《中国官僚政治研究》，商务印书馆，2010，第 31 页。
② 高一涵：《中国御史制度的沿革》，商务印书馆，1926，第 89~90 页。

争后一系列丧权辱国的不平等条约的签订，更是激化了民族矛盾与阶级矛盾，改良的呼声更为高涨。中国监察制度至清末新政运动时期处于旧制在衰败、新制未确立的动荡与变革之中。走过两千多年历程的中国监察制度，发展到清代，就本身的封建体制来说，已臻完善备至的成熟阶段，同时也抵达了命运的终极，开始走向衰亡。光绪、宣统年间的新政运动，撤销了审议封驳奏章的通政司，削夺了六科给事中对六部的监临权，将规谏、建言权移向"议院"；削减都察院官员，将法律监督权分让给法部。然而，"上下议院"并未成立，它的前身"资政院"及各省"咨政局"的议员也并无自由建言之权，舆论稍有触犯皇权，便以"紊乱政体"问罪。清末新政立宪运动并未给中国古老的监察制度带来实质性的变革。但这次新兴资产阶级向封建地主阶级的挑战，终于敲响了封建君主集权专制的丧钟。清朝统治集团无力进行中国监察制度的彻底性改革，这个历史任务只有交给以辛亥革命为标志的中国资产阶级去完成了。

总之，只有人民真正掌握了政权，才能为有效监督政府权力提供根本性的制度保障。

（本文节选自《中国历代监察制度》，法律出版社 2010 年版，第 1~107 页）

中国古代监察思想、制度与法律论纲

——历史经验的总结

张晋藩[*]

摘　要： 思想是行为的先导，也是制度与法律的文化基础。中国古代监察思想博大精深，深刻地影响着监察制度与法律的制定与运行。在中国古代监察思想、制度与法律产生与发展的历史进程中，战国、汉、唐、宋、明是五个有代表性的朝代。这五个朝代的监察思想、制度与法律各有发展脉络与时代特点，监察思想、制度与法律三者之间具有内在联系，可以为现代监察制度建设提供历史的经验。

关键词： 监察思想　监察制度　监察法　中国古代

思想是行为的先导，思想也是制度与法律的文化基础。中国古代监察思想以其丰富的内涵和鲜明的特色，傲然自立于世界政治法律思想史之林。中国古代的监察思想之所以云蒸霞蔚，异彩纷呈，是和恍如群星灿烂般的思想家群体分不开的。本文从悠久的监察思想史中选取五个历史部分——战国、汉、唐、宋、明，剖析监察思想与同时期的监察制度和法律的内在联系，总结历史经验，为当前的监察制度与法治建设提供借鉴。

一

战国时期经济制度的巨大变革，兼并战争的迅猛发展，政权的频繁更

---

* 张晋藩，教育部 2011 计划司法文明协同创新中心顾问，中国政法大学终身教授。

替，造成了社会的大动荡。各国国君为进一步加强中央集权，争取兼并战争的胜利，采用因功予赏、因能授官的原则，以官僚制度取代世卿制度。官不再是世袭制，而是由国君随时任免，也不享有封邑，而是获取俸禄。官不仅定期接受考课，而且受到国君经常性的监察，以维持必要的吏治，于是，为治吏而察吏的监察思想迅速萌发。

鲁国大夫臧哀伯告诫宋庄公说："国家之败，由官邪也。"① 《吕氏春秋·知度》更强调"故治天下之要，存乎除奸；除奸之要，存乎治官"②。

作为显学的法家思想强调"明主治吏不治民"③，非常重视对官吏的监督，形成了一整套以法治吏的主张。

早期法家管仲认为"治国有三本"，其核心在于吏治。④ 如果不能有效控制官吏的枉法行私，则"属数虽众，非以尊君也，百官虽具，非以任国也"⑤。他还主张设立专司，监督和控制百官，使其不敢悖法行私。所谓"有道之君，上有五官以牧其民，则众不敢逾轨而行矣。下有五横以揆其官，则有司不敢离法而使矣"⑥。"明主者，有术数而不可欺也，审于法禁而不可犯也，察于分职而不可乱也。故群臣不敢行其私，贵臣不得蔽贱……此之谓治国。"⑦

商鞅说："使吏非法无以守，则虽巧不得为奸"，"以法相治，以数相举者不能相益"。⑧ 韩非子还从不依法察官会产生种种弊端的角度，论证了明法以制百官的重要性。他说："人主释法而以臣备臣，则相爱者比周而相誉，相憎者朋党而相非，非誉交争，则主惑乱矣。"因此，必须"明法而以制大臣之威"。⑨

───────────────

① （春秋）左丘明撰《左传·桓公二年》，蒋冀骋标点，岳麓书社，1988，第15页。
② 《吕氏春秋》卷十七《审分览第五·知度》，（汉）高诱注，上海书店，1986，第208页。
③ （清）王先慎撰《韩非子集解》卷十四《外储说右下》，钟哲点校，中华书局，1998，第322页。
④ 黎翔凤撰，梁运华整理《管子校注》卷一《立政·三本》，中华书局，2004，第59页。
⑤ 黎翔凤撰，梁运华整理《管子校注》卷十五《明法·区言》，中华书局，2004，第916~917页。
⑥ 黎翔凤撰，梁运华整理《管子校注》卷十《君臣上·短语》，中华书局，2004，第559页。
⑦ 黎翔凤撰，梁运华整理《管子校注》卷二十一《明法解·管子解》，中华书局，2004，第1207页。
⑧ 蒋礼鸿撰《商君书锥指》卷五《慎法》，中华书局，1986，第137页。
⑨ （清）王先慎撰《韩非子集解》卷五《南面》，钟哲点校，中华书局，1998，第118页。

以上可见，进入战国以后，顺应君主专制制度的发展和官僚制度的形成，为了确保君主的最高支配者的地位，思想家们特别是法家思想家，论证了加强对官僚系统的监督和控制的必要性。以法纠察官吏的不法行为，保证官僚机构的正常运行，稳固君主权威地位的独尊，从而为建立独立的监察机构和有效的权力监督机制提供了理论上的依据。

战国时期，御史一职已经出现，他们随侍君主左右，负责记言记事、掌管法令图籍。如《史记·廉颇蔺相如列传》载：秦赵约会于渑池，秦昭王让赵惠王鼓瑟，蔺相如则逼令秦王击缶以为秦声，均被秦赵御史载入史册。① 又如《史记·滑稽列传》载：齐威王置酒于后宫，召淳于髡并赐之酒，"问曰：'先生能饮几何而醉？'对曰：'臣饮一斗亦醉，一石亦醉。'威王曰：'先生饮一斗而醉，恶能饮一石哉！其说可得闻乎？'髡曰：'赐酒大王之前，执法在傍，御史在后，髡恐惧俯伏而饮，不过一斗径醉矣。'"② 可见御史的纠察职责对于百官的震慑作用。再如《商君书·境内》记述御史在作战时，与国正监一起登上特别设置的高台而"参望之"，"其先入者举为最启，其后入者举为最殿"。③ 这表明，御史还负责监督将士作战是否奋勇，并以之为奖惩的依据。

战国时，御史监察的对象不限于中央官员，魏、韩、秦等国相继在郡县地方机构设置御史，以加强对地方官吏的监察。《韩非子·内储说上》记载了一名县令设计陷害御史的史实："卜皮为县令。其御史污秽，而有爱妾。卜皮乃使少庶子佯爱之，以知御史阴情。"④ 上述史实反映了御史对县令享有监察职权。

另，《战国策》记载："安邑之御史死，其次恐不得也，输人为之谓安令曰：公孙綦为人请御史于王，王曰：'彼固有次乎？吾难败其法。'因遂置之。"⑤ 睡虎地秦墓竹简《秦律十八种·传食律》中，有关于御史部属出

① （汉）司马迁撰《史记》卷八十一《廉颇蔺相如列传》，中华书局，1959，第2442页。
② （汉）司马迁撰《史记》卷一百二十六《滑稽列传》，中华书局，1959，第3199页。
③ 蒋礼鸿撰《商君书锥指》卷十九《境内》，中华书局，1986，第121页。
④ （清）王先慎撰《韩非子集解》卷九《内储说上》，钟哲点校，中华书局，1998，第237页。
⑤ （汉）刘向编集《战国策》卷二十八《韩三·安邑之御史死》，贺伟、侯仰军点校，齐鲁书社，2005，第324页。

差伙食标准的规定，① 表明御史监察郡县已初步制度化。

战国时期各国相继制定和颁布了成文法。在法制涌动的背景下，监察法也已出现。睡虎地秦墓竹简《语书》中记录了监察活动的启动程序，如"发书，移书曹，曹莫受，以告府，府令曹画之。其画最多者，当居曹奏令、丞，令、丞以为不直，志千里使有籍书之，以为恶吏"②。但总的说来，战国时期的监察立法还处于发轫阶段。

二

有汉一代，论证监察思想的思想家如董仲舒、班固、仲长统、王符等，可谓多矣。他们监察思想的要点是：官吏是治国之要，察吏是治国之本。公孙弘说："陛下有先圣之位而无先圣之名，有先圣之名而无先圣之吏，是以势同而治异。先世之吏正，故其民笃；今世之吏邪，故其民薄。政弊而不行，令倦而不听。夫使邪吏行弊政，用倦令治薄民，民不可得而化，此治之所以异也。"③ 他认为"吏正"可使民诚笃，"吏邪"则使民刻薄，用奸吏"行弊政"，"治薄民"，国家危矣。王符说："是故民之所以不乱者，上有吏；吏之所以无奸者，官有法；法之所以顺行者，国有君也；君之所以位尊者，身有义也。义者君之政也，法者君之命也。人君思正以出令，而贵贱贤愚莫得违也。……君诚能授法而时贷之，布令而必行之，则群臣百吏莫敢不悉心从己令矣。己令无违，则法禁必行矣。故政令必行，宪禁必从，而国不治者，未尝有也。"④

王符不仅论证了官吏对于国家施政的重要性，更强调以法治吏的价值。他认为以法治吏可以使"君尊"，可以使"民不违（令）"，可以使国家大治。

---

① 《秦律十八种·传食律》179～180 简载："御史卒人使者，食粺米半斗，酱驷（四）分升一，采（菜）羹，给之韭葱。其有爵者，自官士大夫以上，爵食之。使者之从者食粝米半斗；仆，少半斗。"参见睡虎地秦墓竹简整理小组编《睡虎地秦墓竹简·秦律十八种》，文物出版社，1990，第 60 页。

② 睡虎地秦墓竹简整理小组编《睡虎地秦墓竹简·语书》，文物出版社，1990，第 15 页。

③ （汉）班固撰《汉书》卷五十八《公孙弘传》，中华书局，1962，第 2617 页。

④ （汉）王符著，（清）汪继培笺，彭铎校正《潜夫论笺校正》卷五《衰制》，中华书局，1985，第 239～243 页。

　　路温舒把论述的重点放在抨击"败法乱正"的"治狱之吏"上。他说："今治狱吏则不然，上下相驱，以刻为明；深者获公名，平者多后患……天下之患，莫深于狱；败法乱正，离亲塞道，莫甚乎治狱之吏。此所谓一尚存者也。臣闻乌鸢之卵不毁，而后凤凰集；诽谤之罪不诛，而后良言进。故古人有言：'山薮藏疾，川泽纳污，瑾瑜匿恶，国君含诟。'唯陛下除诽谤以招切言，开天下之口，广箴谏之路，扫亡秦之失，尊文武之德，省法制，宽刑罚，以废治狱，则太平之风可兴于世，永履和乐，与天亡极，天下幸甚。"① 路温舒抨击"败法乱政"的"治狱之吏"，不仅揭露了司法实践中的黑暗面，更重要的是从中论证加强司法监察的重要性。

　　思想家们关于吏治与治吏重要性的阐发，对于推动汉朝监察制度的发展起到重要的作用，汉朝形成了多元化的监察体制，既有以御史大夫和御史中丞为正副长官的御史府监察系统，又有丞相司直负责的行政监察系统，还有以司隶校尉为首的京师和近畿的监察系统。各个系统之间互不统属，各有一定的独立性。这种精心设计的监察机制，使之既分体运行，又互相制衡，以维护专制主义的国家统治。但由此也不可避免地出现各个监察系统之间的矛盾。

　　特别值得提出的是，奉行儒家学说的董仲舒宣扬"尊君抑臣"的理论，他说："君为阳，臣为阴。"② "为人君者，正心以正朝廷，正朝廷以正百官，正百官以正万民，正万民以正四方。四方正，远近莫敢不壹于正，而亡有邪气奸其间者。"③

　　董仲舒的"尊君抑臣"论与汉武帝推行的强干弱枝、加强中央集权的政策相合。自汉初建立王侯国制以后，地方势力扩大，并且与豪强勾结，形成尾大不掉之势，终于爆发了"七国之乱"。景帝虽然平定了"七国之乱"，但地方割据势力仍然成为中央集权的严重威胁。所以，汉武帝即位以后，大力推行强干弱枝的政策，力图打击地方割据势力。他接受了董仲舒的思想，"罢黜百家，独尊儒术"，并且划天下为十三部监察区，设刺史为监察官，并且制定了《六条问事》，作为刺史监察州长官与地方豪强势

①　（汉）班固撰《汉书》卷五十一《路温舒传》，中华书局，1962，第2369~2371页。
②　（汉）董仲舒撰《春秋繁露》卷十二《基义》，（清）凌曙注，中华书局，1975，第432页。
③　（汉）班固撰《汉书》卷五十六《董仲舒传》，中华书局，1962，第2502~2503页。

力不法行为的法律依据。《六条问事》以两千石的州长官与地方豪强势力为监察对象。据《汉官典职仪式选用》记载，凡二千石高官"以强凌弱，以众暴寡"，"不奉诏书……聚敛为奸"，"不恤疑狱，风厉杀人"，"阿附豪强，通行货赂，割损政令"，① 均在打击范围之内。《六条问事》反映了董仲舒监察思想的影响，显示了监察思想与监察体制和监察法律之间的内在联系，也突出地彰显了监察思想的历史作用。

三

唐朝由于比较彻底地实行均田制，促进了经济的繁荣昌盛，进而又推动了上层建筑的全面发展，史称"文物仪章，莫备于唐"②。

从玄武门之变到天宝之乱，经历了贞观之治、开元之治，开创了盛世。这一方面和唐初皇帝的虚怀纳谏、励精图治密切攸关，另一方面还在于皇帝身边聚集了一大批敢于犯言直谏、纠弹不法的监察官，如王圭、魏征、陈子昂、张九龄、张柬之等。他们共同的监察思想对于建设一台三院的监察体制和构建全国性的监察网络起到了直接的影响。

唐太宗从隋末农民大起义的切身经历中，清醒地认识到"君，舟也，人，水也。水能载舟，亦能覆舟"③，因而强调"国以民为本"。他曾对侍臣说："为君之道，必须先存百姓，若损百姓以奉其身，犹割股以啖腹，腹饱而身毙。"④

在君臣关系上，太宗主张君臣合体，臣为君之"耳目股肱"。贞观五年（631年），他对侍臣说："今天下安危，系之于朕，故日慎一日，虽休勿休。然耳目股肱，寄于卿辈……倘君臣相疑，不能备尽肝膈，实为国之大害也。"⑤ 又说："人欲自照，必须明镜；主欲知过，必借忠臣。主若自

---

① （汉）蔡质撰《汉官典职仪式选用》，（清）孙星衍校集，载（清）孙星衍等辑《汉官六种》，中华书局，1985，第 208~209 页。
② （元）柳贇：《唐律疏议序》，载（唐）长孙无忌等撰《唐律疏议》，刘俊文点校，中华书局，1983，第 663 页。
③ （唐）吴兢编著《贞观政要》卷一《政体》，上海古籍出版社，1978，第 16 页。
④ （唐）吴兢编著《贞观政要》卷一《君道》，上海古籍出版社，1978，第 1 页。
⑤ （唐）吴兢编著《贞观政要》卷一《政体》，上海古籍出版社，1978，第 16 页。

贤，臣不匡正，欲不危败，岂可得乎？"① 他希望臣下能够充分发挥耳目股肱与明镜的作用，说："朕既在九重，不能尽见天下事，故布之卿等，以为朕之耳目。莫以天下无事，四海安宁，便不存意。"② 因此，不定期地遣使巡察天下，监察州县官吏，以定奖惩。在唐朝，御史不仅是察吏之官，也是"掌律令"之官，无论治吏与明法都与御史密切相关。《通典》载："唐自贞观初以法理天下，尤重宪官，故御史复为雄要。"③

元宗在《饬御史刺史县令诏》中强调"御史执宪，纲纪是司"，如果御史面对"在外官人，罕遵法式，孤弱被抑，冤不获申，有理之家，翻遭逼迫，侵刻之吏，务欲加诬"的现象，则要"按其有犯弹奏"。④ 另外，睿宗在《访察官司请托制》中也指出："御史宪司，绳劾斯举。自今已后，王公朝士有嘱请者，所繇官密奏闻，若苟相容隐，御史访察弹纠。"⑤ 御史独立行使弹奏权，即使御史台长官也无权事先询问弹奏的内容。史载："御史为风霜之任，弹纠不法，百僚震恐，官之雄峻，莫之比焉。"⑥ 正因为如此，对监察官的选任很是严格。"不有其人，孰可将命？"⑦

早在高祖时，便视御史为清要之官。《旧唐书》载：李素立"丁忧"，"高祖令所司夺情授以七品清要官，所司拟雍州司户参军，高祖曰：'此官要而不清。'又拟秘书郎，高祖曰：'此官清而不要。'遂擢授侍御史，高祖曰：'此官清而复要。'"⑧

昭宗在一次任命御史大夫时，特颁诏说："古置御史，绳愆纠察，为朕耳目，董正朝纲，厥任非轻，必惟其人。尔御史大夫史实，风裁严毅，

---

① （唐）吴兢编著《贞观政要》卷二《求谏》，上海古籍出版社，1978，第46页。
② （唐）吴兢编著《贞观政要》卷一《政体》，上海古籍出版社，1978，第16页。
③ （唐）杜佑撰《通典》卷二十四《职官六·御史台·侍御史》，王文锦等点校，中华书局，1988，第670页。
④ （清）董诰等编《全唐文》卷二十九《元宗皇帝·饬御史刺史县令诏》，中华书局，1983，第327页上栏。
⑤ （清）董诰等编《全唐文》卷十八《睿宗皇帝·访察官司请托制》，中华书局，1983，第218页下栏。
⑥ （宋）马端临撰《文献通考》卷五十三《职官七·御史台》，中华书局，2011，第1552页。
⑦ （清）董诰等编《全唐文》卷三十二《元宗皇帝·遣使巡按天下诏》，中华书局，1983，第357页下栏。
⑧ （后晋）刘昫等撰《旧唐书》卷一百八十五上《良吏上·李素立传》，中华书局，1975，第4786页。

学识渊源。劲正之气，足以配昔人之贤；明敏之才，足以周当世之务。今朕丕承鸿绪，值造多艰……特简命尔，尔宜益励初心，毋荒朕命。"① 按唐朝一般选官，皆由吏部注拟，五品以上皇帝敕授，六品以下奏授。但侍御史、殿中侍御史、监察御史虽为六品至八品官，却因"绳愆纠察……董正朝纲"②，地位特殊，故多为敕授。

除皇帝对监察官多有倚重外，大臣们包括监察官也从言与行的结合上，抒发了他们的监察思想，如太宗时，"郿令裴仁轨私役门夫，太宗欲斩之，乾祐奏曰：'法令者，陛下制之于上，率土尊之于下，与天下共之，非陛下独有也。仁轨犯轻罪而致极刑，是乖画一之理。刑罚不中，则人无所措手足。臣忝宪司，不敢奉制。'太宗意解，仁轨竟免。乾祐寻迁侍御史。……擢拜御史大夫"③。

武则天统治时期，狄仁杰担任侍御史时，虽仅为六品官但敢于弹劾权贵宠臣。"司农卿韦弘机作宿羽、高山、上阳等宫，制度壮丽。上阳宫临洛水，为长廊亘一里。宫成，上徙御之。侍御史狄仁杰劾奏弘机导上为奢泰，弘机坐免官。左司郎中王本立恃恩用事，朝廷畏之。仁杰奏其奸，请付法司，上特原之。仁杰曰：'国家虽乏英才，岂少本立辈！陛下何惜罪人，以亏王法。必欲曲赦本立，请弃臣于无人之境，为忠贞将来之戒！'本立竟得罪。由是朝廷肃然。"④

同时期的陈子昂、李峤针对遣使巡案的弊病，提出了尖锐的批评。陈子昂说："九道出大使巡按天下，申黜陟，求人瘼，臣谓计有未尽也。且陛下发使，必欲使百姓知天子凤夜忧勤之也，群臣知考绩而任之也，奸暴不逞知将除之也，则莫如择仁可以恤孤、明可以振滞、刚不避强御、智足以照奸者，然后以为使，故辄轩未动，而天下翘然待之矣。今使且未出，道路之人皆已指笑，欲望进贤下不肖，岂可得邪？宰相奉诏书，有遣使之

---

① （清）董诰等编《全唐文》卷九十《昭宗皇帝·赐御史大夫史实制》，中华书局，1983，第 946 页上栏。

② （清）董诰等编《全唐文》卷九十《昭宗皇帝·赐御史大夫史实制》，中华书局，1983，第 946 页上栏。

③ （后晋）刘昫等撰《旧唐书》卷八十七《李昭德传》，中华书局，1975，第 2853～2854 页。

④ （宋）司马光编著《资治通鉴》卷二百零二《唐纪十八》，高宗调露元年正月己酉，中华书局，1956，第 6388～6389 页。

名，无任使之实。"①

李峤提出遣使出巡，应该按工作量多少调配人力，规定期限，以充分发挥官员的才干和制度的优越性，他说："伏见垂拱时，诸道巡察使科条四十有四，至别敕令又三十。而使以三月出，尽十一月奏事，每道所察吏，多者二千，少亦千计，要在品核才行而褒贬之。今期会迫促，奔逐不暇，欲望详究所能，不亦艰哉。此非隳于职，才有限，力不逮耳。……请率十州置一御史，以期岁为之限，容其身到属县，过闾里，督察奸讹，采风俗，然后可课其成功。""武后善之，下制析天下为二十道，择堪使者。"②

元和四年（809 年）节度使王承宗叛变，朝廷发兵征讨，以宦官承璀为行营兵马使和招讨处置使统一指挥各路兵马。曾任监察御史的白居易冒死上奏："国家征伐，当责成将帅，近岁始以中使为监军。自古及今，未有征天下之兵，专令中使统领者也。今神策军既不置行营节度使，即承璀乃制将也；又充诸军招讨处置使，则承璀乃都统也。臣恐四方闻之，必窥朝廷；四夷闻之，必笑中国。"③

唐朝的监察制度，经过众多思想家的引导，并在总结汉以来监察制度的经验基础上，建立了比较成熟和定型的一台三院的监察体制。台为御史台，是中央最高监察机关，以御史大夫（从三品）一人为台长，率领群僚行使监察权。御史台下设台院、殿院、察院。台院，设侍御史四人，秩从六品下，"掌纠举百僚，推鞫狱讼"。殿院，设殿中侍御史六人，"掌殿庭供奉之仪式。凡冬至、元正大朝会，则具服升殿。若皇帝郊祀、巡省，则具服从，于旌门往来检察，视其文物之有亏阙则纠之"。④ 察院，设监察御史十人，秩正八品上，掌"分察百僚，巡按郡县，纠视刑狱，肃整朝仪"⑤。

唐初分全国为十道监察区，由监察御史十人分巡州县。开元二十一年（733 年）改全国为十五道，监察御史亦增至十五人。监察御史巡按州县，威仪显赫，视州县官如"僮仆"。为此，玄宗开元十三年（725 年）三月

① （宋）欧阳修、宋祁撰《新唐书》卷一百零七《陈子昂传》，中华书局，1975，第 4070 页。
② （宋）欧阳修、宋祁撰《新唐书》卷一百二十三《李峤传》，中华书局，1975，第 4368 页。
③ （宋）司马光编著《资治通鉴》卷二百三十八《唐纪五十四》，宪宗元和四年十月癸未，中华书局，1956，第 7667 页。
④ （唐）李林甫等撰《唐六典》卷十三《御史台》，陈仲夫点校，中华书局，1992，第 381 页。
⑤ （唐）李林甫等撰《唐六典》卷十三《御史台》，陈仲夫点校，中华书局，1992，第 381 页。

曾下诏严斥：御史"如州县祗迎，相望道路，牧宰祗候，僮仆不若，作此威福，其正人何如闻？自今已后，宜申明格敕，不得更尔，违者州县科罪，御史贬降"①。

一台三院的体制影响甚久，直至明初始为都察院所取代。

唐朝的监察法以《监察六法》为代表。玄宗开元年间为约束按察使的监察职权而定六法，内容是："其一，察官人善恶；其二，察户口流散，籍帐隐没，赋役不均；其三，察农桑不勤，仓库减耗；其四，察妖猾盗贼，不事生业，为私蠹害；其五，察德行孝悌，茂才异等，藏器晦迹，应时用者；其六，察黠吏豪宗兼并纵暴，贫弱冤苦不能自申者。"②

《监察六法》在性质上属于地方监察法规，是唐朝"道察"体制的产物。首先，"察官人善恶"，使监察的覆盖面扩展到所有的官僚；其次，将户口、赋役、农桑、库存等经济指标列为监察的内容，显示对经济监察的重视；最后，司法是否公平，不仅涉及贫弱百姓的切身利益，也关系到社会的稳定和国家的安危。因此，察贫弱冤苦不能自申者，皇帝派出巡按地方的监察御史多奉命察大案、要案、冤案，充分说明了司法监察已成为监察的重点。

贞观二十年（646 年），以六法巡查四方的结果，以贤能升官者二十人，以罪处死者七人，处流刑及罢官者达数百人。说明六法的实施，对盛世的形成，起到了重要的作用。

除监察六法外，皇帝对御史每次巡行的监察重点都作出明确的指示。这对规范和指导特定的监察活动，具有重要的意义。将稳定性的《监察六法》与因事而发的临时性的皇帝制诏相结合，形成了较为严密的监察法网，对于维持地方的吏治以及推动各种地方政务的实施，起了积极的作用。

四

宋承唐制，在监察体制上沿袭唐旧，但宋朝立国与施政的基本点是加

①　（宋）王钦若等编纂《册府元龟》卷一百五十八《帝王部·诫励第三》，周勋初等校订，凤凰出版社，2006，第 1760 页。

②　（宋）欧阳修、宋祁撰《新唐书》卷四十八《百官志三》，中华书局，1975，第 1240 页。

强中央集权，给监察思想和监察法都打上了这个时代的烙印。

在加强中央集权的背景下，宋朝君臣都非常重视发挥监察官在维护国家纲纪方面的重要作用。北宋名臣包拯指出："且国家置御史府者，盖防臣僚不法，时政失宜，朝廷用之为纪纲，人君委之如耳目。"[①] 与包拯同时代的蔡襄也持同样的看法，认为监察官负有维护朝廷纲纪、纠正偏失之责："台官谏臣，纠正朝纲，箴补失阙。"[②] 北宋末年的欧阳修更强调："盖御史台为朝廷之纪纲，台纲正则朝廷理，朝廷理则天下理矣。"[③] 南宋时期，国家形势的窘迫，政治的腐败，使得统治者更加感到整饬国家纲纪的重要。高宗赵构于绍兴二十五年（1155 年）十二月一日诏中，特别强调振兴纲纪是监察官的职责："台谏风宪之地，振举纪纲，纠逖奸邪，密赞治道。"[④] 著名的理学家朱熹不仅阐述了纲纪对于国家的重要性，还充分论证了如何建立纲纪，以及台谏督察的作用，他说："夫所谓纲者，犹网之有纲也；所谓纪者，犹丝之有纪也。网无纲则不能以自张，丝无纪则不能以自理。故一家则有一家之纲纪，一国则有一国之纲纪，若乃乡总于县，县总于州，州总于诸路，诸路总于台省，台省总于宰相，而宰相兼统众职，以与天下相可否而出政令，此则天下之纲纪也。而纲纪不能自立，必人主之心术公平正大、无偏党反侧之私，然后纲纪有所系而立。君心不能以自正，必亲贤臣，远小人，讲明义理之归，闭塞私邪之路，然后乃可得而正也。"[⑤] 又说："何谓纲纪？辨贤否以定上下之分，核功罪以公赏罚之施也。何谓风俗？使人皆知善之可慕而必为，皆知不善之可羞而必去也。"为正纲纪，美风俗，"则以宰执秉持而不敢失，台谏补察而无所私，人主又以其大公至正之心，恭己于上而照临之。是以贤者必上，不肖者必下；有功者必赏，有罪者必刑，而万事之统无所缺也。纲纪既振，则天下之人，自

---

① （明）黄淮、杨士奇等编著《历代名臣奏议》卷二百零二《听言》，台湾学生书局，1964，第 2680 页下栏。

② （明）黄淮、杨士奇等编著《历代名臣奏议》卷三十二《治道·任材以宜》，台湾学生书局，1964，第 445 页上栏。

③ （明）黄淮、杨士奇等编著《历代名臣奏议》卷八十三《经国》，台湾学生书局，1964，第 1161 页上栏。

④ （清）徐松辑《宋会要辑稿·职官》三之五十七，绍兴二十五年十二月一日，中华书局，1957，第 2426 页上栏。

⑤ （宋）朱熹撰《朱文公文集》卷十一《封事·庚子应诏封事》，台湾商务印书馆，1980，第 168 页上栏。

将各自矜奋，更相劝勉，以去恶而从善。盖不待黜陟刑赏一一加于其身，而礼义之风，廉耻之俗已丕变矣"。①

除此之外，宋初，为避免五代动乱的重演，严密防范臣下结党，使各级官僚之间互相监督，互相制约，以利于中央集权的全面强化。此方略在宋太宗即位诏中概括为"事为之防，曲为之制"②，可视为宋统治者历代相承的家法。为了防止臣下结党，仁宗曾嘱咐辅臣说："所下诏，宜增朋党之戒。"③ 因此，利用监察官加强对宰相的监督，成为宋朝监察思想中的一个要点。

由于皇帝支持监察官对宰执大臣的监督，因此在宋朝不乏宰执大臣因台谏弹劾而去职之事。如仁宗宝元元年（1038 年），监察官韩琦连章弹奏宰相王随、陈尧佐和参知政事韩亿、石中立，四人均被罢免。④

以上可见，制衡相权的监察思想和政策导向，确实在一定程度上抑制了权臣的出现，减轻了相权与皇权的矛盾，有利于国家政治的稳定，但也增加了宰相与监察官的矛盾。

宋朝的监察体制，中央仍为一台三院制，但提高侍御史的地位，不再是御史台的属官，台院实际上名存职废，使得唐朝以来御史台三院的组织结构出现了合并的趋势，为元明清三院合一的体制改革提供了经验。

宋朝的地方监察体制则有较大的变化。宋初因袭唐朝设道的旧制，太宗淳化四年（993 年）分天下为十道，⑤ 至道三年（997 年）改为十五路。⑥ 仁宗天圣中分为十八路。神宗元丰八年（1085 年）增至二十三路。宣和四年（1122 年）再析为二十六路。⑦ 路是地方最高行政区划。各路先

①　（宋）朱熹撰《朱文公文集》卷十二《封事·己酉拟上封事》，台湾商务印书馆，1980，第 184 页下栏~第 185 页上栏。

②　（宋）李焘撰《续资治通鉴长编》卷十七，太祖开宝九年十月乙卯，中华书局，2004，第 382 页。

③　（宋）李焘撰《续资治通鉴长编》卷一百零七，仁宗天圣七年三月癸未，中华书局，2004，第 2504 页。

④　（宋）李焘撰《续资治通鉴长编》卷一百二十一，仁宗宝元元年三月戊戌，中华书局，2004，第 2864 页。

⑤　（元）脱脱撰《宋史》卷一百六十二《职官制一·三司使》，中华书局，1977，第 3807 页。

⑥　（宋）马端临撰《文献通考》卷三百一十五《舆地考一·唐氏周九服唐五服异同说见封建考》，中华书局，2011，第 8535 页。

⑦　（元）脱脱撰《宋史》卷八十五《地理志一》，中华书局，1977，第 2094~2095 页。

后设置转运司、提点刑狱司、提举常平司等中央派出机构，分别负责某一方面的政务，并具有监察地方官的职责，统称为"监司"。各司互不统领，各自为政，直接对朝廷负责。这种上下相维、环环相扣的地方分权监察体制，是宋朝统治者吸取唐末五代藩镇割据教训，强化中央集权基本国策的有力措施。

宋朝的监察立法以地方立法为主，以皇帝颁发的诏、敕、令为主要的法律形式，散见于《庆元条法事类》所载《名例敕》《职制令》《职制敕》《厩库敕》《杂敕》《诫饬台官言事御笔手诏》《考课令》《监司互察法》中，对于地方监察官的职权范围，以及违法处置办法等，规定得十分具体。如：

> 诸监司每岁分上下半年巡按州县，具平反冤讼、搜访利害、及荐举循吏、按劾奸赃以闻。
>
> ……
>
> 诸监司巡历所至，应受酒食之类辄受折送钱者，许互察。
>
> ……
>
> 诸州县禁囚，监司每季亲虑。若有冤抑，先疏放讫，具事因以闻。
>
> （以下略）①

为防止监司利用出巡之机勒索地方、骚扰百姓，对监司所带随从仆役、巡察州县逗留的时间和生活待遇等作了具体明确的规定。监司出巡前，不得"移文"州、县，以防止地方官吏"必预为备"的弊病。监司巡按所至，必须"各具所隶事目，不以巨细，临时摘取点检，不得预行刷牒。州县既莫知所备，则必事为之戒，当使庶务毕举，罔有阙遗矣"②。

宋朝的地方监察立法，虽然多以诏、敕、令等法律形式出现，比较零散，没有形成一部完整的地方性单一监察法规，但其内容较之汉唐远为充

---

① （宋）谢深甫等修《庆元条法事类》卷七《职制门四·监司巡历·职制令》，戴建国点校，载杨一凡、田涛主编《中国珍稀法律典籍续编》第一册，黑龙江人民出版社，2002，第117~118页。

② （清）徐松辑《宋会要辑稿·职官》四十五之十三，中华书局，1957，第3397页下栏。

实，立法技术也有所进步。详定监司与按察官的职掌与违法处置办法，赋予监司巡历所至"点检"属下公文运行情况有无差失之权，重视司法监察，维护重农国策，严申监司的法定执掌，推行互察法等，都构成了宋朝地方监察法的明显特点。总之，宋朝地方监察法在中国监察法制史上具有重要的地位和价值。

五

明朝是中国古代社会后期的著名王朝，也是专制制度向着极端化发展的王朝。这是明朝治国理政的一条主线，无论是监察思想，还是监察制度与监察法都围绕这条主线不断地改革演变。统治者以"重耳目之寄，严纪纲之任"① 来要求监察官。太祖曾说："朕设察院，职英俊，禄忠良，以为耳目之寄。"② 又说："任得其人，自无壅弊之患。"③ 仁宗也指出："御史，朝廷耳目，非老成识治体者不任。"④ 宣宗宣德十年（1435 年）谕都察院："朝廷设风宪，所以重耳目之寄。"⑤ 英宗正统十二年（1447 年）谕吏部："御史，朝廷耳目之官……"⑥

在强调监察官作为皇帝"耳目之寄"的同时，还赋予监察官以"严纪纲之任"的历史使命。太祖曾勉励御史们说："国家立三大府，中书总政事，都督掌军旅，御史掌纠察。朝廷纪纲尽系于此，而台察之任尤清要。卿等当正己以率下，忠勤以事上，毋委靡因循以纵奸，毋假公济私以害物。"⑦

---

① （清）龙文彬撰《明会要》卷三十三《职官五·都察院》，中华书局，1956，第 560 页。
② （明）朱元璋撰《明太祖集》卷七《敕·谕御史》，胡士尊点校，黄山书社，1991，第 143 页。
③ （明）徐学聚编辑《国朝典汇》卷五十四《吏部·御史》，洪武四年正月条，台湾学生书局，1965，第 948 页上栏。
④ （明）谭希思编辑《明大政纂要》卷十七《仁宗昭皇帝》，叶二十，仁宗洪熙元年五月，国家图书馆藏湖南思贤书局清光绪本。
⑤ （明）徐学聚编辑《国朝典汇》卷五十三《吏部·御史》，宣德十年正月条，台湾学生书局，1965，第 935 页。
⑥ （明）徐学聚编辑《国朝典汇》卷五十四《吏部·御史》，正统十二年六月条，台湾学生书局，1965，第 953 页下栏。
⑦ （清）张廷玉等撰《明史》卷七十三《职官二·都察院》，中华书局，1974，第 1771～1772 页。

洪武三年（1370年），太祖召御史台臣并谕之曰："风宪之任，本以折奸邪，理冤抑，纠正庶事，肃清纪纲，以正朝廷。"① 此后历代皇帝在敕谕中，反复阐述监察官肃正纲纪的职责。如仁宗洪熙元年（1425年）敕谕都察院："都察院为朝廷耳目，国家纲纪，得人则庶政清平，群僚警肃，否则百职怠弛，小人横恣。"② 英宗正统元年（1436年）敕谕都察院及各处按察司："朝廷设风宪，所以重耳目之寄，严纪纲之任。"③ 正统七年（1442年）十一月敕谕三司："朝廷以纪纲为首，御史职纪纲之任，不可不慎择也。"④ 可见，"重耳目之寄，严纪纲之任"是明朝最重要的、最具代表性的监察思想。

有明一代，出现了一批刚正不阿、纠弹不法的监察官，如被称为"真御史"的左光斗，他在巡视京城时发现吏部官员私刻印章，卖官鬻爵，遂"捕治吏部豪恶吏，获假印七十余，假官一百余人，辇下震悚"⑤。一次宦官执太子手书索要田亩，光斗"不启封还之"，曰："尺土皆殿下有，今日安敢私受。"⑥ 后弹劾魏忠贤"三十二斩罪"，被下狱处死，时人称之为"真御史"。还需提到的是"刚峰先生"海瑞，他不仅敢于上书批评皇帝，所谓"海瑞骂皇帝"，而且还在应天府任上制定了"督抚条约"（共三十六款两万余言），集中表达了他的监察思想，其要点是：禁迎送；禁崇饮食；禁非礼之费；禁请托；禁给过客送礼；禁假公济私；禁官吏敷衍塞责；禁滥取民财民物；禁官吏奸利侵吞；禁贿书吏；等等。⑦ 海瑞一生持刚正之气，不苟且，不阿随，因自号"刚峰"，故天下称其为"刚峰先生"。

明朝的监察制度为贯彻加强专制主义而发生了重大改革，创立了影响中国五百余年的新的监察体制。

---

① （明）徐学聚编辑《国朝典汇》卷七十七《吏部·按察司》，洪武三年三月条，台湾学生书局，1965，第1122页下栏。

② （明）谭希思撰《皇明大政纂要》卷十八《洪熙元年至宣德三年》，国家图书馆藏湖南思贤书局清光绪本。

③ （明）谭希思撰《皇明大政纂要》卷十八《洪熙元年至宣德三年》，国家图书馆藏湖南思贤书局清光绪本。

④ （明）徐学聚编辑《国朝典汇》卷五十四《吏部·御史》，正统七年十一月条，台湾学生书局，1965，第953页下栏。

⑤ （清）张廷玉等撰《明史》卷二百四十四《左光斗传》，中华书局，1974，第6329页。

⑥ （清）张廷玉等撰《明史》卷二百四十四《左光斗传》，中华书局，1974，第6329页。

⑦ 陈义钟编校《海瑞集》上编《督抚条约》，中华书局，1962，第242~254页。

明初，监察体制因循宋元旧制，中央置御史台，与中书省（行政）、都督府（军事）地位并重，鼎足而立。孙正容《朱元璋系年要录》记载："吴置御史台，以汤和为左御史大夫，邓愈为右御史大夫，刘基、章溢为御史中丞，基仍兼太史院使。于是中书省掌政事，都督府掌军旅，御史台纠察百官，三大府乃立。"

洪武六年（1373 年），设置六科给事中，负责看详诸司奏本及日录旨意等事，以加强对六部的监察。

早在唐朝，御史台由台院、殿院、察院三院组成。至元朝，废台院，改殿院为殿中司，只设察院，察院是元朝行使监察权的主要机构。洪武九年（1376 年），为适应中央集权的需要，淘汰殿中侍御史，其纠仪的职能统统归至察院，监察御史"朝会纠仪，祭祀监礼"①。此时，御史台的三院制已出现合一的迹象。洪武十三年（1380 年），设都察院以代御史台，将台察合并为一个机关。由御史台的三院制发展至都察院的一院制，使监察权力一体化，是明朝监察体制的重大改革，反映了皇权的进一步加强。

通过改革将前代御史大夫、中丞改为都御史，以监察御史分掌十三道，革去侍御史、殿中侍御史，一切纠劾巡按，照刷问拟之任，责之监察御史。

明朝地方监察体制中的御史巡按制度是汉唐以来御史出巡的重大发展。早在洪武二年（1369 年），明太祖便派出"监察御史谢恕巡按松江，以欺隐官租，逮系一百九十余人至京师"②。另，《明史·太祖本纪》记载："（洪武）十年……秋七月……始遣御史巡按州县。"③ 至明成祖永乐元年（1403 年）二月乙卯，"遣御史分巡天下，为定制"④。巡按御史的职权范围主要是：考察官吏，奏劾官邪，剪除豪蠹，肃振纲纪；巡视仓库，查算钱粮；考察隐逸，举荐人才；等等。

正像明朝的监察制度发生了重大变革一样，明朝的监察法也由简单、单行法规趋向系统化，无论是中央还是地方监察法都非常细致严密，而且

① （清）张廷玉等撰《明史》卷七十三《职官二·都察院》，中华书局，1974，第 1769 页。
② 《明实录·太祖实录》卷四十三，洪武二年七月癸丑，"中央研究院"历史语言研究所校勘，上海书店，1982，第 854 页。
③ （清）张廷玉等撰《明史》卷二《太祖本纪》，中华书局，1974，第 32 页。
④ （清）张廷玉等撰《明史》卷六《成祖本纪》，中华书局，1974，第 79 页。

有了类似总则与分则的划分，表现了立法技术的进步。其中具有代表性的是英宗时期的《宪纲条例》。早在洪武四年（1371 年）正月，"御史台进拟《宪纲》四十条，上览之亲加删定，诏刊行颁给"①。这是明朝最早的监察立法，内容涉及御史的选用与职权的规定。太祖曾说："风宪作朕耳目，任得其人，自无壅弊之患。"②

此后，惠帝、成祖、仁宗、宣宗历朝对《宪纲》均有所增补。至英宗正统年间，已编制成颇具规模的监察法规《宪纲条例》。为了规范六科给事中的职掌范围，制定《六科通掌》，类似于总则，制定《六科分掌》，类似于分则。据《明会典》记载，《六科通掌》三十五条，另有吏科二十条、户科二十五条、礼科十六条、兵科三十五条、刑科十三条、工科十八条。

明朝的地方监察重点放在御史巡按上。由于巡按御史是代天子巡狩，具有小事立断、大事奏裁的权力，所以点差御史出巡，由皇帝亲自掌握，御史回道奏报，也直接面向皇帝，都察院长官不得过问。为了控制巡按御史的职权，洪武二十六年（1393 年）制定了监察御史的《出巡事宜》，规定了科差赋役、户口、词讼、农田、道路、军需、学校，以及驿站、度量衡等诸多方面的职掌，及相应的法律责任。

明朝的监察法是在总结宋元监察法的基础上完成的，规模宏大，系统井然，法条细密，奖惩分明。可以说，没有明朝的监察法，就不会有清朝监察法典《钦定台规》的出现。

综括上述，五朝的监察思想、监察制度与法律，各有发展的脉络与时代特点。历史雄辩地证明，监察思想与制度、法律之间有着内在联系。在通常情况下，思想、制度与法律是同向而行、互补互用的。没有思想为指导的制度与法律是僵死的，没有制度与法律为载体的思想是空虚的。只有三者结合才能演绎出一幕幕鲜活的监察历史，这就是历史的经验。

（本文原载于《环球法律评论》2017 年第 2 期）

---

① 《明实录·太祖实录》卷六十，洪武四年正月己亥，"中央研究院"历史语言研究所校勘，上海书店，1982，第 1176 页。

② （明）徐学聚编辑《国朝典汇》卷五十四《吏部·御史》，洪武四年正月条，台湾学生书局，1965，第 948 页上栏。

两汉监察制度研究

陈世材[*]

编者按：《两汉监察制度研究》从五个方面对西汉和东汉的监察制度作了详细论述，认为监察制度既为我国之古制，又极合乎现代民主政治之潮流，苟能改良之，发扬之，光大之，使其成为一种健全完美之制度，则可造福于我国国家和民族。陈世材的《两汉监察制度研究》不仅史料翔实，而且评析深刻，思想性强，通过探讨制度之间的互动关系，揭示两汉监察制度的主要内容与特征，可谓中国监察制度断代研究的典范。本次编选对序言和章后注进行了删节。

关键词： 两汉　监察制度　断代史研究

一　绪论

（一）研究之始点

监察制度与考试制度同为我国固有之政治制度，论其源流，则监察制度较考试制度尤为古远。周礼云：

> 御史中士八人，下士十有六人，其史百有二十人，府四人，胥四

---

* 陈世材（1910—1996），毕业于国立中央大学法学系，美国哈佛大学政治学博士。曾任国立政治大学教授、美国康州中央大学教授。著有《国际法的科学》《国际法院的透视》《两汉监察制度研究》等。——编者注

人，徒四十人，掌邦国都鄙及万民之治令，以赞冢宰，凡治者受法令
焉。掌赞书，凡数从政者。

可见三代之时，已有御史之官，掌赞书而授法令，以中下士为之，特小臣
耳。至于战国，其职益亲，故献书多云献书于大王御史。秦、赵渑池之
会，命御史书事。淳于髡谓齐王曰："执法在傍，御史在后。"皆记事之
职，非若后世御史之为监察官。故杜佑通典曰："御史之名，周官有之。
盖掌赞书而授法令，非今（唐）任也。"但历代职官表云：

> 周官御史次于内史外史之后，盖本史官之属，故杜佑以为非今御
> 史之任。然考其所掌，如赞冢宰以出治令，则凡正令之偏私阙失，皆
> 得而补察之，故外内百官，悉当受成法于御史，实后世司宪之职所
> 由出。

又周礼云："小宰之职，掌建邦之宫刑，以治王宫之政令，凡宫之纠禁。"
可见周礼中之御史，虽与后世之御史，或有不同，然小宰之职掌，确与汉
时御史中丞居殿中兰台察举非法者相近。故郑康成注云："若今（汉）御
史中丞。"然则吾人谓中国之监察制度，萌发于成周之世，似不为谬。惟
周礼一书，或为汉儒赝鼎，其中记载，是否可信，不无疑问。至于其他典
籍，则传说不一。或谓监察制度，姬周有之。例如通典云："侍御史于周
为柱下史，老聃尝为之，秦时张苍为御史，主柱下方书，亦其任也。"汉
书云："司隶校尉，周官。"或谓监察制度，嬴秦始置。例如汉书云："御
史大夫，秦官。"又曰："监御史，秦官，掌监郡。"晋书亦谓："御史中
丞，本秦官也。"章俊卿山堂考索云："秦置御史大夫，以贰于相。"李华
御史大夫厅壁记亦云："秦官有御史大夫，在汉为三公。"通典又云："谏
议大夫，秦置，掌议论。"亦有同一书中，同一官名之下，忽谓为周官，
忽谓为秦官者，例如应劭汉官仪曰："侍御史，周官也。"但侍臣下又曰：
"侍御史，秦官也。"大抵周秦之世，已有监察之官，至两汉乃成定制。故
研究中国监察制度史者，可自两汉始。

（二）研究之资料

马端临氏之言曰："昔夫子言夏、殷之礼，而深慨乎文献之不足征。……生乎千百载之后，而欲尚论千百载之前，非史传之实录具存，何以稽考？儒先之绪言未远，足资讨论，虽圣人亦不能臆为之说也。"惟我国古籍，卷帙浩繁，史册传记，铭箴奏疏，诗词歌赋，小说戏曲，官人学士之简礼，名流政客之燕谈，大率有关一代政制。欲穷其业，实非易事，故研究中国历代政制制度者，选择资料，首当慎重。取舍之间，真伪系焉。陈彝氏曰："古今兴废治乱之迹，莫备于史；因革损益之要，莫详于通。"可谓中肯之言。本书取材，亦多出自二十四史及九通。兹将主要研究资料，分析如下：

> 史记　汉司马迁撰，凡一百三十卷。起自黄帝，下迄汉武。历代政事、帝王、公侯、士庶，叙述周详，一目了然。有宋裴骃集解，唐司马贞索隐，张守节正义。
>
> 汉书　后汉班固撰，凡一百二十卷。固父彪以史记自太初以后，阙而不录，作后传数十篇。固又缀集所闻，以为汉书。起自高帝，终于王莽，未竟而卒。和帝诏固妹昭踵成之。有唐颜师古注，清王先谦补注。
>
> 后汉书　宋范晔撰，凡一百二十卷。晔以前撰述东汉事者颇多，如东观汉记之类，凡数十种。晔采集成书，未竟而死。梁刘昭用司马彪续汉书之文以成之。有唐章怀太子李贤注，清王先谦集解。
>
> 通典　唐杜佑撰，凡二百卷。上溯黄虞，下暨唐之天宝，列叙历代政制，分门别类，井井有条。佑自言"征诸人事，将施有政"。故简而有要，核而不文。
>
> 通志　宋郑樵撰，凡二百卷。体例与通典同。惟郑氏"主于考订，故旁及细微"，书之菁华，盖在二十略。采摭浩博，论议警辟，足资考镜。
>
> 文献通考　宋马端临撰，凡三百四十八卷。因通典而广之，所述事迹，上承通典，下迄宋宁宗。马氏自谓"自天宝以前，则增益其事迹之所未备，离析［析］其门类之所未详；自天宝以后，至宋嘉定之

末，则续而成之"。乾隆谓其"可以羽翼经史，裨益治道"。

西汉会要　宋徐天麟撰，凡七十卷。仿唐会要之体，取汉书所载制度典章见于纪志表传者，以类相从，分门编载。其无可隶者，以杂录附之。"经纬本末，一一犁然，其诠次极为精审，惟所采只据本史，故于汉制之见于他书者，概不采掇，未免失之于隘"耳。

东汉会要　宋徐天麟撰，凡四十卷。徐氏自谓"穷经不足以采微，嗜史乃几于成癖"，可见其抱负之一斑。此书体例与西汉会要同，惟西汉会要不加论断，而此书则间附以案语，并杂引他人论说。

汉旧仪　后汉卫宏撰，原有四篇，载西京杂事，隋唐经籍艺文志，皆著汉旧仪四卷，原本久佚，四库著录者，乃从永乐大典抄出。乾隆三十八年，由纪昀等略加疏注，重新厘订，分为上下二卷，附以补遗一卷，马端临经籍考及宋史艺文志亦称汉旧仪三卷，惟马氏别题作汉官旧仪，故至今此书仍有二名。

汉官仪　后汉应劭撰，隋、唐经籍志有汉官仪十卷，书中所载，颇多可贵之资料。惟因其为佚书，难免不实之处。宋刘攽亦著有汉官仪三卷，采西汉官制，略同升官图法，为游戏适情之作。

汉制考　宋王应麟撰，凡四卷。王氏因汉书续汉书诸志于当日制度多详于大端，略于细目，乃摭采诸家经注及说文诸书所载，钩稽排纂，以补其遗，颇足以资考证。其中所载，难不免千虑一失之处，然"其大致精核，具有依据，较南宋末年诸人侈空谈而鲜实征者，其分量相去远矣"。

太平御览　宋李昉等纂，凡一千卷。初名太平编类，宋太宗日览三卷，一岁而读周，故赐今名。书中征引浩博，所载古籍佚文，多至一千六百九十余种，其有关两汉政制者，亦不下三十余种。

二十四史九通政典类要合编　清黄书霖辑，凡三百二十卷。于二十四史撷其菁英，而不取谀闻杂说，于九通析其条例，而不采六书、七音、校雠、图谱诸编，断代分门，依类采辑，诚不啻为二十四史九通之汇篇也。

历代职官表　清纪昀等纂，凡七十二卷。书中依清朝政制，列叙历代沿革，征引甚广，间附案语，颇多独到之处。

陔余丛考　清赵翼辑，凡四十三卷。为赵氏读书札记，经史子集，诗词歌赋，杂然合凑，未免东鳞西爪之弊，然其特殊之见解，固亦足贵，其有关两汉政制者，散见于各卷中。

两汉刊误补遗　宋吴仁杰撰，凡十卷。初，刘敞作西汉刊误一卷，东汉刊误一卷，此书盖补所遗。引据赅洽，考证精确，凡邑里之差殊，姓族之异同，字画之乖讹，音训之舛逆，句读之分析，指意之穿凿，悉厘而正之。惟宋志载是书十七卷，今本仅十卷，西汉居其八，论东汉者，似已佚七卷也。

汉官解诂　汉王隆撰，胡广注，不分卷，解释汉时官制。隋志作三篇，唐志作三卷，但后汉书胡广传不言此书卷数，续汉书补注引广注述此书始末极详。

汉官典仪　汉蔡质撰，杂记汉时官制及上书谒见礼式。隋志作汉官典职仪式选用二卷，唐志作汉官典仪一卷，诸书所引，又有作汉官典职、汉官典职仪者，皆后人省文也。

汉仪　吴丁孚撰，一卷。唐志载丁孚汉官仪式选用一卷，与蔡质书同名，不知实本一书，或后人误合为一，今录成一卷，题曰"吴太史令丁孚撰"者，见三国志薛综传。

汉官　不著撰人名氏，亦不分卷，杂记汉时官制，有类近人札记随笔，颇有东鳞西爪之嫌。

汉州郡县吏制考　清强汝询撰，凡二卷。此书为强氏养疴之作，上卷州吏考，列叙各种地方官职之沿革；下卷杂论，批评历代地方制度之得失，极有价值。

汉纪　后汉荀悦撰，凡三十卷。此书约班固汉书为编年之体，盖建安中奉诏所作。词约事详，论辨多美，历代皆重其书，独顾炎武日知录轻诋之。

后汉纪　晋袁宏撰，凡三十卷。其体例全仿荀悦汉纪，其取材则以张璠汉纪为主，而以谢承以下诸家并之。

上列诸书，皆为历代通儒硕学之精心杰构，其性质虽有不同，其内容大抵可靠，以此为本文之基础，谅无空中楼阁之讥。至于其他资料之性质，详见引用书目。

（三）研究之方法

昔人之述中国历代政制制度者，其研究方法，类皆缺乏科学精神，虽时有宏编巨著，然其体例，陈陈相因，鲜有创造。如通典、通志、文献通考等之编制方法，分类纵贯，一也。西汉会要、东汉会要、太平御览、二十四史九通政典类要合编、历代职官表等之编制方法，逐条引录，亦一也。窃以为居今日而言古制，非运用科学方法解剖之，整理之，归纳之，实不能窥其全豹，明其真相，广其用途。故本书所用之研究方法有二：一为历史的方法，二为归纳的方法。前者为经，后者为纬，兹分别说明如次：

1. 历史的方法

马端临有言："理乱与衰、不相因者也。晋之得国异乎汉，隋之丧邦殊乎唐。……典章经制，实相因者也。殷因夏，周因殷。"各种政治制度，既各有其历史背景，故吾人研究之时，即应运用历史的方法，求其原委，观其会通，以明其嬗递蜕变之迹，所谓"由干及枝"是也。

2. 归纳的方法

古籍中所载各种政治制度，虽属以类相从，分门编载，然以今人之眼光视之，仍系东鳞西爪，系统紊乱。故吾人研究之时，即应运用归纳的方法，依其性质，重新编排，使古代政制，如在目前，一览无遗，所谓"由博归约"是也。

二 官名

（一）概说

马端临云："汉之朝仪官制，皆秦规也。"惟汉时圣君贤相辈出，体国经野，擘划周详，故西汉各种政治制度，实较秦制更臻完善。楼钥氏云："三代之余，治效近古，莫如西京，典章文物，立法定制，不惟辉焕周密，其言语亦皆雅驯，非后世可及。"洵非过言。据历代古籍中所载，两汉重要监察官之名称，不下二十余种，如御史大夫、御史中丞、御史丞、御史中执法、御史内史、治书侍御史（太平御览作持书御史）、给事中、侍御史、御史主簿、御史属、御史掾、御史少史、督运漕侍御史、绣衣御史、监御史、御史长史、兰台令史、谏议大夫、丞相司直、司隶校尉、部刺史、监军御史、符玺御史、御史中丞从事、西曹掾等皆是。惟其中有不属御史台者，如给事中、谏议大夫、丞相司直等是。有名异而实同者，如御史中执法即御史中丞是。有一官为他官之特称者，如绣衣御史、治书侍御史、督运漕侍御史、监御史、监军御史、符玺御史，皆为侍御史之一是。又其中除司隶校尉、监御史及部刺史外，皆为中央监察官，监察中央官员。至于地方监察官，在秦为监察史，汉初设监御史，武帝废之，另置部刺史，监察地方官员。又置司隶校尉，监察京畿七郡。皆由天子任命，可谓为中央节制地方之官吏。部刺史及司隶校尉之下，又有属官甚多。如别驾从事史、治中从事史、主簿、功曹书佐、簿曹、兵曹、部郡国从事史、典郡书佐、孝经师、月令师、律令师等是也。兹将各种监察官职之沿革及其统属关系，就其有书可考者，择要分述如下：

（二）御史大夫

秦兼天下，建皇帝之号，立百官之职，置御史大夫，以贰于相。汉初因之，为侍御史之率，居监察官之首，位上卿，银印青绶，掌副丞相。成帝绥和元年（西元前八年），因何武建言，设三公官，分职授政，于是御史大夫更名大司空。金印紫绶，禄比丞相，并置长史以辅之。哀帝建平二年（西元前五年），朱博奏请罢大司空，以御史大夫为百僚师，帝从之，遂复为御史大夫。元寿二年（西元前一年），又改为大司空。汉书所云"丞相御史"及"制诏御史"者，皆指御史大夫而言。可见御史大夫之名称，或因改府改制，或为史家省文，变化甚多。又据汉书百官公卿表称，御史大夫有两丞，但仅举其一，名曰中丞，在殿中兰台，掌图籍秘书，外督部刺史，内领侍御史十五人，受公卿奏事，举劾案章。其余一丞为何，并未言明，迨后沈约作宋书，始以御史丞当其一。杜佑因之，故通典曰："初汉御史大夫有两丞，一曰御史丞，一曰中丞，亦谓中丞，为御史中执法。"但吴仁杰两汉刊误补遗认为汉书百官公卿表中"外督部刺史"下脱去"一曰内史"四字，当云"一曰中丞，在殿中兰台，掌图籍秘书，外督部刺史。一曰内史，内领侍御史十五人，受公卿奏事，举劾案章"。历代职官表亦赞同此说。然则御史大夫有两丞，当一为中丞，一为内史，而非御史丞。又据李华御史中丞厅壁记云："御史亚长曰中丞，贰大夫，以领其属。"历代职官表亦云："御史在汉，虽有殿中及留寺之分，然皆归大夫及中丞统属。"据此以言，则御史大夫有两丞，当一为中丞，一为大夫，而非内史矣。至于汉官仪所谓御史中丞二人之说，显与汉书百官公卿表所载不合，故不可信。

后汉初废御史大夫，置大司空，建武二十七年（西元五一年），去"大"为"司空公"。其属官有长史一人，掾属二十九人，令史及御属四十二人，正曰掾，副曰属。献帝建安十三年（西元二○八年），又罢司空，置御史大夫，以郗虑居焉。不领中丞，置长史一人。又据荀绰百官志云，此时御史大夫亦不领侍御史。郗虑免，不复补。可见此时御史大夫制之复活，其性质已与西汉不同，且昙花一现，为时甚暂。自东汉后，"历代或复置大夫，或但设中丞，规制各殊，要皆中丞之互名"。故通典谓唐之御史大夫，即汉以来御史中丞是也。

（三）御史中丞

御史中丞亦称御史中执法，或称御史大夫丞，或称侍御史中丞，或简称中丞。居殿中兰台，掌图籍秘书，外督部刺史，内领侍御史十五人，受公卿奏事，举劾案章，乃宫掖之近臣也。成帝绥和元年（西元前八年），御史大夫更名大司空，而中丞官职如故。惟不居殿中，出外为御史台率。迨哀帝元寿二年（西元前一年），御史大夫复改为大司空时，御史中丞始更名御史长史。又据应劭风俗通云："御史中丞，旧治书侍御史也。"是则御史中丞与治书侍御史，亦有递嬗演变之关系，考治书侍御史一官，始置于宣帝元凤年间。册府元龟云：

> 初汉宣帝元凤中，感路温舒尚德缓刑之言，季秋后请谳，时帝幸宣室，齐居而决事，令侍御史二人治书，治书侍御史起于此也。后因别置，冠法冠，有印绶，与符节郎共平廷尉奏罪，当其轻重。

可见治书侍御史本自为一官，在西汉并不常设，与御史中丞无关。应劭之说，不知何从而来也。又据汉书百官公卿表云，御史中丞一人。但汉官仪及韦昭辨释名皆谓有二人。或即因误以御史中丞为旧治书侍御史之结果，实难凭信。

光武中兴，务从节约，并官省职，废御史长史，复设御史中丞。内掌兰台，外督诸州刺史，纠察百僚。且因御史大夫已废，御史中丞为最高监察官之故，天子为示尊宠计，特命御史中丞于朝会之时，得与尚书令及司隶校尉专席而坐，因此京师号为"三独坐"。可见后汉御史中丞之地位，增高甚多。献帝时虽又尝罢三公官，复设御史大夫，但大夫自大夫，中丞自中丞，中丞此时已不归御史大夫统属矣。

（四）侍御史

通典云：

> 侍御史于周为柱下史，老聃尝为之。秦时张苍为御史，主柱下方书，亦其任也。又云：苍为柱下御史，明习天下图书，计史籍，一名柱后史，谓以铁为柱，言其审固不挠也。亦为侍御史，汉因之。

可见侍御史亦名称分歧，不一而足。大抵在西汉以前，或称柱下史，或称柱下御史，或称柱后史，惟自西汉以来，则仅称侍御史，或简称御史耳。御史员有因其特殊职掌而称之者，如监军御史为监督军旅之御史，符玺御史为掌玺之御史，绣衣御史为出讨奸猾治大狱之御史，监御史为监察三辅郡之御史，治书侍御史为君侧治书之御史，督运漕侍御史为监督运漕之御史，皆其头例。据汉旧仪云："汉御史员四十五人，其十五人给事殿中，为侍御史。其余三十人，则留居御史大夫寺，理百官事。"御史虽有殿中及留寺之分，然皆归大夫及中丞统率。

后汉侍御史仍有十五人，治书侍御史亦仍为二人，惟已变为常设之官，铜印青绶。自桓帝后，治书侍御史无所平理，充位而已。此外，后汉又增置兰台令史一官，与侍御史并级，同属御史中丞。

绣衣御史又称绣衣直指，或直指绣衣，始置于武帝时。本不常置，沈约云："绣衣御史光武省，顺帝复置。"可见后汉初年，并无绣衣御史。通典谓后汉谯元为绣衣御史。持节分行天下，殊误。

监御史一官，在秦谓之监察史，亦称监察御史，或监郡御史。据通典云，汉时无监察史，惟惠帝初遣使监三辅郡，其后又置监御史。武帝元封元年（西元前一一○年），御史止，不复监。但据历代职官表云，汉时监御史亦未必尽省，惟后汉并无此官，则可断言。

至于监军御史、符玺御史、督运漕侍御史（汉官仪中有所谓督军粮侍御史，或即此官）等，始置于何时，及其演变如何，因古籍中记载甚少，不得而知。

（五）部刺史

秦以御史监理诸郡，谓之监察史。汉高祖代秦，未遑设置。惠帝时始遣御史监察京兆、冯翊、扶风三辅郡，后乃正式设立监御史。至武帝元封元年（西元前一一○年）省监御史，五年（西元前一○六年）遂另置部刺史，掌奉诏六条察州。通典云：

> 秦置监察御史，汉兴省之。至惠帝三年（西元前一九二年），又遣御史监三辅郡，……其后诸州复置监察御史。文帝十三年（西元前一六七年），以御史不奉法，下失其职，乃遣丞相史出刺，并督监察御史。武帝元封元年（西元前一一○年），御史止，不复监。至五年（西元前一○六年），乃置部刺史，掌奉诏六条察州。

但历代职官表又云："考刺史行部，御史为驾，又六条所察，有二千石子弟请托所监之文，是监御史亦未尽省也。"据此以言，则西汉地方监察官，同时有部刺史及监御史二种矣。汉有十三州，部刺史十三人，各主一州，皆归御史中丞统辖。成帝绥和元年（西元前八年），以刺史位下大夫而临二千石，轻重不相准，乃更为州牧。哀帝建平二年（西元前五年），因朱博奏请，复改为刺史，但至元寿二年（西元前一年），又改为牧。

王莽篡位，仿用周官，废弃西汉制度，于是御史改称执法，刺史州牧则无有矣。

光武中兴，又复旧制，分天下仍为十三州。建武十八年（西元四二年）罢州牧，复设刺史十二人，各领一州，京畿一州，则由司隶校尉兼理。刺史虽父母之丧，亦不得去职，可见其职位之重要。至灵帝时，天下大乱，黄巾贼起，刺史权轻，不足应付，中平五年（西元一八八年），太常刘焉议改刺史，复置州牧，兼领兵权。于是刘焉、刘虞皆以宗室重臣，自九卿出领州牧。

（六）其他监察官

以上所述，皆为两汉之重要监察官。此外尚有所谓御史主簿、御史属、御史掾、御史少史、御史中丞从事、西曹掾等，其沿革如何，不得而知。其隶属关系，亦难断言。大抵御史主簿乃御史大夫之属官，自张忠为御史大夫后，始设置之。御史掾、御史属，亦为御史大夫之属官，正曰掾，副曰属。或与清朝都察院中之经历、都事等官相同，掌董察吏胥或缮写章疏。御史少史为侍御史之属官，或与清朝都察院中之笔帖式相同，掌章奏文籍。御史中丞从事为御史中丞之属官，西曹掾则为御史大夫转为大司空后大司空之属官。

两汉监察官，除上列各种外，尚有数种官吏，不属御史台系统，但亦有监察权，即谏大夫、丞相司直、司隶校尉是也。兹分论之。

谏大夫始置于秦，属郎中令，无常员，多至数十人。汉兴罢废，至武帝元狩五年（西元前一一八年），始更置之。专司匡正君主，谏诤得失，任此职者，有刘辅、王褒、贡禹、匡衡、王吉、何武、夏侯胜、严助诸人，颇有政声。后汉增名为谏议大夫，亦无常员，其人选不及前汉。韦彪疏云："谏议之职，应用公直之士，通才骞正有补益于朝者，今或从征试辈任之，不宜也。"因谏诤不力，故渐不为人所重视。两汉谏议大夫，并属光禄勋。

丞相司直，亦简称司直。始置于武帝元狩五年（西元前一一八年），掌左丞相，举朝廷内不法之人，为丞相之属官，位在司隶校尉上。翟方进为司直时，一岁间免两司隶。后汉初仍有大司徒司直官（大司徒即由丞相转变而来）。至建武十一年（西元三五年），乃罢废之。

司隶之名，见于周官。掌五隶之法，辨其物而掌政令，帅其民而捕盗贼。武帝征和四年（西元前八九年），初置司隶校尉，掌捕巫蛊，督大奸猾。原为持节武臣，后罢其兵，察三辅、三河、弘农七郡，可见其监察范围，以京畿一带为限。元帝初元四年（西元前四五年），诸葛丰为司隶校尉，始罢持节。成帝元延四年（西元前九年），省司隶校尉。绥和二年（西元前七年），哀帝即位，又复置之。但仅称"司隶"，除"校尉"字，冠进贤冠，属大司空。后汉复为司隶校尉，所部河南尹、河内、右扶风、左冯翊、京兆尹、河东、弘农，凡七郡。治河南洛阳，其属官有从事史十二人，假佐二十五人，其都官从事史，至为雄剧，主察百官之犯法者。

至于给事中一官，在汉本为加官，不属于御史台。汉书百官公卿表称，侍中、左右曹诸吏、散骑、中常侍、给事中，皆加官也。所加或大夫博士议郎，掌顾问应对，故亦有谏诤纠察之权，其级位次于中常侍，无常员，后汉省。

三 职掌

（一）佐辅丞相

两汉监察官之职掌，至为繁杂。有属一般监察官之普通职掌者，有属某种监察官之特殊职掌者，有属经常性质者，亦有属临时性质者。御史大夫之职务为佐辅丞相，统理天下。汉书百官公卿表云："御史大夫位上卿，银印青绶，掌副丞相。"李华御史大夫厅壁记云："大夫副丞相，以备其阙，参维国纲。"汉书薛宣传亦云："御史大夫内承本朝之风化，外佐丞相，统理天下。"御史大夫既系辅佐丞相之官，故丞相有疾，御史大夫须日问起居一次。丞相有阙之时，即由御史大夫迁补。李华御史大夫厅壁记云："秦官有御史大夫，在汉为三公。职副丞相，丞相阙，则大夫迁。"因其为三公之职，故与大司马及丞相皆可称为宰相。按之史实，西汉四十三丞相之中，由御史大夫迁补而来者，凡二十二人。因此之故，通典谓："凡为御史大夫者，多冀幸丞相物故，或且阴私相毁害，欲取而代之。"史记载郑弘为御史大夫，守之数年不得。匡衡为御史大夫，未满岁，丞相韦玄成死，即继任丞相，岂非遇时而合耶？御史大夫之才德超群者，其在朝廷中之地位，有时且较丞相位为重要。例如张汤为御史大夫，每朝奏事，日旰，天子亡食，丞相充位而已。自成帝绥和元年（西元前八年），设三公官，分职授政，御史大夫改为大司空后，大司空之权限，不但可以佐辅丞相，且可直接分行丞相之职务。后汉初无御史大夫，但以太尉、司徒、司空为三公。司空掌水土事，凡营城起邑，浚沟洫，修坟防之事，则议其利，建其功，凡四方水土功课，岁尽则奏其殿最，而行赏罚。凡郊祀之事，掌扫除乐器，大丧则掌将校复土。凡国有大造大疑，则与太尉、司徒，通而论之。可见后汉三公之地位与职权，亦系平等。至献帝时，复置御史大夫，其职权仍为佐辅丞相。

丞相司直亦为佐辅丞相之官，惟其地位颇低，权限颇小，远不及御史大夫之尊贵耳。

（二）察举非法

察举非法乃两汉一般监察官之普通职掌，且为其最重要之权力。通典云："中丞居殿中，察举非法。"后汉书百官志御史中丞下注曰，"在殿中密举非法"，侍御史下注曰，"掌察非法"，汉官解诂注曰："建武以来省御史大夫，官属入兰台，兰台有十五人，特置中丞一人以惣之，此官得举非法，其权次尚书。"可见御史中丞及侍御史皆有察举非法之权。又据唐六典云："惠帝三年（西元前一九二年），相国奏御史监三辅不法事凡九条。"黄泰交州记释刺史曰："刺者，言其刺举不法，史者，使也，言其为天子所使。"可见监御史及部刺史亦可察举非法。后汉桓帝且下诏赃满三十万而不纠举者，以纵避为罪。可见察举非法，实为监察官之义务。又据汉书百官公卿表云，丞相司直可以察举朝廷内不法之人。后汉书百官志云，司隶校尉掌察举百官。通典云，司隶校尉察皇太子以下，至后汉则无所不纠，唯不察三公。其属官有名都官从事史者，至为雄剧，主察百官之犯法者。可见丞相司直与司隶校尉亦为察举非法之官吏。又汉书于定国传称于定国为（"为"亦作"与"）御史中丞从事，治反者狱。则御史中丞从事有察举非法之权，由此亦可概见。他如督运漕侍御史、监军御史等官，顾名思义，其职务当亦为监察某一范围内之非法事件。

（三）受公卿奏事举劾违失

汉时公卿奏事，应由监察官受理，转奏天子。百官过失，亦由监察官举劾，然后由天子处分。但事态紧急者，亦可由监察官径行处分。如杜诗为御史，以将军萧广纵兵殃民，敕晓不改，遂杀广还奏是也。汉书百官公卿表云："御史大夫，……有两丞，一曰中丞，……外督部刺史，内领侍御史十五人，受公卿奏事，举劾案章。"陈万年传云："陈咸为御史中丞，总领州郡奏事。"后汉书百官志侍御史下注云："受公卿群吏奏事，有违失举劾之。"兰台令史下注云："掌奏及印工文书。"通典亦云："后汉亦有侍御史员，察举非法，受公卿群吏奏事，有违失举劾之。……举劾案章，事无大小，尚书受成而已。"汉书江充传云："武帝时江充拜为直指绣衣，……时近臣多奢僭，充皆举劾。"可见御史大夫、御史中丞、侍御史等，皆有受公卿奏事举劾违失之权。其余监察官如绣衣御史、丞相司直、司隶校尉、部刺史、御史中丞从事等，则仅有举劾违失之权。至于受公卿奏事举劾违失之手续，据唐六典云："凡中外百僚之事，应弹劾者，御史言于大夫，大事则方幅奏弹之，小事但署名而已。"此虽系就唐制而言，但唐之御史制度，实多因袭汉制。故两汉监察官受公卿奏事举劾违失之手续，或亦系先由御史言于大夫，再由大夫上奏天子，弹劾重大非法行为时，衣冠仪式，皆甚严肃。弹劾小事，则仅署名，衣常服而已。两汉监察官此项职权，颇为重要。朝中显要，因此不敢肆行无忌。如前汉严延年为侍御史，劾大将军霍光专废立，朝廷肃然敬惮。又如后汉大将军梁冀，威势赫赫，举措多乖，侍御史张纲即弹劾之。又部刺史因系地方监察官，平日巡察各州，入京奏事，例有一定时期。据后汉书百官志云："诸州常以八月巡行所部郡国，录囚徒，考殿最，初，岁尽诣京都奏事。中兴，但因计吏。"可见西汉时刺史入京奏事，举劾违失，为期当在年底。东汉时刺史奏事，但因计吏，不复自诣京师。据通典称：监察御史常以十月奏事，十二月还监。可见汉初监御史入京奏事之时期，亦在冬季。又据通典云："旧制州牧奏二千石长吏不任位者，事皆下三公，三公遣掾吏按验，然后黜退，光武即位，用法明察，不复委任三府，而权归举刺之吏。"可见西汉监察官举劾之案件，尚须经三公派人调查，然后定其处分。后汉时则省去此项调查手续，一经监察官举劾之官吏，即难幸免于制裁。此制固可增加监察官之威信，但运用不当，其流弊亦大。故朱浮上疏反对，认为"非所以经盛衰贻后王"之道。历代职官表亦谓："后汉刺史与前汉同，而职任渐重，黜陟官吏，不经三府案验，厥后群牧专治，中原扰攘，盖已首启其端矣。"

（四）典法度掌律令

御史在周，本系司宪之官。典法度，掌律令。周礼春官所谓御史掌邦国都鄙及万民之治令，即其明证。秦承周统，汉因秦制，监察官仍有典法度掌律令之权。如册府元龟谓二汉侍御史所掌有五曹，其一曰令曹，即掌律令是也。史记赵禹传称禹为侍御史，与张汤论定律令。汉书张汤传称汤为御史大夫，舞文巧诋以辅法。鲍宣传称宣为中丞，执法殿中。陈咸传称咸为中丞，执法殿中。皆为西汉监察官典法度掌律令之显例。后汉监察制度，大抵因袭前汉成规。故后汉之御史中丞、侍御史等，亦皆有典法度掌律令之权。如谢承后汉书载陈谦拜御史中丞，执宪奉法，多所纠正。续汉书载马严拜御史中丞，举劾案章，申明旧典，奉法案举，无所回避。又如后汉书百官志治书侍御史下注云："凡天下诸谳疑事，掌以法律，当其是非。"傅咸御史中丞箴亦云："煌煌天文，众星是环。爰立执法，其晖有焕。执宪之纲，秉国之宪，鹰扬虎视，肃清违慢。……"又司隶校尉亦有司宪之权，如续汉书称牟融拜司隶校尉，典司京都，执宪持平，多所举正是也。由此可见典法度掌律令，乃两汉监察官重要职权之一。

（五）理大狱治疑案

如上所述，两汉监察官既有典法度掌律令之权，则其可以理大狱治疑案，实为必然的结果。且两汉监察官司法职权之范围，亦颇广大。不但人民对于官吏之非法行为，有称冤而无告者，可以诉诸御史，请其审理，或上奏天子，再由天子处断。即人民间彼此之争讼，亦可由御史秉公处断。如汉书宣帝纪称五凤四年（西元前五四年）四月，遣丞相御史掾二十四人，循行天下，举冤狱，察擅为苛禁深刻不改者。成帝纪称鸿嘉元年（西元前二〇年）诏曰：方生长时临遣谏大夫理等举三辅、三河、宏农冤狱。鲍宣传称中丞承诏治宣狱。又如汉书百官公卿表云："侍御史有绣衣直指，出讨奸猾治大狱。"汉书于定国传云："于定国与御史中丞从事治反者狱。"汉官典职仪又云："刺史班宣周行郡国，省察治狱，黜陟能否，断治冤狱。"续后汉书百官志治书御史下亦云：治书御史对于"天下疑狱，以法律谳是非，纠六品以下"。唐六典又云："侍御史掌纠举百僚，推鞫狱讼。"可见汉时御史中丞、绣衣御史、御史中丞从事、部刺史、治书御史、侍御史、谏大夫等，皆有理大狱治疑案之权。惟自东汉桓帝以后，治书御史不复治狱，充位而已。至于治狱之程序，大抵先由人民具状告发，再由御史审查，苟有检举之必要者，或由御史亲自推鞫，或即转奏天子，请由天子处分。通典注云："旧例御史台不受诉讼，有通词状者，立于台门候御史，御史竟往门外收采。如可弹者，略其姓名，皆云风闻访知。"可见一经御史提出弹劾案，即由御史负责，原告发人可以不理。实与今日检察官之提起公诉相似。又人民告发官吏之时，御史台似无批答之义务，与现今监察院不批答人民诉状亦相同。至于人民间彼此之争讼，若非情节重大、案情复杂者，御史台多不受理。盖监察官之主要任务，在于纠察非法官吏故也。汉时御史治狱其苛者有之，如汉书咸宣传称宣为御史丞，治主父偃及淮南反狱，杀者甚多，称为敢决是也。

汉时收缚罪人，亦多以御史为之。盖因其给事殿中，职居亲近，故事之重且急者往往使之衔命。如刘辅传称上使侍御史收系辅，谷永传称上使侍御史收永，朱云传称御史将云下殿，鲍宣传称中丞承诏治宣狱，使侍御史往捕。皆其著例也。

（六）纠察朝仪祭礼

汉高祖以平民一跃而为天子，为表示其尊严起见，特命叔孙通制朝仪，命内外百官习之，遇有阙失，即由御史纠劾，借以正名分，肃纲纪。汉书叔孙通传载："长乐宫置酒御史执法，举不如仪者辄引去，无敢欢哗失礼者。"即为西汉御史纠察朝仪之明证。后汉时御史不但可以纠察朝仪，且可纠察祭礼。后汉书百官志侍御史下注曰："凡郊庙之祠及大朝会大封拜，则二人监威仪，有违失则劾奏。"如建武元年（西元二五年），光武东巡泰山，以张纯视御史大夫，从封禅。又如陈翔为侍御史时，正旦朝贺，大将军梁冀威仪不整，翔即奏请收冀理罪皆是。册府元龟亦谓二汉侍御史所掌凡五曹，其一曰供曹，既掌斋祀之仪。可见汉时御史有肃整朝仪之权，此实为后世御史纠仪之职所自始。

不但御史有纠察朝仪祭礼之权，谏大夫及司隶校尉亦复有此权力。如后汉书载陈禅为谏议大夫，谏曰："帝王之庭，不宜作夷狄之乐。"东观汉记载鲍永为司隶校尉，奏核赵王良无藩臣之礼是也。

（七）监察州郡

监察州郡乃监御史即部刺史特有之职掌。汉初以御史监理诸郡，谓之监御史。汉书百官公卿表云，"监御史秦官，掌监郡"，通典云："惠帝初遣御史监三辅郡，其后又置监御史。"此即为汉初监御史监郡之记载。迨武帝时，废监御史以部刺史察州。汉书百官公卿表云："武帝元封五年

（西元前一○六年），初置部刺史，掌奉诏条察州。"其巡察之对象有六，即汉官典职仪所谓以六条问事是也。六条曰：一条，强宗豪右，田宅逾制，以强凌弱，以众暴寡；二条，二千石以下，不奉诏书，遵承典制，倍公向私，旁诏守利，侵渔百姓，聚敛为奸；三条，二千石不恤疑狱，风厉杀人，怒则任刑，喜则浮赏，烦扰劾暴，剥夺黎元，为百姓所疾，山崩石裂，妖祥讹言；四条，二千石选署不平，苟阿所爱，蔽贤宠顽；五条，二千石子弟恃怙荣势，请托所监；六条，二千石违公下比，阿附豪强，通行货赂，割损正令。六条之中，一条以察民，五条以察吏。非条所问，即不省察。但振纲纪，不得干与治民之事，不得代二千石置吏，亦不察黄绶以下。至于汉初监御史监郡之对象，据通典云："惠帝三年（西元前一九二年），又遣御史监三辅郡，察词讼，所察之事凡九条。"九条为何？不得而知。

又监察州郡，虽属监御史与部刺史特有之职掌，但其他监察官或非监察官，亦往往有临时受命出使州郡者。历代职官表云：

> 御史出使，至西汉而渐多。如绣衣直指、监郡、监运、监军之类，皆以事专行，正如今（清）巡漕、巡察诸差之比，其他随时奉遣者，尚屡见于史。如食货志载分遣御史即治郡国缗钱。宣帝纪载黄龙元年（西元前四九年）诏御史察计簿。霍光传载侍御史五人，持节护丧事。皆非常例。

不但西汉御史奉使出京者甚多，即在东汉时，亦复不少。如后汉书安帝纪载延光三年（西元一二四年）六月，遣侍御史分行青、冀二州灾害，督录盗贼。桓帝纪载建和元年（西元一四七年）荆、扬二州大饥，人多饿死，遣四府掾分行赈给。延熹九年（西元一六六年），司隶豫州饥死者什四五，至有灭户者，遣三府掾赈禀之。杨赐传载赐薨，天子素服，三日不临朝，遣侍御史持节送葬。皆为显例。至于其他非监察官之奉命出使者则更多，毋待赘言。

（八）讨捕盗贼禁察逾侈

两汉监察官不仅可以弹劾官吏，抑且可以纠察百姓。所谓讨捕盗贼，所谓禁察逾侈，皆纠察人民之职掌也。历代职官表云：

> 中丞督兵讨捕盗贼，已见于前汉成帝时。迨东京而其事尤多。范史所载，如冯绲以御史中丞，将兵督扬州、九江诸郡，军事盛修，以御史中丞募兵讨长沙零陵贼，不一而足。今（清）督抚之兼都御史副都御史，衔其制、盖权舆于此矣。

实则西汉监察官督兵出征之事，武帝时即已有之。如征和三年（西元前九〇年）御史大夫商丘臣将二万人出西河伐匈奴是。宣帝本始二年（西元前七二年），又以御史大夫田广明为祁连将军，讨匈奴。而绣衣御史一官，尤以讨捕盗贼禁察逾侈为其主要职务。如汉书王䜣传称绣衣御史暴胜之持斧逐捕盗贼。元后传称王贺为武帝绣衣御史，逐捕魏郡群盗，皆纵而不诛。江充传称江充拜直指绣衣，使督三辅盗贼，禁察逾制。史实昭然，班班可考。又前述刺史以六条察州，其第一条谓"强宗豪右，田宅逾制，以强凌弱，以众暴寡"，亦系纠察一般土豪劣绅逾越定制，借势凌人之行为。刺史亦每有将兵平乱者，如后汉书载贾琮为交址刺史，荡定乱事是。由此可见两汉之御史中丞、绣衣御史、部刺史等，皆有讨捕盗贼禁察逾侈之权，不仅为治官之官，抑且为治民之官也。

（九）其他职掌

两汉监察官除有上述各种监察权而外，尚有数种其他职掌，亦颇重要。如前汉御史中丞有掌图籍秘书之权，有课第诸刺史之权。后汉兰台令史有掌印工文书之权，二汉侍御史有掌刻印、厩马、护驾之权。监军御史主监督军旅，督运漕侍御史主督运军粮，御史又有举贤观风之权，刺史又有录囚徒、考殿最、访问民间疾苦、五谷美恶之权。此外据历代职官表所载，后汉侍御史有出使安集州县者，如杜诗传称诗为侍御史，安集洛阳是也。有慰抚属国者，如李恂传称恂拜侍御史，持节使幽州，宣布恩泽，慰抚北狄是也。有监护东宫者，如仲昙传称顺帝时仲昙为侍御史，监护太子是也。凡此种种，皆系临时性质之职掌。盖在君主专制时代，一切官吏之权限，常因天子好恶而增损，不独御史然也。

至于刺史之属官，其他位虽低，其职掌亦有一述之必要：

①别驾从事史——一人，从刺史行部，别乘传车，故谓之别驾。其职务在于佐辅刺史，甚是重要。如东汉末年，袁绍领冀州，以审配为别驾，委以心腹，并总幕府。绍又以田丰为别驾，丰劝迎天子，绍不纳。及败，曰"吾惭见田别驾"。

②治中从事史——一人，居中治事，主众曹文书。三国时，庞统尝为之。

③主簿——一人，录门下众事，省署文书。韦昭辨释名曰："主簿，主诸簿书。簿，普也，普关诸事。"二十四史九通政典类要合编谓其为曹掾之流，虽在雄要之司，犹为卑贱。

④功曹书佐——一人，主选用。惟司隶功曹从事史兼录众事。

⑤部郡国从事史——每郡国各一人，主督促文书，举非法。后汉桥元、朱震任此职时，颇有政声。

⑥典郡书佐——每郡国各一人，各主一郡文书，以郡吏补，岁满一更。

⑦簿曹从事史——一人，主钱谷簿书。

⑧兵曹从事史——一人，主兵马，有军事时则置之。

⑨孝经师——一人，监试经。

⑩月令师——一人，主时节祭祀。

⑪律令师——一人，主平法律。

司隶校尉亦有从事史十二人，其职掌大致与此相近，惟其功曹从事史兼录众事，实与刺史之治中从事史同。且司隶校尉有都官从事史一官，纠察非法，至为雄剧，而刺史属官之中，并无此职。

四　待遇

（一）仕进

西汉仕进之途，最要者有四：一曰选举，二曰受业，三曰任子，四曰纳赀。选举之标准凡六：一为贤良方正，二为孝廉，三为明经，四为明法，五为治剧，六为茂才异等。受业即博士弟子员，受业期满，能通一艺者，可补文学。任子即父兄为二千石以上之官，子弟亦得为官，如刘向以父为郎是也。纳赀即输钱买官之谓，如司马相如以赀为郎是也。两汉监察官之入仕，大抵亦复如是。惟刺史及司隶校尉之属官，皆州自辟除耳。兹分别说明如下：

1. 选举

汉时凡遇日蚀、地震、山崩、川竭、天地大变之事，天子皆诏天下郡国、举贤良方正，直言极谏之士。谏大夫为言官，即多由此而来，如盖宽饶以郎举迁谏大夫，孔光以议郎举迁谏大夫，何武以太守卒史举迁授谏大夫皆是也。御史为司宪之官，故其选举以明法为标准。汉高祖十一年（西元前一九六年）诏求贤才曰："贤士大夫有肯从我游者，吾能尊显之。"可见高祖求贤若渴。汉书郑崇传称崇父宾以明律令为御史，薛宣传称宣以明习文法诏补御史中丞。于定国传称于公定国，少学法于父，……以选为（"为"亦作"与"）御史中丞从事，治反者狱，以材高举侍御史，迁御史中丞。东观汉记又载陈宠曾祖父咸，哀、平间以明律为侍御史。后汉书百官志治书侍御史下亦注云："选明法律者为之。"可见两汉以明法而为御史者，其例甚夥。至于选举之时期，据后汉书所载，当在每岁冬月。又司隶校尉及给事中，亦有因明经选举而来者，如鲍宣以明经为司隶校尉，郑众以明经拜给事中是也。

2. 晋升

历代职官表云："前汉御史，多以刀笔吏积劳得之。后汉如公府掾属选补，盖即如今（清）由部署保举之例。"可见两汉普通文官之奉公守法，劳绩卓著者，皆可晋升为监察官。例如史记赵禹传称赵禹者，斄人。武帝即位，禹以刀笔吏积劳迁为侍御史，与张汤论定律令。汉书尹齐传称尹齐东郡茌平人也，以刀笔吏稍迁至御史，事张汤。通典又云："治书御史选御史高第者补之，……侍御史以公府掾属高第补之，或以故牧守议郎郎中为之。顺帝后绝他选，专用宰士，有三缺，三府各一。"续后汉书百官志亦云："侍御史员五人，……以公府掾属高第补之，或守议郎郎中为之。"不但侍御史系低级官吏晋升而来，即御史大夫亦多如是。通典云：汉时选郡国守相高第为御史大夫。按之史实，西汉御史大夫之由九卿、列卿、宫官或三辅官出身者，不在少数。兹据汉书百官公卿表所载御史大夫六十四人之履历，表列如下，以备参考：

姓名	出身	就职时期
周苛	内史	高帝元年（西元前二〇六年）
周昌	中尉	高帝四年（西元前二〇三年）
赵尧	符玺御史	高帝四年（西元前二〇三年）
任敖	上党守	高后元年（西元前一八七年）
曹窋	平阳侯	高后四年（西元前一八四年）
张苍	淮南丞相	高后八年（西元前一八〇年）
冯敬	典客	文帝七年（西元前一七三年）
申屠嘉	淮阳守	文帝十六年（西元前一六四年）
陶青	开封侯	文帝后元二年（西元前一六二年）
晁错	左内史	景帝二年（西元前一五五年）
刘舍	太仆	景帝七年（西元前一五〇年）
卫绾	太子太傅	景帝中元三年（西元前一四七年）
直不疑	卫尉	景帝后元元年（西元前一四三年）
牛抵	齐相	武帝建元元年（西元前一四〇年）
严青翟	武疆侯	武帝建元四年（西元前一三七年）
韩安国	大农令	武帝建元六年（西元前一三五年）
张欧	中尉	武帝元光四年（西元前一三一年）
公孙弘	左内史	武帝元朔三年（西元前一二六年）
番系	河东太守	武帝元朔五年（西元前一二四年）
李蔡	乐安侯	武帝元狩元年（西元前一二二年）
张汤	廷尉	武帝元狩三年（西元前一二〇年）
石庆	太子太傅	武帝元鼎二年（西元前一一五年）
卜式	齐相	武帝元鼎五年（西元前一一二年）
兒宽	左内史	武帝元封元年（西元前一一〇年）
延广	胶东太守	武帝太初三年（西元前一〇二年）
王卿	济南太守	武帝天汉元年（西元前一〇〇年）
杜周	执金吾	武帝天汉三年（西元前九八年）
暴胜之	光禄大夫	武帝太始三年（西元前九四年）
商丘臣	大鸿胪	武帝征和二年（西元前九一年）
桑弘羊	搜粟都尉	武帝后元二年（西元前八七年）
王䜣	右扶风	昭帝元凤元年（西元前八〇年）

续表

姓名	出身	就职时期
杨敞	大司农	昭帝元凤四年（西元前七七年）
蔡义	少府	昭帝元凤六年（西元前七五年）
田广明	左冯翊	昭帝元平元年（西元前七四年）
魏相	大司农	宣帝本始三年（西元前七一年）
丙吉	太子太傅	宣帝地节三年（西元前六七年）
萧望之	大鸿胪	宣帝神爵三年（西元前五九年）
黄霸	太子太傅	宣帝五凤二年（西元前五六年）
杜延年	西河太守	宣帝五凤三年（西元前五五年）
于定国	廷尉	宣帝甘露二年（西元前五二年）
陈万年	太仆	宣帝甘露三年（西元前五一年）
贡禹	长信少府	元帝初元五年（西元前四四年）
薛广德	长信少府	元帝初元五年（西元前四四年）
韦玄成	太子太傅	元帝永光元年（西元前四三年）
郑弘	右扶风	元帝永光二年（西元前四二年）
匡衡	诸吏散骑光禄	元帝建昭二年（西元前三七年）
李延寿	卫尉	元帝建昭三年（西元前三六年）
张谭	太子太傅	元帝竟宁元年（西元前三三年）
尹忠	诸吏左曹光禄大夫	成帝建始三年（西元前三〇年）
张忠	少府	成帝建始四年（西元前二九年）
王音	侍中太仆	成帝阳朔二年（西元前二三年）
于永	诸吏散骑光禄勋	成帝阳朔三年（西元前二二年）
薛宣	少府	成帝鸿嘉元年（西元前二〇年）
王骏	京兆尹	成帝鸿嘉元年（西元前二〇年）
翟方进	京兆尹	成帝永始二年（西元前一五年）
孔光	诸吏散骑光禄勋	成帝永始二年（西元前一五年）
何武	廷尉	成帝绥和元年（西元前八年）
朱博	大司空	哀帝建平二年（西元前五年）
赵玄	中尉	哀帝建平二年（西元前五年）
平当	诸吏散骑光禄勋	哀帝建平二年（西元前五年）
王嘉	京兆尹	哀帝建平二年（西元前五年）
王崇	河南太守	哀帝建平三年（西元前四年）

续表

姓名	出身	就职时期
贾延	诸吏散骑光禄勋	哀帝建平四年（西元前三年）
孔光	诸吏光禄大夫	哀帝元寿元年（西元前二年）
何武	氾卿侯	哀帝元寿元年（西元前二年）
彭宣	光禄大夫	哀帝元寿元年（西元前二年）

观于上表，西汉御史大夫之由九卿、列卿、宫官或三辅官出身者，居其大半。因此之故，一般才智之士，入仕之初，虽居小官，亦不以为屈。

3. 任子

任子之法，始于汉而备于唐。汉唐史列传中，凡以门荫入仕者，皆备言之。两汉监察官之继承父兄旧位者颇多，如通典载杜周为御史大夫，后周子延年又为御史大夫，以居父官，不敢当旧位，坐卧皆易其处。即其一例。又如鲍宣、鲍永、鲍昱三世，皆为司隶校尉，因而京师谚云："鲍氏骢，三入司隶再入公，马虽疲，行步工。"惟此种制度，流弊颇大，故宣帝时，王吉上疏，力斥其非。哀帝时且尝一度除任子令。但在封建社会之中，所谓"上品无寒门，下品无世族"，任子制度，终难革除，故后汉仍存此制，后汉书载司空张纯死，光武诏纯子奋嗣爵。奋称遵父遗敕，固不肯受，帝以奋违诏，敕收下狱。奋惶怖，乃袭。由此可见一斑。

4. 保荐

两汉监察官亦有由保荐而来者，如汉书载元帝时琅琊贡禹为御史大夫，而华阴守丞嘉上封事言治道在于得贤御史之官，宰相之副，九卿之右，不可不选。平陵朱云兼资文武，中正有智略，可使以六百石秩，试守御史大夫，尽其能。又载益州刺史王襄奏言，王褒有轶材，上乃征褒，既至，诏褒为圣主得贤臣颂，擢为谏议大夫。又如续汉书载梁商病笃，遗言荐周举曰："臣从事中郎周举清慎高亮，可任谏议大夫。"可见茂材异等之士，如经保荐，亦有作监察官之希望。

5. 辟除

汉时选举辟召，皆可以入仕，以乡举里选，循序而进者，选举也。以高才重名，躐等而升者，辟召也。故时人犹以辟召为荣。辟除有公府辟除与州郡辟除之别，如王充三公并辟，以司徒高第为侍御史，乃公府辟除也。刺史及司隶校尉之属官，如别驾、治中、主簿、功曹书佐、簿曹、部郡国从事史、典郡书佐、孝经师、月令师、律令师等，皆州自辟除，乃州郡辟除也。后汉书黄昌传载昌晓习文法，仕郡为决曹，刺史行部，见昌甚奇之，辟为从事，即其一例。马端临云："两汉以来，刺史守相得以专辟召之权。"可见州郡辟除之权在刺史守相，他人不得过问。

除此之外，两汉官制之中，有所谓行守之制。"行"即代理之谓。"守"即试署之意。初任官者，第一年曰"守"。据史籍所载，两汉监察官行守之事例颇多。"行"有系以监察官代理其他职官者，亦有以其他职官代理监察官者。例如汉书张汤传及韩安国传称张汤、韩安国并以御史大夫行丞相事。汉书盖宽饶传称盖宽饶迁谏议大夫，行郎中户将事。后汉书伏湛传称伏湛为司直，行大司徒事。即系以监察官代理非监察官职务之实例。史记三王世家称太仆臣贺行御史大夫事。后汉书邳肜传称灵寿侯邳肜行大司空事。马成传称马成行大司空事，居府如真。即系以非监察官代理监察官职务之实例。至于"守"之事例，则有朱云以六百石秩试守御史大夫，御史臣光守尚书令等，史籍备载，斑斑［班班］可考。

又汉时虽行君主专制政体，官吏之进退，一视君主之喜恶而定，但监察官亦有任职甚久者，如咸宣为御史及中丞者几二十载，即其一例。又如汉刺史以九载为满任，后汉时朱浮复上疏，力言牧守不可常易。故两汉监察官于无形之中，似亦有相当保障。

（二）秩禄

两汉监察官之秩禄，颇为丰厚。汉书百官公卿表云："御史大夫……位上卿，银印青绶，……有两丞，秩千石。……成帝绥和元年（西元前八年）更名大司空，金印紫绶，禄比丞相。……"可见御史大夫自始即居上卿之位，至成帝时，其秩禄且与丞相平等，朝廷待御史大夫者，可谓优隆已极。后汉书百官志云："御史中丞一人，千石。治书侍御史二人，六百石。侍御史十五人，六百石。兰台令史六百石。"又云："每州刺史一人，六百石。"汉旧仪亦云："御史员四十五人，皆是六百石。"汉州郡县吏制考亦云："刺史……秩六百石，铜印黑绶。"至于刺史及司隶校尉之属官，如别驾、治中、主簿、功曹书佐、簿曹、兵曹、部郡国从事史、典郡书佐等，据通典称，通为百石。兹将两汉监察官之秩禄，就前后汉书及二十四史九通政典类要合编所载者，表列如下：

表 1　西汉监察官秩禄

秩禄等级	每月实得谷数	职官名称	备考
万石	三百五十斛	御史大夫	颜师古曰：三公号称万石
二千石	一百二十斛	司隶校尉 诸侯御史大夫 州牧	荀悦汉纪：校尉并比二千石 朱博传：秩真二千石
比二千石	百斛	丞相司直	
千石比 八百石	九十斛	御史中丞 谏大夫	
六百石	七十斛	州刺史 朔方刺史 治书侍御史 侍御史 兰台令史	
百石	十六斛	御史属别驾从事史 治中从事史 主簿 功曹书佐 簿曹 兵曹 部郡国从事史 典郡书佐	参看史记匡衡传

表 2　东汉监察官秩禄

秩禄等级	每月实得谷数	职官名称	备考
二千石	一百二十斛	司隶校尉 州牧 皇太子封王国御史大夫	
千石	八十斛	御史中丞 司空长史	
六百石	七十斛	谏议大夫 治书侍御史 侍御史 兰台令史 州刺史	此据后汉书百官志，但二十四史九通政典类要合编又将兰台令史列入百石，参看原书卷四十三

续表

秩禄等级	每月实得谷数	职官名称	备考
百石	十六斛	司隶校尉州功曹从事 别驾从事 簿曹从事 兵曹从事 其余部郡国从事 州曹诸掾	

又据通典云，前汉御史之官署名为御史府，亦谓之御史大夫寺，亦谓之宪台。在大司马门内，无塾，其门署用梓板，不觿色，题曰"御史大夫寺"。后汉以来，称为御史台，亦谓之兰台寺。至于刺史监察州郡，有无固定官署，古籍中不一其说，据汉旧仪云，刺史亦有常治所。但通典又云："汉刺史乘传周行郡国，无适所治，中兴，所治有定处。"若从前说，则两汉刺史皆有固定官署，若从后说，则西汉刺史无定所，唯东汉刺史始有之。

(三) 社会地位

两汉监察官之职掌，既甚重要，其待遇又极优渥，故其社会地位，亦至崇高。官民敬惮，认为社会之表率。如汉书陈咸传称咸为中丞，执法殿中，公卿已下，皆敬惮之。东观汉记称樊准为御史中丞，举正非法，百僚震竦。谢承后汉书称陈谦拜御史中丞。为百僚所敬。续汉书称马严拜御史中丞，百僚惮之。又如后汉桓典为侍御史，执政无所避，常乘骢马，京师畏之，为之语曰："行行且止，避骢马御史。"凡此种种，皆足以证明两汉御史之威严。不但公卿以下之官吏，诚惶诚恐，即公卿列侯，亦不敢故意刁难。如史记晁错传载错迁御史大夫，请诸侯之罪过，削其地，收其枝郡，奏上，上令公卿列侯宗室集议，莫敢难错。即其显例。故通典曰："御史为风霜之任，弹纠不法，百僚震恐，官之雄峻。莫之比焉。"

除御史外，司隶校尉一官，亦极严峻。如后汉书载鲍永为司隶，鲍恢为都官从事，并不避强御，诏策曰，"贵戚且当敛手以避二鲍"，其见惮如此。续汉书载牟融拜司隶校尉，典司京都，百僚莫不敬惮。谢承后汉书载华松擢为司隶校尉，群豪敛手。因此之故，司隶有"卧虎"之号。可见其风格之一斑。

　　两汉刺史乃地方之高级长官，汉书何武传曰："刺史，古之方伯，上所委任，一州表率也。"可见刺史之社会地位亦颇尊贵。刺史之中，有以严峻见称者，如通典载李膺为青州刺史，守令畏威明，闻风弃官。周乘为交址刺史，举奏二郡秽浊，太守属县解印绶弃官者，四十余城。后汉书载贾琮为冀州刺史，百城闻风，自然辣〔竦〕震，其诸赃过者，望风解印绶而去。皆为显例。

　　考两汉监察官之社会地位，其所以如此之尊贵者，固由于其位居权要，势力甚大。然一般监察官本身之志行芳洁，其高风亮节，足以服人，亦未始非其重要原因之一。例如华松为司隶校尉，下车闭合，不通私书，不与豪右相见。王宏迁冀州刺史，不发私书，不交豪族，宾客号曰"王独坐"。贾琮为交址刺史，荡平乱事，巷路为之歌曰："贾父来晚，使我先反，今见清平吏，不敢饭。"杨秉为刺史，计日受俸，余禄不入私门，故吏斋钱百余万遗之，闭门不受，以廉洁称。诸如此类，不胜枚举，其清廉谨慎若此，宜其受人尊崇，而莫之敢犯也。但刺史亦有借势凌人，侵渔百姓者。如侯览为益州刺史，丰富者辄诬以大罪，皆诛灭之，没入财物是也。

（四）奖赐

　　两汉监察官之功绩卓著者，政府除分别予以晋升外，往往尚有其他奖赐，以慰贤劳。如杜诗为御史，案〔安〕集洛阳，时将军萧广纵兵殃民，遂杀广还以状闻，世祖召见，赐以棨戟。黄霸为扬州刺史，治有绩，宣帝诏赐车盖，特高一丈，别驾主簿车缇油屏泥于轼前，以彰有德。郭贺字乔卿，为荆州刺史，百姓歌曰，"厥德仁明郭乔卿"，帝赐三公之服，去襜露冕，使百姓见之，以彰有德。郭伋为并州牧，过京师谢恩，帝即引见，并召皇太子诸王宴语终日，赏赐车马衣服什物，是皆谓之"恩赐"。

　　非特此也，两汉监察官任事贤劳者，当其退休之时，亦每有重赏，是谓"致仕"。例如汉书薛广德传载薛广德为御史大夫，乞骸骨，赐安车、驷马、黄金六十斤罢，杜延年传载杜延年为御史大夫，乞骸骨，天子优之，使光禄大夫持节赐延年黄金百斤，牛酒加致医药，延年遂称病笃，赐安车、驷马、罢，就第。又监察官死亡之后，亦有厚加恤典，追赠官衔者。如司空袁逢卒，赐以珠画，特诏秘器饭含珠玉二十六品，使五官中郎将奉策，赐以车骑将军印绶，加号特进。又如司空杨赐薨，天子素服，三日不临朝，赠东园梓器襚服，赐钱三百万，布五百匹，使左中郎将郭仪持节追位特进，赠司马骠骑将军印绶。及葬，又使侍御史持节送丧，兰台令史十人发羽林骑轻车介士，前后部鼓吹，又敕骠骑将军官属司官法驾，送至旧茔。凡此皆为监察官之荣哀。

（五）惩戒

两汉成绩优良之监察官，固有上述之奖赐，但溺职非法之监察官，亦有相当之惩戒。惩戒之法，或为戒敕，或为左迁，或为免职，亦有因触动圣怒，以致身陷图圄者。惟我国君主，向慕不杀言官之美名，故两汉监察官之被杀者，除御史大夫晁错、桑弘羊二人外，殊不多见。戒敕之事，如殇帝延平元年（西元一〇六年）敕司隶校尉部刺史之令是也。左迁之事，如武帝元鼎六年（西元前一一一年），御史大夫卜式贬为太子太傅。宣帝五凤二年（西元前五六年），御史大夫萧望之以廉声不闻，敖慢不逊，左迁为太子太傅。成帝永始二年（西元前一五年），翟方进为御史大夫八个月，贬为执金吾。元延四年（西元前九年），御史大夫孔光以议不中意，左迁廷尉。哀帝建平三年（西元前四年），御史大夫王崇以毫无建树，左迁为大司农是也。免职之事，如武帝建元六年（西元前一三五年），御史大夫严青翟坐窦太后丧不办，免。成帝建始三年（西元前三〇年），御史大夫张谭坐选举不实，免。又如哀帝建平元年（西元前六年），策免大司空师丹，后又策免大司空何武皆是也。至于入狱之事，其例亦多，如赵玄为御史大夫，仅五月而下狱，刘辅为谏议大夫，因谏诤犯上，下狱。田广明为御史大夫，以有罪下狱是也。

两汉帝王虽鲜有杀戮监察官之事，但监察官因犯罪而自杀者，亦复不少。例如御史大夫暴胜之坐失纵自杀，商丘成坐祝诅自杀，尹忠坐河决自杀，赵绾、张汤、王卿、郑弘等，皆有罪自杀是也。

五　结论

（一）两汉监察制度之优点

前已言我国周秦之世已有监察之官，至两汉乃成定制。良以两汉监察制度之各方面，皆已渐臻于发育完全之境。闻者疑吾言乎？请一述两汉监察制度之优点。

1. 组织方面

①两汉监察官名目繁多，人员甚夥，其重要者虽多系沿袭先秦旧制，然两汉所新置者亦复不少。且其组织严密，系统分明，上下相监临，俨然已成为一独立完整之制度。以视先秦旧制，更为完美，固不待言；即较之后世制度，亦鲜逊色。后世监察制度之演变，实以汉制为其基础，不过因时制宜，略有更改而已。

②两汉监察官有中央与地方之分，前者监察中央官员，后者监察州郡官员，几乎无孔不入，无微不至。即如各地驻军，各地考试，各地计簿以及漕运诸事，亦皆有监察官监督纠察之。故以两汉疆土之广，官吏之众，鲜有作奸犯科而不身受制裁者。

2. 职权方面

①两汉监察官之职权，极为广大，上至天子，下至庶人，无所不纠，无所不察，不但有弹劾官吏之权，有时且可以直接处分官吏，故其弹劾案得以雷厉风行，肃清官邪，使内外百官，奉公守法，忠君爱国。两汉吏治之澄清，实利赖之。

②两汉监察官之职权，颇有相当界限，如刺史察州，以六条为限，但振纲纪，不得干与治民之事。又纠察弹劾之权，唯高级监察官，如御史大夫、御史中丞、侍御史、部刺史等，始具有之。低级监察官，除刺史之部郡国从事史及司隶校尉之都官从事史外，其余皆无此权，仅掌文书杂务。可见两汉监察官之中，在职权上已有类似现今政务官与事务官之分。

3. 待遇方面

①两汉监察官之地位甚高，朝廷之优待，官民之敬惮，皆足以使其发挥职能，树立强有力之监察制度。且两汉虽君主专制，但监察官之进退升降，颇有相当规律，监察官之地位，亦似有相当保障，故一般监察官尚能安心从事，尽忠职守。

②两汉监察官之成绩优异者，既有奖赐，其溺职非法者，亦有惩戒。可见赏罚分明，劝善乐进，既可以鼓励监察官大公无私之精神，亦可以避免监察官滥用权力之流弊，故此制运用得当，必大有裨于国家政事。

总之，两汉监察制度，无论从组织方面言，或从职权方面言，或从待遇方面言，也皆足以证明其已成为一种独立完全之政治制度。且因其根基稳固，故能日趋发达，蔚为大观，诚我国政治制度史上之一大异彩也。

（二）两汉监察制度之缺点

两汉监察制度，虽有上述之优点，然以今日之眼光论之，其可訾议之处亦复不少，兹亦分组织、职权及待遇三方面言之：

1. 组织方面

两汉监察官之组织系统，虽较先秦制度为严密完美，但仍不免有纷乱支离之弊。何以言之？盖两汉监察官，除御史大夫、御史中丞、侍御史、部刺史等属御史台外，尚有数种官吏，不属于御史台，如丞相司直属丞相。谏议大夫属光禄勋，而光禄勋为九卿之一，故谏议大夫亦属丞相府。由此可见两汉监察制度之组织，并不似现行监察制度之系统分明，因两汉为君主专制时代，官吏之归属，取决于天子之意志，且监察制度在两汉，历史尚不悠久，其不脱草创试验之色彩，亦势使然也。

2. 职权方面

两汉监察官之职掌，除纠察弹劾而外，尚有受公卿奏事权、谏诤得失权、司法权、考试权、督兵权、外交权等，又掌图籍秘书、刻印、厩马、护驾、护宫等杂务，颇多轶出纯粹监察权限范围之处。吾人试以今日五权分立原理论之，两汉监察制度，自非得宜。推其原故，盖亦由于两汉乃君主专制时代，监察官之权限，往往随君主之意志而伸缩，初无确切不移之界限也。

3. 待遇方面

两汉监察官在无形之中，虽有相当保障，然究乏法律之根据。例如哀帝建平二年（西元前五年）至元寿元年（西元前二年），不满四岁，而御史大夫凡七易其人。监察官之位置，既不稳定，难免"五日京兆"之心，较之现行监察制度，固远弗如，即以视宋朝监察制度，亦不相类。又两汉监察官之成绩优良者，天子每有奖赐，监察官死亡之后，天子亦每有抚恤，惟两汉对于溺职非法之监察官，除天子予以惩戒外，并无其他机关可以监督之。五权宪法下之监察制度则不然，最高监察权在国民大会，一切监察官皆应受国民大会之监察。在训政时期，最高监察权由中国国民党中央监察委员会代为行使。故现今监察委员应受国民党中央监察委员会之监察。监察院弹劾国民政府委员时，亦应将弹劾案连同证据物件，移送国民党中央监察委员会，请求惩戒。且监察委员怠工之时，立法院有提出质问之权。可见现行监察制度，较两汉监察制度严密多矣。

（三）监察制度之评价

监察制度原为我国固有之古制，欧美各国，自法儒孟德斯鸠力倡三权分立之说以来，政府组织，多从其说。行政、立法、司法三种机关，截然划分，各自独立，而监察权多归之于立法机关。各国议会对行政机关有质问权与弹劾权，盖即此故。夫以监察权付诸立法机关，其流弊显而易见。何则？立法机关既有监督行政之权，则政党之不满于现政府者，势必借此为推翻现政府之手段。因而立法机关中之政府党与反对党互相倾轧，时有引起绝大政潮之可能。设有不幸，则整个国家难免濒于覆亡之危险。且立法机关之主要任务，原为立法定制，若立法机关兼有监察之权，则不免置其立法本职于不顾，而悉心从事于无谓之政争。今日各国立法之疏忽与草率，未始非为立法机关兼有监察权之恶果。是以中山先生斟酌古今之制。权衡中外之宜，极力主张五权制度，使考试监察二权与行政、立法、司法三权并立，互相依辅，互相牵制。惟自学理上言，监察权独立行使，设有不当，亦难免流弊。马端临云："以立异为心，以利口为能，此谏官之所以使人厌也。"监察官虽未必人人以立异为心，事事以利口为能，但因其握有监督弹劾之大权，一般官吏遂不免于"不求有功，但求无过"之心理。因此之故，下级官吏唯上级命令是从，往往缺乏自动创造之精神，只求在消极方面推诿本身责任，不知从积极方面增进人民福利。总之，无论任何政治制度，本无绝对的美恶，监察制度既为我国之古制，又极合乎现代民主政治之潮流，吾人苟能改良之，发扬之，光大之，使其成为一种健全完美之制度，则其造福于我国家民族者，岂可限量耶？

引用书目

（一）原始资料

史记　汉司马迁撰，凡一百三十卷。乾隆四年校刊本，光绪十四年，上海图书集成印书局印。

汉书　后汉班固撰，凡一百二十卷。乾隆四年校刊本，光绪二十九年，五洲同文局印。

后汉书　宋范晔撰，凡一百二十卷。乾隆四年校刊本，光绪二十年，上海同文书局印。

通典　唐杜佑撰，凡二百卷。光绪二十二年，浙江书局本。

通志　宋郑樵撰，凡二百卷。光绪二十二年，浙江书局本。

文献通考　宋马端临撰，凡三百四十八卷。光绪二十二年，浙江书局本。

西汉会要　宋徐天麟撰，凡七十卷。武英殿聚珍版，光绪二十年增刻。

东汉会要　宋徐天麟撰，凡四十卷。光绪十年，江苏书局本。

汉旧仪　后汉卫宏撰，凡三卷。在乾隆辑武英殿聚珍版丛书或黄奭辑汉学堂丛书内。

汉官仪　后汉应劭撰，不分卷。在黄奭辑黄氏逸书考或汉学堂丛书内。

汉制考　宋王应麟撰，凡四卷。在张海鸥辑学津讨原内。

太平御览　宋李昉等纂，凡一千卷。光绪十八年，学海堂本。

二十四史九通政典类要合编　清黄书霖辑，凡三百二十卷。光绪二十八年，约雅堂本。

历代职官表　清纪昀等纂，凡七十二卷。光绪二十二年，广雅书局本。

陔余丛考　清赵翼辑，凡四十三卷。乾隆五十五年，寿考堂刊本。

两汉勘误补遗　宋吴仁杰撰，凡十卷。在乾隆辑武英殿聚珍版丛书内。

汉官解诂　汉王隆撰，胡广注，在孙星衍辑平津馆丛书或黄奭辑汉学堂丛书及黄氏逸书考内。

汉官典仪　汉蔡质撰，在孙星衍辑平津馆丛书或黄奭辑汉学堂丛书及黄氏逸书考内。孙书从隋志作汉官典职仪式选用二卷，黄书则从唐志作汉官典仪一卷。

汉仪　吴丁孚撰，一卷。在孙星衍辑平津馆丛书或黄奭辑汉学堂丛书及黄氏逸书考内。

汉官　不著撰人名氏，亦不分卷，在孙星衍辑平津馆丛书或黄奭辑汉学堂丛书及黄氏逸书考内。

汉州郡县吏制考　清强汝询撰，凡二卷。在强汝询著求益斋全集内，光绪二十四年，江苏书局刊本。

汉纪　后汉荀悦撰，凡三十卷。在郑国勋辑龙溪精舍丛书内。

后汉纪　晋袁宏撰，凡三十卷，在郑国勋辑龙溪精舍丛书内。

（二）参考资料

中国御史制度的沿革　高一涵著，民国二十二年十月，商务印书馆出版。全书分五章，上溯三代，下迄前清。属辞叙事，极其晓畅；惟内容稍嫌简单，其取材多出自历代职官表，似未免失之于隘耳。

中国监察史略　徐式圭著，凡十七章，自上古迄民国，列叙历代监察制度之消长，颇有条理，其取材多出自九通，惟稍简略，且无附注，间有错误之处。载民国二十三年九月至十二月学艺杂志第十三卷第七号至第十号。

五权宪法下之监察制度　谢瀛洲著，文分三节，讨论现行监察制度之权限与组织问题，其见解尚属正确。载民国十九年十一月中华法学杂志第一卷第三号。

与章行严论改革国会书　章炳麟著，书中力言中国不宜行代议制度，主张规复给事中与监察御史，可供为政者之参考。载民国十三年一月华国第一卷第五期。

给事中制度论　但焘著，用问答法说明给事中制度之沿革及功效，为拥护章氏政见之作。载民国十三年一月华国第一卷第五期。

御史制度论　但焘著，分上下二篇，上篇论中国不可行代议制，下篇用问答法说明御史制度之沿革及现今应否仿效之处，文中亦间有错误。载民国十三年二月华国第一卷第六期。

历代帝王年表　清齐召南编，同治叶敦怡堂重刊本。自邃古迄明末，编年纪事，简而有功。表末附有帝王庙谥年讳谱，可资查考。

（商务印书馆 1944 年 3 月初版，台湾商务印书馆 1968 年 7 月再版）

唐宋监察制度初探

李 青*

摘　要：中国封建时代的监察制度在世界法制史上是具有鲜明特色的，唐宋两代的监察制度尤其具有代表性。唐代是封建盛世，唐代的监察制度基本上达到完型，是反映中华法系成就的一个重要方面。宋代是封建专制主义中央集权制度强化的朝代，随着皇权的加强，监察制度也得到进一步强化。与唐朝相比，宋朝的监察范围进一步扩大，特别是地方监察活动日趋法律化，对于监察官的资格与任职要求更加严格。唐宋两代的监察制度积累了丰富的历史经验，具有可资借鉴的意义。

关键词：监察制度　监察御史　察吏　治吏

中国古代监察法是中国传统法律的重要组成部分，其独立的系统性与丰富的内涵，体现了古代东方的特色，赢得了在世界法律史学上的崇高地位。

中国古代监察法是监察制度的法律化，而监察制度是从属于专制主义的政治制度的，它的发展状况受制于专制主义的政治制度。由于专制主义政治制度的核心是君权，因此，监察机关职能的发挥和监察制度的基本建设，以及监察法的实施，都与君主个人的品格贤否及政治思维有密切的关系。唐、宋是中国法制史上的两个重要朝代，唐宋时期封建经济的发展，为封建监察制度的发展在客观上提供了重要的前提条件，而封建政治的巩

---

* 李青，法学博士，中国政法大学法律史学研究院教授，研究领域为中国法律史和比较法律史。

固又推动了封建监察制度的完善，封建监察制度对于维护唐宋时期封建经济的繁荣和封建政权的巩固，起了重要的作用。

一

唐朝是中国封建社会的鼎盛时期，也是法文化高度发展的时代，《永徽律疏》和《唐六典》的制定，为治吏察吏和监察机关的职能与编制的法律化奠定了重要基础。白居易在受封为左拾遗官后，便在上皇帝书中表示："臣谨按《六典》，左右拾遗，掌供奉讽谏，凡发令举事，有不便于时、不合于道者，小则上封，大则廷诤。……朝廷得失无不察，天下利病无不言。此国朝置拾遗之本意也。"① 尤其是皇帝颁发的大量诏敕，对于以监察为中心形成的国家机关之间的制衡关系，以及监察机关的察吏治国作用，作了充分的论述和肯定，这是监察法的重要内容。

唐朝不仅构建了对于中央和地方百官全方位的监察网络，而且言谏监察也随着门下省——言谏监察机构职权的扩大日益显现出其价值。大和三年（829 年）八月敕中说："凡制命颁行，事有不可，给事中职合封进，省审既毕，宣布百司。"②

至于地方监察法则沿袭汉代《刺史六条》的传统，形成了《六察法》。

唐统治者从隋亡的教训中认识到建立以监察机关为支撑点的中枢机关相互制衡机制的重要性。贞观元年（627 年），唐太宗李世民曾就中书与门下的相互维系，指示黄门侍郎王圭说："中书郎出诏敕，颇有意见不同，或兼错失面相正以否。元置中书、门下，本拟相防过误。人之意见，每或不同，有所是非，本为公事。或有护己之短，忌闻其失，有是有非，衔以为怨。或有苟避私隙，相惜颜面，知非政事，遂即施行。虽违一官之小情，颇为万人之大弊。此实亡国之政，卿辈特须在意防也。"③ 贞观四年，又指示肖禹说："若诏敕颁下有未稳便者，必须执奏，不得顺旨便即施行，务尽臣下之意。"④ 李世民从历代兴亡的经验教训中总结出"自古帝王多任情

① 《旧唐书》卷一百六十六《白居易传》。
② 《唐会要》卷五十四。
③ 《贞观政要》卷一《政体》。
④ 《贞观政要》卷一《政体》。

喜怒，……是以天下丧乱"①，因此他要求百官"尽情极谏"，他曾对侍臣说："每思臣下有谠言直谏，可以施于政教者，当试目以师友待之。如此，庶几于时康道泰尔。"②他批评臣下说："比来唯觉阿旨顺情，唯唯相尚，遂无一言谏诤者，岂是道理？……自今已后，诏敕疑有不稳，必须执之。"③玄宗开元三年（715年）也颁敕说："自今已后，制敕有不便于时，及除授有不称于职，或内怀奸宄，或外损公私，并听进状，具陈得失。五品已上官，仍许其廷争。若轻肆口语，潜行非谤，委御史大夫以下，严加察访，状涉疑似，推勘奏闻。"④

唐朝统治者对于监察机关维护国家纲纪的作用已有充分的认识。《文献通考·职官七》记载："自贞观初，以法理天下，尤重宪官，故御史复为雄要。"唐玄宗在《饬御史·刺史·县令诏》中说："御史执宪，纲纪是司。"⑤睿宗更进一步表示："彰善瘅恶，激浊扬清，御史之职也。政之理乱，实由此焉。"⑥

唐初在艰难缔造封建法制秩序的过程中，强调百官理政依律，御史察吏依律。李世民在《纠劾违律行事诏》中指出："自今已后，官人行事，与律乖违者，仰所司纠劾，具以名闻。"⑦他从实践中认识到，"法令严肃，谁敢为非"⑧。

不仅如此，由于"御史之职，邦宪是司"，所以必须"先正其身，始可行事。当须举直措枉，不避亲仇。纠匿绳违，务从公正。如闻愆过，阴自鼓动，不即弹射，自树恩私，曾无忌惮，仍有请托，将何以寄之鹰隼，用屏豺狼？如此当官，深负所委，自今以后，不得更然"⑨。

在负责纠弹百官的监察御史中，有三人分察六部，称为"部察"，所

---

① 《贞观政要》卷二《求谏》。
② 《贞观政要》卷一《政体》。
③ 《唐会要》卷五四。
④ 《唐大诏令集》卷一百五十。
⑤ 《全唐文》卷二十九。
⑥ 《唐大诏令集》卷一百。
⑦ 《唐大诏令集》卷八十二。
⑧ 《贞观政要》卷一《政体》。
⑨ 《唐大诏令集》卷一百。

谓"分察尚书之司，纠其过失"①。兴元元年（784 年）十月四日敕中明确规定："今请令监察从上第一人察吏部、礼部；第二人察兵部、工部；第三人察户部、刑部。每年终议其殿最。"② 随着尚书省总揽国家行政，作为重要执行机关的六部职权相应扩大，六部职官的地位日益提高，为此专设监察御史，进行监督。但监察御史的主要职责是"巡按郡县"，即按监察区——"道"监察所属地方官吏，通称"道察"。道察分为定期与临时的奉敕特使两种，中宗时起，各道还设置执行特定使命的具有地方监察性质的按察使。

早在贞观八年太宗李世民发布《遣使巡行天下诏》："宜遣大使，分行四方，申谕朕心，延问疾苦，观风俗之得失，察政刑之苛弊。耆年旧齿，孝悌力田。义夫节妇之家，疾废茕嫠之室，须有旌赏赈赡，听以仓库物赐之。若有鸿材异等，留滞末班；哲人奇士，隐沦屠钓，宜精加搜访，进以殊礼。务尽使乎之旨，俾若朕亲觌焉。"③ 此次遣使当属奉诏特使，所谓"若朕亲觌"。神龙二年（706 年）二月又颁敕，选官二十人，"分为十道巡察使，二周年一替，以廉按州部。俾其董正群吏，观抚兆人。议狱缓刑，扶危拯滞。若能抗词直笔，不惮权豪，仁恕为怀，黜陟咸当，别加奖擢，优以名器。如脂韦苟全，蓬蒢戚施，高下在心，顾望依附者，将迁削屏弃，肃以宪章"④。开元八年（720 年）八月玄宗遣御史大夫王昱等巡按诸道，"巡内有长吏贪扰，狱讼冤抑，暗懦尸禄，苛虐在官，即仰随事按举所犯状，并推鞫准格断覆讫闻奏，仍便覆囚"⑤。有时针对特别事项，派出御史专察，例如，开元四年七月遣使分道巡按时，以司法监察为重点，"其天下囚徒，虑有冤滞，宜令大理及本巡所在理滞，死罪以下，非犯名教及官典取受，并听减一等收赎；即是非理均事可疑者并杖以下罪，并宜放免"⑥。太和年间，还因天灾粮价昂贵而令御史巡定诸道米价。

御史出巡，尤其是遣使巡察，其活动在皇帝的直接控制下，所谓"事

① 《唐六典》卷十二，广雅书局本。
② 《唐会要》卷六十。
③ 《唐大诏令集》卷一百二十。
④ 《唐大诏令集》卷一百一十。
⑤ 《唐大诏令集》卷一百零四。
⑥ 《唐大诏令集》卷一百零四。

无巨细得失，皆令访察，回日奏闻，所以明四目，达四聪也"①。这是出巡御史位卑权重的根源。御史的活动在客观上造成了皇帝关心民瘼的印象，从而体现了御史监察对于巩固专制制度的作用。

御史出巡，虽系奉命，但仍需依颁行的《六察法》行事，据《新唐书》卷四十八所载，六条如下："凡十道巡按，以判官二人为佐，务繁则有支使。其一，察官人善恶；其二，察户口流散，籍帐隐没，赋役不均；其三，察农桑不勤，仓库减耗；其四，察妖猾盗贼，不事生业，为私蠹害；其五，察德行孝悌，茂才异等，藏器晦迹，应时用者；其六，察黠吏豪宗兼并纵暴，贫弱冤苦不能自申者。"唐代《六察法》虽以汉《刺史六条》为宗，但因汉唐历史背景不同，而有所发展变化。开元二十二年二月十九日玄宗在《置十道采访使敕》文中明确指出了这一点："十连为率，六察分条。……周汉已还，事有因革。帝王之制，义在随时。其天下诸道，宜依旧逐要便置使，令采访处置。若牧宰无政，不能纲理；吏人有犯，所在侵渔，及物土异宜，人情不便。差科赋税，量事取安。朕所责成，贵在简要。其余常务，不可横干。"② 以上可见汉唐六条的不同之处：汉设十三部州监察区，唐改为十道（后增为十五道）；汉以强宗豪右、二千石及其子弟为监察重点，唐则牧宰与吏人并察，列为六察之首，反映了官僚制度的发展与官僚系统广泛覆盖于地方，以及朝廷对地方官的依赖。至于强宗豪右和士家大族，在隋末农民大起义的沉重打击下，加上封建地主经济的发展，已经急遽没落，不再是中央集权的主要威胁，因此列于六察之末。

唐朝作为封建盛世，归根结底是以均田制为基础的农业发展的结果，因此对官吏经济管理状况（诸如户口、籍帐、赋役、农桑、仓库等等）的监察占有很大的比重。

此外，唐朝实行科举选官制度，取代了自汉以来的察举、征辟，因此不存在监察地方官选署不平的问题，而只是不使"应时用者"的人才埋没民间。

《六察法》不仅涉及官吏的治绩，也兼顾官吏的品德、学识、才能，从这个侧面反映了唐代充当文官的基本条件。

---

① 《旧唐书》卷一百二十八《颜真卿传》。
② 《唐大诏令集》卷一百。

《六察法》对监察的对象、要求、范围、处理方式等均有具体规定，从而使出巡御史的监察活动有章可循。同时《六察法》也是对位卑权重的御史的一种约束，防止监察权的滥用。贞观十年四月敕中便明示出巡御史"宜令自今以后，据六典合举之事，所司有隐蔽者，即具状奏闻。其余常务，不须更闻"①。出使御史如"非充按察覆囚，不得辄差判官"。并且申明格式，严禁御史出使作威作福，以致"州县祗迎，相望道路，牧宰祗候，僮仆不若"②。

唐朝统治者为防止御史风闻弹人的弊病，要求御史弹奏"皆先进状听进止，许即奏，不许即止"③。禁止御史弹人时"群署章奏"，贞观元年三月，宰相召谏官、御史宣谕上旨，曰："自今上封弹劾，宜入自陈论，不得群署章奏，若涉朋党。"④ 大中元年（847 年）四月，御史台为防止监察逾限，特别奏准："伏以御史台临制百司，纠绳不法，若事简则风宪自肃，事烦则纲纪转轻。至如婚田两竞，息利交关，凡所陈论，皆合先陈府县。如属诸军诸使，亦合于本司披论。近日多便诣台论诉，烦黩既甚，为弊颇深。自今以后，伏请应有论理公私债负，及婚田两竞，且令于本司、本州府论理，不得即诣台论诉。如有先进状及接宰相下状送到台司勘当审知，先未经本司论理者，亦且请送本司。如已经本司论理不平，即任经台司论诉。台司推勘冤屈不虚，其本司本州元推官典，并请追赴台推勘，量事情轻重科断。本推官若罪轻，即罚直书下考。稍重，即停任贬降。以此惩责，庶免旷官。"⑤

唐朝十分注意发挥御史对司法的监察作用，譬如：开元十四年设置受事御史一人，每日针对词状进行必要的弹劾；本司推问断结的案件，如"犹称抑屈"，可以到御史台按覆；赃罪或其他当赎之罪，派出御史一人进行监督；⑥ 处决罪犯时，"差御史一人监决"，如囚徒称冤，"监察御史闻奏，敕下后，便配四推"。⑦ 开成年间，京城百司及府县，由于官吏因循，

---

① 《唐会要》卷六十。
② 《唐会要》卷六十二。
③ 《唐会要》卷六十一。
④ 《唐会要》卷六十一。
⑤ 《唐会要》卷六十。
⑥ 《唐会要》卷六十。
⑦ 《唐会要》卷六十。

未能及时结案，为此特别下敕："选强明御史三两人，各本司分阅文按，据理疏决闻奏。"①

在经济监察方面，开元十九年正月二十八日下敕："左右藏太仓署，差御史监知出纳。"② 其后，开成元年（836年）正月，中书门下奏请"于新入庶台察中，择精强干用两人，分监仓、库"③，并获敕旨依奏，可见御史监仓、库是颇受重视的。

唐朝实行两税的赋税制度改革后，严禁各州使额外征收杂税及非法赋敛，元和四年（809年）十二月，御史中丞李夷简奏："诸州使有两税外杂榷率及违敕不法事，请诸道盐铁、转运、度支巡院察访，状报台司，以凭闻奏。"④ 这个奏请也得到了皇帝的敕准。先此于天宝九年（750年）十二月曾经下敕："自今以后，天下两税，其诸色输纳官典受一钱以上，并同枉法赃论。官人先解见任，典正等先决四十，委采访使巡察。若不能举按者，采访使别有处分。"这道敕的严厉是少有的，它表明唐统治者推行两税法的决心。

此外，唐官员放债于民，有纳利小偿者，引起社会矛盾，以致利钱也成为经济监察的一项内容。

唐朝建立以后，统治者吸取隋亡的教训，注意纳谏，尤其是李世民树立了封建帝王纳谏的典范。李世民晚年颁发《令群臣直言诏》表示："朕登蹑宇内，字育黔黎，恐一德之或亏，惧小瑕之有累……昔惟魏征，每显余过。自其逝也，虽过莫彰，……自斯以后，各悉乃诚，若有是非，直言无隐。"⑤ 玄宗李隆基在即帝位十六年时也颁布《令百官言事诏》。由此推动了言谏制度的发展。

唐朝通过制定《唐六典》而使谏官制度法律化。根据《唐六典》，谏官组织有左右散骑常侍、左右谏议大夫、左右补阙、左右拾遗等，分属中书、门下两省。谏官的主要职责是：散骑常侍"掌侍奉规讽，备顾问应对"；谏议大夫"掌侍从赞相，规谏讽谕"；补阙拾遗"掌侍奉规谏，……

---

① 《唐会要》卷四十。
② 《唐会要》卷六十二。
③ 《唐会要》卷六十。
④ 《唐会要》卷八十八。
⑤ 《唐大诏令集》卷一百零五。

凡发令举事，有不便于时，不合于道，大则廷议，小则上封"。谏官实际上研究国家政策法令，以及某些重大的措施和体制，如认为不妥，有权向皇帝规谏。这种规谏最后由皇帝决定是否采纳，所谓"断自天心"，因而既无损于皇权，又可能有益于国家统治。唐初各项举措的得力，与法制秩序的维持，谏官所起的作用是不可忽视的。

为了督励谏官尽职任事，谏官上封事均有法定的期限与程序，例如，开元十二年四月敕令："自今以后，谏官所献封事，不限旦晚，任封状进来。所由门司不得有停滞。如须侧门论事，亦任随状面奏，即便令引对。如有除拜不称于职，诏令不便于时，法禁乖宜，刑赏未当，征求无节，冤抑在人，并极论失，无所回避，以称朕意。"① 乾元二年（759 年）四月敕："两省谏官，十日一上封事，直论得失，无假文言，冀成殿最，用存沮劝。"② 广德二年（764 年）九月十一日敕："令（谏官）每月一上封事，指陈时政得失。"永泰元年（765 年）正月二十三日敕："谏官奏事，不须限官品次第，于每月奏事官数内，听一人奏对。"大历十二年（777 年）四月十二日敕："自今以后谏官所献封事，不限早晚，任封状以进。"③ 遇有临时发生事件，也可以随时进谏，如永徽二年（651 年）九月一日，左武侯引驾卢文操盗左藏库物，高宗命有司处死，谏议大夫萧钧谏曰："文操所犯，情实难原，然准诸常法，罪未至死。今致之极刑，将恐天下闻之，必谓陛下轻法律，贱人命，任喜怒，贵财物。臣之所职，以谏为名，愚臣所怀，不敢不奏。"上纳之，谓钧曰："卿职在司谏，遂能尽规，特为卿免其死。"顾侍臣曰："其谏议也。"④

由于言谏的对象不只是人，也含事、制（制度与政策）和法律法令，谏官职责所及较之御史监察更加广泛，而且不仅是消极地揭露不法，还要正面提出建议，其所论是非，应有理有据，因此言谏监察的难度更大，对谏官的素质要求也更严格。从某种意义上说，谏官起着纠正专制制度缺失、自我补救的作用。言谏作为更高层次的监察，是中国专制制度下的特有产物，言谏之法也是中国监察法中最具特色的一部分。

---

① 《唐会要》卷五十五。
② 《唐会要》卷五十五。
③ 《唐会要》卷五十六。
④ 《唐会要》卷五十五。

但是谏官发挥作用的程度，更依赖于君主的开明与纳谏，宋以后言谏与御史监察的合一就导源于此。

二

宋朝是专制主义中央集权高度发展的朝代，皇权的强化，推动了监察机关的扩大和监察制度的发展。宋沿唐制，监察机关以御史台为最高一级，执掌"纠察官邪，肃正纲纪，大事则廷辩，小事则奏弹"①。御史台以御史大夫为长官，但实际权力由御史中丞职掌。御史台下分设台院、殿院、察院，台院置侍御史，殿院置殿中侍御史，察院置监察御史。监察御史负责监察六曹及百司之事，权力最重，为吏、户、礼、兵、刑、工部的六察之官。宋朝的监察御史由皇帝亲自任命，取消了唐代宰相任用和荐举御史的权力。为了发挥御史对中枢机构的监督作用，宋朝允许御史没有实据的"风闻弹奏"，即使弹奏不当亦不加刑。御史每月奏事一次叫作"月课"，百日内无所纠弹，或被罢黜作外官，或被罚"辱台钱"，同时对御史的资历也有要求，必须做过两任县令。

宋初设立谏院，大凡"发令举事，有不便于时，不合于道，大则廷议，小则上封"，"朝廷过失"，"大臣百官任非其人"，"司事有违失"等，"皆得谏止"。②谏官的职责与御史有异曲同工之处，所以通称为"台谏"。后来由于台官行谏议之权，谏官行御史之职，神宗元丰二年诏："御史六员，三分察，三言事。"元丰八年又下诏"监察兼言事"。③最终形成了台、谏合一的监察系统，既防止大臣擅权，又因台、谏官有权纠弹宰相，所以在一定程度上制约国家的施政方针。而皇帝为了更好地操纵监察，又将监察机关置于尚书省的监督之下，造成台省之间互相监督、互相制约的格局。

地方监察网络由监司、通判所组成的监察体系构成。路为宋朝地方一级的行政监察区，监司是由皇帝派到路一级的监督指挥机构，监督范围为

<hr>

① 《宋史·职官志》。
② 《宋史·职官志》。
③ 《历代职官表》卷十八《都察院上》。

军、政、刑、财四个方面。通判是州的监察官，专司监察地方长吏知州及所属官吏，对知州不法，有权举奏。

《庆元条法事类》中《名例敕》《职制令》《职制敕》等明确规定了地方监察官的职权范围、责任以及处罚方法，如：

> 诸称监司者，为转运、提点、刑狱、提举常平司；称按察官者，谓诸司；通判以上之官及知州通判各于本部职事相统摄者。
>
> 诸监司每岁分上下半年巡按州县，具平反冤讼，搜访利害，及荐举循吏，按劾奸赃以闻。
>
> 诸监司巡历所至，应受酒食之类，辄受折送钱者，许互察。
>
> 诸监司巡历所至，止据公案，簿书点检，非有违法，及事节不圆，不得分令供析，无公事不得住过三日。
>
> 诸监司巡按遇诸州、州院、司理院，并具禁罪人及品官、命妇、公事，各徒以上者，虽非本司事，听审问，若情涉疑虑，或罪人声冤，或官司挟情出入，而应移推者，牒所属监司行，若承报不行或虽行而不当者，具事因奏。
>
> 诸按察官知所部官有犯，若事理重者，躬亲廉察，余事听先委，不干碍清强者，体究有无实迹，结罪保明，申所委官司，于按章内明坐，所差官体究到事因，并不得出榜召入首告，即犯赃私罪，虽已离任，被告者或因事彰露者，听按治。

地方监察官必须严于职守，不得利用职掌之便，巧立名目，徇私枉法，随便接受馈赠，违反这些规定，将受到刑法处罚。如《职制敕》规定：

> 诸监司，巡历部不遍者，杖一百，遍而不申，减二等。
>
> 诸监司巡按，巧作名目，追呼巡尉弓兵，将带出本界者，杖一百。
>
> 诸发运监司，巡历随行吏人，所在受例外供馈，以受所监临财物论。

此外，在《厩库敕》和《杂敕》中也有监察法的有关规定。

可见，宋朝的地方监察法规在整个监察法体系中占有很大的比重，监督地方司法刑狱是监察的重点和核心，除法律的一般规定外，往往通过颁布特别诏令的形式予以强调。宋真宗大中祥符七年（1014 年）十二月，"诏川峡、广南、福建转运使提点刑狱官察部内僚吏，有贪墨不法，惨刻用刑者以闻"①。大中祥符九年四月又下诏："三京、诸路大辟罪，狱既具而非理至死者，委纠察提点刑狱官察之。"② 庆历七年（1047 年）诏令"转运、提刑司每巡历至州县，先入刑狱中询问罪人。其有禁系人身死，仰画时具检验状申二司点检，如情理不明，有拷擦痕，立即便取索公案差官看详，依公施行"③。

宋朝的法律虽然赋予监察官以点检各级司法机关的权力，但是监察官的权力并不是漫无边际无所限制的，如《庆元条法事类·断狱令》规定："诸监司有所按劾，限三十日具所按事状及应推治人录奏，仍申尚书刑部。诸官司按发官吏不究事实，或挟情奏劾，致降先次，指挥如勘得别无元劾罪犯，具因依奏闻。""诸监司决罪人，于所在州县勾杖直。若巡历非州县者，听就近勾差。过即遣还，余官应论决而无杖直者，亦听差借。诸官司遇按察官巡历点检，不得移罪人于厢店锁系。"

监察官如果违反了法定责任，或应察而不察，或应举而不举，或贪赃枉法，或擅作威福，将分别受到罢黜、杖一百、徒二年、流二千里、永不收叙等处罚。同时为了防范监察官相互串通，违法行私，宋朝还特别制定了监司互监法。监司互监，顾名思义就是监察官互相监督，它既是监察制度中的一个重要举措，也是皇帝驾驭大臣的统治权术，让"异论相搅"的大臣们相互攻讦、相互牵制和监督，内耗虽然增加，却减少了对皇权的潜在威胁，因此，监司互监法成为宋朝极具特色的监察法内容之一。

如监司互监法规定："诸监司知所部推行法令违慢，非本职而已，具事牒所属监司，若承报不即按举，或施行阔略而元牒之司不举奏者，减所属监司应得之罪一等，即监司于职事违慢，逐司不互察者，准此，若犯赃、私罪庇匿，不举者，以其罪罪之。""诸官司无按察官而有违法，及不

---

① 《续资治通鉴长编》卷八十三，大中祥符七年十二月戊午。
② 《续资治通鉴长编》卷八十三，大中祥符九年四月乙未。
③ 《宋会要·刑法》六之五十五。

公事者，发运监司按察奏，发运监司互相觉察，其经按抚、发运、监司属官，听逐互行按举。""诸所部官有犯，监司郡守依法按治，不得倚阁俸给，仍许诸司互察。""诸灾伤，路分安抚司，体量措置，转运司检展阁，常平司案给借贷，提点刑狱司觉察妄滥，如或违戾许互相按举，仍各具已行事件申尚书省。"如此等等。①

宋朝的监察法体现了维护中央集权和专制皇权的时代特点，监察法虽然渊源多样，但始终没有离开这一条主线，从中央到地方构建了千枝万系的监察网络，皇帝就是发散的地方监察网络向中央集聚的焦点，充分反映了封建监察制度的实质。

宋朝监察制度所反映的时代特点还表现在加大了对赋税收入等在维系国家命脉方面具有重要意义的经济监察的力度，如《庆元条法事类·赋役门》规定："诸人户输纳税租应折变物，转运司以纳月上旬时估中价准折。有违法者，提点刑狱司觉察奏劾。""诸税租创支移而不奏，或奏而不待报，辄施行者，各徒二年。"而《考课令》《农桑门》的规定，则反映了宋朝以农为本的农本主义国情，如："诸监司被受劝农手诏每岁春秋检行下所属，遇巡历所至，检查诸知州县令劝农之勤惰，岁终较其尤著者，为优劣等。（如未至岁终替移者，牒后官通计）。限次年正月终保奏。（知州各一员，所部五十县以上者，县令各二员。五十县以下者，各一员，或无不听阙）。罢任到阙日，具任内已保奏优劣之人以闻。（外移准此）。"②

综括上述，可以看出唐宋两代建立的监察体制、组织与实施的法律，在整个中国封建时代颇具有代表性，体现了中国传统的封建政治文化以及专制主义政治制度所赖以维持的基本条件，由于监察制度决定于专制主义的政治制度，在两千多年的封建社会里，专制制度的强弱决定着监察制度的发展、变化，以及监察官职权的消长，而监察制度对于维护皇权，稳定专制制度，纠正官邪，协调官僚机关之间的矛盾，也起了积极的作用，所以，监察官被称为皇帝的耳目之司。

唐、宋两代构建的从中央到地方、直接由皇帝操纵的独立的监察网络，使其既有效能，又具有权威性，监察官品级不高，却可以"以下制

---

① 《庆元条法事类·职制令·职制敕》。

② 参见张晋藩《中华法制文明的演进》，中国政法大学出版社，1999，第333页。

上，以卑督尊"，就在于监察官的职权是附着于皇权的，唐、宋两代监察官涉猎的范围比较广泛，除行政监察、司法监察外，也包含经济监察、人事监察，总之，监察官职权的大小以及其权威性，都是和专制制度的状态分不开的。

唐、宋两代的监察立法，已经颇具规模，是监察官据以察吏的法律根据，在整个法律体系中占有重要的地位，而且饶有特色。

观今以鉴古，在中国政治法律文化的宝库中，蕴含着极其丰富的内容，监察制度与监察法只是其中的一个部分，但是，总结监察制度与监察法的历史经验，不仅具有学术价值，而且对于完善我国社会主义的监察制度和监察立法，使依法治国再上一个台阶，都具有现实的借鉴意义。

（本文原载于《现代法学》2004 年第 3 期）

第二编　中国近代监察制度研究

中国近代监察制度概览

赵贵龙[*]

摘　要：本文从三个方面对中国近代监察制度作了概览：分"清朝末期""临时政府时期""从北洋军阀到国民党政府时期"三个阶段作了近代政制与监察总述；分"肃政厅""平政院""惩戒委员会""审计院"四个方面介绍了北洋军阀政府的监察制度；分"大革命时期国民政府的监察制度""国民党蒋氏政府的监察制度""监察院的职权"三个部分概览了国民党政府的监察制度。近、现代文献涉猎国民党监察制度者多，系统论述清末、临时政府、北洋政府监察制度者少，而本文填补了这方面的空白。

关键词：监察制度　监察院　中国政制　近代史

从 1840 年鸦片战争开始，到 1949 年中华人民共和国成立，一场天翻地覆的革命发生在这片古老的土地上。以"五四"运动为界，其间 109 年的历史，可以分为旧民主主义革命和新民主主义革命两个阶段，人们习惯上称前一阶段为近代，后一阶段为现代，但学术界对这种划分科学与否早就存在着争议。近年来，学术界的意见逐渐趋向于以新中国的成立为区分近代和现代的标志，即从 1840 年到 1949 年，统称为近代。我们采取这种立论，将鸦片战争至新中国的成立这段时期视为中国监察史上的近代。

---

[*]　赵贵龙，全国审判业务专家，法学博士，兼职教授，山东省济宁市中级人民法院党组成员、副院长。

一　近代政制与监察总述

（一）清朝末期

公元前 221 年，秦始皇统一中国，建立封建大帝国以后，中国两千多年的政治制度都是封建君主专制制度。至清朝中叶以前，这一政体虽有这样那样的变化，但它的本质并没有变，并始终围绕一个中心：加强君主的权力，维护封建地主阶级的利益，强化封建君主专制政体。到了 1840 年鸦片战争，这种情况发生了根本的变化。

1840 年的鸦片战争是外国侵略者侵略中国和中国人民反抗外国侵略的战争。战争的结局是因清朝统治者的投降而失败。从此，清政府与外国侵略者签订了一系列丧权辱国的不平等条约，中国进入了半殖民地半封建社会。鸦片战争后的清政府，开始变为既是镇压农民阶级的政权又是外国资产阶级统治中国人民的工具，它除原有使命外，又领受了保护外国资产阶级在中国的剥削利益和对中国人民的统治秩序的新使命。清朝统治者为了适应新的统治秩序，原来那套维持封建地主阶级利益的政治制度显然已经不能完全适应变化了的新形势新情况，必须作适当的调整和改变，才能符合外国资产阶级和封建地主阶级的需求。这种情况变化的开端以《南京条约》为重要标志。从此，中国两千多年来的封建政治制度开始向半殖民地半封建政治制度演变。

鸦片战争以后，清朝在政治领域里，首先是阶级关系出现了新的变动，除原有的封建地主阶级和农民阶级的对立以外，外国侵略者为了倾销商品、掠夺原料和从政治上控制中国的内政，培植和豢养了为他们服务的一个新的阶级——买办阶级。他们既是腰缠万贯的大资本家，又是清政府的重要成员；既是封建大地主，又是外国资本家的代理人。这个阶级的出现导致清末政治结构发生了前所未有的变化。另外，随着通商大臣的设置，总理各国事务衙门和外国使馆的建立，同文馆、总税务司和外国租界的出现，中国政治制度一步步向着半殖民地半封建化迈进。不过，清政府原有的政制架构，虽然在殖民化政治的冲击下日益显得疲软无力，但从形式意义上还没有多大改变，监察机构也是如此。在 19 世纪末由维新派推行的戊戌变法运动中，尽管也曾取消中央的通政使司，以及地方的既有总督又有巡抚的湖北、广东、云南巡抚和河东总督等具有部分监察性质的机构，但仍保留了都察院的建置，况且，维新派苦心筹划和设计的政治改革方案，只推行了103天便被顽固派所扑灭，除京师大学堂、保甲制度外，新政全部被取消，旧制度完全恢复。20世纪初，清政府又被迫摆出了推行新政的架势。1898年资产阶级维新运动的失败，1900年义和团反帝爱国运动的兴起，八国联军的入侵，《辛丑条约》的签订，使中国封建主义和帝国主义更加紧密地勾结在一起，结成反动的政治同盟，清政府完全成了帝国主义掠夺和屠杀中国人民的工具。于是人民群众的反抗斗争与日俱增，新兴的民族资产阶级开始登上政治舞台，孙中山创立的兴中会明确地提出了"驱除鞑虏，恢复中华，创立合众政府"的政治纲领，并在广东和长江流域组织群众开展推翻清政府反动统治的武装斗争。清政府为了维持摇摇欲坠的封建专制统治，便摆出一副要切实整顿政事的架势，借以缓和国内阶级矛盾，欺骗人民，反对革命。1901年4月，成立督办政务处，作为兴办"新政"的专门机构。所行"新政"的主要内容有：将总理各国事务衙门改为外务部；增设商部、巡警部、学部及财政、练兵二处；裁撤詹事府、通政使司等机构，谕曰"通政使司，专管题本，现在改题本奏，其官缺着即一并裁撤"。但清政府的"新政"并没有改变清朝政治制度的实质——封建君主专制制度，只是在原有政制基础上修修补补，掩人耳目。对监察制度的实质意义的改变，则是1905年以后官制改革中的事。

随着"新政"的破产，民主革命洪流汹涌澎湃，猛烈地冲击着清王朝反动统治，以慈禧为首的反动势力积极谋求对策。资产阶级维新派为抵制革命而发出了君主立宪的疾呼。于是，清政府以推行"新政"未见实效为由，接过了资产阶级维新派"立宪"的口号，挂起了"预备立宪"的牌子，于1905年7月派载泽、端方等五大臣出国考察宪政。10月成立考察政治馆。1906年9月1日，根据五大臣的考察结果，慈禧正式下诏"预备立宪"。在清政府所行一系列预备大端中，改革官制被放在了首位。这一方面是为了装饰假立宪，装潢封建专制制度；另一方面也企图通过官制改革，削弱地方督抚权力，加强中央集权统治。清政府在官制改革中，首先从中央官制入手。1906年8月，清政府派载泽等编纂官制，命各省督抚派员参议，后又派奕劻等总司核定。经过一番议论，由奕劻等议定一个改革中央官制的奏折，并得到了慈禧的同意。1906 年 11 月 6 日，清政府发布命令，宣布正式实行厘订的中央新官制。这个官制大致分为不变、改变、合并、新设四种情况。其一，如内阁、军机处、外务部、吏部、学部、宗人府、翰林院等一系列机构，保持原样不变。其二，改巡警部为民政部，户部为度支部，兵部为陆军部，刑部为法部，理藩院为理藩部，大理寺为大理院，都察院为都御史及副都御史。其中，法部管司法行政，大理院管审判，都御史负责"纠察行政缺失，伸理冤滞"。其三，将太常、光禄、鸿胪三寺并入礼部；财政处并入度支部；练兵处、太仆寺并入陆军部；工部并入商部，取名农工商部。其四，增设邮传部；准备设立资政院、审计院等。这样，经过上述的官制改革，作为监察机关的都察院被简化为都御史、副都御史，但准备设立的资政院和审计院却打破了原有监察制度的单一化架构。1906 年官制改革的另外一个重要变化，就是废除了清朝初年的三法司制度，实行四级三审制。所谓三法司制度，即是都察院、大理寺、刑部共同审理刑事案件。其中，刑部主管全国刑罚政令、案件审核，都察院专门负责稽察，大理寺负责重大案件的终审和复核。所谓四级三审制，四级是指：初级审判厅（城乡谳局）、地方审判厅、高等审判厅、大理院。三审是指：犯有笞杖罪、无关人命的徒罪及 200 两银价以下的民事诉讼案件，由初级审判厅审判，不服，上诉到地方审判厅二审，再不服，上诉到高等审判厅终审；徒、流、死刑案件由地方审判厅初审，不服，由高等审判厅二审，再不服，由大理院进行终审判决。因此，刑部改为法部后，变成司法行政机关；大理寺改为大理院后，变成最高审判机关，并特设各级审判厅及总检察厅和各级检察厅；都察院不再参加会审和稽查事务。清政府在宣布改革中央官制的同时期，1907 年 6 月又宣布改革地方官制。依据公布的地方官制规定，就监察机关方面而言，原来的按察使被改为提法使。提法使司先在东三省设立，1910 年后其他各省才先后改按察使司为提法使司。其任务是统辖全省"司法行政，督监各级审判厅，调度检察事务"①。综上所述，清政府于 1906 年开始的中央与地方官制的改革，虽然从政权组织结构的总体上看不过是作了一些掩人耳目的形式上的改变而已，但对监察制度来说，却起了某些实质意义的变化。监察机关的司法职

---

① 《清史稿·职官六》。

能被取消，另外，它在资产阶级以议会监督为特色的宪政潮流冲击下，大有"山雨欲来风满楼"之势。中国古典的监察制度，即将走到它的尽头了。

1908 年 8 月 27 日，清政府颁布《钦定宪法大纲》，宣布九年后召开国会，推行宪政。1910 年 10 月，清政府正式成立中央资政院，以作为将来建立上下议院的基础。在资政院成立前一年的 10 月，各省纷纷成立咨议局，它与资政院的区别在于其议员的产生不是部分"钦选"，而是全部"选举"。1911 年 5 月，清政府正式颁布《新内阁官制》，成立"责任内阁"。该内阁以皇族为中心而组成，所以被称为"皇族内阁"，表明清政府无意实行君主立宪。但是，在武昌起义的革命形势冲击下，清政府的统治摇摇欲坠，不得不改组内阁，任命袁世凯为内阁总理，以适应军事的需要。袁世凯当上内阁总理、掌握清朝军政实权后，立即施展两面派伎俩，以达到既废除清政府又扑灭革命的双重目的。在南北"和议"中袁世凯骗取了革命党人的妥协，于是开始向清廷逼宫。1912 年 2 月 12 日，清帝在无可奈何的情况下，正式下诏退位。从此，中国两千多年的封建君主专制制度结束了。清朝统治者最后想借以挽救灭亡的"官制改革""预备立宪""责任内阁"等等，随同它的灭亡而成为中国近代政治制度史上的陈迹。这也有力地证明在半殖民地半封建的中国实行君主立宪制是根本行不通的。

（二）临时政府时期

1911 年 10 月 10 日，在我国旧民主主义革命历史上爆发了一次具有伟大历史意义的革命运动——辛亥革命。这次革命推翻了清朝封建专制政治制度，建立了资产阶级民主共和制度，产生了中华民国，提高了中国人民的民主主义觉悟，促进了中国人民的革命斗争。

武昌起义后，革命党人面临的首要问题是成立新政权、建立新制度。10 月 11 日下午，起义领导人召集湖北革命党人、前咨议局议员、各界绅商代表举行会议，成立了湖北军政府。湖北军政府以清军协统黎元洪为都督、以原湖北省咨议局议长汤化龙为民政总长，说明革命一开始就达成了与立宪派及封建军阀官僚的妥协。

湖北军政府的组织制度最初是军事和行政分开的。1911 年 10 月 25 日，军政府对组织制度作了重大变更，撤销了军事、行政两大部门，变成军政合一的制度，共设十一部，还设秘书员、顾问员、稽查员等。与此同时，军政府还设一总监察处，作为最高监察机关，负责军政府监察工作。下设稽查、参议两部。总监察处设总监察，后因担任总监察的刘公任北伐左翼总司令官移驻襄阳，总监察处撤除。

随着各省军政府（都督府）的相继成立，湖北军政府和江、浙、沪都督府，先后通电全国，倡议集会，组织中央临时政府。1911 年 11 月召开的"各省都督代表联合会"，决议制定《中华民国临时政府组织大纲》，并于 12 月定稿公布，确定了国家政治制度，采取总统制。12 月 30 日，正式举行选举，孙中山当选为临时大总统。

1912 年 1 月 1 日，孙中山在南京宣誓就任临时大总统，宣布"中华民国"正式成立。南京临时政府采取的是资产阶级民主共和制度，它的组织仿效美国总统制，按照三权分立的原则，由立法机关（临时参议院）、行政机关（总统及行政各部）、司法机关（中央审判所）三大部分组成。但司法只是一个雏形，许多活动都由行政机构的司法部来行使；制定《临时约法》之后，司法权才独立起来。当时的临时参议院，由各省都督府选派三名参议员组成，它的职权有立法权、财政权、任免权、外交权、顾问权等，还没有弹劾权、建议权、质问权等监察权力。此后制定的《中华民国临时约法》，则把监督行政的大权赋予了参议院。

资产阶级革命派在南京建立临时政府后，革命并没有在全国取得胜利，革命和反革命之间的激烈斗争还在全国进行着。由于资产阶级的软弱性和妥协性，再加上国内外反动势力的强大压力，革命党人在南北议和中向袁世凯妥协了。眼看革命政权即将转入反革命手中，孙中山便希望制定一部约法束缚袁世凯的手脚。在孙中山的主持下，南京临时参议院于 1912 年 2 月组织编辑委员会，在《中华民国临时政府组织大纲》的基础上草拟"临时约法"。3 月 11 日，孙中山以临时大总统的名义正式公布《中华民国临时约法》。

《中华民国临时约法》具有资产阶级共和国宪法的性质。全文共分总纲、人民、参议院、临时大总统副总统、国务员、法院、附则等七章，计五十六条。条文规定参议院为国家最高权力机关，以立法和监督行政为其主要任务。参议院拥有广泛的监督权，其中，立法监督权方面，议决一切法律案，得以关于法律及其他事件之意见建议于政府；财政立法和财政监督方面，议决临时政府之预算决算，议决全国税法、币制及度量衡之准则，议决公债之募集及国库有负担之契约；质问权方面，得提出质问书于国务员，并要求其出席答复；纠举权方面，得咨请临时政府查办官吏纳贿违法事件；弹劾权方面，其一是参议院对于临时大总统认为有谋叛行为时，得以总员五分之四以上之出席，出席人员四分之三以上之可决弹劾之，其二是参议院对于国务员认为失职或违法时，得以总员四分之三以上之出席，出席员三分之二以上之可决弹劾之。监察权由参议院行使，这是欧美资产阶级国家由国会行使监督权制度的翻版。民国之初监察制度的全盘西化，是中国资产阶级向西方寻求救国方略，在振肃吏治方面的一次尝试。这也是一次对中国封建社会监察制度的彻底否定。

（三）从北洋军阀到国民党政府时期

在国内外反动势力的压迫下，1912年2月15日，南京临时参议院选举袁世凯为临时大总统。3月10日，袁世凯在北京宣誓就职。南北政府"统一"于袁世凯，袁世凯建立起北洋军阀政权。这个政权之所以能建立，主要在于：第一，帝国主义的大力扶植和帮助；第二，国内大地主大资产阶级的积极支持；第三，资产阶级革命派的软弱和妥协。

1912年4月，临时参议院迁往北京，代行国会职权。袁世凯为了实行军阀独裁统治，在帝国主义的扶植下，压服了南方资产阶级革命力量，扑灭了人民群众革命火焰，镇压了"二次革命"，表面上统一了中国。1913年10月6日，袁世凯强制国会选他为正式大总统后，并不以此为满足，积极进行恢复帝制的活动。1914年，废除《中华民国临时约法》，公布《中华民国约法》，把大总统的权力扩大到几乎和皇帝一样。1915年，袁世凯以"二十一条"为条件换取日本的支持，于年底当上了"中华帝国"的皇帝，改1916年为"洪宪"元年。在护国运动的声讨中，袁世凯众叛亲离，内外交困，被迫于1916年3月取消帝制。6月，袁在全国人民的唾骂中死去。

袁世凯死后，北洋军阀集团分裂成三个主要的派系：以段祺瑞（合肥人）为首的皖系，在日本支持下，控制着安徽、陕西、山东、浙江、福建等省，掌握北京实权；以冯国璋（直隶人）为首的直系，在英美支持下，盘踞江苏、江西、湖北等省；以张作霖（奉天人）为首的奉系，在日支持下，盘踞东三省。另外还有阎锡山、张勋、唐继尧（滇系）、陆荣廷（桂系）等大小军阀。大体说来，从 1916 年到 1928 年，北洋军阀政府的权力更迭十分频繁。1916 年 6 月，黎元洪继任总统，段祺瑞任国务总理。次年张勋复辟失败后，由冯国璋任总统，段任国务总理，开始了"府院之争"。1918 年，段赶走了冯，以徐世昌为傀儡总统，实权在握。1920 年 7 月以后，北京政权由皖系转入直系手中，并于 1923 年导演了"曹锟贿选"丑剧，通过了一部"贿选宪法"，赋予总统极大的权力。但这时的中国社会发生了深刻的变化。1919 年爆发了"五四"运动，1921 年成立了中国共产党，标志着中国革命由旧民主主义革命转入新民主主义革命。1924 年 10 月，正当直奉战争激烈进行的时候，冯玉祥发动北京政变，驱逐了曹锟，结束了直系军阀的统治。段祺瑞再次窃据北京政权，于同年 11 月成立了"临时执政政府"。1925 年 10 月爆发了第二次直奉战争。段祺瑞企图联合直系抗拒奉系，结果不但没有成功，反而被迫下台。1926 年 4 月 20 日，临时执政政府宣告结束。此后，张作霖、吴佩孚合伙组成一个反革命政权。而其时广州革命政府已经成立，北伐战争正在进行。为了抵抗北伐军，张作霖于 1926 年 12 月在天津就任安国军总司令，随即在北京组织军政府。1927 年 6 月 18 日，军政府正式成立。这时南方的革命阵营中也出现了叛徒，"四一二"蒋介石叛变革命，"七一五"汪精卫出卖革命，南北"协力抗赤"。反革命内部也是不统一的，最后在英美支持下，由南京蒋介石国民党政府接收了北京军政府。张作霖自建的军政府于 1928 年 6 月 3 日宣告破产，北洋军阀的反动统治结束了。

北洋军阀统治时期的政治体制，概括说来，袁世凯最初于 1912 年建立的封建买办政权，采取了责任内阁制的政权组织形式。这一体制依据《中华民国临时约法》建成，由总统、参议院、国务院、大理院所构成。此外，还依据 1914 年的《平政院编制令》建立了平政院、肃政厅和惩戒委员会，专司行政诉讼与行政监察权。但袁世凯很快即以《中华民国约法》代替了《中华民国临时约法》，以总统独裁制取代了责任内阁制。这一体制是集行政、司法、立法权力于总统一身，把总统放在一切政治机构之上，以"民国"为招牌的半殖民地半封建性质的政治制度。后来在恢复帝制的同时，袁世凯恢复封建时代官制，将辛亥革命以来各省都督改为将军，在北京设立将军府，各省民政长改为巡按使，各地区观察使改为道尹，等等。但这不过是昙花一现的事。从 1916 年 6 月至 1924 年 12 月这段时间，北洋军阀统治下的中央国家制度基本上没有多大变化，沿袭 1916 年袁世凯"自动改组政府"后的政治体制，即总统制改为内阁制。1917 年 7 月 1 日张勋演了一幕"复辟"丑剧，但不到 12 天就垮台了。1924 年至 1926 年的临时执政政府时期，采取的国家制度是由临时总执政、国务员、国务会议组成国家组织。临时总执政总揽军政、民政，统率陆海军；国务员由临时总执政任命，分掌各部；国务会议由临时总执政召集。这实际上是将临时总执政的权力规定得毫无限制，即总统、总理、国会三者合而为一，是一种极端独裁的制度。张作霖于 1927 年成立的北京军政府的组织是：大元帅下设国务院、九部（外交、内务、军事、财政、教育、司法、实业、农工、交通）及礼制馆。事实上是大元帅总揽陆海军全权，"代表中华民国行使统治权"。

1925 年 7 月 1 日，孙中山领导的广州国民政府正式成立。这是国共两党合作性质的革命联合政府。这一政府的中央政治体制由最高执行机构（国民政府委员会议）、行政机构（外交、财政、交通、军事、司法五部及教育和侨务两个委员会）、法制机构（最初名法制委员会，后又设立法制编审委员会）、司法机构（司法部与大理院）、监察机构（监察院）、军事机构（军事委员会和黄埔军官学校）等几部分构成。地方体制则由省政府、行政委员公署、市政府、县政府几级政权构成。1927 年 1 月 1 日，国民政府迁都武汉，历史进入武汉国民政府时期。但是，1927 年 4 月 12 日，蒋介石发动反革命政变，并于 18 日建立起南京国民政府。从此，南方变成了两个政府，一个是以南京为中心的反革命政府，一个是以武汉为中心的革命政府。但在汪精卫发动的"七一五"反革命政变以后，武汉国民政府逐步变质并解体。同年 9 月，宁、汉双方达成了暂时协议，组成了"国民党中央特别委员会"，代行"国民党中央执行委员会和监察委员会"的职权。次年，国民党将政权体制进行了调整和变更。1928 年 10 月 10 日，五院制国民政府在南京宣告正式成立。

综观资产阶级共和时代的监察制度，其监察机关成为并列于行政、司法的独立机构，不受立法与行政机关的节制，这是中国资产阶级监察制度的特色。在实行议会制的西方资本主义国家，监察权大多由国会中的众议院和参议院行使，也有由国家特定机关个别行使，不设独立的专门机构。

唯独中国及受中国影响的个别亚洲国家和地区设立独立的监察机关。北洋军阀统治时期，设平政院和肃政厅，行使行政诉讼和纠弹权。至国民党执政时期，推行五权宪法，设监察院为国家最高监察机关，与立法院、行政院、司法院、考试院并列为五大治权机关。这种格局，余有中国古代监察制度的痕迹。孙中山曾说："中国（在专制时代）也有宪法，一个是君权，一个是考试权，一个是弹劾权；不过中国的君权，兼有立法权、司法权和行政权。"① 可见，民国时期的五院制，既吸取了西方三权分立制，又继承了中国古代固有的三权制，中国监察制度进入了中西合璧时代。

二　北洋军阀政府的监察制度

北洋军阀执政时期，吸收大陆法系的传统，将立法与司法分离，行政诉讼与民刑诉讼分开。1914 年 3 月 31 日公布《平政院编制令》，同年 4 月 10 日公布《纠弹条例》，5 月 17 日又公布《行政诉讼条例》和《诉愿条例》。后将上述条例分别改为《纠弹法》、《行政诉讼法》和《诉愿法》。根据《平政院编制令》建立了平政院、肃政厅和惩戒委员会，专司行政诉讼与监察权：肃政厅主弹劾，平政院主审理，惩戒委员会主处分尚未涉及法律范围的违职。6 月 16 日，又公布《审计院编制法》，成立审计院，专司财政监察。这样，创置行使监察权的专门机构，发展了中国古代御史制度的固有传统；而"行政诉讼独立"的原则，又是大陆法系的司法制度，是对中华法系诸法合一体制的否定。因此，北洋军阀时代的监察制度，是中西政治文化相结合的产物。

（一）肃政厅

肃政厅之名称源于唐代武则天一度将御史台改为肃政台之前例。元代至元年间，曾将地方监察机构提刑按察司改为肃政廉访司。北洋军阀政府肃政厅设于民国三年，为纠弹机关，形式上隶属平政院，实际上独立司掌纠察官吏违失。都肃政史一人为长官，由大总统任命之，掌理全厅事务；肃政史十六人为员属，但纠弹事件只肃政史一人亦可提起，不必经过都肃

---

① 　孙中山：《五权宪法》，载《孙中山全集》（上），三民公司，1927，第 13 页。

政史的署名或他员的联署，所以肃政史对外是个人独立的，只在内务上受肃政厅的管辖而已；下属书记处，设书记官，处理诉讼记录、统计、会计、文牍和其他庶务。

肃政厅的职权范围，因性质的差别可分为直呈大总统纠弹案和提交平政院诉讼案两个方面：

其一，直呈大总统纠弹案。上至国务卿和各部总长，下至普通官吏，凡有下列情事之一者，可直呈大总统而纠弹之：①违宪违法事件；②行贿受贿事件；③营私舞弊事件；④溺职殃民事件。从纠弹对象看，大总统不在纠弹之列，这与民国初期临时约法规定参议院享有弹劾大总统的职权相比，大相径庭，表明北洋军阀统治时期，大总统凌驾于国会之上，实行独裁统治，此时期已基本上丧失了资产阶级民主共和国的性质。

其二，提交平政院诉讼案。凡属下列事项，肃政厅得向平政院提起行政诉讼：①国民因中央或地方之最高行政官署之违法处分受损害，经一定之"陈诉"期间尚未陈诉者；②国民因中央或地方官署之违法或不当处分受损害，经过一定之"诉愿"期间尚未诉愿者；③纠弹案经大总统认为应交平政院者。对前两种情形，肃政史得为原告人，依法向平政院提起行政诉讼。同时，肃政史还有权监视平政院之裁决是否符合法律规定。

肃政厅提出的弹劾案件，又可分为公开弹劾和秘密弹劾两种：公开弹劾适用于普通案件，秘密弹劾适用于情节重大不可泄露的案件。

其实在北洋军阀统治期间肃政厅基本上没有发挥什么作用。民国三年肃政史夏寿康弹劾海军总长刘冠雄八款，民国四年肃政厅呈请取消筹安会、纠弹杨度诸人，算是最大的纠弹事绩了，但都没有任何结果。肃政厅不过是维持独裁统治的装饰品而已。

（二）平政院

平政院创立于民国三年，实际上为行政法院，专司审理行政诉讼案件。但它又在很大程度上顶替了清都察院的角色，并在形式上统辖肃政厅和惩戒委员会。平政院直隶于大总统，设院长一人，由大总统任命，指挥督办全院事务。评事十五人，由平政院院长、各部总长、大理院院长和高等咨询机关密荐，呈报大总统选任之。其人选必须系任荐任官以上行政职三年以上，或任司法职二年以上卓有成绩者。但议员、律师、商业执事人和政治结社成员不得选任。下属三庭、书记处。三庭行使审理权，由评事分掌，每庭设评事五人，其中庭长一人，由院长荐举呈请大总统任命之。书记处分设记录、文牍、会计、庶务四科。书记官受各庭调用。倘使被告远离京师，又可以就地设立平政院合议庭，则以所在地最高法院之司法官及平政院派评事五人合组之。庭长由院长临时指定。

平政院受理行政诉讼的范围如下：

①中央或地方最高行政官署之违法处分，致损害人民权利者；

②中央或地方最高行政官署之违法处分，致损害人民权利，经人民依法律规定"诉愿"至最高行政官署，不服其决定者；

③肃政史提起的"行政诉讼"；

④大总统交审事件。

但是，除官吏违法处分以外，一切单纯要求"损害赔偿"的案件，均不得受理。

（三）惩戒委员会

北洋军阀执政时期，最早于民国二年公布了《文官惩戒委员会编制法草案》，并委任章宗祥为第一任会长；次年1月公布《文官惩戒委员会编制令》，成立高等文官惩戒委员会和普通文官惩戒委员会，专司平政院评事和肃政厅肃政史审理案的惩戒处分。此外还设有司法官惩戒委员会与审计官惩戒委员会。

高等文官惩戒委员会设委员长一人，由大总统遴派大理院或平政院院长担任之。委员十人，由国务总理于大总统顾问、大理院推事、平政院评事或其他三等四等文职官中荐举，呈请大总统选派之，任期三年。该委员会于中央设一所，各省设一所，专门掌议简任及荐任官之惩戒。普通文官惩戒委员会，则掌议委任官之惩戒。设于中央及地方各官署，特别局也可以不设。该委员会设委员长一人，由各该官署长官兼任之。其委员三人至六人，从各该署荐任官中临时选派。下设顾问局。

文官惩戒制度规定，凡文官以及学习试补及受文官同等待遇者，如有违背职守义务，废弛职务、玷污官吏身份，有失官职上之威严与信用等各种情事之一者，得受其惩戒。惩戒处分类别有五：

①褫职（革除职务）：受褫职处分者，自受处分之日起，非经二年不

得复用。

②降等：受降等处分者，自受处分之日起，非经一年不得叙进。无等可降者，减其半俸，期限为一年以上二年以下。

③减俸：减俸期限为一月以上一年以下，减俸数目为月俸十分之一以上三分之一以下。

④记过。

⑤申诫。

惩戒委员会处分手续方面：①特任官由大总统交会审查；②简任官由国务院或所属长官呈大总统交会审查；③荐任官由所属长官呈国务院转呈大总统交会；④委任官由长官直接交会。

（四）审计院

财政监督方面产生相对独立的监察机关是中国资产阶级监察制度的另一特色。西方资本主义国家大多由国会行使财政监督权，而民国时期却承袭中国固有的监察制度，设立独立的财政监察机关，这直接由明清的巡漕、巡盐、巡关御史及六科给事中的户科发展而来。

北洋政府初期，设审计处，掌理全国财政监督事务。由总办一人，主持全处事务。办事员二十五人，分掌五股，每股设主任一人。第一股掌理撰拟审计文牍电函，厘定计算书及凭证单据之格式，以及其他不属于各股之杂务；第二股掌理审查陆军部、海军部所属收支计算事项；第三股掌理审查外交部、内务部、财政部所属收支计算事项；第四股掌理审查教育部、司法部、交通部、农林部所属收支计算事项；第五股掌理审查全国每年收支及地方行政官署收支，以及国债、国有财产收支计算事项。还设庶务员若干人，掌理文牍、会计、翻译、记录及其他庶务；书记员若干人，掌理缮写及保存文牍、记录等事务。

1914年6月16日改审计处为审计院，直属大总统，遵照《审计法》审定国家每年财政收支决算事项。设院长一人，由大总统特任；副院长一人，由大总统简任；审计官十五人，协审官二十七人，由院长荐呈大总统任命。

综观北洋军阀政府时期的监察制度，虽然不过是为独裁统治所披的一件民主监督的外衣，但它至少是从形式上打破了以往的封建监察体制，并将中西方监察制度相结合，杂糅成一种新型的监察架构，为国民党政府的监察制度的创新奠定了一定基础。

三　国民党政府的监察制度

1906 年底，在东京《民报》创刊周年庆祝大会上，孙中山作了题为《三民主义与中国民族之前途》的演讲，提出："将来中华民国的宪法是要创一种新主义，叫做'五权分立'。"十数年后，他在题为《五权宪法》的演讲中，更为详尽地论述了自己的观点。这一观点加上其民权主义学说，构成了以"权能分治"与"五权分立"为核心的一套完整的政体设计。

孙中山将国家权力分为政权与治权两部分。政权即选举、罢免、创制、复决的权力，这种权力应由"有权的人"去掌握，"有权的人"即指人民。治权即行政、立法、司法、考试、监察的权力，这种权力应由"有能的人"去掌握。而五种治权彼此独立又相互配合，构成了独树一帜的"五权宪法"。这既借鉴了西方的"三权分立"，又继承了中国古代的科举与监察制度。国民党后来的五院制政体，即来源于孙中山的这一学说。不过，国民党的监察制度已属共和政体下的产物，并非古代御史制度简单的翻版。

（一）　大革命时期国民政府的监察制度

1924 年至 1927 年大革命时期，以孙中山为首的国民党在广州成立了革命政府，后又改名为国民政府。随着北伐战争的胜利，国民政府迁都武汉。这一时期的国民政府实行国民党中央执行委员会指导与监督下的国民政府委员会制度，政府设十四个部、委机关。立法权归国民党中央执行委员会，司法权由司法官员掌握，对于监察权则设有监察院、惩吏院等监察机关。

监察院成立于 1925 年 8 月，直隶国民党中央执行委员会，并受其指导与监督。监察院设监察委员五人执行院务，其中推选一人为主席。下设第一至第五局及政治宣传科，除政治宣传科由国民政府派人负责外，五局由监察委员分别兼领；每局分设二科，置科长、科员、雇员若干人。第一局掌总务及吏治，第二局掌训练及审计，第三局掌监察邮电及运输，第四局掌监察税务及货币，第五局掌密查及检查，政治宣传科掌宣传及监察党纪。同年9月，增设常务委员一人，由监察委员轮流充任，处理日常事务，并将五局一科改为三局一处一科，以节省经费开支。1926年10月，又增置审判人员三人，分管监察及审判。内部组织缩减为一处三科（秘书处、第一至第三科）。根据1926年10月公布的《修正国民政府监察院组织法》的规定，监察院"受中国国民党之监督、指导与国民政府之命令，掌理监察国民政府所属行政、司法各机关官吏"的活动。

监察院职权，主要是监察国民政府所属各机关官吏之行为及考核财税收支。凡查出官吏有非法失职之案件，即起诉于惩吏院审办。具体包括以下方面。其一，调查质疑权。监察院有权随时调阅各官署的案牍、簿册，质问有关非法和失职之疑义，各该官署主管官员负责充分答辩。其二，弹劾权。若各官吏有违法、失职之行为，监察院有权提起弹劾。其三，纠举权。监察院有权直接纠举官吏犯法行为，有权审理人民之诉状，经侦查甄别后，或免于起诉，或诉于惩吏院，触犯刑律者移送司法机关审判。

监察院成立不久，1926年1月又成立了惩吏院。惩吏院直隶国民党中央执行委员会，在国民党的监督、指导及国民政府的命令下，负责对官吏的惩处。设委员若干人，互选一人为主席委员，下设秘书处，置秘书长、科长、科员、书记、雇员等。按规定，凡行政和司法官吏有违法失职的行为，监察院向惩吏院起诉，提出给予行政处分；涉及刑事犯罪，则将刑事部分移交司法机关处理。惩吏院接到监察院对违法失职官吏的起诉后，组织合议庭审理。合议庭由惩吏委员三人至五人组成，庭长为主席委员。同年5月，撤销惩吏院，改设审政院；后因新任委员一再呈请辞职而未就，至年底撤销审政院，将惩治官吏之职权合并于监察院。

根据1926年2月17日正式颁布的《惩治官吏法》，广州国民政府在形式上建立了较为完整的官吏惩治制度。首先，凡是违背誓词或失职的官吏，必须付诸惩戒。广州国民政府对官吏的惩戒一般分为六种，即褫职、降等、减俸、停职、记过和申诫。其中受降等处分的官吏如无等可降，则改为减俸三分之一；受减俸处分，其数额为月俸的十分之一以上三分之一以下；受停职处分，其停职时间为一个月以上六个月以下，同时停发薪俸；受记过处分，如果在一年内至三次者，减俸十分之一以上三分之一以下；受申诫处分，由惩吏院呈国民政府或通知该主管官吏，以命令方式执行。其次，规定了对官吏的惩戒程序。广州国民政府对于官吏惩戒的程序一般分为两种类型。一种是，监察院对于官吏和各监督长官对于所属官吏认为应该惩戒的，则应备文声叙其事由，连同证据咨送惩吏院进行惩戒。但是，对应被惩戒人的材料，事先要经过监察院咨送惩吏院这一程序。另一种是，应受记过、申诫处分的官吏，不经惩吏院，直接由国民政府或主管官员执行。上述两种惩戒程序中的第一种，惩吏院接收惩戒文件后，应将原文件抄写一份交给被惩戒人员，并规定日期，令其提出申辩或到院当面询问；如被惩戒人过期不到院又不委托代理人或不提出申辩，则惩吏院以惩戒文件为惩戒决议进行处理。惩吏院制作决议书后，除咨送监察院并转知被惩戒人外，一面呈报国民政府，一面将主文或全文登载政府公报。如果案件涉及刑事，则交法院处理。

国民政府对担任官吏的党员要求更为严厉。根据《党员背誓罪条例》的规定，党员违背誓词或失职，除按上述办法严肃处理外，如果还有不法行为，则分情形，按刑律加一等以上从重处罚。

然而，由于国民政府中央和地方机构充满着官僚政客、军阀、右派，所以官吏惩治制度实际上是无法实行的，何况惩吏院不久即被撤销，审政院也无人负责，最后并职权于监察院，不过是形式而已。整饬吏治，只是真正的革命党人的一种美好愿望，他们确实想通过官吏惩治制度的建设而把革命推向前进。

（二）国民党蒋氏政府的监察制度

1927 年 4 月，南京国民政府成立。次年 10 月，国民党中常会通过了《训政纲领》与《国民政府组织法》，试行五权宪法的政体，设立五院。原拟由蔡元培担任监察院院长，蔡拒绝就职。1929 年 9 月改任赵戴文、陈果夫为正、副院长，但赵为阎锡山旧友，此时阎正通电反对中央，所以赵氏迟迟不就任。直至 1931 年 2 月以于右任为院长，监察院才算正式宣告成立。最初，由院长提请国民政府任命监察委员十九人至二十九人组成监察院会议，1931 年 12 月增为三十人至五十人，其中一半人数"由法定人民团体选举"；并将全国划为若干监察区，每区设一监察使署，作为监察使的办事机构。监察院开始直隶国民党中央执行委员会，受其指导与监督，

1943 年又改向国民政府主席负责。1947 年 1 月 1 日颁布的《中华民国宪法》，将监察院建置进一步制度化。

监察院为主要监察机关，它与惩戒机关一起构成了完整的监察体系。其组织机构如下：

1. 院部机关

（1）院长

设正副院长各一人，初由国民党中执委选任，任期不定。1943 年按《国民政府组织法》之规定，改由国民政府主席就国府委员提请中执委选任，任期三年。1946 年由"训政"进入"宪政"以后，正副院长的产生改为选举制，由监察委员互选。院长职权有三：综理全院事务；提请监察委员、审计部部长及次长等之任命；主持监察会议。

（2）监察委员

初设二十三人，实就职二十一人。1933 年增至四十九人。按 1947 年颁布的《中华民国宪法》之规定，其名额分配如下：①每省五人；②各直辖市二人；③蒙古各盟旗共八人；④西藏八人；⑤侨居国外之国民八人。共计一百多人。按照宪法，监察委员由各省市议会、蒙古西藏地方议会及华侨团体选举之，任期六年，连选得连任。

（3）监察院各委员会

按民国时期宪法，"监察院得按行政院及其各部会之工作，分设若干委员会"，调查一切设施，注意其是否违法或失职。根据监察院各委员会组织法之规定，共设十个委员会：①内政委员会；②外交委员会；③国防委员会；④财政委员会；⑤经济委员会；⑥教育委员会；⑦交通委员会；⑧司法委员会；⑨边政委员会；⑩侨政委员会。各委员会委员由监察委员分任之，唯每一委员以任二委员会委员为限。每一委员会人数不得超过三十人。各委员会设召集人，凡委员不满二十人者，设召集人一人；二十人以上者，设召集人二人；由各委员会委员互选之，任期一年，不得连任。

（4）其他

除上述机关外，监察院还设有秘书处、参事处、会议处、统计处、人事处等机构。

2. 监察行署

《监察院组织法》规定，监察院视事实之需要，得将全国分区设监察院监察委员行署，作为地方监察机关。最初是于 1933 年 6 月划分全国为十六个监察区，旋即在每个监察区成立监察使署。1948 年公布了《监察委员行署组织条例》，以监察委员行署代替了原来的监察使署，并将全国增改为十七个监察区，即：①甘宁区；②豫鲁区；③晋陕绥区；④云贵区；⑤两广区；⑥两湖区；⑦皖赣区；⑧闽台区；⑨苏浙区；⑩冀热察区；⑪川康区；⑫新疆区；⑬辽宁、安东、辽北区；⑭吉林、松江、合江区；⑮嫩江、龙江、兴安区；⑯西藏区；⑰蒙古区。每区行署派监察委员三人主持，由全体监察委员推选，任期一年，不得连任。

监察行署之职权与中央监察委员同等，各行署之监察委员得随时向监察院报告该监察区的情况。

3. 审计部

监察院设审计部，掌理全国审计业务。置审计长一人，由总统提名，经立法院同意任命之，综理审计部事务。审计部于各省及直辖市设审计处，掌理各该省市内中央及地方各机关之审计事务。特种公务机关、公有企事业单位，设审计室，掌理各该机关审计事务。

4. 惩戒机关

训政时期，官吏惩戒机构有国民党中央党部监察委员会、政务官惩戒委员会、中央和地方公务员惩戒委员会、军事长官惩戒委员会等，隶监察院。1936 年通过的"五五宪草"规定监察院"掌理弹劾、惩戒、审计，对国民大会负其责任"。行宪后，改由司法机关受理惩戒权。1947 年颁布的《中华民国宪法》规定："司法院为国家最高司法机关，掌理民事、刑事、行政诉讼之审判，及公务员之惩戒。"司法院设公务员惩戒委员会，掌理全国公务员惩戒事宜。设委员长一人，委员九人至十五人。凡惩戒案件之审议，应有七人以上出席，由委员长指定资深委员一人任主席。

另外，国民大会负责惩戒总统和副总统。

这样，国民党政府形成了一套比较完备的监察制度。后来，这套监察制度随国民党政权转移到了台湾，经过若干次修改补充，保留至今。

（三）监察院的职权

国民党监察院的职权，起初仅以弹劾权、审计权为限；自实行宪政以后，职权范围大大扩张。《中华民国宪法》第九十条规定："监察院为国家最高监察机关，行使同意、弹劾、纠举及审计权。"另外，监察法、监试法等还规定了监察机关的调查权、纠正权及监试权等。兹分述如下：

1. 弹劾权

弹劾权在监察院之监察职权中居于首要位置。它由中国古代御史的监察权与欧美国会的弹劾权相结合并发展而来。

根据宪法之规定，监察院的弹劾对象包括三个方面：①总统、副总统；②中央及地方公务人员；③司法院及考试院人员。而国民大会代表、立法委员、监察委员、省县议员、地区自治团体人员皆非弹劾对象。

提出弹劾的理由有二：一是违法情事，二是失职情事。所谓"违法"，即指弹劾对象在履行职务过程中违背了法律，触犯了法律条文；凡违背宪法、违背各部门法及违背有关行政法规者，皆属此列。所谓"失职"，即指弹劾对象在执行职务过程中，或不尽其职，或滥用其权。前者谓之"不作为性之失职"，后者谓之"作为性之失职。"

《中华民国宪法》、《监察法》及《监察法施行细则》，对弹劾权的行使规定了一套严格的程序。对于一般公务人员及司法院、考试院人员的弹劾，由监察委员一人以上提议、九人以上审查及决定后，即可向公务员惩戒委员会提出；对于总统、副总统的弹劾案，则须经全体监察委员四分之一以上提议，全体监察委员过半数审查及决议，始得向国民大会提出。监察院院长对于弹劾案，不得干涉或指使。弹劾案经审查不成立而提案委员有异议时，应立即将该弹劾案另付其他监察委员九人以上审查，为最后之决定。监察院向惩戒机关提出弹劾案时，如认为被弹劾人员违法或失职之行为情节重大、有急速救济之必要者，得通知其主管长官为急速救济之处理；长官不为者，于被弹劾人员受惩戒时，负失职责任。监察院认为被弹劾人员违法或失职之行为有涉及刑事或军法者，除向惩戒机关提出外，应径送各该管司法或军法机关依法办理。惩戒或司法机关一旦接受案件，应急速办理，并将办理结果通知监察院，转知提案人员；逾三个月未结者，监察院得质问之；对故意拖延的主办人员，得提出弹劾或纠举以资惩戒。

弹劾案审查会对审查成立之案件，应决定是否公布。决定公布之弹劾案，自监察院送达有关机关之日起，应于七日内在监察院公布牌公布，并刊登监察院公报，发布新闻。审查委员认为必要时，得决定在报纸上公告之。

2. 纠举权

中国古代御史对百官违失享有纠弹之权，纠举与弹劾没有明确的分界线；民国时期，纠举与弹劾分开。纠举案实际上为弹劾案的简便程序，提出的法定原因相同，均是认为公务人员有违法或失职之情事时提出。纠举的对象一般仅限于荐任以下公务人员，其违法与失职行为一般范围较窄、程度较轻，但时限要求较为紧迫，对违法或失职的公务人员应先予以停职或其他急速处分。纠举案在程序上较为简单，只须由三名以上监察委员审查及决定即可向被纠举人员之主管长官或其上级长官（而不是惩戒机关）提出。其违法行为涉及刑事或军法者，应径送各该管司法或军法机关依法办理。处理机关须在一个月内作出答复。不按规定处理或处理后监察委员认为不当时，得改为弹劾案；被纠举人员因改被弹劾而受惩戒时，对其不依规定处理或决定不应处分的主管长官或其上级长官应负失职责任。

对于弹劾案与纠举案，存在着某些共同适用的制度，如：弹劾案、纠举案之审查委员与该案有关系者，应行回避；监察院院长对于弹劾案、纠举案，不得指使或干涉；监察院人员对于弹劾案、纠举案，在未经移付惩戒机关或处理长官前，不得对外宣泄；监察院对于弹劾案、纠举案移付惩戒机关或有关长官时得公布之，等等。

3. 纠正权

纠正权由明、清六科给事中驳正违失的职权演化而来。训政时期为建议权，行宪后扩大为纠正权。纠正权由监察院下设的各专门委员会负责行使。监察院经各该委员会之审查及决议，得提出纠正案，移送行政院及其有关部会，促其注意改善。行政院或有关部会接到纠正案后，应即为适当之改善与处置，并应以书面答复监察院；逾两个月未答复的，监察院得质问之。经质问后仍不满意，监察院有权改提弹劾案。

4. 同意权

同意权即对人事任用的监督权。对于司法院和考试院的高级长官，包括司法院院长、副院长、大法官，考试院院长、副院长、考试委员，须由总统提名经监察院同意后方可任命。监察院行使同意权时，由出席委员过半数议决行之。其审查会秘密举行。同意权以无记名投票的方法表决。

监察院只享有部分人事任用的同意权。总统提名任命行政院院长、监察院审计长等的同意权，则属立法院。

5. 审计权

审计权即监察机关对国家财政行使的监督权，由监察院所设审计部负责行使。审计部的审计权包括：①监督政府所属全国各机关预算之执行；②核定政府所属全国各机关之收入命令及支付命令；③审核政府所属全国各机关预算之执行；④稽核政府所属全国各机关财政上之不法或不忠于职务之行为。一般分为事前审计与事后审计两种方法。

审计权的行使有三种方式。①驻在方式。即审计机关派员赴各机关执行审计任务。②送审方式。即审计机关对县或有特殊情况的机关，通知其送审；此外每年还要派员下去抽审。③临时审查方式。即审计机关临时派员持审计部稽查证对有关公私团体或个人进行查询，或调阅簿籍凭证及其他文件。

审计人员在执行任务时，如发现各机关人员在财务上有不法或不忠于职务上之行为，应报告该管审计机关通知各该机关长官处分之，并得由审计机关报请监察院依法移付惩戒；其涉及刑事者，应移送法院办理，并报告于监察院。有紧急处分之必要时，得通知其机关长官从速执行之，不执行则负连带责任；如负有赔偿责任，通知该机关长官限期追缴。对于审计机关通知处分的案件，各机关有延压或处分不当情事的，审计机关应查询之，各机关应负责答复；不答复或答复不当者，由审计部呈请监察院核办，情节严重者可拒签该机关经费支付书。

6. 调查权

调查权系行使监察权所必需的程序上的权力，它是行使弹劾、纠举、纠正、同意等诸项权力的前提与保障。宪法规定，监察院为行使监察权，得向行政院及其各部会调阅所发布之命令及各种有关文件；并得按行政院及其各部会之工作，分设若干委员会，调查一切设施，注意调查对象是否违法或失职。依监察法之规定，调查方式主要有四种：①设调查小组；②派员持调查证调查；③监察委员奉派或自动调查，唯自动调查须向秘书处登记；④委托其他机关代为调查。监察院行使调查权，各机关必须积极配合。

7. 监试权

民国时期沿袭古制，凡国家举行考试时应请监察机关派员监试。凡考试院组织典试委员会办理之考试，应咨请监察院派监察委员监试；凡考试院派员或委托有关机关办理之考试，得由监察机关就地派员监试。下列事项，应由监试人员于监视中为之：①试卷之弥封；②弥封姓名册之固封保管；③试题之缮印、封存及分发；④试卷之点封；⑤弥封姓名册之开拆及对号；⑥应考人考试成绩之审查；⑦及格人员之榜示及公布。监试中如发现有潜通关节、改换试卷或其他舞弊情事者，由监试人员报请监察院依法处理。考试事竣，监试人员应将监试经过情形呈报监察机关。

可见，国民党的监察机关拥有广泛的监察权力。为使监察委员能自由行使职权，宪法特别保障其言论、表决自由及人身安全。监察委员在院内所为之言论及表决，对院外不负责任；除现行犯外，非经监察院许可，不受逮捕与拘禁。但对监察委员也进行了一定的限制与监督。监察委员不得兼任其他公职或执行业务。另外，监察委员由选举产生，亦可被选举人罢免。依照《监察院监察委员选举罢免法》的规定，各监察委员选举区，占总额四分之一以上的选举人，对于各该区所选出的任满六个月的监察委员，可以联署提出罢免声请书，由该区议长或委员会首长组织罢免之。

总之，国民党的监察制度在世界上具有独树一帜的特色，它继承并发展了中国古代的御史制度，兼具近现代共和政体下的某些特点，对廉政建设起到了一定作用。就其组织的独立性与有效性而言，恐怕只有新兴的香港廉政公署能与之相媲美。当然，监察院以如此完善之制度，却无法杜绝国民党的官僚腐败现象，这倒是比监察制度本身更值得研究的课题。

（本文节选自《中国历代监察制度》，法律出版社 2010 年版，第 108~142 页）

五权宪法下之监察制度

谢瀛洲*

编者按：本文综合分析比较中西之制度，重点探讨了监察机关的"权限问题"与"组织问题"。"权限问题"方面，论述了"对人之权力范围"和"对事之权力范围"。"组织问题"方面，文章分"弹劾机关之组织""审判机关之组织"进行了比较研究。文章认为五权宪法中之监察权，乃渊源于中国古代之台谏及外国议会弹劾制度，故欲研究监察机关之权限及组织问题，自以探讨中外成规为最正确之方法。谢瀛洲是民国时期横跨学术界和实务界的重要历史人物，本文是其在监察制度领域的代表作。

关键词：五权宪法　监察制度　权限　组织

自国民政府组织法制定公布以后，立法行政司法考试各院，已次第设立，惟监察院之组织，迄今尚未完成。此固由于时局之影响，然制度草创，规划困难，亦为迁延未决之一重要原因。

兹者讨逆军事，已告结束，建设障碍，业已铲除，五院制度之完成，实觉刻不容缓，是则监察院之应如何组织，应有如何之权限，亟应详为探讨，期臻于至当。忘其无似，辄愿本诸总理遗训，以阐明五权下之监察制度。

总理遗训中对于此种制度之演述，虽甚简单，然其用意之所在，已极

---

* 谢瀛洲（1894—1972），早年就读于广东存古学堂及上海法律专门学校，后赴法国巴黎大学留学，获法学博士学位。民国时期历任广东大学教授、中央大学教授、北平大学法学院院长、广东高等法院院长、最高法院院长等职。——编者注

明显。于民权主义第六讲中，总理曾说明监察权之渊源："这两个权是中国固有的东西，中国古时举行考试和监察独立制度，也有很好的成绩，像满清的御史，唐朝的谏议大夫，都是很好的监察制度。举行这种制度的大权，就是监察权，就是弹劾权，外国现在也有这种权，不过把他散在立法机关之中，不能独立成一种治权罢了。"此外于演讲五权宪法时，又曾引证美国哥伦比亚大学教授喜斯罗之著书，赞成"把国会中的弹劾权，拿出来独立"。

由此可见，总理是以中国古代之台谏、外国现行之弹劾权为监察制度之蓝本。吾人如欲明了总理之真意，惟有将上述二者，加以详细之分析。兹为便于叙述，特提出权限及组织两点为分析之中心：

一　权限问题

监察机关应有如何之权限乎？关于此项问题之解答，依据各国法制，可分为①对人，②对事，③对于处分各方面考察之。

1. 对人之权力范围

中国古代台谏，本为两官：台官之职掌，在于肃正纪纲，纠弹官邪；谏官之职掌，在于规谏讽喻，献可替否。及至明清，其都察院之权限，乃合两者而一之；故凡主德阙遗，朝政得失，百官贤佞，上自天子王公大臣藩服督抚，下至府州县吏官，不分尊卑，不论文武，一律皆可以尽量陈奏。但于此有宜注意者，都察院之陈奏，不尽属于弹劾性质，其对于君主，只能谓之规谏，不能谓之弹劾。因此，都察院之弹劾权，可以适用于君主以下之一切官吏；除君主以外，其弹劾权之行使，当毫无限制。若在欧美，则多数国家之议会，只能对于行政元首或国务员，行使其弹劾权。例如英、意、丹麦、罗马尼亚的弹劾权，只适用于国务员；德、法、波兰、捷克各国的弹劾权，只适用于大总统及国务员。然亦有不限于此者：例如奥大利的下议院，可以弹劾联邦大总统、国务员，及州知事；墨西哥的下议院，可以弹劾大总统、国务员、最高法院院长、各州州长、各高级官吏。至若美国，其下院之弹劾权，更可自大总统副总统以及于其他一切公务员，适用范围之广泛，较之中国御史制度，更进一层矣。

多数国家对于弹劾权之适用，所以不能不限制其范围者，不外基于下述两种原因：①君主政制下之国家元首，皆被视为神圣不可侵犯，故不能以之为弹劾之对象；②各国议会，职司立法，兼主弹劾，本为一时之权宜，若弹劾权之适用范围，过于广泛，则转足妨碍其原有之职务；故多数国家之弹劾权，只以适用于大总统国务员为限。

若吾国国体，既号共和、监察权之组织，亦成为一种独立制度，纠劾不法，乃其专司，上述之窒碍与困难，已毫不存在，其弹劾权之适用范围，自当略仿美国，使之普及于全国一切官吏，不宜有所限制；否则无以统一事权，澄清吏治也。

2. 对事之权力范围

监察机关既应以一切官吏为弹劾权之对象，然在何种情形，方得行使其弹劾权乎？此为亟应解决之第二个问题。中国古代御史之权限，关于此点，毫无限制；凡政事得失，官方邪正，有关国计民生之大利害者，皆得言之。因此，对于官吏之犯罪违法，御史固可提出弹劾，即无违法犯罪之行为，而仅属于行止之失检，措施之不当者，亦得露章面劾，或封章上奏。例如续文献通考云："凡大臣奸邪，小人构党作威福者劾；凡百官猥茸，贪冒官纪者劾；凡学术不正，上书陈言变乱成宪希进用者劾。"前列两者，固属于犯罪行为，所当弹劾；若后者则仅为上书陈言，即使条陈或有失当，手续或有乖误，亦仅能认为一种不当行为，乃竟亦在被劾之列，是可见御史职权之广泛矣。若在欧美各国，则弹劾权之对事的适用，常有一定之范围；德国之弹劾权，只限于违反宪法或法律之行为；美国之弹劾权，只限于犯罪行为；法国之弹劾权，对大总统只限于叛逆行为，对国务员只限于与职务有关之犯罪行为；丹麦、挪威等国之弹劾权，更只限于破坏宪法之行为。

中国古代专制君主，总揽立法行政司法各项大权，对于庶政之措施，百官之进退，皆由于彼个人之裁决，而御史之职责，除纠弹不法外，兼为"天子耳目之官"，故其陈奏，常于法之领域外，更得指陈政治之得失，权衡人物之当否，以供君主之采择。此乃专制政治之结果，衡之今日情势，诚非所宜。盖基于分工之原理，政府各部分政务之应如何处置，惟该主管官吏，以熟虑之结果，方能为正确之决定，局外人不能横加干涉也。

美国布林丁大学考文（Dr. Edwerd S. Corwin）教授批评五权宪法之监察制度，中有一段云："若监察之职务，不仅在于弹劾官吏犯法，其结果必致常常侵犯各官吏所应有思考权之范围。是亦有两种弊病：第一使其各部官吏，异常胆小，不敢勇于作事；第二反使无智识的人，裁判有智识的人。因为监察官对于各部分政情，不能尽皆明了；各部官吏对于某种事项，何以须如此处置，其原因断非监察院所能洞悉。"

此种批评，施之于五权宪法下之监察院，固属误会（参看拙著国民政府组织法之研究）。然假使移之以批评中国御史制度，固不能谓为毫无理由也。

基【于】以上论述之结果，则监察院之对事的权力范围，当以官吏之犯罪或违法行为为限。至若官吏之不当行为，自有其上级长官以考核之结果，予以公正的制裁，监察院不必为之越俎代庖也。

3. 对于处分之权力范围

监察机关，既得弹劾一切官吏之违法或犯罪行为，然弹劾权之行使，能发生如何之结果乎？此为亟应解决之第三个问题。关于此项问题，各国宪法之规定，亦殊不一致：在英法墨西哥等国，其下议院提出之弹劾案，经上议院审判后，认被弹劾人有犯罪行为，则可按照普通或特别刑事法令，加以刑罚的处分；若在美国，则行使弹劾权之结果，充其量只能剥夺被弹劾者之现职，及将来充任公务员之资格，至应否施以刑罚，则须俟普通法院，依法定程序，更为审讯后，方能判决。至于中国之御史制度，对于此点，颇欠明了，然中国君主对于御史之弹劾案，发交特别机关审问后（有时不加审问径由君主自行裁断），则可科以刑罚或其他制裁，与英法墨等国制度，颇相近似也。

二　组织问题

监察机关应如何组织乎？关于此项问题之解答，当别为弹劾审判两部分而考察之：

1. 弹劾机关之组织

弹劾一职，在中国古代有御史（即所谓台院）司其全权，至欧美各国，多由议会兼任之。兹将此两种制度，分述如下：

（1）议会弹劾制度。除少数国家，如罗马尼亚等，认国王有弹劾权外，多数国之宪法，均付之于议会。但在两院制之国家，则此权限之所属，亦有三种之分别：①仅下院得弹劾者，如英美法意等国是；②经议会议决得弹劾者、法国共和八年之宪法，即采此制；③两院各得弹劾者，此制创于法国一八三四年之大臣责任法草案，至今罗马尼亚等国犹仿行之。

（2）御史弹劾制度。御史之名，始于周官，为掌赞书授法令之官，其任务与后不侔：秦以御史监郡，始含有纠察之意，其后历代相承，屡有扩充。考其组织，可分为分职制与分地制两种。分职制盛于唐，唐设御史大夫一人、中丞二人，御史台属，更分三院：一曰台院，侍御史隶焉；二曰殿院，殿中侍御史隶焉；三曰察院，监察御史隶焉。三院之间，各有职掌，不相侵越（参看拙著五权宪法大纲一八二页）。分地制始于明，明置都察院，院中设左右都御史外，更分设十三道（清增为十五道）监察御史，职主纠劾百司，辩明冤抑，提督各道，为君主耳目之司；其职位之重要，组织之严密，更逾于往古矣。中国御史之任免，只由于君主个人之权衡，颇有碍于监察权之独立。虽宋制有御史荐由本台，不经宰辅之规定，视前代为善，然此又难免使监察流为私党盘据之机关，均不足以为法，总理对于御史制度，所以推崇备至者，盖在彼而不在此也。中国历代成宪，其保障言官之身体者特严，虽或弹劾君主，然君主或立予嘉纳，或曲予包容，均以杀戮御史为大戒；御史对于百官罪恶或过失，可以风闻上奏，若非故意冤诬，绝不负反坐之责任；故御史得以畅尽其职守，使贪污横暴者，皆有所忌惮而不敢妄为，此殊足为后人矜式耳。

2. 审判机关之组织

依据各国宪法，则审理弹劾案之机关，其组织方式，可区别为下列三种：

（1）以上议院为审判机关。此则以下议院为弹劾机关，而上议院则司审判之任，其制度实发源于英国；今则法、美、意、墨西哥、亚尔然丁等国，均仿效之。

（2）以普通最高法院为审判机关。采用此制，则审判弹劾事件之责任，以一国最高裁判所司之。如意大利、比利时、荷兰等国是。

（3）以特别裁判所为审判机关。考各国特别裁判所之组织，亦可分为下列之三种：

①以国会议员与最高法院之裁判官组织之。若采此制，则当于国会及最高法院中，各选出裁判官若干人。威丁堡一八一九年七月廿五日之宪法

及索逊一八三一年七月四日之宪法，其特别裁判所，即根据此种原则而组成。此两国之特别裁判所，均以裁判长一人及裁判官十二人组织之。裁判长及裁判官十二人中之六人，由国王于普通最高法院中选任，其余裁判官六人，则由国会议员互选之。惟在威丁堡则由两院开全体会议举行互选，在索逊则两院分别开会各自互选三人耳。

②以上议院议员及最高法院之裁判官组成之。挪威丹麦巴敦各国，即采此制。

挪威宪法【第】八十六条云："上议院与最高裁判所共同组织弹劾裁判所，若上议院议员超过三十一人，最高裁判所裁判官超过九人时，则除上议院议长及最高裁判所所长外，其余以抽签定之。"弹劾裁判所以上议院议长为主席。

③以大理院推事及各省议会议员组织之。法国一八四八年之宪法，即采此制。其第九十二条云："弹劾裁判所以裁判官五人及陪审官三十六人组织之。此五人之裁判官及候补者二名，于每年十一月十五日以前，由大理院全体以秘密选举之方法选举之。其弹劾裁判所之主席，即由被选之五人中互选之。……其三十六人之陪审官及候补者四名，由各省议会议员中，以抽签之方法定之。"

依据上述各国制度，则审判机关之组织，可大别为三类：①议会法院制；②司法法院制；③混合法院制。兹进而比较其得失。

以上院议员全体司审判之任，其利有四；①议院势力雄厚，于审判重要官吏犯罪之际，不致为被裁判者之威力所震慑；②弹劾事件，多牵涉及政治问题，议员均具政治眼光，其能力足以应付之；③以上院为弹劾裁判所，则贿赂之弊较少；④若上议院系由民选议员组成，则其判决足视为民意之表现。然其弊也在于：①以人数众多之上议院，行审判之职务，则人言庞杂，对于犯罪或违法行为，颇难得一种科学的精细的研究；②上议院议员，大多为政治家，缺乏法律的见解，难免以政治上之感情，为裁判犯人之标准：被裁判者若属于上院多数之反对党，则处罚或不免过苛，被裁判者若属于上院多数之同派或友党，则判决或不免流于偏私矣。

若以普通法院司审判之任，则其利弊适与前所述者相反。司法法院制之利在于：①普通法院之裁判官，均具守法之精神，且能屏绝一切感情作用，则其判决，定能适合于法律上的理论；②普通法院为常设机关，以之兼司审判官吏犯罪或违法之任务，则无临时召集或另行组织之烦，且可借此节省糜费；③司法法院立于政争之外，有独立之地位，自能以冷静之头脑，为公平之裁判。然其弊也则在于：①司法官虽有法律之专门知识，与裁判上之经验，但以缺乏政治上之眼光，不审行政上之利害，一依呆板之法律，以为裁判，则其判决，未必能适合于政治上之情势也；（因为官吏之犯罪或违法事件，常含有多少政治意味，其应加重或减轻之处，不能单纯以法律眼光裁断之。）②司法官势力薄弱，常为被弹劾者之威力所震慑，因而不敢处以适当之惩罚。

议会法院制与司法法院制，互有利弊，均不足以为一种良善之制度。比较可采用者，其为混合法院制乎。但挪威等国所采之混合法院制，仅以议员司法官组成之，尚觉缺乏行政上之经验，是宜于议员司法官以外，更参以行政部之高级职员，则当能本其经验，指陈行政上之需要，与习惯，其有裨益于实际者，当不鲜也。

考之中国旧制，监察御史之职，专司弹劾，而御史大夫及中丞，则兼膺审判之任。文献通考云："唐设御史大夫一人，正三品，中丞二人，正四品，其职掌在于以刑法典章，纠正百官之罪恶，凡冤而无告者，与三司诘之。"三司，谓上书、中书、门下也。御史与上书、中书、门下共同行使审判之职权，则又与前述之混合法院制，颇相吻合焉。

三　结论

五权宪法中之监察权，乃渊源于中国古代之台谏，及外国现行之议会弹劾制度，既如上述，且此为总理所诏示，无可怀疑，故欲研究监察机关之权限及组织各种问题，自以探讨中外成规，为最正确之方法。虽各国政制，不尽相同，已如上述，然取其精华，去其糟粕，吾人于分析之结果，可得如下之结论。

关于权限方面，应认定：①监察权当普及于全国官吏，不论其职位之高下；②监察权固不能涉及于不当行为，然亦不当限于违法行为，盖设立监察制度之主要目标，正在于严惩官吏之犯罪；③监察权运用之结果，不只应发生褫职处分，而尤须科犯罪官吏以应得之刑罚。

关于组织方面，应认定：①宜仿照中国御史制度之精神，予监察人员以巩固之保障；②宜依照丹麦、挪威等国之成例，采混合法院制，以膺审判之重任。

（本文原载于《中华法学杂志》第 1 卷第 3 期，1930 年）

监察制度之研究

文公直[*]

编者按： 本文写作与发表时间正值训政时期监察院正式成立之前后。作者在对中国古代监察制度和谏官制度进行历史梳理，对英、美、法、德、意、苏等六国监察制度以及五权宪法中之监察制度进行比较研究的基础上，重点探讨了"监察权如何行使"的两个问题：一是"建议权行使之商榷"，二是"事前监督之必要"。文公直作为民国时期的元老级人物，本文较系统地反映了其监察思想。

关键词： 监察制度　谏官制度　弹劾制度　五权宪法　监察权行使

一　绪论

为政者欲求政治之修明，必先求政治所以修明之道。修明政治之学说，在我国历古即有伟大之发明，虽诸家学说，各有其精义之所在，而撮其要点，则莫不以"崇法纪"为唯一之要点的。盖不崇法纪，则政治已失其轨道，驯至秩序紊乱，无可依循，更安望政治之修明。是以历古以来，凡政治学者，莫不撷其至要，而标明法纪宜绝对崇守，始有政绩之可言。顾法纪如何而崇，设有不崇法纪者，当如何谋挽救之策，则监察制度实为

---

[*]　文公直（1898—?），毕业于保定陆军军官学校，为早期同盟会会员，参与"讨袁运动""护法运动"，授陆军少将衔。1922年被诬入狱，后被聘为《太平洋午报》编辑，又入立法院编译处，离职后专事写作。——编者注

必要。最近中国国民党第三届第四次中央执行委员监察委员全体会议议决限于中华民国二十年初，成立监察院，以完成国民政府五院之组织，而求政治上统治机关之健全，俾监察院得行使政治上最高监督检查权，以达崇尚法纪，澄清吏治，及荡涤污恶之目的。此举之重要伟大如此，关系吾国政治前途之巨，实有令吾人不能不详为研究，不能默而置之者。爰不辞谫陋，以管窥之所得，列述如下：

二　中国监察制度之研究

（一）中国监察制度之起源

监察制度，考总理三民主义，五权宪法，实源于古之"台谏"制度。"台"，即"御史台"之简称；"谏"则"诤谏"之谓也。"谏官"之制，渊源甚古。在周以前，自卿、大夫乃至庶民、瞽者，均得讽谏，见之经史，固无论矣。其设官，则自周始著。"御史"之名，监督之制，皆始于周。但，周之御史，仅职掌记事，虽有直笔褒贬警戒之权，但系纯粹史官之一种，而非谏官也。（"御史"之名，初见于周官；战国策"献书于大王御史之前"；秦、赵渑池之会，亦由御史作书；可证斯时代之御史，尚非谏官。）其谏官之职责，则卿、大夫负之。孝经所谓"诤臣"，即谓诤谏之臣；意与后称之"直臣"等，并非专官。至监督地方之制，则礼，"天子使其大夫为三监，监于方伯之国"，谓领诸侯而监察之也（略同今之监察使制）。诗，"监观四方"；亦即监察地方之谓。但不专事纠弹，而负有监视督促之责。中央监察制度，则周礼天官，"小宰之职掌，建邦之宫刑，以治王宫之政令，凡宫之纠禁"，则小宰似即后世之"御史中丞"。又，春官，"御史掌邦国都鄙及万民之治令"；则御史似又兼有立法之职权。惟由此观之，小宰、御史等官，在彼时为司宪之官，则可断言。于是足征吾国监察制度来源之古远。

（二）中国监察制度之发皇

周代既具监察之规模，但以现存之籍考之，实鲜显著伟大之成绩。但，由斯孕育斯制，以达近代，不下三千余年。因其发生之早，演进递嬗，至唐代已甚完备，至明而大发皇，至清而极健全。世代相承，或沿或革，皆有迹可寻。约而分之，可作五时代。除周以前为胚胎酝酿时代，其后之四个时代，为：

①秦汉为酝酿时代；

②自后汉迄隋为演变进化时代；

③自唐历宋至元为发达时代；

④自明至清为全盛时代。

1. 中国监察制度酝酿时代

监察制度之胚胎于周以前，已如上述。自秦代而远，御史之职权，遂由史官一变而为监察官。史官之权力，在正笔直书，一字之褒贬，荣辱系焉。论其效果，不发生于事前，推其极端，仅在威警后世之"乱臣贼子"而已。秦制，虽变为监察官，而其制简。章俊卿山堂考索，"秦置'御史大夫'，以贰于相"。其权之高可知。汉书百官公卿表，"监御史，秦官，掌监郡"。杜佑通典载"初，秦以御史监理诸郡，谓之'监御史'"，虽其职权规定，无籍可稽，但，监御史、御史大夫，有察举非法监理地方之职权，则无疑义。至汉代，设三公，御史为三公之一。三公者，丞相、太尉、御史大夫也。其职掌为"承风化，典法度，执法以监临百官"。且于其下设"御史中丞""侍御史"二级，为之佐。是时御史之职权，已与行政之丞相，典兵之太尉相埒，可谓极其隆重。至汉成帝初年，御史中丞更出居外台，始专纠察之职。

2. 中国监察制度演进变化时代

前汉而后，御史出巡之举，日见其多，实为后世"巡漕""巡盐"之滥觞。御史台之创始，则始于后汉。自此以至隋末，其间代有兴革。曹魏改御史大夫为"司空"；御史中丞为"宫正"；又置"治书侍御史"、"治书执"及"御史"各等差，各有专职。举其要旨，不外掌奏劾，察非法，掌度支运，掌考课，督军粮等。其后复分"统侍御史"，论其位，已渐尊崇。司马晋之袭魏制，而略事变更，设"御史中丞"为"台主"与"司隶"，分督百僚，纠行内事，复有"治书侍御史"、"黄沙治书侍御史"、"殿中侍御史"、"禁防御史"、"检校御史"、"监收［搜］御史"及"督运御史"等名目，由是御史大夫一废而中丞之威望日以加矣。但，晋书范宁传，"监司相容，初无纠弹"；则监察之行使，后已渐凌替矣。六朝，三梁，中丞一官，权职益形重要。论劾之职，集于一身。故百官有犯罪而被察觉者，即坐中丞以失察之罪。隋代重置御史台，废中丞，且抬高治书侍御史之职位。旋废，更立"禁中"之制，由是御史专属于外台，其倾向之重要，实为后代之基础。

3. 中国监察制度发达时代

本时代自唐至元，监察制度发达极速，通典谓：唐贞初"以法理天下，尤重宪官；故御史复为雄要"。以御史台为专责之官署。设御史大夫，掌邦国刑宪典章之政令，以肃政朝列。又置"中丞"以贰大夫，掌纠百官罪恶。御史台下复分三院，一曰"台院"，侍御史属焉，常纠举百僚，推鞫讼狱之职；二曰"殿院"，殿中侍御史属焉，掌殿廷供奉之仪式；三曰"察院"，监察御史属焉，掌分察百僚，巡按州县，判视刑狱，肃整朝仪诸职。三院鼎峙，各有专司。监察制度乃极严整。且有十道分巡，六部分察；设"廉察使""廉访使""风俗使"等官，分按各地，察勘地方政治，以为纠弹。其组织之周备，实为监察制度最重要之发展，且创"分巡""分察"之佳例，为后世良谟。考，唐代御史之职权，可以"风闻弹事"。风闻者，得闻传说而未能明确真相之嫌疑也。此尚可据为弹劾之根据，则监察权执行者之责任与保障，可谓周至极矣。洵为我国政治史上良好之发明。抑且弹劾时不以"察院"等名称，而只以御史个人之名义。则监察官独立之保障，尤为古今中外所罕见。五代时，一仍唐旧，初未更张。及赵宋，改御史为兼官，弹劾外，且兼言事，开后世"台谏"之先河。其后，王安石愤御史阻其变法，废御史，而代以"御史中丞"，又不予实授，而以卑官权代摄行御史中丞之职权。监察制度遂形成极盛时之中落。但宋曾置"转运使"，监察各路，始有地方监司制。至北宋之末，御史与谏官之权限，又为明白划分，不相侵越。然而精神已非矣。南渡而后，御史更一蹶不振，则国有强敌，吏无治心，使之然也。元制多袭辽金之旧。考其特点，在增高侍御史之品位，使成为内官。其分道设立御史台，"统制各道宪司，而总诸内台"。制度之特殊，尤为前代所无。

4. 中国监察制度全盛时代

明清两代之监察组织，表面上固少变更之点，而按之实际，则监察组织之精密，与其权限之扩大，可谓达于极点。

故此一时代，实为我国监察制度之极盛时代。明代定鼎，即为大改革。改御史台为"都察院"，职名多易。御史大夫改为"都御史"，御史中丞改为"副都御史"。又增置"佥都御史"。惟存"监察御史"之名。其后，监察御史区分为十三道（即十三省），使居京而各注察其一道。同时，监察御史之额，激增至一百十人之多，组织之扩大，为旷古以来所未有。至监察御史之地位，直至斯时，始得完全独立，匪独不受御史大夫之节制指挥，甚至行职权时，不用"都察院"署衔。同时监察权实与军权政权相对峙，形成三权分立。更设"巡按御史"，以监地方。其人选多为新及第之进士，下巡各省州县。声势之隆，震荡全国。清代政治皆袭明制。于监察制度只合并台谏。其后六科给事中，亦归入"都察院"，统称"科道"。列都察院为三法司之一（三法司，即刑部、大理寺、都察院）。遂兼理刑讼，权益扩展。都察院，设"左都御史""右都御史"，复有"左副都御史""右副都御史"，分掌察核官常，整饬纲纪。其下复设六科给事中，掌传达，稽考庶政各事。并设十五道监察御史，专掌弹劾官邪，条陈治道。科道，又分巡仓、巡漕、巡察、巡城等官，其所有权限，规定至为详尽。综其要纲，不外建议政事权、监察行政权、考察官吏权、弹劾官吏权、裁判冤狱权、会审要案权、审计财政权、监纠礼仪权等。其都察院之监察权，非但无中央官厅与地方官厅之界限，且无直辖官厅与非直辖官厅之区别。于是监察集权制，至清代益彰明较著，监察权之行使，乃极自由。明代杨继盛劾严嵩，尚受极惨之刑，清代则保障极厚，刑杖官吏之制已除，御史益得放胆言事。嗣各省督抚，均加左右副都御史衔，以为察弹所属之职衔，全国监察权之行使，遂更为周密。但，各道监察御史，除按省分道（增一省则增一道监察御史），监察各该省之政事，执行纠弹及理刑名外，尚兼稽察中央各机关之宗卷，例如：江南道监察御史，分理江南（江南为江苏、苏州及安徽）等处刑名，并稽察户部宝泉局、左右翼，监督在京十有二仓总督漕运，磨勘三库、月报奏销等事（皆中央及近畿事务，其他各道略仿此）。以一人而监察中央及地方如许事务，实未免太繁。因而不专，乃致失察。至清代御史之品秩及俸给则极低寡。监察御史为从五品官，年俸禄仅银八十两及米四十石而已。斯时代之外省监察制度：于明代则有按察使及按察分司，其职权为监察所属，兼理刑名。于清代则为督抚兼都察院职衔，监察下属，而司道亦通称"监司"，以监察府县为重责，其组织颇密。

三 中国谏官制度之变更

（一）谏官之起源

"台谏"虽为监察权之执行者，但同时注重"建言"及纠正中央施政，故列为谏官。谏官非仅事弹劾也。上古谏无专职，官民皆可谏。周礼虽有"师式""保式"之职名，实不能谓为纯粹之谏官。管子："臣不如东郭才，请立以为大谏之官。"可知周末已有"谏官"之名义。

（二）谏官之演变

至前汉武帝时，始有"谏议大夫"之设置。更有"给事中"官名，专司疏奏等事，为亲幸之臣。唐宋谏官突增。有所谓"散骑常侍""谏议大夫""拾遗""补阙""司谏""正言""给事中"（通称"给谏"）等，谏官之盛，得未曾有。给事中，原非谏诤之专官。而唐宋两代皆予以一种极巨之权力，谓之"封驳诏书"。凡诏书敕发各处之先，必须经过门下省宣读。给事中、谏议大夫、拾遗、补阙等，皆为门下省官，遇有诏书字句谬误，或意思矛盾时，给事中得立即依职权予以驳正。此种权力，为其他谏官所无。故给事中之权极巨。至清代六科给事中（分户、礼、吏、兵、刑、工六科），悉并入都察院，遂与监察御史大同小异。同时，御史之谏诤权，乃大扩张，几成为专责。任斯职者，皆以能犯颜激诤为荣。社会更从而奖励之，谏诤之风大盛。

四 欧美各国之监察制度

近代欧美各国皆将监督行政机关及司法机关之职权，归诸国家议会。采用以人民监督官吏之方法。此种监督职权中，有"弹劾权""询问权""建议权""调查权""不信任投票权"。其最显著者，则为"弹劾权"。傥议会得知大总统或内阁乃至国务员之一员之犯罪，得向受理弹劾审判机关提起弹劾诉讼。此种制度发源于英吉利，进而至于欧美各邦，但各国制度不一致，非尽袭英制也。兹将重要各国之弹劾制度，撮要缕述于下。

（一） 英吉利之监察制度

英吉利弹劾制度，已发源于中华民国纪元前五百三十五年（西纪一三七六），最初被弹劾者，为拉廷芮和来非尔。当斯透尔王朝时代，约当中华民国纪元前二百九十年（西纪一六二一）以后，议会渐占势力，弹劾权遂成为下议院攻击政府有力武器。但，自民国纪元前九十五年（西纪一八零五）而后，弹劾权之应用，渐归停止。英吉利弹劾制度之特性，并非单纯为弹劾官吏之惩戒处分，且进而为刑事裁判。其最终制裁，则在刑罚。弹劾权属于下议院，而审判权则归之于上议院。

（二） 美利坚之监察制度

美利坚之弹劾制度，仿袭英吉利制。但，其性质与英吉利制实相悬殊。美利坚制对于被弹劾者所加之制裁，仅予以剥夺官职暨丧失官吏能力之制裁，而不加刑罚。弹劾之范围则甚扩大，议会对于大总统、副总统及一切官吏皆能行使之。惟对事之适用范围，仅限于官吏之犯罪行为，不适用于失职行为。

（三） 法兰西之监察制度

法兰西之弹劾制度，自中华民国纪元前一百二十年（西纪一七九一）法兰西宪法公布后，即采用弹劾制度。

现行宪法第十二条第二项，"国务员因职务上之犯罪得受众议院之告发及参议院之裁判"。其职务上之犯罪，所加制裁，往往为刑罚。至于弹劾大总统，则规定仅以叛逆罪为限。

（四） 德意志之监察制度

德意志自新宪法颁布后，其第五十九条"大总统、总理、国务员，有违反宪法或法律之行为时，议会得向国事裁判所提起公诉"。国事裁判所，盖受理弹劾之机关也。斯为德意志新宪法之特点。弹劾权之行使，范围颇广。

综上以观，德意志之弹劾权属于议会，而审判权则属于国事裁判所。普鲁士弹劾权与德意志之规定同，而审判权则属于政治裁判所。关于被弹劾者之制裁，轻则免职，重亦不过丧失参政权而已。

（五）奥大利之监察制度

奥大利弹劾权之行使，属于议会，与德意志之制度相同。但受理弹劾之审判机关，则属诸宪法裁判所。其宪法第一百四十条，有"对于大总统及一切行政官吏有违反宪法之行为时，得由议会向宪法裁判所提起公诉"之规定。

（六）苏俄之监察制度

苏俄在一九二三年公布之新宪法第七章，"全俄联盟最高法院"之第四十三条第五项，"全俄联盟最高法庭有审查联盟，高级官吏在职务期间之犯法案件之权"。又第四十八条，"全俄最高法庭，高级会议部，及特别司法会议之规定，若关于全俄中央执行委员会及全俄人民委员理事会个人弹劾之案件，全俄最高法院接受审查"。细绎其法意，则苏俄之监察权已合并于司法权之内。

五　五权宪法中之监察制度

总理五权宪法实为政权最完备之破天荒发明。五权制出，孟德斯鸠三权制之价值，遂尽暴其短，而一落千丈。孟德斯鸠制之精义，盖以三权集中于一种机关，其结果，必演成专制及独裁，人民之自由生命财产乃至政权，均生绝大之危险，而归于丧失。故以"以权制权"之方法，谋救其穷，而制政府滥权之弊害。此种学说，在五权宪法未发明以前，未始不为世界所公认采行。及其施行之结果，乃发见二大缺点：其一，为考试权不独立，行政机关兼考试权之不当；其二，为立法部兼弹劾权之不当。"五权宪法"即为革此二大不当而救济上述之弊害者。总理云："我们现在要集中外的精华，防止一切流弊，便要采用外国的行政权、司法权、立法权，加入中国的考试权和弹劾权，连成一个很好的完璧；造成一个五权分立的政府。像这样的政府，才是世界上最完全、最良善的政府。"历史上，中国之考试、监察两权，确系独立。惟行政、司法、立法三权，则咸集中于君主个人之手；结果遂终不免于专制。政治不能臻于极治，人民受害无穷。总理特提出监察权，使离立法权而独立，即为谋政治之修明，永绝专制独裁及贪污不法之伟大创建。国民政府成立，训政实行时，即行五权分立政治，创立五院，实行五权政治，以期实现总理遗教，建设廉洁政府。但以特殊关系，四院早成，且各有其相当之成绩，而监察院久久未能完成。迄去年四中全会，始选定素以廉洁清亮刚毅坚决著称之党国先进于右任先生为院长。今方在积极筹备之中。组织方面已陆续制定法律，且严定监察委员职务上之保障，可谓完全无阙。五权政府之建设既完成，政治之修明自可立俟（关于监察权之精义，拙著五权宪法问答等数书可供参考，兹不赘述）。

六　监察制度行使要点之研究

吾人就历史上监察制度之来源，及目前国内不可讳言之政治腐滞情形，乃至监察制度本身之旨义与法规，详为研究，其结果除监察委员亟宜充分保障已有法制外，其尚须特别加以注意，而不可忽视者，则为监察权之如何行使。

（一）建议权行使之商榷

至于监察权之行使，监察委员保障法自有详明之规定，似毋须再论。但以监察制度渊源于台谏制度之故，则尚有可资研究者数端。考，古之台谏，其职权之分析，为：谏止秕政，建议良谟，纠正不当，弹劾不法，且兼审理刑案。除审理刑案一项，在近代司法已独立之时，当然以之属诸司法院，绝对不容妨害羼杂外；其余各项中，尚有"建议"一项，是否当如台谏时代之属于监察官，实为今日可研究问题之一。监察权之独立，创于我国。其行使之当否，实为世界各国及后世之型范。故监察制度虽源于台谏制度，必须撷华去芜，舍短增长，始克尽善。查前代台谏制度，以上书言事，为重要职事之一，且都察院得代士民递达条陈，实为监察机关兼有建议权之明证（谏官尤以建议言事条陈政治为要务，曾载法典）。行之甚久，成绩颇佳，无可非议。今日世界各国弹劾权建议权皆属于立法之议会，与立法权相并合。我国创行五权分立，提出弹劾权于立法权之外而独立，是否并此建议权亦随之而归于监察院，一如昔日台谏职权之旧。此诚宜慎重考虑其情理与利害而为之决定者。考建议为献其所知，革腐树新；同时，且有代言人民所希冀之涵义。以此言之，则立法机关由民选，监察机关亦由民选，皆可负担代民建议之责。再就监察注重纠弹言之，则既可弹劾纠正秕政，自可建议敷陈良策。既可代表民众执行纠弹，何独不能代表民众建议政事？惟立法院为立法机关，其意义与职责，惟在"立法"，极为明显。立法，当然即涵有建议权在内，傥以建议付诸监察院，则立法院纯然成为制造法律之机关。而丧失其代表民意之整个的意义。似此则建议权当然仍须属于立法院。但监察院亦不能谓其非代表民意之机关，而且纠正秕政时，更宜指出其趋善之道，尤宜具有具体办法，始能去其弊而有善可从。综此理论，将使监察院有建议权乎？无建议权乎？抑与立法院同时各有其建议权乎？傥两院同时皆有相等之建议权，自难免纷歧抵触之虞。故必须有所分别限制，始能无弊而有利。管见所及，纠弹而不建议，是为指疵而不救弊，殊非台谏之旧精神；监察制度亦欠完整，而减低其效能。为应付此艰困之问题，惟有使监察院于补偏救弊之纠弹案中，得为具体之建议，成为补救阙失之监察建议权。此项建议则须付立法院决议，以保立法之独立与尊严。于是监察权之行使乃完全无关，同时，立法院之职权地位绝不受丝毫影响。

（二）事前监察之必要

其次监察院既负有纠弹中央及地方一切机关政治与官吏个人之责，则各机关之政情及政治设施，自宜使监察院得彻底明了，而后乃能收监察之实效。傥监察院仅就已发见之不当而纠弹之，则徒为事后之挽救耳；于事前之防止，已失其监察之作用。换言之，必待国家或社会民众已蒙其损害，监察院始得而纠弹之；其未生害以前，监察院无由获得事前防止改善减灭损害之机会。实非"监察"之要义。夫监察权之行使，必于事前事后皆得充分监察，始为全备。与其必待事后生弊而后从而挽救，何如充分予监察院以事前防杜纠改之机会？故为彻底尊重监察权之独立及健全，实现监察制度之真正精神，绝对免除弊害计；惟有使中央及地方一切机关之政治报告及政治设施，悉数检抄，全部送达监察院，俾监察院得从而研究其利弊，而为事前监察之实施。其效果，必较监察委员闻风知弊而后调案访查者大千百倍。且如是则监察院无不知之事，自无失察之虞，实为行监察制度必不可少之方法，宜以法令规定之者。欲求监察权之完全无关，弊政永绝，实舍此莫由。当局者，其注意焉。

二十，一，二十；于上海

（本文原载于《中央月刊》第 3 卷第 5 期，1931 年）

中国之监察制度

王履康[*]

编者按：本文充分利用比较分析的方法，对古今、中外监察制度作了深入探讨。在比较分析其时监察制度与古代御史制度、西洋弹劾制度之不同的基础上，着重研究了"监察院是否须有事前监察权"和"监察院是否须有审判权惩戒权"两个问题。王履康在清末即做过监察御史，其研究中国监察制度的论著极具代表性。

关键词：监察制度　御史制度　弹劾制度　监察院

一　引言

从来世界上的民主国都采用三权分立的制度，把行政、立法、司法三权，鼎足峙立，不相混淆。在三权分立的宪法之下，如美国的宪法，我们固然可把它分析，解剖成三个系统，但是在它的整个的活动状态中，三权又却在一定的制衡原则（Principle of Check and Balance）之上，互相联络，互相克制。立法、行政和司法的三权中，司法权与其他两个权的冲突较少，所以在三权的制衡机构中，问题亦较少。立法部和行政部接触最多，冲突亦最多。所以各民主国的全部宪政史，就是立法部和行政部间的权力

---

[*]　王履康（1876—?），光绪二十三年（1897）拔贡，朝考一等，任七品京官。1902 年赴日留学，肄业于早稻田大学。1904 年归国后曾任贵州道、辽沈道、山东道监察御史，加四品衔。译有《西伯利亚大地志》《韩国沿革史》等书，撰有《西藏问题之检讨》《中国之监察制度》《新疆民族风俗杂谈》等文。——编者注

消长史。中山先生鉴于"现在立宪各国，没有不是立法机关，并有监察权限。那权限虽有强有弱，总是不能独立，因此生出无数弊病。比方美国监察权归议院掌握，往往滥用此权，挟制行政机关，使它不能不俯首听命，因此常常成为议院专制，除非雄才大略的总统如林肯、麦坚尼、罗斯福等，才能达到行政独立的目的……"（见《总理全集》第二集演说类，第八十页。《三民主义与中国民族的前途》）又因"中国从古以来，本有御史台主持风宪……""中国古时举行考试和监察的独立制度，也有很好的成绩，像满清的御史，唐朝的谏议大夫，都是很好的监察制度，举行这种制度的大权就是监察权。监察权就是弹劾权，外国现在也有这种权，不过把它放在立法机关之中，不能够独立成一种治权罢了"（民权主义第六讲），所以主张把监察权独立于立法、行政、司法三权之外，加上考试权成为五权宪法。

监察权的独立，是五权制度下，最有兴味的创设。监察制度一方面是仿照西洋议会下的弹劾制度，而同时又继承了中国古来固有的御史制度。但是因为他不像西洋弹劾制的附属于立法部，所以它不能全似弹劾制度。御史制度是中国古时帝皇专制政治以下的产物，而现在监察制度的政治环境是五权制度的民主政治，所以监察制度亦不能与御史制度完全相同。监察制度完全是一种新的尝试，所以它与其他各治权间制衡关系如何？它的职权的范围究应如何？都还成为问题，在最近宪草起草的过程中，这些问题，曾引起许多学者的热烈的探讨。本文只拟就中国监察制度先作一历史的观察，再就现行监察制度的职权及其运用，与其与欧美弹劾制度的异点作概括的叙述，末后更略及中国监察制度的几个问题，俾读者对监察制度可得一比较系统的概念。

二　我国监察制度之史的观察

我国现行的监察制度，一方面固系仿照西洋立宪各国的弹劾制度，在另一方面却是继承我国从来的监察制度。

中国古代的监察制度，大概可分言官与察官两种。所谓言官是指谏诤天子过失，监督朝廷行动的官吏；所谓察官，是监察官吏，肃清纲纪的官吏。前者是纠正君主个人行为的官吏，后者是纠弹百官行为的官吏。君主虽然羡慕"从谏如流""勇于纳谏"的美名，但是要他的行为受臣下的干涉，究非欢迎，所以言官制度，不甚发达，职权亦不十分扩张。察官是天子耳目之官，助理君主统治国家。君主一人在上，最怕的就是官吏作恶为非，促短他统治的生命，损害他的统治的权威，察官制度愈完密，察官职权愈庞大，君主就可少所顾虑，所以古来察官制度较完密，职权亦较重大，而且有时察官实际上兼为言官，把言官吸收了去。

言官源出于《舜典》，虞舜命龙作纳言之官。到周朝，则有"保民"以谏王恶；设"司谏"，以掌纠劝，以后演变为秦汉的谏议大夫、给事中等。自汉代到隋朝，言官的名称，仍循秦汉之旧；至于他们的职务，大概可以分为五项：①侍左右，备顾问；②献纳得失；③省读奏案；④驳正君主违失；⑤掌理六经文志。

唐代最重言官，所以谏议大夫和给事中，都称侍臣。他们的职权，除掉主要的封驳违失诰令外，可以驳正刑狱，可以纠理冤抑，可以裁退人员，选补不当。给事中的权力，在唐朝可以算大到极点了。宋代言官，多由他官兼任，到元丰改制，给事中才有专官，以后渐成一曹。元代的给事中，沦为闲曹，除了修君主《起居注》外，别无职权。但是到了明朝，给事中的职权，不但恢复唐宋的旧制，而且他的职权，似乎比唐宋两代给事中所职掌，更要扩张些。明代设"礼、户、吏、兵、刑、工六科，各都给事中一人，左右给事人〔中〕各一人，给事史吏科四人、户科八人、礼科六人、兵科十人、工科四人。掌侍从规谏，补辟〔阙〕拾遗，稽察六部百司之事。凡制敕，宣行，大事覆奏，小事署而颁之。有失，封还执奏，凡内外所上章疏，分类抄出，参署付部，驳正其违失"（《明史职官志》）。

察官始见于周。周设御史，佐冢宰，察官民，以后就演变为秦汉的御史台，设御史大夫、御史中丞、侍御史、治书御史、监察御史等。在汉代，御史大夫为台长，中丞为副台长，但是亦有以中丞为台长的。侍御史的职权是覆核廷尉（当时法官名称）所判犯人罪刑，补正所判刑度。侍御史中，又有所谓绣衣御史，除得监察官吏外，又有逐捕盗贼的职权。"江充拜直指绣衣御史，督三辅盗贼，禁察逾侈。时近臣多奢僭，充皆举劾之……"（《通典》侍御史注）至于治书御史，"掌法律，当天下奏谳，定其是非。参奏台事，犹初之两丞，则亦当如今之副都御史之职也"（《历代职官表》卷十八）。

汉代以后各朝的御史制度，无大变迁，但在职权方面，有扩大的趋势，而唐朝的御史制度，更形发达。唐代的御史台分三院。第一院叫做台院，院中的官吏，叫做侍御史，他们的主要职权是审判狱讼，弹举百僚。第二院叫做殿院，院中官吏叫做殿中侍御史，他们的主要职权是掌殿廷供奉的仪式。第三院叫做察院。察院中的监察御史分察百僚，巡按郡县，纠视刑狱，肃正朝仪。唐代御史制度的重要变迁，即是监察御史分巡分察制度的创设。所谓分巡，即是各监察御史，分别巡察当时的地方行政区域十个道，监察郡县庶政。在监察御史人数不足时，临时添设支使。所谓分察，即各监察御史分别纠察当时中央行政部尚书省以下的六部。唐代的监察御史，兼察太仓及左右库，这是清代巡仓御史的渊源。此外唐代御史制度，还有几点值得我们的注意。第一：唐代的御史，可以闻风弹事，即御史的弹劾案，不必有凿实的证据为根据。第二：唐代的监察机关御史台虽有御史大夫做长官，但是奏劾的职权，却是由各个御史单独行使。第三：唐代御史在君主羡慕不杀言官的美名之下，造成了可拒绝君主迁调的习惯，例如宋璟为御史，三次"不奉制"，武后亦无可如何。第四：唐代御史，不但消极的监察政治败坏的人的因素，并且积极的考察人才，罗致来为国服务。唐代的监察法六察条例中的第五项就是："察德行孝弟，茂材异数，藏迹晦器，应致用者。"实际上，御史制度到明代扩展到历史上的最高度，而唐代亦是御史制度的黄金时代。

御史制度，在唐到宋的一段时间中，没有大变迁。到宋朝，御史制度反退步到凋零枯萎的地位了。宋代御史制度上的唯一特点，即是以御史兼言事。御史除得纠察官吏违失的职权外，还有批判、评论朝政的职权。这是清代台谏合一的渊源。

元代的御史制度的特点是行御史台的创设，这是以后明清督抚兼署御史衔的渊源。

中国历史上的御史制度的职权，到明朝达到特点。明代："都御史职专纠劾百司，辨明冤枉，提督各道（即各道监察御史），为天子耳目风纪之司。凡大臣奸邪，小人构党作威福者劾；凡百官猥茸贪冒坏官纪者劾；凡学术不正，上书陈言，变乱成宪，希进用者劾。遇朝觐考察，同吏部司贤否黜陟；大狱重囚，偕刑部、大理（寺）谳平之。""十三道监察御史主察纠内外百司之官邪，或露章面劾，或封章奏劾。凡差，在内，两京刷卷，监临乡会试及武举，巡视光禄、京营、仓场、皇城、五城、轮值登闻鼓；在外，巡按，清军，提督学校，巡盐茶马，巡漕，巡关，攒运印马，屯田，师行则监军纪功。各以其专事监察。而巡按则代天子巡狩，所按藩服大臣府州县官诸考察，举劾尤专。大事奏裁，小事立断。按临所至，必先审录罪囚，吊刷卷案，有故出入者理辨之。诸祭祀坛场，省其墙宇，祭器。存恤孤老，巡视仓库，查算钱粮，勉励学校，表扬善类，剪除豪蠹，以正风俗，振纲纪。凡朝会纠仪，祭祀监礼。凡政事得失，军民利病，皆得直言无避。有大政集阙廷豫议焉。"（《续文献通考》）此外御史的单独纠弹权和风闻弹事权，多和唐代御史相同。又既然"军民利病，皆得直言无避……"，当然亦兼有言官的职权。

自宋代到明代，御史虽在实际上已兼有言官的职权，但是在形式上，言官还存在，而且明代给事中的职权，亦颇广大。到清代，却有一个极大的变更，即是把台谏完全合并起来。清代在六科之外，不设其他谏官。又把六科归并入都察院，这样，就成了清代的科道制度。清代都察院的职权是："整纲饬纪，凡政事得失，官方邪正，有关于国计民生之大利害者，皆得言之。大狱重囚，偕刑部大理寺谳之。"（《皇朝文献通考》）都察院设左都御史，满汉各一人，设左副都御史，满汉各二人。右都御史和右副都御史，都是督抚加衔，没有实在的职权。科道是六科给事中和十五道监察御史的简称。所谓科，有吏、户、礼、兵、刑、工六科，是给事中监察中央各机关，对于事的对象的分配标准，并非吏科专察吏部官吏，工科专察工部官吏，例如吏科就兼铨考顺天府文卷。十五道是京畿、河南、江南、浙江、山西、山东、陕西、湖广、江西、福建、四川、广东、广西、云南、贵州。道是监察御史监察地方行政各机关对于事的对象的分配标准，但例外亦附带的监察中央少数机关。此外，所谓巡仓科道、巡漕科道，是临时的差，而不是经常的官。清代的科道制，据近人高一涵氏的分析，约有下列几项职权：①建议政事权；②监察行政权；③考察官吏权；④会谳重案权；⑤弹劾官吏权；⑥辩明冤枉权；⑦检查会计权；⑧封驳诏书权；⑨注销案卷权；⑩监察礼仪权。

民国成立后，北京政府下的监察制度，没有很显著的成绩。北京政府时代的监察机关是平政院。平政院直隶于大总统，其下设肃政厅。平政院设院长一人，下置评事。肃政厅设都肃政史及肃政史。平政院是裁判机关，肃政厅是检查机关，即弹劾机关。肃政厅弹劾的范围极大，上自内阁，下至员司，都可为弹劾的对象。肃政史亦具有独立的性质，他提起弹劾案时，不必得平政院长和都肃政史的同意，平政院长和都肃政史亦不得干涉。这和唐代的监察御史得独立奏劾，不受御史大夫的干涉相同。

三 现行监察制度下监察院职权之分析

监察院是现行五权制度下监察权的主体。监察院在国民政府五院中，是最早成立的一院。民国十四年，国民政府在广州成立的时候，当其他各院的设立尚没有给人家考虑到，它已经成立了。当时的监察院，采委员制，设委员五人，轮推常务委员一人，执行日常事务。重要案件，由院务会议议决施行。它的职权极大，不但行使对官吏的弹劾权、审计权，并且有弹劾案审判权和惩戒权。

广州的监察院，虽然成立最早，但是在北伐的过程中消灭了，只是一现的昙花，监察院的正式成立，在民国二十年二月一日，那时其他各院都已成立了。民国十七年国民政府为财政审计曾设审计院，在监察院成立后就依法改部，隶属于监察院。依照国民政府组织法第四十六条，监察院是国民政府最高监察机关，依法行使弹劾、审计之职权。监察院设院长副院长各一人，设监察委员二十九人至四十九人，行使弹劾职权（《监察院组织法》第一条）。设审计部，行使审计职权（《组织法》第二条）。监察委员和审计部中的审计，享有和议员、法官等相类似的特权。

从法文的表面看来，好像监察院的职权，仅限于弹劾权和审计权。其实监察院除上述弹劾权、审计权外，尚有：①查询调查权；②监察使设置权；③请求急速处分权；④监试权；⑤限制的监察行政权。这些权限，从一方面看来，固可认为是它行使弹劾权和审计权的所必然具有的前提权限，但是它们都已发展到相当独立的限度了。司法权的主要职权在于审判，司法行政不过是为行使审判权的一种附属权限，司法行政既然可认为独立的权限，那么上述种种职权，当然亦可以算得监察院的各个独立职权。以下把监察院的职权分析地观察一下。

1. 弹劾权

弹劾权是监察权中最主要的权。它是监察权中最后的防御权（Safeguard)，监察权中所含有的各种分子权，都以弹劾权的存在才有其意义。关于弹劾权的如何行使，弹劾权的对象是什么，我们以后还要详细研究。

2. 审计权

审计权即是监察院的财政监督权。监察院因为这种对财政的监察，比较需要专门的技术，不是一般的监察委员所能胜任，所以特设审计部为主管机关。审计部设第一、第二、第三三厅。第一厅掌理政府机关之事前审计事务（《审计部组织法》第五条），即审计支付预算书，审计关于对财政部国库司签付的支付书。第二厅掌理机关的事后审计事务（《部组织法》第五条），即审计各机关每月份收支计算书、审核决算书。第三厅掌理全国各政府机关之财政稽察事务（《部组织法》第五条），即向全国各机关考查关于会计上之实际情形，借考查人员之口头的或书面的报告，为审计上之重要的参考资料或证据。凡未经过审计部核准的支付命令，国府不得付款，否则须付款人自己负责。政府各机关的计算书，不得审计部的审核证明书，或决算书不得审计部的核准状，而审计部认定应负赔偿责任时，应通知受审核机关，限期追缴。审计部可以根据该部组织法第十七条，在各省和直隶行政院的各市和其他不能以行政区域划分的机关，设立审计处，事实上今年已成立了湖北、津浦铁路等几处审计处了。审计部，过去在事实上，并未尽量发挥它所赋有的职权，譬如第三厅主管的稽核工作就没有开始，但在理论上，它对于全国财政会计的监督，有上述几种权存在。

3. 查询调查权

查询调查权是弹劾权行使的前阶段必要职权，监察院如果没有查询调查权，就无从行使弹劾权。依《监察院组织法》第三条："监察院为行使职权，向各官署及其他公立机关，查询或调查档案册籍，遇有疑问时，该主管人员应负责为详实之答覆。"根据监察院的统计，自二十年三月起至二十三年十一月止，它行文调查的案件，共三二〇件，派员调查的案件，共三八九件（见二十四年《申报年鉴》），监察院为便利被派人员实行调查起见，在二十年制定了《监察院调查证及其使用规则》。按照该规则第一条，"调查员持此证赴各公署及公立机关，调查档案册籍，各该公署或机关之主管人员，不得拒绝，并不得藏匿应被调查之案件"，可以知道调查查询权的主体，并不限于监察委员。又该规则规定："遇必要时，调查员得临时封锁该项案件，并得携去其全部或一部。"而且"遇必要时，可以知会地方法院、市政府、县政府、公安局协助"（《规则》第二条）。监察院为广搜调查的资料起见，规定《监察院收受人民书状办法》，为收受人民举发公务员违法或失职行为之书状的准绳。

4. 监察使置设权

监察使的设置，不能谓非监察院的职权。逊清都察院制度之下，虽然有十五道监察御史，但这不过是职务或地域管辖的区分，各道监察御史并不因而有他独立的机关。依《监察院组织法》第七条："监察院长得提请国民政府特派监察使分赴各监察区，巡回监察，行使弹劾职权。""监察使得由监察委员兼任。"监察院根据这种规定，即"参酌国内情形，视交通之便否，事实之繁简"，将全中国分成十六个监察区。二十四年三月中央政治会议特派监委丁超五、苗培成、陈肇英、高一涵、方觉慧、周利生、戴愧生七人，分任江苏、皖赣、闽浙、湘鄂、豫鲁、河北、甘宁青各监察区的监察使。各监察区，均设立监察使署，为经常的机关。这自和古来御史的仅分配职务分别执行的不同了。

5. 请求急速处分权

据《弹劾法》第十一条："公务员违法或失职行为情节重大，有急速救济之必要者，监察院将该弹劾案移付惩戒机关时，得通知该主管长官为急速救济之处分。"这就是监察院的急速救济处分权。这种救济处分权，监察院已应用过。它在弹劾江西省政府主席熊式辉氏违法征收产销税暨任意变更地方制度一案中，便同时咨行政院作急速救济之处分，即请行政院"令饬江西省政府立将产销税撤销，各区行政长官（即现在的行政专员）撤回，以重功令而苏民困"。民国二十四年七月间监察委员朱雷章提出一个《急速救济处分案》，经监察院通过。这部规律的内容如何，现在还不能知道，但从报章中约略的记载里，可以知道它规定如被弹劾人犯罪嫌疑重大，得由地方政府将其拘押，解送法院讯办，是一种专对下级官吏有其适用的规律。

6. 监试权

按照修正《监试法》第一条："凡举行考试时，由考试院咨请监察院就监察委员或监察使中，提请国民政府简派监试委员；但举行特种考试时，得由考试院咨请监察院监视。"又依该法第四条："监试时如发见有潜通关节，改换试卷，或其他舞弊情事者，监试委员应提出弹劾。"由这两条看来，可知监察院对考试事务有事前的监察权。在五权宪法的系统之下，考试权已是独立的一权，则监察院对考试的监试权，虽然仍为它行使弹劾权的前一阶段的准备，但比之它对于立法、司法各部门职务的行使的不能在行使当时到场监察，这种监试权自然亦是综合的监察权中的一个独立权了。

7. 制限的行政监察权

监察院的创设，时间还不久，关于它职权范围的规律，太混统空泛，所以它的职权范围究有多么大，还是问题，还没有具体确定。由于这一点，监察院的职权，或许可以在它创始的过程中，自力形成确定。或许现在它为一时的便宜的创造，将来会定为成规，垂于永远；它在一时变通行使的职权，将来可以成为固定的职权。从监察院成立后，所有的工作看来，似乎它对于行政已有制限的事前监察权了。但是以后是否会变成经常的职权，还在未可知之列。以下是两个例子。第一是民国二十一年的裁厘工作的监察。二十一年，政府对于裁厘，颇具热忱，所以特命监察院派员出发监察各省裁厘实情。国民政府命令监察院说："查撤废厘金及类似厘金之一切税收，原为国家大计；业经主管院部遵令通饬实行。其在各省政府，如尚有对于前此之裁厘命令，阳奉阴违，或巧立名目，擅自征收类似的厘金之税捐等情事，应责成监察院派员实地查明，呈候惩处，以重功令，而肃纪纲……"监察院根据这命令，就派监察委员和参事等分赴各省考查、监察。第二是民国二十年的赈务监察。当时水灾救济委员会朱庆澜、许世英呈请国民政府"明令监察院派监察委员分赴有灾办赈各省，无论急赈、工赈、农赈，均归其切实考察。倘有侵吞或挪移款项，以及放赈不实，勾通地方，滥放冒领，及其他关于赈务之种种舞弊情形，一经查实，尽法惩治。……"国民政府就训令监察院派员监察赈务。监察院亦即训令高一涵到江苏，邵鸿基到湖北，周利生到安徽去监察赈务的进行。这种监察，是事前监察；但是受制限的事前监察。第一因为何种行政工作要受监察，要由国民政府来决定，而不是监察院来决定。第二因为对该项应受监察的行政工作，监察院要实施监察，还要国民政府的命令。

四　现行监察制度下弹劾权之对象及其运用

在现行监察制度下，监察院的职权，虽有上述种种，但是最主要的职权，当然是弹劾权和审计权。关于审计权，前面已略加叙述，这里想对弹劾权的对象和运用，稍加研究。

弹劾权的对象，可以分为人的对象和事的对象。

监察院的弹劾权，究以何等人物为对象，这是人的对象的问题。关于这个问题，十八年七月十日的《治权行使之规律案》曾规定："在监察院成立以后，一切公务员之弹劾权，皆属于监察院。……"《弹劾法》第二条说："监察委员对于公务员……之行为，应提出弹劾案于监察院。"都是把公务员作弹劾权之对象。但是公务员，在各种法律上，解释不同，这里所谓公务员是专指事务官呢？还是兼指政务官呢？这要让过去的事实来解释。监察院在二十四年四月曾发表一项统计，是自该院成立（二十年二月）以来至二十四年三月，四年另一月中，共提起四百六十五起弹劾案，移付惩戒机关。在这些弹劾案中，以县行政人员、财务人员和司法人员占多数。但是其中有几起弹劾案，是关于弹劾外交部长、铁道部长和行政院长的。在中国所谓政务官，是有特殊的意义的。据中央政治会议第一八九次会议议决，"凡须经政治会议议决任命之官吏为政务官"，外交部长、铁道部长和行政院长都是政务会议所任命，都是政务官。那么把这些政务员为对象的弹劾案成立没有呢？我们试看这几起弹劾案的经过。

前外交部长王正廷氏，曾被监察委员三次弹劾。第一次弹劾案是郑螺生提出的"承认马来亚政府取缔中国国民党马来亚总支部，背党辱国，肆行欺罔"案。第二次是高友唐提出的"巧于趋奉，误国丧权，串通日商，垄断面粉"案。第三次是李梦庚提出的"贻误外交丧失国土"案。王氏后为国府免职，国府文官处把免职命令通知监察院，这案即告结束。

监察院曾弹劾过前行政院长汪精卫。二十一年上海事变后，政府未经立法院议决，与日本缔结停战协定。监察委员高友唐以为停战协定可解释为重要国际事项，依《国民政府组织法》第二十七条，必须交立法院议决，而汪氏在未经立法院议决前径行缔结，为违法行为，即提出弹劾。这一案，因为外交部曾得中政会议允许，可缔结后再向立法院报告，所以监察院依法呈弹章于中央监察委员会后，得到"应无庸议"的训令，就结束。

二十年六月二日监察委员刘侯武氏提出弹劾铁道部长顾孟余一案，一时舆论哗然，因为监察院方面和顾氏双方对于弹劾文的公布时间问题，有热烈的论战。又以此案中政会议把政务官的弹劾案的决定权保留在自己身边。它在第四一六次会议议决，补定《弹劾法》三条，其中第二条是："凡经中政会议决定之政务官，经惩戒机关决定处分后，中央政治会议认为必要时，得覆核之。"后在二十三年十月中中央政治会议第四三一次又议决："凡经中政会议议决之政务官被付惩戒时，其惩戒之决定书应呈报中央政治会议。"

从上面数案看来：外交部长是因被弹劾而去职的。对于行政院长的弹劾案，因行政院长行为的另有适法原因，监察院因而被命"应毋庸议"。监察院对于铁道部长的弹劾案亦未能移付惩戒，而且中央政治会议保留其对于政务官惩戒处分的决定权。第一案明示承认监察院的可以弹劾政务官，后二案中政会议并未根本否认监察院的政务官弹劾权，所以监察院弹劾权的人的对象，并包事务官和政务官。

关于弹劾权的事的对象，似乎比人的对象问题，更形复杂。在中山先生的遗著里，监察院弹劾权究以何事为对象，亦无明确的界限。他在中国革命史里说，"各院人员失职，由监察院向国民大会弹劾之"，把"失职"的行为作为弹劾权的对象。《治权行使之规律案》规定："……凡公务员过失之举发，应呈由监察院处理；非监察院及其所属，不得处理之。……"又举出过失行为是弹劾权的对象。到《弹劾法》，就规定："监察委员对于公务员违法或失职之行为，应提出弹劾案于监察院。"（第二条）又举出公务员的"违法"或"失职"的行为为弹劾权的对象。除掉违法一词，比较容易认识其观念外，何谓失职，何谓过失，过失是否已包括在失职的观念中，都是极不易于确切认识的，一切解释，诸待事实来补充。从监察院成立至二十三年十一月底，监察院共提出了三百九十五起弹劾案，被弹劾的人数共七百零七人。有人把上面的案件加以分析，七〇七人中被认为违法的共五〇一人，废弛职务的一八一人，其他失职行为的二五人。那么废弛职务，当然属于法文上失职行为的范围。但是什么是废弛职务，其他二五人的失职又是如何内容？仍不能有明白界限。监察院二十年三次弹劾王正廷：一次是以"背党辱国，肆行欺罔"为理由，一次是以"巧于趋奉，误国丧权，……"为理由，第三次弹劾案是以"贻误外交，丧失国土"为理由，以"巧于趋奉""肆行欺罔"等这种空泛的罪状为弹劾理由，当然不是以"违法"为根据；而是以"失职"来做根据的。则无疑地监察院目光中的所谓"失职"观念是非常宽泛的。

监察院的这种态度，是由它的求事前监察的态度一贯而来的。它主张："监察院设置之目的，在纠举公务员之违法与失职。然监察制度之精神，固不仅摘发奸邪，惩戒贪墨于事后而已也。此项监察权之行使实有杜渐防微之至意。故以后关于各机关重大事务之处理，其情势有监察之必要者，政府当令监察院派员监视之，能纠正违法于事前，庶减少诉追犯罪于事后。其议而不决，决而不行，行而不力者，监察院得随时提出质问，以促其注意俾各机关公务人员事前有所警惕，不致放弃职责，坐失机宜，此政府扩大事前监察范围之意义也。"监察院想对"议而不决，决而不行，行而不力"的三者享有质问权，质问权的后面当然随着弹劾权，由是我们可知监察院对"失职"二字的解释是怎样广泛了。事实上监察院以"巧于趋奉""肆行欺罔"等为理由的弹劾案，既未被否认，则"失职"的观念自是极广大的。所以弹劾权的事的对象是公务员违法的行为，和解释极宽泛的失职行为。

其次我们要讨论弹劾权的行使手续。

监察院弹劾权的行使手续，根据《弹劾法》的规定。《弹劾法》，制定于民国十八年五月二十九日，到二十一年六月二十四日又修正公布。依《弹劾法》规定，各监察委员都能单独行使弹劾权。弹劾案用书面详叙事实，提出监察院，不必附举证据（修正《弹劾法》第四条）。弹劾案提出后，要三位监察委员审查，就中多数认为应付惩戒时，便将被弹劾人移付惩戒。假使弹劾案的审查者，不能同意于提案人的意见时，可以把该案交另外五个委员去审查，为最后之决定。

在监察院第十一次会议，议决："弹劾案提出后，其审查之结果，须通知原弹劾人。"《弹劾法》第十条规定："监察院人员对于任何弹劾案，在未移付惩戒机关前，不得对外宣泄。"所以原弹劾人和监察院为造成反对被弹劾者的舆论起见，总把弹劾案移付惩戒机关后，将弹劾文公布。但是在监察院弹劾铁道部长顾孟余氏的时候，弹劾公文的公布时期就发生了问题。顾氏认监察院公布弹劾文的时期太早，可以造成错误的舆论。监察

院则力辩其合法。双方在报上论战了几回，最后中央政治会议对于这问题
有了新决定。中政会议第四一六次会议，常务委员提议补订《弹劾法》三
条，其中一条是："监察院弹劾原文，与被弹劾人申辩书，及一切有关该案
之内容消息，非经受理本案之机关，决定公布以前，概不得披露。……"另
一条是："关于国策及有关中国国际地位之重要文件，非经中央政治会议
之核定，不得披露。……"中央政治会议第四三一次会议并决定了："弹
劾案被付惩戒后，应由受理机关，与被弹劾人之申辩书，同时发表。"

　　弹劾案通过后，其惩戒机关因被弹劾人之官职而不同。惩戒机关按照
法律（《惩戒法》）有下列五种。①凡国府委员或监察委员被弹劾，其惩
戒机关为中国国民党中央监察委员会。②对于上述两种政务官以外的政务
官，其弹劾案送国民政府惩戒委员会。③对于中央政府委任职以上官吏，
除政务官外，所提起之弹劾案，对于地方政府荐任职以上的官吏，所提起
的弹劾案，送中央公务员惩戒委员会。④对于荐任以下的地方政府官吏的
弹劾案，送地方公务员惩戒委员会。⑤军人被弹劾者，送军事长官惩戒委
员会。此地须注意的即是上面提及的，中央政治会议曾规定将政务官惩戒
处分的决定权保留在自己手中。即政务官"……经惩戒机关决定处分后，
中央政治会议认为必要时得覆核之"；对于政务官的"……惩戒决定书，
应呈报中央政治会议"；则可知关于政务官的惩戒权，尚不尽在中央监察
委员会和国民政府惩戒委员会的手中。

五　我国监察制度与西洋弹劾制度

　　由于上面的叙述，我们可以意识到中国现行监察制度与古时御史制度
的异同来。关于御史制度，我们想只拿清代的科道制来代表。监察院的监
察权和科道制下的纠察权有大小之别。我们上边曾引用的高一涵先生分析
所得的科道的十种权，监察权并没有完全把它继承过来。例如建议政事
权、监察行政权、官吏考察权、会谳重案权、辩明冤枉权等权，都已分别
的分配到行政、立法、司法、考试各院去了。监察院的职权，据个人分
析，共有以上的七种。其次清代都察院制下的科道，虽然合一，但是大体
上讲来：六科分察京内中央机关的文书；十五道则分理京内外各省的监察
事务和刑名，前者似乎职在纠正中央的过失；后者却偏重弹举百官的违

失，似乎有分工制的痕迹。监察院下的监察权的行使，以后虽或会因监察
使的巡察各区，而将使在院监察委员专心监察中央各机关，因而有分工的
趋向，但也就现状论，却是混一的，无中央、地方之分。御史制度的政治
环境是专制政治制度，而监察制度的政治环境却是崭新的五权制度，这一
点两者诚不能无异，但是如果就整个政治机构观察，它们却是处在同一的
地位。在我国古代专制政体之下，统治权在君主手里，君主是政治的原动
机，科道或御史是由君主授权而以辅弼君主、督察百官违失为职务的。在
五权制度之下，监察权是治权中之一权，监察院之有监察权和科道之有纠
察权一样，由于上层权力机关（在训政时期为中国国民党中央执行委员
会，在宪政开始后为国民大会）的授权行为。监察院的行使监察权，亦和
科道制一样，在辅助政府而不是处于民意机关的地位来监督政府。所以现
行的监察制度继承我国固有的御史制度，在职权的范围与行使方法和所处
的政治环境上虽不能没有差异的地方，但是就大处看——就在政治机构中
的地位看，却是相同的。

但是中国监察制度和西洋各国议会制度下的弹劾制度，却有很大的差
异。现在我们把监察制度和弹劾制度从主体、客体和运用数点上比较
一下。

监察制度的主体是监察院；弹劾制度的主体是议会。在欧美大多数国
家，国会不但有弹劾权，并且还有弹劾案的审判权。譬如在英国，弹劾权
属于下院，弹劾案审判权属于上院。美国和法国，对于弹劾权和弹劾案的
审判权，在宪法上，与英国作同样的规定。欧美各国弹劾权之所以以议会
为主体，一方是由于历史的背景，一方亦有其理论的根据。从历史上说，
现在欧洲的议会，都是由古时的部落会议蜕化而来。古时部落会议，力量
极大，它审理一切诉讼，弹劾案的提出和审理，亦是它职权之一。以后政
治发达，普通案件改由法院检查审理，但是重大的弹劾案，仍由为部落会
议的后身的议会来掌理。从理论方面讲：现代的民治政治的一个特征是责
任政治，政府机关要向人民负责，议会是人民的代表机关，所以亦向议会
负责。议会要使政府向它负责，便不得不有种种的方法来监督政府。弹劾
权即是议会监督政府方法的一种。所以弹劾权是民意机关监督政府的一种
权力。监察院下的监察权，则不是如此。监察院是政府机关，而不是民意
机关。监察委员是政府官吏而不是人民代表。（监察委员在宪草中规定由

国民代表大会选举，亦不代表民意）。监察权的行使，不是民意机关为求政府的实行责任政治而选择的手段，而是由于其他权力机关的授权行为而赋予的职权。监察制度大体上承袭中国古代的御史制度，而不是中山先生的新发明。总之弹劾制度的主体是代表民意的议会，所以弹劾权是人民监督政府所采择的一种手段，因之弹劾权之存在是固有的，是原始的；反之监察制度的主体是为政府机关一部分的监察院，所以监察权是政府自己监察的一种方法，因之监察权之取得是传来的是继受的。

弹劾制度和监察制度，因有上述的基本上的异点，所以它们的对象亦不相同。就人的对象论，弹劾权的范围，因国家而不同。德国仅政务官得为弹劾权的对象。其理论是：事务官是技术性质的官吏，既不负政治上的责任，且有长官督率，纵使犯罪，由普通法院审理之即可，不必要笨重繁累的弹劾。在美国，总统和其他文官，均得为弹劾之对象。在法国，弹劾权的对象是犯叛逆罪的总统、失职的国务员和一切妨害国家安全的人犯。在不文法的英国，学者的意见不能一致。梅脱兰（Maitland）说："弹劾权之所以可贵，即在它对朝廷大臣之抑制。"法、英、美等国弹劾的对象虽比德国宽，但历史的记载告诉我们被弹劾的大多数是大总统、国务员，低级官吏和平民的被弹劾者，真如凤毛麟角。反之监察院所弹劾的官吏却大多数是低级官吏。在前述三九五个弹劾案所牵涉的七〇七人中，二一一人是县长，三【十】六人是县自治人员，十五人是县佐治人员，其他九十七人是财务人员，九十五人是司法人员，就可见和弹劾制度不同了，就事的对象论，弹劾制度的范围，不仅及于单纯的违法行为和不应为而为的和应为而不为的失职行为，即不当为而为的失当行为，如督战不力，理财无方，亦可被弹劾，这样可贯彻要求政府人员对国会负其责任的目的。监察权虽其监察的事项较多，但得为弹劾对象的行为，只有违法行为和失职行为，较西洋弹劾权的范围稍狭。

在欧美弹劾制度下，弹劾案的提出，没有人数的限制，众议院中任一议员均可提出。弹劾案提出后，众议院组织一委员会，审查该案。如审查结果，认为所劾各节，确应受弹劾，即向大会报告，如得大会通过，即将该案移送参议院，正式控告。参议院是弹劾案的审判和惩戒机关，它在审询弹劾案时，临时改变了一种特别法庭，在美国有最高弹劾法庭（High Court of Impeachment）之称，在法国称高等法院（La haute cour de justice）。

参议院审询弹劾案前，全体参议员都要宣言，审询的程序和法庭相似。弹劾案的判决，因参议员大多数的通过而确定。监察院的如何运用弹劾权，我们已经讨论过。弹劾案的惩戒机关，不是监察院自身而是特设的不同的惩戒委员会，依被弹劾人的官职的高低而分别移送惩戒。这些惩戒机关，除掉中央监察委员会在以党权代替民权的现制度下，和参议院的地位有相当处外，其余都是政府的机关，和弹劾制度弹劾案之由民意机关审理不同，但和德国弹劾案之由国事裁判所审判的精神相同。现阶段的欧美政治已由议会政治进一步表现为政党政治。在政党政治之下，国会和政府打成一片，国会中的政府党既处于多数党的地位，很容易偏护本党被弹劾的官吏，所以弹劾权已难发挥其正当的作用，况且舆论监督较严，弹劾权已很少机会被应用了。我国的监察制度，则正在极力发挥它的作用与功能！在短短四年余的时间中，来了四六五起弹劾案。多么惊人的数字！

总之监察制度与弹劾制度，因根本精神不同，主体在政治机构中所处的地位不同，所以在对象方面，在运用方面都不能没有异点。一般人认为监察制度即是弹劾制度，两者异名而同实，似乎是很大的错误。

六 中国监察制度的问题

整个的五权制度，尚是一种新的创设，新的尝试，而监察制度尤其是这种新创设中最受人注意的一部分。在监察院成立时和最近宪法修正案公布时，有不少学者对于监察制度的问题加以讨论，就可见监察制度是怎样为国人所重视了。但本文所拟讨论的，只限于监察院是否须有事前的监察权，和监察院是否须兼有审判权惩戒权两个问题。

第一：监察院是否须有事前监察权？关于这一点，监察院本身自然趋向于主肯定说，主张监察院要有事前监察权。它说："监察院设置之目的，在纠察公务员之违法与失职。然监察制度之精神，固不仅摘发奸邪，惩戒贪墨于事后已也。此项监察权之行使，实有杜渐防微之至意。故以后关于各机关重大事务之处理，其情势有监察之必要者，政府当令监察院派员监视之，能纠正违法于事前，庶减少诉追犯罪于事后……"（见《监院公报》第七至十二期合刊第五〇一页）我们须注意监察院所要求"其情势有监察之必要者"，"政府党令"它派员监察，则鉴别情势有监视之必要与否，其权固在政府；令监察院派员监察的命令权，亦在政府。所以监察院所要求的只是制限的事前监察权。制限的事前监察权，我们认为监察院不妨有之，而且在事实上，监察院已行使过这种制限的监察权了（见前），监察院虽不妨具有制限的事前监察权，然若要具有无限的事前监察权，却为理论与事实所弗许。我们上面已研究过：议会之所以有弹劾权，是因为它是政府政权的赋与者，它是政治进行的原动力，是政府对之负责任的主体，因为这样，它不但可以弹劾官吏违法或失职的行为，而且可以弹劾官吏的失当行为，所以不妨有事前的监督权。监察院则是治权机关中的一部分，它的监察权是被赋与的，要是监察政治的进行，做一个"全般的政治的监察者"（A bureau-cratic board of censors）（用何尔康博士语），那简直是监察到官吏执行职务，尚未终了，是否违法或失职尚在未可知之列的未遂行为了。这样简直是强和它并行的机关人员，向它负不必负的责任，这是理论上所不可通的。这是就理论言。其次，就事实言，监察院只有数十委员，是否能胜任事前监察的工作亦成问题。以中国土地之广，人口之多，全国政务，错综复杂万分，即有数百数千监察委员，亦难于监察职务员事后行为外，复从事于全国政务的事前监察的。所以监察院如要执行无限制的事前监察职务，不特为理论所不许可，亦为事实所难能。否则，恐怕成事不足，偾事有余，效率行政求不到，反减低行政的效率而已。所以我以为监察院不必有事前监察权。

宪草修正案第八十八条规定，"监察院为行使监察权，得依法向各院各部各委员会提出质询"，使监察院有了质询权。质询权（Inter-pellation）原是议会监督政府除不信任权和弹劾权外的比较和缓的方法，似可认为监察院的事前监察权。监察院虽有质询权，但这种质询权，限于为行使监察权的目的，始行使之。监察权的内容，宪法是没有加以规定的，要待法律来充实。但是如果照现在的法律，那么监察院质询权的行使，限于它上述各种固有的职权中；各院、各部、各委会虽受质询，只要自度不违法不失职，尽可放胆做去。所以这种质询权，似乎只是一种咨询权，不过公式的"查询调查权"，不得谓之事前的监察权。

第二：监察院是否须有审判权、惩戒权。监察院是否应兼有审判权和惩戒权？关于这问题，监察院本身，自然亦倾向肯定说。监察院所以要兼有审判权、惩戒权的理由，不外下列两项。①以为监察权之行使，固在弹劾；而监察权的功效，则在惩戒；监察院是专门监督官吏的机关，则应专事权而一责任，使它兼有弹劾权、弹劾案审判权和惩戒权，如果仅有弹劾权，则监察权不完全。②弹劾权和审判权虽同属于监察院，监察院并不是因此自为弹劾，自行审判，而仍可另行组织审判机关，和现在司法方面检察官检举，推事审判的关系相同，也不会有弊病的。监委李宗黄在二十四年十月二十一日在中央纪念周慨然说："中央既属望我们，我们对于严惩大贪官、大污吏，应负相当之责任，所谓'挞彼豺狼，安问狐狸'。然而工欲善其事，必先利其器，否则不惟不能挞彼豺狼，连狐狸都要同我们作祟。"（见二十四年十月二十二日《中央日报》）他的意思亦是说："现行的监察制度仅有弹劾权而无审判权，直无异无枪械与猎狗的猎人欲入山打猎。……"他深慨乎监察权不完全的危险。他并没有提出积极的监察院必具有审判权和惩戒权的理由，但据我们推想，亦不能出乎上述理由的，我们试看看这两个理由。关于第一项，我们觉得监察院具有弹劾权与审计权，已经很够了，我们看不出为什么一定要兼有审判权和惩戒权。过去监察院所以不满意的地方有两点：第一是自己未能多提弹劾大员的案子，坐看着"豺狼"纵横，但是不敢过问，只敢弹劾不会作祟的"狐狸"。第二是它提出的弹劾案未能尽付惩戒，它除了向各惩戒机关催询外，别无办法。但是前一点是由于它本身的固有职权的未能尽量发挥，与审判权、惩戒权无关；第二点惩戒机关没有将弹劾案全加惩戒，大半是因为被弹劾人势力大，实际上不能惩戒，那么这根本是惩戒权能够发挥与否的问题，与监察院的有无惩戒权无关。反之监察院如果兼有审判权和惩戒权，则权力实在太大，这种大权如稍一滥用，它的流弊，远大于欧美议会滥用弹劾权的弊病。弹劾案的审判权和惩戒权，除政务官外，属于司法院，如不否认弹劾案的审判，亦是审判的第一种，那么它的审判和惩戒权的属于司法院亦是无可否认的。关于第二项，那是第一项所生弊病的补救方法，它的理由，亦成问题的。如果监察院另须组织审判机关，使与弹劾权相脱离，那么和现在的情形相同，何必多此一举。如果使弹劾案的审判权和惩戒权并属之于有弹劾权的监察院，那么就不免第一项的弊病。从事实上观察，监察院并没给狐狸"作祟"，它对于下级公务员的弹劾案，很少不被惩戒的，成问题的是政务官。政务官的惩戒机关是中央监察委员会和国民政府政务官惩戒委员会；前者是党的机关，在党治制度之下，它自有党的意志的支配，不必监察院有弹劾案，它即决定惩戒；后者是地位高而无实权的机关，往往不敢为惩戒的决定。此外中央政治会议又对政务官惩戒决定有最后决定权，自然又减低了弹劾案惩戒判决的数目。党的意志既然必须贯彻，中央政治会议的权力又特大，监察院即使有了审判权和惩戒权，是否即能得圆满效果呢？是否算是有了"猎狗和猎枪"呢？所以问题是在惩戒权的能否健全，惩戒权的是否能顺利行使，监察院兼有惩戒权，只能把问题弄得更形复杂，而不能解决这个问题的。宪草修正案没有把弹劾案的审判权和惩戒权授予监察院，不能不算聪明的事。

二十四年，十二月

（本文原载于《东方杂志》第 33 卷第 17 期，1936 年）

如何树立完整之监察机构

江毓麟[*]

编者按：本文分三个方面对五权宪法语境下的监察制度进行了研究：监察权独立之渊源；监察权之范围问题，包括监察院对事之权力范围、对人之适用范围；宪草与今后之监察制度。作者建议事前监督之建议权、事后监督之行政裁判权，应分别增入或依归监察院。江毓麟既是民国时期重量级学者，又曾担任监察院官员，其监察领域的论文具有特殊价值。

关键词：监察权独立　监察权范围　宪草　监察院

溯自二十年选任监察院正副院长正式成立而后，同时并发表监察委员，制定法规，开始行使其组织法上所赋予之弹劾、审计两大职权。六载以还，监察院艰难缔造，惨淡经营，先将原有之审计院依法改部，隶属于监察院，同时设置秘书参事两处，处理日常公务，及编订、审核关于弹劾、审计各项法规草案，以从事于弹劾官吏、监督财政之两大工作，以期发挥五权宪法之监察精神，而谋全国廉洁政府之实现。除审计部依其职掌，审核岁入之征收，岁出之支用，各种国有财产之管理，及国家财务行政实施之一切行为，按期编制报告，呈报国民政府及监察院外。关于监察委员行使弹劾职权部份［分］，计自二十年二月成立至二十四年六月止，所收书状计一二五六七件。派查案件，计四一九处，行查案件，计三七〇

---

[*]　江毓麟（1896—1959），日本东京大学文学科、明治大学法科毕业。历任北平师范大学副教授、上海法政大学教授、江西师范学校教务长、中央军校政治部编审官、国民政府监察院秘书、监察院调查专员。1949 年到台湾，任"监察院"监察委员。——编者注

九处。上列案件中，经调查违法或失职有据，提出弹劾，移付惩戒者，共有八三二人。以职别论，行政人员为最多，计三七五人；司法人员次之，计一一七人；财务人员又次之，计一〇二人；警务人员又次之，计八二人；军务人员又次之，计六八人；其他建设、教育、交通、赈务、外交、监察、立法、考试等人员，多则二十余人，少则一二人，各以次有差。中国由四千余年之专制政体易为民主共和，旧染未除，积习尚深，官场之腐败，贪墨之充斥，已为世人所公认。若就人民近年向监察院所举发失职或违法官吏而定，已不啻沧海一粟。而监察委员纠劾官邪，在事前必得查有确凿之实据，始提出弹劾。迨弹劾提出后，又须经其他监察委员三人之审查，并经多数认为应付惩戒时，监察院始移付惩戒，审核既如彼之周详，手续复若此之严密，故五年来提出弹劾、移付惩戒者，仅四九二件，尚不及人民书状中所举发者二十五分之一，外间不察，妄揣监察院弹劾案件，有固执偏见，草率从事，未免不明事实之真相。

查监察院现行制度，除审计外，仅有一弹劾权，为事后之监督，在行政人员违法失职之行为未完全实现以前，虽已察觉，而不能加以过问。及违法失职之罪恶已完全成立，而提出弹劾，发交审查时，虽能照原案通过，而能否达到惩戒目的却成问题。盖惩戒机关，种类繁多：选任政务官之惩戒机关，为中央监察委员会；前项以外之政务官，为国民政府政务官惩戒委员会；中央所属各机关之事务官及各地荐任职以上之公务员，为中央公务员惩戒委员会；各地方荐任职以下之公务员，为各省市地方公务员惩戒委员会；军队少将以上，为军委会军事长官惩戒委员会；海陆军部上校以上，为各该部最高长官。系统复难，不相隶属，且与行使监察权之最高机关不生连系。当弹劾案件移付惩戒时，惩戒机关每另行调查，往返周折，旷日耗时，不惟予违法官吏以规避之机会，且增加贫苦人民受损害之痛苦，证以过去事实，其例有不胜枚举者。窃查五年来移付至弹劾案，约有五百件，经惩戒机关议决者，不过半数。且有被惩戒人离职已久，始予以处分，贻人笑柄，不一而足。夫最重之惩戒处分，仅止于免职，已不足寒违法失职者之胆，而加之以惩戒机关之迁延迟缓，益使监察权脆而无力。训政以来，澄清吏治，难如所期；监察职能，莫由发挥；则目前监察制度残阙不全，无法运用，实为最大之主因。

兹宪法第三次修正草案，业于五月五日公布，提供国人之研究。其中关于监察权之范围虽较前二次均有增益，然其内容，是否再须参照五全大会宣言中所提示者，加以补充，此点关系重大，殊有讨论之价值，盖监察权此后能否发挥其独立统一之功用，全视今日能否树立一完整之监察制度以为断。现国民大会转瞬即届，而国家亿万斯年之根本大法，亦将提出通过，以垂久远，愿吾当人士，海内硕彦，对于监察权之范围，详加讨论，发表意见，贡诸国民大会之前，俾监察职权能折衷于至善，庶五权制度在世界政治上放一异彩，是则作者区区之微意也。

一 监察权独立之渊源

（一）古代监察制度之特质

吾人于讨论本问题之前，先从吾国历史上考察监察权之渊源。吾国古代监察权向分谏诤与纠察二种：言官方面，有谏议大夫、给事中、散骑常侍、拾阙补遗等职，掌规谏讽谕，献替可否；察官方面有御史、刺史、司隶校尉、按察使等职，掌纠劾官邪，肃正纪纲。由是言察分官，各有专司，降至赵宋，台谏合一，监察制度益臻完备，而权力亦行庞大。明代承之，给事中逐与谏议同隶门下省，而与尚书、中书两省对峙，中书为政令所自出，有类于三权分立制之内阁，尚书分理诸曹，直与今日各部次官相同。而门下最要职权，厥为封驳，与欧美议会监督行政权相较并无逊色。君主一切政令必经门下，其不便者，立时封驳。故有门下一官，而君主无上之威，始有所绌，宰臣专擅之势，亦有所惩，国政得失，不待外廷之呼吁，而丝纶喉舌之地已得折衷于至善。要而言之，宰相秉承君主之意旨以决政令，经门下之审核以付尚书省施行，此三者交为政治之枢机，而万几之务以举。历朝良法此为极则，吾国政制所以复然独绝者，亦即在此。

然门下谏议，给事中之职务，只在于匡救政府之过失于事前，而纠劾百司之不法，则不能不有赖于御史制度之设立矣，御史之名始于周官，为掌赞书，授法令之职，其任务与后无不同。秦以御史监郡，实开纠察之始。唐设御史大夫一人，正三品；中丞二人正四品；其职掌在于以刑法典章纠正百官之罪恶，凡冤而无告者，与三司诘之，三司谓尚书、中书、门下也。明设左右都御史，并划全国为十三道，道设监察御史纠劾内外百官，办［辨］明冤屈，提督各道，为君主之耳目，权力之大有逾往古。请增为十五道，余与明制相同，以上所述，其大略也。

且古时御史地位崇高，与三公并列，朝称独坐，行必专道，虽以皇太子之贵，亦不能与之分道抗礼。又历代对于御史之保障，亦颇周详。凡都察院御史皆各自独立，既不受长官之指挥，亦不受同僚之牵制。唐监察御史萧至忠云："御史人君耳目，俱握雄权，岂有奏事先咨大夫？台无此例。设弹中丞大夫，岂得奉诏耶？"又云："故事：台无长官，御史人君耳目，比肩事主，得自弹事。"故御史可以弹劾中丞大夫，巡按可以弹劾总督，皆为监察权独立之效果。御史又可以风闻弹事，所奏涉虚，亦不坐罪。如是则监察御史不但可以弹劾证据确凿之犯罪事实，并可以弹劾风闻传说未明真相之嫌疑行为；不但可以弹劾犯罪于既成事实之后，并可以弹劾犯罪于将成事实之前。此实由于监察人员之地位，得有保障，故能无所顾虑，行使其职权也。总而言之，古代监察权之精神在于独立行使，与统一运用，此为吾国监察权固有之特质，亦即五权宪法中监察权之所由来也。

（二）立法机关兼司监察之弊

欧美各国对于行政机关之监督权，类皆置诸民选代表之手，由人民代表直接监督行政官吏。故各国议会职权略分三种：①立法权；②监督权；③财政权。其中要以监督权与行政为最有密切关系。除事前监督行使质询权、调查权、建议权外；事后监督，大抵以弹劾权为纠察行政唯一之手段。

溯议会之弹劾权发源于英，其作用对政府大员违法，或犯罪行为，恐普通法院惮于举发，又虑举发后不能为适当之裁判，故以弹劾权付诸代表民意机关之议会，由下院提起弹劾，而上院则审判之。英国之所以能成立此种制度，不仅在英国政治史上贵族院早有最高刑事裁判之权，此外尚有两大原因：一因是时司法机关尚未脱离行政而独立；二因国务员除刑事犯罪外，并有职务上之过失。此种含有政治性质之违法或失职，断非普通司法机关所能审理也。美国独立而后，树立三权政治，弹劾制度仿效英伦，但性质与英异趣。盖美国对人适用范围较英为广，普及于一般官吏，不以国务员为限。而对事适用范围则较英为狭，只限于犯罪行为。至其科罚方面仅予以剥夺现职及丧失官吏资格为限，再不得加以刑罚之制裁也。法国自一七九一年颁布宪法以来，即成立弹劾制度。现行宪法规定："国务员因职务上犯罪得受众议院告发，及参议院裁判。"颇有特别刑事裁判之性质，而刑罚制裁亦与英相同。德国弹劾制度新宪法与旧制互异，其新宪法内有"总统总理及国务员有违反宪法或法律行为，议会得向国事裁判所提起公诉"之规定。奥国新宪法与德大致相同，由此可知德奥弹劾制度有一特点，即起诉之权虽在国会，而裁判之权仍属诸司法机关。且制裁所及仅以罢免现职为限，其重者亦不过暂时丧失参政权而已。综上以观，议会之事后监督权——弹劾权——纯为纠治行政长官违法失职之一种手段，以救济司法权之所未逮，欧美各国如出一辙。然其流弊所及，使立法人员舍弃其本身之立法职务投足于政争漩涡之中，此其一。近代各国议会多由两院组成，今以监督政府之权，付诸不相统属之两院，常使政府靡所适从，此其二。现代议会制度之精神在政党政治，故政府党掺议席之多数时，则议会与政府沆瀣〔瀣〕一气，任意妄为，罔顾国民之利益。反之，若反对党占议席之多数，则吹毛求疵，肆意攻击，即良好之政府，亦将因议会之掣肘，而难贯彻其政策，甚至不能保其地位，此其三。且各国立法机关类皆以数百议员组成，以之负事前事后监督行政之责任一旦质询、调查、建议、弹劾等案发生，能否意见集中，运用灵敏，不受牵制，殊为疑问，此其四。执是以观，代议政治在今日愈趋衰落，为无诟病，其原因未始不由于此，是即总理主张监察权独立之本意也。

（三）总理主张监察权独立之根据

立法机关兼司监察权之结果，弊实丛生，为政府及人民所厌恶，至今日已濒于没落时期，略如上述。但监察权在中国独立行使，垂数千年，纲举目张，规模具备。有人谓中国过去在君主专制政体之下，而人民仍得自由，不感专制之痛苦者，全赖监察权为之回护。盖庶政烦发，官吏贪婪，监察御史不仅能纠察于事后，并能制止于事前。总理曾引美国学者巴直氏语，谓"中国的弹劾权，是自由与政府中间的一种良善调和方法"。故今日国体难有变更，而监察制度之自身，在政治上仍有其特殊价值。况三权分立之说创自孟德斯鸠，为十八世纪之政治产物。今日时移势易，早已成为历史上之陈迹。盖孟氏三权分立之唯一目标，在各权之相互牵制，以保障人民政治上之自由。因是时国家政权，尚不由人民直接支配，若政府权力多一分限制，即人民权力多一分自由。故从政府方面设想，固可以调剂权力，免去专制之毒害；从人民方面设想，亦足以保障身家减却政府之压迫。过去百年中，三权分立之说，几成为欧美政治上之教义。然利之所在，弊亦随之。二年以还，三权制度施行之结果，与其谓为行政权力过大，无异总统之独裁，毋宁谓为立法权力过高，成为议会之专制，以致政潮澎湃，政府日处于震荡不安之境地，政治效率有何可言？因是制衡之效未见，倾轧之弊已著。如法国自革命告成，树立三权政治而后，内阁更迭，迄无宁岁，自一八七三年五月麦克马汉（Mac Mahon）当选为责任内阁以来，至一八九六年，凡二十三年中，内阁更易已三十四次，其平均寿命，不至八个半月。又自一八七三年至一九二六年此五十三年中内阁更易，亦有七十五次。又自一九一七年十一月至一九二六年七月，为期尚不及九年，而倒阁竟达十五次之多，其任期短则两月，长亦不过二年又二月。其中任期未满四阅月者凡九，未满一月者凡五，如是而欲长久推行或继续贯彻一种政策，不惟事有所不能，抑且时有所未可。总理深悉此中症结所在，即为监政权附丽于议会，不能独立行使。故于三民主义与中国民族之前途讲演中，特为揭出其弊，略谓：

> 现代立宪各国没有不是政法机关并有监察权限，那权限虽然有强有弱，总是不能独立，因此生出无数弊病。比如美国纠察权归议院掌管，往往擅用此权，挟制行政机关，使他不能不俯首听命，因此常常成为议院专制，除非雄才大略的总统如林肯、麦坚尼、罗斯福等才能达到行政独立之目的，况且照心理上说，裁判人民的机关已经独立，裁判官吏的机关却仍在别的机关之下，这亦是理论上说不上的，故此这机关也要独立。

其言可谓深切著明者矣。又谓：

> 中国古时举行考试和监察的独立制度，也有很好的成绩，像满清的御史，唐代的谏议大夫，都是很好的监察制度。举行这种制度的大权，就是监察，监察权就是弹劾权，外国现在亦有这种权，不过把他放在立法机关之中，不能够独立一种治权罢了。（见民权主义第六讲）

由以上观，可知总理对于古代监察制度之独立精神，何等赞许；而同时对三权分立制之钳制政府，陷于无能，亦复指摘无遗。至如何舍短取长，融会古今，折衷中外，成立一种权能区分之民主制，使人民有其权，政府有其能，实为政治学上目前最严重之一问题，总理几经研究之余，始知三权分立之目的，纯系注重于权力之分配，其作用在各权之相互制衡（Checks and balance），以防一人或一个国体之独断独行。惟现代国家其所管辖之职务，与前迥不相同，故国家在性质上即为一社会，其职务与他种社会并无稍异。换言之，国家为治事机关，不复如过去之专权从事治人矣。总理有鉴于此，内则详审社会环境，外则迎合世界潮流，增为五权，将考试、监察两权，分别脱离行政、立法而独法，如是则不仅权限清明，分工合作，积极发挥政府治事之效能，而各权力间亦于此得保持其平衡矣。

二 监察权之范围问题

（一）监察权对事之权利范围

监察权对事之权力范围，为研究监察制度之中心问题。自五权宪法开始试行后，监察权对事之适用范围，颇为一般学者所争论，聚讼纷纭，莫衷一是。究监察权对事之范围，应适用至如何程度方为允当，颇有缜密考虑之必要。因监察权对事之适用范围，不惟关系监察制度之本身，抑且关系整个五院制度之推行，盖五权制度之特质，重在监察权之独立行使与统一运用，而监察权能否达到其独立与统一之目的，又全视其对事权力之适用范围以为衡，吾人于此不得不为较详细之讨论，爰将中国古代及各国议会所行使弹劾之权范围分析比较，综合研究，探其得失明其差异，庶今后监察权对事之适用范围，或知有所去取矣。

中国古代监察制度，权兴于秦汉发达于唐宋，完成于明清，遂为今日五权宪法中监察制度之渊源。秦初置御史，监理诸郡，谓之监察使（杜佑《通典》），其制已难稽考。后汉设御史大夫与司隶校尉、尚书令并专席而坐，号曰三独座，由是职权日尊。据高一涵先生《中国御史制度的沿革》所载，秦汉御史之职掌，约有下列十六种："（一）察举非法；（二）受公卿奏事，举劾违失；（三）典法度，掌律令；（四）理大狱，治疑案；（五）

掌图书秘籍；（六）监理诸郡；（七）督察部察史；（八）监察三辅部；
（九）督运军粮；（十）监督军旅；（十一）讨捕盗贼；（十二）禁察逾侈；
（十三）纠正朝仪祭礼；（十四）安抚属国州县；（十五）护从巡幸；（十
六）监护东宫。"及至唐代，御史制度灿然大备；内置六部，分察百僚，
外设十道，巡按郡县。《通考》所载唐代御史之执掌："其一，察官令善
恶；其二，察户口流散，籍帐隐没不均；其三，察农桑不勤，仓库减耗；
其四，察妖滑盗贼不事生产，为私蠹害；其五，察德，行，孝，悌，茂才
异数，藏器晦迹，应时用者；其六，察点［點］吏毫［豪］宗，并兼纵
暴，贫弱冤苦，不能自申者。凡战伐大克获则数俘馘，审功赏，然后奏
之。屯田，铸钱，岭南黔府选补，亦视功过纠察。决囚徒，则与中书舍
人、金吾将军莅之。国忌斋，则与殿中侍御史分察寺观。莅妄射、习射及
大祠、中祠视不如仪者以闻。"于斯可见古代监察御史职权之大，凡行政、
司法、军政、警察、财政、实业、教育、考试以及朝会、祭礼、典礼俱其
监察范围之内，即学术、思想、风俗、习惯亦有权干涉。不仅可以监察内
外百官在法律上之违法失职，且可以监察内外百官在道德上之私德行为。
宋承唐制，设置台、殿、察三院，御史职掌一仍旧贯，惟以御史兼言事，
开台谏合一之先例。明洪武中，置都察院，设都御史，大略鸿规，远迈唐
宋，据《续通考》所载，"都察史职专纠劾百司，办［辨］明冤枉，提督
各道，为天子耳目风纪之司。凡大臣奸邪，小人构党作威福乱政者，劾。
凡百官猥茸贪冒，坏官纪者，劾。凡学术不正，上书陈言，变乱成宪，希
进用者，劾"。足征其权力之广。且巡视仓库，查算钱粮，尤与今日之审
计权无异等。清初因袭明制，六科独立，自为一曹，雍正而后，科道始合
为一。论其职掌，据高一涵先生《清代科道制度概略》所载，约有十种：
"（一）建议政事权；（二）监察行政权；（三）考察官吏权；（四）弹劾官吏
权；（五）会谳重案权；（六）辩明冤枉权；（七）检查会计权；（八）封
驳诏书权；（九）注销案卷权；（十）监察礼仪权。"则清代监察权之广
泛，亦可窥见其一斑矣。综观历代御史之职掌，殊不以纠弹劾府官吏之违
法失职为限，而事前事后之政治得失，亦在其监察之中。吾人虽不愿主张
今后之监察权应完全恢复古代御史台或科道一切之职掌，然欲树立一完整
之监察制度，以澄清吏治，督促事功，又非今日限于事后举劾违法失职之
监察权，所能担负其任务，此可断定也。

欧美各国以监察政府之权附诸政法机关,其对事之适用范围,各国广狭不一,尤以弹劾权为最甚。有承认弹劾权可适用于一切犯罪行为者,如美国宪法是也。有承认弹劾权只适用于职务上之犯罪者,如法国宪法是也。有承认弹劾权可适用于一切违反宪法或法律之行为者,如德国宪法是也。然有一共同之点,即各国对行政机关之监督,不仅于事后行使其弹劾权,而事前并得使用质询、调查、建议、不信任投票各权。如英国议会以不信任投票权为监督行政机关之唯一手段,德国宪法亦复如是。法国并利用调查权使内阁解体,如一九〇九年之调查海军案是也。至质询权、建议权、审计权各国类多有之,由是可知欧美议会监察权之适用范围矣。

以上仅将中外监察制度之适用范围略为胪列,借资比较。惟过去国民政府关于监察职权之历次法规或草案,每视监察权为单纯审计之弹劾二权,而将行政上之各种监督权,一律除外,不无可议之处。兹当宪草颁布之后,且不久将提出于国民大会之前,愿国人对此问题应以慎重态度再加以讨论。鄙意以为要使监察院达到其澄清吏纷促进事功之任务,必先使监察院有事前监督各项行政之全权。因弹劾权为监督行政权之后果,而监督行政权又为弹政权之前因,二者有必不可离之关系。如监察院丧失其事前监督行政之权,则事后之弹劾权,亦将形同虚设。故欲谋监察制度之完整,端不仅在事后有弹劾权、紧急处分权、惩戒权、事后审计权等,而事前监督行政之质询权、调查权、建议权、事前审计权等,在促进行政效率、减少设施上之错误而言,尤为必要也。

(二) 监察权对人之适用范围

关于监察权对人之适用范围,在弹劾权之运用上最为重要。吾国历代御史职权颇为广泛,其对人适用范围亦无若何限制,除君主有过,直言规谏外,其余自皇太子、三公、藩服大臣,及道府州县地方官吏,不分尊卑,不论文武,俱可纠劾。且巡按所至,一切不法之致仕官吏,恶霸土豪,亦可纠弹。盖御史为人君耳目,代天子巡狩,故有全权监督君主之下,自百官以至庶民。

现代各国议会所行使之弹劾权对人适用范围,亦彼此广狭互异,如英国之弹劾权只以政府最高级官吏之国务员为限。德、法、波兰、捷克之弹劾权亦限于大总统及国务员,不适用于其他官吏。惟奥国弹劾权可适用于大总统、国务员及邦知事。美国弹劾权可适用于大总统、副总统及其他一切官吏。故就对人之适用范围言之，英国为最狭，弹劾权之对象仅以政府最高级官吏——国务员为限。美奥二国范围较广，普及于中央与地方之全体官吏。而吾国在五院制度试行期中，关于监察权之对人适用范围，经十八年六月十七日第三届中央执行委员会第二次全体会议议决"治权行使之规律案"内之第四项云：

> 在监察院成立之后，一切公务人员之弹劾权皆属于监察院。凡对于公务员过失之举发，应呈由监察院处理，非监察院及其所属不得受理。其不经监察院公然攻讦人员，或受理此项攻讦者，以越权论。监察院不提出质询者，以废职论。

可知现行监察制度中弹劾权对人之适用范围，不以最高或高级官吏为限，而普及于一般之公务员矣。

三 宪草与今后之监察制度

（一）宪草中对监察权之补充

本年五月五日所颁布之宪法草案，经第三次修正之后，在原则上已能融洽总理遗教，贯彻三民主义之精神。对于政府组织，尤能吻合五权分立之本旨，顾及目前实际环境之需要，将来国民大会议决颁布后，必能推行尽利。其中关于监察职权，颇能遵照第五次全国代表大会宣言之内"政府须悉力图监察制度之充实，与运用之适当，必须尊重监察权之独立，保障监察权之行使"之提示，及中央委员李宗黄等先后向五全大会及五届一中全会提案之原旨，加以补充，如惩戒权之划入、质询权之增加、法律提请解释权之授与，均足以充实现行监察制度之内容，完成其独立与统一之精神，兹分述于下：

1. 惩戒权之划入

自五院制度试行以来，惩戒权即支离破碎，分隶于中央监察委员会、国民政府政务官惩戒委员会、中央公务员惩戒委员会，及各省地方公务员惩戒委员会等各种不相统属之机关，施行至今，窒碍甚多。最近立法院于宪草第三次修正案内，毅然将惩戒权移归监察院掌理，关于移归监察院理由，孙院长曾于五月十一日中央纪念周席上，作下列报告：

> 公务员惩戒权本来是属于司法院的，这次修正，划归监察院了。惩戒权属于监察院，颇有人认为不妥当，以为监察院既做了原告，又要做审判官，被告的人一定要受大不利。不过我们要知道监察院的弹劾案件，不是监察院全体的决议，是由一部份〔分〕委员提出弹劾的。至于审判亦不一定由原提出弹劾的委员来办，并且这个惩戒机关将来亦可以和审计部一样的隶属于监察院，而独立行政使职权。这样一来，一部份〔分〕监察人员专管弹劾，一部份〔分〕人员专管审判，另一部份〔分〕人员专管审计，分道扬镳，不致互制牵制，所以立法院研究结果，把惩戒权移归监察院。

因此久悬未决之惩戒权归属问题，幸得最后之解决。原弹劾所以纠举违法失职之行为，惩戒所以科罚违法失职之罪过，二者互为连系，如鸟之有两翼，车之有双轮，缺一不可。况惩戒权中所实施之处分仅为免职、降职、减俸、记过、申诫等，全系行政处分，自不能割裂以属诸司法。今仍划归监察院掌理，由是职权益渐充实，运用当较灵敏，自是而后，贪墨将绝诡避之途，吏治可观澄清之效矣。

2. 质询权之增加

宪法草案第八十八条规定："监察院为行使监察权，得依法向各院各部各委员会提出质询。"各国向例，议会对于政府类皆有质询权，列如议会监察行政权之一。此种质询颇含有质问（Interpellation）之意味，其性质较询问（Question）为严重，大抵对于政府某种设施有所疑虑而发，其作用借为政府官吏违法行为之事前监督，以防患于未然，而弭过于无形。故向政府提出质询，答复如能满意时，则不发生弹劾问题；答复如有未合，每继之以调查，倘有违法失职之事实，然后提出弹劾。因此之故，调查为弹劾之先声，而质询又为调查之初步，要之俱为辅助弹劾权之行使而已。现宪草规定设立法院关于立法事项，得向政府提出质询；则一般行政设施之质询权应由监察院行使，可无疑义。不过宪草中规定监察院所能行使之质询权只限于中央各院部会，范围微嫌过隘，今后如能将此权扩充至地方官署，其效能必更为弘大也。

3. 法律提请解释权

又宪法草案第一百四十条第二项规定："法律与宪法有无抵触？由监察院于该法律施行后六个月内提请司法院解释，其详以法律定之。"司法机关之法律解释权，欧美各国殊不一致，有承认法院享有解释权者，有否认法院享有解释权者，多数国家法院对于立法机关所制定之法律，与行政机关同处于绝对服从之地位，其享有之法律审查权，亦只能就形式上审查其与宪法上所规定之程序与手续是否相符，至内容之是否违宪，则无权过问。德国多数学者意见则与此相反，以为法院所享有之法律解释权，仅能审查法律之实质是否违宪，形式问题非所宜问。英国宪法制定，悉依通常立法程序，宪法与法律之界限既必存在，违宪照观会无从而生。其他立宪国家宪法与普通法律之间既有明显之界限，则违宪之法律或命令，难保其必无，惟解释之权各国恒以之属于立法机关，故法律一旦成立，即无所谓违宪，盖立法机关虽不愿承认其制定之法律抵触宪法也。

美国与其他立宪国家异，无论联邦法院或各州法院常有以法律之内容与宪法相抵触为理由，而行使其宣告不适用之职权及义务，此次宪法草案中之法律解释权，仿效美国承认司法院有法律解释权，以保障人民权利。不过此项解释权若漫无限制，又予司法机关以干涉立法之嫌，并使其地位高出立法之上，殊非五权分立之本意。且法律之制定既属诸民选之立法机关，而解释之权却以之授于政府任命之司法机关，是无异以政府对抗民意。况吾国今日司法之独立精神尚未树立，其权威与信用尚未臻美国司法之特殊程度，一旦畀以任意解释法律之大权，纵不为政府权力所左右，恐亦无以保障宪法之尊严，立法院几经商讨之余，始以解释权授诸司法院，而以提请解释权属诸监察院，以示限制，可谓斟酌至善，在宪法学上别创一例矣。

（二）今后之完整问题

树立完整之监察制度，以保障监察权之独立行使与统一运用，关系无权制度之推行，与三民主义国家之实现，至为重大。五全大会既昭示于前，宪法草案复增益于后，监察职权大体上已渐臻完备，惟尚不能已于言者，即事前监督之建议权，与事后监督之行政裁判权，应分别增入或移归监察院是也。

1. 建议权

所谓建议权者，即监察院对各院部会之行政司法事项提出建议之谓。吾国昔日台谏皆有建言之权，举凡朝政得失，教化美应，以及应兴应革事项，皆可发抒己见，上达宸聪。良以监察之官不特为君主耳目，且系人民喉舌，故人民所欲言欲行之事，悉以之建议政府，以备采择。现宪草所定，监察人员将由民选，将来监察机关必成为民意之集团，对于行政司法之得失利病，关心尤切，更不能不予以一建议之机会。况现代议会国家对于行政或司法之建议事项，并得由议会中之各院向政府个别提出。民元约法第十九条规定，参议院得以"关于法律及其他事件之意见，建议于政府"。二年国会组织法第十四条规定，建议权两院各得专行，可知议会政治下之建议权，亦含有代表民意，监督政府之意味。现五权制度下之立法院，只负单纯之立法责任，所有事前事后之行政及司法之监督权，概归监察机关掌理，建议权当无待之。况监察委员在平时监督中央行政，视察地方状况，经历既多则对于一切兴革事宜，知之较审，若畀以建议之权，在促进行政上之效率而言，尤有莫大之功用也。

2. 行政裁判权

行政诉讼之裁判权向有英美制与大陆制之区别：英美制行政诉讼与普通诉讼概归普通法院管辖，大陆制则采行政裁判独立主义，另于普通法院之外设行政法院，以行使行政诉讼之裁判权，二者各有利弊，为一般学者所争辩，要随其国情之所宜而定其取舍。

我国自鼎革以还，即采大陆制，设平政院掌理行政诉讼。迨北伐成功，奠都金陵戎马倥偬，治具未张，至二十一年始将行政法院组织法公布，二十二年复将行政诉讼法公布施行。自是而后，行政法院虽告成立，然管辖之权则以属诸司法院。寻泽吾国行政诉讼所以先后仿效大陆，行使行政裁判独立者，盖亦有故。因行政诉讼性质复杂，审理之人不仅需要法律知识，抑且需要行政经验，普通法院大都缺乏行政经验之人才以之处理行政诉讼，殊难胜任愉快。倘彼等行使裁判之时，一味拘守律文，尤使行政机关之行政政策遭受不当之妨害。挽近以来，各国因行政机关所处理之事务日趋繁复，行政诉讼之需要特殊行政知识，自亦较前倍增，故虽在英美等国，近亦不能不设立特种行政委员会，以处理关于特种行政之争讼事项，可知行政诉讼独立裁判之必要矣。

宪法草案既将行政诉讼裁判权划归司法院，复改采英美制，将行政法院撤销，颇有讨论之余地。吾国行政诉讼先后仿效大陆，独立裁判，理由既如前述。今移归普通法院掌理，若法院能维护其独立之精神，与尊严之权威，则易启司法官滥行干涉行政之弊，如法国革命前之故事，此其一；若司法官地位低微，势力薄弱，又常为彼裁判之行政势力所震摄，因而不敢处以适当之惩罚，此其二。故按诸目前社会环境，世界潮流趋势，行政裁判实有与司法分离之必要。

至其归属问题，在三权分立之国家或划归行政，或移归司法，殊无却当不易之标准。若在五权制度之下，监督官吏之权已有专司，则因官吏之违法之行政行为而发生之诉讼，自应归监察院掌理，以保行政与司法分立之规律。盖行政诉讼系由官吏违法损害人民之权利而起，原欲借此以撤销或变更违法之命令或处分，以维持国家法律，保障人民权利。今监察院之职掌既在监督官吏，保障民权，当仅提出弹劾，对违法之官吏予以制裁，尤须对于其损害人民之违法命令或处分予以撤销或变更。现宪法草案一方面以纠劾违法行为之弹劾权属监察院，另一方面又以撤销违法命令或处分之权划归司法机关，是监察院仅有权纠劾官吏之违法行为，而无权撤销违法命令或处分，支离灭裂，不惟有碍监察权之独立，且违反五权分立之本旨。况行政裁判与弹劾惩戒之关系至为密切，无可分离。就公务员之违法论，在同一行为可发生数种结果。行政法院应取消其行为，监察机关应提出弹劾，惩戒机关应予以惩戒。设监察机关因某公务员之违法提起弹劾，其违法责任在法律上尚未确定，惩戒机关审查弹劾案件颇费时日；如先经行政法院取销其违法行为（即违法之命令或处分），其违法责任在法律上既属确定，则监察机关行使弹劾权，惩戒机关行使惩戒处分，俱较敏捷公正，不复有牵制滞钝之患矣。故就原则及实际而言，行政裁判权应移归监察职权之内，毫无疑义。

综上以观，未来之监察制度经此次之宪法草案为之一再充实，已渐臻于完备之境地；今后监察权之运用当较前大为便利。惟国民大会将于本年十一月十二日召集，宪法草案不久当提出于民国大会代表之前，尚望各代表对于此建国经邦之根本大法，重加审核，斟酌损益，关于监察权职掌范围，尤须将建议及行政裁判两权一并增入，俾监察权之独立与统一益臻完整，能适应目前实际环境之需要，庶贪污从此绝迹，政治澄清可期，而总理四十年之革命大业亦将于此完成，登国民于宪政之域，是则作者所馨香以祷祝者也。

本文参考书：

Anson：The Law and Custom of the Constitution.

Munro：The Governments of Europe.

Ogg：European Governments and Polities.

Lowell：Governments and Parties in Continental Europe.

Lowell：Governments of France，Italy，and Germany.

Bondy：Separation of Government Powers.

Duguit：La Separation des Pouvoirs.

Esrnein：Elements de dosit Constitutional Francaiset Compase.

Mill：Representative Government.

Finer：The Theory and Practice of modern Government.

高一涵、中国御史制度的沿革

徐式堂、中国监察史略

监察院、监察制度史要

谢瀛洲、五权宪法大纲

王世杰、比较宪法

钱端升、德国政府

立法院、各国宪法总编

本文草成之后经监察院刘参事恺钟细心校阅并指正数点附志于此以表谢忱。

（本文原载于《远东杂志》第 2 卷第 5 期，1937 年）

近代监察权在宪法上之地位

商文立[*]

编者按：本文对近代中、外之监察权分弹劾权、审判权、质问权、调阅文件权、调查权、监察财政权、设立特别监督委员会权七个方面进行了探讨。作者总结认为："欲研究监察机关之权限，自以探讨中外成规为正当办法。"商文立具有民国学者和监察院官员双重履历，这篇文章在民国时期有重要影响。

关键词：监察权　权力行使　宪法地位　近代史

自中山先生创制五权宪法，于行政立法司法而外，建立考试监察二权，世界法制史上辟一新纪元。然中外学者多习于孟德斯鸠三权学说，于考试监察二权之独立，不无疑虑。尤以监察一权，与政治关系甚为重要，而其职权难于拟置。今考各国宪法，则知监察权之行使日趋重要，虽各国监察机关未完全独立，然民选议会一方既负立法之重任，他方又赋监察之权能。居尊握要，杜弊惩奸，举凡政府政策之失当，公务人员之溺职，皆有严密之监察制度。学者不察，以为欧美仅有三权政治，不知监察之权早由国会代行之，以职在立法之国会，而又兼操监察，此三权政治之畸形，中山先生所以必倡监察权独立也。爰取现今各国监察权行使之梗概，略加搜讨，以明近代监察权发生之由来，亦治国者所当深究者也。

---

* 商文立（1897—1985），法国里昂大学法学博士。民国时期历任国立暨南大学教授、监察院筹备处社会设计委员、监察院首席参事等职。著有《宪法讲义》《近代监察权在宪法上之地位》《比较地方政治制度》等。——编者注

一　弹劾权

弹劾权之起源，来自英国，至今各立宪国家，多规定弹劾权属于下议院。美国宪法第一条第二节"代议院可选任吏员又有弹劾之全权"。弹劾云者，即下议院对于国务员之犯罪，向上议院提起控诉，要求裁判之谓。英国弹劾制之产生，其原因有下列种种。一因英王为行政部之首长，对政治不负责任，各部大臣为行政上负责人，违法及伤害人民情事，应负责任。然普通司法官未能脱行政机关而独立，对各部大臣之犯罪，大都畏其威势，不敢制裁，故另有设立特别司法官以裁制之必要。二则当时议会内阁制尚未产生，各部大臣之犯罪，不能投不信任案而使之去职。三则英国司法制度适用陪审法官（Grand Jury），每区例得由人民选举一人，而众议院议员亦由每区选举一人，故众议院议员恰可当陪审法官，而贵族院历来复为英国最高法院，故英国以弹劾权属众议院，以审判权属贵族院，与英国司法制度，甚相吻合。考其起源，当远溯十四世纪爱德华三世时代，其时弹劾最为普遍。及杜德尔王朝，势力中衰，然至斯多亚王朝其势复振。虽然，当时英国之弹劾权尚有二弱点。其一则构成弹劾之案件，限于违犯刑法，但至十七世纪，弹劾权之范围，扩展较广，不限重罪，轻罪、不当行为亦当在弹劾之列，即如与外国订结不当条约，必受弹劾。其监督行政，且及行政官之品性行为。贵族院之受理审判，亦不仅审察有无此项行为，且得任便科刑，所谓民权销灭令（Bill of Attainder）实留英国国会裁判之伤痕。死刑及没收财产刑皆可由国会随时议决，无论有无此项刑法之存在。其次当时英国弹劾权尚有一弱点，英王有特别之王权，遇有被弹劾之官吏，英王可随意赦免之，故弹劾权为王权压倒。但至皇位确定法（Act of Settlement）颁布后，已销灭此项王权，此后任何弹劾案件，英王不能随意干涉。故英国弹劾制度，颇著成效，后来立宪诸国家，皆采行弹劾以监督政府。惟各国推行英制，各有不同，英国以下院掌弹劾，而以上院审理之。各国则有上下两院兼掌审理者，有以法院掌审理者，有以法院与议院混合审理者，惟审理机关虽不一，弹劾权属于下院，则固属大多数也。法国一八七五年宪法第十二条："民国总统非众议院不得以之为被告，……"荷兰宪法第一百六十四条："国会议员、行政部长官、省长、欧洲外殖民地或属地与省长有同等权力之国家官吏、枢密院议院，及国王派赴各省之理事官，因其在职时之犯罪，而由国王及下议院提起诉讼时，虽在退职之后，须在大法院以审判之。"英宪系内阁制，其责效在各部部长，故弹劾权责重各部。美国为总统制，故弹劾不仅为各部部长，大总统、副总统，及全国大小官吏，依美国宪法皆当受弹劾羁制。他如荷兰、墨西哥各国规定亦复相同。墨西哥宪法第一百零三条："联邦国会之元老院议员、代议士、最高裁判所之判事及国务员，于任期内之普通罪犯，及行使职务时所犯之重罪、轻罪，或过失，均担负其责任。各州之知事于破坏联邦宪法及法律担起责任。总统及副总统在任期以内限于谋反，明犯宪法，侵犯自由选举，及犯重大之普通罪名担其责任。"法国自一七九一年宪法规定此项弹劾权，一八一四、一八三零、一八七零，及一八七五年宪法复采弹劾权限，吾人由法宪历史观察，深知法国弹劾权有时过广大，行政常受其拘束。其间如共和三年、共和八年、一八四八年宪法尤为扩大，但至一八五二年二月之宪法，则确定审判权属于上院组织之高审庭（La haute cour de justice），至是弹劾审判分属两院，以确定法国国会之弹劾权。

虽然，英国弹劾权近百年以来，已陷衰败，其间仅有二次之弹劾，一为一七八八年 Warren Hastings 之弹劾案，一为一八零五年 Lord Melrill 之弹劾案。弹劾权之衰败，其理甚简，因英国已采责任内阁制，内阁直接向国会负责，设内阁一有不当，则议会可投不信任案而使之去职。如是内阁解散，无用弹劾，况英国弹劾仅能向国务员提起，其他官吏由国务员负责，不能向之提出弹劾，此英国弹劾减少之情形也。其他各国弹劾范围较广，其势力仍未稍杀。且如不采责任内阁制，则防止官吏之违法溺职，舍是将无由得达。故各国新宪法莫不有弹劾之置重，如德国新宪法第五十九条："联邦议会对于联邦大总统、国务总理、国务员之违反联邦宪法及法律者，得起诉于国事裁判所。"奥国新宪法第【一】百四十二条："……对于联邦政府各员及与此有同一责任之人员所成之机关，以其违反法律，由国民议会之决议，提起公诉……"

二　审判权

凡大总统、国务员，及其他官吏，因执行职务时所犯之罪刑，显与普通民刑法不同，故英美法等国皆规定因弹劾而起之审判，特以属之上院。惟其间亦有例外，如比荷等国则以初审权归议会，科刑权归法院，比利时现行宪法第九十条："代议士弹劾诸大臣，有提调于大法院之权，……"（荷兰宪法见前）挪威丹麦等国，则以审判之权属之议会与法院混合组织之特别裁判机关，挪威宪法第八十六条："上议院与最高裁判所，共同组织特别裁判所，若上院议员超过三十一人，最高裁判所裁判官超过九人时，则除上议院议长及最高裁判所所长外，其余以抽签定之，弹劾裁判所以议长为主席。"丹麦宪法第六十八条："特别裁判所以最高法院之法官，与上院议员之同数人员构成之，……"要之，议会操有审判官吏之权，已为多数立法例所主张。美国宪法第一条第三节："议会有宣布叛逆罪之刑罚之权……"观此则知美国参院不独享有审判之权，且有处叛逆罪刑罚之规定。又美国宪法常规定官吏犯叛逆罪、收贿罪，及其他重轻罪皆须免职。墨西哥宪法第一百五条："关于公罪之案件，以代议士为告发官，以元老院议员为审判官，当取决多数，被告是否有罪。倘其判定为无罪，则被告官吏当继续行使其职权。倘其判定以为有罪，则被告当立即去职，以听元老院之处理。元老院组织之审判官，于听断原被告后，倘以为有罪，则从多数本法律以判决之。"观此则知官吏因弹劾所受之惩罚，第一为免职处分，第二则依刑法处以应得之罪。法国上院高审庭之设，仿自英国。宪法第十二条规定上议院可组织一法庭，以裁判大总统、国务员，及因犯国安之被告犯。如是上院所审理者为大总统，无论大总统之犯罪情形如何，惟上院乃有审判权，此乃法国大总统不受普通司法机关审理之特别情形。宪法第六条："民国大总统惟众议院乃得以之为被告，上院乃得审理之。"于此有谓法国大总统，不负普通民刑法之责任，因宪法第六条："大总统除叛逆罪外，不负责任。"不知此条之规定，系承上文而来，法国为实行内阁制之国家，大总统不负政治责任（见狄骥宪法概论第四卷第五章），故明白规定大总统仅对叛逆罪负责任。然法律一律平等，初不因大总统之地位特殊，有所偏私，大总统在职中，若犯普通刑法，当一致受有拘束。惟大总统地位隆重，虽触犯刑法，而不以普通司法机关审理，仅高审庭乃可审判大总统，此则法国大总统特殊之情形也。第二法国高审庭所审理者为各部部长，因职务犯罪为众院所弹劾，归其受理。若不因职务犯罪，或不为众院弹劾，则众院当不受理，此乃司法机关之事也。职务犯罪，亦有重罪轻罪之分，轻罪重罪亦以众院提起弹劾者为限。故法国上院裁判国务员之性质，系随意的，必须众院提起弹劾，乃得受理，又为待定的，以其判罪例在刑庭判决之前也。第三上院所审理者，为妨害国安之罪犯，乃由内阁会议议决以大总统名义控告之国事犯。妨害国安，乃系大逆事件，故亦不归司法法官审理。

三　质问权

质问乃国会议员向国务员要求解答某一事件之一种问难行为。此制之起始自英国，英采内阁制，内阁向国会直接负责，故国会常行使此权以监察政府，故英国每届国会开会，常有质问案至千六百余次者。其他各国采内阁制者，宪法上亦规定国会有质问政府之权。如荷兰宪法第九十四条："任何一院得以是项目的，要求行政长官之出席。"德国联邦宪法第三十四条："联邦议会及其委员会，得要求联邦之国务总理及各国务员之出席。"奥国联邦宪法第五十二条："……一切事件有质问政府要求解答之权，及请求报告一切职务之权。"巨哥斯拉夫宪法第八十二条："国会议员皆有向国务员质问或诘问之权，国务员有按议事日程所定之程序答复诘问之义务。"法国参院法第八十条，众院法第一百十八条及一百二十条，亦有此种规定，照参院法第八十条：一质问之能提出，须被质问人承愿答覆，若被质问之国务员不愿答复，则参议员或众议员用更有效力之方法，改质问（Question）为诘问（Interpretation）。质问为一人提起，可不付讨论，诘问为多人提起者，须付讨论，故或称诘问为付讨论之质问。质问不妨议事秩序，以质问每在议事日程之前或其后也。质问仅由国务员答复，而提出质问人亦仅能一人于其答复后稍作辩难。故质问形势上似无多大效力，然往往一劈头之质问，使应者难于应付，颇为国会最有效力之监察。况往往一质问，经附议者之赞成及本人之意见，可以变为诘问。

国会于讨论预算案中，当然可提出质问。虽然，此种质问，事实上不能不变为讨论，有此讨论，则往往使预算案一时不能讨论完结。故有预算之讨论，又有诘问之讨论，事实上极为妨碍，往往因此转变方向，使财政不克依照一定时期通过，故当讨论预算时禁止诘问。

法国会依一九零九年布里桑来氏（Prisenré）及马林氏（Marin）之提

议，质问可以书面提出，其答复案须登载于公报。众议院法第一百十八条，及第一百十九条："众议员提出质问无论口头或书面，书面质问，须先期交到议长，八日之内，国务员应负责答复，并载公报内宣布之。"但第一百十九条第三款："国务员可拒绝答覆，或因公未便宣布者，可得声请延期答覆。"参议院之质问，亦于一九一一年采用书面答覆，公布手续与众院同。

诘问系对政府全部政策上，或对国务员某一事件之提出，比质问更进一步。监察政府，防其违法失职。诘问在法国大革命一七九一年宪法有云："国务员应向国会解答其诘问。"一八四八年，国民议会屡用此权以控制政府。但一八五二年宪法忽取销诘问。一八六九年再行设置。一八七七年之法令则规定，凡诘问仅能限于国务员。大总统不负政治责任，故不能向之提出诘问（宪法第四及第一章）。诘问在国务员之一切行为，皆可提出。以国会为现代政治机关之主脑，故国会之监察权甚为扩大，无论政府行为，及国务员行为皆可提出。惟与宪法有抵触之诘问则不能提出。大总统不负政治责任，故亦不能提出诘问，但大总统行为，有时系大总统原有的，有时系代表政府所为的，如任命新内阁总理，此系大总统原有的，如非任命总理，乃任命一新阁员，则系代政府所为的。国会对大总统原有行为，不能提出诘问，但对代表行为，则可提出。司法事件，是否可以提出诘问？审判系独立权，不能提出，惟司法行政，当然可以提出。国会议员对议员，是否可以提出诘问？则依众院法第一百十一条，及参院法第八十一条禁止提出。国务员私人行为，亦少提出。诘问案之提出，先交到两院议长。后由议长通知被诘问人员，并订定时间以加讨论。关于诘问外交事件，往往延期甚久，若关系内政，则延期至多不得过一月。国会之议案甚多，故诘问案之讨论规定，在每礼拜五日，此虽非一定法定时期，但至一九零零年以来，即成为惯例。诘问案若不答覆，则显系畏罪，不敢申辩，默认错误。国会当行严厉手段，或提出弹劾，或投不信任票，以解决之也。

四　调阅文件权

两院对政府之法案文书，随时有调阅之权。或有时全案秘密文件，皆可得而调阅，此种权限积极防止政府之舞弊违法，而为监察权之严格组织，各国多有以明文规定者。奥国联邦宪法第五十三条："国民议会得以决议，设置审问委员会，裁判所及一切官厅，对于搜集证据，负有应承审问委员会委托之义务，审问委员会得要求一切官厅提出文件。"德国新宪法第三十四条："……裁判所及行政官厅当从审理委员之要求，助其调查证据，官厅亦当从其要求，提出文件。"法国宪法虽未明白规定，但国会有调阅文件之权，远起于路易斐力时代。在国会制度之确定，则在一八三三年迭班（Dupin）总统时，国会有权向政府各机关调阅一切文件，此种文件应受国会内委员会之检查。如一八九八年之法令，政府须造全年总国债表交国会检阅。一九一〇年令中央统计局，制就每五年全国官吏俸给表报告国会。一九二二年之法令，各部开支款项须造报国会。一九零六年国会监察陆海军一切财政款项，其第六十三条有云：众院及参院每年各派委员检查陆海军需、军械、仓库、船舶，及一切文件器物，检阅时如有疑义则各主管人员应负责答覆。一九二三年六月三十日之法令，凡购买达十五万佛朗之账单，须呈国会查阅。

五　调查权

两院对政府行为，或有关政府所行某项事务，得就会内组织调查委员会以调查之。惟议会调查委员之组织，有时目的不在监视政府行为，其他不关政府行为之事件，如某项立法问题、经济问题、财政问题等亦为调查之目的。此种调查会之设立，来自英国，英国会常有调查委员会之设，众议院尤注重此权。据荷兰氏（Hollan）所言此权早起于一六八九年，且当时国会调查委员会，有权提供证据，令鉴证人发誓，一如法院侦查庭之所为。但英国会实行此权，常遭政府之反对，以为有侵英王之权限。例如一八五五年，国会调查陆军案，以为国会职权，仅在监督行政，而不应干涉军事。法国一九一四年以前法律，未有明文规定国会有调查权。但国会为控制政府之机关，事实上早已行使此权，一八三〇年后，国会调查委员会之设，其数甚夥，而选举调查尚不列入。其间如一八九二年及一八九六年巴拿马事件之调查，一九零二年汉堡事件之调查，一九零九年海军事件之调查，卒使克力孟梭内阁，因而瓦解。又如一九零九年参院之国债清偿调查委员会，及罗其特（Rochette）事件之调查，及一九一六年之参院调查，则对战事之组织也。法国会每将此权委托一已成机关调查之，如一九一六年参院委托经济协会以代调查之类。法国会调查权，属于两院，其调查范围甚为广扩，无论何种事件，两院皆可调查之，但调查时如对政府设施不当，则不能代政府另谋设施，以国会之权仅有监督，而无执行也。准此，司法事件如系关于裁判权之处分，国会无可置词，以此乃司法事务。近时各国宪法，大都明文规定，国会有调查权，荷南［兰］宪法【第】九十五条："两院照法律规定之方法，有分别或联合会议调查政务行为之权。"巨哥斯拉夫宪法第八十一条："国会对于选举，及纯粹之行政问题，有调查审理之权。"国会实行调查，调取证据，官吏为服务于公家之公务人员，若拒绝作证，或假造证据，当负刑事责任。若普通人民，则国会调查显非司法程序。人民拒绝作证，不能科以刑罚。于是各国法律有特别之规定。比利时则承认国会有调取证据之权，荷兰、德、奥、巨哥斯拉夫等国，则规定无论何人若不服调查，或伪造证据，皆负刑事责任。法国一九一七年三月二十三日之法律，规定证人不实，则科一百至一千佛郎，拒绝发誓，罚亦如之。因法国罗其特事件之调查，未得若何结果，其时参议院杜里约（Trauillot）谓法国法律不完全，致此种国家大事，任其轻轻放过，显因法律未规定国会调查作证人之刑罚故也。

六　监察财政权

国会为预算之表决机关，似可目表决预算为一种财政监察权，实际上表决预算，乃分配国家财政，使收支平衡，故各国大都规定表决预算为议会之立法权，而不以监察权目之。惟预算经表决后，须使各机关照此以执行，至预算执行终了，审核其决算，始可目为财政之监察权。实际上预算之收支额，往往不能相符，若仅有预算，而不监察其实行之方法，则难免财政官吏施行违背，或超过预算之收支，而使预算等于具文。故预算与决算必须相伴，决算对于预算上收支之预定，含有使其确定之意，故决算乃可为预算之监察，各国监察预算执行之程序：第一国家设立固定之审计机关，以审核各部所编造实际收支计算书，及支付饬书等，与预算对照，逐件审核，然后审计院将此各种审查案，汇集总决算报告书以交议会。议会对于总决算，于收支命令上及出纳计算上，行最后之审查，果无违法失当之处，始可议决。总决算经议会议决后，由行政元首公布之，以明一年中国家财政收支之状况。故议会对国家财政有最终之审核权。荷兰宪法第一百二十六条："王国每年出纳之决算表，经审计院承认以后，照法律规定之方法，呈出于立法院。"第一百七十九条："设立一审计院，其设置及职务，以法律定之。"德国新宪法第八十六条："财政总长对于联邦总收支之用途，当于下次会计年度，提出决算于参议院，及联邦议会，要求解除联邦政府之责任，决算之审查，用联邦法律定之"。然审计院之组织亦有不隶属于一独立机关，而直接隶属于国会者。如比利时宪法第一一六条："审计院之官员由代议院选任之，以法章所规定之任期为任期。凡政府各部之出纳机关，及由国库支出之一切会计任其检查清算。监视预算表之支费，有无一项之过费，或有无一项之挪移。决政府各部之统计，一切凭据文件任其搜集，总决算表则由审计院加以注明，交两院议决之。"奥国新宪法第一百二十一条："审计院调制联邦决算，提出国民议会。"及宪法第一百二十二条："审计院直接隶书于国民议会。"此种监察财政之权限，在近代议会甚形扩大，关于公债之检查，尤关重要。如墨西哥宪法第六十六条："公债局属于议会管辖，诸务皆以其命令为施行。议院管辖此局，保证公债之使用，且检查会计各情形。"及第六十八条"属于公债之用途或其补充金额，虽至何种名义，何种时宜，在议院决定目的之外，不得使用之。"奥国新宪法第【一】百二十二条第二款："关于公债之一切证书，表示联邦债务者，由审计院长副署之，此副署惟用以证明收支合格，及计算之正确。"

七　设立特别监督委员会权

国会可对某种事务，特别设立一监督委员会，但此种监督委员会，于行政有不方便，故各国宪法，大都无明文规定。在大战中，法国上议院提议组织一战事监督委员会，以监督战争中军事行为，有多数议员提议秘密质问政府之秘密外交，一九一五年及一九一六年，两次皆遭政府反对而终止，但最终政府卒让步，使国会组织秘密质问委员会。一九一六年六月，经秘密质问结果，卒维持白里安内阁，并拥护白氏政治军事外交诸政策。他如捷克宪法第五十四条："自一院解散或任期满……至两院更开会之间，及两院停会或闭会之时，可用二十四人组织之委员会，对于普通必需法律之事件，得为紧急处置，并监视政治权及执行权。……"德国宪法第三十五条："联邦议会，置外交常任委员会……"各国特别委员会之组织，大都以监督政府为职权，要于非常时期用之甚多。至于平时，则固无须此种组织矣。

结　论

中山先生之五权宪法，虽未经先生详细规定，然其主张独立之监察权，散见各部遗教中。其渊源中国旧时御史制度及参酌现代国会之监察制度，屡经先生剀切言之。故欲研究监察机关之权限，自以探讨中外成规为正当办法。年来中外学者关于监察论文，于纯理推阐者甚多，于分析及历史研究者则不多见。吾友谢君瀛洲昔著五权宪法，及近时所发表《五权宪法之下监察制度》各文，精审宏博，足供参详。故不揣谫陋，特述近代各国监察权行使之梗概于此篇，至关中国御史制度之研究，容俟他日另述之。

（本文原载于《中华法学杂志》第 2 卷第 5 期，1931 年）

宪法上监察权的问题

高一涵[*]

编者按： 本文认为只有将弹劾权与审判权通同放在监察院，"监察权才可以称为真正的独立，弹劾权才可以称为整个的弹劾权，而审判的机关也不像现在那样的支离破碎。这也是关于监察权本身的一个重要问题"。本文是能够较好地反映高一涵先生监察思想的一篇佳作。

关键词： 宪法　监察权　弹劾权　审判权　监察院

监察制度本是中国特有的制度；将各国议会中关于监督行政权的一部分划分出来，另外设立一个独立的机关来行使，也是将来的中国宪法的一个重要的特点。二十年六月一日所公布的《中华民国训政时期约法》，仅在第七十一条中规定五院的名称，对于各院的基本组织及职权，并没有一个字提及，一概委诸普通法律（第七十七条：国民政府及各院部会之组织以法律定之）。如是重大的五权分立制度，不在国家的根本法上规定基本原则，乃将各院与各部会一同看待，让普通法去自由规定，根本上就失掉"五权宪法"的重要意义。凡在三权分立的国家，没有一国的宪法上不把行政、立法、司法各部的基本组织及职权，详细的一一规定。三权分立，在各先进国有成例可考，新兴国家的宪法尚且规定得详详细细；至于五权分立，乃是中国特创的制度，中国历史上的成规，既不能一一采用，而世界各国的宪

* 高一涵（1885—1968），"新文化运动"代表人物，曾留学日本明治大学攻读政法。1949年前历任国民政府监察院委员、两湖监察使、甘宁青监察使等职。1949年后历任南京大学教授、江苏省政协副主席、全国政协委员等职。——编者注

法，又没有这样制度，可供我们的参考；如宪法上对于五权的基本组织及职权，不作详明的规定，不但在理论上失去五权宪法的意义，并且在事实上助长五院制度的纠纷。故监察权应当在宪法上规定基本原则，似乎是毫无疑义的。

监察权既然必须要在宪法上规定，就要首先决定监察权的内容。监察权的内容是什么？是各国议会中所行的弹劾（Impeachment）权呢？或是中国历史上固有的监察权呢？按照现行法律解释，《国民政府组织法》第八章第四十六条："监察院为国民政府最高监察机关，依法行使弹劾审计之职权。"则监察权中，除审计外，只有弹劾一个职权。这个弹劾权，如照各国议会的通例解释：就是议会对于总统、国务员或其他官吏的犯罪，得向宪法上指定的有审判弹劾案权限的机关，提起诉讼，请他审理和处罚的权力。照这样的解释，那么，监察院仅仅为事后的监察机关，绝对不能行使事前监察的权力。在公务员的犯罪，未成事实之前，监察院只能袖手旁观，不得过问；必得要等到犯罪的事实已经演成之后，才得施行事后惩戒的弹劾权。这是监察权只是弹劾权的解释的结论。

如果说今日监察院所行使的职权，就是中国从秦汉以来御史的监察权，那么，监察权的解释，便不能这样的狭义。因为中国的御史，权力非常广大，就在前清的都察院也有下列的几种特权：①建议政事权，②弹劾权，③监察行政权，④考察官吏权，⑤会谳重案权，⑥辩明冤枉权，⑦检查会计权，⑧封驳诏书权，⑨注销案卷权，⑩监察礼仪权（参看拙著《中国御史制度的沿革》第四章）。故从前都察院的监察权，打破普通的行政系统，无论是对于上级官厅，或对于下级官厅，更无论是对于中央官厅，或对于地方官厅，皆一律可以行使。不但可以监察法律范围以内的事件，并且可以监察道德范围以内的事件；不但可以监察百官违反法令，及妨害公益的行为，并且可以监察官吏个人的私德私行；不但可以监察在职的官吏，并且可以监察退职的官吏与非官吏的恶霸土豪；不但可以弹劾那证据确凿的犯罪行为，并且可以弹劾那风闻传说未得确证的嫌疑行为；不但可以弹劾犯罪于已成事实之后，并且可以弹劾犯罪于将成事实之前。都察院的监察权，所以这样的广大，实为中国固有的特殊的三权分立制所酿成。所谓中国的三权分立制，就是指那明朝的"中书总政事，都督掌军旅，御史掌纠察"的政权军权察权的三权鼎立的制度。现在在五权制度之下，有许多职权都有独立的机关专掌：例如考察官吏权中的京察大计之类，属于铨叙考绩，已由考试院专掌；会谳重案权与辩明冤枉权，已由法院专掌；建议政事权，亦将由民选代表的机关专掌；监察行政权，与注销案卷权，亦有行政各部分别专掌。在今日五院制度下，监察院当然用不着行使这样庞大的权力，这也是一般人所共同承认的。

但是监察权虽然不能依照历史上的成规，扩张到极大的限度；可是依照现行的法律，又未免把监察权缩得过小。现在的监察权，终始只是一个弹劾权，监察院对于公务员，除弹劾外，一无所知，一无所能。在这个地方，并不是主张监察院在弹劾权外，还要有完全的监督行政权，只主张监察院除弹劾权外，应该还要有知道各行政官署施政的状况，任免人员的经过，与考核人员的成绩等等的机会。现在各官署施政的状况，任免人员的经过，与夫考核人员的成绩，通同不向监察院报告；监察院对于某一官署的公务人员，不但不知道他的履历，他的施政，与他的成绩，并且不知道他的姓名。即近在咫尺的行政院各部会，他们的任免人员，监察院不知道；他们所考核的人员的成绩，监察院不知道；他们终年做些什么事，监察院也不知道。若谓在平时完全不必要知道各官署公务人员的资格经验与成绩，而一到他们违法失职的时候，即能不告而知，天地间宁有此理。故监察院对于全国的公务人员，天天在监察之中，即天天在监不能监察不能察之中。若单靠人民举发，则又与设立监察院之原意显有违背。因为平时的监察，是临时弹劾的前因；而临时弹劾，是平时监察的后果。如果各官署对于监察院完全隔绝，而监察院对于各官署的用人行政完全不闻不问，则监察权之行使，自难周密了。

如果说按照现行的法律，监察院的监察权，完全以弹劾为限，换句话说，完全以事后监督为限，那么，各官署的公务人员在未违法失职以前，监察院当然概不得过问了。但是在现行的法律中，也有例外。就是每次举行文官考试（无论是高等的，或普通的，更无论是中央的，或各省的），依法要由监察院指派监察委员监试；而公债基金的保管，依法要由监察院指定监察委员监察。由此可见即在现行的法律中，也没有把监察院完全看作事后监督的机关，有几种特殊事项，也许监察院在未曾违法或失职以前，即施行事前的监督。既然允许监察院有事先监督权，那么，再把这事先监督权稍微扩大一点，也不见得就是完全有害无利了。况法律上如果只教各官署将施政的状况，任免人员的经过，与考核人员的成绩等等，向监察院报告，使监察院明了一切公务人员在职的情状，那么，监察院的监察自然要比较的周密得多了。关于这一点，似乎是将来规定监察权的内容时，应该补充的。

此外还有关于弹劾案的审判机关问题，也与监察权有密切的关系，不能不特别注意。按照现行的法律，弹劾案的审判机关，支离破碎，分而为四：

①被弹劾人为国民政府委员者，送中央党部监察委员会；

②被弹劾人为前款以外之政务官者，送国民政府；

③被弹劾人为荐任职以上及中央各官署委任职者，送中央公务员惩戒委员会；

④被弹劾人为地方各官署委任职者，送各该省地方公务员惩戒委员会（以上均见《公务员惩戒委员会组织法》及《公务员惩戒法》）。

本来"弹劾权与审判权应否归在一个机关"这个问题，很有详细讨论的价值。现行的法律，是采取弹劾权与审判权分立主义的，根据《国民政府组织法》，弹劾权属于监察院（第四十六条），审判权属于司法院（第三十六条）。这个原则，在五权分立的制度下，当然有存在的理由，就是凡是弹劾权一概归诸监察院，凡是审判权一概归诸司法院，是最合乎分权原理的。现行法律，如果彻底的遵守这个原则，当然有相当的理由。可是《公务员惩戒法》便首先与这个原则相冲突。所谓审判权属于司法院的，只有一个中央公务员惩戒委员会，换句话说，只在政务官以外之荐任职以上人员及中央各官署委任职人员被弹劾时，才送由这个直隶于司法院的中央公务员惩戒委员会审判；至于在地方各官署委任职人员被弹劾时，却送由那个间接隶属于司法院的地方公务员惩戒委员会审判。至于被弹劾人为国民政府委员时，送由中央党部监察委员会审判，也还说得过去。因为在训政时期，中央党部代行国民大会的职权，国民政府委员被弹劾，送由国民代表审判，就是不属于司法院，也很名正言顺的。我们所最不解的，就是在国民政府委员以外的政务官被弹劾时，何以审判权不在这个为最高审判机关的司法院，却在这个不司审判专责的国民政府。这个规定，无异将审判权属于司法院的一个原则，根本取消了。故现行的法律，只可说是将弹劾权与审判权完全划开，并没有严格的采用"凡是审判权一概归诸司法院"这个原则。

现行的法律，既然不采用"凡是审判权一概归诸司法院"这个原则，那么，"弹劾案的审判权究竟以属于什么机关为最相宜"这个问题当然可以讨论了。查欧洲有许多国家，如法国和普鲁士等，都在普通法院以外，另设一种行政裁判所，去专管行政诉讼。凡属行政诉讼，一概不许普通法院受理，只由特别设立的行政裁判所受理。他们的理由，就是以为行政上的裁判，要有行政上的知识与经验，这并不是普通法院所能胜任的。近来采用行政裁判所制度的国家，成绩都很有进步，向日非难这个制度或怀疑这个制度的学者，多改变他们的态度，甚至于转而赞成这个制度。因为行政诉讼，固不宜归普通法院审判，尤不宜归行政官厅审判。折衷的适当办法，就是特设一个行政裁判所审判。我个人的见解，以为审理弹劾案的审判机关，也应该在普通司法机关及普通行政机关而外，另设一个审判机关。故既不赞成将审判权归于司法院的主张，又不赞成将审判权归于国民政府的主张。就是现行法律，也顾虑到这一点，故中央及地方公务员惩戒委员会的委员，皆在法官之外，加以具有行政经验之专任委员。这就是认定审理弹劾案与法院的普通审理不同，不专靠法律的知识与经验，还要靠行政的知识与经验。由此可见弹劾案的审判，为特种审判，并不是普通审判。如军事的审判，另由军事法庭掌理，而不由普通法院掌理，为同样的理由。我们既然认定弹劾案的审判与普通审判性质不同，那么，弹劾案的审判机关，便没有一定要隶属在司法院之下的理由了。可是弹劾案的审判机关，固然没有一定要隶属于司法院之下的理由，同时也没有一定要隶属于普通行政机关的理由。因为以行政机关来审判那些关于行政机关的案件，无异教被告的人自己审判自己。然则弹劾案的审判权究竟以属于什么机关为最相宜呢？我的答案，就是以属于监察院为比较的相宜。

何以说弹劾案的审判权以属于监察院为比较的相宜呢？理由是一事权而专责成。监察院是专门监督行政官吏而设立的机关，他的惟一的职责，就在监察一切官吏的行为。如果只教监察院司弹劾，不教他司审判，便是半弹劾。若以为弹劾与审判同归在一个机关，审判恐有不公不平的弊病。试问普通法院，将检察与审判合在一处，果有不公不平的弊病吗？所谓弹劾权与审判权通同放在监察院，并不是说通同要放监察院的监察委员手中，自己弹劾，自己审判；仍然要组织一个与监察委员对立的审判机关，与现今的公务员惩戒委员会组织相同，也与普通法院的检察官与推事关系相同。这样一来，监察权才可以称为真正的独立，弹劾权才可以称为整个的弹劾权，而审判的机关也不像现在那样的支离破碎。这也是关于监察权本身的一个重要问题。

（本文原载于《东方杂志》第 30 卷第 7 期，1933 年）

宪法草案中之"监察院"

汤吉禾[*]

编者按：本文对照"五五宪草"之规定，对"监察院的组织"和"监察院的职权"问题详加论述。在监察院组织方面，作者认为监察委员不宜选举而应任命，且其任期应为终身之职或十年以上之期。汤吉禾先生是跨越民国和新中国两个时期的一位重要学者，通过本文可以略窥其基本的监察思想。

关键词："五五宪草"　监察院　组织　职权

宪法草案，既经国民政府公布，制宪的国民代表大会的召集，亦已在积极进行，宪政时期的光临，谅在不远。这是国民革命过程中的一个新阶级，我们在期待之中，为慎重起见，对此稿凡数易的国家根本大法，觉得殊有详加考虑的价值。

这个宪法草案第一条，开宗明义的说："中华民国为三民主义共和国。"可见它的全部精神是根据总理遗教的。因此，在第四章里面便规定了中央政府应设立五院。其中的监察院便是本文讨论的范围。在宪草壹百四十八条之中，涉及监察制度的，共有十七条，其于监察制度的全豹，虽属语焉不详，然大概规模，亦已具备。兹分组织与职掌两项申论之。

关于监察院的组织，宪草第八十九条规定："监察院设院长、副院长

---

* 汤吉禾（1898—?），毕业于武昌文华大学，美国密苏里大学新闻学学士、硕士，哈佛大学哲学博士。历任齐鲁大学教授、监察院总编纂、齐鲁大学校长、金华英士大学校长等职。1980年任上海文史馆馆员。著有《清代科道制度》等。——编者注

各一人，任期三年，连选得连任。"第九十一条规定："监察委员任期三年，连选得连任。"至其产生，则皆由国民代表大会选举。宪草第三十二条云："国民大会之职权如下：（一）选举：监察院院长副院长……监察委员。"又第九十条云："监察委员由各省、蒙古、西藏及侨居国外国民所选出之国民代表各预选二人，提请国民大会选举之。其人选不以国民代表为限。"以上关于监察委员之选举办法，系为将来全国地方自治大半推行以后而设。在全国完成地方自治之省区，未半数以上时，监察委员，则依宪草第一百四十三条规定下列方式选任任命之："由各省、蒙古、西藏及侨居国外国民所选出之国民代表依照第九十条所定名额各预选半数，提请国民大会选举之。其余半数，由监察院院长，提请总统任命之。"

宪草为国家根本大法，对于监察院的组织，只能作原则上的规定，其他当依法律来补充，这是任何人都能赞同的。但就原则上讲，他也有几点值得讨论的。第一便是监察委员，应否如宪草所定由国民代表选举之？我们对于这个问题的答复，首当求诸总理遗教。因为宪草第一条开宗明义的规定："中华民国为三民主义共和国。"倘这条具有意义，我们便当承认今后政权无论怎样开放，总理遗教仍当视为国家大经大法。总理在《心理建设》第六章对于监察制度，曾有以下之一段：

> 宪法制定之后，由各县人民投票选举总统，以组织行政院，选举代议士，以组织立法院，其余三院之院长由总统得立法院之同意而委任之，但不对总统立法院负责，而五院皆对于国民大会负责。

细绎其意，监察院长既由任命，则监察委员自亦用任命方式。宪草规定监察委员由国民代表大会选举，殊不合遗教。而过渡条款之规定一部份［分］任命，一部份［分］民选，亦非补救。

且就职权言。监察委员职在纠正官邪，绳劾违失，似宜处于超然地位，方能克尽厥职。倘由民选，则时时卷入政治漩涡，不免有挟私排异之弊。美国一部份［分］州立司法机关，因取民选之制，每致流弊丛生，不理众口，司法尊严，为之丧尽。但联邦法院法官，悉由任命，则声誉日隆，成绩卓著，可为殷鉴。

尤有进者，现代社会，问题日繁，政府事务，不独较昔加重，并且较昔专门。若无专门学识之监察官，殊难尽举劾官吏之能事。如财政、金融、工程、卫生等项，现多属政府分内之事，倘主持之者，巧作弊端，岂普通知识的门外汉所能查察。政府鉴别各种专家识力，较诸一般民众代表为高，感情用事，亦较之为少。故选择监察人员，当较国民代表大会为当。此又监察委员之不宜选举而应任命者也。

或谓监察人员，如由任命则民隐难以周知。殊不知方今交通便利，远异从前，邮电轮车，皆便使用，民间疾苦，只须深求，不难洞悉。况依现行制度，各地方陆续有监察使之设，就地探情，亦甚便利。或又谓监委而由任命，则有任命权者，不无包揽操纵之弊。此亦未必尽然。如能详定资格，严密实行，野心家亦何从施其伎俩也，监察委员如由任命，其责任仍对国民代表大会负之，如有任用私人或滥用职权，营私舞弊等情事，国民代表尽可依法提出质问要求罢免之。任命之前与既任之后，皆有钳制，虽属刁顽，亦难作弊。

第二个问题值得讨论的，便是宪法草案第九十条关于监察委员选举的规定。该条云："监察委员由各省、蒙古、西藏及侨居国外国民所选出之国民代表各预选二人，提请国民大会选举之，其人选不以国民代表为限。"这一条的大毛病，便是"各预选二人"的"各"字，这个"各"字，照文气来看，似乎是每个代表可以推出监察委员候选人二名。倘若如此，那候选人总数，可能的比全体国民代表人数加一倍，约计二千余人。候选人如此其多，将来投票计票等手续，必定繁剧不堪，时间费用，两不经济。倘这"各"系指每省区而言，则国民代表大会所包省区及海外侨胞，合计不过三十余单位，是候选人数大约六十余。假若如是解释是对的，那"各"的用法，便有语病。再者，宪草对于立法委员名额，有人口作数目的标准，独于监察委员名额，则略而不提，实属不可思议。宪草第一百四十三条"……依照第九十条所定名额……"，不知所指何在？

根据上述理由，窃以为宪草第九十条关于监察委员产生之规定，不独不妥，抑且不全。不若改依现制之为愈即规定，监察委员名额为若干人，监察【院】院长、副院长及委员，统由总统根据专门学识、地域分配两原则遴选人员，直接任命。即不如此，亦当规定由总统根据该两原则提出名额三倍之候选人，交由国民代表大会覆选决定。

关于监察院组织方面的第三个问题，便是监察院院长、副院长及委员等的任期。宪法草案第八十九条规定："监察院【设】院长、副院长各一人，任期三年，连选得连任。"第九十一条规定："监察委员任期三年，连选得连任。"窃以为监察委员之久暂与其行使职权，颇有密切关系。巩固其地位，即所以保障其自由。若此区区三年任期，必致任斯职者，旅进旅退，噤若寒蝉，或利用职权，期图连任。不若仿照司法官吏待遇，定为终身之职，或十年以上之期，俾得以大无畏之精神，纠察贪官污吏，申张正义，维持宪纲。倘监察官本身，不知自爱，挟私排异，滥用职权，则国民代表大会与总统，俱有抑制之权，不难绳之以法。

以上仅就宪法草案关于监察院组织的规定，加以评述。现在再将该草案关于监察院职权的规定，略予讨论。宪草第八十七条规定："监察院为中央政府行使监察权之最高机关，掌理弹劾惩戒审计，对国民大会负其责任。"第八十八条规定："监察院为行使监察权，得依法向各院各部各委员会提出质问。"第六十九条规定："行政、司法、考试、监察各院关于主管事项，得向立法院提出议案。"第一百四十条规定："法律与宪法抵触者无效。法律与宪法有无抵触，由监察院于该法律施行后，六个月内，提请司法院解释，其详以法律定之。"第一百四十一条规定："命令与宪法或法律抵触者无效。"第四十五条规定："总统得召集五院院长会商关于二院以上之事项及总统咨询事项。"根据以上各条，可以说监察院有弹劾、惩戒、审计、质问、立法提案、提起法律违宪案及命令违法或违宪案、会商二院以上事项及总统咨询事项等七权。以上七权，前三者系以监察院为行使之最高机关，后四者则属有限制之职权。大体而论，可谓包括监察院之全部。盖质问为事前之监察可以杜渐防微，弹劾与提起法律违宪案及命令违法或违宪案为事后之监察，可以纠误匡谬，审计为财政上之监察，可以查察贪污，惩戒为监察之后果，可以儆戒来兹，而对主管事项之立法的提案权，则行使监察权之必需手段，会商二院以上之事项与总统咨询事项之权，则可以与各方取得连络。故就原则上讲，宪草之规定，颇为允当。以较民国初年以弹劾权属直隶总统之肃政史，以惩戒权属直隶总统之平政院，以审计权属直隶国务院之审计院等的支离破碎办法，高明得多。即较现在之以弹劾权属监察院，惩戒权属司法院者，也进步得多。因为监察院为"行使监察权的最高机关"，必须首尾俱备，有整个的监察权力，方能尽其功能，方合五权宪法的精神。不过宪法如此规定，固属合理，将来根据宪草原则制定关系法律时，则待考虑之问题殊多。如弹劾包括对于官吏违法失职之弹劾，其中失职之弹劾，究竟有无范围？质问权是否仅具探询之意义，抑兼具有较严重之意义？提起法律违宪案或命令违法或违宪案时，倘关系事项，有急速救济之必要监察院有无急速救济之权？诸如此类问题，皆与监察院之职务，至有关系。因非宪法上所能详定，非本文之范围，故从略。

至于弹劾案之提出，宪法草案第九十二条规定："监察院对于中央及地方公务员违法或失职时，经监察委员一人以上之提议、五人以上之审查决定，提出弹劾案。但对于总统、副总统，行政、立法、考试、监察各院院长、副院长之弹劾案，须有监察委员十人以上之提议，全体监察委员二分一以上之审查决定，始得提出。"第九十三条规定："对于总统、副总统，行政、立法、司法、考试、监察各院院长、副院长之弹劾案，依前条规定成立后应向国民大会提出之。在国民大会闭会期间，应请国民代表依法召集临时国民大会，为罢免与否之决议。"对于总统、副总统及各院长之弹劾，特别慎重，而其惩戒又只限于罢免一种。此种规定，颇为允当。盖总统以至各院长副院长，皆最高之政务官，负有推动政策之大任，国民对之，只应有信任与不信任之两途，无其他制裁必要也。

最后关于监察委员之特殊保障与禁止。宪法草案第九十四条规定："监察委员于院内言论及表决，对外不负责任。"第九十五条规定："监察委员，除现行犯外，非经监察院许可，不得逮捕或拘禁。"第九十六条规定："监察委员不得兼任其他公职或执行业务。"皆于其独立行使职权，至有裨益。

总之，宪法草案关于监察院之规定，除关于组织方面几点外，大都允当适宜，不过宪草之规定，仅及纲领，完备之监察制度，尚有待于法律之补充，与运用之经验。徒宪不足以言制度，徒法亦不足以言制度，完善良规，尚有赖于负责之人也。

（本文原载于《时事月报》第 15 卷第 5 期，1936 年）

行宪后的监察院

杜光埙*

编者按：行宪后的监察院与训政时期监察院异同之点何在？本文从"组织""职权""职权行使之方式"三个方面进行了系统性比较研究。这篇文章是研究训政时期监察院与行宪后的监察院之变化沿革的重要文献资料。

关键词：行宪　监察院　组织　职权　职权行使

三十五年十二月二十五日国民大会通过之《宪法》，业经我政府依照国民大会之决议，于三十六年十二月二十五日明令于三十七年三月二十九日召开国民大会，开始施行《宪法》，国民大会代表之选举业已超过三分之二，如期召开，当无问题，立法、监察两院之选举，亦在办理之中，以时计算，不久均能赶办完竣，于国民大会召开后，分别依法集会，以完成实行《宪法》之机构。在此实行《宪法》机构之中，监察院和训政时期监察院异同之点何在？兹特依《宪法》理论，就组织、职权与职权行使之方式三点，讨论行宪后监察院与训政时期监察院相异和相同之处。

一　组织

训政时期监察院监察委员均有政府任命，行宪后监察院之监察委员改

---

*　杜光埙（1901—1975），毕业于北京大学预科，美国芝加哥大学（政治学）"荣誉学士"、哥伦比亚大学公法学硕士。历任山东大学教育长、西北大学教授、监察院监察委员、台湾东吴大学教授、海牙国际法院公断员等职。——编者注

由人民选举，由政府任命方式而产生的监察委员乃是政府一部门之官吏，
而由各省市及其他地方团体选举出来的监察委员就成了人民的代表。监察
委员之由政府官吏一变而为人民选举的代表乃是监察院组织性质上一种根
本变革，也是行宪后监察院和训政时期监察院所不同的最重大的一点。查
宪法第九十一条"监察院监察委员由各省市议会，蒙古、西藏地方议会及
华侨团体选举之"的规定，乃是一种间接选举。在近世立宪国家当中，依
照间接选举方式，以选举代表组织人民代议机关者，在美国则为一九一三
年以前的参议院，在法国则为第三共和时代的参议院，及第四共和成立后
的共和参议会（Council of Republic），在我国则为依民国元年八月公布
《中华民国国会组织法》而选举的参议院以及民国十二年十月十日公布之
《宪法》第四十一条所规定的参议院。只就此点而论，行宪后的监察院在
组织上颇似立宪各国国会的上议院，而【第】九十一条之规定每省五人、
每市二人的办法，又很像联邦国家用各邦平等选举代表组织上议院，以调
剂大邦、小邦利益的一种成法。我国虽非联邦国家，而却采用各省各市平
等选举监察委员以组成监察院的办法，也是显示行宪后监察院在组织性质
上之倾向人民代表机关的一种事实。

关于监察院监察委员之名额问题，依民国十七年十月公布之《国民政
府组织法》，监察院监察委员定为十九人至二十九人，民国二十年十二月
三十日修正公布之《国民政府组织法》第四十八条，监察院监察委员改为
三十人至五十人，嗣经二十一年十二月将《国民政府组织法》第四十八条
修正为"监察院设监察委员二十九人至四十九人……"以后，监察院监察
委员之名额即限定为四十九人。自三十六年元旦公布《宪法》，为延揽各
党，实行扩大政府之基础，乃修正《国民政府组织法》，增加监察委员为
七十四人。而依《宪法》【第】九十一条由各省市议会，蒙、藏地方议会
及华侨团体所选监察委员之人数，可增加的更多了，每省五人，以现行之
三十五省计，即为一百七十五人，每市二人，以现行之十市计，即为二十
人，蒙、藏、华侨各八人，共为二十四人，合计共为二百十九人，较之现
时监察院监察委员七十四人增加近三倍，以之与法、美二国之参议院及参
议会相较，则较美国参议院之九十六人，多过二倍，而与法国第三共和参
议院之三百十四人，和第四共和之参议会之二百八九十人，则又较少了。

根据《国民政府组织法》第十条的规定，监察院设院长、副院长各一

人，由中国国民党中央执行委员会选任之，这种由中国国民党选任出来的监察院院长、副院长，都是训政时期政府机关的首长，而中央政府之五院又都是治权机关，那么，中国国民党中央执行委员会所选任的监察院院长、副院长自然都是政府的官吏了。但是行宪后，根据宪法规定而产生的监察院院长、副院长之地位可不同了。《宪法》第九十二条，"监察院设院长、副院长各一人，由监察委员互选之"，根据这一条规定，由代表人民的监察委员互选出来的监察院院长和副院长，可都不是政府机关的官吏，而却成了类似议会制度中上议院议员自己选举的议长了。法国第三共和时代参议院及第四共和成立后共和参议会的议长，都是由参议院及参议会自己选举出来的。美国宪法虽明定副总统兼任参议院议长，但是遇到副总统补任总统后，或副总统尚未就任参议院议长以前，而临时设置的议长，都是参议院自己由参议员选举出来的。罗斯福去世，杜鲁门补任总统后，参议院之以范登堡出任参议院议长，就是如此选举出来的。

在训政时期，监察院为推行监察权，并加强地方监察机构之组织及人员起见，乃将全国划分为若干监察区，各区设有监察使一人，至于监察使之产生，依监察院组织法之规定，均有监察院院长提请国民政府特派之。自民图二十一年划分监察区，设置监察使以来，监察使的制度，虽以困于经费，未能充分发挥地方监察之作用，然其对于受理各区人民之检举纠弹地方官吏之违失，澈〔彻〕行地方监察之职权，均有不少成绩之表现。虽然宪法颁布亦列有监察委员对于地方公务人员认为有失职或违法情事得提出纠举或弹劾案的条文，《监察院组织法》第八条亦有监察委员得分赴各地巡回监察的规定，但以监察委员而分区巡回监察，能否完成训政时期设置监察使的使命，一时还难加以判断。

《国民政府组织法》第四十六条所刊的审计权，则由审计部行使之，审计部设有部长一人、次长二人，依监察院【组织法】第四条之规定，由监察院院长提请国民政府任命之。审计部并于各省市及若干国营事业机关设置审计处及审计办事处，主持其单位以内稽核经费之工作。行宪以后，审计制度也要发生巨大的变化。《宪法》第一百零四条"监察院设审计长由总统提名，经立法院同意任命之"的条文，不仅以《宪法》的规定废弃了审计部部长、次长的名位，并且将审计长之任命，由现行制度中监察院院长提名，改归总统提名，并经立法院的同意。依此条文所产生的审计长，颇似美国一九二一年六月十日《预算与审核法》（The Budget and Accounting Act）上所规定的审核长（comptroller general）的地位。我们《宪法》中监察院设立之审计长由总统提名，经立法院同意任命之，而美国之审核长也是由总统提名，经参议院同意任命之，所不同处，就在于美国之审核长经上议院之同意，而我们《宪法》中的审计长是经立法院同意任命的。美国审核长之任期依法定为十五年，而我国《宪法》对于审计长则没有任期的规定。此外，美国审核长之任命借着参议院之同意权，以保障审核长在行政机关中的独立地位，而我国《宪法》中监察院之审计长改由总统提名，经立法院同意，不只是使审计长独立于行政机关之外，并且在提名任命一点来看，也将脱离监察院院长指挥监督的范围了。

二　职权

在训政时期，《国民政府组织法》第四十六条所规定的监察院之职权为弹劾与审计。弹劾权行使之对象，为政府官吏之违法与失职，而弹劾法中的政府官吏，概括一切机关之人员，没有中央与地方之分，亦没有阶级大小之别，遇有违法及失职情事发生，即足以构成其受弹劾之罪行。依《宪法》之规定，弹劾仍列为监察院之主要职权，按之《宪法》第九十七条"监察院对于中央及地方公务人员之失职或违法得提出弹劾案"的规定，中央地方机关人员之违失都成了监察院行使其弹劾权的对象。根据《宪法》第一百条监察院对于总统也可以行使弹劾权，但监察院之弹劾总统在程序上与弹劾一般公务人员不同，对总统之弹劾"须有监察委员四分之一以上提议，全体监察委员过半数之审查及决议"，而对于一般公务人员之弹劾仅须"监察委员一人以上之提议，九人以上之审查及决议"。这种程序上简繁的不同，乃是在于行使弹劾违失情事范围以内，兼寓保障国家之首地位，以安定国家政治之意。但考所谓失职行为，原无一定之范围，亦无共同之见解，在法律言失职，已难定其界限，若言政策上之失职，则牵涉更广，行使弹劾之权，越发难加限制，反不如在内阁制度之下，以不信任投票防止政府政策之过失之为适宜。即在总统制的美国，自一八六五年弹劾总统约翰逊（President Johnson）一案后，美国国会从没有对于总统再用过弹劾权者，一部分也是因为这种原因。

　　训政时期监察院所行使的纠举权，是根据着非常时期监察权行使办法来的。抗战军兴，监察院为谋适应战时之需要，乃于民国二十七年八月二十七日呈经国民政府制颁《非常时期监察权行使办法》，依该办法第二条之规定，监察委员或监察使对于公务人员之违法或失职，认为应速去职，或为其他急速处分者得以书面纠举，呈经监察院院长核阅后，交被纠举人员之主管长官，请其为撤职或其他急速处分。纠举案之提出虽也呈经监察院院长核阅，但无须审查程序，较之弹劾已觉简单，而由监察院径送被纠举人员之长官为急速之处分，较之弹劾案之经由监察院审查成立后送交有关惩戒机关依法惩处者，更为简便迅速，适于战时急迫需要了。但纠举案经监察院送达被纠举人员之主管长官，纵可使其对于被纠举者为急速之处分，然亦无法强其必为急速之处分，且按之官官相护之积习，亦难认真实行。以次而论，弹劾案之经监察院审查成立，送请惩戒机关后，监察院仍是一样无法强其必须予以惩戒，这可见不是纠举弹劾之不同，而乃成了纠举、弹劾依法成立后的惩处机关之问题了。《宪法》实行之后，根据《宪法》第九十条监察院行使纠举权的规定，监察院仍保有他的纠举权，惟纠举权在《宪法》条文中，并没有明白的规定，将来如何行使，恐怕要参照非常时期监察权行使办法和实地经验另制监察法规，加以详细的规定了。

　　按之审计法，审计权分为：①监督预算之执行；②核定支付命令；③审核计算决算；④稽查财政上不法或不忠于职务之行为。依次四项而论，审计权不只是行之于事后，亦且行之于事前，根据《审计法》第二条之规定，财政部所有各项支付命令及各机关收支凭证，均须经审计人员根据预算之规定，加以核签，未得其核签者，不得支付，此种事前审计乃英、美审计制度之精神，亦为我训政时期审计机关多年以来，竭力以赴的目标。《宪法》上对审计制度只规定审计长之设置，并无行使审计权之详细规定，依最近修正后之《监察院组织法》第四条之规定，监察院设审计部以行使其四种职权，组织、职权还保有旧日审计制度中一部的轮廓。

　　立宪国家为使议会监督行政有效起见，也有在《宪法》中，为议会规定行使同意权者，如美国《宪法》第二条第二项规定总统以参议院出席议员三分之二的同意缔结条约，并以参议院之同意任命大使、公使、领事、最高法院大法官，以及未经本《宪法》另有规定，及以法律设置者以外的一切其他官吏，似此，美国参议院之行使其同意权，不只是对于总统之任命一部分官吏，并且对于总统之缔结条约，其范围相当广泛。我们《宪法》所赋予监察院的同意权，可和美国参议院所行使的同意权不相同了，监察院不只是没有对于缔结条约的同意权，也没有对于任命一般官吏的同意权，而其所行使的同意权，依《宪法》第七十九条和八十四条的规定，仅适用于司法院院长、副院长、大法官，及考试院院长、副院长及考试委员几项人员而已。我们《宪法》中之所以规定监察院只对司法、考试两院人员之任命行使同意权，而由立法院行使其对行政院院长之同意权者，乃是在于使监察院、立法院分别行使其对于司法、考试和行政院的同意权，不因监察院之行使同意权而破坏行政院对立法院负责的重大原则，也不因只准立法院对行政院行使同意权，而忽略了监督司法、考试两院人员之任命，这种特别规定乃是我国宪政制度独有的精神。

根据《宪法》第九十七条之规定，监察院得向行政院及其各部会提出纠正案，所谓纠正案者与《宪法》中所规定的纠举案不同。纠举的对象，在于政府人员之违法和失职，而纠正之对象乃是行政院及其各部会之设施，前者为对人的，后者为对事的，名虽相同，而实不同。再纠正案之内容可分为积极和消极二方面，在消极方面，遇到了行政院及其部会发生之违法或失职，由监察院出而加以制止，这是所谓应革的作用，而监察院经由各委员会之审查及决议，提出纠正案促使行政院及其部会注意改善，又带有积极的意义，则成了应兴的工作了。依此而论，则后项应兴工作颇似《训政时期非常时期监察权行使办法》所规定的建议权了，若以之与美国《宪法》第二条第二项总统以参议院三分之二的同意（consent）和意见（advice）缔结条约和任命官吏相比拟，我们《宪法》中的纠正也像美国《宪法》中的意见了。美国参议院对于总统之缔结条约和任命官吏，不只是表示同意，并且也还可以提供意见，美国参议院和总统对于缔结条约是怎么往返磋商，和参议院怎么提供意见，都是读过美国宪政历史者所都知道的事实。所不同者美国参议院之表示同意，和提供意见多半是在事前或在事进行中，而我们监察院之纠正行政院及其部会之措施恐怕多半在事后了，如行之于事前，则又恐与立法院监督行政院之精神不符了。

三 职权行使之方式

训政时期，监察院之弹劾纠举和建议几种职权，大概都是由监察委员及监察使单独行使，而不是经由监察委员用合议制的方式开会、讨论、表决来行使的。所谓单独行使弹劾权者，就是由监察院监察委员及监察使，提议弹劾，呈送监察院院长核阅，交付提案监察委员以外之监察委员三人负责审查，如经审查成立即呈经监察院院长移送惩戒机关依法惩戒，这已经充分表现监察委员单独行使弹劾权的精神；而依《弹劾法》之规定"监察院院长对于弹劾案不得指使与干涉"，更与监察委员单独行使弹劾权加了一种保障，至于弹劾权以外的纠举和建议也统统都是由监察委员和监察使单独行使，譬如纠举权，依《非常时期监察权行使办法》第二条之规定，"监察委员或监察使对于公务人员之违法或失职，认为应速去职，或为其他急速处分者，得以书面纠举"，纠举之权既经此条规定由监察委员或监察使以书面提出，自然是单独行使的方式了。《非常时期监察权行使办法》第五条规定："各机关或公务员对于非常时期内应办事项，有奉行不力或失当者，监察委员或监察使得以书面提出建议……"据此条文，建议权由监察委员或监察使单独行使，极为明显，也用不着再加解释。但是训政时期监察委员和监察使单独行使职权的原则，经过《宪法》之规定，却改变而趋于会议制的精神了。请先以弹劾权而论，依《宪法》第九十八条"监察院对于中央及地方公务人员之弹劾案，经监察委员一人之提议，九人以上之审查及决议，得以提出"的规定，弹劾案由监察委员一人提议还没有改变训政时期监察委员单独行使职权的原则，但第一百条"弹劾总统须经监察委员四分之一以上之提议，全体监察委员过半数之审查及决议，始得向国民大会提出"的条文，不仅提高了提案弹劾的人数，并又明明规定"经全体监察委员过半数之审查及决议"，这种经由全体监察委员过半数之审查及决议，当然是要经过开会讨论，而采用了会议制的精神了，这也就是美、法两国经由众议院依会议制的方式讨论通过其对总统弹劾案的办法。

次言行使纠正权的方式，以《宪法》第九十七条的规定，监察院对于行政院及其部会提出纠正案，应经各委员会之审查及决议，纠正案经由各委员会之审查决议，而不由监察委员开会表决，自然不是纯粹的会议制，但以行宪后二百十余人之监察院分设若干委员会，每一委员会之人数在二十人左右，以二十人组成之委员会审查决议提出纠正案，虽不是百分之百的纯粹会议制度，但亦带有一部分会议制的精神。

最后为同意权行使的方式，依《宪法》第九十四条的规定"监察院行使同意权时，出席委员过半数之议决行之"，据此条文，监察院依据会议制度行使其同意权，昭然若揭，无庸费词。监察院之行使其同意权以出席委员过半数之议决行之，而美国参议院之行使其同意权，须经出席三分之二的多数议决行之，两国虽都是依会议精神行使同意权，但于行使同意权时两国所规定的多数却不相同了。

（本文原载于《东方杂志》第 44 卷第 2 期，1948 年）

国民政府监察院分区监察制度研究[*]

孙宗一　经盛鸿[**]

摘　要： 南京国民政府监察院成立以后，实行分区监察制度，在全国划分了若干监察区，分别设立监察使署，代表中央政府行使监察权。本文对监察院分区监察制度进行了系统的考察，由此来认识国民政府行政监察体制的设计和运行，并为当前我国的廉政制度建设提供历史的借鉴。

关键词： 国民政府　监察院　分区　监察制度

南京国民政府监察院成立后，实行分区监察制度，在全国划分若干监察区，设立监察使署，代表中央政府行使监察权。关于监察院，学术界已有较多的研究论著，但对分区监察制度却鲜有论及。[①] 本文拟对监察院分区监察制度进行系统的考察，由此来认识国民政府行政监察体制的设计和运行，并为当前我国的廉政制度建设提供历史的借鉴。

一　监察院分区监察制度的沿革

南京国民政府实行五权分立的政治制度，1928 年 10 月，国民党中央

---

[*]　本文为 2012 年度江苏省普通高校研究生科研创新计划项目"国民政府监察院分区监察制度研究（1935—1949）"（项目编号：CXLX12_0026）的研究成果。

[**]　孙宗一，论文发表时为南京大学历史系博士研究生，主要从事中华民国史研究；现为盐城师范学院副教授。经盛鸿，南京师范大学历史系教授，主要从事中华民国史研究。

[①]　学术界关于监察院的研究论著，对分区监察制度的论述大多较为简略，其中以台湾学者常泽民的《中国现代监察制度》、孙伯南的《中国监察制度的研究》，大陆学者刘云虹的《国民政府监察院研究（1931—1949）》较有代表性。

政治会议通过的《监察院组织法》规定："监察院得提请国民政府简派监察使，分赴各监察区，行使弹劾职权。"① 这是监察院分区监察制度最早的法律依据。1931 年 2 月，监察院正式成立，随即制定了监察区分区计划，"仿照前清都察院十五道监察御史之制，参酌国内现情，定全国为十四监察区"②。此后，监察院又制定了《监察使巡回监察规程》，对分区监察制度的实施进行了具体规定。1935 年 4 月，国民政府决定在江苏、皖赣、闽浙、两湖、河北、豫鲁、甘宁青七个监察区先行设立监察使署，当年 5、6 月间，各监察使署相继成立，开始办公。后来，又先后增设或分设了云贵、粤桂、晋陕、新疆、浙江、闽台、川康、东北监察使署。1948 年国民政府"行宪"以后，改监察使署为监察委员行署。国民党政权撤往台湾后，各监察委员行署撤销。

国民政府公布的《监察使署组织条例》规定："监察使承监察院之命，综理全署事务。"另据《监察院组织法》之规定，"监察使得由监察委员兼任"，但实际上监察使多为专职。③ "行宪"以后，根据《监察院监察委员行署组织条例》，监察委员行署为委员合议制，由 3 名监察委员共同主持工作。国民政府统治大陆时期，除未到任者外，实任监察使的共有 30 人。④《监察院组织法》规定监察使的任期为 2 年，期满可以续任，在历任监察使中，任期最长的为 6 年，较短者仅 1 年左右，一般在 2 年到 3 年。

监察使大多为资深的国民党人，接受过近代新式教育，当中不乏留学海外者，一般都在中央和地方历任党政要职，具有丰富的政治经验和履历。从籍贯上来看，各监察使既有来自辖区省份者，亦有外省籍者，未实行地域回避。《监察使署组织条例》规定，监察使署内设秘书室、总务科、调查科等机构。以两湖监察使署为例，该署于 1935 年 6 月成立，除监察使外，共有职员 24 人，其中秘书主任 1 人，科长 2 人，秘书 1 人，股长 5 人，科员 2 人，会计员 1 人，助理员 6 人，书记员 6 人。其中，30 岁到 49

① 《监察院组织法》，《申报》1928 年 10 月 13 日。
② 监察院监察制度编纂处编纂《监察制度史要》，南京汉文正楷印书局，1935，第 49~50 页。
③ 立法院秘书处编印《立法院公报》第 80 期，1936 年 4 月，第 6 页。
④ 历任监察使的名录及生平可参阅刘国铭主编《中华民国国民政府军政职官人物志》，春秋出版社，1989；郭卿友主编《中华民国时期军政职官志》，甘肃人民出版社，1990；徐友春主编《民国人物大辞典》，河北人民出版社，1991；刘寿林等编《民国职官年表》，中华书局，1995；刘国铭主编《中国国民党百年人物全书》，团结出版社，2005。

岁的职员占到了近80%（见表1），这个年龄段的人员精力充沛，工作经验丰富，是监察使署的中坚力量。就地域分布而言，全署职员以南方人士居多，来自北方省份的仅有4人（见表2）。两湖监察使署地处武汉，安徽籍职员却超过半数，两湖人士只有3人，究其原因，这与监察使高一涵的省籍有很大关系。高一涵是安徽六安人，该署的秘书主任、科长、股长皆为安徽人，国民政府统治时期，任人唯私的官场陋习难改，学者出身的高一涵亦未能免俗。

表1 1937年湖南湖北监察区监察使署职员年龄统计

单位：人，%

年龄	20~29岁	30~39岁	40~49岁	50岁以上	总计
人数	4	14	5	1	24
比例	16.7	58.3	20.8	4.2	100

资料来源：《监察院湖南湖北监察区监察使署二十四年度年刊》（1937年2月），湖北省档案馆藏，档案号：LSA2.5-6。

表2 1937年湖南湖北监察区监察使署职员籍贯统计

单位：人，%

籍贯	安徽	陕西	江苏	湖北	湖南	河南	浙江	四川	总计
人数	13	3	2	2	1	1	1	1	24
比例	54.2	12.5	8.3	8.3	4.2	4.2	4.2	4.2	100

资料来源：《监察院湖南湖北监察区监察使署二十四年度年刊》（1937年2月），湖北省档案馆藏，档案号：LSA2.5-6。

二 监察院分区监察制度的运作

监察使署是监察院派驻地方的工作机构，监察使代表中央政府行使监察权，拥有视察、调查、弹劾、纠举、建议等具体职权。监察使署职权的行使呈现出明显的地域性特征，总体而言，处于国民政府统治腹地的江苏、闽浙等监察使署在成立之初，工作尚有一定成效，而边远地区的各监察使署则形同虚设。抗战爆发后，受战事影响，各监察使署的运作效率每况愈下，战后亦未能恢复，随着国民政府在大陆统治的崩溃，监察院分区监察制度最终走向消亡。

（一）视察

监察院规定，监察使每年应视察辖区三分之一以上的县市，出巡时间为六个至八个月，每年出巡两次到四次，视各监察区的情形而定。出巡期间，监察使除行使监察权外，还应注意监察区内"各官署及公立机关之设施""公务员之行动""人民疾苦及冤抑"，并随时向监察院报告。① 1935年第一批监察使署成立时，国民政府的统治较为稳定，国内已无大规模的战乱，监察使的巡回视察工作得以顺利开展。抗战时期，东部国土大部沦陷，在战争的艰苦环境中，地处后方的监察使仍坚持履行职责，巡视辖区，抗战胜利后，各监察使又分别视察了收复地区。内战开始后，由于战事频繁，交通阻隔，国统区通货膨胀严重，监察使署每月的视察经费"不足供派一调查员半日之需"，视察工作陷入停顿。②

（二）调查

根据监察院制定的《收受人民书状办法》，监察使可接受民众检举揭发公务人员违法失职行为的书状，对于有必要进行调查的案件，可以直接派员调查（派查），或委托其他机关代为调查（行查）。监察使为行使职权，可向辖区内之官署及其他公立机关查询或调阅档册，如有疑问，"该主管人员应负责为详实之答复"③。除了一般的案件调查外，各监察使署还承担了监察院交办的专案调查任务，如1936年4月，江苏苏州发生农民抗租风潮，监察院电令江苏监察使丁超五进行调查。丁超五派员赶赴苏州详查事变经过，并拟具报告呈交监察院，称此次风潮"纯因秋收荒歉，无力缴租，不堪催追所激起，尚无政治背景"，并提出了"治蝗选种"的建议，认为"欲求根本解决之道，宜仿浙江省实行二五减租，使耕者有其田，实现总理遗教，方为有济"。监察院随后训令江苏省政府，对丁超五的建议

---

① 监察院编印《监察院公报》第 23 期，1934 年 5 月，第 2 页。
② 《监察院苏浙区监察委员行署工作报告》（1949 年 3 月），上海市档案馆藏，档案号：Y4-1-867。
③ 监察院编印《监察院公报》第 30 期，1935 年 5 月，第 1 页。

立即"查核办理"。①

（三）弹劾

监察使对违法失职的公务人员，经过调查核实，掌握确实证据后，即可提出弹劾。弹劾案应以书面形式提出，但遇紧急事项可用电报代替，事后再补具文书。《弹劾法》规定，监察使行使弹劾权，受法定区划的限制，且所提弹劾案，需送交监察院，由"监察委员三人审查之，经多数认为应付惩戒时，监察院即应将被弹劾人移付惩戒"②。在监察使弹劾的公务人员中，既有省市政府要员，亦有县乡基层官员，其中，"因县长为亲民之官，县又为自治单位，凡所措施，影响直接及于民间，故注意特严"③，例如，自 1935 年 10 月至 1936 年 6 月，在不到 1 年的时间内，两湖监察使高一涵就弹劾了湖南、湖北两省的 18 名县长。此外，"司法官吏因其职掌有关人民生命财产，故监纠均不能不加严密"④，仅在抗战前两年，就有河北高等法院院长胡祥麟、上海地方法院院长骆通、青海高等法院首席检察官崔钟英等 100 余名司法人员被各区监察使弹劾。

（四）纠举

由于提案弹劾的程序过于复杂，费时误事，《监察使巡回监察规程》特别规定，监察使如认为公务人员的违法失职行为情节严重，便可直接通知其主管长官，进行"急速救济处分"。抗战爆发后，监察院制定了《非常时期监察权行使暂行办法》，规定监察使"对于公务员违法或失职行为，认为应速去其职或为其他急速处分者，得以书面纠举，呈经监察院院长审核后，送交各该主管长官或其上级长官"⑤。与提出弹劾相比，书面纠举"在手续上既简化了许多，时间上也节省不少，效率更见增加"⑥。以抗战中期的 1942 年为例，该年度甘宁青监察使高一涵共提出弹劾案 3 件，提出

---

① 监察院编印《监察院公报》第 84 期，1936 年 6 月，第 15~16 页。
② 《中华民国法规大全》（第 9 册），商务印书馆，1936，第 5707 页。
③ 监察院监察制度编纂处编纂《监察制度史要》，南京汉文正楷印书馆，1935，第 144 页。
④ 监察院监察制度编纂处编纂《监察制度史要》，南京汉文正楷印书馆，1935，第 145 页。
⑤ 立法院秘书处编印《立法院公报》第 98 期，1938 年 10 月，第 62 页。
⑥ 行政院新闻局编印《监察制度的运用》，1947，第 6 页。

纠举案多达 18 件，占当年监察院纠举案件总数（109 件）的 16.5%。[1]

（五）建议

为适应抗战时期的特殊需要，《非常时期监察权行使暂行办法》规定："各机关或公务员对于非常时期内应办事项，有奉行不力或失当者"，监察使可以书面方式提出建议或意见，经监察院院长审核后，送交其主管机关或上级机关办理，"主管机关或其上级机关接受前项建议或意见后，应即为适当之计画与处置"，事后还应将处理结果告知监察使和监察院。[2] 监察使"在平时核阅人民书状，或出巡调查视察，对于政府各部门施政上的得失利弊，最容易明了"，他们提出的意见和建议，"可以作为各机关施政的参考"。[3]

例如，1942 年底江苏监察使吴绍澍一行曾前往江苏省南部尚未沦陷的高淳、宜兴、溧阳等地视察，根据视察情况，吴绍澍拟具两项建议案于次年 5 月呈送监察院。一项是《建议统筹苏南驻军及地方团队给养案》，吴绍澍认为高淳、宜兴、溧阳三县"地连皖浙，进剿退守形势攸关，实为前后方出入重要据点"，而一年多来"苏南物价逐月飞腾，官兵所得给养相差太远，确属不敷"，主张苏南驻军给养"应由高级地方政府酌察实际需要，统筹办理"。另一项是《建议救济苏南教育案》，当时沪宁地区沦陷已久，苏南三县仅有的几所中小学校早就人满为患，而大批高中毕业生因"苏皖附近均无大学可供升入，其无法远至后方者任令失学"。[4] 为此，吴绍澍建议加强苏南地区公立中小学的建设，提高教职工待遇，并在苏皖边境地区筹建大学分校。这两项建议案，均由监察院送交行政院办理。

三　监察院分区监察制度评析

"五权宪法之监察权，渊源于中国御史制度"[5]，监察院分区监察制度

---

① 高大同编著《高一涵先生年谱》，上海文化出版社，2011，第 148 页。
② 立法院秘书处编印《立法院公报》第 98 期，1938 年 10 月，第 63 页。
③ 行政院新闻局编印《监察制度的运用》，1947，第 8 页。
④ 监察院编印《监察院公报》（渝版）第 3 期，1943 年 8 月，第 46~47 页。
⑤ 监察院监察制度编纂处编纂《监察制度史要》，南京汉文正楷印书局，1935，第 155 页。

继承了中国古代御史分巡的传统，也是对孙中山监察思想的实践和发展，在中国近代行政监察发展史上具有重要意义。

（一）国民政府重视监察立法，监察院分区监察制度有完备的法律体系作为支撑，中国行政监察领域的近代化迈出了重要一步

从国家根本大法领域的《训政时期约法》到《监察使巡回监察规程》等专门法规，从中央层级的《监察院组织法》到《监察使署办事规则》等工作条例，构成了完整的监察法制体系，使分区监察制度从开始酝酿到付诸实施的每一步都有法可依。与中国传统的御史分巡制度相比，监察院的分区监察制度有着明显的优越性和进步性，可以说，国民政府的行政监察工作已经走上具有近代意义的法制化和规范化发展轨道。

（二）分区监察的制度设计兼具传统与现代双重特征，同时吸收了中西方监察制度的优点

监察院实行分区监察制度，既是对"我国古有分巡之制"历史传统的继承，也是对"欧美地方议会有弹劾地方官吏之权"的借鉴。[1] 监察使署作为中央最高监察机关的派出机构，既可以常驻地方开展工作，又能够超然于地方政权体系之外，这种"垂直管理"的模式继承了中国古代监察制度的传统，使中央政府的监察权得以向地方延伸。此外，由于国民政府在"训政"初期没有设立地方民意机构，监察使署负责监督各级地方政府的施政，实际上在行使议会监察的职能，这就拓展了传统行政监察工作的内涵，也在一定程度上填补了地方政权体系中的权力真空。

（三）分区监察制度的实施为民众提供了一条表达诉求、宣泄怨愤的渠道，有利于消解官民对立情绪，从而缓解社会矛盾的激化

在中国历代王朝的国家政权体系中，监察机构一直享有崇高的地位和声望，"非仅百司惧其抨击，即君主亦戒其讽谏"[2]，而当民众遇到冤屈时，也素有向御史告状的传统。在历任监察使中，既有丁超五、李根源等威望

---

① 监察院监察制度编纂处编纂《监察制度史要》，南京汉文正楷印书局，1935，第 185 页。

② 监察院监察制度编纂处编纂《监察制度史要》，南京汉文正楷印书局，1935，第 169 页。

素著的政坛耆宿，亦有罗家伦、高一涵等久负盛名的清流学者，完全可以满足民众对"清廉御史"的想象，而"监察使"的名称与中国古代的"监察御史"仅一字之差，更容易引发民众对记忆中"御史分巡"时代的集体回忆。监察使署的设立为民众投递书状创造了便利条件，监察使的巡回视察让蒙受冤屈而又求告无门的普通民众看到了希望。例如，在实行分区监察制度之前的 1935 年上半年，监察院共收到人民书状 1157 件，而两湖监察使署成立后，在当年下半年两湖地区的民众上书就达 1288 件。①

在监察院分区监察制度实行之初，南京国民政府的当政者曾对其寄予厚望。1935 年 4 月 29 日，丁超五、高一涵等七位监察使在南京举行宣誓就职典礼，时任国民政府主席的林森在致辞中称，"监察制度，为维持国家纲纪减轻人民疾苦之唯一良好制度"，期望各位监察使就职后"本铁面无私精神，努力推行，使不肖官吏，闻风敛迹，民间疾苦逐渐减除"。② 两湖监察使高一涵深知"负监察使命者，职司国家风宪"，赴任后自感责任重大，"无日不兢兢业业"。③ 其他各位监察使"行使职权亦均能奋勉，以求达到澄清吏治之鹄的"④。但是，分区监察制度在实际运行中逐渐陷入了困境：有堪称完备的监察法律体系和尽职尽责的监察工作人员，却无法有效遏制普遍存在的贪污腐化现象。究其原因，这是客观因素的制约和制度本身的缺陷所致。

首先，南京国民政府统治时期内忧外患，政局动荡，战乱频仍，政治环境持续恶化，严重影响了监察院分区监察制度的运行。抗战前夕，在国民政府能够直接控制的地区，各监察使署的工作尚取得了一定成效，抗战爆发以后，大半国土沦陷，抗战胜利后不久，内战又接踵而至，受战事影响，分区监察制度的运作越来越困难。国民政府"行宪"以后，各监察委员行署已陷入难以维持的窘境："地方动荡不安，物价续涨不已，现状几已无法维持，工作等于停顿"，"又逢时局剧变，致使一切业务，均难达理

---

① 《监察院湖南湖北监察区监察使署二十四年度调查统计图表汇编》（1937 年 2 月），湖北省档案馆藏，档案号：LSA2.5-5。
② 《新任七区监察使宣誓就职》，《时事月报》第 12 卷第 6 期，1935 年 6 月。
③ 《监察院湖南湖北监察区监察使署二十四年度年刊》（1937 年 2 月），湖北省档案馆藏，档案号：LSA2.5-6。
④ 监察院秘书处编印《监察院施政概要》，1942，第 23 页。

想之境地"。①

其次，在国民政府的政权体系中，监察机构处于边缘和弱势的地位，缺乏应有的独立性和权威性。从制度规定上来看，监察院对违法失职的公务人员，只有弹劾权，而无惩戒权，"因惩戒权之不统一，惩戒机关与监察机关无联系"，往往"予犯法官吏以规避机会"，"处分之轻微，已不足以慑违法失职者之胆，而又加以处分之迟缓，结果遂形成监察权之无力量"。②蒋介石一直迷恋军权和军治，各省市的主政者多为军人出身，监察使及其属员皆为文官，面对强势的地方军权统治，监察权显得软弱无力。到了南京国民政府后期，地方政权的系统性腐败已经动摇了国民党的统治基础，"公务员待遇菲薄，生活艰困，贪污无能，已成为政治上普遍现状，政府机构，形同瘫痪，毫无生气。若不从政治上作根本改革，专在消极上限制，实不胜其纠劾"③。

最后，地方监察机构设置单薄，经费支绌，难以保障监察工作人员有效行使职权。监察使署是分区监察制度的组织载体，承担着2~3个省市的监察任务，自监察使以下却只有工作人员20余名，直接从事调查工作的仅有数人。自成立之日起，各监察使署就一直受到经费不足的困扰。视察调查的差旅费一向被监察人员视为"监察工作之动脉"，"不但数目微少，不敷应用，且拨发迟缓，误事尤多"。④例如，河北监察使署的监察区域包括河北省和北平、天津两特别市，调查任务繁重，经费所限，只得请求北平市政府拨借"经修理尚可应用"的"破旧汽车一部"，"行宪"以后河北监察使署改为冀热察区监察委员行署，这辆仅有的工作用车又被北平市参议会借用。⑤到了国民政府统治末期，物价飞涨，监察委员行署的"调查人员出差旅费，不能随时调整，每月所领差费，不足一饱，工作实无法可

① 《监察院两湖区监察委员行署工作述要》（1949年2月），上海市档案馆藏，档案号：Y2-1-795。

② 监察院监察制度编纂处编纂《监察制度史要》，南京汉文正楷印书局，1935，第155页。

③ 《监察院苏浙区监察委员行署工作报告》（1949年3月），上海市档案馆藏，档案号：Y4-1-867。

④ 《监察院两湖区监察委员行署工作述要》（1949年2月），上海市档案馆藏，档案号：Y2-1-795。

⑤ 《北平市政府向河北监察使署索还座车的函》（1948年8月），北京市档案馆藏，档案号：J001-002-00600。

以进行"①。

四　结语

　　行政监察是现代政府的一项重要职能，南京国民政府统治时期，我国正处在由传统社会向现代社会转型的过渡阶段，国民政府的当政者曾试图结合中国的历史传统，建立现代行政监察制度。但是，监察院分区监察制度在实际运作中成效不彰，从而严重影响了中央对地方的控制能力，监察机关无法有效行使职权，国民政府实际上成为弱势的中央政府。缺乏有效监督和制约的地方政权逐渐走向全面腐化，最终导致了南京国民政府在大陆统治的崩溃。

　　南京国民政府行政监察体制的设计和运作，为当今中国的廉政制度建设提供了重要的借鉴和启示。在当前我国深化政治体制改革的进程中，首先要重视和加强监察立法工作，进一步理顺监察机关与行政机关和司法机关的关系，使监察机构在整个国家政权体系中保持相当的独立性和自主性。其次，要对各级监察机构进行调整和充实，采取切实措施保障监察工作人员依法行使职权，从而树立监察机关特别是中央监察机关的社会威信。最后，我们还应当认识到，权力监督机制的功效受到客观政治环境的影响和制约，只有维护政治稳定，促进社会和谐，才能为廉政制度的运行创造良好的条件。

（本文原载于《历史教学》2013 年第 16 期）

---

　　① 《监察院两湖区监察委员行署工作述要》（1949 年 2 月），上海市档案馆藏，档案号：Y2-1-795。

第三编　新中国监察制度研究

新中国监察制度的沿革

赵贵龙[*]

摘　要： 本文对新中国成立以来监察制度的沿革进行了梳理。首先，对"关于'社会主义的'监察制度"作了定性分析；其次，将"新中国监察制度的沿革"分述为监察制度的创建时期、监察制度的调整时期、监察制度的停滞时期、监察制度的恢复时期、监察制度的重组时期、监察制度的新发展时期——国家监察体制改革等六个阶段；最后，对新中国现行监察制度作了分析性总结。

关键词： 监察制度　新中国　社会主义　监察体制改革

划分中国监察史的现代与当代是一件十分困难的事情。由于我们将1840年至1949年的历史统称为中国监察史的近代，也就无形中把传统史学上所指的现代归并于前者了。那么，剩下的新中国成立以后的历史，我们可以视它既是中国监察史的现代，又是中国监察史的当代。

如果一定要划分出这段历史的现代与当代也未尝不可。新中国成立后，中国监察制度的沿革经历了几个阶段。第一阶段，是新中国成立后至1954年，中央人民政府政务院设立人民监察委员会，负责监察全国各级国家政府机关和公务人员是否履行其职责。第二阶段，是1954年第一届全国人民代表大会召开后至1959年，国务院设立监察部，对国务院各部门、地

---

　*　赵贵龙，全国审判业务专家，法学博士，兼职教授，山东省济宁市中级人民法院党组成员、副院长。

方各级国家行政机关、国营企业、合作社实施监督。第三阶段，是 1959 年
监察部撤销以后至 1982 年，这一时期没有统一的行政监察机关，行政监察
工作由各行政机关自行负责、分散进行。第四阶段，是 1982 年至 1993 年
初恢复和健全专职行政监察机构时期。首先是新宪法明确规定在全国设立
审计机构，并于 1983 年 9 月正式成立了由国务院总理直接领导的审计署，
负责组织领导全国的审计工作；其次是 1986 年 12 月，第六届全国人民代
表大会常务委员会第十八次会议根据当时的新情况，作出了关于恢复并确
立国家行政监察体制、重新设立中华人民共和国监察部的决定。第五阶
段，是 1993 年 1 月 7 日以来纪检、监察合署办公的重组阶段。第六阶段，
是党的十八大以来，监察制度进入新发展时期——国家监察体制改革阶
段。综合看来，我们可以将第一至三阶段划为中国监察史的现代，1982 年
以后的第四至六阶段则归入中国监察史的当代。

其实，当代史应该视为现代史的一个活跃而新生的相对走在当前的特
殊部分。再说新中国成立以后的政治制度史历时不是太长，它在本质上仅
属于社会主义初级阶段的前期，所以，我们不再详细划分中国监察制度史
的现代与当代，而将本部分内容称为"新中国监察制度的沿革。"

社会主义的监察制度博大精深，列宁曾将人民群众的监督权与党的政
治领导权、苏维埃国家机关的立法—执法权并列于人民主权的政体之下。
当代国家监察体制改革，又是社会主义政治体制改革的重要内容。因此，
有必要先对"社会主义的"监察制度作一简略剖析。

一　关于"社会主义的"监察制度

1949 年，中华人民共和国的诞生揭开了当代中国的序幕。这一古老的
文明国度跨入当代门槛的首要标志，是她举起了社会主义的旗帜。而恰是
这样一个时期举起的这样一面旗帜，使中国共产党人采用了苏联现成的组
织方式与管理模式，监察制度亦不例外。正如美国史学家莫里斯·迈斯纳
（Maurice Meisner）所言："中国共产党曾拒绝了俄国人对中国革命的建议，
依靠自己的力量并以自己的方式取得了革命的胜利，而现在他们却迫不及

待地要借用苏联革命胜利后的发展模式。"① 因此，探讨中国当代的监察制度，就不能不考虑到苏联模式（特指斯大林模式）对中国造成的根深蒂固的影响。

新中国成立前夕，《人民日报》发表了毛泽东的《论人民民主专政》一文，对未来的共和国进行了总体模式的设计。文章首先重申了马克思主义者追求的崇高目标，即"使阶级、国家权力和政党很自然地归于消灭，使人类进到大同境域"。但这只是"人类进步的远景"，它的实现需要"时间和条件"。而"我们现在的任务是要强化人民的国家机器……借以巩固国防和保护人民利益"。② 因此，新中国成立后的首要任务便是国家政权的建设，使新的社会政治制度常规化。这时候，旧的传统已被打破，西方的政体又因社会性质与政治观念的对立而被唾弃，我们本身却无法于一夜之间设计出崭新而完美的政体，因而借用苏联模式就变得顺理成章了。这时的苏联政体——尤其是监察制度方面——恰恰处于业已定型了的斯大林模式时期。

专制的政体被打碎了，却无法根除专制的幽灵；民主的灯塔矗起来了，却远未驶入民主的航程。列宁临终前警告说：旧的势力压倒了布尔什维克，而后者不过是给旧沙皇的官僚机构加上了一层苏维埃的装饰。同样脱胎于顽固的封建专制政体，社会主义中国与苏联有着十分相近的历史背景。改革开放前几十年的坎坷历程有力地证明了这一点。怎样弥补政体的缺陷，走出政治上的迷谷；怎样建立起有效的监察体制，理顺人民与公仆的关系：这些是社会主义政治体制改革的重要内容。

然而，首先应该让我们回顾一下社会主义监察制度所走过的理论上高屋建瓴而实际上举步维艰的复杂历程。

西方政论界往往将社会主义描绘成一种权力过分集中的政体。社会主义常常成为西方国家一个争论不休的概念。因此，我们有义务也有必要经常剖析这一制度的每一方面，尤其是社会主义制度下"人民监督权"这一至高无上的实质性问题。

---

① 〔美〕莫里斯·迈斯纳：《毛泽东的中国及后毛泽东的中国》上册，杜蒲、李玉玲译，四川人民出版社，1989，第76~77页。
② 中共中央文献研究室、中央档案馆编《建党以来重要文献选编（1921~1949）》第二十六册，中央文献出版社，2011，第502、508页。

如何制约权力的滥用，这是民主运动中一个古老而常新的课题。国家产生以来，其政体经历着由集权走向分权、再由分权走向人民主权的转化，社会主义经典上显然描绘着人民主权的蓝图，尽管这一蓝图的实现还需要"时间和条件"。那么，诞生于20世纪的社会主义国家几乎无一例外地暴露出的被列宁称为"寡头政治"的权力过度集中的现实，至少从理论上不是社会主义所赞许的东西。它虽然或许是历史的惯性所带来的必然（主要的社会主义国家是直接脱胎于顽固的专制政体的），但这的确不折不扣地背离了社会主义缔造者的初衷。

民主政体的首要任务是反对权力的滥用，实现对权力的有效制约。古希腊的亚里士多德最早提出了分权与制衡的萌芽思想。从洛克、孟德斯鸠到杰弗逊，为了防止资产阶级政体向封建专制蜕化，提出了近代意义上的分权论与制衡论，认为"为了防止滥用权力，必须通过事物的统筹协调，以权力制止权力"①。杰弗逊的特殊贡献在于倡导并实践了"双重分权"的理论——既实行横向的三权分立，又实行纵向的中央与地方分权的联邦制。但是，三权分立并未能摆脱政党与垄断财团对政权的操纵，民主政治实际上蜕化为垄断资本的寡头政治。

苏维埃新型民主政体当然不会简单重复上述问题，不过，它以新的形式同样遇到了民主政体中的权力制约问题。苏维埃民主初期，不可能马上走上人民自治的直接民主制道路，势必实行以多层次的代表制而不是代议制为特征的间接民主制：国家机关代表人民管理经济，无产阶级政党代表人民管理国家，党中央代表全党实行领导，政治局、书记处等领袖集团代表党中央主持日常工作。这种层层代表的间接民主制，势必产生出一种权力集中的趋势，因此列宁称其为"最地道的'寡头政治'"②。直到临终前，列宁还忧心忡忡地指出：旧的势力压倒了布尔什维克，而后者不过是给旧沙皇的官僚机构加上了一层苏维埃的装饰。

列宁为此指出的一条根本出路，不是简单地重复西方的分权论与制衡论，而是强化人民的参与权与监督权。列宁试图超越"三权分立论"与"人民主权不可分割论"的对立，在理论上作出更高的综合。列宁的独特

---

① 〔法〕孟德斯鸠：《论法的精神》上卷，许明龙译，商务印书馆，2009，第166页。
② 《列宁选集》第四卷，人民出版社，1995，第157页。

思想概括地说就是人民主权的统一论和三权相对独立论的有机结合——这里的三权是指党的政治领导权、国家机关的立法—执法权、人民群众的监督权。其中关于人民监督权的思想，集中体现出列宁民主理论中的大胆创新，那就是通过强化人民监督权，有效地防止权力的代表者与权力的主人、无产阶级政党领袖人物与人民群众相脱节，防止主客颠倒、反客为主的权力异化。

在他看来，监督活动的主体应从司法机关、监察机关转向广大人民，因而他主张改组工农检查院，建立起党政民一体的统一而强大的人民监督系统。首先，党的中央监察委员会由党的代表大会直接选举，与中央委员会平行；然后，再把工农检查院和中央监察委员会结合起来，以工农检查院为中枢使党政监督系统成为一体，由严格考选产生的工农检查人民委员领导整个工农检查院和所有"派来"听他指挥的中央监察委员。而这一监督系统是通过工农中的优秀分子同真正的广大群众联合起来的。这样，人民就掌握了至高无上的监督权，并且监督工作的重心也从下层机关、一般干部转向了最高机关、领袖人物。

但是，列宁的愿望并未实现。斯大林掌权后，一步步削弱了人民的监督权。他打破了列宁的设计，又回到了党和国家监察机构平行独立的状态，普通的国家监察机关取代了工农检查院，党的中央监察委员会降为中央委员会甚至书记处下属的机构，服务于个人专权的自上而下的监察网络取代了人民自下而上的监督系统。斯大林时代的政体恰好对新中国的政权建设产生了直接的影响。

可见，专制与集权并非社会主义与生俱来的特性，而是诸多复杂的因素造成的反常现象。消除这种反常现象，则是社会主义政治体制改革的重要任务。

1988年底，苏联最高苏维埃通过的《关于苏联宪法（基本法）修改和补充的法律》规定：

> 各级人民代表苏维埃组成人民监督机关，人民监督机关把国家监督同企业、机构和组织的劳动人民社会监督结合起来。

这样，苏联的政治体制改革重新把列宁提出的强化人民监督权的设想逐步付诸实施。这对中国监察体制的改革和完善起着重大的启迪作用。

令人十分遗憾的是，苏联的解体导致其"社会主义的"监察制度与"社会主义的"其他制度一样，顷刻间化为历史的陈迹。

二　新中国监察制度的沿革

新中国成立初期，政务院设有人民监察委员会。1954 年，政务院改为国务院，人民监察委员会改为监察部。1959 年 4 月，由于种种原因，撤销了监察部。1982 年以后，根据新宪法之规定，逐步恢复和健全专职行政监察机构，首先于 1983 年成立了审计署，然后于 1986 年 12 月由人大常委会作出了关于恢复并确立国家行政监察体制、重新设立中华人民共和国监察部的决定。其他方面的监察制度建设也基本上与行政监察的兴废存亡共进退。1993 年 1 月，中央纪委与监察部正式合署。2016 年正式开展国家监察体制改革试点工作。2018 年 3 月，十三届全国人大一次会议通过《宪法修正案》和《监察法》。至此，国家监察体制改革基本完成。

（一）第一阶段：监察制度的创建时期

1949 年 9 月 29 日，中国人民政治协商会议第一届全体会议通过了起临时宪法作用的《中国人民政治协商会议共同纲领》。其中第十九条第一款规定：

> 在县市以上的各级人民政府内，设人民监察机关，以监督各级国家机关和各种公务人员是否履行其职责，并纠举其中之违法失职的机关和人员。

同时通过的《中央人民政府组织法》规定：在政务院设人民监察委员会，负责监察政府机关和公务人员是否履行其职责。

1950 年 10 月 24 日，政务院批准通过了《政务院人民监察委员会试行组织条例》，规定中央人民监察委员会设主任一人，副主任二人至三人，委员十五人至二十一人，由主任主持委务并召集会议，另设秘书长、副秘书长处理日常行政事务。下设第一、二、三厅分掌各类监察事项，各厅设厅长一人，高级、中级、助理监察专员各若干人；设办公厅掌管通常行政事务，下辖第一处（设秘书、人事、总务三科）、第二处（设研究室和编译资料室）。四厅各设秘书、科员及办事员若干人。另外，中央人民监察委员会得在中央直属各机关、各国营企业部门、人民团体及新闻机关设置监察通讯员。

政务院人民监察委员会的任务是：①监察全国各级国家机关和各种公务人员是否违反国家政策、法律、法令或损害人民及国家之利益，并纠举其中之违法失职的机关和人员；②指导全国各级监察机关之监察工作，颁发决议和命令，并审查其执行；③接受及处理人民和人民团体对各级国家机关和各种公务人员违法失职行为的控告。其依法拥有检查权和调查权，处理事件得分别使用检举、纠正、惩处、建议或表扬等方法。

在政务院人民监察委员会之下，设地方各级人民监察委员会。

1949年12月16日，政务院第十一次会议通过《大行政区人民政府委员会组织通则》，决定在各大行政区设人民监察委员会。1950年1月6日，政务院第十四次会议通过了《省人民政府组织通则》、《市人民政府组织通则》及《县人民政府组织通则》，决定在省、市、县人民政府内设人民监察委员会。同年9月，又决定在省人民政府专员公署设人民监察处。

1951年10月25日，政务院公布了《大行政区人民政府（军政委员会）人民监察委员会试行组织通则》《省（行署、市）人民政府人民监察委员会试行组织通则》。同年12月18日，中央人民监察委员会发布《关于省人民政府专员公署人民监察处几项具体问题的指示》。这些通则和指示，分别规定了地方各级人民监察机关的职权、机构、上下级的工作关系。

地方各级人民监察委员会均受所在人民政府的领导及上级监察机关的指导，职权是：①监督管辖境内各级政府机关、企业部门及其工作人员是否履行职责，有无违反国家政策、法律、法令或损害人民及国家利益的行为，并纠举其中违法失职的机关、部门或人员，予以惩戒或纠正；②指导所属各级监察机关的监察工作，颁发决议和命令，并审查其执行；③接受及处理人民和人民团体对政府机关、企业部门及其工作人员违法失职行为的控告。除中央与地方各级人民政府设置人民监察委员会以外，政务院还命令在省级以上财经部门及国营企事业单位普遍建立监察机关。1951年9月3日，政务院发布关于在政务院财政经济委员会所属的财政部、贸易部、重工业部、燃料工业部、纺织工业部、铁道部、邮电部等七个部门内，先行设置监察机构的命令。1952 年 12 月 27 日，政务院公布《省（市）以上各级人民政府财经机关与国营财经企业部门监察室暂行组织通则及编制原则的命令》，规定凡省（市）以上各级人民政府财经机关及国营财经企业部门，均设监察室，执行监察职务。监察室受本机关、部门首长及上级监察室双重领导，并受其主管机关的同级地方人民监察委员会或驻在地人民监察委员会的指导。

20 世纪 50 年代初，我国各级行政监察机关为密切联系群众、发挥人民群众对国家机关及其工作人员的监督作用，建立并实行了监察通讯员制度。早在 1951 年 9 月 8 日，政务院就公布了《各级人民政府人民监察委员会设置监察通讯员试行通则》，次年 8 月 19 日又发出了《关于加强人民监察通讯员和人民检举接待室的指示》。1953 年 7 月 31 日政务院公布的《各级人民政府人民监察机关设置人民监察通讯员通则》规定：各级人民监察委员会可在政府机关及其所属企事业部门、人民团体、城市街道及农村中设置人民监察通讯员。人民监察通讯员须由群众民主推选，并经主管人民监察机关审查任命，任务是：①调查政府机关与所属部门及其工作人员一切违法、失职、损害国家或人民利益的行为和工作上存在的重要问题，并征集群众对政府的政策、法令、工作的意见，向其主管人民监察机关或其所在机关、部门首长报告；②宣传监察工作之意义及作用，启发人民群众对国家机关及其工作人员进行监督；③管理并开检人民监察机关在该机关、部门、团体、街道、村庄所设立的人民意见箱。人民监察通讯员对自己所收集的材料和人民群众所反映的情况，须照实报告，并严守机密，不得外传。人民监察通讯员每三个月至半年，应向其原推选单位群众报告一次工作，如群众认为必要得改选之。其工作费用由所在机关、部门或团体供给，如属街道、村庄则由其主管人民监察机关供给。

新中国成立初期，政务院和政务院人民监察委员会制定并颁布了一系列法规、章条，除各级监察机关的组织法规和人民监察通讯员的设置通则外，还制定了《各级人民监察委员会处理违法失职人员案件暂行办法》《关于撤销国家机关工作人员行政处分的暂行办法》《关于加强人民监察通讯员和人民检举接待室的指示》《各级财政监察机构执行财政监察工作实施细则》等法规和制度，对国家机关工作人员的惩戒原则、种类、条件、程序和监察机关的惩处权限以及处分的注销等，都作了具体规定。

自 1949 年 10 月至 1954 年 9 月，新中国监察工作于初创时期便取得了明显成绩。这一阶段，不仅组建了各级人民监察机关、制定了监察工作的法规和制度，而且对政府机关及公务人员进行了全面的监督检查，积累了一定的监察工作经验，有力地配合了新中国成立初期土地改革、"镇反"运动、"三反""五反"运动、社会主义改造和经济及民主建设等中心工作任务。当然，由于制度初创、经验不足，也存在着案件积压、处理不严等消极现象，有待于进一步的改善和提高。

应该指出：行政监察制度的建设是在党的领导下进行的，而党的监察制度建设也是不容忽视的一个方面。中国共产党早在 1927 年 4 月召开的党的五大上，便选举产生了中央监察委员会，同年 6 月 1 日中央政治局发布的《中国共产党第三次修正章程决议》中增加了"监察委员会"一章。1945 年党的七大党章"党的监察机关"一章中，对党的监察机关产生办法、任务、职权、领导体制都作了明确规定，促进了党内监督制度的形成和发展。新中国成立后，1949 年 11 月，党中央成立了中央纪律检查委员会，同时决定成立各级党的纪律检查委员会。这样，党政监察制度并行不悖、相辅而进，构成了新中国监察体制的两大支柱。

此外，党和政府还分别通过了《关于在报纸刊物上展开批评和自我批评的决定》（1950 年 4 月）、《关于处理人民来信和接见人民来访的决定》（1951 年 6 月）等，确立了信访制度、舆论监督制度等多种监察途径，作为党政监察制度的补充。

（二）第二阶段：监察制度的调整时期

1954 年 9 月，第一届全国人民代表大会通过了新中国的第一部宪法，政务院改为国务院。根据 9 月 28 日公布的《国务院组织法》的规定，人民监察委员会改为监察部。地方也设置了相应的监察厅、监察局和监察处。

监察部设部长一人和副部长，并且可以按照需要设部长助理若干人。部务会议由部长召集，每月两次，必要时可适当增减。为集思广益、发扬民主，监察部设立部长领导下的监察委员会，每三个月举行一次会议，必要时可由部长临时召集；其委员由部长提请国务院任免。监察部还对原人民监察委员会的内部机构进行了调整，改设五司一厅一局一室，即第一监察司（政法、文教）、第二监察司（工业）、第三监察司（财粮、贸易）、第四监察司（交通、运输）、第五监察司（农林、水利）和办公厅、公民控诉处理局、参事室。厅、室设主任、副主任，司设司长、副司长，局设局长、副局长；并根据需要设监察专员、监察员、助理监察员和其他工作人员若干人。厅、局、司、室的设立、合并或者撤销，均由部长提请国务院批准。调整后的监察部，加强了对国务院所属各部和各省、自治区、直辖市监察工作的指导。

1955 年 11 月，国务院常务会议批准通过了《监察部组织简则》，规定：监察部为了维护国家纪律，贯彻政策法令，保护国家财产，对国务院各部门、地方各级国家行政机关、国营企业、公私合营企业、合作社实施监督。其任务如下：①检查国务院各部门、地方各级国家行政机关、国营企业及其工作人员是否正确执行国务院的决议、命令；②检查国务院各部门、地方各级国家行政机关、国营企业执行国民经济计划和国家预算中存在的重大问题，并对上述部门、机关、企业和公私合营企业、合作社的国家资财的收支、使用、保管、核算情况进行监督；③受理公民对违反纪律的国家行政机关、国营企业及其工作人员的控告和国家行政机关工作人员不服纪律处分的申诉，并审议国务院任命人员的纪律处分事项。

同时，对地方各级监察机构也进行了调整。

1954 年 9 月 21 日，第一届全国人民代表大会第一次会议颁布的《地方各级人民代表大会和地方各级人民委员会组织法》决定，在省人民委员会和直辖市及设区的市人民委员会设立监察厅、局、处。1954 年 12 月 15 日，国务院常务会议通过《关于各省人民委员会设置工作部门和办公机构的决定》，决定省人民政府的人民监察委员会改为监察厅。12 月 17 日，监察部发布了《关于调整地方各级监察机构及其有关事项的指示》。这样，逐步在省、直辖市、设区的市人民委员会中设置了监察厅、局、处，县和不设区的市及市辖区的人民委员会中不设监察机关，而适当扩充了省、直辖市、设区的市和专员公署监察机关的组织，加强了这些监察机关的干部力量。在工作特别需要的县和不设区的市，由专员公署或省的监察机关重点派遣监察组，并受派出机关的垂直领导。监察组设组长一人（必要时可设副组长），监察员、助理监察员若干人。

1955 年 11 月 11 日，由全国人大常委会批准并经国家主席签署公布的《内蒙古自治区各级人民代表大会和各级人民委员会组织条例》，决定在该自治区人民委员会设监察厅，在盟、行政区、自治区辖市的人民委员会设监察局。1956 年 7 月 9 日，由全国人大常委会批准并经国家主席签署公布的《新疆维吾尔自治区各级人民代表大会和各级人民委员会组织条例》，决定在该自治区设置监察厅，在设区的市人民委员会设置监察局。

另外，国家还对中央及地方财经部门监察机构进行了调整。

1955 年 10 月 10 日，国务院发布《关于批准施行〈监察部关于中央和地方财经部门国家监察机关组织设置及对现有监察室（局、司）进行组织调整的方案〉的通知》。这次调整将国家普通监察机关与业务部门内部的或专业的监察（检查）机关从组织上分开。

经调整，在国务院所属的 16 个部设立监察局；还在监察部设商业监察局。这些监察局，有的受各部和监察部双重领导，有的受监察部直接领导。它们可以有重点地向所属管理局和大型联合企业派驻监察专员办事处或监察室，向企事业单位派驻监察分室或监察员，负责管辖范围内的监察工作。原来一些部门的监察室改为其内部监察机构或专业监察机关，如财政部财政监察局及地方财政监察机构改为专业监察机关，中国人民银行的监察室改为该行内部监察机构，商业部和对外贸易部系统的监察室改为该部门的内部监察机构。

省（市）人民委员会所属工业、公用事业、建筑、交通、粮食、水利、农林（牧）等厅（局）的监察室及其所属企事业单位的监察室，一律改为各省（市）监察厅（局）的组成部分，在省（市）监察厅（局）内单独或合并设立相应的监察机构，并有重点地在上述部门及其所属企事业单位派驻机构或人员。另外，在省（市）监察厅（局）还设商业监察处（组）。

经过大幅度调整后的新中国监察制度，在领导体制方面，监察部受国务院领导，地方各级监察机关受同级人民委员会（政府）及上级监察机关的双重领导；在职权方面，监察机关拥有检查权、调查权和建议权，没有行政处分权，但其建议权对有关奖励和纪律处分的具体实施有着直接的影响。

这一时期，随着社会主义革命和建设高潮的到来，我国行政法制建设在立法、执法、监察等方面，都出现了较好的局面。在监察立法方面也有了一定的进展。国务院发布了《关于报送纪律处分案件问题的通知》《关于国家行政机关工作人员的奖惩暂行规定》；监察部颁发了《关于国家监察机关处理公民控诉工作的暂行办法》《关于国家行政机关工作人员的奖惩暂行规定中几个问题的解答》等，使监察工作逐步走上了有法可依、有章可循的轨道。尤其是国务院 1957 年 10 月 26 日公布的《关于国家行政机关工作人员的奖惩暂行规定》，对监察制度建设有着重大影响。

该规定第十三条规定，国家监察机关管理奖惩工作的范围，依照下列规定：①国家监察机关在工作中发现需要给予国家行政机关工作人员奖励或者纪律处分的时候，应该提出具体意见，建议其主管机关作出决定，或者报请上级行政机关决定；②国家监察机关对于上级行政机关交议的奖励或纪律处分案件，应该负责审议，并且提出具体意见，报请上级行政机关决定；③国家监察机关对于各部门有关奖励或者纪律处分的争议，可以进行评议，并且提出具体意见，建议其主管机关作出决定，或者报请上级行政机关决定；④国家监察机关对于所受理的奖励或者纪律处分的控告、申诉案件，可以进行复议或者复查，并且提出具体意见，建议其主管机关作出决定，或者报请上级行政机关决定。可见，新中国调整时期的监察机关虽无直接的行政处分权，但其建议权对有关奖励和纪律处分的具体实施有着实质性的意义。

在此期间，各级监察机关围绕社会主义改造运动，检查处理了一些国家行政机关工作人员违法乱纪的案件，对于顺利完成社会主义改造任务、保持国家行政机关和公务人员的廉洁以及提高行政效能起到了积极的作用。

与此同时，党内监察制度建设也有了一定发展。1955 年 3 月，中国共产党全国代表会议一致通过了《关于成立党的中央和地方监察委员会的决议》，朱德同志在中央监察委员会第一次会议上强调，今后要加强对各级党组织和党员干部在执行党的路线政策中的监督工作，特别是要注意加强对中央各部门（各党组）和省（市）的高级干部的监督工作；同时强调了监委工作的相对独立性和工作权限。1956 年 9 月通过的党的八大党章中，有关党的监察机关的规定比党的七大党章有所发展，有利于党内监督的制度化。1956 年，邓小平同志指出，在执政党的条件下，"党除了应该加强对于党员的思想教育之外，更重要的还在于从各方面加强党的领导作用，并且从国家制度和党的制度上作出适当的规定，以便对于党的组织和党员实行严格的监督"①。

另外，国务院 1957 年 11 月 19 日公布了《关于加强处理人民来信和接待人民来访工作的指示》，加强了信访制度的建设。

总之，从 1954 年 9 月设立监察部至 1959 年 4 月撤销监察部，是我国监察制度的调整时期，新中国的监察制度得到了进一步的发展和完善，对社会主义革命和建设起到了积极的作用。

（三）第三阶段：监察制度的停滞时期

20 世纪 50 年代的人民监察委员会和监察部，在贯彻国家政策法令，维护国家财经纪律，保护国家财产，监督国家行政机关、国营企业、公私合营企业、合作社等方面，做了大量卓有成效的工作，取得了良好的效果。但是，1959 年 4 月 28 日，第二届全国人民代表大会第一次会议通过了关于撤销监察部的决议，新中国监察制度从此进入停滞时期。

全国人大在撤销监察部的决议中指出，"这项工作必须在各级党委领导下，由国家机关负责，并且依靠人民群众，才能做好，因此，监察部已无单独设立之必要"，规定"今后对于国家行政机关工作人员的监察工作，一律由各有关国家机关负责进行"。这样，在一个时期内，在我国作为政府一级机构的监察部、监察厅等均被撤销，没有统一的行政监察机关，行政监察工作由各行政机关自行负责，分散进行。由于缺乏专司行政监察职能的机关，行政监察工作实际上被削弱了。

直至 1978 年 12 月党的十一届三中全会，才决定健全民主集中制，健全党规党法，并选举产生了中央纪律检查委员会；党的十二大党章明确把党的纪律检查制度作为一项重要内容，规定了党的纪律检查机构的双重领导体制；党的十三大更是强调使集体领导制度化，加强对党的领导人的监督和制约。这才使党内监察制度有了较大的改进和完善。

这一时期，我国监察制度总的来说处于停滞与颓废状态，但对国家机关工作人员的奖励和纪律处分工作并未完全废除，行政机关工作人员的奖惩工作由内务部、人事部门等掌握，党内则先后设有专门的监察（纪检）

---

① 《邓小平文选》第一卷，人民出版社，1994，第 215 页。

机关。党的十一届三中全会以后，党和政府接受历史教训，开始重视监察制度的建设，并先行恢复党内监察机构（纪律检查委员会）的建置，为以后行政监察体制的恢复奠定了基础。其后，还曾设置专业性质的行政监察机关。1980 年 7 月 2 日，国务院批转了《财政部关于财政监察工作的几项规定》，批准"财政部设财政监察司，省、自治区、直辖市财政厅（局）设财政监察处，行政公署、省辖市、自治州财政局设财政监察科，县（市）、自治县财政科设财政监察股或财政监察员"。同时，"国务院各部、各委员会、各直属机构和省、自治区、直辖市各厅、局的财政部门，可视工作需要，设财政监察处、科或财政监察员"。另外，"有条件的地方，财政部门可以在企业、事业单位和机关财务会计人员中，聘请财政监察通讯员"。该规定还详细说明了财政监察机构的任务、领导关系，财政监察人员的职权，财政监察案件的处理，对财政监察人员的要求，等等。另外，1982 年2 月 28 日，第三次全国信访工作会议还审议修改了《党政机关信访工作暂行条例（草案）》，使我国的信访制度建设也向前迈进了一步。

（四）第四阶段：监察制度的恢复时期

1982 年 12 月 4 日，第五届全国人民代表大会第五次会议通过了中华人民共和国的第四部宪法，即现行《宪法》。1982 年《宪法》开创了新中国法制建设的新纪元，同时也是标志着新中国监察制度进入复兴时期的里程碑。

新宪法第八十九条第（八）项规定：国务院"领导和管理民政、公安、司法行政和监察等工作"。行政监察的地位在国家根本大法中得到了确定。新宪法第九十一条规定："国务院设立审计机关，对国务院各部门和地方各级政府的财政收支，对国家的财政金融机构和企业事业组织的财务收支，进行审计监督。"同时规定："审计机关在国务院总理领导下，依照法律规定独立行使审计监督权，不受其他行政机关、社会团体和个人的干涉。"根据这一规定，1983 年 9 月正式成立了由国务院总理直接领导的审计署，负责组织领导全国的审计工作。县以上的地方各级人民政府设立审计局，在上级审计机关和本级人民政府的领导下进行工作。这样，首先在全国范围内健全了审计监察制度。

与此同时，党和政府提高了对党政机关和党政干部廉洁奉公的要求。

1984年12月3日，中共中央、国务院发布了《关于严禁党政机关和党政干部经商、办企业的决定》，要求党政机关及其在职干部"发扬清正廉明、公道正派的作风"，切实做到一心一意为国家为人民服务，"决不允许运用手中的权力，违反党和国家的规定去经营商业，兴办企业，谋取私利，与民相争"；明确规定"党政机关不得使用公款（包括行政经费、党团费、老干部特需经费等）、贷款以及在职干部自筹资金，自办企业或与群众合办企业，不得在经济利益上与群众兴办的企业挂在一起"。1985年7月，司法部制定了《关于司法行政系统工作人员奖惩暂行办法》；1985年10月25日，国务院发布了《关于报送国务院审批或备案的行政人员奖励和处分问题的通知》：这些都有力地配合了国家监察制度的建设。

1986年，在第六届全国人民代表大会第四次会议期间，全国人大代表及政协委员多次提出建议，要求在国务院和县以上各级人民政府设立国家行政监察机关。这反映了体制改革的客观要求和人民群众的愿望。1986年11月，国务院向全国人大常委会提出了《关于提请设立中华人民共和国监察部的决议》，并提交了《设立国家行政监察机关的方案》。1986年12月2日，第六届全国人民代表大会常务委员会第十八次会议根据国务院的提请，决定：为了恢复并确立国家行政监察体制，加强国家监察工作，设立中华人民共和国监察部。1987年8月11日，国务院发布了《关于监察部机构设置和人员编制的通知》；8月15日，又发布了《关于在县以上地方各级人民政府设立行政监察机关的通知》。这样，全国各级行政监察机关逐步重建起来，国家行政监察体制得以恢复并确立。

1988年下半年，国家机构编制委员会第十次会议正式审议通过了《监察部"三定"方案》（10月8日颁布），对监察部的主要职能与任务、机构设置与职责、行政人员编制等作了具体规定和适当调整。

1988年5月11日，监察部发布了《监察机关调查处理政纪案件试行办法》，对政纪案件的受理、立案、调查、处理、结案等作了详细规定。1988年9月13日，国务院发布了《国家行政机关工作人员贪污贿赂行政处分暂行规定》，监察部于次年9月8日发布了该规定的实施细则。1988年12月1日，国务院发布了《国家行政机关及其工作人员在国内公务活动中不得赠送和接受礼品的规定》。1989年6月9日，国家税务总局发布了《税务机关监察工作暂行规定（试行）》。同时，国务院及监察部等机关着手起草《行政监察条例》《国家行政机关工作人员失职渎职行政处分暂行规定》《国家行政机关工作人员申报财产收入的暂行办法》《关于公民检举控告工作条例》等法规、规章。这些法规、规章标志着新中国监察制度一步步走向成熟，并朝着法律化、制度化的方向迈进。

这一时期，党内监察制度也得到了进一步的发展与完善，中共中央纪律检查委员会制定了一系列规范性文件，如：《关于对党员干部加强党内纪律监督的若干规定（试行）》（1987 年 7 月 29 日）；《关于坚决查处共产党员索贿问题的决定》（1987 年 6 月 30 日）；《关于处理检举、控告和申诉的若干规定》（1987 年 7 月 8 日）；《党的纪律检查机关案件审理工作条例》（1987 年 7 月 14 日）；等等。这说明党内监察制度也进一步向着制度化、规范化迈进，一步步走向完善和成熟。

1990 年 11 月 23 日，国务院通过了《行政监察条例》，共七章五十一条，并于 1990 年 12 月 9 日发布实施。该条例的发布实施，标志着我国行政监察工作初步向法治化轨道迈进。

（五）第五阶段：监察制度的重组时期

我国行政监察体制恢复后的几年间，形成党的纪检机关和行政监察机关两套机制并行的局面，职能方面存在许多交叉和重复的地方。1992 年底，中共中央、国务院决定按照"三个有利于"（有利于在中央和各级党委的统一领导下，进一步强化党的纪检和政府行政监察职能；有利于国务院和各级政府继续加强对行政监察工作的指导，便于监察机关领导班子继续向政府负责；有利于避免纪检、监察工作的重复交叉以及精简机构和人员）的原则，纪检、监察机关合署办公，实行一套班子两种职能。

1993 年 1 月 7 日，中央纪委和监察部正式合署。此后各省、自治区、直辖市和地、市、县的各级纪委和监察厅（局）也逐步进行合署。合署不等于合并，更不是取消某个方面，而是减少不必要的重复交叉，将职能相同的机构进行合并，职能不同的保留，职能薄弱的加强，从而使纪律检查、行政监察两种职能形成合力，进一步加大监督工作力度，提高监督工作效率。

合署办公的范围主要是党政机关，不包括企事业单位。地方纪检、监察机关也不搞上下对口、一刀切。合署后的监察部仍属国务院系列，接受国务院领导，对国务院负责。地方各级监察机关合署后仍是各级政府的组成部分，继续实行由所在政府和上级监察机关双重领导的体制。

1997 年 5 月 9 日，第八届全国人民代表大会常务委员会第二十五次会议通过了《行政监察法》。2004 年 9 月 17 日，国务院颁布了《行政监察法实施条例》。2010 年 6 月 25 日，第十一届全国人民代表大会常务委员会第十五次会议作出了《关于修改〈中华人民共和国行政监察法〉的决定》，《行政监察法》根据该决定作相应修改并对条款顺序作相应调整后重新公布。我国行政监察体制稳步走向法治化。

（六）第六阶段：监察制度的新发展时期——国家监察体制改革

2013 年 11 月，党的十八届三中全会审议通过的《中共中央关于全面深化改革若干重大问题的决定》专门就"强化权力运行制约和监督体系"提出了制度建设要求。2014 年初，正式组建"中央全面深化改革领导小组"，并设置"纪律检查体制改革专项小组"。同年 6 月 30 日，中央政治局审议通过《党的纪律检查体制改革实施方案》。党的十八届四中、五中全会以后，随着党的纪律检查体制改革逐渐深入并取得阶段性成果，国家监察体制改革也拉开帷幕。

2016 年 1 月，习近平总书记在第十八届中央纪律检查委员会第六次全体会议上提出，"要坚持党对党风廉政建设和反腐败工作的统一领导，扩大监察范围，整合监察力量，健全国家监察组织架构，形成全面覆盖国家机关及其公务员的国家监察体系"[1]，这是党中央首次在公开场合提出"国家监察体系"构想，至此，健全国家监察组织架构作为一项重大改革任务被提上党和国家的重要日程。

2016 年 6 月至 10 月，习近平总书记先后 6 次主持召开中央全面深化改革领导小组会议、中央政治局常务委员会会议和中央政治局会议，审议通过《关于在北京市、山西省、浙江省开展国家监察体制改革试点方案》，部署在北京市、山西省以及浙江省三个省市先行开展试点工作，为改革在全国推开积累经验。

---

[1] 习近平：《在第十八届中央纪律检查委员会第六次全体会议上的讲话》，人民出版社，2016，第 23 页。

2016 年 12 月，全国人大常委会作出《关于在北京市、山西省、浙江省开展国家监察体制改革试点工作的决定》，国家监察体制改革的试点工作正式获得国家权力机关授权。

2017 年 11 月，全国人大常委会通过《关于在全国各地推开国家监察体制改革试点工作的决定》，并公布《监察法（草案）》。

2018 年 3 月 11 日，第十三届全国人民代表大会第一次会议通过《宪法修正案》，在《宪法》第三章"国家机构"中增加一节，作为第七节"监察委员会"；增加五条，分别作为第一百二十三条至第一百二十七条。其中第一百二十三条规定："中华人民共和国各级监察委员会是国家的监察机关。"第一百二十四条规定："中华人民共和国设立国家监察委员会和地方各级监察委员会。"这为深化国家监察体制改革提供了宪法根据。同年 3 月 20 日，通过《监察法》，从监察工作的基本原则、监察机关及其职责、监察范围和管辖、监察权限、监察程序、反腐败国际合作、对监察机关和监察人员的监督、法律责任等方面对国家监察制度的内容进行了具体规定，将国家监察制度以国家立法的形式较为全面地明确了下来。至此，国家监察体制改革基本完成。

改革继续向前。2021 年 8 月 20 日，第十三届全国人民代表大会常务委员会第三十次会议通过《监察官法》，对监察官制度的相关内容进行了明确。2021 年 9 月 20 日，国家监察委员会公布《监察法实施条例》，对《监察法》中的监察工作总则、监察机关及其职责、监察范围和管辖等相关重要内容进行了细化和明确。2022 年 10 月，党的二十大报告提出，要"健全党统一领导、全面覆盖、权威高效的监督体系，完善权力监督制约机制"①。2024 年 7 月，党的二十届三中全会通过的《中共中央关于进一步全面深化改革、推进中国式现代化的决定》指出："健全监察机关、公安机关、检察机关、审判机关、司法行政机关各司其职，监察权、侦查权、检察权、审判权、执行权相互配合、相互制约的体制机制，确保执法司法各环节全过程在有效制约监督下运行。"并要求："推进反腐败国家立法，修改监察法，出台反跨境腐败法。"可以期待，沿着党的二十大和二

---

① 习近平：《高举中国特色社会主义伟大旗帜 为全面建设社会主义现代化国家而团结奋斗——在中国共产党第二十次全国代表大会上的报告》，人民出版社，2022，第 66 页。

十届三中全会指引的正确方向前进，新中国监察制度必将进一步深化改革和发展完善。

这里附带提及一下中国共产党巡视巡察制度的发展历史——

建党之初，巡视制度启蒙于特派员规定。1922 年 8 月，党的二大颁布的《中国共产党章程》第十五条规定："中央执行委员会得随时派员到各处召集各种形式的临时会议，此项会议应以中央特派员为主席。"① 1925 年 10 月，中央执行委员会扩大会议通过的《组织问题议决案》提出："应当增加中央特派巡行的指导员，使事实上能对于区及地方实行指导全部工作。"② "中央特派员"和"特派巡行员"可以被看作巡视制度的萌芽。1928 年 10 月，中共中央颁布《中央通告第五号——巡视条例》，初步规定了巡视员的条件和具体任务、巡视时间等。1931 年 5 月颁布《中央巡视条例》，对巡视的基本内容进行丰富完善。抗日战争和解放战争时期，纪律被认为是执行路线的保证。

新中国成立初期，巡视制度获得了新发展，党内监督制度得到一定加强。但在"文化大革命"期间，党和国家民主政治生活遭受严重破坏，巡视制度陷入停滞。

改革开放以来，中国共产党逐渐加强自身建设，推动党的自我革命，开始恢复党内巡视制度。党的十三届六中全会至十五大时期，巡视制度成为党内监督的五项制度之一。党的十六大后，巡视工作有序展开。党的十六大至十七大时期，巡视制度进入党内监督条例和党章。2009 年 7 月，中央颁布了《中国共产党巡视工作条例（试行）》，详尽规定了巡视工作的制定目的、指导思想、机构设置和人员管理要求等，为巡视工作的制度化和规范化发展开启了新篇章。2015 年 8 月，中共中央在总结巡视工作经验基础上，对《中国共产党巡视工作条例（试行）》进行了修订，形成《中国共产党巡视工作条例》。《中国共产党巡视工作条例》是巡视制度的基础性文件，为党的巡视工作提供了基本遵循。2017 年 7 月 1 日，中共中

① 中共中央文献研究室、中央档案馆编《建党以来重要文献选编（1921～1949）》第一册，中央文献出版社，2011，第 166 页。
② 中共中央文献研究室、中央档案馆编《建党以来重要文献选编（1921～1949）》第二册，中央文献出版社，2011，第 523 页。

央修改《中国共产党巡视工作条例》。2024 年 2 月，中共中央印发第二次修订后的《中国共产党巡视工作条例》，条例共九章五十三条，包括"总则""组织领导和机构职责""巡视对象和内容""工作程序、方式和权限""巡视整改和成果运用""队伍建设""责任追究""巡察工作""附则"等内容。新修订的条例突出政治性、实践性、指导性、协同性，对于坚持和加强党中央对巡视工作的集中统一领导、推进巡视工作高质量发展具有重要意义。

党的巡视巡察制度，在中央和省级称为巡视制度，在市级和县级称为巡察制度。

三 新中国监察制度小结

中华人民共和国成立以来，经过了七十余年的风风雨雨，新中国监察制度逐步脱胎于苏联模式，在发展和变迁中形成了自己独有的色彩。

（一）领导体制

在党的十八大以前，新中国监察制度领导体制方面的主要特点体现在两个方面：一是行政监察职能与党的纪律检查职能交叉，党的纪检机关与监察机关合署办公；二是监察机关由本级人民政府和上级监察机关双重领导，对本级人民政府和上一级监察机关负责并报告工作。1997 年《行政监察法》第七条规定："国务院监察机关主管全国的监察工作。县级以上地方各级人民政府监察机关负责本行政区域内的监察工作，对本级人民政府和上一级监察机关负责并报告工作，监察业务以上级监察机关领导为主。"即：监察部受国务院领导，地方各级监察机关受上级监察机关和所在人民政府双重领导。但是，《行政监察法》第十一条同时规定："县级以上地方各级人民政府监察机关正职、副职领导人员的任命或者免职，在提请决定前，必须经上一级监察机关同意。"这一点是对 20 世纪 50 年代监察制度的发展，它有利于保证地方各级监察机关在实际工作中摆脱各种干扰，切实有效地行使监察权，真正起到监察作用。

2016 年开展国家监察体制改革以后，整合资源统一监察，将监察权从行政权中剥离，建立独立于"一府两院"、实行垂直管理的国家监察委员会。国家监察委员会与中央纪律检查委员会合署办公，各级监察委员会主任由党的纪委书记兼任。最终形成了现行的"一元专责监察体制"，打破了原有的"一府两院"宪制结构，形成了"一府一委两院"宪制结构，建立了全面覆盖国家机关及其公务员的国家监察体系。[①] 2018 年《监察法》第十条规定："国家监察委员会领导地方各级监察委员会的工作，上级监察委员会领导下级监察委员会的工作。"

（二）监察对象

党的十八大以前的监察对象，与 20 世纪 50 年代相比，减少了对公私合营企业、合作社及其工作人员的监察，把对国有企事业单位及其工作人员的监察限于国家行政机关任命的人员，即"国务院及国务院各部门任命的其他人员"和"本级人民政府及本级人民政府各部门任命的其他人员"，这是根据形势的发展所作的必要调整。但是，由于各地单位性质和人员职业差别很大，其"国家行政机关任命的其他人员"范围很不统一，操作起来较难规范。1997 年《行政监察法》第二条规定："监察机关是人民政府行使监察职能的机关，依照本法对国家行政机关、国家公务员和国家行政机关任命的其他人员实施监察。"由于 2006 年 1 月 1 日开始实施的《公务员法》将"国家公务员"改称"公务员"，"公务员"的范围除行政机关工作人员外，还包括在中国共产党的机关、人大机关、政协机关、审判机关、检察机关和民主党派机关工作的人员。监察对象范围是否需要根据《公务员法》确定的公务员范围作相应的扩大，是各方面比较关注的一个问题。有关方面考虑到，在当时监察体制不变的情况下，应当维持原有监察对象范围，不宜将《公务员法》规定的其他六类机关及其公务员纳入。因此，2010 年 6 月 25 日第十一届全国人民代表大会常务委员会通过的《关于修改〈中华人民共和国行政监察法〉的决定》将《行政监察法》第二条修改为："监察机关是人民政府行使监察职能的机关，依照本法对国家行政机关及其公务员和国家行政机关任命的其他人员实施监察。"此外，还增加一条，作为《行政监察法》第五十条："监察机关对法律、法规授权的具有公共事务管理职能的组织及其从事公务的人员和国家行政机关依

[①] 参见秦前红主编《监察法学教程》，法律出版社，2019，第 177 页。

法委托从事公共事务管理活动的组织及其从事公务的人员实施监察，适用本法。"这样，2010 年修改后的《行政监察法》就将监察对象进一步明确界定为以下四类：国家行政机关及其公务员；国家行政机关任命的其他人员；法律、法规授权的具有公共事务管理职能的组织及其从事公务的人员；国家行政机关依法委托从事公共事务管理活动的组织及其从事公务的人员。

2016 年进行国家监察体制改革之后，确立了实现监察"全覆盖"的目标。如 2018 年 3 月颁布的《监察法》第一条规定："为了深化国家监察体制改革，加强对所有行使公权力的公职人员的监督，实现国家监察全面覆盖，深入开展反腐败工作，推进国家治理体系和治理能力现代化，根据宪法，制定本法。"第三条规定："各级监察委员会是行使国家监察职能的专责机关，依照本法对所有行使公权力的公职人员（以下称公职人员）进行监察，调查职务违法和职务犯罪，开展廉政建设和反腐败工作，维护宪法和法律的尊严。"第十五条规定："监察机关对下列公职人员和有关人员进行监察：（一）中国共产党机关、人民代表大会及其常务委员会机关、人民政府、监察委员会、人民法院、人民检察院、中国人民政治协商会议各级委员会机关、民主党派机关和工商业联合会机关的公务员，以及参照《中华人民共和国公务员法》管理的人员；（二）法律、法规授权或者受国家机关依法委托管理公共事务的组织中从事公务的人员；（三）国有企业管理人员；（四）公办的教育、科研、文化、医疗卫生、体育等单位中从事管理的人员；（五）基层群众性自治组织中从事管理的人员；（六）其他依法履行公职的人员。"

（三）监察权限

早期的国家行政监察机关具有检查权、调查权和建议权。党的十八大之前的行政监察机关除保留上述三种权力外，还拥有一定的行政处分权。1997 年《行政监察法》第二十四条第一款规定："监察机关根据检查、调查结果，遇有下列情形之一的，可以作出监察决定或者提出监察建议：（一）违反行政纪律，依法应当给予警告、记过、记大过、降级、撤职、开除行政处分的；（二）违反行政纪律取得的财物，依法应当没收、追缴或者责令退赔的。"2004 年《行政监察法实施条例》第二十四条规定："监察机关对被监察人员作出给予行政处分的监察决定，按照下列规定进行：（一）对由本级人民代表大会及其常务委员会决定任命的本级人民政府各部门领导人员和下一级人民代表大会及其常务委员会选举或者决定任命的人民政府领导人员，拟给予警告、记过、记大过、降级处分的，监察机关应当向本级人民政府提出处分意见，经本级人民政府批准后，由监察机关下达监察决定；拟给予撤职、开除处分的，先由本级人民政府或者下一级人民政府提请同级人民代表大会罢免职务，或者向同级人民代表大会常务委员会提请免去职务或者撤销职务后，由监察机关下达监察决定；（二）对本级人民政府任命的人员，拟给予警告、记过、记大过、降级处分的，由监察机关直接作出监察决定，报本级人民政府备案；拟给予撤职、开除处分的，监察机关应当向本级人民政府提出处分意见，经本级人民政府批准后，由监察机关下达监察决定；（三）对本级人民政府所属各部门和下一级人民政府及其所属各部门任命的人员，拟给予行政处分的，由监察机关直接作出监察决定。其中，县级人民政府监察机关给予被监察人员开除处分的，应当报县级人民政府批准。"显然，当时制度中的监察权限即已大大提高。

2016 年国家监察体制改革之后，监察机关的监察权限全面拓展。2018年《监察法》第十一条规定："监察委员会依照本法和有关法律规定履行监督、调查、处置职责：（一）对公职人员开展廉政教育，对其依法履职、秉公用权、廉洁从政从业以及道德操守情况进行监督检查；（二）对涉嫌贪污贿赂、滥用职权、玩忽职守、权力寻租、利益输送、徇私舞弊以及浪费国家资财等职务违法和职务犯罪进行调查；（三）对违法的公职人员依法作出政务处分决定；对履行职责不力、失职失责的领导人员进行问责；对涉嫌职务犯罪的，将调查结果移送人民检察院依法审查、提起公诉；向监察对象所在单位提出监察建议。"其第四章更是对"监察权限"——监察监督权、监察调查权、监察处置权等作了专章规定，并明确了行使监察权限的具体措施。如第二十二条规定："被调查人涉嫌贪污贿赂、失职渎职等严重职务违法或者职务犯罪，监察机关已经掌握其部分违法犯罪事实及证据，仍有重要问题需要进一步调查，并有下列情形之一的，经监察机关依法审批，可以将其留置在特定场所：（一）涉及案情重大、复杂的；（二）可能逃跑、自杀的；（三）可能串供或者伪造、隐匿、毁灭证据的；

（四）可能有其他妨碍调查行为的。对涉嫌行贿犯罪或者共同职务犯罪的涉案人员，监察机关可以依照前款规定采取留置措施。留置场所的设置、管理和监督依照国家有关规定执行。"

（四）组织机构

监察机关恢复初期，根据国务院《设立国家行政监察机关的方案》之规定，监察部设部长一人，副部长三人至四人，组成部务会议，讨论决定监察部重大事项；下设政法教科文卫局、工业局、财贸外事局、农林城建交通局，地方一、二、三局，干部局、办公厅、研究室；并可根据工作需要设立派出机构；地方各级监察机关参照监察部机构设置进行组建。《监察部"三定"方案》为使机构设置更加合理，则对监察部已有机构作了适当调整，共设立14个职能厅、司，即：办公厅、政策法规司、信访司、第一监察司（工业）、第二监察司（财贸、金融、外事）、第三监察司（政法、科教、文卫）、第四监察司（东北、华北）、第五监察司（华东、西北）、第六监察司（中南、西南）、第七监察司（农林、建设、交通）、案件审理司、宣传教育司、人事司、行政司。另外，监察部还设立在部长领导下的案件审理委员会和监察咨询委员会。《监察部"三定"方案》规定监察部行政编制为600名。

1993年2月，中共中央、国务院批转了中央纪委、监察部《关于中央纪委、监察部机关合署办公和机构设置有关问题的请示》。合署后的中央纪委和监察部，实行一套工作机构、两个机关名称的体制。中央纪委、监察部合署办公后，设置的内部职能机构有：办公厅、监察综合室、研究室、法规室、党风廉政建设室（国务院纠正行业不正之风办公室）、执法监察室、纪检监察室、案件审理室、信访室（监察部举报中心）、宣传教育司、干部室、外事局、离退休干部局、机关党委、机关事务管理局等23个厅、室、局。

党的十八大之前的监察部，内部设办公厅、执法监察室等25个职能厅、室、局。根据《行政监察法》和《行政监察法实施条例》的规定，监察部在国务院有关部门设立派驻监察局（监察专员办公室）。其职责是：①检查被监察部门在遵守和执行法律法规和国务院的决定、命令中的问题；②受理对被监察部门和人员违反行政纪律行为的控告、检举；③调查处理被监察部门和人员违反行政纪律的行为；④受理被监察人员不服行政处分决定或者行政处分复核决定的申诉；⑤受理被监察人员不服监察决定的申诉；⑥督促被监察部门建立廉政、勤政方面的规章制度；⑦办理监察部交办的其他事项。2010年修改后的《行政监察法》规定："监察机关派出的监察机构或者监察人员，对监察机关负责并报告工作。监察机关对派出的监察机构和监察人员实行统一管理，对派出的监察人员实行交流制度。"

2007年9月，中国国家预防腐败局正式揭牌。根据中央批准的"三定"方案，国家预防腐败局列入国务院直属机构序列，在监察部加挂牌子。国家预防腐败局局长由中央纪委副书记、监察部部长兼任，副局长设两位，其中一位由监察部副部长兼任，另设一位副部长级的专职副局长，承担国家预防腐败局日常工作的办公室核定行政编制30名，其中20名从中央纪委、监察部已有行政编制中划转，新增10名。其职责是：负责全国预防腐败工作的组织协调、综合规划、政策制定、检查指导，协调指导企事业单位、社会团体、中介机构和其他社会组织的防治腐败工作，以及预防腐败的国际合作和国际援助。

2016年国家监察体制改革之后，监察机关的组织和机构设置发生重大变化。根据2018年《宪法修正案》和《监察法》的规定，我国设立国家监察委员会和地方各级监察委员会作为行使国家监察职能的专责机关，上下级监察委员会实行垂直领导体制，各级监察委员会由本级人民代表大会产生，对本级人民代表大会及其常务委员会和上一级监察委员会负责，并接受其监督。各级监察委员会均由主任、副主任若干人、委员若干人组成，主任由本级人民代表大会选举，副主任、委员由监察委员会主任提请本级人民代表大会常务委员会任免。各级监察委员会可以向本级中国共产党机关、国家机关、法律法规授权或者委托管理公共事务的组织和单位以及所管辖的行政区域、国有企业等派驻或者派出监察机构、监察专员，监察机构、监察专员对派驻或者派出它的监察委员会负责。关于监察委员会的内部组织，《监察法》第三十六条规定，监察机关应当严格按照程序开展工作，建立问题线索处置、调查、审理各部门相互协调、相互制约的工作机制；监察机关应当加强对调查、处置工作全过程的监督管理，设立相应的工作部门履行线索管理、监督检查、督促办理、统计分析等管理协调职能。另外，《监察法》第十四条规定，国家实行监察官制度，依法确定监察官的等级设置、任免、考评和晋升等制度。

（五）法治化进程

法治化进程加快是当代监察制度的又一重要特征。1990 年 11 月 23 日，国务院通过了《行政监察条例》；1997 年 5 月 9 日，第八届全国人民代表大会常务委员会第二十五次会议通过了《行政监察法》；2004 年 9 月 17 日，国务院颁布了《行政监察法实施条例》。行政监察工作逐步实现有法可依、有章可循。2006 年 8 月 10 日，修订《行政监察法》工作启动会议在北京召开。2010 年 2 月 24 日，第十一届全国人民代表大会常务委员会第十三次会议初次审议《行政监察法修正案（草案）》。2010 年 6 月 25 日，第十一届全国人民代表大会常务委员会第十五次会议作出了《关于修改〈中华人民共和国行政监察法〉的决定》。

国家监察体制改革试点工作开展以来，2016 年 12 月，全国人大常委会作出《关于在北京市、山西省、浙江省开展国家监察体制改革试点工作的决定》，国家监察体制改革的试点工作正式获得国家权力机关授权。2017 年 11 月，全国人大常委会通过《关于在全国各地推开国家监察体制改革试点工作的决定》，并公布《监察法（草案）》。2018 年 3 月 11 日，第十三届全国人民代表大会第一次会议通过《宪法修正案》，在《宪法》第三章"国家机构"中增加一节，作为第七节"监察委员会"；3 月 20 日，通过《监察法》。2021 年 8 月 20 日，第十三届全国人民代表大会常务委员会第三十次会议通过《监察官法》。2021 年 9 月 20 日，国家监察委员会公布《监察法实施条例》。2024 年 7 月，党的二十届三中全会通过的《中共中央关于进一步全面深化改革、推进中国式现代化的决定》指出："推进反腐败国家立法，修改监察法，出台反跨境腐败法。"2024 年 9 月，第十四届全国人民代表大会常务委员会第十一次会议对《监察法（修正草案）》进行了初次审议。会后，修正草案上网公布，征求社会公众意见。2024 年 12 月 25 日，第十四届全国人民代表大会常务委员会第十三次会议通过《全国人民代表大会常务委员会关于修改〈中华人民共和国监察法〉的决定》，修改完善了相关监察制度，明确了强制到案、责令候查、管护三项新增监察强制措施的权限和程序，强调尊重和保障人权，进一步推进了监察工作的规范化、程序化和法治化。新中国监察制度正向着法治现代化进程稳步推进。

当然，进一步提高监察机关的权威并强化其廉政职能，不断在法治现代化轨道上规范和完善社会主义新型监察体制，这是一个长期而艰巨的任务。

（本文节选自《中国历代监察制度》，法律出版社 2010 年版，第 143~178 页。收入本书时作了改动，主要添加了党的十八大以后监察制度方面的发展情况）

新中国监察制度七十年的嬗变

李凌云[*]

摘 要： 监察制度在新中国走过了七十年的历程，其中经历了确立、调整、重建、深化及改革五个阶段。以近期监察体制改革为分界，根据宪法上的地位标准，可将 1949 年至 2017 年的监察制度界定为政府系统内的行政监察，而 2017 年以后的监察制度属于自成系统的国家监察范畴。行政监察向国家监察的嬗变中呈现出四方面态势：从分散到统一的制度体系，从同体监督向异体监督的职权转型，从单一到全面的监察对象，从行政管理科学化向国家治理现代化的功能变革。新时代深化国家监察体制改革，需进一步明确发展方向：一是适应民主政治之下的权力监督模式；二是注重"后监察法时代"的法治建设；三是留意整合式监察在实践中的融洽性。

关键词： 监察制度 国家监察体制改革 监察委员会 新中国七十年

1949 年 9 月 29 日，中国人民政治协商会议第一届全体会议宣告了新中国的成立，通过了在新中国之初起临时宪法作用的《共同纲领》。其中，《共同纲领》第 19 条规定，在县市以上的各级政府内部设置监察机构。2018 年 3 月，现行宪法在第五次修改时新增监察委员会的规定，在宪制层面对此次国家监察体制改革予以了肯认。监察委员会所承载的制度架构，是中央对监察职权最新调整的结果。迄今为止，监察制度在新中国宪法史

* 李凌云，论文发表时为苏州大学王健法学院博士研究生，现为北京物资学院法学院讲师、硕士生导师。

上历经整整七十年的时间跨度。不管是新中国成立初期的监察机构，还是国家监察体制改革前的监察机构，虽都与当前的监察委员会并非完全一致，但我们不能割裂其中的内在关联。目前的国家监察体制改革，是在吸纳中国传统监察文化的有益经验，并参照域外监察制度相关做法的基础上，通过变革行政监察制度发展而来的。[①] 国家监察体制整合原有行政监察职权的制度设计，表明各个时期的监察制度在权力监督等方面存在共通性。以新中国成立七十周年为契机，通过回顾监察制度的演变历程，系统分析其变迁趋势，是明确未来发展方向的应有之义。

一 新中国监察制度七十年的历时性考察

权力具备自我扩张性，其应用边际只有当遭遇阻力和反弹而无法继续延伸时才会受到限定。[②] 监察制度，便是能够对权力发挥阻力与反弹作用的装置。"监察"似乎是一个相对抽象的概念，在不同的历史时期，所表征的内涵并非一致，所囊括的组织机构也略有差异。中国古代便存在监察制度，孙中山曾提出：监察制度为"中国固有的东西"。他所倡导的"五权宪法"，其中之一权便是监察权。[③] 中国共产党历来重视监察制度，早在革命根据地时期，已根据政权建设构筑了监察制度，为执政以后新中国的监察创新积累了经验。正所谓机构是制度的组织载体，若我们先以监察机构的发展演变为主线，并从机构改革的视角加以观照，或许能够更好地对七十年以来的监察制度作出解析。监察制度伴随新中国建设经历了不同的历史背景，大致可划分为五个发展阶段。

（一）新中国成立之初的确立阶段：1949—1954 年

《共同纲领》与同月通过的《中央人民政府组织法》，为中央监察机构的建立提供了实定法上的依据。1949 年 10 月中央人民政府成立后，作为最高执行机构的政务院随之成立。对政务院而言，尽快组建合理的机构履

---

① 朱福惠：《国家监察体制之宪法史观察——兼论监察委员会制度的时代特征》，《武汉大学学报》（哲学社会科学版）2017 年第 3 期。

② 李树军：《行政监督》，世界知识出版社，2007，第 4 页。

③ 林代昭主编《中国监察制度》，中华书局，1988，第 237～242 页。

行职权至关重要。所以，当时设置了 34 个委、部、会、院、署、行，作为政务院联系、指导的部门。其中所谓的"委"，主要包括政治法律委员会、文化教育委员会、财政经济委员会以及人民监察委员会。这里的人民监察委员会，就是新中国最早的监察机构。从机构地位来看，这四个委员会比各个部、会、院、署、行要略高。比如，政治法律委员会能够协助政务院指导公安部、司法部等 5 个部门的工作。人民监察委员会虽没有"指导"的下辖部门，它专门监督行政机关及其公务人员的职责却尤为特殊。应当说，人民监察委员会专司监察工作，可视作新中国监察制度的肇始时期。

与中央层面相对应，地方各级政府也相应设立监察机构。1950 年 10 月，政务院通过并公布实施《政务院人民监察委员会试行组织条例》，之后又批准了《大行政区人民政府（军政委员会）人民监察委员会试行组织通则》以及《省（行署、市）人民政府人民监察委员会试行组织通则》。上述法律法规的出台，为地方各级政府设立监察机构提供了准则。

截至 1953 年底，包括大行政区、省、市及县在内的四级政府共组建3586 个监察机构，[1] 初步为新中国成立初期的监察制度奠定了组织基础。在管理体制上，监察系统实行"一重领导、一重指导"的体制，即既受同级政府领导，也受上级监察机构指导。在同一时期，党的纪检机构与监察机构并行不悖、分工不同。当然，二者在一定范围存在合署办公的情况。比如，1952 年 2 月中共中央下发指示，其中提及，"各级党委的纪律检查委员会与各级人民监察委员会可酌情实行合署办公"[2]。主要来看，该时期的监察机构与党的纪检机构形成了党政双轨运行的纪检监察机制。

（二）社会主义建设初期的调整阶段：1954—1959 年

1954 年 4 月，第三次全国监察工作会议对监察制度作出调整，决定在不设区的市、县地方政府内不再保留监察机构。为改革央地关系，精简央地之间的行政层级，中央于同年 6 月决定撤销大行政区的建制，西南、西北等六个大行政区在年底先后撤销，这些大行政区的监察机构一同被

---

[1] 中央纪委监察部宣教室组织编写《中国行政监察简论》，中国方正出版社，2002，第27 页。

[2] 中共中央纪律检查委员会办公厅编《中国共产党党风廉政建设文献选编》第八卷，中国方正出版社，2001，第 50 页。

撤销。

监察制度的发展，始终离不开宪法的规范引领。新中国成立之初，《共同纲领》仅仅扮演着临时宪法的角色，无法发挥出一部宪法应有的全部价值。1954 年 9 月，新中国第一部社会主义类型的宪法颁布实施。其中，宪法相关条款与监察制度转型密不可分。随后，《国务院组织法》在全国人大会议上通过，据此政务院被改组为国务院，政务院人民监察委员会则改为中华人民共和国监察部。1954 年《宪法》第 49 条赋予了国务院统一领导各部和各委员会工作的职权，监察部是在国务院领导下行使职权的组成部门。1954 年 11 月，国务院发布了将原人民监察委员会的职责交接给监察部的通知。12 月，监察部发出了要求地方各级政府设置监察机构的通知。1955 年 11 月，国务院常务会议批准了《监察部组织简则》，较为全面地规定了监察部的任务、职责、机构设置等内容。1956 年初，监察部发布《关于派驻县监察组的若干工作问题的指示》，提出在撤销县级监察机构后，上级监察机构应适当选取部分县派驻监察组。

经过 1954 年开始的调整改进，新中国初期的监察制度初步形成齐全的体系，监察力量不断增强。1957 年 10 月，监察部按照中央相关要求，拟定《关于监察机关体制改进方案的报告》，将监察机构的领导体制改为一重模式，因而，该时期的监察机构在同级政府直接领导下行使职权。然而，随着 1957 年底反右派斗争扩大化，民主法制工作逐渐趋于停滞，监察机构遭受了冲击。到了 1958 年，也正是由于领导体制的因素，在严峻政治形势下，监察机构的工作备受质疑，被指责是"脱离党的领导"的部门。1959 年 4 月，党的八届七中全会围绕监察部的撤销议题进行研究。紧接着，全国人大通过了有关撤销司法部、监察部的决定。随后，监察部停止公务的处理，机构职能及人员转隶到中央纪检机构，地方各级监察机构并入对应的党的纪检机构。昔日拥有检查权、审计权、评议权等多项职权的监察机构不复存在。① 在此后一段时期，党的纪检机构既管党纪工作，又兼理监察事务。当时党的纪检机构在反腐败方面曾发挥积极的作用，但是

————————

① 杜兴洋主编《行政监察学》，武汉大学出版社，2008，第 67 页。

在 1969 年 4 月党的九大后，党的各级纪检机构又被彻底取消。① 由于上述原因，监察制度就此出现中断，并在此后的 20 多年时间里处于历史空白状态。虽然监察机构在新中国成立初期所存续的时间较短，但其在 20 世纪 50 年代发挥了积极作用，并为改革开放以后的制度重建积累了历史性经验。

（三）改革开放以后的重建阶段：1978—1993 年

1978 年 12 月党的十一届三中全会召开后，国家的各项事业开始向改革开放靠拢，民主政治、法制建设等议题重新得到重视。1979 年 7 月通过的《地方各级人民代表大会和地方各级人民政府组织法》在第 51 条第 5 款赋予了县级以上地方政府管理本行政区域监察工作的职权。虽然当时国务院的组成部门中尚未设置监察机构，但现行宪法 1982 年全面修改时在第 89 条第 8 款规定了国务院领导、管理监察工作的职权，第 107 条赋予了县级以上地方政府管理监察工作的职责。通过文义解释可知，监察职权作为行政管理权组成部分的形象得到彰显。为了使现代化建设进程与纠正各类违反政纪的行为同步推进，建立专门负责监察的机构就显得尤为迫切。

1986 年 2 月，在六届全国人大四次会议上，有地方代表团和部分委员提出建议，在县级以上各级政府内部恢复设置监察机构。同年 11 月，国务院向全国人大常委会提交了提请设置监察部的议案。12 月，全国人大常委会审议并通过决议，决定恢复监察体制，至此，监察部得以重新建立，断裂许久的监察制度得到赓续。1987 年 7 月，监察部向国务院办公厅等有关部门发布通知，宣布监察部正式成立，并开始对外办公。监察部主管全国的监察工作，其中监察部部长的人选由国务院总理提名，经全国人大决定，并由国家主席任命。1987 年 8 月，国务院发布《关于在县以上地方各级人民政府设立行政监察机关的通知》，地方各级政府重新设立监察机构负责本区域的监察工作，因而在全国范围逐步恢复了四级监察机构的框架。在此阶段，监察机构实行双重领导体制，其作为政府组成部门既要接受同级政府领导，还需对上一级监察机构负责并汇报工作，其中上级监察机构在业务方面处于主要领导地位。根据党的十三大会议精神，1988 年 3

---

① 李雪勤主编《中国共产党纪律检查工作 60 年（1949—2008）》，中国方正出版社，2009，第 61 页。

月中央纪委、监察部联合发出文件，规定纪检机构负责对党员违反党纪的行为作出检查监督，行政监察机构对违反政纪的案件作出检查处理。

1988 年 8 月，中央纪委、监察部一同发出通知，提出要逐渐撤销设立在政府部门的党的纪检组，并研究组建监察机构。在上述背景下，监察机构在后续的短期内，单独在政府部门内扮演了监督角色。同年 10 月，国家机构编制委员会颁布《监察部"三定"方案》，就监察部的职责、机构配置、人员编制等作出规定。此次恢复设置的监察机构，既延续了新中国成立初期的职责，又依据反腐败新形势、新任务明确了新职责，适应了经济发展形势下监察职权扩张的需要。截至 1988 年 11 月底，全国省、市、县三级地方政府的监察机构已全部建立，共配备 26600 多名工作人员。[①] 各级监察机构在改革开放以后监督违法乱纪、惩戒贪污腐败等方面作出了积极贡献。1990 年 11 月，国务院在归纳监察工作经验后，适时通过了《行政监察条例》，该条例明确了监察机构是政府内部行使监察职权的专门机关。同年 12 月，国务院决定将"国务院纠正行业不正之风办公室"设在监察部，该办公室的基本职能是"负责督促、检查、指导各地区、各部门的纠正行业不正之风工作"。该办公室主任由监察部副部长兼任，副主任由监察部的几名正司长担任。

（四）市场经济体制建立后的深化阶段：1993—2017 年

1992 年 10 月，党的十四大决定在我国确立社会主义市场经济体制。在新旧经济体制转换过程中，各种生产要素突破原有束缚，往往会在制度疏漏下滋生较多的贪污腐败。监察工作如何规制腐败现象，为经济社会创造良好的政治环境，是当时亟须解决的问题。从实际来看，监察机构所监督的多数公务人员，都具有中共党员身份。基于党管干部原则，公务人员的党员身份决定了其应当接受党委纪检的约束。可以说，党的纪检机构对党员的纪检监督，与监察机构对公务人员的监察存在交叉或趋同之处。而当时的经济体制改革形势，又对纪检监察工作提出了更高要求。因而，通过纪检与监察机构合署办公，来推动纪检监察工作的高效运行，成为当时

① 中华人民共和国监察部编《中国监察年鉴（1987—1991 年）》，中国政法大学出版社，1993，第 174 页。

的可行之策。

1993 年 2 月，中共中央、国务院批转了中央纪委、监察部有关纪检监察合署办公的请示，中央纪委与监察部正式合署办公，监察机构的归属依旧保留在国务院序列中。在人事安排上，监察部部长一般由中央纪委副书记担任，具备党员身份的副部长同时为中央纪委常委。与此同时，地方各级党的纪检机构和监察机构开始实行合署办公。在内设机构上，中央纪委与监察部双方职能不同的部门各自保留，职能相近的加以合并。至此，1986 年以来监察机构与党的纪检机构相互独立的格局结束了。此种合署办公模式，一方面能够加强党对监察工作的领导，另一方面能够有效解决职权重复的问题。[1] 纪检机构与监察机构形成合力，致力于遏制腐败现象滋生蔓延的势头。党政分开在监察领域的结构性冲突得到消解。[2] 1997 年 5 月，《行政监察法》颁布实施，在法律层面继续确认了监察机构行使职权的地位，对人员组织、职责权限、监察程序等作出系统规定，其所拥有的措施更为多元，监察工作法制化程度进一步提升。2004 年 9 月，为推进《行政监察法》的贯彻落实，国务院颁布了《行政监察法实施条例》，切实提升了监察立法的体系化、规范化和细致化程度。2007 年 9 月，国家预防腐败局在监察部正式挂牌成立，首任局长由时任监察部部长马馼兼任，彰显出反腐败预防工作的重要性。该局的主要职责是进行宣传教育、制度建设以及体制机制方面的创新等，通过此类举措抓一些源头性的反腐败工作，持续提升反腐倡廉工作的制度化水平。

2012 年 11 月，中央纪委在向党的十八大所提交的报告中提出："坚持和完善纪检监察合署办公体制，在做好党的纪律检查工作的同时，切实加强行政监察工作。"[3] 需要说明的是，监察机构与党的纪检机构合署办公并非要改变监察职权的属性，也不是要将监察机构并入党的机构，而是在各自职能相对明确的基础上作出的职能整合。纪检监察合署办公以来，围绕国家大政方针政策，结合纪检监察工作特点，探索如何避免部分职能交叉、重复或者"漏监"的问题，将监察职权优化升级。此种合署办公形

① 佚名：《关于中央纪委监察部合署办公问题的解答》，《党建》1993 年第 4 期。
② 梁永成：《中国行政监察制度变迁 30 年（1987—2018 年）》，《地方立法研究》2018 年第 5 期。
③ 《中国共产党第十八次全国代表大会文件汇编》，人民出版社，2012，第 123 页。

式，一直延续至今。

（五）新时代的改革阶段：2017 年至今

为推动监察制度的纵深发展，2016 年 12 月全国人大常委会决定在北京、山西、浙江三个省市开展国家监察体制改革试点工作。2017 年 1 月，这三个省市根据决定相继设立监察委员会，选举产生各自的主任及组成人员。在提炼三省市的改革试点做法后，2017 年 11 月全国人大常委会表决通过了《关于在全国各地推开国家监察体制改革试点工作的决定》。

2018 年 3 月，全国人大审议通过了《宪法修正案》，决定设立监察委员会，不再保留原监察机构和预防腐败机构，相关职能并入监察委员会。在此次会议上，还表决通过了《监察法》，此为一部实现国家监察制度全面覆盖的基本法律，对监察的领导体制、职责范围、权限、程序、反腐败国际合作及法律责任等作出详尽规定，与此同时 1997 年《行政监察法》废止。国家监察体制改革迈出里程碑式的一步，标志着我国反腐败工作已经进入依法反腐和依宪反腐的新阶段。① 在管理体制方面，监察委员会实行垂直领导的模式，并接受同级人大监督。监察委员会整合了检察院的职务犯罪侦查权后，原先在刑事司法中由公、检、法三家形成的"三足鼎立"格局，被塑造成公、监、检、法四权并列的制度架构。

2019 年 1 月，中共中央办公厅印发《中国共产党纪律检查机关监督执纪工作规则》，该规则结合纪检监察体制改革实践，从领导体制、线索处置、监督管理等多个方面，对加强纪律检查和国家监察作出系统规定。监察委员会同样沿袭了先前党的纪检机构与监察机构合署办公的模式，并在新型职能基础上进一步形塑了法律监督的机制。至此，新中国的监察制度进入新时代发展阶段。

二　新中国监察制度七十年的变迁态势

监察制度上述五次演变的实践表明，前四次在性质方面变化不大，都是在行政监察系统内部作出的修改抑或改良。以 2017 年以来的第五次变迁

---

① 谢超：《〈监察法〉对中国特色反腐败工作的法治影响》，《法学杂志》2018 年第 5 期。

为分界，监察制度发生了体制性变革。考察宪法文本所涉及的"监察"条款，并根据监察制度实践状态，大体上可将 1949 年到 2017 年的监察机构界定为政府系统内的行政监察。而 2017 年以后的监察委员会属于自成系统的国家监察范畴，与同级的政府、法院及检察院等共同构成了人大领导下的"一府两院一委"的格局。① 应当指出的是，按照 1950 年 10 月《政务院人民监察委员会试行组织条例》第 2 条之规定，新中国成立初期监察机构所监督的对象包含各级国家机关及其公务人员，故在一定程度上产生了"名实分离"的现象。结合以上分析，我们围绕行政监察向国家监察嬗变这条主线，可将监察制度的发展脉络提炼为以下四方面态势。

（一）从分散到统一的制度体系

在国家监察体制改革之前，行政监察制度较为分散，这可以从两方面略为叙说。

一是组织机构的分散。1986 年底监察制度恢复后，经国务院 1988 年批复同意，监察部在 46 个部委及有关部门相继设立了派驻监察局或者监察专员办公室，派驻机构实行监察部与派驻所在部委双重领导，并以监察部领导为主，派驻机构的领导干部由监察部和所在部委两家协商同意。同时，在地方监察机构建立的基础上，也陆续设置了派驻机构，即在地方县级以上政府部门设立监察部门。从 1988 年第四季度开始，部分省市县政府工作部门在党的纪检组撤销的同时，相继组建了行政监察部门。其中，有的参照监察部设立派出机构的做法，在政府工作部门设立了监察机构，有的则采用纪检组和行政监察机构"一个机构，两块牌子"的形式。另外，部分乡镇、街道办事处根据需要也设立了监察部门或者配备了监察人员。以上措施，集中体现于《行政监察法》第 8 条关于县级以上监察机构可向同级政府所属部门派出机构和人员之规定。概而言之，在中央和地方的行政监察机构，都以设立在政府内部的监察机构为"大本营"，分别向其他行政机关派驻监察机构，其缺点是"强枝弱干"下监察的效率较低、成本较高。

二是监察职权运行的分散。除了政府内部的行政监察机构外，监察职

---

① 马怀德：《〈国家监察法〉的立法思路与立法重点》，《环球法律评论》2017 年第 2 期。

权还"外溢"到了国营企业。早在 20 世纪 50 年代，党和政府就在国营企业设立了监察机构。在当时实行的高度集中的计划经济体制下，这些企业监察机构围绕企业执行国家计划的情况开展工作，对企业生产经营的各个环节进行监督，查处了一批贪污、失职渎职等违法违纪案件。改革开放后，一些全民所有制的企业，主动建立起了监察机构。在恢复行政监察体制后，又有一大批部委所属的企业建立监察机构，同时行政监察机构专门设立了企业监察指导处，用以研究和指导企业监察工作。自 1987 年行政监察体制恢复以来，截至 1991 年底，国务院 54 个部委局、总公司所属的 99850个企事业单位中，已设立监察机构 9364 个。同时地方所属全民所有制企事业单位也大都设立了监察机构。① 在计划经济时代，监察机构应当对产业政策的实施进行监督检查，这是监察机构职权延伸到企业的背景。比如，1986 年 12 月《企业破产法（试行）》规定行政监察能够介入企业破产责任的查明。总体而言，行政监察制度的格局如下所示：在中央存在监察部与派驻到部委及有关部门的监察机构，在地方设有监察机构与派出监察机构，在外围还分散有企业监察机构。这些监察职权多头运行，欠缺有效的指挥或衔接机制，难以形成制度合力，"处于一种未经整合的状态"②。

目前，国家监察制度在体系上实现了三个"统一"。一是组织机构的集中统一。行政监察制度下"分门别类"的多重监督方式，虽然具备较强的针对性，但在一定程度上不利于监督的严密性和体系化。监察委员会将包括行政监察在内的多个机构职能集中起来，通过整合式监察实现机构上的统一。二是权力运行的集中统一。除了监察机构，监察委员会还将检察院等法律监督机构的相关职能整合，监察职权与部分法律监督权共同汇入监察委员会，能够保证反腐败权力行使的统一性。原先的多元监督主体工作如何衔接，以提升监督工作的质效，是困扰监察制度改革的问题。比如，检察院原来的反贪污部门在工作中获取的证据，应当如何转化成行政监察机构作出相应处分的凭据。监察委员会通过整合相关职权，开创新的权力监督体系，集中化解了上述监察职权分散的矛盾。三是指挥领导的集

---

① 中华人民共和国监察部编《中国监察年鉴（1987—1991 年）》，中国政法大学出版社，1993，第 947 页。

② 喻中：《权力制约的中国语境》，山东人民出版社，2007，第 189 页。

中统一。监察委员会是党领导下的反腐败工作机构，党的纪检机构与监察委员会合署办公，是一种新型的党政联合形式，其中纪委书记、副书记一般兼任监察委员会的主任、副主任等职务。合署办公的核心意涵便是加强党对监察工作的统一领导，促使党内监督与国家监督实现有机统一，这在某种程度上推动了监察制度由"党政分工"向"党政合体"的转型。

（二）从同体监督向异体监督的职权转型

在国家监察体制改革之前，监察职权隶属于行政权这一权力结构，属于行政监督体系的组成单元，是行政机关自身监督的重要形式。行政监察机构仅是同级政府的一个组成部门，在行政组织序列上扮演着约束控制角色，当属系统内部进行自我规制的举措，故可称作"同体监督"模式。2018 年 3 月宪法修改前，在第 89 条关于国务院职权、第 107 条关于地方政府职权中"监察"概念的语义表达中，存在着将"监察"等同于"行政监察"的立宪意涵。行政监察机构进行监察的行为，实为专门负责监察职责的行政机关所行使的一种法律行为。其他的行政机关，比如公安、财政、环保等领域的机关，一般行使其他综合性的行政管理职权，并不拥有行政监察职权。对于监察机构而言，其行使职权具有明确的法律依据，履职方式、程序由《行政监察法》等作出规定。在此种模式下，即使行政监察在行政系统内实现了"全覆盖"，因受制于政府的领导，在传统科层官僚体系下也难免会出现低效率、高成本的问题。

根据《行政监察条例》第 19 条，基本可将行政监察的职权归纳为四大方面。一是检查权，这是指监察机构对于被监察人员是否遵守法律法规、是否符合政策要求、是否遵守行政管理规范进行监督。1986 年底到1987 年初，监察机构恢复成立后的第一项任务就是清查涉外经济合同，查处涉外经济交往中的索贿受贿、贪污渎职和出卖经济情报等行为。二是调查权，这是指监察机构在检查基础上，对有违反政纪嫌疑的被监察人员继续开展监督的权力。通过对监察对象可能的违法违纪或违规行为加以调查，为后续行动提供依据，是后续措施的前置性条件和行为阶段。三是建议权，监察机构在检查和调查阶段，能够视情况向被监察人员提出建议，或者向有关部门提出处分、嘉奖或制裁的意见。当然，提出建议的前提是业已获取确切的事实和证据，所提出的建议具备刚性色彩。四是处分权，这是指监察机构依据检查、调查的结果，直接对违法违纪人员作出一定的行政处分，比如警告、记过、记大过、处罚等。例如 1988 年国务院《楼堂馆所建设管理暂行条例》规定监察机构对楼堂馆所建设进行监督，并按照职责对违反条例的有关行为作出处罚。其中，检查权、调查权和建议权在 20 世纪 50 年代的行政监察机构内就有，1987 年以后的监察机构在此基础上新增了行政处分权，有权对监察对象处以撤职以下的行政处分。[1] 当涉及刑事犯罪行为时，则转移到相关司法机关处理。

国家监察体制改革之后，监察委员会作为监察机构，其制度属性得到重塑。监察委员会是对我国长期以来继承的苏联监察模式的重要改革，深层次的意涵是将监督权从行政权中剥离。[2] 监察委员会使监察职权从行政权中分离出来，实现了监察制度的"国家"化。根据《监察法》第 11 条的表述，监察委员会的职权可归纳为"监督、调查、处置"。所谓"监督"，即是监督检查公职人员依法履行职责、廉洁从政以及道德操守等情况，其与行政监察中的检查权存在相似之处。所谓"调查"，与行政监察中的调查相比，主要新增了原先检察院在职务犯罪中的刑事侦查权。所谓"处置"，简言之就是对职务违法行为作出处置决定，对涉嫌犯罪的移送检察院依法提起公诉。

概而言之，与行政监察机构相比，监察委员会所具有的"监督、调查、处置"等权限，是一种综合性、完整性的监察职权，并不指向行政系统内部的"同体监督"模式，而是属于自成系统的"异体监督"模式。国家监察体制所承载的监察职权，是与立法权、行政权和司法权并行不悖的国家权力形态。换言之，监察委员会的职权属性自成体系，与行政机关权力、司法机关中的审判机关权力以及检察机关的法律监督权力相互独立。综上，除机构地位外，监察制度下的职权性质也发生流变。

（三）从单一到全面的监察对象

行政监察的对象，主要是行政机关所任命的工作人员，即行政机关内部除工勤人员以外的工作人员。根据《行政监察法》第 15 条的规定，监

① 郑传坤：《我国行政监察历史发展简况》，《现代法学》1992 年第 1 期。
② 秦前红、叶海波等：《国家监察制度改革研究》，法律出版社，2018，第 14 页。

察部主要对国务院各部门及其公务员、国务院及其各部门任命的其他人员、省级政府及其领导人员等对象进行监察。第 16 条则对县级以上地方各级政府监察机构的监察对象作出规定。行政监察机构根据行政机关存在的问题，需要对行政机关执行政策、法律、法规、规章等情况作出系统监督，进而纠偏。

新中国成立之初，行政监察的主要监督对象亦是行政机关中的公务人员。等到了 1955 年 11 月，国务院常务会议所颁布的《监察部组织简则》，又对监察部的职权作出了细化规定，其中将国有企业、公私合营企业、合作社及其工作人员归入监察范围。这与我国当时的计划经济体制有关。1986 年恢复行政监察制度后，监察对象的范围有所缩小。新中国成立初期受到监督的公私合营企业、合作社及其工作人员，因情况变化已不再成为监督对象了。[①] 1997 年《行政监察法》将组织纳入了监察对象，并将行政机关任命的人员也归入其中。2010 年《行政监察法》修改时，以法律形式明确将"授权和委托类"对象纳入监察范围，这是根据实践中存在大量授权行政和委托行政所作出的应对。总的来说监察对象虽然略有差别，但都集中在单一的行政机关及相关领域，未涉及其他方面。综上可知，行政监察的对象至多限于行政系统的所有部门，却无法覆盖其他国家机关及其公务人员，人大、政协、社会团体及其工作人员被排除在行政监察范围之外。

在当下，国家监察体制改革构建了集中统一的监察体系，其中很大一点就是扩大了监察的覆盖范围，集中在"对人"监督方面，实现了对行使公权力的公职人员"全面覆盖"。行政监察原先的覆盖范围过窄，而党的纪检机构和检察院的职权仅聚焦于各自对象，这种各管一段的现状，可能使得反腐败机制存在一定的盲区。国家监察制度，则进行了整合，"形成全面覆盖国家机关及其公务员的国家监察体系"[②]。按照《监察法》第 1 条及第三章之立法规定，这意味着要对行使公权力的公职人员作出全方位监督，以防止监察职权泛化后产生监督"盲区"。

<hr>

[①]　蔡定剑：《国家监督制度》，中国法制出版社，1991，第 206 页。
[②]　习近平：《在第十八届中央纪律检查委员会第六次全体会议上的讲话》，《人民日报》2016 年 5 月 3 日。

这里的"全面覆盖"是以公权力为标准加以解析的。一是基于身份角度，指向包括党员和非党员在内的所有公职人员。原先行政监察机构所面对的是行政机关中的党员和非党员。在国家监察体制下，不论何种身份，监察都以行使职权的属性为标准。这同样包括《公务员法》所规定的具有公职身份的人员。二是根据权力种类，即国家权力机关运行的属性作出分析，监察委员会监督的对象不再局限于行政系统，而是覆盖了立法机关、行政机关和司法机关等，除此之外还包括国有企业以及公办教育、体育、医疗等相关组织及其管理人员。三是从权力运行过程看，国家监察覆盖事前、事中以及事后，尤其关注事前和事中的监督作用。通过加强对公职人员各个阶段的监督，能够在预防性监察与纠错式监察上都有所作为。

（四）从行政管理科学化到国家治理现代化的功能变革

行政监察，意味着"行政"与"监察"的有机组合。"行政"，在语义上体现为对行政事务的管理。中国古代史书《左传》对"行政"作出了较早的记载，即"行其政事""行其政令"。行政监察，亦是指"监察行政"，既是对行政管理的监督检查，又是行政管理运行过程的基本环节。先前，行政监察机构依照《行政监察法》第18条等规定履行职责，根据该条款对监察对象执法、廉政、效能情况进行监察。在行政管理系统中，行政职权的作用主要表现为两个方面：一是看是否有效率；二是看是否廉洁。这契合了行政监察的价值取向，即通过严肃政纪，实现行政管理的科学化。

根据《行政监察法》第1条之立法目的，可将行政监察与行政管理科学化的关系总结为三点。

一是通过执法监察实现行政管理的畅通。行政的关键，在于执行落实；落实的方法，贵在监督检查。行政事务属于综合性质，涉及方方面面的职责，行政机关需要对此开展指挥、监督、管理及协调，这些举措是行政执法活动。执法监察不是对一般性政纪作出监察，而是对行政机关及其公务人员为实现各项管理目标而进行的执法活动作出的监督和检查。行政监察机构通过相应的措施保障政令畅通，使行政管理规范运行。

二是通过廉政监察促进行政管理的廉洁。廉政，是监察制度的重点工作。通过廉政监察，解决的是职权廉洁与否、是否腐败的关键问题，确保在行政管理活动中不以权谋私。王沪宁教授认为："腐败行为意味着政府治理一般意义上的破坏，这里不一定有人直接得到利益或好处，但整个社会的利益会受到损害。"[①] 廉政监察是针对行政管理中的各类腐败现象开展的活动，以增强公权力的"抵抗力"，实现行政管理领域的风清气正。

三是通过效能监察提升行政管理的效能。行政效能，应对的是行政管理的效率提升问题，是对行政机关在行政管理过程中彰显出的质量、效果或效益作出的监督检查。行政效能，在西方公共管理理论中称为政府绩效。依据经济学或公共管理学的相关原理，评判行政活动是否具有效能，以行政活动所输出的结果是否符合"帕累托最优原则"为标准。[②] 原监察部部长何勇提出，效能监察乃行政监察机构及受监察机构委托的组织，在政府的领导下有步骤、有目的地应对行政管理的效率、效能所作出的一项监督检察活动。[③] 简言之，主要看行政机关在行政管理中是否利用各种主客观因素实现较高效益。

国家监察体制属于一项"重大政治体制改革"[④]。2013 年党的十八届三中全会提出"完善和发展中国特色社会主义制度，推进国家治理体系和治理能力现代化"的总目标。贪污腐败行为的实质，是国家治理过程中的一种病变。可以说，实现国家良善治理的前提是遏制腐败的趋势，要实现国家治理体系和治理能力现代化，就必须先推动腐败治理能力的现代化。这项新型制度的根本出发点，集中体现于 2018 年《监察法》第 1 条之立法目的，即深入开展反腐败工作，实现反腐败体系现代化，进而推进国家治理体系和治理能力现代化。在此背景下，国家监察体制改革进入快车道，与司法体制、国家安全体制等领域的改革一道，共同推进国家治理体系和治理能力现代化。国家治理离不开国家权力结构的合理设置，匹配的权力结构乃实现治理体系和治理能力现代化的基础。[⑤] 监察体制改革，实际是一项权力结构下的治理，关涉执政能力的提高。因此，一套运转有效

---

① 王沪宁：《反腐败——中国的实验》，三环出版社，1990，第 12 页。

② 所谓"帕累托最优原则"，是指资源配置的最佳状态，在特定的社会条件下争取以最小的成本创造最大的效率或效益。

③ 何勇：《努力做好效能监察工作》，《中国监察》2000 年第 3 期。

④ 参见 2016 年 12 月 25 日十二届全国人大常委会第二十五次会议通过的《关于在北京市、山西省、浙江省开展国家监察体制改革试点工作的决定》。

⑤ 高全喜：《转型时期国家治理体系和治理能力的现代化建设》，《学海》2016 年第 5 期。

的制度体系，有助于实现善治，给国家治理体系带来质的跨越。

现代化的治理模式，必然要求通过组织结构和法律规范实现对贪污腐败的常规化治理。具体而言，国家监察制度功能的实现路径，可从以下几方面加以理解。一是维护保障作用，监察委员会通过开展反腐败斗争，能够为经济社会发展提供政治保证条件，创造良好的社会环境。二是保护调节作用，监察委员会在依法监察的同时，通过研究如何更好地根据新时代的总方针、政策，针对社会发展中出现的问题，制定相应的政策，发挥政策调节功能。三是监督惩处作用，被监察人员发生违法违纪行为，可能扰乱经济社会秩序，对社会发展产生危害。监察委员会通过查处为新时代的国家治理"保驾护航"，确保权力在国家良性治理的轨道上运行。

三　国家监察体制在新时代的发展方向

国家监察体制改革是一项久久为功的宏大工程，在 2018 年初步落实改革举措后，将来监察工作的重点是增强实效性，避免监察职权出现虚置化。监察制度在新时代迈进，需把握以下基本的发展方向。

（一）适应民主政治之下的权力监督模式

首先，探索中国特色的权力约束机制。人类社会有形形色色的利益存在，权力的行使不可避免具有利益指向。不管是何种监察，都属于权力监督的约束机制。通过权力制约权力，向来是权力监督的基本方式。在西方，很多国家奉行的是分权制衡模式。譬如，英国思想家洛克提出了分权制衡的观点，"在一切情况和条件下，对于滥用职权的强力的真正纠正办法，就是用强力对付强力"①。虽然中国的监察问题，同样涉及权力监督，但我们的监察制度具有符合中国土壤的制度结构。国家监察体制改革是总结古今反腐败经验作出的科学判断，从根本上符合中国特色，属于社会主义民主政治运行的一部分。在宪法层面，根据国家权力制度设计区别于西方三权分立的模式，监察委员会的设置借鉴域外经验的成分并不多。国家监察体制改革后，监察委员会与其他国家机关一起，形成了独立行使职权

---

① 〔英〕洛克：《政府论》下篇，叶启芳、瞿菊农译，商务印书馆，1964，第 95 页。

的 "一权并行" 模式。① 在新时代发展监察制度，应该根据本土的政治体制特质，植根于中国传统文化源流，结合当代经验不断探索权力监督的深化机制。

其次，顺应党对监察制度统一领导的基本规律。综观监察制度七十年的变迁，没有党的领导是行不通的，党的统一领导始终是其中的核心议题。监察制度的历次变迁，皆与特定历史环境下党政工作的现实需求密不可分，契合了新中国制度文明的必然要求。党的领导是监察制度发展的最大优势和保障，是深化监察体制改革必须坚持的首要原则。关于其性质，中央纪委、国家监委主管的《中国纪检监察报》曾撰文提出，监察委员会是政治机关。② 这不单单代表了官方的态度，背后蕴含了深刻的理论依据。监察委员会应当在党的领导下，紧密围绕党和国家权力核心任务行使监察职权，不断贯彻党的方针政策。监察委员会是专责承担国家监察职权的政治机关，应牢牢把握深化国家监察体制改革的根本点和基点，在党中央统一领导下，适时将制度优势转化成治理能力。③ 监察委员会在人事管理方面，不仅要贯彻民主原则，更要坚持党的领导与管理。党的领导，既体现于政治上的领域，又体现为监察业务领导，赋予了监察委员会生生不息的政治生命，实现了党的领导权在监督体系上的延伸与定型。

最后，在履职过程中继续处理好与人大的关系。国家监察体制改革，是将监察职权列入人民代表大会制度之下，通过宪制上的民主形式赋予了监察委员会规范化的法律生命。人民代表大会制度，所遵循的是民主集中制原则。其中，人大作为国家权力机关，与其他国家机关的关系是该项制度主要内容之一。④ 考察《监察法》相关条文可知，监察委员会与人大的关系呈现出产生、负责及监督的格局。同时，在法律层面，人大及其常委会处于中心地位，这是由根本政治制度的性质所决定的。监察委员会同样受到这一原则制约，需接受人大对监察工作的法律领导。虽然监察委员会有权对包括人大机关在内的所有公权力行使进行监督，但应当注意，监察全覆盖与代议机关自律原则如何协调，关涉监察职权的运行。监察委员会

---

① 江国华编著《国家监察立法研究》，中国政法大学出版社，2018，第12页。
② 闫鸣：《监察委员会是政治机关》，《中国纪检监察报》2018年3月8日，第3版。
③ 江国华：《中国监察法学》，中国政法大学出版社，2018，第41页。
④ 蔡定剑：《中国人民代表大会制度》，法律出版社，2003，第25～26页。

应当尊重人大的宪法地位，保持一定的谦抑性。在监察制度视野下，各级人大及其常委会应当有"自留地"，例如，监察委员会应在内部纪律惩戒、言论免责、职务任免等方面禁足。因此，监察委员会监察的对象是公务人员，而非机构及其行为，这能够缓和这种紧张关系。此外，监察委员会能否监督、如何监督人大代表，乃是一个值得推敲的论题。人大代表是构成人大的因子，监察委员会需要尊重人大代表的"民意代表"身份，其履行代表职责时有一定的豁免，监察委员会需遵循宪法和法律对人大代表进行特殊保障。当人大代表不具有公职身份时，其违法行为似乎不宜由监察委员会监督，而是应留待人大及其常委会追究责任。

（二）注重"后监察法时代"的法治建设

监察制度具有很强的规范性，是建立在法律、法规和程序基础之上的，这同样决定了监察机构应当依法监察，在法律法规、规章、政策的框架内行事。早在 20 世纪 50 年代，为适应监察工作的需要，当时颁布的法律法规就对监察机构的组织、任务、方式等作出原则性规定。1988 年 12 月，时任国务院总理李鹏在接见第一次全国监察工作会议代表时提出，监察部门需要依靠法制来监察，不能够搞运动。① 在行政监察时代，除《行政监察法》外，监察部就曾代国务院起草了有关监察工作的行政法规，制定发布了一批政府规章，并起草了一些政策性规定及文件，譬如《监察机关举报工作办法》《监察机关处理不服行政处分申诉的办法》等制度规范。

新时代的国家监察体制，需注重"后监察法时代"的法治建设，实现监察法治的体系化。监察制度立法，某种程度亦可称为反腐败立法。《监察法》作为反腐败顶层设计的基本法律，在很大程度上囊括了反腐败领域的事项。但是，这并不意味着一部《监察法》便能包打天下，一劳永逸解决法律监督问题。随着监察职能的铺开，监察委员会具有刚性的手段和权力，运用法治思维和法治方法推进工作，避免工作中出现失误。习近平总书记提出"重大改革要于法有据"②，法律在社会变革的过程中发挥着稳定

---

① 中华人民共和国监察部编《中国监察年鉴（1987—1991 年）》，中国政法大学出版社，1993，第 14 页。
② 《习近平关于全面深化改革论述摘编》，中央文献出版社，2014，第 47 页。

社会秩序和引领改革实践的重要功能。[①] 例如，就预防性监察而言，实践中讨论的官员财产申报等问题，在此次《监察法》立法中未能被纳入，这留待将来的"财产申报法"出台。除了现行的《监察法》外，还需加快国家监察立法进程，逐步制定"国家监察委员会组织法"等，使法律体系协调统一，做好与《刑事诉讼法》《刑法》《行政诉讼法》的衔接。监察制度法治化的方向，还包括严格依照法定程序行使职权。可以说，现代法治在很大方面就表现为程序法治。国家监察委员会履行职责时，首先需要恪守正当程序理念，其次需要遵循规范的工作流程。为此，在《监察法》规定的监察程序之外，有必要适时制定"国家监察程序法"，为监察办案、工作衔接、证据运用等提供法律程序上的指引。另外，纪检监察合署办公机制的背后原理，实质上是党内法规和国家法律这两种规范之间的紧密衔接、深度融合的问题。在《监察法》业已出台的情况下，聚焦于作风建设和反腐倡廉工作的党规制定，需在动态发展中协调好法律的稳定性。

（三）留意整合式监察在实践中的融洽性

一方面，提升监察职权整合后的质效，防止出现虚化、弱化风险。国家监察体制改革，除了将行政监察加以改造之外，还整合了预防腐败局的预防腐败职权、检察院的预防职务犯罪职权等，实现了组织力量的转型升级。这是由一个自成系统的监察委员会进行领导统合的监察模式，以实现反腐力量的协作整合，可谓之为"整合式监察"。监察委员会融合了多种反腐败资源之后，还与党的纪检机构合署办公，实现了权威性资源的增加。然而，监察力量整合之后，新机构与转隶的新人员难免产生不相协调的问题。就横向权力关系而言，除了监察与被监察的关系外，监察委员会需在业务上处理好与检察院、行政机关、审计机关、法院等多个机构的关系。除了程序上依据《监察法》等法律规定之外，与其他机构的衔接也需做好，防止职责产生虚置的风险。例如，在本轮监察制度改革中，因司法机关性质的特殊性，法院内设的监察部门没有转隶至监察委员会。法院监

① 姜伟：《全面深化改革与全面推进依法治国关系论纲》，《中国法学》2014 年第 6 期。

察部门执行的大多是法院内部的纪律规章。① 如何使监察委员会"他律性"与法院系统"自律性"之间的重合关系融洽，是有待探讨的问题。同样，审计制度亦未被纳入监察制度，如何统合审计全覆盖与监察全覆盖，也需要相应的制度建构。此外，还应预防监察委员会在高度整合后出现组织系统的封闭性与内卷化效应，故可运用相关机制妥善构建职权行使的激励机制。

另一方面，平衡好内设机构与治理任务的张力。国家监察体制改革后，监察委员会如何在现有制度基础上发挥反腐败功能，助推国家治理任务完成，需要内设机构形成整体力量。新时代监察委员会的任务重、压力大，为充分释放监察委员会的职权，应遵循内设机构运行的规律，妥善平衡好与治理任务的张力。监察工作应遵循机构效能原理，即监察委员会应根据机构的任务和权力属性需要，最大效能发挥该机构的功能。② 具体而言，可在内部配置分工合理的衔接机制，实现内设机构之间的自我调控与制约。比如对立案、调查、监督等，实现各机构各司其职，防止职权交叉衍生的效能不彰。监察委员会在刑事侦查中的权限较为强大，应推动该权限的内部制约建设，建立有效的内部管理体制。为合理配置监察力量，还需优化本级监察机构与派驻机构人员的关系，妥当统筹好人员管理。

结　语

监察制度的高效状态，不仅取决于机构及人员的配备，还要看其在实践中的运行能否保持权威、畅通及有效。③ 监察制度是新中国民主政治当中不可或缺的一环，在通过反腐败体系现代化助推国家治理体系和治理能力现代化上发挥着关键作用。新中国成立七十年以来的监察制度，体现了党和政府面对不同历史时期的反腐败形势与治理任务所作出的制度应对。本文通过考察监察制度七十年的历史演变，分析总结了从行政监察向国家监察转变的改革中所表现出的特点，进而从民主政治、法治建设、实践融

---

① 秦前红、刘怡达：《国家监察体制改革背景下人民法院监察制度述要》，《现代法学》2018年第4期。

② 王旭：《国家监察机构设置的宪法学思考》，《中国政法大学学报》2017年第5期。

③ 彭勃：《关于建国以来监察体制的探索与实践》，《当代中国史研究》1995年第1期。

洽性等方面尝试解析其发展方向。在国家监察体制改革后，监察制度未来的创新发展仍然是一项系统工程，我们需充分总结和吸纳本土的实践经验，在审慎中拓展发展路径。

（本文原载于《西部法学评论》2019 年第 3 期）

国家监察体制之宪法史观察

——兼论监察委员会制度的时代特征

朱福惠 *

摘　要：2016 年 12 月 25 日，全国人民代表大会常务委员会《关于在北京市、山西省、浙江省开展国家监察体制改革试点工作的决定》颁布实施以来，学术界和实务界围绕国家监察委员会的性质、地位、组织、职权和体制等问题展开了学术讨论和争鸣。由于监察体制是监察制度的核心，不同的监察体制形成不同的监察制度，因此，为了深入理解国家监察委员会的职能和特征，有必要讨论监察委员会体制在我国监察史上的地位及对当下中国宪制的影响。本文从宪法史的角度观察我国近代以来特别是新中国成立以来监察体制的变化和发展，认为我国的监察体制经历了从古代的监察御史体制到近代监察院体制再到新中国成立以来的行政监察体制的演变，其主要特点是设置专门的监察机构纠举官员的违法失职和贪腐行为，形成世界法制史上独一无二的独立监察体制和监察文化。在此基础上，通过比较国家监察委员会与以往监察机构的异同，认为国家监察委员会形塑了一种新型的独立监察体制，其宪法地位、组织架构和权力行使方式具有鲜明的时代特征。

关键词：监察权　行政监察体制　监察委员会　反腐败职能　宪法史

监察一词为中国政制之专门概念，在不同的监察体制下，由于监察权

---

* 朱福惠，论文发表时为厦门大学法学院教授、博士生导师；现为山东大学法学院（威海）教授、博士生导师，山东大学国家治理研究院研究员。

的范围不同，监察机构的地位不同，监察权的意涵也存在区别。近代宪法意义上的监察权，本质上是宪法监督权的一部分，特指通过监察机构调查、纠举、弹劾和建议处分公职人员的权力。所谓宪法监督权是指根据宪法和法律规定的程序和权限监督国家机关及其公职人员的权力，所以，监督权的范围极为广泛，凡国家机关根据宪法和法律规定行使的对国家机关及其公职人员的监督和制约权均属于宪法上监督权的范畴。而监察权主要针对对公职人员的失职和违法行为、贪污和腐败行为、不良行政行为的调查与处置，其职权主要包括对监察对象的调查、弹劾、审计、建议处分或者发动刑事追诉等。所以，监察权是具体意义上的宪法监督权。我国国家监察委员会的监察权主要包括反腐败和监督执法权两种，属于独立意义上的监察权。此种监察体制是在吸收了我国传统监察文化的有益经验并借鉴域外监察制度的某些做法的基础上，通过改革现行行政监察体制发展而来的。

一　中国近代独立监察体制的形成及法文化传统

（一）古代中国的监察御史体制

中国近代监察制度继承了中国古代监察文化传统。中国封建社会建立了以皇权为核心的政治制度，维护皇权、确立皇帝对国家的有效统治是封建政治之根基。为了实现对社会的管控，历朝统治者均特别重视各级各类官员之选择，同时也建立了极为严格的监察制度。由于中国封建社会历史悠久，专制权力的扩张导致官吏腐败现象极为普遍，严重时甚至裹胁皇室成员共同腐败。为维护大一统政权的长治久安，中国历朝统治者非常注重惩治官吏之违法和贪腐行为，建立独立的监察机构严格监督官吏。所以，中国古代的监察权具有独立地位，监察机构具有较高的权威，并且在长期的政治实践中形成具有中国法特征的传统监察文化。

中国古代监察制度萌芽于先秦，形成于秦汉，至隋唐而稳固，宋元明清日臻完备。秦朝即设立听命于皇帝的御史大夫作为纠察百官之最高监察官员。汉承秦制，在中央机构中设置御史台作为监察百官之机构，明朝以前，中国历朝均设立御史台作为监察机构，以御史大夫为最高监察官员。

唐代监察制度极为完备，中央监察机构分为两部分：一部分是御史台系统，负责监察百官之违法与失职行为；另一部分是言谏系统，负责直接告发官员的违法失职或者腐败行为。宋代将此两套系统整合，实行台谏合一。明清两朝均设置都察院为最高监察机构，并且最终实现中央监察机构与地方监察机构的统一。① 在中国古代封建君主专制统治时期，由于国家幅员辽阔，在专制权力下，各级官吏滥用权力、鱼肉百姓、贪污腐化的空间较大。为了维护皇权，历朝君主都非常重视专门监察机构的设置和运作，试图通过监察官员的纠察和弹劾，防止并打击官吏的贪腐和不法行为。

经过长期的嬗变，中国古代监察制度形成了监察机构独立化、监察官员选拔制度化、监察方式多样化、监察制度法律化等特点。② 具体来说，中国古代监察体制有下列特质。第一，监察机构独立并专门化。监察机构不属于六部之列，直接由皇帝任命，对皇帝负责。监察机构独立行使监察权，不受其他机构的干涉。第二，监察对象广泛。中央政府和地方政府之各级官员均属于御史监察之对象，御史有时也对皇帝之行为和决策提出批评和建议。第三，监察范围包括官员之违法失职、犯罪、贪污受贿、欺压人民等行为，凡官员之违法与不良行为，均属于监察之范围。第四，监察机构实行垂直领导，监察官员权力较大。所以，古代的监察御史制度虽然存在诸多弊端，但在封建专制制度下，仍然具有一定的监督效果，"使官吏的腐败速度与皇权的滥用受到一定控制。延续二千多年的御史谏官监察系统，是中国古代王朝官吏制度的重大创造与重要历史经验"③。

古代监察体制在某种程度上适应当时中国社会的政治和文化传统，在缺乏民主机制的古代社会，官员的权力不受人民的约束，如果没有监察机构的严格监督，官员之腐化将会快速蔓延，严重威胁皇权统治。因此，皇帝赋予监察御史以较大之监督权，在一定程度上抑制了官员的违法和贪腐行为。但是，古代监察机构的监督权必须借助皇帝之威权，其独立性依赖于皇帝对御史的重视和信任，在皇帝亲民和勤政之时，御史就能够发挥监

---

① 金太军：《中国封建社会行政监察制度的特点及其启示》，《中国行政管理》2005 年第 11 期。

② 张国安：《论中国古代监察制度及其现代借鉴》，《法学评论》2009 年第 2 期。

③ 谢元鲁：《论中国古代国家监察制度的历史经验》，《社会科学辑刊》2004 年第 3 期。

察作用；当皇帝腐败无能时，御史不仅得不到皇帝的支持，还会受到冷遇甚至排挤打击，无法发挥纠察与弹劾之职能。所以，古代监察御史虽然位高权重，但不能从根本上阻止官员的违法乱纪和贪污腐败行为，最终不能挽救专制王朝的灭亡。

（二）南京国民政府监察院体制对传统监察文化的继受

近代宪法制度确立后，西方国家根据分权与制衡的原则，建立了议会监督其他国家机关及其公职人员的体制。在代议制民主下，议会是民选机构，代表民意，议会监督行政和司法机关具有权威性，且为立法制约行政和司法所必需。议会不仅是立法机关，也是行使国家监察权的机关，议会通过任免权、弹劾权等追究违法和失职官员的法律责任。瑞典是议会监察体制的典型国家，为了有效行使监察权，在19世纪初即设置议会监察专员制度，议会监察专员是议会行使监察权的专门人员，监察专员监督的对象是中央和地方政府的行政官员、法官、检察官和下级军官，但不能监督各级议会议员以及议会工作人员，根据法律，议会监察专员拥有调查、视察、建议和起诉权。由于行政权具有主动性和侵略性的特点，加之行政机关行使权力的范围极为广泛，公职人员数量庞大，而且行政官员贪污腐败现象严重，不良和违法行政行为引起社会公众的不满；因此，有些国家借鉴瑞典议会监察体制的优点，在议会设置专门针对行政机关及其官员的行政监察专员制度，形成议会行政监察专员体制。丹麦1953年宪法设立议会行政监察专员，英国于1967年设立议会行政监察专员，法国于1973年设置行政调解专员制度。

民国初期，受民主、法治和分权思想的影响，《中华民国临时约法》和《中华民国国会组织法》试图设置议会监察制度，将监督政府官员的权力主要赋予议会，但议会监察的对象主要是政府高级官员与法官，本质上体现为一种监督权。在议会监察权的基础上，设置专门的行政监察机构，将监察权限缩为行政监察权，属于行政权的一部分。民初的议会监察体制因政治混乱，政权更迭频繁而没有发挥实际作用。

南京国民政府时期最终确立了具有中国监察文化传统的监察体制，宪法将国家权力分为立法、行政、司法、考试和监察五权，监察权为独立的权力并且由专门监察机关——监察院执掌。此种监察权和监察机构设置的理论基础，来自孙中山先生的五权宪法和权能分立理论，孙中山先生认为，中国的民主共和制政体首先应当吸收西方三权分立与制衡的做法，立法、行政和司法三权独立，同时，根据中国的文化传统以及政制经验，将考试权和监察权作为独立的权力由考试院和监察院分别行使。"考选制和纠察制本是我中国固有的两大优良制度，但考选制度被恶劣政府所滥用，纠察制度又被长期埋没而不为所用，这是极可痛惜的。我期望在我们的共和政治中复活这些优良制度，分立五权，创立各国至今所未有的政治学说，创建破天荒的政体，以使各机关能充分发挥它们的效能。"① 孙中山先生认为，西方国家的监察权由议会行使，在实践中，议会行使监察权，议会身兼立法、监察两大权力，但侧重于立法，实际上并不能很好地履行行政监察职能，尤其不能监控广大的中下层官员，再者，议会往往会擅用监察权来干扰行政。可见，在对中国古代和西方监察制度进行批判的基础上，孙中山特别强调设置独立监察院的必要性。同时，在国家的权力构成上，立法、行政和司法三机关主要用于"治事"，而考试、监察两机关主要用于"治人"，两者分开，才能真正实现相互监督。1925 年，广州国民政府颁布《中华民国国民政府监察院组织法》，首次规定监察院为国民政府的最高监察机构。1928 年，南京国民政府根据《中国国民党训政纲领》和《中华民国国民政府组织法》正式将监察权作为五权之一，并且规定监察院行使监察权。监察院主要负责对国家机关官员的违法和失职行为的监督。其职权主要有：审计权，在监察院下设审计部，监督行政部门的收支合法性；调查权，监察院行使弹劾、纠举、纠正、同意和审计等权力时，对官员的违法和失职行为可以进行调查；弹劾权，是监察院对一切公务人员，包括中央及地方公务人员、司法院与考试院人员、总统与副总统、公务员违法或失职而提出控诉的权力；纠举权，监察院对作出违法或失职行为的公务员，提请其主管或上级长官进行撤职或者作出行政处分；同意权，司法院院长、副院长、大法官，以及考试院院长、副院长和考试委员的任命，须经监察院同意。② 南京国民政府监察权之设置及运行仅仅发挥了有限的监督作用，由于长期处于战乱状态，加上特殊的政治体制，监察

① 《孙中山全集》第一卷，中华书局，1981，第 320 页。
② 姚秀兰：《南京国民政府监察制度探析》，《政法论丛》2012 年第 2 期。

院不能充分有效地行使监察权。

南京国民政府时期的监察院体制在中国监察文化传统中具有重要地位。第一，监察院体制体现分权与权力制约原理，将监察权置于国家权力分立的基础之上，具有近代宪制的一般法律特征；同时继承并发展了中国古代监察文化传统，监察机构处于与立法、行政、司法同等的宪法地位。第二，监察权独立，与立法、行政、司法、考试权平行，使监察权与一般意义上的监督权分开，成为宪法上的独立权力；行使监察权的机构为五院之一，构成宪法上的独立机构。这在中外宪法史上是独一无二的制度。第三，监察机构之监察范围极为广泛，监察院对包括总统在内的一切国家机关及其公职人员均有监察权；监察院对公务员的违法失职行为有权进行调查并采取相应的措施，但监察院机构主要通过弹劾和行政处分建议权来处置违法失职之官员，如果发现官员犯罪，应当由司法机关追究刑事责任。第四，关涉审计权。近代西方国家的审计权由议会行使，现代审计机构的独立性增强，但是仍然由议会控制。南京国民政府时期的监察机构行使审计权，将审计权作为监察权的一部分。

近代中国政治制度之设计并没有照搬西方国家的议会监察体制，除民国初期短暂建构议会监察体制外，民国时期主要还是实行独立监察体制。该体制继承古代监察机构独立的传统，同时也借鉴了外国的权力制约机制。其根本点在于，近代中国有非常发达的官僚制度，官员权力极大，贪腐空间较大，朝代之更迭无不起因于官场腐败与黑暗。因此，中国自古以来就重视吏治，建立独立监察机构并且赋予其整肃贪官之权，成为符合中国政治实践的法文化传统。然而，民国时期的独立监察体制受到当时专制政治的影响，监察机构无力处置高级官员的贪污贿赂行为，虽然监察院之法律地位崇高，但其仍难以发挥作用。

二　新中国成立初期我国行政监察体制的确立

在革命根据地时期，中国共产党及其领导下的政府即极为重视监察工作。不仅党内设立监察机构，政府也同时设立专门监察机构。1941 年《陕甘宁边区施政纲领》第八条规定，边区政府应当"厉行廉洁政治，严惩公务人员之贪污行为，禁止任何公务人员假公济私之行为"。《陕甘宁边区政纪总则草案》规定，专门监察机构监督及弹劾边区各级政府、司法机关之公务人员。1948 年，华北人民政府设立了专门的人民监察院，对政府机关及其工作人员进行监督。① 1949 年新中国成立至 1959 年，是我国行政监察体制的形成阶段，监察部作为专门行政监察机构行使监察权。

（一）设立监察部作为行政监察机构

1949 年中华人民共和国成立至 1954 年《宪法》颁布实施期间，中央人民政府设立人民监察机关专门行使行政监察权。县级以上各级人民政府均设置专门监察机关，形成行政监察体系。1949 年 9 月《中国人民政治协商会议共同纲领》（下文简称《共同纲领》）第十九条规定："在县市以上的各级人民政府内，设人民监察机关，以监督各级国家机关和各种公务人员是否履行其职责，并纠举其中之违法失职的机关和人员。人民和人民团体有权向人民监察机关或人民司法机关控告任何国家机关和任何公务人员的违法失职行为。"1949 年 9 月《中央人民政府组织法》第十八条规定，政务院设立人民监察委员会，负责监察政府机关和公务人员是否履行职责。1950 年 10 月批准了《政务院人民监察委员会试行组织条例》，1951年政务院公布了《大行政区人民政府（军政委员会）人民监察委员会试行组织通则》《省（行署、市）人民政府人民监察委员会试行组织通则》，分别规定了地方各级人民监察委员会的职权、机构及其上下级关系。② 人民监察委员会成立后，依法行使监察职权，对于违法失职之机关和人员予以纠举，产生了积极的监督作用。

1954 年《宪法》基本上沿用《共同纲领》的制度安排，1954 年《国务院组织法》设立监察部作为专门行政监察机构。监察部在组织架构、职权范围和监察程序上与人民监察委员会相比有较大的区别，主要是监察对象扩展至国家行政机关及国营和合作企业。1955 年 11 月 2 日国务院常务会议批准发布《监察部组织简则》，该简则规定，监察部对国务院各部门、地方各级国家行政机关，国营企业、公私合营企业，合作社实施监督。其主要职能是检查国务院各部门、地方各级人民政府及其工作人员是否正确

---

① 郑传坤：《我国行政监察历史发展简况》，《现代法学》1992 年第 1 期。
② 卢建平：《行政监察法初探》，《浙江大学学报》（人文社会科学版）1992 年第 3 期。

执行法律、法规和政策；受理公民对违反纪律的国家行政机关、国营企业及其工作人员的控告和国家行政机关工作人员不服纪律处分的申诉，并审议国务院任命人员的纪律处分事项。为了履行上述职权，其有权调阅必要的决议、命令、案卷和索取有关资料；有权对监督对象进行检查；有权对国家资财的使用、支付实行事先审查，通知被审查单位停止使用和支付；有权向被检查部门提出改进工作的建议。监察部对国家行政机关工作人员违反纪律的，建议其主管部门进行纪律处分；对于损害国家财产的，督促其主管部门依法令其赔偿；对于有犯罪事实的，应将案件移送人民检察院处理。除此之外，国务院和监察部还发布了诸多法规和规章，对监察部的工作程序作出明确规定，然而，由于受极左思潮影响，宪法和法律的实施受阻，社会主义民主和法制建设受到严重破坏。1959 年 4 月，第二届全国人民代表大会第一次会议通过了撤销监察部的决议，我国行政监察机构的组织和活动被迫终止。

（二）人民检察院实际上行使部分监察权

根据监察权的一般理论，凡对国家机关及其公职人员的违法失职行为进行调查和处置的权力均属于监察权的范围。在我国的行政监察体制中，宪法和法律明确监察部为行使监察权的机构。但从 1954 年《人民检察院组织法》的规定来看，我国检察院对国家公职人员的执法监督具有监察权的性质，因此，应当属于广义监察权的范围。

1949 年 9 月《中央人民政府组织法》和 1951 年 9 月《中央人民政府最高人民检察署暂行组织条例》均规定，最高人民检察署是国家的检察机关；最高人民检察署对政府机关、公务人员和全国人民之严格遵守法律，负最高之检察责任。除此之外，检察机关监督全国监所及劳动改造机构之合法性。1954 年 9 月颁布的《人民检察院组织法》规定，人民检察院对于公安机关的侦查活动是否合法，实行监督；对于刑事案件判决的执行和劳动改造机关的活动是否合法，实行监督。

（三）行政监察体制产生的原因及制度特征

我国的行政监察体制既不同于西方国家的议会监察体制，也不同于社会主义国家检察监督体制，而是在吸收中国传统监察文化有益经验的基础上确立的独立的行政监察体制。新中国成立后采取行政监察体制的原因有以下几个。第一，我国的政治制度和社会制度决定实行行政监察体制比较适当。我国国家权力机关是各级人民代表大会，县级以上人民代表大会有权行使人事任免权、财政监督权、重大事项决定权和质问权，这些监督权的对象是行政机关、检察机关、审判机关及其组成人员，因此，对检察机关和审判机关的监督权已经由人大来行使，没有必要在人大之下设立独立监察机关。第二，我国实行生产资料社会主义公有制，国营、集体企业的工作人员均由行政机关任命产生，因此，行政机关不仅权力较大，而且经济和社会事务主要由行政机关及其任命的公职人员管理，必须设立专门的行政监察机构，以防止行政机关滥用权力。第三，我国是具有行政优越传统的国家，在新中国成立初期特定历史条件下，行政机关及其公职人员拥有较大的权力，行政机关的实际地位高于两院，因此，监督行政权的行使不仅是行政体制的内生性要求，也是党纪政纪监督的重点。

1. 监察权隶属于行政权

在行政监察体制下，监察权的独立性和行政权属性是其基本特征。新中国成立后，实行人民代表大会制度，1954 年《宪法》确认人民代表大会制度是我国的民主政治制度，因此，人民代表大会行使对行政机关和司法机关的人事任免权、质问权、重大问题决定权等，这些职权是代表机关的一般法律监督权。西方国家的议会行政监察专员通过调查、审计和受理控告发现线索，依托议会的任命权、弹劾权和特别调查权监督政府官员。因此，西方国家议会监察权的实质是对其他国家机关的监督权，议会监察专员的实质是将议会监督权的一部分作为监察权由隶属于议会的专门机关来行使。我国的行政监察体制是社会主义宪制的重要组成部分，监察权不属于人民代表大会的职权，监察机构从属于人民政府，监察制度是行政机关自我约束和监督机制的组成部分。

2. 行政监察机构是独立行使监察权的机构

我国的行政监察机构虽然隶属于本级人民政府，是本级人民政府的职能部门，但该机构独立于其他行政职能部门，而且其行使调查和处置权，不受其他职能部门的干涉，属于具有独立执法地位的行政机关。根据法律的规定，行政监察机关行使审计权，检查国务院各部门、地方各级国家行政机关、国营企业执行国民经济计划和国家预算中存在的重大问题，并对机关、企业的国家资财的收支、使用、保管、核算情况进行监督。审计监察是监察权的重要组成部分，审计不仅可以规范财政收支行为，还可以通过财政支出之监督，发现贪污、受贿等严重犯罪行为，因此，审计权作为监察权的一部分，表明监察机关具有较高的独立地位和较大的监督权。

3. 人民检察院的监督是行政监察体制的补充

人民检察院对国家机关及其公职人员的守法和执法活动进行合法性监督。1954 年《人民检察院组织法》规定，人民检察院对国家机关及其公职人员是否遵守法律、法令和政策进行监督，此种守法监督是一般法律监督权的体现，不属于广义的监察。但人民检察院对侦查机关和劳动改造机关的合法性监督则属于国家监察职能，人民检察院行使的权力具有行政权的性质，主要涉及行政权的运用。同时，人民检察院的监督对象主要是行政执法机关及其工作人员，因此，人民检察院的监督是行政监察体制的补充。

4. 党的纪律检查机关与行政监察机关共同行使监察权

中国共产党作为执政党，对国家事务实行政治、组织领导，同时制定政策方针，领导国家机关的工作，国家机关的主要领导人及公职人员多数为中国共产党党员，由于党对国家机关的领导地位，因此对党员和党员领导干部的监督权应由党的机关来行使，这样才能具有权威性和实效性，这是中国政治体制决定的。在历史上，党的监察机构是纪律检查机关的前身，党的监察委员会和纪律检查委员会在名称上交替使用。1927 年，中共五大建立中央监察委员会作为纪律检查机构，1945 年，中共七大设立中央和地方监察委员会。1949 年 11 月，中共中央通过《关于成立中央及各级党的纪律检查委员会的决定》。1955 年 3 月，中国共产党全国代表会议决定恢复成立党的中央和地方监察委员会，代替中央及各级党的纪律检查委员会。1962 年 9 月，中共八届十中全会通过决定加强党的监察机关，增加了中央监察委员会的名额。1969 年 4 月，中国共产党第九次全国代表大会撤销了中央监察委员会。党的监察委员会体制促使党的中央和地方监察委员会分别设立，党的监察委员会主要根据党章和党规对党员和领导干部是否遵守党的纪律和政治纪律进行监督，本质上是行政监察体制的一部分。

三 改革开放以来我国行政监察体制的深化与改革

1979 年至今，我国仍然沿用行政监察体制，是行政监察体制的深化与改革阶段，其表现形式是行政监察机构与党的纪检机构合署办公并共同行使监察权。

（一）行政监察机构的独立性加强

1982 年《宪法》恢复了行政监察机关的设置。1986 年全国人大常委会作出了《关于设立中华人民共和国监察部的决定》，1987 年 8 月国务院发布《关于在县以上地方各级人民政府设立行政监察机关的通知》，对行政监察机关的领导体制、监察对象和职权等作出了明确规定。1990 年国务院颁布了《行政监察条例》，1997 年全国人大常委会通过了《监察法》（2010 年修改），该法规定，行政监察机关独立行使监察权，为保障行政监察机关的独立性，监察法将行政监察的对象定位为行政机关公务员以及行政机关任命的其他人员；行政监察的行为范围不断扩大，包括违反法律、法规和行政纪律的行为，执法、廉政和效能情况，遵守和执行法律、法规、人民政府的决定和命令的情况等；行政监察措施多样化、程序化和法治化，包括调查和查阅相关材料，责令被监察机关及其人员停止违法、违纪行为，责令违法违纪人员在指定的时间和地点作出解释和说明，建议停止违法违纪人员的职务，有权提请人民法院作出保全措施或者冻结存款，有权依法提出对被监察对象的停职、辞职等处分的监察建议。

（二）审计机关与监察机关分离

审计权被视为严格意义上的监察权，在议会监察体制的国家，审计权作为监察权由议会行使。新中国成立初期的行政监察体制中，审计权由监察部行使，实行审计与监察合一。1982 年《宪法》规定国务院设立审计机构，1983 年正式成立了由国务院总理直接领导的审计署，同时在县级以上（包括县级）的各级人民政府企事业单位设立了审计机关，从而实现审计与监察分离。审计署隶属于国务院，是依法独立行使审计监督的机关，与监察部的法律地位平等，审计署在国务院总理领导下，依照法律规定独立行使审计监督权，不受其他行政机关、社会团体和个人的干涉。1988 年国务院颁布《审计条例》，对审计机关的职责、任务、权限和进行审计的活动程序范围等都作出了明确的规定。1994 年全国人大常委会通过《审计法》（2006 年修改），该法的颁布实施，推动了审计监督的发展。《审计法》规定，国务院各部门和地方各级人民政府及其各部门的财政收支，国有金融机构和企业事业组织的财务收支，以及其他应当接受审计的财政收支、财务收支，应当接受审计监督。审计机关对财政收支或者财务收支的真实、合法和效益，依法进行审计监督。审计机关有权检查、查询和调查；有权提请法院冻结存款；有权制止违法的收支行为；有权对违法违纪的直接责任人员作出处分建议，对构成犯罪的移送司法机关处理。审计独立，事实上扩大了行政监察机关的权力。

（三）将贪污贿赂和渎职纳入监察的范围

如上文所述，人民检察院虽然不是行政机关，但其职权具有监督国家机关和公职人员的性质，在实际上发挥监察的功能，从性质上来讲属于具有司法性的行政监察权。

1978 年《宪法》恢复设置人民检察院。1979 年《人民检察院组织法》规定人民检察院是国家的法律监督机关，该法规定人民检察院对公安机关侦查的合法性，人民法院审判的合法性以及刑事案件判决、裁定的执行和监狱、看守所、劳动改造机关的活动的合法性进行监督；规定人民检察院依法保障公民对于违法的国家工作人员提出控告的权利。人民检察院除进行合法性监督外，还根据我国改革开放后贪污贿赂现象严重的局面，在人民检察院设立专门的反贪污贿赂机构，加强了对所有国家机关及其公职人员贪污贿赂、渎职犯罪的侦查并提起刑事诉讼。1988 年，全国人大常委会通过了《关于惩治贪污罪贿赂罪的补充规定》，首次在单行刑法中将贪污贿赂犯罪规定为一类犯罪。最高人民检察院把打击贪污贿赂犯罪列为工作重点，1995 年 11 月最高人民检察院设立反贪污贿赂总局。① 1979 年《刑事诉讼法》扩大人民检察院的监督范围，人民检察院对贪污罪、侵犯公民

---

① 陈磊：《中国检察机关反贪局的来龙去脉》，《检察日报》2015 年 2 月 3 日，第 5 版。

民主权利罪、渎职罪立案侦查和提起公诉。① 1996 年《刑事诉讼法》规定贪污贿赂罪、渎职罪由人民检察院立案侦查。不过，国家机关工作人员的贪污贿赂行为，在处置上可以分为调查和提起刑事诉讼两部分，前者属于监察权的范畴，后者则属于司法权的范畴。为了维护经济秩序，严厉惩治贪污腐败，法律赋予人民检察院通过侦查、起诉打击贪污腐败等职务犯罪行为的职权，这与人民检察院的地位相符合。

（四）行政监察体制改革的特点

1. 行政监察权分散配置

在改革过程中形成以监察机关为主体、审计和检察机关行使部分监察权的体制。随着国家权力在推进改革过程中的作用凸显，国家机关工作人员，尤其是党政领导干部的违法失职、贪污贿赂等行为严重，在缺乏民主监督的前提下，监察机关的监督极为重要。由于监察部的监督权只能在行政机关内部行使，因此其他国家机关工作人员只能由纪检和检察机关监督。1988 年全国人大决定由人民检察院对贪污贿赂、渎职犯罪行使侦查与起诉权，人民检察院的此种权力可以覆盖所有国家机关工作人员。监察部在调查处置行政违法失职方面的工作非常繁重，而审计不仅工作面广、任务重，而且承载各级各类机关、组织和国有企业的财政收支监督，对于违反财经纪律和收支管理规定的违法犯罪行为进行调查与处置。因此，审计机构独立设置，并且依法独立行使审计职能。可见，在国家机关层面，虽然行政监察体制没有发生改变，但通过国家机关的改革，不断扩大监察对象和行为范围，审计独立和人民检察院行使部分监察权是这一时期的显著特征。

2. 党的纪律检查委员会与监察部合署办公，实行纪检监察一体化

1977 年 8 月，中国共产党第十一次全国代表大会通过的《中国共产党

---

① 1982 年 3 月 8 日第五届全国人民代表大会常务委员会第二十二次会议通过的《关于严惩严重破坏经济的罪犯的决定》将国家工作人员定义为，包括在国家各级权力机关、各级行政机关、各级司法机关、军队、国营企业、国家事业机构中工作的人员，以及其他各种依照法律从事公务的人员。因此将人民检察院打击职务犯罪的对象扩大至所有国家机关及公务人员。1979 年《刑法》将贿赂罪列入渎职犯罪类，该决定将贿赂罪比照贪污罪从重处罚。

章程》恢复设置党的纪律检查委员会，行使原属于党的监察委员会的职权。1978 年 12 月，中共十一届三中全会选举产生了新的中央纪律检查委员会。1993 年 1 月，党中央、国务院决定中央纪律检查委员会与监察部合署办公，实行一套工作机构、两个机关名称，履行党的纪律检查和政府行政监察两项职能。并且设立国家预防腐败局，从事反腐败之国际合作，还协调贪污腐败、渎职犯罪的侦查与诉讼工作。纪检监察一体化符合我国的政治制度，由于各级各类国家机关均设立有党委或者党组，党的纪检工作可以覆盖所有的党员领导干部，从而扩大监察范围，增强反腐败的实效。纪检和监察机关运用"双规"和"两指"措施①，大力查办案件，取得了明显的反腐败效果。

四　国家监察委员会之建构

（一）行政监察体制的弊端及改革建议

新中国成立以来，尤其是 1982 年《宪法》实施以来，行政监察体制发挥了较大的监督作用，尤其是纪检监察合一的工作机制对于贪污腐败行为具有重要威慑功能，但行政监察体制本身存在诸多弊端，主要有以下几点。第一，行政监察体制虽然符合监督分工、各司其职的原则，但是监察力量分散、事权重复、效率不高。人民检察院对公安机关、监狱和劳动改造机关的监督，主要从刑事诉讼的角度展开，但监督的对象主要是行政机关，因此属于行政监察机关的监察范围。审计机关对财政收支的审计监督，事实上是对行政机关、国有企业和事业单位遵守国家法律、法规和政纪的监督，财政收支和财务支出体现法律法规的遵守与执行情况，同样属于行政监察的范围。这些监察事项由不同的国家机关管辖，必然导致交叉重复，不利于监察权的有效行使。第二，行政监察体制未能有效地实现对所有国家机关及其公职人员的监察。目前，行政监察的范围主要指向国家

---

① "双规"是指 1994 年《中国共产党纪律检查机关案件检查工作条例》第 28 条第 3 项——"要求有关人员在规定的时间、地点就案件所涉及的问题作出说明"，主要适用于党员。"两指"是指 1997 年《行政监察法》的规定，监察机关可以"责令有违反行政纪律嫌疑的人员在指定的时间、地点就调查事项涉及的问题作出解释和说明"，主要适用于非党员。

行政机关公职人员的违法失职和违纪行为，但对不良行政行为和决策行为缺乏监督。监察的范围应当包括所有国家机关及其公职人员的违法、违纪和失职行为，但是现行行政监察法的监察和审计对象限于行政机关以及行政机关任命的公职人员，国家权力机关、军队、政党和社会团体未能纳入监察范围。第三，行政监察机构的独立性不够。虽然《行政监察法》规定监察机关依法行使职权，不受其他行政部门、社会团体和个人的干涉，但由于地方行政监察机关实行双重领导体制，监察机关容易受到本级政府的制约，难以发挥对本级政府和下级政府的监督作用。第四，行政监察机构的职能不完整。一般来说，行政监察权包括审计权，而我国审计机关是与行政监察机关平行的行政机构，其地位高于行政监察机构，根据《审计法》的规定，审计机关同样行使调查、处分建议等监察权。同时，行政监察机构主要调查违法和失职行为，对于违反政纪的行为以及不良行政行为缺乏监察能力，所以其监察效果不断下降。第五，行政监察机关在官员财产申报、政府信息公开、行政决策程序的合法性和合规性方面缺乏有效监督，主要原因是相关立法和制度不够完善，行政监察程序本身也不合理。①

有鉴于此，我国学界提出改革监察制度的建议，虽然这些建议的方案不尽相同，但大多倾向于建立具有独立性的专门监察机构，明确提出吸收我国传统监察文化的成果，借鉴外国监察制度的优点，重构我国的监察体制。其改革的方案大致有两种。一种是学习和借鉴外国行政监察专员制度，在全国人大设立独立的监察专员，因为我国《宪法》有关于人大设立特定问题调查委员会的规定，这可以作为设立人大监察专员的宪法依据。②"人民代表大会是我国的权力机关，代表人民行使国家权力，其他一切国家机关都要接受权力机关的监督。在人民代表大会尤其是全国人民代表大会之下设立行政监察专员，完全符合我国的政治体制。"③另有学者提出仿照丹麦议会监察专员制度，除设立"人大监察专员"之外，可以探索建立统一的和独立的专职反腐败机构。④此种在人大内设立监察机构的做法，

① 蔡乐渭：《论我国行政监察制度的改革》，《江西行政学院学报》2006年第2期。
② 杨曙光：《瑞典的议会监察专员制度》，《中国改革》2006年第10期。
③ 曾祥华：《近年来各国行政监察制度的完善及其借鉴意义》，《行政与法》2006年第7期。
④ 张腾腾：《丹麦监察专员制度对中国廉政工作的启示》，《黑龙江社会科学》2016年第3期。

其理论依据是监察机构必须具有独立性，监察机构不能作为行政机构的一部分，而只能作为立法机构的一部分，通过行政体制外的监察，才能真正实现监察的目的。另一种则是既学习外国经验，又继承中国传统监察文化的优点，在国家机关体系中设置独立的"人民监察委员会"。该监察委员会由人大产生，对人大负责。同时，审计部门也应当由人大产生，对人大负责，独立行使审计权。① 党的十八届四中全会后，成立独立的国家监察机构的建议受到重视，2016 年 11 月 7 日，中共中央办公厅印发的《关于在北京市、山西省、浙江省开展国家监察体制改革试点方案》设立监察委员会。监察委员会由省（市）人民代表大会产生。建立国家监察委员会，是全面从严治党的需要，是加强党对反腐败统一领导，形成制度化、法治化成果的需要。②

（二）国家监察委员会的宪制特征

中央决定设立监察委员会后，2016 年 12 月全国人民代表大会常务委员会立即作出《关于在北京市、山西省、浙江省开展国家监察体制改革试点工作的决定》。该决定的施行将我国行政监察体制转变为独立监察体制，此种体制的改变符合我国设立独立监察机构的文化传统，也适应我国反腐败工作的新形势，可以预见，国家监察委员会的设置将对我国监察和反贪污贿赂工作具有重要的意义。国家监察委员会之建构是我国国家机关体系创新的体现，从宪法史的角度来观察，国家监察委员会的建构对我国宪法上国家机关权力的配置产生重大影响，形成了一种新的国家监察制度。

1. 新的独立监察体制开始形成

根据全国人大常委会试点决定的原则和精神，国家监察委员会是国家最高监察机关，行使反腐败和执法监督权。监察委员会之名称直接来源于历史上中国共产党中央和地方委员会成立的监察机构，在法文化上继承了我国悠久的独立监察传统。我国宪法设置的中央国家机关体系，是在全国人民代表大会之下，设立国家主席、国务院、中央军事委员会、最高人民

---

① 李景平、赵亮、于一丁：《中外行政监察制度比较及其启示》，《西安交通大学学报》（社会科学版）2008 年第 4 期。

② 马怀德：《国家监察体制改革的重要意义和主要任务》，《国家行政学院学报》2016 年第 6 期。

法院和最高人民检察院五个独立行使权力的机关，它们都由全国人民代表大会选举或者决定产生，对它负责，受它监督。宪法学上常常将我国中央国家机关体系简称为"一府两院"，虽然不够准确，但在一定程度上表明了我国中央国家机关体系的职权分工。国家监察委员会的宪法地位，与"一府两院"平行，是独立行使监察权的国家机关，形成了新的独立监察体制。第一，它不同于我国古代的独立监察体制。我国古代的监察御史，其纠举百官之权力依赖皇帝之权威与偏好，所以，御史台虽然是独立机构，但仍然是专制王权的产物。国家监察委员会的宪法地位除低于全国人大外，与其他国家机关平等，是社会主义民主政治基础上的独立监察机构。第二，它不同于民国时期五权宪法下的独立监察体制。民国时期监察院的宪法地位与立法、行政、司法、考试机关平行，拥有高级官员的任命同意权和弹劾权，行使民选立法机关的人事任免权和监督权，其法理基础是国家权力的分立与制衡。国家监察委员会由全国人民代表大会选举产生，不得行使属于全国人民代表大会的人事任免权、监督权，其法理基础是人民代表大会制度下的国家权力分工与监督。第三，它不同于新中国成立以来的行政监察体制。新中国成立以来一直实行行政监察体制，行政监察机关在行政体系内独立行使监察权，虽然 1993 年后，监察机关与党的纪检机关合署办公，但并没有明确的法律依据。国家监察委员会宪法地位之提高，使我国行政监察体系提升为国家监察体系，原行政监察体系是一种内部监督和自我监督为主的同体监督，由于监察机关本身是行政机关的一部分，因此其监察效果极为有限。① 国家监察委员会不仅实行体制外的专门监察，而且党的纪检与国家监察的整合具有法律依据，能够增强独立的监察机构的监督效果。

2. 监察范围与对象的拓展

在国家监察委员会体制下，监察权的性质、监察的对象和行为范围发生了较大的变化，表现如下。第一，在行政监察体制下，监察权从属于行政权，宪法将监察权定位于行政监察机关对行政机关及其公务员的违法失职行为进行监督的权力。审计机关对财政收支和财务活动的监督权，被视

---

① 秦前红：《困境、改革与出路：从"三驾马车"到国家监察——我国监察体系的宪制思考》，《中国法律评论》2017 年第 1 期。

为财政监督权。人民检察院对守法和执法的监督权，对贪污贿赂犯罪的侦查和公诉权，虽属广义的监察权，但在宪法上属于检察权的范围。因此，监察权是行政监督权的一部分，侧重对行政机关及其公职人员违法失职行为、违反党纪政纪的监督。在国家监察委员会体制下，监察权与行政权、审判权和检察权平行，属于独立的宪法权力。所以，监察权属于反腐败和监督执法权，侧重加强党和国家对反腐败工作的领导权，反腐败和监督执法是监察权的本质特征。第二，在行政监察体制下，监察的行为范围主要包括行政机关及其公务员的违法失职行为以及违反党纪政纪的行为，其范围较为狭窄。由于人民检察院的反贪污、反渎职和预防腐败的职能以及党的纪律检查委员会的党纪政纪监督职能同时并入监察委员会，因此，监察包括对国家机关及其工作人员的违法失职行为进行调查和处理，受理公民和法人对国家机关及其工作人员的检举和控告，对国家机关及其公职人员的贪污腐败行为进行调查和处置。第三，在行政监察体制下，监察机关只能实现对行政部门及其任命的公职人员的监督，对其他国家机关、军队、政党和人民团体等不能行使监察权。国家监察委员会的建立，将党的纪律检查委员会、监察部、国家预防腐败局、人民检察院的反贪、反渎和预防职务犯罪的职能进行整合，可以实现对所有党政机关、政协和民主党派机关、国有企业和公办事业单位、群众自治组织以及依法行使公共职能的公务员与工作人员的监督，从而实现监督的全覆盖。

3. 监察委员会职能之强化与扩大

长期以来，我国行使监察权的机关之所以缺乏足够的权威和反贪的工作主动性，原因很多，但主要原因是党的纪检部门没有行使监察职权的法律依据，同时，监察机构缺乏反腐败的职能。国家监察委员会的建立，从根本上解决了这一问题。第一，在行政监察体制下，监察机关和纪检部门的职权配置不合理，我国的执政党是政治领导机关，各级党委都是国家事务的决策机关，因此党的领导干部属于国家公职人员序列，如果监察机构不能对党的领导干部行使监察权，那么监察权威就不能树立。国家监察委员会整合反腐败资源，党的纪检部门与监察机关不仅职能合一，而且机构合一，从而充分发挥国家机关和党的纪检部门的功能，提升了国家监察的权威性。第二，外国的议会行政监察专员，虽然对公职人员的违法和失职行为有调查权，但大多没有司法性的侦查权。我国监察委员会对监察对象有监督、调查和处置之职能，根据监察机构试点方案的相关规定，监察机构的调查权包括对贪污贿赂案件的侦查权，从而监察机构可以采取讯问、询问、查询、冻结、调取、查封、扣押、搜查、勘验检查、鉴定、留置等强制措施。对侦查终结的案件可以移送人民检察院审查起诉；对一般违法和失职行为可以提出监察建议或者党纪政纪处分建议；对于重大的违法和失职行为，有权向同级人民代表大会及其常务委员会提出免职建议；监察方式的强化表明监察委员会的权威性明显增强。

4. 国家机关之间的分工与制约关系发生变化

国家监察委员会是反腐败的专门机构和监督执法机构，其职权涉及案件之侦查、党纪和政纪处分等，对监察对象的权利和义务产生直接影响。由于监察委员会行使具有司法性质的侦查权，因此，监察委员会的权力应当受到宪法和法律的制约。国家监察委员会由全国人大产生，对全国人大及其常委会负责并报告工作。地方各级监察委员会由本级人大选举产生，对本级人大及其常委会负责并报告工作，同时还需要接受上级监察机关的领导。自1954年《宪法》颁布以来，我国国家机构之间实行权力的监督与制约原则，"一府两院"之间以及公、检、法之间的关系都是基于监督的权力制约关系。[①] 根据我国的宪法原理，国家监察委员会的宪法地位低于国家权力机关，受到国家权力机关的监督与制约。对于监察委员会与司法机关的关系，学界和实务界略有顾虑，国家监察委员会与党的纪检部门合署，从试点的情况来看，监察委员会主任由本级党的纪委书记担任，如此，监察委员会的实际权力必然大于司法机关，如果掌握职务犯罪侦查权的国家监察委员会地位高于最高审判机关和检察机关，调查对象的权利就可能"经常性地处于危险中"[②]。为了避免监察委员会变成超级机构，监察委员会的权力除应当受到国家权力机关制约外，还应当受到司法机关的制约，如人民检察院对监察委员会移送起诉的案件应当进行审查，决定是否起诉，监察委员会在行使侦查权的过程中，应当严格遵守《刑事诉讼法》的规定，并受到《刑事诉讼法》及其他法律的限制和约束。人民检察院和人民法院对监察委员会的活动有权依照法律的规定行使监督权。人民法院

---

① 朱福惠：《"五四宪法"与国家机构体系的形成与创新》，《中国法学》2014年第4期。
② 童之伟：《对监察委员会自身的监督制约何以强化》，《法学评论》2017年第1期。

对职务犯罪案件进行审理，有权依《刑事诉讼法》审查事实和证据并独立作出判决，不受其他机关非法干涉。只要国家监察委员会在现行宪法和刑事诉讼法框架范围内活动，并且遵守国家权力的分工与制约原则，就会推进我国社会主义法治建设，实现法治政府和廉洁政府的愿景。

（本文原载于《武汉大学学报》［哲学社会科学版］2017 年第 3 期）

国家监察体制改革的重要意义和主要任务

马怀德[*]

摘　要： 中央决定在北京市、山西省、浙江省开展国家监察体制改革试点。这是一项事关全局的重大政治改革。本文重点讨论了三个问题：一是国家监察体制改革的重要意义；二是国家监察体制改革的任务；三是国家监察体制改革的难点。

关键词： 国家监察体制改革　意义　任务　难点

2016 年 11 月 7 日，中办印发《关于在北京市、山西省、浙江省开展国家监察体制改革试点方案》，方案强调，国家监察体制改革是事关全局的重大政治改革，是国家监察制度的顶层设计。为什么此次改革引发全社会高度关注？什么样的改革属于重大政治改革？如何认识改革的主要任务？本文重点讨论以下三个方面问题：

一　国家监察体制改革的重要意义

党的十八大以来，中央强力反腐，以雷霆万钧之势横扫腐败官场，以霹雳手段重拳出击，创造了史无前例的反腐纪录。看到反腐巨大成效的同时，也应当清醒认识到，这是一场输不起的斗争，形成不敢腐只是反腐第一步，要实现不能腐、不愿腐尚需长远的战略谋划、严密的制度体系和完

---

* 马怀德，论文发表时为中国政法大学副校长、教授、博士生导师，现为中国政法大学校长、教授、博士生导师。

备的法治保障。实践证明，惩治是最好的预防，制度是最大的保障。只有集中全党力量，形成高压态势，通过严厉惩治，才能形成巨大的震慑效果，有效预防腐败；也只有加快建立制度体系，把权力关进制度的笼子里，才能重建政治生态，建设廉洁政治。

为了推进全面从严治党，坚持思想建党和制度治党紧密结合，党的十八届六中全会通过了《关于新形势下党内政治生活的若干准则》和《中国共产党党内监督条例》（以下称《条例》）。《条例》第三十七条明确规定："各级党委应当支持和保证同级人大、政府、监察机关、司法机关等对国家机关及公职人员依法进行监督……"随后，中共中央办公厅印发《关于在北京市、山西省、浙江省开展国家监察体制改革试点方案》，部署在三省市设立各级监察委员会，从体制机制、制度建设上先行先试、探索实践，为在全国推开积累经验。

国家监察体制改革是全面从严治党、实现党内监督与人民监督有机结合的需要。党的十八大以来的经验告诉我们，只有坚持全面从严治党，集中有效的反腐败力量，才能从根本上解决腐败问题。推进国家监察体制改革，特别是设置国家监察委员会，是全面从严治党的需要，是加强党对反腐败统一领导，形成制度化、法治化成果的需要，有利于实现党内监督与人民监督有机结合。

党的十八大之后，党的反腐败体制机制已经悄然发生了变化。下级纪委书记由上级纪委提名考察，在落实双重领导体制的同时强化了垂直监督，增强了对地方反腐败的领导。重大反腐败线索须上报上级纪委，有利于腐败案件的查处。纪检组派驻实现了全覆盖。中央派驻的45个纪检组，覆盖了中共中央办公厅、国务院办公厅、中组部、中宣部、全国人大机关、全国政协机关、社会团体等139个单位。巡视制度也不断完善，探索实行"三个不固定"，组长不固定、巡视对象不固定、巡视组和巡视对象的关系不固定。巡视组组长不搞铁帽子，一次一授权，建立和完善组长库。2014年在完成对31个省区市和新疆生产建设兵团巡视全覆盖的同时，又探索开展了专项巡视。由此可见，纪检机关在人事管理和案件查处程序等方面的体制机制实际上在党的十八大之后已然发生了重大变化。

强化党内监督的同时，对国家机器的监督也提上议事日程。党内监督是永葆党的肌体健康的有力武器。我们是一党长期执政，制度优势已经充分显现，但也面临风险和挑战，最大挑战就是对权力的有效监督。实现党的历史使命，必须破解自我监督这个难题，要以党内监督带动和促进其他监督，健全完善科学管用的权力监督制约体系，推进治理体系和治理能力现代化。毋庸讳言，随着党内监督的加强，已经实现了监督全覆盖，覆盖了所有的国家机关、社会团体及企事业单位的党员；而行政监察机关作为政府的组成部门，只负责监察行政机关的工作人员，以及政府任命的工作人员，不可能覆盖政府以外的机构和人员，由此便形成了"一条腿长一条腿短"的尴尬局面。

为此，必须"完善监督制度，做好监督体系顶层设计"，"既加强党的自我监督，又加强对国家机器的监督"，国家监察体制改革的一个根本出发点就是，要"健全国家监察组织架构，形成全面覆盖国家机关及其公务员的国家监察体系"。① 强化党内反腐败斗争的统一领导，使党内监督和人民群众监督相结合，形成发现问题、纠正偏差的有效机制。保证我们的监督力量能够覆盖所有的公职人员，使得我们的监督体制和监督机制更加制度化、规范化。

国家监察体制改革是全面依法治国的需要。党的十八大之后，党中央提出了"四个全面"战略布局，全面依法治国是重要战略举措。全面推进依法治国，总目标是建设中国特色社会主义法治体系，建设社会主义法治国家，形成完备的法律规范体系、高效的法治实施体系、严密的法治监督体系、有力的法治保障体系，形成完善的党内法规体系。依规管党治党建设党是依法治国的重要前提和政治保障。邓小平同志指出："没有党规党法，国法就很难保障。"② 全面推进依法治国，既要求党依据宪法和法律治国理政，也要求党依据党内法规管党治党。我们党经过长期探索实践，已经形成了一整套层次清晰、运行有效的党内监督制度体系，使管党治党建设党有章可循、有规可依。

就国家法治监督体系而言，虽然政府内部有行政监察和审计，政府外部有人大监督、司法监督、舆论监督等监督形式，检察院还有专门的反贪

---

① 习近平：《在第十八届中央纪律检查委员会第六次全体会议上的讲话》，人民出版社，2016，第22~24页。

② 《邓小平文选》第二卷，人民出版社，1994，第147页。

污、反渎职、预防职务犯罪等力量，但这些反腐败资源力量过于分散，很难发挥作用。建立国家监察委员会，可以整合反腐败资源力量，形成集中统一、权威高效的反腐败体制，有利于形成严密的法治监督体系，实现全面推进依法治国的目标。

国家监察体制改革是推进国家治理体系和治理能力现代化的需要。党的十八届三中全会提出，全面深化改革的总目标就是推进国家治理体系和治理能力现代化。没有厉行法治的决心，没有健全完备的法律制度体系，没有实施法治的能力和水平，很难称得上是现代化国家。可见，治理体系和治理能力现代化，最重要的就是在治国理政方面形成一套完备的、成熟的、定型的制度，通过有效运转的制度体系，实现对国家和社会的治理，说到底就是实现治理体系和治理能力的制度化、法治化。建立国家监察委员会，形成高效权威的国家监察体系，有利于提升国家治理能力，推进国家治理体系和治理能力现代化。

国家监察体制改革，需要借鉴古今中外有益经验，与时俱进不断创新。我国监察制度起源于周朝，兴于秦汉，隋唐时期臻于完备，一直延续至明清。在数千年的历史长河中，监察机构几经变革，不仅名称有所变化，而且机构设置与地位也有所变化。最早的时候，丞相府、御史大夫府合称二府，后来又增加了太尉，形成了所谓的三台。监察这个词是从唐代开始出现的，在具体的官职名称中变化不是太大，明清时代改为都察，无论称为御史、监察，还是都察，职能一直延续下来。监察官的主要职能是监察百官，即纠举弹劾百官，其官职品位不高，但是权力很大，所谓"大事奏裁，小事立断"。监察范围覆盖财政、军事、人事管理、司法、教育以及民风民情等诸方面。监察法规也十分完善，从汉代的"监御史九条""刺史六条"，到清代的"钦定台规""都察院则例""十察法"等不一而足。中国近代的监察制度是对古代监察制度的发展，孙中山先生主张的独立于立法、行政、司法、考试的监察权，就是对百官弹劾纠举、实施监督的权力，这一思想对我们改革监察体制具有启发意义。北欧国家的议会监察专员制度对我们同样具有参考价值。域外监察制度表明，无论采取议会监察专员制，还是在行政系统内设监察机关，均通过立法保障监察权独立行使，明确监察对象的广覆盖。如1810年瑞典的《监察专员法》规定监察的对象包括法官、检察官、公立学校老师、公立医院医生、护士及委托从事公务的人员。监察手段也比较多样，如埃及的行政监督署拥有公开或秘密调查、调档、侦查、搜查、逮捕、建议、越级报告等权力，瑞士赋予监察机关拘捕权、搜查权乃至公诉权。

可以说，改革国家监察体制，设立国家监察委员会，既是时代的要求，也是在我们吸收了古今中外有益经验基础上与时俱进的表现，体现了党中央全面从严治党、全面依法治国的决心。

二　国家监察体制改革的任务

深化国家监察体制改革的总目标是建立党统一领导下的国家反腐败工作机构。该机构不是政府部门，也不是司法机关，而是一个与行政机关和司法机关平行的执法监督机关。简而言之，就是要建立集中统一的反腐败机构，形成权威高效的国家监察体制。实现这一目标，需要把握以下改革任务。

（一）人大决定，地方试点

党的十八大之后，在处理改革和法治的关系上，我们一直坚持重大改革于法有据，法治和改革要同步进行。具体而言，改革缺乏法律依据的，要获得全国人大授权；有法律依据，但需要修改法律的，要及时报请全国人大修改法律；涉及废止法律的，要报请全国人大予以废止。国家监察委员会的试点方案虽然已经公布，试点省市也在紧锣密鼓地开展筹备工作，但是，设立国家监察委员会是一项事关全局的重大政治改革，涉及现行诸多法律法规的变动，必须获得全国人大的授权，并在法治轨道上进行。因此，全国人大常委会作出授权决定是进行国家监察体制改革的前提条件，也是保证改革合法性的重要制度基础。党的十八大之后，全国人大常委会已经进行过多次改革试点授权，如 2014 年授权国务院在广东、天津、福建自贸试验区及上海自贸试验区扩展区域暂时调整有关法律规定的行政审批的决定，2015 年授权最高人民检察院在部分地区开展公益诉讼（包括行政公益诉讼、民事公益诉讼）的决定，等等。

获得全国人大常委会授权之后，试点地区就要筹备设立监察委员会。中央选择北京、山西和浙江三个省市作为试点地区有很多考虑。我个人的理解是，选择北京试点，是因为北京是首都，是政治权力中心，在反腐败和廉政建设方面承担着重大的责任，开展事关重大政治体制改革的试点，具有风向标意义。选择山西试点，是因为这里曾经是腐败重灾区，也是重建政治生态的重镇，可以作为廉洁政治、廉洁政府建设的试验田。选择浙江试点，是因为浙江是改革开放的前沿地带，也是民营经济最发达的地区，遏制权力寻租、权钱交易的风险高、压力大。在这种经济发达地区进行试点，可以对其他经济发达地区起到示范作用。上述地区各具代表性，试点后形成和积累的经验，可为全国范围推开监察体制改革提供借鉴，也可为后续制定修改相关法律法规积累实践经验。

（二）设置机构，与纪委合署办公

按照试点方案，监察委员会就不是传统意义上的监察局、监察厅、监察部，而是与政府、司法机关平行的一个独立的国家机关，由各级人大依法产生，并与纪委合署办公。中央和地方监察委员会的具体名称，有待试点过程中予以明确。

回顾党史，历史上曾经有过监察委员会。1927年，党的第五次全国代表大会建立了第一个纪律检查机构——中央监察委员会。1928年召开的党的第六次全国代表大会将其取消，代之以职权范围较小的中央审查委员会。1945年党的第七次全国代表大会又恢复设立中央和地方监察委员会。1949年新中国成立后，经中央决定，由朱德等11人组成中央纪律检查委员会。1956年，党的第八次全国代表大会选举产生了以董必武为书记的中央监察委员会。虽然名称几经变化，但历史上确实存在过中央监察委员会，作为党的机构。现在，各级党的监察机构的名称均改为纪律检查委员会。因此，如果将拟设立的国家监察委员会定名为中央监察委员会，容易和中央纪律检查委员会的名称相混淆。因此，我建议定名各级监察委员会时，中央层面称为国家监察委员会为宜，以示与历史上的中央监察委员会以及现在的中央纪委有别；地方层面以"行政区划+监察委员会"的定名方式为宜，如北京市监察委员会、河北省监察委员会等。

按照现行《宪法》《地方各级人民代表大会和地方各级人民政府组织法》《人民法院组织法》《人民检察院组织法》等法律法规的规定，中央和地方各级人民政府、各级人民法院、各级人民检察院由对应的人大产生。那么，国家监察委员会如何产生呢？这就需要全国人大的授权，赋予人大设立监察委员会的职权。需要强调的是，监察委员会应当由人民代表大会产生，而不是由人大常委会产生。监察委员会产生之后，应当对人民代表大会负责，接受人民代表大会的监督。至于监察委员会要不要以报告工作的方式对人民代表大会负责，是一个有待进一步讨论的问题。因为采取报告工作的方式，存在报告通过或不通过的问题，法律并未规定报告不通过的法律后果。所以，我个人认为，监察委员会由人大产生，对人大负责，接受人大监督，但不一定要报告工作。监察委员会设置之后，它就成为与政府、法院、检察院平行的国家机构，国家机构体制也将由"一府两院"变为"一府一委两院"，即人民政府、监察委员会、人民法院、人民检察院。

中央明确提出，监察委员会与纪委合署办公。党的机构和国家机关合署办公的体制具有中国特色，但具体如何合署办公，值得深入研究。1993年之前，中纪委和监察部是分开办公的。为了整合反腐败力量，强化监察工作，中纪委和监察部于1993年开始合署办公。今后纪委和监察委员会合署办公，监督对象仍有区别。纪委以党的纪律和党内法规约束党的组织、党员领导干部和广大党员，监察委员会依法监督国家公职人员，包括是党员的公职人员。因此，纪委无权以党的纪律约束非党员的国家公职人员，而监察委员会可以依法监督非党员的国家公职人员。因此，监察委员会的监察对象实现了对党员身份的国家公职人员和非党员身份的国家公职人员的全覆盖。从这个意义上说，合署办公后，原来纪委职能达不到的地方，或者无法实施的地方，现在可以通过监察委员会以国家机关的名义依法实施。这样既扩大了监察的覆盖面，为监察委员会办案提供了法律依据，也确保了纪委实施党内监督各项措施的合法性。

（三）整合职能，集中反腐败资源力量

国家监察体制改革的重要任务，就是要把所有反腐败的力量和资源整合在一起，形成新的反腐败体制。新建立的国家监察委员会，除了保留原来监察部和国家预防腐败局的职能之外，还应吸纳行政系统内哪些职能呢？目前看来，审计职能被整合的可能性不大，因为审计机关除了反腐败作用之外，在财政资金的合理有效利用方面承担着很重的任务。审计的体

制机制已经比较健全了，若把审计职能整合到国家监察委员会，可能还有难度。行政系统以外，国家监察委员会还需要整合哪些职能呢？试点方案已经明确检察院的反贪、反渎和预防职务犯罪部门转隶到国家监察委员会，即整建制改变隶属关系，成为国家监察委员会的内部职能部门，这将有助于对国家公职人员涉嫌职务犯罪的行为实施调查。监察委员会职能大体上分为监督、调查和处置三个方面，由内部不同的职能部门负责。调查部门既有对违纪违法行为的调查，也有对涉嫌职务犯罪的调查。从国家反腐败力量资源的整合以及强化党对反腐败斗争的统一领导的角度讲，检察院部分职能的转隶，可以形成统一集中、权威高效的反腐败体制，更好地发挥国家监察委员会反腐败的作用。

（四）丰富监察手段，完善监察程序

监察委员会设置后，随着相关职能的变化，相应的监察手段、监察程序也要与时俱进，不断丰富。现行的《行政监察法》《行政监察法实施条例》赋予监察机关检查、调查、建议和行政处分等权力，但是并未赋予监察机关行使查封、扣押、冻结等强制措施以及强制执行的权力，这在一定程度上影响了监察效用的发挥。制定国家监察法，修改相关法律法规，应当考虑增加行之有效且符合法治精神的监察手段。如将监察巡视制度作为一种法定监督方式予以规定，实行巡视人员、巡视对象、巡视单位的流动制，一次巡视一次授权；打破以检查、调查、处理等事后监督为主的监督方式格局，综合、灵活运用事前、事中监督，加强文件廉洁性、合法性审查，重点工作环节现场监督等方式；授予监察机关采取强制措施和强制执行的权力，可以对涉案财产和账户实施查封、冻结、扣押等措施；实行监察对象个人重大事项报告制度，包括财产收入、出国出境情况、配偶子女的从业情况及其他需要报告的事项，同时要向社会公开。同时，应当进一步完善监察程序。比如，可以借鉴法院、检察院办案全程录音录像的做法，规定监察委员会采取调查措施时应当全程录音录像。这样既有据可查，又便于接受监督。此外，还需要进一步完善相关制度，强化对监察权的监督制约。

（五）扩大监察范围，明确监察对象

国家监察体制改革，需进一步明确监察对象。行政监察对象与国家监察对象不同：前者只对行政机关公务员和行政机关任命的其他人员实施监察，而后者对所有行使公权力的公职人员均实施监察，实现监察对象全覆盖。哪些人员属于行使国家公权力的公职人员？

①中国共产党各级机关工作人员。在我们国家，共产党是执政党、领导党，行使执政权、领导权，本质上就是公权力。因此，中国共产党各级机关工作人员是行使公权力的公职人员，属于监察委员会的监察对象。

②各级人民政府工作人员。各级人民政府工作人员是公权力的当然行使者，原本就属于行政监察的对象，现在也属于国家监察对象。

③各级司法机关工作人员。法院、检察院依法行使司法权，法院、检察院的工作人员也是监察对象。

④各级人大机关工作人员。人大是权力机关，本身也是监督机关。监察委员会并非监督人大机关，而是监督人大机关工作人员。人大机关工作人员行使公权力，因此也是监察对象。

⑤各级政协机关工作人员。政协机关工作人员也行使一部分公权力，因此也属于监察对象。

⑥民主党派各级机关工作人员。按照《公务员法》之规定，民主党派机关的工作人员属于公务员范畴，也是国家监察对象。

⑦法律法规授权组织内行使国家公权力的国家工作人员。法律法规授权的组织，虽然不是国家机关，但在法律法规授权的范围内行使一部分国家公权力。因此，该类组织内行使国家公权力的公职人员，也属于国家监察对象。

⑧科教文卫体等事业单位的工作人员。此类事业单位依法行使一部分国家公权力，如公立医院依法实施卫生防疫、公立大学依法授予学位等等。此类事业单位的公职人员，属于国家监察对象。

⑨国有企业管理人员。国企的管理人员，依法享有管理国企的权力，因此属于国家监察对象。

从以上概括来看，之所以设立国家监察委员会，扩大监察对象的范围，就是为了与纪委的监督相衔接，实现对所有行使公权力的公职人员监

察全覆盖。值得注意的是，这里虽然不提对公权力组织的监督，但实际上通过对公职人员的监督，也达到了对公权力组织监督的效果。与之相较，香港特别行政区、澳门特别行政区的反贪污贿赂条例、廉政公署条例，其适用对象也非常广泛，不限于行政机关，所有公职人员（包括企业领导、大学公职人员等）均属适用范围，某些情况下，对私企人员的商业贿赂等行为也实施监督。

（六）制定国家监察法，修改相关法律

设立国家监察委员会是一项重大的政治体制改革，必须在法治的框架内进行。因此，有必要制定国家监察法，修改《地方各级人民代表大会和地方各级人民政府组织法》《人民法院组织法》《人民检察院组织法》《刑事诉讼法》等法律法规。最终是否需要修改《宪法》，仍是一个值得讨论的问题。从近期看，在不修改《宪法》的情况下设立国家监察委员会亦是可行的。根据《宪法》相关条文，国家一切权力属于人民，人民代表大会是人民行使权力的最高机关，人民代表大会可以制定有关国家机构的基本法律，等等。因此，人民代表大会授权或者通过制定国家监察法设立国家监察委员会也是可行的。从长远来看，改变现行国家机构的设置体制，由"一府两院"改为"一府一委两院"，还是有必要修改《宪法》。

三 国家监察体制改革的难点

国家监察体制改革的难点有两个：一是如何实现国家监察机关和司法机关的有机衔接？二是如何监督和制约国家监察机关？

（一）国家监察机关和司法机关的协调衔接问题

监察委员会设立后，检察院反贪污贿赂、反渎职、预防职务犯罪等职能，连同机构和人员，将一并转隶到监察委员会。检察院与监察委员会如何进行协调衔接？监察委员会是否拥有批捕、起诉的权力？这些问题都值得深入研究。

有人担心，监察委员会成立之后，会不会将所有权力集于一身，成为一个"超级机构"。事实上，作为执法监督机关，监察委员会主要行使调

查权，没有必要越俎代庖行使检察院批捕和公诉权，所以，不会成为一个权力极大的"超级机构"。检察机关反贪、反渎、预防职务犯罪职能转隶监察委员会后，调查职能和原来检察院所承担的侦查职能有所区别。正因如此，中央要求试点期间，确保思想不乱，工作不断，队伍不散，推动人员融合和工作流程磨合。

关于调查权。监察委员会应当定位为执法监督机关，而非司法机关。监察委员会行使监督、调查、处置等权力。检察院拥有的侦查权、批捕权、公诉权，监察委员会并不继受行使。监察委员会的调查权不会取代检察院的侦查权，性质上也不同于侦查权。监察委员会应该拥有调取资料和证据、勘验、扣押、查封、进入场所或驻地等调查权，以便充分发挥监察和反腐败的职能。《行政监察法》以及纪委的相关规则中赋予纪检监察机关调查职能。在制定国家监察法时，应当整合调查措施并使其法律化，将调查权统一赋予监察委员会。

关于监察委员会的处置权。《行政监察法》赋予行政监察机关对监察对象的建议和行政处分权，对涉嫌犯罪的监察对象应当及时移送司法机关依法处理。司法机关受理案件后将进一步侦查，并依法批捕和提起公诉。监察委员会成立后，行使的处置权多数情况下是程序性权力，不是最终的处理权。只有当监察对象仅存在违法违纪情形需给予行政处分时，监察委员会的处置权才是实体性的。因此，要做好监察委员会和司法机关的协调衔接工作。监察委员会对涉嫌犯罪的监察对象无权决定批捕与否、起诉与否，无权酌情免责，只能依法调查完毕后及时移送司法机关处理。

检察院对监察委员会移送的案件，如果认为不构成犯罪，能否撤案或者不批捕？从法理上讲，检察院有这个权力。因为权力有分工，要相互监督制约。批捕权、起诉权、审判权是司法机关的权力，监察委员会不能越俎代庖，不能说"我认为是犯罪，就一定是犯罪"。尽管在腐败案件高发多发的阶段，纪委或者监察委员会立案调查的案件，一般来说都会走到司法程序。但在顶层设计时，必须处理好监察委员会与司法机关相互监督制约协调的关系。监察委员会不行使司法机关的权力，只行使执法监督机关的监督、调查、处置权。以技术侦查为例，在案件侦查阶段，只有经过有关机关严格审批后，才能针对犯罪嫌疑人实施技术侦查。可见，技术侦查是公安机关和检察机关依法享有的权力，不是监察委员会的权力。因此，应当严格划分监察委员会和司法机关的权力边界，做好相应权力的衔接协调工作。

当前纪委和监察机关行使的"双规""双指"权力，在未来国家监察委员会的大框架内，以什么形式出现呢？国家监察委员会设置之后，上述权力将受到严格的限制。限制的方式就是通过制定国家监察法，设置一种法定的调查措施——暂且称为"留置措施"。该措施并非新创，《人民警察法》就有相关规定："对被盘问人的留置时间自带至公安机关之时起不超过二十四小时，在特殊情况下，经县级以上公安机关批准，可以延长至四十八小时。"监察委员会的留置措施可能就会长一些，但最长可能不会超过三个月。"留置措施"是一种调查措施，和传统意义上的"双规""双指"有本质的区别。将留置措施纳入法治轨道，形成比较严密的规则体系，从实体和程序规则上加以有效约束，将会对案件调查、处置及移送，发挥较好作用。例如，现在的公安机关办案要求全程录音录像，国家监察法也可以要求监察委员会采取留置措施时必须全程录音录像，收集保存证据，接受监督。采取此类调查措施必须履行严格的审批程序，防止出现权力异化或者滥用。

（二）国家监察机关的有效监督和制约问题

监察委员会是一个新的国家机关，其行使的监察权必须接受监督和制约。

①人大监督。监察委员会由人民代表大会产生，对人民代表大会负责，因此也要接受人民代表大会的监督。具体而言，监察委员会成员由人民代表大会选举或者任命，人民代表大会可以质询、罢免、监督监察委员会成员。监察委员会由人大产生，对人大负责，接受人大监督，这是把党的监督和人民的监督有机结合在一起的重要方式。作为合署办公机构，纪委接受上级党委、上级纪委的党内监督，监察委员会接受人民代表大会的监督，本质上它是一个权责一致、接受监督制约的机构。

②司法监督。党的十八届六中全会强调，各级党委应当支持和保证同级人大、政府、监察机关、司法机关等对国家机关及公职人员依法进行监督。对监察委员会的司法监督，是在权力的分工、制衡、制约中实现的。监察委员会移交给检察院的案件，如果检察院认为不构成犯罪，其有权撤

案或者不批捕，这就是一种司法监督。对监察委员会作出的决定或者采取的措施，检察院有权实施法律监督，这也是一种司法监督。监察委员会的权力要通过各种制约措施和程序流程加以制约和监督。

③自我监督。自我监督是最重要的监督。党的十八大以来，党中央所采取的一系列反腐措施，就是党的自我监督。离开了共产党自我净化、自我完善、自我革新、自我提高的能力，无法彻底铲除腐败。监察委员会对所有公职人员的监督既是国家机器的自我监督，也是监察委员会对自身的监督。党的十八大之后，中纪委专门设立了对纪委工作人员实施监督的内部机构，集中力量解决"灯下黑"问题，移交司法机关处理的有十几人，纪律处分的几十人。打铁还需自身硬，只有解决好自我监督问题，才能够增强社会公众对国家监察体制改革的信心，更好发挥监察委员会的监督功能。

④社会监督。民众和舆论监督也是监督监察委员会的有效方式。党的十八届六中全会强调，要支持民主党派履行监督职能，重视民主党派和无党派人士提出的意见、批评、建议。要认真对待、自觉接受社会监督。监察委员会同其他国家机关一样，也应当自觉接受包括舆论监督、民众监督在内的各种社会监督。就像《条例》所要求的那样，要"利用互联网技术和信息化手段，推动党务公开、拓宽监督渠道，虚心接受群众批评。新闻媒体应当坚持党性和人民性相统一，坚持正确导向，加强舆论监督，对典型案例进行剖析，发挥警示作用"，实现对监察委员会的有效社会监督。

⑤党的监督。监察委员会是一个国家机器，党员身份的工作人员，尤其是党员领导干部当然要接受党的监督。强化对监察委员会的监督，也是党内监督的重要内容。党的十八届六中全会强调，监督是权力正确运行的根本保证，是加强和规范党内政治生活的重要举措。必须加强对领导干部的监督，党内不允许有不受制约的权力，也不允许有不受监督的特殊党员。要完善权力运行制约和监督机制，形成有权必有责、用权必担责、滥权必追责的制度安排。

（本文原载于《国家行政学院学报》2016 年第 6 期）

我国监察体制改革若干问题思考[*]

陈光中　邵　俊[**]

摘　要： 目前正在进行的监察体制改革是我国政治体制的重大改革，旨在建立"集中统一、权威高效"的监察体制。此项改革立足于中国国情，遵循法治规律，既传承了中国古代监察治吏的传统，又借鉴了域外有益经验。改革内容具有四大特点：监察权成为与行政权和司法权并列的国家权力；监察全覆盖；监察职权扩展到职务犯罪调查和处置；领导体制以垂直为主。这对于推进国家治理现代化和法治化具有重大意义。本文秉持惩治腐败与保障人权相平衡的理念，对职务犯罪的监察调查问题，以及监察权与司法权的衔接问题表明观点。

关键词： 监察体制改革　国家治理现代化　监察权　司法权

2016 年 10 月 27 日，中国共产党第十八届中央委员会第六次全体会议修订了《中国共产党党内监督条例》（下文简称《党内监督条例》），该条例第 37 条规定："各级党委应当支持和保证同级人大、政府、监察机关、司法机关等对国家机关及公职人员依法进行监督。"揭开了监察体制改革的序幕。根据党中央的部署，十二届全国人大常委会第二十五次会议于 2016 年 12 月 25 日正式作出《关于在北京市、山西省、浙江省开展国家

---

[*]　本文为国家 2011 计划司法文明协同创新中心第二建设周期重大课题之一"国家监察制度改革研究"初期成果。

[**]　陈光中，国家 2011 计划司法文明协同创新中心首席科学家，中国政法大学诉讼法学研究院终身教授。邵俊，论文发表时为国家 2011 计划司法文明协同创新中心团队助理，中国政法大学刑事司法学院博士生；现为最高人民检察院检察理论研究所助理研究员。

监察体制改革试点工作的决定》（下文简称《试点决定》）。2017 年 6 月
23 日，全国人大常委会法制工作委员会协同配合中央纪委机关，在深入调
查研究、认真总结监察体制改革试点地区实践经验的基础上，拟定了《监
察法（草案）》，经全国人大常委会委员长会议讨论，决定提请十二届全
国人大常委会第二十八次会议审议。这说明监察体制改革正在快速、顺利
推进。《监察法》预计在 2018 年新一届全国人大审议通过，为监察体制改
革的完成提供基本的法律依据。

国家监察体制改革是以习近平同志为核心的党中央作出的重大决策部
署，是事关全局的重大政治体制改革，是推进国家治理体系和治理能力现
代化的重大举措。监察体制改革和《监察法》的制定已成为全民关注的最
重大的问题之一。值此之际，我们试图立足中国实际，回顾历史轨迹，考
察海外经验，遵循法治规律，对此次监察体制改革作以下论述。

一 历史传承与域外借鉴

我国监察体制改革传承了自古以来独具特色的监察历史传统，借鉴了
域外监察反腐制度的有益经验。

（一）历史传承

发达的监察制度是我国古代政治制度、司法制度的一项重要特色。早
在秦汉时期，中央就建立了纠察百官的监察组织机构，其长官御史大夫的
地位仅次于丞相，与丞相、掌管军事的太尉并列为三公，御史大夫下设监
御史等专职的监察官。至隋唐时期，御史台成为皇帝直接控制的独立的监
察机构，分工更加具体，人员随之扩充，属官中有监察御史十余人，以监
察命名之官由此伊始。[①] 此后，监察体制日臻完善，元朝的御史台成为与
中书省、枢密院平行的机构，至明清发展出都察院之最终体制。

古代监察机构职权广泛，不仅纠弹百官，还监督司法，参与大案审判
并向皇帝积极纳言，谏诤得失。如汉朝刺史"周行郡国，省察治状，黜陟

---

① 《通典》卷二十四《职官六》"监察侍御史"条载："隋开皇二年，改检校御史为监察御
史。凡十二人。炀帝增置十六员。掌出使检校。大唐监察御史十员。"

能否，断治冤狱"①。唐朝御史台职掌"纠举百僚，推鞫狱讼"②。历代皇帝极重视支持监察，明太祖朱元璋曾云："国家立三大府，中书总政事，都督掌军旅，御史掌纠察。朝廷纪纲尽系于此，而台察之任尤清要。"③ 为加强监察权威，秦汉御史和法官执法，戴以獬豸冠，以表示似传说中之神兽，能明辨是非，敢触不直。南朝萧齐时御史长官"职无不察，专道而行"④，威严之极。

监察官监督各级官吏的方式是多种多样的，主要有向皇帝直接弹劾，奉旨派员巡察地方或在地方长驻监察机构等。监察机构行使职权相对独立，不受其他行政长官的干预，甚至御史个人可直接上奏弹劾，不必征求直属长官的意见。正如唐朝监察御史萧至忠所言："故事，台无长官。御史，人君耳目，比肩事主，得各奏事，不相关白。"⑤

我国古代监察制度在长期发展过程中，逐步形成了较完备的法律制度体系。这些监察法律详细地规定了监察机构的设置、监察官吏的职责和纪律等，如汉朝有《监御史九条》《刺史六条问事》；唐朝有《监察六条》。宋朝的《诸路监司互察法》规定监司之间或监司与属官之间，发现有违纪违法者可以相互举报，相互察举，反映了监察法规的新发展。清朝的《钦定台规》共42卷，集历代监察法规之大成，是我国古代最完备最严密的监察法规，不仅规定了"内外大小官员，但有不公、不法等事，俱得纠劾"⑥，而且鉴于监察官员是"治官之官"，对其选拔素质要求、回避任用、监察百官的方式及程序都作了周密规定。古代监察制度及其法制的高度发达，在当时历史条件下固然不可能不服务于君主专制统治，但对于维护封建国家的统一，有效实施法律，整顿吏治，遏制腐败，稳定社会秩序所起的重大作用和宝贵经验，仍值得我们珍视和继承。

近代革命先驱孙中山先生既吸收西方的"民主共和""三权分立"的思想，又传承我国古代发达的监察制度，从而形成了"五权宪法"的思

① 《汉官典职仪式选用》。
② 《旧唐书》卷四十四《职官志三》。
③ 《明史》卷七十三《职官志二》。
④ 《通典》卷二十四《职官六》。
⑤ 《新唐书》卷一百二十三。
⑥ 《钦定台规》"宪纲部分"。

想。孙中山先生主张监察权应当独立，与立法权、行政权、司法权、考试权并立。他领导创建的中华民国国家机构就是按照"五权宪法"所建立的，例如1936年"五五宪草"的第四章第六节对监察院作了如下规定："监察院为中央政府行使监察权之最高机关，掌理弹劾惩戒审计，对国民大会负其责任。""监察院为行使监察权，得依法向各院各部各委员会提出质询。"目前，我国台湾地区沿袭"五权分立"的政治体制架构。

从古代监察制度对治国治吏所发挥的重要作用到孙中山对此项制度的重视和传承，对我国当前正在进行的监察体制改革应当能提供有益的启示和经验借鉴。

（二）域外借鉴

纵观我国监察制度的发展历史之后，我们再环视域外的监察制度与反腐败体制。

1. 多样化的监察机构

海外的监察机构设置可以分为以下三种类型。

第一，隶属于行政部门的监察机构。这一类机构往往侧重于对行政部门自身的监察。美国根据1978年《监察长法》，在各个联邦机构和部门中设立独立的监察长办公室。监察长由总统任命，并经参议院批准。监察长办公室作为政府内部的监察反贪机构，主要负责对所在部门行政项目进行审计，对浪费、欺诈和滥用职权现象进行调查。监察长每年会向国会提交报告；将涉嫌腐败犯罪案件移送司法部门。此外，美国根据1978年《政府道德法案》，在联邦层面设立政府道德署，其行政长官直接由总统任命和参议院确认。政府道德署主要承担预防腐败职能，推进和监督各行政部门廉政计划的实施，提供廉政法规咨询，组织职业道德教育和培训；涉及腐败犯罪案件，无权侦查或起诉，仅将腐败行为报告给司法机关。[1]

日本在总务省下设行政监察局和人事局，分别开展监察活动。前者主要负责对行政管理情况进行调查，提出评价和建议，但不享有处分权。后者对于违反行政法规的腐败行为，有权作出警告、降薪、停职、免职的行

---

[1] 参见项继权、李敏杰、罗峰《中外廉政制度比较》第2版，商务印书馆，2015，第200页以下。

政处分。①

第二，隶属于议会的监察机构。这一类机构依靠议会的政治权力和政治权威，对行政机关及其公务员实行全面监察。瑞典于 1975 年修改《议会法》，选举 4 名议会监察专员，各自独立监督中央、地方政府机关及其公务人员的公职活动，不仅享有接受公民申诉和控告、立案调查、提出监察专员意见的权力，而且对于部分重大的违法、不当行为有权向法官提起公诉。② 监察专员制度在英国得到了全面发展，除了在议会设有专门的行政监察专员公署外，还在政府各部门和英格兰、威尔士等地方设置行政监察专员，以期全面监督公权力行使。③

第三，独立的监察机构。这类机构以韩国最为典型。韩国设立监察院，院长由总统任命，在总统领导下，监察院依法独立开展监察工作。韩国《监察院法》第 20 条规定："监察院从事对国家税款的收入、支出的监察，本法及其他法规规定的会计监察；并对行政机关以及公务员职务进行监察监督，以便改善公务员的职务。"亦即，监察院兼有监察和审计职能，但无权侦查职务犯罪。④

以上三种类型监察机构部门隶属不同，职责大致相当，除了瑞典的议会监察专员外，一般不享有对职务犯罪的侦查权和起诉权。

2. 主导侦办职务犯罪的检察体制

在域外，职务犯罪的侦查权一般交由检察官来主导行使。

在美国，依据《美国法典》第 28 章第 1 节的相关规定，司法部下属的联邦检察机关和联邦调查局拥有对刑事案件的广泛侦查权。联邦、州和市镇三级公职人员的职务犯罪，主要由这两个机关进行侦查，少量由地方检察机关直接侦查。鉴于腐败案件侦查的难度很大，联邦检察机关和联邦调查局往往紧密配合，共同成立联合侦查组，由联邦检察官根据起诉的证

---

① 参见侯志山编著《外国行政监督制度与著名反腐机构》，北京大学出版社，2004，第 216 页以下。

② 参见侯志山编著《外国行政监督制度与著名反腐机构》，北京大学出版社，2004，第 14 页以下；季美君《英国反腐败见闻》（之七），《检察日报》2016 年 11 月 22 日，第 8 版。

③ 参见季美君《英国反腐败见闻》（之七），《检察日报》2016 年 11 月 22 日，第 8 版。

④ 参见宋振国、刘长敏等《各国廉政建设比较研究》（修订版），知识产权出版社，2013，第 304 页。

明标准来主导侦查。①

在日本，隶属于法务省的最高检察厅独立行使检察权。检察官负责侦办腐败犯罪案件，并提起公诉。其中，东京及大阪等地区地方检察厅还设立了特别搜查部，专门侦查重大复杂的腐败犯罪。②

在英国，在检察长的领导下，多个机关享有职务犯罪的侦查权。其一，检察长享有一般性的侦查权和起诉权。其二，根据 1987 年《刑事法案》，英国于 1988 年设立了独立的反严重欺诈局，它接受总检察长的领导，实行"侦诉合一"，即有权对在英格兰、北爱尔兰和威尔士的严重的欺诈、贿赂和贪污犯罪进行侦查和起诉。其三，警察机关针对一般性的腐败犯罪也享有侦查权，并设置了专门的侦查部门，如伦敦警察局设置了经济犯罪指挥部，相关案件一般由皇家检察总署负责起诉。其四，根据《税务及海关总署专员法案》，税务及海关总署享有税务及海关领域犯罪（包括腐败犯罪）的侦查权。该机构另设置税务及海关检察长，由总检察长任命，受总检察长领导，行使相应的起诉权。③

3. 权力整合型的监察机构的兴起

鉴于将一般监察职权和职务犯罪侦查职权分立，不利于高效反腐，权力整合型的监察机构在世界范围内兴起，如新加坡的贪污调查局、我国香港地区的廉政公署、印度的中央调查局、澳大利亚新南威尔士的廉政公署等等，这类监察机构以新加坡和我国香港地区的最为典型。

在新加坡，根据新加坡《宪法》和《预防贪污法》的相关规定，反贪污调查局直接隶属于总理公署，局长由总统根据总理的提名任命，受总理直接领导，对总理负责。反贪污调查局内部设三大部门。一是调查部门，负责调查贪污行为，没收赃款赃物。根据《防止贪污法》，它享有对贪污犯罪的调查权、逮捕权、搜查和扣押权以及包括秘密跟踪和监视在内的秘密侦查权。二是信息处理及支援部门，主要负责研究和制定反贪污计划，为贪腐侦查提供技术支持，对公职人员作廉政训导。三是行政部门，负责

---

① 参见王晓霞《职务犯罪侦查制度比较研究——以侦查权的优化配置为视角》，中国检察出版社，2008，第 75 页以下。
② 参见项继权、李敏杰、罗峰《中外廉政制度比较》第 2 版，商务印书馆，2015，第 209 页。
③ 参见《世界各国刑事诉讼法》编辑委员会编译《世界各国刑事诉讼法（欧洲卷）》（下），中国检察出版社，2016，第 2137 页以下。

相关后勤工作。

在我国香港地区，根据《香港特别行政区基本法》《廉政公署条例》的相关规定，廉政公署是负责肃贪倡廉的专门机构，独立处理贪污贿赂等腐败案件，廉政专员直接对行政长官负责。廉政公署由三个部门组成，分别行使三项职能。一是执行处，相当于侦查部门，是廉政公署最主要的部门，其职责是接受及审阅贪污指控，调查涉嫌贪污贿赂或滥用职权的犯罪行为，及时向行政长官报告。廉政公署拥有很高的侦查权限，可以采取拘留及扣押、搜查、限制财产处分等强制措施。二是防止贪污处，职责是审查各政府部门及公共机构的工作程序；担任各机构及公司的顾问，提供防贪建议。三是社区关系处，职责是教育公众认识贪污的危害、争取公众支持肃贪倡廉工作。

这种权力整合的监察模式具备以下特点。第一，监察机构高度独立。反贪污调查局和廉政公署均直接对国家或者地区行政长官负责。新加坡和我国香港地区都明确规定非经法定程序，反贪污调查局和廉政公署工作不受干涉。第二，监察机构内部职责明确。统一独立的监察机关往往承担常规监察、个案调查和廉洁教育等多重职能。由于这些职能对应的工作特点不同，反贪污调查局和廉政公署都设置对应的职能部门。第三，监察机构享有广泛的侦查权，以高度集权的方式提升反腐败的效率。反贪污调查局和廉政公署除了享有一般的搜查、扣押、逮捕的侦查权，在特殊情况下甚至可以在没有相应的令状的情况下实施紧急搜查、扣押和逮捕。这些特点使得新加坡和我国香港地区在反腐败上都取得了瞩目的成绩。

但是，权力整合型的监察机构可能带来"一家独大"的制度隐患，因此新加坡和我国香港地区分别为反贪污调查局和廉政公署设计了严密的监督机制。主要有以下三项：第一，仅负有侦查职权，不具有检控权；第二，实施限制人身自由、财产权利的侦查措施时，一般需要得到法院的许可；第三，其内部分别设置调查部门，对自身廉洁性进行监管。

二　我国监察体制改革的特点和重大意义

党的十八大以来，党开展了强有力的反腐败斗争，取得了令人瞩目的成绩，初步显现了不敢腐、不能腐、不想腐的效应，反腐败斗争呈现压倒性态势。为了更好地从根本上治理腐败问题，下一步必须扎紧制度的笼子，构建反腐败长效治理机制，因而必须对监察体制进行重大的改革。

此次改革旨在建立"集中统一、权威高效"的监察体制。根据《试点决定》和三省市试点经验的阶段性总结，以及十二届全国人大常委会审议《监察法》的情况，改革内容具有以下四大特点。

第一，监察权成为与行政权、司法权并列的一项国家权力。国家权力架构在西方法治国家普遍采取三权分立的模式，即立法权、行政权和司法权各自独立行使、互相制衡。我国的政治体制是人民代表大会制度，国家权力架构采取了人大统摄下的行政权和司法权（审判权和检察权）并列的模式。根据《宪法》和其他法律的规定，各级监察部门隶属于各级政府，因此监察权属于行政权范围，监察机关地位低于与政府并列的司法机关。①

此次监察体制改革将监察权从行政权中剥离，明显提高了监察权在国家权力架构中的等级，使之成为与行政权、司法权并列的国家权力。改革之后，监察委员会与政府、法院、检察院一样由各级人民代表大会产生，对同级人民代表大会及其常务委员会负责，并接受监督，从而形成人大统摄下的"一府一委两院"的政治体制新格局。② 因此，新的监察权既非行政权，也非司法权，而是一项独立的国家权力。这是新监察体制的标志性特色。

与监察体制改革相适应，需要建立监察官制度，对监察官进行单独职务序列管理。为此，需要在制定《监察法》的同时，比照《法官法》和《检察官法》，制定《监察官法》，对监察官的准入标准、职务等级、职业保障、职业责任等内容作出具体规定，这样才能保证监察委员会不辱使命地完成国家赋予的监察重任。

第二，监察范围全覆盖、无死角。在监察体制改革以前，一方面，根据《行政监察法》第2条之规定，行政监察机关的监察对象范围限于国家

---

① 2004年《宪法》第89条规定："国务院行使下列职权：……（八）领导和管理民政、公安、司法行政和监察等工作；……"第107条规定："县级以上地方各级人民政府依照法律规定的权限，管理本行政区域内的经济、教育、科学、文化、卫生、体育事业、城乡建设事业和财政、民政、公安、民族事务、司法行政、监察、计划生育等行政工作，发布决定和命令，任免、培训、考核和奖惩行政工作人员。"

② 关于各级人民代表大会监督监察委员会的方式，各界正在进行探讨。我们认为应当参照人大对政府、法院、检察院的监督方式进行，例如向人大作年度工作报告，向人大常委会作专项工作报告，等等。

行政机关及其公务员和国家行政机关任命的其他人员，无法涉及人大、政协、司法机关和国家企事业单位等非行政性机构的公职人员；另一方面，根据《党章》和《党内监督条例》的规定，纪委只能对党员进行监督、检查和处理，大量非党员的公职人员不在纪委监督之列，从而形成了大幅的监察空白区域。针对上述监察机制的重大缺陷，此次体制改革作出了重大的制度改变，监察委员会有权"对所有行使公权力的公职人员依法实施监察"，加之监察委员会和纪委合署办公，这样可以使得监督面覆盖党内和党外的全部公职人员，主要有六大类人员：《公务员法》所规定的国家公职人员；由法律授权或者由政府委托来行使公共事务职权的公务人员；国有企业的管理人员，公办的教育、科研、文化、医疗、体育事业单位的管理人员；群众、自治组织中的管理人员；其他依法行使公共职务的人员。①这确保实现监察范围全覆盖、无死角。

第三，监察权扩展到职务犯罪的调查和处置。在改革以前，纪检监察机关合署办公，仅负责对党员和非党员的公务员进行党纪和行政法纪的监察。根据《党内监督条例》和《行政监察法》，一旦涉及犯罪，纪检监察机关必须移送司法机关处理。②这类情况占有相当比例，以北京为例，党的十八大以来，截至 2017 年 5 月，大约 8% 的违纪违法案件需要移送司法机关处理。③这种反腐败的双元体制存在机构分立、力量不集中的缺陷：一方面，纪检监察机关的人员有限，面对反腐败工作压力快速上行，显得力量不足，往往只能求助于从检察院等机关借调人员；另一方面，纪检监察机关的调查内容往往不限于违纪违规，直接涉及职务犯罪，这与检察机关的侦查工作形成重复、交叉，降低了反腐败效率。

监察体制改革将人民检察院的反贪污贿赂局、反渎职侵权局以及国家

---

① 2017 年 1 月 9 日，时任监察部副部长肖培于中央纪律检查委员会新闻发布会首次披露监察委员会的监察范围。

② 《党内监督条例》第 37 条规定："在纪律审查中发现党的领导干部严重涉嫌违法犯罪的，应当先作出党纪处分，再移送行政机关、司法机关处理。"《行政监察法》第 44 条规定："监察机关在办理监察事项中，发现所调查的事项不属于监察机关职责范围内的，应当移送有处理权的单位处理；涉嫌犯罪的，应当移送司法机关依法处理。"

③ 党的十八大以来，北京市各级纪检监察机关共立案 9574 件，结案 8791 件，处分 8508 人，涉嫌犯罪被移送司法机关处理 720 人。参见《北京：保持惩治腐败高压态势》，载中共中央纪律检查委员会网，http://www.ccdi.gov.cn/yw/201706/t20170612_100896.html，最后访问时间：2017 年 6 月 25 日。

预防腐败局转隶至监察委员会，终结了原有的反腐败机构分立的局面，监察机构组织更加充实，队伍更加壮大，职权明显扩大。监察委员会履行监督、调查、处置三大职责，并有权采取谈话、讯问、询问、查询、冻结、调取、查封、扣押、搜查、勘验检查、鉴定、留置等 12 项措施，从而将反腐败力量"拧成一股绳"，形成反腐败一体化的格局。

第四，领导体制更为集中。领导体制最重要的问题就是纪委和监察委员会的条块关系，即处理好纪委和监察委员会的上下垂直领导和同级党委领导的关系。在改革以前，纪委的反腐败工作以同级党委领导为主，即"以块为主"。这就造成了纪委受到同级党委过度的掣肘，出现了"压案不批"和"瞒案不查"的问题，河北省委原书记周本顺即为典型例子。① 因而，党的十八届三中全会提出"查办腐败案件以上级纪委领导为主"，《试点决定》明确指出监察委员会对上一级监察委员会负责，并接受监督，从而监察委员会和纪委都实行以垂直领导为主的双重领导体制，以强化纪委和监察委员会抵御外部压力的能力。

此次监察体制的重大改革不仅从制度上保障全面从严治党、实现有力防腐肃贪，而且在实现"推进国家治理体系和治理能力现代化"和"全面推进依法治国"上迈出了新的步伐，进一步理顺党政关系、党法关系，具有重大的理论和现实意义。

第一，推进党政分工不分家的有机统一。中国共产党作为执政党与政府（狭义上的人民政府，广义上的国家机构）的关系，是一个治国理政的重大问题，长期未得到妥善解决。处理好党政关系，一方面要坚持党的领导，这是中国特色社会主义最本质的特征；另一方面要改善党的领导，党总揽全局、协调各方，又不包办代替一切，通过国家机构落实党的路线方针政策和决策部署。

邓小平在改革开放初期曾总结过去处理党政关系的经验和教训，既将坚持党的领导列为四项基本原则之一，又指出政治体制改革的内容"首先是党政要分开"②。在新的时期，习近平总书记进一步强调加强党的领导，

---

① 参见《河北省委原书记、省人大常委会原主任周本顺严重违纪被开除党籍和公职》，载中共中央纪律检查委员会网，http://www.ccdi.gov.cn/jlsc/zggb/djcf_zggb/201607/t20160704_81991.html，最后访问时间：2017 年 6 月 25 日。

② 《邓小平文选》第三卷，人民出版社，1993，第 177 页。

"党政军民学，东西南北中，党是领导一切的"①；同时，党政分工不分家，要"善于通过国家政权机关实施党对国家和社会的领导"②，才能做到"同舟共济，齐心协力，共演一台'二人转'的好戏"③。

改革以前，纪委走在反腐败的第一线，干部往往是由各级纪委直接宣布对其进行"双规"调查，若经调查发现其涉嫌职务犯罪再移送检察机关侦查，并没有真正通过监察机构来实现党对于反腐败事业的领导。改革以后，监察委员会归纪委领导，两者合署办公，体现党政不分家。监察委员会以高位阶国家机构的名义对所有行使公权力的公职人员实行监察，对职务犯罪进行调查和处置，使监察委员会名副其实地成为纪委开展反腐败工作的主要载体，从而把我国监察体制改革与治国理政现代化紧密结合起来。

第二，推进党规国法的有机统一。何谓"法治"？亚里士多德有经典论述："法治应该包含两重含义，已成立的法律获得普遍的服从，而大家所服从的法律又应该本身是制订得良好的法律。"④ 监察体制法治化改革的首要任务是制定"良法"。监察体制改革必然需要大幅修改《行政监察法》，拟定新的《监察法》，全面固定此次监察体制改革新的成果。《监察法》应当具体规定监察委员会的组成、产生、监察对象，监察机关职责、权限和程序，以及对监察机关和监察人员的监督等。《监察法》既要赋予监察委员会强有力的职权以满足有力反腐的需要，又要重视对监察委员会进行必要的监督制约，体现国家权力分工制衡的精神。

制定《监察法》在实现党规和国法的有机统一上有重大的创新意义。众所周知，在我国，党规和国法既有明显的区别，又有密切的联系。⑤ 党规代表党的意志，仅适用于党员和党的组织，处罚方式只限于纪律处分，最严重的只能达到开除党籍。⑥ 国法代表人民意志，适用于全体公民、法

---

① 习近平：《决胜全面建成小康社会　夺取新时代中国特色社会主义伟大胜利——在中国共产党第十九次全国代表大会上的报告》，人民出版社，2017，第 20 页。

② 习近平：《在庆祝全国人民代表大会成立 60 周年大会上的讲话》，人民出版社，2014，第 7 页。

③ 习近平：《之江新语》，浙江人民出版社，2007，第 23 页。

④ 〔古希腊〕亚里士多德：《政治学》，吴寿彭译，商务印书馆，1965，第 199 页。

⑤ 参见陈柏峰《党内法规的功用和定位》，《国家检察官学院学报》2017 年第 3 期。

⑥ 《中国共产党章程》第 41 条规定："对党员的纪律处分有五种：警告、严重警告、撤销党内职务、留党察看、开除党籍。"

人或其他组织，以国家强制力为后盾，处罚方式不限于一般的纪律处罚，[①]还包括追究刑事责任，以惩罚犯罪分子。在改革以前，纪委和行政监察部门合署办公，依据党规和《行政监察法》开展反腐败工作，而《行政监察法》广度、力度明显不足，使得强力反腐工作实际上主要适用党规，不仅权力有所扩大，而且与《行政监察法》存在明显矛盾。[②] 这就势必要求修改《行政监察法》，拟定新的《监察法》，以使党规和国法更好地相衔接、相统一。以"双规"问题为例，1994 年开始规定的"双规"是在特定的历史条件下形成的，是现实的需要，对于反腐败工作起了重大的作用。但"双规"毕竟是党内的规定，只凭"双规"限制人身自由合法性不足，而且只能适用于党内，不能扩大到整个公职人员群体。如今，《试点决定》规定监察委员会有权采取留置措施，并将其纳入《监察法》中，以代替"双规"，在反腐败工作中限制人身自由的依据实现了党规向国法的转化。

监察体制改革的当务之急就是把《监察法》制定好，这是当下建设中国特色社会主义法律体系的重中之重。我们深切地期望中央纪律检查委员会在全国人大常委会法工委的协同配合下，遵循《立法法》第 5 条的精神，[③] 发扬社会主义民主，认真听取各方意见，圆满完成《监察法》的制定工作。

三　监察职权运行的若干具体问题

根据《试点决定》，监察委员会具有监督、调查和处置三大职权，有

---

① 2005 年《公务员法》第 56 条规定："处分分为：警告、记过、记大过、降级、撤职、开除。"

② 纪律检查所采用的"双规"规定在《中国共产党纪律检查机关案件检查工作条例》第 28 条："凡是知道案件情况的组织和个人都有提供证据的义务。调查组有权按照规定程序，采取以下措施调查取证，有关组织和个人必须如实提供证据，不得拒绝和阻挠。……（三）要求有关人员在规定的时间、地点就案件所涉及的问题作出说明；……"与之对应，"双指"规定在《行政监察法》第 20 条："监察机关在调查违反行政纪律行为时，可以根据实际情况和需要采取下措施：……（三）责令有违反行政纪律嫌疑的人员在指定的时间、地点就调查事项涉及的问题作出解释和说明，但是不得对其实行拘禁或者变相拘禁……"两者存在明显的矛盾。

③ 2015 年《立法法》第 5 条规定："立法应当体现人民的意志，发扬社会主义民主，坚持立法公开，保障人民通过多种途径参与立法活动。"

权采取前述 12 项调查措施。由于监察权属于公权力之列，因而在民主法治国家应当首先遵循惩治腐败与保障人权相平衡的原则。《宪法》第 33 条规定，"国家尊重和保障人权"，贯彻人权保障原则是所有国家机构应尽的职责，监察委员会亦不例外。其次应遵循比例原则。监察委员会限制被调查人的基本权利之时，必须将限制强度控制在适当性、必要性的最小限度之内。最后应遵循程序法治原则。监察委员会应当严格按照《监察法》所规定的程序来行使监察权。以上几项原则旨在最大限度地保证监察工作取得法律效果与社会效果的统一；保证反腐败斗争持续、深入、健康发展，不断取得新的成就。为此，笔者就监察权的具体运行，提出以下几点看法：

（一）技术调查

技术调查是指为犯罪调查需要，监察委员会依法采取的一种特殊调查措施，通常包括电子侦听、电话监听、电子监控、秘密拍照或者秘密录像、秘密获取物证等专门技术手段。

技术调查源于技术侦查措施，2012 年《刑事诉讼法》第 148 条对检察院的自侦案件规定，技术侦查措施适用于"重大的贪污、贿赂犯罪案件以及利用职权实施的严重侵犯公民人身权利的重大犯罪案件"。这是因为职务犯罪往往具有专业性和隐蔽性的特征，案件以言词证据为主，客观证据缺乏，难以达到"犯罪事实清楚，证据确实、充分"的定罪标准。因而使用技术侦查措施是取得客观证据的必要措施。

《试点决定》的 12 项调查措施中没有提及技术调查措施。监察委员会若将技术调查弃而不用，显然不利于提升反腐败能力，不符合权威高效的监察体制改革宗旨；若实际上使用技术调查措施，而又不予以明确规定，显然不符合程序法治中的"法无明文规定即禁止"原则。因而，我们主张《监察法》在 12 项调查措施之外增加规定监察委员会技术调查的权力。目前，山西省试点已明确采用技术调查措施。同时，鉴于技术调查措施需要配置专业的队伍和装备，以及出于对技术调查措施的严格程序控制的要求，我们认为应当为其设定严格的适用条件和批准手续，由公安机关协助执行。

（二）留置

留置是 12 项调查措施中唯一限制人身自由的措施，引起了各界的高度关注。监察体制改革用留置来取代"双规"，实现了党规和国法的协调统一，在合法性层面上呈现了新的进步。但鉴于留置对于人身自由的严格限制，其强度接近于监禁，因此在采取留置措施时，建议着重作以下四点规范。

第一，应当设置适用留置的具体标准。并非所有职务犯罪案件都必须采取留置措施，留置一般只适用于比较严重的职务犯罪案件，如果涉嫌一般的玩忽职守罪和贪污贿赂、数额较小的犯罪，未必要采取留置。同时，在有比较确实、充分的证据证明犯罪事实存在的情形下，才可采取留置。第二，应当在采取留置后的 24 小时之内，通知被调查人的家属，后者有权通过监察人员向被调查人提供生活用品和药物。第三，留置期间，应当为被留置人在居住、饮食等方面提供正常的生活条件。第四，留置期间讯问被调查人，严禁刑讯逼供和采用威胁、引诱、欺骗以及其他非法调查方法，为此讯问时原则上应当采取全程录音录像。笔者认为以上四点是采取留置措施所必备的基本的人权保障。

（三）律师帮助

监察委员会对被调查人采取留置以及其他调查措施，涉及公民多项重大的宪法权利问题，尤其是人身自由权、财产权、居住权和隐私权。被调查人一般缺乏相应的法律知识，被留置后处于无援的状态，因而允许被调查人在被留置后聘请律师，以确保他具备必要的防御能力，这是程序公正和人权保障的基本要求。

退一步而言，若现阶段允许聘请律师有一定难度，可以参考我国在司法行政领域开始实行法律援助的做法，考虑比照目前看守所值班律师制度，在留置室等监察委员会的办案场所派驻值班律师，为被调查人提供必要的法律咨询。

公民在被限制人身自由以后，有权聘请律师提供法律帮助，这是人权保障的国际通例。《保护所有遭受任何形式拘留或监禁的人的原则》第 11

项原则提到"被拘留人应有权为自己辩护或依法由律师协助辩护"①。香港地区的廉政公署也规定了被调查人在被扣留后有权聘请律师。因此，《监察法》规定被留置人享有聘请律师的权利，或者享有向律师咨询的权利，不仅是保障人权的需要，也是《监察法》符合国际共同价值的要求。诚然，调查期间允许律师介入可能对调查造成一定程度的干扰，但是可以切实保障被调查人人权，有效提升办案质量，尤其是使调查结果更为准确，防止出现事实认定偏差乃至错误，因而律师介入总体而言"利大于弊"。

四　监察权与司法权的衔接问题

如上所述，监察委员会依法独立行使的监察权，是与检察院的检察权、法院的审判权并行的权力。具体到职务犯罪案件中，监察委员会有权依法独立进行调查和处置，但是不享有最终的定罪量刑权。因而，监察委员会在调查后若认为构成职务犯罪，必须移送检察院审查起诉；检察院决定是否逮捕和是否提起公诉；若提起公诉，法院依法进行审理，作出裁判。在这个过程中，监察权为《监察法》所规范，检察权和审判权则为《刑事诉讼法》所规范，这样就存在监察权和司法权如何相互衔接、协调统一的问题。

（一）　监察权与检察权的衔接问题

监察权和检察权的衔接主要体现在移送审查起诉上。检察院对公诉案件的起诉权是《宪法》赋予的专有职权。因而，监察委员会将涉嫌职务犯罪案件移送检察院后，检察院有权依法独立审查后决定是否提起公诉。这就必然涉及以下三个重要问题。

1. 证据移送问题

监察体制改革以前，纪委在"双规"调查后将涉嫌职务犯罪的案件移送检察院立案侦查，移送证据的做法是：物证、书证等实物证据移送后直接适用于侦查阶段；询问笔录、证人证言等言词证据不直接移送，由检察

---

① 程味秋、〔加〕杨诚、杨宇冠编《联合国人权公约和刑事司法文献汇编》，中国法制出版社，2000，第243页。

院重新收集，转化为合法的证据材料。

监察体制改革以后，证据转化改变为直接的证据移送，解决了重复取证的低效率问题。由于监察委员会同时承担执纪调查和犯罪调查，我们认为移送的言词证据范围以涉嫌犯罪、正式立案调查（一般采取留置措施）为界限，采取讯问（被调查人）、询问（证人）等调查措施所取得的言词证据才可予以移送，以促进监察委员会对职务犯罪调查的规范性、严肃性与高效性相统一，并保障所移送言词证据经得起审查起诉的检验。

2. 留置与逮捕的衔接问题

北京、山西和浙江三地监察改革试点已有半年，均有案例采用了留置措施。具体的运作方法是，监察委员会将涉嫌职务犯罪的案件移送至检察院后，检察院对于已采取留置的案件经审查后直接决定逮捕，此时留置转化为逮捕。换言之，监察委员会在调查过程中并没有提请检察院批准逮捕。

依据《宪法》和《刑事诉讼法》，检察院依法享有独立行使批准逮捕和决定逮捕的权力。具体而言，我们认为，根据《刑事诉讼法》的规定，留置向逮捕转化有可能产生三类处理情形。第一，对于有证据证明有犯罪事实，可能判处有期徒刑以上刑罚的被调查人，采取取保候审尚不足以防止《刑事诉讼法》第79条所列社会危险性，或者可能判处十年有期徒刑以上刑罚的，检察院依法独立决定逮捕。第二，对于有证据证明有犯罪事实，案件情节尚达不到逮捕条件的，检察院可以依法转为取保候审或者监视居住。第三，对于移送的证据材料达不到逮捕标准的，检察院可以决定不予逮捕，同时通知监察委员会，说明理由，退回补充调查。对于检察院不予逮捕的决定，监察委员会有权申请复议，如果意见不被接受，可以向上一级检察院提请复核。

3. 决定起诉问题

对于监察委员会移送的案件，检察院经审查后依法独立决定是否提起公诉。检察院认为犯罪嫌疑人的犯罪事实已经查清，证据确实、充分，依法应当追究刑事责任的，应当作出起诉决定。有关不起诉决定，主要有三类情形。第一，若被调查人没有犯罪事实，或者有《刑事诉讼法》第15条规定的情形之一，检察院应当作出不起诉决定。第二，若认为移送案件事实不清、证据不足，可以退回监察委员会补充调查，① 若经过两次补充调查，仍认为事实不清、证据不足，检察院应当作出不起诉决定。第三，若认为犯罪情节轻微，依照刑法规定不需要判处刑罚或者免除刑罚的，检察院可以作出不起诉决定。对于不起诉，有可能存在放纵犯罪之嫌，与"权威高效"的监察体制改革宗旨不相符合，但笔者认为不起诉是检察院的法定权力，而且体现了不枉不纵和疑罪从无的司法公正价值。同时不起诉中的酌定不起诉不等同于放弃追究违纪违法行为，若对被不起诉人需要给予行政处分，一般情况下检察院会提出检察意见，移送有关部门处理。检察院应当将不起诉决定书送达监察委员会，监察委员会有权申请复议，如果意见不被接受，可以向上一级检察院提请复核。

（二）监察权与审判权的衔接问题

对于监察委员会移送起诉的案件，经检察机关提起公诉以后，在法庭上直接涉及审判权和检察权的关系。② 在一定情况下，监察权和审判权也存在着直接或者间接的衔接关系。

首先，证人出庭问题。在我国，证人出庭率很低，已然成为直接言词原则得不到贯彻、庭审不能实质化的一个棘手问题。③ 为此，党的十八届四中全会决定强调要完善证人、鉴定人出庭作证制度。据笔者调查，贪污贿赂类案件的证人出庭率"低中之低"，在这类案件中，行贿人（污点证人）往往不会出庭作证。监察体制改革以后，法院和检察院要转变观念，排除阻碍，提升贪污贿赂类案件证人出庭率；同时，监察委员会对证人出庭也应尽一份职责，毕竟这类案件的证人证言一般由监察委员会最早调查取得。如果监察委员会积极配合，相信这个问题能够得到较好的解决。

其次，非法证据排除规则的适用问题。2012 年《刑事诉讼法》正式以立法形式确立了非法证据排除规则，这是一项保证准确惩罚犯罪、切实保障人权、规范司法行为、促进司法公正的重要证据规则。2017 年 6 月 27 日最高人民法院、最高人民检察院、公安部、国家安全部、司法部联合发

---

① 山西省试点经验提出补充调查的问题。参见张磊《做好深度融合大文章——山西开展国家监察体制改革试点工作纪实》（下），《中国纪检监察报》2017 年 6 月 8 日，第 1 版。
② 参见陈光中等《以审判为中心与检察工作》，《国家检察官学院学报》2016 年第 1 期。
③ 参见汪海燕《论刑事庭审实质化》，《中国社会科学》2015 年第 2 期。

布《关于办理刑事案件严格排除非法证据若干问题的规定》，进一步完善非法证据排除规则，将规则贯彻于包括侦查、提起公诉、一审、二审、死刑复核乃至审判监督程序在内的刑事诉讼全过程。

监察委员会调查职务犯罪案件同样适用非法证据排除规则。这是因为调查所得的证据最终要经过法庭质证才能作为定案依据，证据调查必然要向审判看齐。[①] 对此，有以下几个问题需要重点予以关注。第一，监察委员会移送的证据必须经得起非法证据排除规则的检验，从证据源头上确保合法性。监察委员会不能"采取殴打、违法使用戒具等暴力方法或者变相肉刑的恶劣手段"或者威胁的方法，使被调查人遭受难以忍受的痛苦而违背意愿作出供述；而且不能"采用以暴力或者严重损害本人及其近亲属合法权益等进行威胁的方法，使犯罪嫌疑人、被告人遭受难以忍受的痛苦而违背意愿作出的供述"。第二，庭审中重复性供述规则的适用问题。重复性供述规则是《关于办理刑事案件严格排除非法证据若干问题的规定》中的新内容。[②] 在职务犯罪案件的庭审中被告人翻供的情况下，庭审应当调查检察院在审查起诉阶段讯问时是否告知主体更换、相应的诉讼权利和继续认罪的法律后果。若未告知，法庭就应当直接排除监察委员会取得的被调查人的有罪供述。第三，在审判阶段，检察院对职务犯罪调查证据收集的合法性负有举证责任，证明的方法包括出示监察委员会的讯问笔录、播放留置期间的录音录像，还可以提请法院通知监察委员会的调查人员出庭说明情况。调查人员出庭显然是在庭审实践中难以回避的问题。

最后，留置的法律效果。如前文所提到的，留置对于人身自由的限制强度近似监禁，因而在职务犯罪案件的审判阶段，留置会发生的一种法律

---

① 山西省委政法委指导省高院专门制定《职务犯罪案件证据收集指引（试行）》，规范了监察委员会的证据收集、固定、运用、保存的方式和标准。张磊：《做好深度融合大文章——山西开展国家监察体制改革试点工作纪实》（下），《中国纪检监察报》2017年6月8日，第1版。

② 《关于办理刑事案件严格排除非法证据若干问题的规定》第5条规定："采用刑讯逼供方法使犯罪嫌疑人、被告人作出供述，之后犯罪嫌疑人、被告人受该刑讯逼供行为影响而作出的与该供述相同的重复性供述，应当一并排除，但下列情形除外：（一）侦查期间，根据控告、举报或者自己发现等，侦查机关确认或者不能排除以非法方法收集证据而更换侦查人员，其他侦查人员再次讯问时告知诉讼权利和认罪的法律后果，犯罪嫌疑人自愿供述的；（二）审查逮捕、审查起诉和审判期间，检察人员、审判人员讯问时告知诉讼权利和认罪的法律后果，犯罪嫌疑人、被告人自愿供述的。"

效果是：若法院宣判有罪，并判处有期徒刑，此时留置就存在刑期折抵的问题，山西省的试点已经提出这个问题。① 根据《刑法》第 41 条、第 44 条、第 47 条之规定，判决执行以前先行羁押的，羁押一日折抵管制刑期二日；羁押一日折抵拘役、有期徒刑刑期一日。笔者认为留置对人身自由的限制强度相当于羁押，因而可以考虑参照《刑法》中羁押的规定加以折抵。

（本文原载于《中国法学》2017 年第 4 期）

---

① 参见张磊《做好深度融合大文章——山西开展国家监察体制改革试点工作纪实》（下），《中国纪检监察报》2017 年 6 月 8 日，第 1 版。

监察权结构的再平衡

——进一步深化国家监察体制改革的法治逻辑[*]

周佑勇[**]

摘　要：现代法治经验表明，监督的本质不是分权，而是权力博弈。基于权力博弈逻辑，国家监察体制改革塑造了集高效、权威和强功能于一体的监察权，确立了监察权在与被监督的公权力博弈中的优势地位。这对于构建高阶独立的复合性监察权具有极其重要的积极意义，但由此形成的新"四权"亦天然存在着结构性失衡，导致一定程度的法治风险。进一步深化国家监察体制改革，应以监察权结构的再平衡为着力点，在价值理念上强化人权保障，以平衡前期改革偏重高效反腐的价值倾斜，在职权功能上完善监察权的再监督、有效问责与动态运行机制，以平衡监察与司法、执法的配合制约关系，从而实现从规则之治走向良法善治，促进监察法治的层次进化。

关键词：深化国家监察体制改革　监察权　结构平衡　权力博弈　监察法治　监察法

在新的起点上深化国家监察体制改革是党和国家健全法治监督体系，推进腐败治理体系与治理能力现代化的重要战略部署。[①] 在国家监察体制

---

　*　本文系国家社科基金重大研究专项"社会主义核心价值观融入国家治理体系和治理能力现代化研究"（项目编号：20VHJ001）的阶段性研究成果。

　**　周佑勇，中央党校（国家行政学院）政治和法律教研部教授、博士生导师，教育部"长江学者"特聘教授。

　①　参见习近平《在新的起点上深化国家监察体制改革》，《思想政治工作研究》2019年第4期。

改革第一阶段，通过组建监察委员会、制定《监察法》，以及配套调整《宪法》《刑事诉讼法》等关联性法律规范，初步形成了以监察权为中心的法治反腐体系。随着这些法律法规的相继确立与完善，监察权的运行有了坚实的法律基础，实现了规则之治意义上的监察法治。以深化国家监察体制改革为契机，2021 年 9 月 20 日，国家监察委员会颁布了《监察法实施条例》，以法规范形式将改革试点以来的理论成果、实践经验与制度优势，充分转化为腐败治理效能，有效推进了监察工作的法治化与规范化。[①] 进一步深化国家监察体制改革，不仅需将法治反腐的成功经验以法律形式固定下来，还应正视和解决改革第一阶段的遗留问题。尤其是，受高压反腐政策驱动而构造的监察权，在现行国家权力体系中表现得更为强势，由此导致立法、行政、司法、监察新"四权"配置模式天然存在着结构性失衡。鉴于此，本文将以监察权融入国家权力体系为背景，探讨改革后形成的新"四权"结构平衡问题及对监察权的优化方案，以进一步廓清深化国家监察体制改革的法治逻辑。

一 权力博弈与新"四权"结构性失衡

在国家监察体制改革的两个阶段中，第一阶段的主要任务是制定专门性立法以及促进法法衔接；第二阶段的任务则是"根据新体制的实践状况，评估其运行效能，推动体制改革的纵深化发展"[②]，即进一步深化国家监察体制改革。要完成深化改革的任务，应当以第一阶段国家监察体制改革的成果为基础，对监察权嵌入国家权力体系后形成的新"四权"结构进行更深层次的理论解构。

（一）监督的本质：权力博弈

如何有效监督公权力，是现代法治国家建构的重要议题。历史反复证实，扩张是权力的本性，当权力运行欠缺有效监督制约时，顺势而来的是

---

① 参见瞿芃《严格执行监察法实施条例把制度优势更好转化为治理效能》，《中国纪检监察报》2021 年 10 月 12 日，第 1 版。

② 刘艳红：《〈监察法〉与其他规范衔接的基本问题研究》，《法学论坛》2019 年第 1 期。

权力膨胀与"权力斗争"，由此引发彼此侵蚀，"时而立法权吞噬了所谓行政权，时而行政权吞噬了立法权"①，权力体系的稳定性随之动摇。因此，除了赋权之外，法治的另一主题是限权，符合法治理念的"宪法秩序的全部秘诀在于创建充满活力的制度……宪法制度都会限制权力、相互平衡且根据需要而不断演变"②。而为了保障权力体系的稳定性，促进权力运行的法治化，就必须建立起有效的权力监督制约机制。

我国早期立法采取监督分权模式，在全国人大统摄之下，各项监督权散在地分布于行政权、司法权等公权力之中，监督权受特定公权力管束，其法律地位相对较低。根据国家监察体制改革之前的宪法和其他法律的规定，"各级监察部门隶属于各级政府，因此监察权属于行政权范围，监察机关地位低于与政府并列的司法机关"③。也就是说，改革以前，我国权力架构中并没有独立的监督权，人大统摄下行政权与司法权等公权力的内部监督及其相互之间的监督，构成了我国权力监督体系的主要内容。这种分权模式内嵌了监督结构，它强调"其中一种权力不能超越自己的活动范围去篡夺另一方的职能"④。换言之，分权即监督、分权即制衡。在这种模式下，监督权不是独立的权力，而是受制于特定公权力的附属权力，在实际运行中，监督权位阶低、监督资源分散造成了监督的低效乃至无效。

总结我国长期以来的反腐败经验教训，立法者意识到，监督的本质不是分权，而是权力博弈，要想保障监督的实效性，就必须使监督权在权力博弈中占据主动和优势，以确保对公权力形成实质约束。为了完成该项任务，就必须重新设计监督权，采取集中化的专门立法模式以整合分散的监督资源，⑤ 提升监督权的法律地位，构建相对独立的监督权。国家监察体制改革以此为逻辑起点，将建立集中统一、权威高效的监察体系作为预设目标，塑造出高阶而独立的监察权。⑥ 其具体体现在权力运行、法律地位、

---

① 〔德〕黑格尔：《法哲学原理》，范扬、张企泰译，商务印书馆，1961，第 324～325 页。

② 〔法〕莫里斯·奥里乌：《法源：权力、秩序和自由》，鲁仁译，商务印书馆，2015，第 73 页。

③ 陈光中、邵俊：《我国监察体制改革若干问题思考》，《中国法学》2017 年第 4 期。

④ 〔德〕康德：《法的形而上学原理》，沈叔平译，商务印书馆，1991，第 143 页。

⑤ 参见刘艳红《中国反腐败立法的战略转型及其体系化构建》，《中国法学》2016 年第 4 期。

⑥ 参见周佑勇《监察委员会权力配置的模式选择与边界》，《政治与法律》2017 年第 11 期。

职权配置等多个层面。

在权力运行层面，化被动监督为主动监察。既往的监督模式侧重惩治腐败，强调通过高压反腐政策震慑腐败分子，快速遏制腐败存量、降低腐败增量。这种政策反腐模式存在预防性不彰、持续性不足的先天缺陷，既非常态化的反腐机制，也容易促进腐败分子形成利益集团与攻守同盟，无法建立有效的不敢腐、不能腐、不想腐的反腐败体系。与之相较，监察权配置基于"预惩协同"的法治反腐理念，强调预防第一性，惩治第二性。根据《监察法》第 11 条的规定，监察权由监督、调查、处置三项职权构成。其中，监督是第一职权，承载着腐败预防功能。为了有效发挥预防功能，监察机关严格遵循监督执纪"四种形态"规定，将常态化监督落到实处，积极查处违纪违法犯罪行为，取得了良好效果。2021 年，全国纪检监察机关运用"四种形态"处理 212.5 万人次，其中第一种形态占 70%，第二种形态占 23.2%，第三种形态占 3.3%，第四种形态占 3.5%。① 前三种形态共占 96.5%，监察权的腐败预防效果显著。在反腐理念上，从注重惩治到侧重预防的变化，强调反腐的主动性，使执纪监督与执法监察形成合力，及时发现并遏制腐败蔓延，保障了监察权运行的高效性。

在法律地位层面，转低阶权力为优势权力。国家监察体制改革之前，监督权依附于行政权、司法权等公权力而存在，在编制上又受到被监督者的行政制约。这种相对低阶的权力定位，极大限制了反腐功能。在这种模式下，监督权在与被监督的公权力博弈中天然处于劣势地位，体现了权力配置的不均衡，也意味着监督者无法对被监督者形成有效制衡。国家监察体制改革重塑的监察权，则是"一种高位阶独立性的复合性权力"②。它较之以往的监督权具有高阶性，相对于立法权、行政权、司法权具有独立性。与此同时，监察权的内容配置与功能设定，又决定了其在新"四权"结构中具有优势性。这表现为，监察机关有权独立主动监督、调查公职人员的违纪违法及犯罪行为，并有权督促改正、依法给予政务处分，监察权的影响力涵盖腐败预防、腐败发现与腐败惩治的全流程，在监察事项上形

① 《中央纪委国家监委通报 2021 年全国纪检监察机关监督检查审查调查情况》，《中国纪检监察报》2022 年 1 月 21 日，第 1 版。
② 徐汉明：《国家监察权的属性探究》，《法学评论》2018 年第 1 期。

成了逻辑闭环，这是以往任何监督权都无法比拟的。虽然《宪法》第127条第2款规定，监察机关与审判机关、检察机关、执法部门应当互相配合、互相制约，但从权力结构分析，审判机关、监察机关、执法部门等单位的公职人员，都是监察对象，两者是监督与被监督、制约与被制约的关系。在实践中，监察权对行政权、司法权形成了动态制衡，而行政权、司法权则相对难以制约监察权。监察权作为一种优势权力，实质上保障了监察权运行的权威性。

在职权配置层面，改分散监督为集中监察。监察权来自改革前的各项监督权，但并不是这些监督权的简单合并，而是经过了科学系统的改造优化。从权力成分角度分析，监察权由监督、调查、处置三大职权构成，经过国家监察体制改革的有机整合，三大职权并行不悖、环环相扣，共同服务于腐败治理。从权力地位角度分析，监察权是反腐败的核心权力，它前承纪检权后接司法权，并对前后两大权力都有不同程度的影响和渗透。一方面，在纪监关系中，纪检机关与监察机关采取合署办公模式，事实上确立了监察权的主导地位。这是因为，纪检权偏"柔性"，主要处理比较轻微的违纪行为，且纪检监督的对象限于党员干部；监察权则"刚柔并济"，在监督对象上能够做到对行使公权力的全体公职人员监察全覆盖，并全流程处理职务违纪、违法以及犯罪行为。从实际效果上看，改革之前，没有监察权衔接配合的纪检权反腐效果不佳。而在改革之后，纪检权通过辅助监察权运行，其预防腐败功能才真正得以全面激活。另一方面，在监检关系中，通过国家监察体制改革，监察机关的职务犯罪调查权取代了检察机关原来的职务犯罪侦查权，职务犯罪定性评价中最关键的证据由监察机关主导获取，职务犯罪移送与否由监察机关决定，有效强化了监察权的反腐功能性。

由此可见，国家监察体制改革从分权逻辑中跳脱出来，转向权力博弈角度重新理解监督的本质，并对权力结构进行根本改革，塑造了集高效、权威和强功能于一体的监察权，实现了对事监督的全流程、对人监察的全覆盖，确认了监察权在与行政权、司法权等公权力博弈中的优势地位，构建起了中国特色的法治监督体系。

（二）国家权力架构中新"四权"结构性失衡

在国家权力架构中，监察权的嵌入打破了原本平衡的公权力结构，形成了立法、行政、司法、监察新"四权"结构，随之而来的问题是：如何合理调适新"四权"之间的关系，以使各公权力平衡有序运转？国家监察体制改革对监察权的定位是，与立法权、行政权、司法权同阶的优势权力。同阶意味着法律地位平等，优势是为了保障监察权对行使公权力的全体公职人员实施有效监督。

权力结构在很大程度上决定了权力的运行状况，良好的权力结构，应当"由宪法在各级各类国家机关之间配置，参加分享这种权力的是各级各类国家机关，从而构成一种相对稳定的数量上的比例关系"①，这种比例结构关系维持了各公权力之间的动态平衡。然而，受高压反腐政策驱动，以及囿于权力自身的配置短板，监察权在新"四权"结构中更具强势性，监察权渗入司法程序，并有主导反腐败全局的态势，可能导致权力比例结构一定程度上的失衡。对此，我们可以从监察实践中具体感知和观察。譬如，监察权吸收了司法权的成分，在处理职务犯罪时具有准司法权属性，因而很轻易地渗透了司法程序。这表现在两个方面。一是职务犯罪调查活动的高度封闭性与监察主导性，增强了司法活动对监察的依赖性。调查是实质的侦查，职务犯罪调查的主要目的是获取职务犯罪线索，作为审查起诉与审判的重要依据。国家监察体制改革之后，职务犯罪调查权由监察机关专属行使，留置期间禁止律师参与，也不允许检察机关提前介入，甚至审查起诉时发现调查活动存在问题的，一般也只能退回监察机关补充调查。② 这使得检察机关和审判机关不得不高度倚赖监察机关认定的事实、获取的证据，并据以提起公诉和作出裁判。二是监察管辖对司法管辖的实质压缩。《监察法实施条例》第 51 条规定："公职人员既涉嫌贪污贿赂、失职渎职等严重职务违法和职务犯罪，又涉嫌公安机关、人民检察院等机关管辖的犯罪，依法由监察机关为主调查的，应当由监察机关和其他机关

---

① 童之伟：《宪法学研究须重温的常识和规范——从监察体制改革中的一种提法说起》，《法学评论》2018 年第 2 期。

② 参见董坤《论监察与司法衔接中的退回补充调查》，《经贸法律评论》2021 年第 5 期。

分别依职权立案，监察机关承担组织协调职责，协调调查和侦查工作进度、重要调查和侦查措施使用等重要事项。"根据该规定，在同一主体兼涉职务犯罪与非职务犯罪的场合，监察机关与公安机关、检察机关等机关应分别立案调查，监察机关负责组织统筹相关事项，这才符合《监察法》第 34 条 "监察机关为主调查" 的应有含义。然而在监察实践中，这一规定被误用为合并调查，即当一个案件既涉及职务犯罪又涉及非职务犯罪时，所有的犯罪事实均由监察机关一体化调查。如 "朱某某涉嫌诈骗罪"① "蒋某某涉嫌挪用公款、贪污、重婚罪"② 等案件中，监察机关对诈骗、重婚等非职务犯罪也一并展开了调查。这种做法，以监察调查替代了公安机关等部门的侦查，属于实质的 "越权"，不符合《监察法实施条例》第 51 条的规定。

监察对司法的渗透，引发了学界对监察中心主义的担忧。"在政治权力影响诉讼权力的现实格局下，监察机关对审判机关的影响将是压倒性的，这会导致本已严重的 '侦查中心主义'，可能会进一步恶化为 '侦查中心主义' + '监察中心主义'"③，这可能从根本上动摇以审判为中心的诉讼法权构造，司法的功能也将严重受损。深入分析可知，监察权主导反腐败全局，使其自身面临着法治正当性考验。通过国家监察体制改革，监察机关做到了全流程监督、全覆盖监察，确立了监察权在法权博弈中的优势地位。但优势不等于强势，更不能随意压制、侵蚀其他公权力。监察权在纪检关系中处于中心地位，其凭借强势的 "权力惯性" 很可能演变为司法关系中的 "监察中心主义"，从而在根本上悖逆了监察法治理念。

以上现象的产生，主要是因为国家监察体制改革为了确立监察权的优势地位，在制度设计上过分偏重于权力博弈逻辑而忽视了权力平衡。国家监察体制改革第一阶段的主要目标是建立集中统一、权威高效的反腐败体系，重点任务是快速有效减少腐败存量、降低腐败增量、遏制腐败蔓延。因此，构建强势监察权的权力博弈逻辑自然顺应了该阶段的改革目标，高阶监察权的优势被过度放大，权力结构失衡问题容易被忽视。进入国家监察体制改革全面深化阶段，需更加理性审视监察权本身，正视权力结构失衡的法理不足及带来的现实问题，确立相对平衡的权力博弈结构。国家监察体制改革的表层逻辑是反腐败，但是反腐败本身不是核心目的所在。从根本上说，反腐败是为了防止公权力滥用，促进公权力运行的法治化。因此，法治反腐体系构建不能阻碍公权力的有效运行，不能以牺牲公权力的运行效能为代价。现实表明，监察权的强势介入既增强了反腐实效性，也在某种程度上抑制了公权力的运行效能。监察权的不当行使助长了问责的泛化，极大压制了公职人员履职的积极性，还引发了乱问责、错问责、问错责等问题。如某公职人员上班时间发朋友圈被诚勉、因洗澡迟接巡查组电话访谈被给予警告处分，24 名教师假期自费聚餐被纪委通报批评，等等。① 以上做法都是监察失范的体现，对监察权自身的配置短板亟须重新检讨。

综上分析，强势的监察权在实际运行中呈现出两面性，它的构建既为高效反腐目标的完成提供了有力保障，其自身也隐藏着可能侵蚀其他公权力的法治风险。当监察权已经在权力博弈中确立优势地位的前提下，推进国家监察体制改革的全面深化，应当重点解决国家监察体制改革第一阶段的遗留问题，以纠正新"四权"的结构失衡，防止监察权陷入难以调控的困境之中。

二 权力平衡与深化监察体制改革的法治逻辑

国家监察体制改革具有阶段性与长期性，从初步建构到全面深化，改革的核心目标也相应调整。深化国家监察体制改革的目标有二：一是解决国家监察体制改革第一阶段的遗留问题，消除改革深入推进的潜在法治风险；二是完善监察法律法规及相关制度体系，塑造形式完备且实质良善的良法。两者共同的法治逻辑是，在改革第一阶段制定《监察法》及调整、完善配套法律法规的规则之治基础上，立足于更高层次的权力配置模式，重构平衡的权力结构，促进监察法治的层次进化。

---

① 参见沈慎《"问责"是把利刃，切忌随手乱舞》，载人民网，http://opinion.people.com.cn/n1/2020/0823/c223228-31833281.html。

（一）深化改革的实质：以良法善治推进监察法治进化

法治应时而生、因势而动，具有可进化性，"其进化之事实，于吾人对于法律之价值判断之基础可予以暗示"①。此种进化不是单纯的规范或制度积累，它包含着精神文化的向上发展，是法治从低层次走向高层次的渐进过程。因此，对法治应当跟随时代变迁而进行动态观察，只有在动态的法的关系中，才能充分把握法的局部与整体、形式与实质之间的辩证关系。深化国家监察体制改革包含完善监察法律法规、优化监察体系、健全配套制度等全方位提升，在此深化过程中，监察法律法规从缺漏到健全、监察体系从形成到优化、监察制度从初步构建到臻于完善，如同量变引起质变，借助规范和制度的累积、优化与完善，最终实现监察法治的层次进化。

概观人类法治的演进历程，大体有三个层次，即规则之治、良法之治与良法善治。② 规则之治源于人类的理性诉求，"所谓理性的根源是指，我们需要让法律在所有人面前保持一致，这就需要一套硬性规定"③。当规则以成文法的形式颁布时，"人民会更进一步接受这些规则，把它们视为共同的行为标准，并承认众人都有义务加以遵守，甚至把这个服从的义务追溯至更上位的遵守宪法的义务"④，此即法治的第一个层次——规则之治。规则之治是法治的原初形态。国家监察体制改革之前，由于法律法规不完备，反腐制度不健全，腐败治理存在着明显的真空地带。根据改革之前的立法，有关部门对行使公权力的部分非公职人员无法实施有效监督，这些人员如果实施贪污贿赂等职务违法犯罪行为，只能或追究违约责任解除聘用合同，或给予相应的内部处分。法律制裁应当与行为的法益侵害性相适应，非公职人员利用公权力实施贪污贿赂等行为，与公职人员利用公权力实施相关行为，在法益侵害性上具有等质性，都侵害了职务行为的廉洁性

---

① 〔日〕牧野英一：《法律上之进化与进步》，朱广文译，中国政法大学出版社，2003，第 8 页。
② 吴玉章：《法治的层次》，清华大学出版社，2002，第 34 页。
③ 〔英〕弗雷德里克·波洛克：《普通法的精神》，杜苏译，商务印书馆，2016，第 19 页。
④ 〔英〕哈特：《法律的概念》第三版，许家馨、李冠宜译，法律出版社，2018，第 105～106 页。

与公私财产权，理应受到对等或相当的制裁，立法对行使公权力的非公职人员的制裁疏漏，是反腐成效不彰的重要原因。[①] 同时，由于改革之前体制积弊严重、腐败监督力量较为分散，加之长期以来腐败分子之间形成的隐性同盟关系，腐败治理难度大大提高，完善腐败治理的法律法规体系由此成为改革的首要任务。以制定新法、修改旧法、配套党规为主要内容的第一阶段国家监察体制改革，通过制定《监察法》、《政务处分法》、《监察官法》以及《监察法实施条例》"三法一例"，对应调整《宪法》、《刑事诉讼法》以及《人民检察院组织法》等关联性的法律规范，完善党内法规，建构起较为完备的监察法规则体系，为监察权的法治化运行提供了规则保障。[②]

徒法不足以自行。规则之治并不是国家监察体制改革的终点，而是深化国家监察体制改革的新起点。紧接着，深化改革需要面临的问题主要有：监察权如何与司法权衔接配合，从而使两者形成反腐合力？监察权如何与纪检权衔接，从而在党的集中统一领导下充分释放反腐效能？监察权如何约束自身，从而保障权力运行的法治化、规范化与正规化？如何处理监察权与被监察对象的关系，从而在高效反腐与人权保障之间寻求合理平衡？以上这些问题，共同指向一个根本问题，即如何从价值层面优化监察权及相关制度设计与配套，以促使监察法治从规则之治走向良法善治，实现腐败治理体系与治理能力的现代化。

良法善治是推进中国式腐败治理现代化的重要路径。仅有规则之治，只是一种形式上的依法而治，法治的实质则是依良法而治，同时，任何制定良好的法律还必须通过有效的法律机制付诸实施，转化为一种实然的法治秩序和治理效能即善治状态，才能实现良法和善治的有机结合。[③] 良法与善治如同法治的两翼，良法是善治的前提，善治是良法的有效贯彻，是国家治理的目标。从形式完备的法律到实质良善的良法，是法治进化的重要体现。封建时代，中国不乏《唐律疏议》这样世界高水平的法典，欧洲

---

① 参见刘艳红《中国反腐败立法的战略转型及其体系化构建》，《中国法学》2016 年第 4 期。

② 参见夏伟《监察体制改革"纪法衔接"的法理阐释及实现路径》，《南京师大学报》（社会科学版）2020 年第 1 期。

③ 参见周佑勇《推进国家治理现代化的法治逻辑》，《法商研究》2020 年第 4 期。

也不乏代表性的法典。然而，服务于统治阶级的价值立场决定了这些形式完备的法律"实质不良善"，根本无法保障公平正义，亦无法实现法治目标。

2018 年是中国监察法治元年，其重大标志是颁布实施《监察法》。然而，《监察法》在形式上仍有尚待完备之处，譬如未就监察与司法衔接、对监察权的再监督、监察留置措施运用等内容作出规定，无法充分应对监察实践中出现的新情况、新问题。《监察法实施条例》的出台，一定程度上解决了这些问题。然而，由于《监察法》赋予了监察权相对高阶的法律地位，相对而言又很少限制监察权，相关问题仍有待通过改革进一步明确和完善。因此，深化国家监察体制改革，应以规则之治为起点，使监察法律法规从规则完备的法发展为公平正义的良法，以良法驱动善治，推进监察法治的层次进化。

（二）深化改革的关键着力点：重建平衡的权力结构

改革开放以来，中国政治权力从高度集中走向有序分化，在权力系统上，区分了政党系统与政府系统，在横向权力结构上，区分了立法权、行政权与司法权；在纵向权力结构上，划分了中央事权与地方事权。这取得了良好效果。通过分权模式，划分权力管辖领域，明确权力边界，有效减少了权力之间的摩擦和冲突。其中，虽然立法权的行使主体是全国人大及其常委会，地位高于行政权和司法权的行使主体即政府和公、检、法，但是就权力本身而言，立法权与行政权、司法权实质上互不侵越、各司其职，这是权力平衡的结构基础。国家权力从集权到分权，实现了权力结构的整体平衡。然而，"权力腐败愈演愈烈，证明中国权力制衡结构的改革还没到位，权力监督的难点还没有解决"[①]。建立结构合理、配置科学、体系完备、程序顺畅的权力运行机制，尚需强化对权力的有效监督。

监察权的运行问题，根源于权力结构失衡，这与改革早期的价值立场紧密相关。国家监察制改革在"发现实质真实和保障人权两大价值取向方面，更侧重于发现实质真实"[②]，在此价值逻辑下，构建了在国家权力体系

---

① 刘俊杰：《当代中国权力制衡结构研究》，中共中央党校出版社，2012，第 118 页。

② 张建伟：《法律正当程序视野下的新监察制度》，《环球法律评论》2017 年第 2 期。

中具有"高阶地位"的监察权。然而，国家监察体制改革侧重于高效反腐，基于权力博弈逻辑设计出的高阶监察权，在实际运行中与其他公权力之间存在难以弥合的结构性失衡，导致监察权自身存在被滥用的法治风险。因此，以构建平衡的权力结构为重心贯彻良法善治理念，是进一步深化监察体制改革，充分发挥监察权作为优势权力的反腐功能，促进监察法治进化的关键所在。

首先，新"四权"结构以在分权模式基础上形成的"分权—控权"模式为基础，但控权过度则可能抑制权力应有的活性，导致权力运行受阻。实践证明，中国特色的腐败治理无法仅依靠分权制衡完成，因为通过分权实现的制衡无法穿透权力运行过程。为此，在分权之外需要引入控权机制，以强化权力监督、遏制权力腐败。因此，分权之后的再控权，是国家监察体制改革在权力配置层面的逻辑进路。国家监察体制改革延续了20世纪80年代以来中国权力制衡结构改革的任务，重点在于防范权力腐败，实现了分权体系与控权体系的有序结合。于是，新的权力结构由两个部分构成，其中，分权是对传统模式的吸收，控权是国家监察体制改革的成果，两者融为一体。中国特色腐败治理现代化语境下的权力平衡，以兼顾分权与控权机制、尊重监察权作为现代公共第四权为前提，监察权的设立目的在于控权，它与通过分权形成的立法权、行政权、司法权一道构成了中国特色的权力体系。在控权逻辑的指引下，"刚性"监察的反腐效果有目共睹。然而，问题在于，公权力只有在运行中才能发挥效用，分权的目的是释放权力活性，它与控权之间存在难以避免的冲突。从改革过程中出现的各种现象观察分析，监察权的介入虽然有助于建立严密的腐败预防体系，但是，过于激烈或刚性的控权机制，容易抑制权力活性、挫伤公职人员履职的积极性，造成公权力行使主体的消极懈怠，往往弊大于利。因此，在引入控权机制之后，合理平衡分权与控权之间的关系，对权力结构的平衡而言至关重要。

其次，建立平衡的权力结构，重点不是弱化控权，而在于促进监察权运行的法治化、规范化。监察权的设立是国家监察体制改革强化控权的核心立足点。因此，对控权过度问题的反思应当着眼如何合理优化配置监察权。既然如此，是否可以通过削弱监察权的方式平衡其与其他公权力之间的关系？笔者认为，确立具有高阶地位的监察权，是国家监察体制改革的重要成果，削弱监察权等于"走回头路"，其结果可能是再度回归到监督权低效乃至无效的状态，并不可取。因此，在不改变监察权基本内容的前提下，合理限制监察权，是解决该问题的主要路径。有学者指出，"基于实现治权与法治化的双重目的，监察权必须建构与其他权力分支之间的良性关系"，包括"权力机关对监察机关的生成与监督关系""'监—检'关系法治化""'监—法'关系法治化"。① 显然，这是从国家权力关系的角度寻求限制监察权的理论方案。除此之外，基于公民权利与国家权力的对立统一关系，监察权的创设从根本上说是为了保障公民的合法权利。如果监察权被滥用，将不构成职务违法、职务犯罪的行为人当作违法犯罪者处理，则此时的监察权是对自身本质的异化。赋权与限权是从法治视角观察权力配置的两个基本维度，两者必同时具备，才能保障良法之治。如果权力配置重赋权而轻限权，则权力滥用的风险将隐藏在权力运行中；反之，重限权而轻赋权，则权力预设的功能将难以有效激活。因此，有多大的权力，就要受到多大的限制，权力越大则限制越大。

分析前期的监察立法，监察法的重心在于赋权，即设立监察权、规定监察权限，明确监察机关职责内容及范围，由此形成监察机关监督、调查、处置三大职权及对应的监察措施。与之相对，《监察法实施条例》的重点则在于限权。除了对监察机关、监察管辖、监察权限等作出进一步细化规定之外，该条例还设专章规定了对监察机关和监察人员的监督，强化限权，包括党的监督、民主监督、司法监督、社会监督、舆论监督，同时对监督的方式及内容作了较为详尽的规定。这种限权的内在逻辑是：监察权是"治权之权"，较之其他公权力，其被滥用的危害性有过之而无不及，因此，必须规范监察权自身。作为国家监察专责机关，监察委员会"加强内控机制建设是实现纪检监察工作高质量发展的现实需要，也是不敢腐、不能腐、不想腐一体化推进取得更多制度性成果和更大治理成效的前提条件"②，为此，《监察法实施条例》规定了监察人员准入制度（第257条）、监察机关各部门协调制约工作机制（第258条）、监察关键环节重点监督

① 魏昌东：《中国特色国家监察权的法治化建构策略——基于对监察"二法一例"法治化建构的系统性观察》，《政法论坛》2021年第6期。
② 陈昊：《明确权力边界，严格内控机制》，《中国纪检监察报》2022年1月24日，第1版。

制度（第259条）、上级机关监督制度（第266条）、监察工作保密制度（第267条）等，通过以上制度设计，将内控机制转化为法律规定。对监察机关和监察人员的内控机制建设，不是为了削弱监察权，而是以制度建设提升监察机关及其工作人员的履职能力，最大限度避免监察机关及监察人员出现违法犯罪行为，保障监察权的正确行使。不过，《监察法实施条例》中规定的对监察机关和监察人员的监督，大多属于自我监督或同体监督，少数属于异体监督。明确规定的异体监督方式有全国人大常委会监督、媒体和公众的舆论监督，党的监督、司法监督虽然有所提及，但是对此并未规定具体的监督方式、监督内容及对应的措施。在此情况下，同体监督太软、异体监督太弱的现象是否会在对监察权的再监督机制中重现，着实令人担忧。

最后，"分权—控权"模式下的权力结构平衡，应当注重权力配置的整体平衡，在权力运行中存在局部不均衡并不影响权力结构的稳定性。分权模式自权力分立时起就为公权力划定了边界，公权力只能在法定范围内行使，不能侵越其他公权力。"分权—控权"模式虽然也提倡权力分立，但监察权作为控权的一端，其行使方式是介入性的，表现为直接介入公权力运行，实现对权力行使的过程性调控。因此，即使立法规定，监察机关应当依法行使职权，并与其他机关互相配合、互相制约，也难以从事实上改变监察权对其他公权力的影响渗透。尤其在监察与司法衔接的环节，监察机关的渗透实为制度设计使然，根本无法在实际运行中完全消除。因为监察机关职务犯罪调查权是实质的侦查权，调查认定的事实、获取的证据必然影响检察机关的审查起诉与审判机关的裁判。而且，正因为监察机关有强大的渗透力，才能对所有行使公权力的人员实现全覆盖监督，保障监察的实效性，从此意义上说，"分权—控权"模式下权力结构的不平衡对监察制度设计而言具有一定的必然性与必要性。

然而，这种不平衡只是权力运行过程中的局部不均衡，不能据此认为监察权与既往的权力体系绝对不相容。正是由于法治反腐需要极其特殊的优势监察权，国家监察体制改革才需要分阶段、分步骤推进。为此，第一阶段先设计监察权的基本内容，将监察权初步融入国家权力体系中，形成新"四权"结构雏形；第二阶段再根据监察权的特点以及其与其他权力之间的关系，对监察权进行合理限制，实现权力结构的整体平衡。因此，监察权在约束其他权力的同时，其自身也要受到相应的再监督，这样考量，既能最大限度地激发监察权的反腐功能，又能够确保监察权的运行符合法治化理念与规范化要求。

总之，深化改革的根本逻辑是以良法善治推进监察法治进化，塑造监察良法，需穿透新"四权"结构的运作过程，重点关注权力结构平衡。国家监察体制改革设立专门机关，"意在加强腐败查处的力度与效率，但由于权力较大，一旦长时间缺乏管控，也可能会滥用甚至自身腐败"[①]。法治反腐既要以监察权约束其他公权力，又要限制监察权自身，防止监督者自身不受监督而导致监察权滥用，建立相对平衡的权力结构，这本身就是"把权力关进制度的笼子"命题的题中应有之义。

三　深化改革逻辑下监察权结构再平衡的法治路径

国家监察体制改革从根本上影响了既往的权力体系与制度体系，其中既有经验性总结，又有探索性尝试。如今看来，改革所形成的各项成果，虽然不乏创新性与必要性，但也存在理论准备不足即匆匆面世的痕迹。应当说，这样的改革创新利弊共存，当弊端累积到一定程度时，改革的推进将面临瓶颈。就国家监察体制改革而言，本意是通过监察权约束其他公权力，以建立预惩协同的反腐败体系，但不平衡的、不受控制的监察权，本身就是权力结构中的不稳定因素，需要予以理性调控。基于现行权力配置模式及国家权力结构性特征，实现监察权结构的再平衡，需建立完善异体再监督机制、有效问责机制和公开运行机制等。

（一）以异体监督重构再监督机制

同体监督的制度设计，意在通过严控自身来预防权力外溢、规范权力行使，但久而久之"若明若暗"的内部程序会使监督功能实质消解。"就秩序而言，令人担心的不是自治性不够，而相反，是担心自治性太多，泛

[①] 　王若磊：《论监察体制的制度逻辑》，《法学评论》2021 年第 4 期。

滥成灾。"① 同体监督本质上是监督者与被监督者一体化，它体现了自治的泛化，因为以自我监督的方式来避免权力滥用，本身就违反了监督原理与监督规律，毕竟"再锋利的刀刃，也砍不了自己的刀把"。因此，对监察权的再监督更需要在同体监督之外寻求异体监督。问题是：如何构建异体监督机制，才能实现对监察权的有效制约？在现行权力体系中，对监察权实施有效监督，需要从立法、行政、司法、监察及相互关系的权力结构中寻找合理方案。因为分权中蕴含着制衡成分，这既意味权力之间的界限分明、禁止越权，又表明了权力之间需要彼此制约和监督。在新"四权"结构下，监察权需要来自立法权、行政权与司法权的监督。

首先，关于立法监督，《监察法实施条例》称之为"民主监督"，包括各级监察委员会向本级人大常委会作专项报告并听取审议意见、接受本级人大常委会的执法检查、回应人大常委会提出的质询案。因此，审议工作报告、组织执法检查，以及提出质询是《监察法实施条例》规定的、人大常委会监督监察机关及监察工作人员的三种方式。以上监督方式，包含了"柔性"监督与"刚性"监督，功能上相互补充，体现了全国人大"监督内容上的宏观性整体性"与"控权式监督的顶层设计"②，较为合理地明确了立法机关的监督职责。

其次，对监察权的行政监督。这包含两个部分。一是来自监察系统内的行政监督，包括上级监察机关对下级监察机关的监督以及监察机关对其内部监察人员的监督。对此，《监察法实施条例》作出了非常细致的规定，涵盖了监察人员从准入到退出的全流程。当然，这种监察系统内部监督，本质上仍然属于同体监督的范畴，不在异体监督讨论之列。二是分权意义上的行政机关监督，体现了行政权对监察权的制约。根据《宪法》第127条的规定，监察机关办理职务违法和职务犯罪案件，应当与执法机关相互配合、相互制约。此处的执法机关，当然包括行政机关。对此，《监察法实施条例》重点规定了相互配合。例如，《监察法实施条例》第68条规定监察机关可以把行政机关搜集的物证、书证、视听资料、电子数据等作为

---

① 〔法〕莫里斯·奥里乌：《法源：权力、秩序和自由》，鲁仁译，商务印书馆，2015，第73页。

② 参见周佑勇《对监督权的再监督：地方人大监督地方监察委员会的法治路径》，《中外法学》2020年第2期。

证据使用，第 207 条规定对于涉嫌行贿等犯罪的非监察对象，应当给予行政处罚的，依法移送有关行政执法部门。但是，就如何相互制约，《监察法实施条例》并没有作出明确规定。从实际运行来看，监察机关对行政机关工作人员实施了全覆盖监督，而行政机关对监察机关的监督制约却流于形式，《宪法》与《监察法》虽然作了一般规定，但实践中并未得到有效落实。基于权力平衡逻辑以及监察权在运行中与行政权的事实关联，应当细化规定行政机关对监察机关的异体监督，以规范两者的制约关系，寓监督于配合之中。例如，行政机关处理案件时，发现涉嫌职务违法或者职务犯罪的事实，应当移送监察机关，这体现了双方之间的配合关系；监察机关经审查，认为构成职务违法或职务犯罪的，应当立案调查，认为不构成职务违法或职务犯罪的，应当告知行政机关并说明理由；行政机关认为处理不当的，可以申请检察机关介入监督，以发挥立法规定的行政机关对监察机关的制约功能。此种意义上的行政监督，属于异体监督，能够保障监督的实效性，同时又属于间接监督，并不妨碍监察权的正常运行。

最后，司法监督是对监察权实施异体监督的核心所在。如前分析，基于权力博弈逻辑配置的监察权，容易渗透司法程序，影响司法权的运行；相应地，在现行法规范中，司法权对监察权的制约极少。而司法权是与监察权沟通最为活跃，同时也是现行权力体系下对监察权实施异体监督最具潜力的公权力。因此，在监察与司法的衔接中，激活司法权对监察权的监督制约机制，是有效规范监察权的合理路径。随着国家监察体制改革的深入推进，理论界对有关监察与司法的关系问题，展开了较为系统的研究，既涉及宏观制度设计，[①] 又包括具体问题探讨。[②] 然而，关于司法权对监察权的监督问题，目前仍然欠缺体系化方案。而监察权与司法权的事实关联，主要出现在职务犯罪调查环节，调查的核心是获取证据、认定事实。基于此，笔者认为，在我国以审判为中心的司法体制改革中，克服侦查中心主义的经验，对于改变当下监察中心主义倾向具有重要参考意义。以审

---

① 陈海锋：《职务犯罪刑事程序的体系化检视》，《政治与法律》2021 年第 6 期。

② 参见董坤《论监察机关与公安司法机关的管辖衔接——以深化监察体制改革为背景》，《法商研究》2021 年第 6 期；陈伟、沈腾初《监察调查与刑事司法的证据衔接及其完善》，《深圳社会科学》2021 年第 6 期；卞建林《职务犯罪监检管辖之分工与衔接》，《法学评论》2021 年第 5 期。

判为中心的司法体制改革，重点需要处理两组关系：一是强化检察机关对侦查机关的制约，纠正侦查机关的违法行为；二是弱化审判机关对侦查机关在证据获取、事实认定层面的依赖，推进庭审实质化。① 参酌以审判为中心的司法改革经验，司法权对监察权的监督，宜从两组关系展开，分别是监检关系、监法关系。

在监检关系中，应强化检察权对监察权的法律监督。为了改变侦查中心主义，司法改革将强化对侦查权的检察监督作为重要突破口。2021 年 9 月 6 日，最高人民检察院发布《关于推进行政执法与刑事司法衔接工作的规定》，明确提出通过加强行政执法与刑事司法的衔接工作，促进检察机关对公安机关的实质监督。该规定第 5 条规定："公安机关收到行政执法机关移送涉嫌犯罪案件后应当立案侦查而不立案侦查，行政执法机关建议人民检察院依法监督的，人民检察院应当依法受理并进行审查。"第 7 条第 3 款规定："对于公安机关可能存在应当立案而不立案情形的，人民检察院应当依法开展立案监督。"除了以上立案监督，《刑事诉讼法》还规定了检察机关通过审查批捕、审查起诉等活动，对侦查过程的合法性实施监督。调查是实质的侦查，从逻辑上看，当然应当受到检察机关的监督，职务犯罪调查活动存在违法行为的，检察机关可以依法纠正。因此，在监察与司法衔接环节，应当重点强化检察权对监察权的再监督，明确规定检察机关对监察机关展开立案监督以及职务犯罪调查的过程性监督。具体而言：①对监察机关应当立案而不立案的，检察机关可以开展立案监督；②对发现监察机关在调查过程中存在违法犯罪行为的，检察机关可以提前介入；③对发现监察机关移送的证据中存在非法证据，或者存在其他不宜由监察机关继续调查情形的，检察机关可以自行补充侦查。

在监法关系中，应贯彻以审判为中心的理念，从根本上改变审判活动对监察调查所获取证据、认定事实的依赖。监察机关作为职务犯罪调查的专门机关，审判机关无法对其调查过程进行直接监督。因此，构建以审判为中心的监法关系，不在于如何约束监察机关，而主要在于审判机关自身如何排除调查活动的过度影响。从司法实践来看，职务犯罪裁判高度依赖监察机关移送的案卷材料，这种"卷宗依赖"，是造成职务犯罪审判活动

---

① 李奋飞：《论刑事庭审实质化的制约要素》，《法学论坛》2020 年第 4 期。

独立性难以得到保障的重要因素。因此，对于审判机关而言，通过综合考虑被告人陈述和辩解、律师辩护意见等资料，对影响定罪量刑的案卷材料进行实质审查，严格落实非法证据排除规则，是摆脱"卷宗依赖"、践行以审判为中心理念的重要路径。

（二）以有效问责完善法律责任机制

法是一种"强制秩序"，对违反法或者侵害法秩序的行为，应当附加某种制裁，这种制裁是法秩序得以维持的重要保障。应当否定"不附制裁的法律义务"，因为"如果强制要素从现有的被称作法的社会秩序中消失了，那么这些社会秩序就将完全改变其性质。它们将丧失其法的性质"。① 换言之，对某一违法事项如果没有附加制裁，则意味着法对该事项失去规范性。基于监察法律法规的有关规定，现行立法对监察机关及其工作人员的问责，主要有行政违法责任及刑事犯罪责任两种形态。

从行政违法责任来看，根据《监察法》和《监察法实施条例》的有关规定，对监察机关及其工作人员的职务违法行为应当依法制裁。《监察法》第65条采取"列举+兜底"的方式规定了9种应当承担责任的情形，即监察机关及其工作人员有"未经批准、授权处置问题线索，发现重大案情隐瞒不报，或者私自留存、处理涉案材料""利用职权或者职务上的影响干预调查工作、以案谋私""违法窃取、泄露调查工作信息，或者泄露举报事项、举报受理情况以及举报人信息"等滥用职权、玩忽职守、徇私舞弊行为的，对负有责任的领导人员和直接责任人员依法给予处理。《监察法实施条例》第278条在上述规定基础上，额外增加了两种情形，即"贪污贿赂、徇私舞弊""不履行或者不正确履行监督职责，应当发现的问题没有发现，或者发现问题不报告、不处置，造成严重影响"，依法严肃处理。然而，无论是《监察法》还是《监察法实施条例》，都没有规定对于上述职务违法行为，行为人应当承担何种法律责任，即没有明确行为人应当受到何种行政制裁。

没有规定具体责任的责任条款，无法对监察机关及其工作人员形成实质制约。在监察实践中，由于《监察法》及其实施条例没有规定责任内

---

① 〔奥〕汉斯·凯尔森：《纯粹法学说》第二版，雷磊译，法律出版社，2021，第69页。

容，对负有责任的领导人员和直接责任人员问责，只能援引《公职人员政务处分暂行规定》第 6 条之规定，即对违法的公职人员可以依法作出警告、记过、记大过、降级、撤职、开除等政务处分决定。然而，对于监察机关及其工作人员而言，由于政务处分的作出主体是监察机关，其性质相当于内部处分，这又陷入了监督者自我监督的逻辑困境之中。因此，虽然《监察法》及其实施条例规定了监察机关及其工作人员违法的，应当依法追究责任、严肃处理，但是，相关违法行为所对应的处分并不明确。换言之，《监察法》第 9 条、《监察法实施条例》第 11 条规定的责任清单，并不是完整的责任清单。

从性质上看，监察机关及其工作人员实施的各种滥用职权、玩忽职守、徇私舞弊行为，首先属于行政违法行为，对此行为的处分，属于行政责任之范畴。有效问责应当明确责任内容，对监察机关及其工作人员的问责，应当以监察法律法规规定的违法行为类型为基础，在责任内容上参酌《公职人员政务处分暂行规定》，列明完整的监察责任清单。例如，监察人员贪污贿赂、徇私舞弊的，应当作出降级、撤职、开除等政务处分决定；利用职权或者职务上的影响干预调查工作，应当记过、记大过，情节严重的，可以降级、撤职、开除。通过构建完整的监察责任清单，根据行政违法行为的严重程度确定责任梯度，保障监察责任条款的明确性。在此情况下，即使问责的主体是监察机关，自我问责的负面效果大大削弱，问责的有效性也能够得到保障。

关于监察人员涉嫌犯罪的刑事责任，《监察法》第 66 条及《监察法实施条例》第 279 条均仅规定"构成犯罪的，依法追究刑事责任"。显然，这两个条款属于准用性规则，即监察人员作为国家工作人员，其涉及的滥用职权、玩忽职守、徇私舞弊行为，如果构成犯罪，应当直接援引《刑法》的有关规定。然而，如果将监察人员简单视为国家工作人员，适用国家工作人员有关犯罪，则相关法律责任配置存在明显的不均衡。根据《监察法》以及《刑法》的有关规定，在职务犯罪调查中，监察人员"对被调查人或者涉案人员逼供、诱供，或者侮辱、打骂、虐待、体罚或者变相体罚"，没有造成轻伤以上结果，则只能按照行政违法处理。然而在非职务犯罪中，公安机关人员实施上述行为的，构成刑讯逼供罪、暴力取证罪。调查是实质的侦查，职务犯罪调查中，监察人员实施上述行为，与非职务犯罪中公安人员的刑讯逼供、暴力取证行为具有等质性。况且，职务犯罪调查中，留置措施的广泛适用导致被调查人如果遭受刑讯逼供、暴力取证行为，更难以受到监督和得到救济。因此，为适应国家监察体制改革，相应调整《刑法》中有关司法工作人员的条款，对履行职务犯罪调查职责的监察人员以司法工作人员论，对于建立有效问责机制而言是必要的。

（三）以公开透明规范权力运行机制

公开透明是开展有效监督的前提。然而，在涉嫌职务犯罪的案件中，由于留置措施的广泛适用，职务犯罪调查活动高度封闭。根据监察法规范以及监察实践状况，为了排除干扰，留置期间不允许律师介入，因此律师在调查阶段无法充分了解案件，这意味着在之后司法程序中犯罪嫌疑人、被告人可能陷入被动地位。为了事后还原调查全过程，《监察法》规定了全程录音录像制度。《监察法》第41条规定，"调查人员进行讯问以及搜查、查封、扣押等重要取证工作，应当对全过程进行录音录像，留存备查"；《监察法实施条例》第56条还特别强调保持全程录音录像的完整性。完整的全程录音录像，是对调查过程最客观、最真实的记录，公开全程录音录像与律师介入调查阶段具有相似效果，都能够让律师全面了解案件过程。然而，监察调查过程中的全程录音录像，不是为了公开调查过程，而是"留存备查"。根据既往的监察与司法实践，有权查看全程录音录像的主体是监察机关、检察机关以及审判机关，律师不在其列。监察实践中，即使律师成功申请调取录音录像，也可能无法观看。[1] 此种意义上的全程录音录像，已经丧失了保障司法过程公开透明的功能，实用价值大大削弱。

全程录音录像的核心价值在于真实反映调查过程，即使立法没有规定全程录音录像应当作为证据随案卷一并移送，但不可否认，其较之书面笔录在证据能力上有明显优势，只有律师获取了全程录音录像，才能够称为充分参与司法过程。否则，由于无法还原调查过程，犯罪嫌疑人、被告人的辩护权实质上被削减。监察机关不允许律师介入留置阶段，可以说是为了防止串供、排除干扰。但进入司法程序，公开全程录音录像并不存在任何干扰调查

---

① 参见韩旭《监察委员会办理职务犯罪案件程序问题研究——以768份裁判文书为例》，《浙江工商大学学报》2020年第4期。

的问题，在司法阶段仍然不公开全程录音录像，唯一的实质理由只能是调查过程涉密而不宜公开。然而，即使涉及国家秘密或其他敏感信息，仍然能够在音频、视频脱密、脱敏之后再公开，保障公开内容的妥当性。

事实上，公开全程录音录像不仅对于辩护律师和被告人有意义，对监察机关与司法机关同样具有实质价值。对于监察机关而言，公开全程录音录像，有助于呈现监察机关公正合法的调查过程，维护监察活动的权威性。对于司法机关而言，通过对全程录音录像的实质研判与分析，[①] 可以与监察机关移送的案卷资料相互对照，综合判断调查活动是否妥当，这对于检察机关加强对调查活动的再监督以及审判机关摆脱对监察机关的"卷宗依赖"，贯彻落实以审判为中心的理念大有裨益。

结　语

国家监察体制改革，创设了高阶独立的监察权及配套制度体系，这既是新时代中国式法治反腐机制构建的重大成果，亦是对国家权力结构更新的一次挑战。改革所提出的"分权—控权"模式及形成的新"四权"结构，是对 20 世纪 80 年代以来中国权力制衡结构改革的延续和发展，是建构结构合理、配置科学、程序严密、制约有效的理想型权力运行机制的有益尝试。深化改革的核心目标是划定监察权力的理性边界，"'把权力关进制度的笼子'，是法治建构标准的'中国式'表达，涵括了对一切公权力行使的要求"[②]。深化改革的着力点从权力博弈转向权力平衡，揭示了监察法治从规则之治向良法善治进化的理论逻辑，符合中国式法治现代化的实践规律。

（本文原载于《东方法学》2022 年第 4 期）

---

① 2018 年国家重点研发计划（司法专项）中专门设置了针对视频探索式搜索技术的研究内容，其实质是实现包括讯问录像在内的非结构视频数据结构化处理，从而为智能比对提供可能。该技术的研究成果将有效提升全程录音录像研判与分析的效率。参见王禄生《论法律大数据"领域理论"的构建》，《中国法学》2020 年第 2 期。
② 魏昌东：《中国特色国家监察权的法治化建构策略——基于对监察"二法一例"法治化建构的系统性观察》，《政法论坛》2021 年第 6 期。

附录 中国监察制度文献研究目录索引

一 中国古代监察制度研究（民国时期）

1. 著作类

［1］高一涵：《中国御史制度的沿革》，商务印书馆，1926。

［2］曾纪蔚：《清代之监察制度论》，兴宁书店，1931。

［3］监察院监察制度编纂处编纂《监察制度史要》，南京汉文正楷印书局，1935。

［4］徐式圭：《中国监察史略》，中华书局，1937。

［5］陈世材：《两汉监察制度研究》，商务印书馆，1944。

2. 论文类

［1］高一涵：《中国现在是否有恢复御史制度的必要》，《法政学报》（北京 1918）第 5 卷第 3~4 期合刊，1926 年。

［2］文公直：《监察制度之研究》，《中央月刊》第 3 卷第 5 期，1931 年。

［3］赵超：《中国监察制度》，毕业论文，国立武汉大学第 3 届，1933。

［4］曹雄：《中国地方行政督察制度的研究》，《政治评论》第 45 期，1933 年。

［5］王履康：《中国之监察制度》，《东方杂志》第 33 卷第 17 期，1936 年。

［6］曾资生：《中国过去之监察制度与监察权的制置运用与精神》，《新中国》第 5 期，1945 年。

［7］陈锡瑚：《御史制度与检察制度：论检察与监察制度的一元化》，《法律评论》（北京）第 15 卷第 4 期，1947 年。

[8] 何鹏毓：《明代监察制度》，《东方杂志》第 44 卷第 2 期，1948 年。

二 "五权宪法"研究（民国时期）

1. 孙中山"五权宪法"构想的提出（文集类）

[1] 孙中山：《与该鲁学尼等的谈话》（1906 年 11 月 15 日），载《孙中山全集》第一卷，中华书局，2011，第 319~320 页。

[2] 孙中山：《在东京〈民报〉创刊周年庆祝大会的演说》（1906 年 12 月 2 日），载《孙中山全集》第一卷，中华书局，2011，第 323~331 页。

[3] 孙中山：《与刘成禺的谈话》（1910 年 2、3 月间），载《孙中山全集》第一卷，中华书局，2011，第 444~445 页。

[4] 孙中山：《五权分立当为我国宪法之基础——在上海两公司欢送国会议员大会的演说》（1916 年 7 月 20 日），载黄彦编注《论三民主义与五权宪法》，广东人民出版社，2008，第 30~31 页。

[5] 孙中山：《在沪金星公司等欢送两院议员会上的演说》（1916 年 7 月 20 日），载《孙中山全集》第三卷，中华书局，2011，第 332 页。

[6] 孙中山：《行五权分立制以救三权鼎立之弊——在浙江军政界欢迎宴会的演说》（1916 年 8 月 18 日），载黄彦编注《论三民主义与五权宪法》，广东人民出版社，2008，第 32~33 页。

[7] 孙中山：《三民主义大旨——在广州中国国民党本部特设办事处成立会的演说》（1921 年 3 月 6 日），载黄彦编注《论三民主义与五权宪法》，广东人民出版社，2008，第 66~77 页。

[8] 孙中山：《五权宪法——在广东省教育会的演说》（1921 年 3 月 20 日），载黄彦编注《论三民主义与五权宪法》，广东人民出版社，2008，第 83~97 页。

[9] 孙中山：《中国国民党党纲》（1923 年 1 月 1 日），载《孙中山全集》第七卷，中华书局，1981，2006，2011，第 4 页。

[10] 孙中山：《中国国民党党纲》（1923 年 1 月 1 日），载黄彦编注《论三民主义与五权宪法》，广东人民出版社，2008，第 167~168 页。

[11] 孙中山：《国民政府建国大纲》（1924 年 1 月 18 日），载黄彦主编《论三民主义与五权宪法》，广东人民出版社，2008，第 219~223 页。

[12] 孙中山：《国民政府建国大纲》（1924 年 1 月 23 日），载《孙中山全集》第九卷，中华书局，2011，第 126~129 页。

[13] 孙中山：《中国国民党第一次全国代表大会宣言》（1924 年 1 月 30 日），载黄彦主编《论三民主义与五权宪法》，广东人民出版社，2008，第 224~236 页。

[14] 孙中山：《三民主义》（1924 年 1 月至 8 月），载《孙中山全集》第九卷，中华书局，2011，第 183~427 页。

[15] 孙中山：《促成国民会议务使三民主义与五权宪法实现——在北京对随侍人员的临终遗言》（1925 年 3 月 11 日），载黄彦主编《论三民主义与五权宪法》，广东人民出版社，2008，第 307 页。

2. 民国学者对"五权宪法"的研究（论文类）

[1] 郦生：《民国政治观》，《民国》第 1 卷第 2 期，1914 年。

[2] 陈启修：《国宪论衡》，《学艺》第 1 卷第 1 期，1917 年。

[3] 高元：《九权宪法论》，《东方杂志》第 18 卷第 16 期，1921 年。

[4] 陈顾远：《五权宪法论》，《新民国》第 1 卷第 2 期，1923 年。

[5] 邹德高：《三权分立与我国》，《努力周报》第 46 期，1923 年。

[6] 张志让：《国宪应修正之各点》，《宪法论丛》第 1 期，1924 年。

[7] 罗瑶：《我国十三年来的政象与宪政中几个重要的原则》，《法政学报》（北京 1918）第 3 卷第 10 期，1924 年。

[8] 鲍明钤、周淯：《新宪法之缺点》，《法政学报》（北京 1918）第 3 卷第 10 期，1924 年。

[9] 杨幼炯：《五权宪法下的地方政府》，《中央半月刊》第 2 卷第 5~6 期，1928 年。

[10] 王宠惠：《研究五权制度略述》，《国闻周报》第 5 卷第 41 期，1928 年。

[11] 张云伏：《五权政制的分权论》，《新生命》第 2 卷第 2 期，1929 年。

[12] 梅思平：《五权宪法的设计》，《新生命》第 2 卷第 2 期，1929 年。

[13] 萨孟武：《五权宪法与民生主义：与梅思平同志商榷》，《新生命》第 2 卷第 2 期，1929 年。

[14] 金鸣盛：《对于梅同志"五权宪法的设计"之商榷》，《新生命》第 2 卷第 5 期，1929 年。

［15］孙乃湛：《五权宪法绎义》，《民鸣月刊》第 1 卷第 2~3、5~6 期，1929 年。

［16］肇修：《五权宪法研究》，《新广西旬报》第 3 卷第 20 期，1929 年。

［17］萨孟武：《由三权宪法到五权宪法》，《新生命》第 3 卷第 8 期，1930 年。

［18］金鸣盛：《省政府应该五权分治么》，《新生命》第 3 卷第 8 期，1930 年。

［19］孙乃湛：《论四权行使范围及其与五权之关系》，《民鸣月刊》第 2 卷第 5 期，1930 年。

［20］王去病：《五权宪法论略》，《建国月刊》第 3 卷第 1~2 期，1930 年。

［21］陈念中：《使用四权的意义及其方法》，《建国月刊》第 3 卷第 1~2 期，1930 年。

［22］陈子诚：《使用四权的利器》，《建国月刊》第 4 卷第 1 期，1930 年。

［23］陈念中：《五权宪法的蠡测》，《建国月刊》第 4 卷第 2 期，1930 年。

［24］萧步云：《五权宪法之根本问题》，《法学丛刊》第 1 卷第 2、5 期，1930 年。

［25］章渊若：《现代宪法之社会化》，《法学杂志》（上海 1931）第 5 卷第 6 期，1932 年。

［26］金鸣盛：《国宪问题的探讨》，《时事月报》第 8 卷第 5~6 期，1933 年。

［27］孙科：《宪法与三民主义》，《时事月报》第 9 卷第 2 期，1933 年。

［28］陈茹玄：《宪法之过去与未来》，《时代公论》（南京）第 70 期，1933 年。

［29］金鸣盛：《吴氏宪法草案与五权宪法之特性》，《宪法论文选刊》第 4 期，1933 年。

［30］张知本：《怎样才是五权宪法》，《东方杂志》第 31 卷第 8 期，1934 年。

［31］金鸣盛：《宪法初稿与五权宪法之特性》，《时事月报》第 9 卷第 7~12 期合刊，1934 年。

［32］熊伯履：《国民政府组织法之变迁》，《河南大学学报》第 1 卷

第 3 期，1934 年。

[33] 葛召彤：《五权宪法》，《前导月刊》（安庆）第 1 卷第 2 期，1936 年。

[34] 金鸣盛：《我国宪草的分权观》，《中华法学杂志》新编第 1 卷第 4 期，1936 年。

[35] 萨孟武：《权力分立与权能分别》，《时事月报》第 17 卷第 1 期，1937 年。

[36] 罗隆基：《五五宪草之修正》，《再生》第 45 期，1940 年。

[37] 孙亚夫：《论宪政》，《再生》第 45 期，1940 年。

[38] 王宠惠：《五权宪法》，《时代精神》第 9 卷第 5 期，1944 年。

[39] 吴绂征：《五权宪法与五院政制》，《中华法学杂志》新编第 3 卷第 10 期，1944 年。

[40] 孙科：《五五宪草检讨之收获（三十四年四月五日出席中华民国法学会第三届年会演讲）》，《中华法学杂志》新编第 4 卷第 5 期，1945 年。

[41] 陈海澄：《对于五权宪法应有的认识》，《中华法学杂志》新编第 5 卷第 2~3 期合刊，1946 年。

[42] 罗鼎：《对于五权宪法应有的认识》，《中华法学杂志》新编第 5 卷第 2~3 期合刊，1946 年。

[43] 周洪本：《五五宪草检讨之收获（三十四年四月五日出席中华民国法学会第三届年会演讲）》，《中华法学杂志》新编第 5 卷第 2~3 期合刊，1946 年。

[44] 张知本：《五五宪草检讨之收获（三十四年四月五日出席中华民国法学会第三届年会演讲）》，《中华法学杂志》新编第 5 卷第 2~3 期合刊，1946 年。

[45] 刘静文：《五五宪草检讨之收获（三十四年四月五日出席中华民国法学会第三届年会演讲）》，《中华法学杂志》新编第 5 卷第 2~3 期合刊，1946 年。

[46] 田炯锦：《对于五权宪法应有的认识》，《中华法学杂志》新编第 5 卷第 2~3 期合刊，1946 年。

[47] 田炯锦：《五权宪法与现代政治趋势》，《中华法学杂志》新编第 5 卷第 7 期，1947 年。

[48] 张知本：《五权宪法的认识》（1946 年在制宪国民大会的演讲），《法令月刊》1972 年第 2 期。

[49] 孙科：《五权宪法的精义》，《星期评论》第 2 卷第 36 期，1928 年。（另有孙科《五权宪法的精义》，《再造》第 30 期，1929 年。）

三 "五权宪法"框架下监察制度研究（民国时期）

1. 监察制度（论文类）

[1] 吴南如：《北京宣布之宪法评论：审计制度》，《国闻周报》第 1 卷第 21 期，1924 年。

[2] 谢瀛洲：《五权宪法下之监察制度》，《中华法学杂志》第 1 卷第 3 期，1930 年。

[3] 金鸣盛：《监察制度改进问题》，《政治评论》第 125 期，1934 年。

[4] 于右任：《监察使之设置与国家政治之推进》，《上海党声》第 1 卷第 18 期，1935 年。

[5] 李宗黄：《总理遗教中之监察制度》，《中央党务月刊》第 87 期，1935 年。

[6] 江毓麟：《如何树立完整之监察机构》，《远东杂志》第 2 卷第 5 期，1937 年。

[7] 陶伍樵：《中国现行监察制度》，毕业论文，国立武汉大学第 12 届，1942。

[8] 胡汉业：《健全监察制度》，《时代周刊》（重庆）第 14 期，1946 年。

[9] 陈洪：《法治与行政监督》，《中华法学杂志》新编第 5 卷第 8 期，1947 年。

2. 监察院（论文类）

[1]《监察院之将来》，《国闻周报》第 8 卷第 7 期，1931 年。

[2]《人民与监察院》，《国闻周报》第 8 卷第 7 期，1931 年。

[3]《值得监察院注意的一件事》，《国闻周报》第 8 卷第 16 期，1931 年。

[4] 汤吉禾：《宪法草案中之"监察院"》，《时事月报》第 15 卷第 5 期，1936 年。

[5] 杜光埙：《行宪后的监察院》，《东方杂志》第 44 卷第 2 期，1948 年。

［6］李景禧：《监察院之同意权》，《法律评论》（北京）第 16 卷第 9 期，1948 年。

3. 监察权（论文类）

［1］《弹劾案种种：议员张华澜等弹劾政府违法案》，《宪法新闻》第 12 期，1913 年。

［2］小苏：《弹劾之意义》，《宪法公言》第 3 期，1916 年。

［3］渊渊：《众议院提出弹劾国务总理案》，《新中国》第 1 卷第 1 期，1919 年。

［4］《弹劾投票》，《法律评论》（北京）第 56 期，1924 年。

［5］吴南如：《北京宣布之宪法评论：弹劾权》，《国闻周报》第 2 卷第 5 期，1925 年。

［6］胡长清：《论审监对立》，《法律评论》（北京）第 6 卷第 20 期，1929 年。

［7］商文立：《近代监察权在宪法上之地位》，《中华法学杂志》第 2 卷第 5 期，1931 年。

［8］若愚：《监察院弹劾官吏之程序》，《法律评论》（北京）第 8 卷第 20 期，1931 年。

［9］高一涵：《宪法上监察权的问题》，《东方杂志》第 30 卷第 7 期，1933 年。

［10］金鸣盛：《罢免权与责任及弹劾》，《政治评论》第 65 期，1933 年。

［11］《弹劾问题之论争》，《国闻周报》第 11 卷第 29 期，1934 年。

［12］《监察权问题》，《国闻周报》第 11 卷第 30 期，1934 年。

［13］张国安：《弹劾制度》，《国立武汉大学社会科学季刊》第 5 卷第 4 期，1935 年。

四　当代文献研究

1. 著作类

［1］林代昭主编《中国监察制度》，中华书局，1988。

［2］彭勃、龚飞：《中国监察制度史》，中国政法大学出版社，1989。

［3］高潮、彭勃：《行政监察概论》，中国政法大学出版社，1989。

［4］皮纯协、潘祜周、王英昌等编著《中外监察制度简史》，中州古籍出版社，1991。

［5］石俊超、刘彦伟编著《比较监察制度》，中州古籍出版社，1991。

［6］彭武文、赵世义、秦前红主编《中国行政监察学》，中国人事出版社，1992。

［7］王永祥、杨世钏主编《中国现代监察制度史论》，福建人民出版社，1998。

［8］关文发、于波主编《中国监察制度研究》，中国社会科学出版社，1998。

［9］王正：《监察史话》，中国大百科全书出版社，2003。

［10］邱永明：《中国古代监察制度史》，上海人民出版社，2006。

［11］杨一凡编《中国监察制度文献辑要》，红旗出版社，2007。

［12］张晋藩：《中国监察法制史稿》，商务印书馆，2007。

［13］张晋藩主编《中国古代监察法制史》，江苏人民出版社，2007。

［14］张晋藩主编《中国古代监察制度史》，中国方正出版社，2013。

［15］张晋藩：《中国监察法制史》，商务印书馆，2019。

［16］赵贵龙：《中国历代监察制度》，法律出版社，2010。

［17］彭勃、龚飞：《中国监察制度史》，人民出版社，2019。

［18］钱宁峰、李小红、徐奕斐等：《监察立法史研究》，东南大学出版社，2021。

［19］胡宝华：《唐代监察制度研究》，商务印书馆，2005。

［20］贾玉英：《宋代监察制度》，河南大学出版社，1996。

［21］刘双舟：《明代监察法制研究》，中国检察出版社，2004。

［22］丁玉翠：《明代监察官职务犯罪研究》，中国法制出版社，2007。

［23］修晓波编译《明代巡视监察制度辑要：〈大明会典〉有关记载译注》，中国方正出版社，2016。

［24］陶道强：《明代监察御史巡按职责研究》，中国社会科学出版社，2017。

［25］焦利：《清代监察法及其效能分析》，法律出版社，2018。

［26］刘社建：《清代监察史》，格致出版社、上海人民出版社，2019。

［27］张晋藩主编《中国近代监察制度与法制研究》，中国法制出版

社，2017。

[28]《王宠惠法学文集》编委会编《王宠惠法学文集》，法律出版社，2008。

[29] 刘云虹：《国民政府监察院研究（1931—1949）》，上海三联书店，2012。

[30] 高大同编《高一涵监察工作文选》，凤凰出版社，2015。

[31]《张知本法学文集》，蒋正阳点校，法律出版社，2018。

[32] 孙宗一：《国民政府监察院分区监察制度的历史考察与当代启示》，科学出版社，2018。

[33] 秦前红、叶海波等：《国家监察制度改革研究》，法律出版社，2018。

[34] 钱小平主编《创新与发展：监察委员会制度改革研究》，东南大学出版社，2018。

[35] 姚文胜：《国家监察体制改革研究》，中国社会科学出版社，2019。

[36] 李智伟、蓝彬洋、蔡毅达：《国家监察体制改革理论和实践探索》，群众出版社，2019。

[37] 郭华：《监察制度改革与监察调查权的界限》，经济科学出版社，2019。

[38] 伊士国、尚海龙等：《国家监察体制改革研究》，知识产权出版社，2020。

[39] 薛小建编著《中国国家监察体制的历史与变革》，人民日报出版社，2020。

[40] 陈宏彩：《地方纪检监察派驻机构制度创新研究》，中国社会科学出版社，2016。

[41] 过勇、宋伟：《中国县级纪检监察机关改革研究》，清华大学出版社，2014。

[42] 张瑜：《国家监察体制改革及法治研究》，外语教学与研究出版社，2020。

[43] 刘用军：《监察体制改革下的职务犯罪调查》，法律出版社，2022。

[44] 廖秀健、张静馨、刘白：《国家监察体制改革的相关法律问题研究》，人民日报出版社，2022。

［45］杜兴洋主编《行政监察学》，武汉大学出版社，2008。

［46］陈宏彩：《行政监察专员制度比较研究》，学林出版社，2009。

［47］江国华：《中国监察法学》，中国政法大学出版社，2018。

［48］江国华编著《国家监察立法研究》，中国政法大学出版社，2018。

［49］秦前红主编《监察法学教程》，法律出版社，2019。

［50］马怀德主编《监察法学》，人民出版社，2019。

［51］谢尚果、申君贵主编《监察法教程》，法律出版社，2019。

［52］褚宸舸主编《监察法学》，中国政法大学出版社，2020。

［53］吴建雄、廖永安主编《监察法学》，中国人民大学出版社，2020。

［54］张云霄主编《监察法学新论》，中国政法大学出版社，2020。

［55］谭宗泽、张震、褚宸舸主编《监察法学》，高等教育出版社，2020。

［56］谭宗泽、张震、褚宸舸主编《监察法学》（第2版），高等教育出版社，2023。

［57］赵恒编著《监察法学》，法律出版社，2023。

［58］杨宇冠：《监察法与刑事诉讼法衔接问题研究》，中国政法大学出版社，2018。

［59］郝建臻：《法治监察研究》，法律出版社，2020。

［60］秦前红：《监察改革中的法治工程》，译林出版社，2020。

［61］张瑜：《国家监察体制改革及法治研究》，外语教学与研究出版社，2020。

［62］马怀德主编《中华人民共和国监察法理解与适用》，中国法制出版社，2018。

［63］吴建雄主编《读懂〈监察法〉》，人民出版社，2018。

［64］周长军、冯俊伟、韩晗：《监察调查的法治逻辑——以涉罪被调查人的权利保障为视角》，北京大学出版社，2024。

2. 期刊论文类

［1］张晋藩：《中国古代惩贪治吏的历史借鉴》，《政法论坛（中国政法大学学报）》1990年第4期。

［2］张天录：《略论中国古代监察制度》，《河北法学》1993年第5期。

［3］邱永明、朱莲华：《略论我国古代监察制度的运行机制和方式》，

《上海大学学报》（社会科学版）1999 年第 5 期。

[4] 陈径：《试论中国古代监察制度的特点》，《河南省政法管理干部学院学报》2001 年第 4 期。

[5] 李青：《唐宋监察制度初探》，《现代法学》2004 年第 3 期。

[6] 张国安：《论中国古代监察制度及其现代借鉴》，《法学评论》2009 年第 2 期。

[7] 张世闻：《清代"科道合一"的历史镜鉴》，《法学杂志》2015 年第 9 期。

[8] 张晋藩：《中国古代监察机关的权力地位与监察法》，《国家行政学院学报》2016 年第 6 期。

[9] 艾永明：《利异相监：法家理论与中国古代监察制度》，《法治现代化研究》2017 年第 6 期。

[10] 赵晓耕：《中国传统御史监察制度的经验教训》，《环球法律评论》2017 年第 2 期。

[11] 张晋藩：《中国古代监察思想、制度与法律论纲——历史经验的总结》，《环球法律评论》2017 年第 2 期。

[12] 张生：《中国古代监察制度的演变：从复合性体系到单一性体系》，《行政法学研究》2017 年第 4 期。

[13] 郝媛媛：《中国古代监察制度及其现代借鉴》，《黑龙江工业学院学报》（综合版）2017 年第 11 期。

[14] 李青：《中国古代行政监察的几个重要环节及其历史借鉴》，《河北法学》2017 年第 5 期。

[15] 杨联：《中国古代监察制度的变迁、特征及启示》，《法大研究生》2019 年第 1 期。

[16] 张德权：《论中国古代监察制度之当代借鉴》，《社会科学动态》2020 年第 11 期。

[17] 焦利：《以史为鉴 资政建言——谈张晋藩先生对中国监察法制史的研究》，《中国检察官》2020 年第 1 期。

[18] 颜远志：《广州国民政府时期的监察制度》，《中山大学研究生学刊》（社会科学版）1996 年第 4 期。

[19] 张皓：《1928 年～1937 年国民政府组织法述论——兼向陈瑞云

教授请教》，《史学集刊》1997 年第 3 期。

［20］余信红：《民国时期的监察制度评析》，《华北水利水电学院学报》（社科版）2002 年第 2 期。

［21］王浩宇：《评南京国民政府监察制度》，《松辽学刊》（人文社会科学版）2002 年第 3 期。

［22］刘云虹：《论孙中山的监察思想》，《东南文化》2004 年第 5 期。

［23］王晓天：《孙中山的监察思想》，《求索》2007 年第 12 期。

［24］刘云虹：《论孙中山监察思想在国民政府时期的实践（1931~1949）》，《民国研究》2010 年第 1 期。

［25］孙宗一：《民国初年监察思想述论——以高一涵为中心的考察》，《学术界》2014 年第 8 期。

［26］孙宗一、经盛鸿：《国民政府监察院分区监察制度研究》，《历史教学》2013 年第 16 期。

［27］郭相宏：《法律移植与制度惯性的冲突——以国民政府监察院之弹劾权为例》，《山东科技大学学报》（社会科学版）2017 年第 3 期。

［28］徐伟红：《孙中山监察权独立思想及其对廉政监察的启示》，《湖南人文科技学院学报》2018 年第 2 期。

［29］郑深迪：《中国监察法制传统的近代转型——以国民政府前期监察制度为例》，《法律适用》2023 年第 1 期。

［30］柯锡银、杭富裕：《新中国行政监察制度的沿革》，《郧阳师范高等专科学校学报》1999 年第 4 期。

［31］徐德刚：《新中国行政监察法律制度回溯与前瞻》，《求索》2004 年第 12 期。

［32］周长军、纵博：《论纪检监察机关办案方式的调整——以刑事诉讼法的最新修正为背景》，《政法论丛》2013 年第 1 期。

［33］朱福惠：《国家监察体制之宪法史观察——兼论监察委员会制度的时代特征》，《武汉大学学报》（哲学社会科学版）2017 年第 3 期。

［34］马怀德：《国家监察体制改革的重要意义和主要任务》，《国家行政学院学报》2016 年第 6 期。

［35］陈光中、邵俊：《我国监察体制改革若干问题思考》，《中国法学》2017 年第 4 期。

［36］刘晓峰：《新中国成立以来我国监察制度发展历程、演进趋势及改革目标》，《社会主义研究》2018 年第 2 期。

［37］李凌云：《新中国监察制度七十年的嬗变》，《西部法学评论》2019 年第 3 期。

［38］郭世杰：《独立而专业：中国监察制度的改革与完善方向》（一），《人大研究》2021 年第 8 期。

［39］郭世杰：《权力制约与公众参与：中国监察制度的改革与完善方向》（二），《人大研究》2021 年第 9 期。

［40］郭世杰：《监察制度改革的基本思路与根本遵循》，《河南社会科学》2021 年第 8 期。

［41］韩大元：《论国家监察体制改革中的若干宪法问题》，《法学评论》2017 年第 3 期。

［42］秦前红：《国家监察体制改革宪法设计中的若干问题思考》，《探索》2017 年第 6 期。

［43］冯俊伟：《国家监察体制改革中的程序分离与衔接》，《法律科学（西北政法大学学报）》2017 年第 6 期。

［44］李洪雷：《论我国监察机关的名与实》，《当代法学》2018 年第 1 期。

［45］周长军：《监察委员会调查职务犯罪的程序构造研究》，《法学论坛》2018 年第 2 期。

［46］骆梅芬：《习近平监察法治论述研究——以国家监察体制改革为视角》，《法治论坛》2018 年第 3 期。

［47］彭新林：《国家监察体制改革：历史借鉴与现实动因》，《法学杂志》2019 年第 1 期。

［48］褚福民：《以审判为中心与国家监察体制改革》，《比较法研究》2019 年第 1 期。

［49］秦前红、刘怡达：《国家监察体制改革的法学关照：回顾与展望》，《比较法研究》2019 年第 3 期。

［50］李少文：《国家监察体制改革的宪法控制》，《当代法学》2019 年第 3 期。

［51］周佑勇：《监察权结构的再平衡——进一步深化国家监察体制改

革的法治逻辑》，《东方法学》2022 年第 4 期。

[52] 周长军、韩晗：《监察立案的法理反思与制度优化》，《山东大学学报》（哲学社会科学版）2022 年第 6 期。

[53] 周长军、张瑞斌：《国家监察体制改革中纪法衔接的问题与应对》，《云南大学学报》（社会科学版）2023 年第 2 期。

[54] 周长军、韩晗：《职务犯罪监察调查指定管辖研究》，《浙江工商大学学报》2023 年第 3 期。

[55] 刘艳红：《监察中心主义倾向的理论反思》，《中外法学》2024 年第 1 期。

[56] 解志勇：《习近平法治思想之监察理论研究》，《东方法学》2024 年第 4 期。

[57] 卫跃宁、赵伟中：《新时代十年监察法治建设的回顾与展望》，《贵州师范大学学报》（社会科学版）2022 年第 6 期。

[58] 赵金龙：《改革开放以来中国特色纪检监察工作制度化和法制化发展实践与启示》，《中国监狱学刊》2022 年第 6 期。

[59] 郭世杰：《建立健全中国监察法律制度体系》，《人大研究》2022 年第 9 期。

[60] 江雪松、郑淑珺：《监察法学的学科定位及体系化构建》，《学术交流》2023 年第 12 期。

[61] 吴建雄、刘美：《论〈监察法学〉的框架结构与编撰要点》，《语言与教育研究》2024 年第 1 期。

[62] 谭波：《论〈监察法〉中的"有关人员"——基于党和国家监督体系的统合需求》，《行政法学研究》2023 年第 5 期。

[63] 江国华：《没收的正义——基于〈监察法〉没收违法所得条款之诠释》，《河北大学学报》（社会科学版）2024 年第 1 期。

[64] 喻少如、唐成余：《论监察法上的集体讨论制度》，《河北法学》2024 年第 8 期。

[65] 陈辉：《司法制约职务犯罪监察调查的逻辑定位与法治路径》，《政治与法律》2024 年第 8 期。

[66] 贾志强：《整合与回应：〈监察法实施条例〉对监察法制困境的纾解》，《中外法学》2023 年第 3 期。

[67] 朱福惠：《〈立法法〉上监察法规条款的体系解释》，《行政法学研究》2024 年第 2 期。

[68] 王丹、胡弘弘：《监察法规的法律属性、位阶与规制——基于〈立法法〉第 118 条的学理阐释》，《河北大学学报》（哲学社会科学版）2024 年第 3 期。

[69] 朱福惠：《监察法研究中的数理实证方法——以 26 篇监察法实证研究论文为样本的分析》，《法学评论》2024 年第 4 期。

[70] 刘奇慧：《党内巡视制度的历史演进与现实启示》，《安徽警官职业学院学报》2023 年第 3 期。

3. 学位论文类

[1] 何增光：《民国监督制度研究》，博士学位论文，浙江大学人文学院，2004。

[2] 徐德刚：《五权宪法监察权研究》，博士学位论文，武汉大学法学院，2006。

[3] 孙宗一：《国民政府监察院分区监察制度研究（1935—1949）》，博士学位论文，南京大学历史学系，2014。

[4] 陈远树：《国家监察体制改革背景下职务犯罪主体研究》，博士学位论文，华南理工大学法学院，2020。

[5] 张咏涛：《监察管辖制度研究》，博士学位论文，湘潭大学法学院，2020。

[6] 池通：《论纪检监察体制的法理逻辑与制度构造》，博士学位论文，西南政法大学行政法学院（纪检监察学院），2020。

[7] 刘峰：《监察处置权研究》，博士学位论文，湘潭大学法学院，2022。

[8] 张可：《监察立法权研究》，博士学位论文，厦门大学法学院，2022。

[9] 谢汶兵：《当代中国监察制度变迁研究》，博士学位论文，吉林大学行政学院，2023。

五　综合文献研究

[1] 杨幼炯：《近代中国立法史》，中国政法大学出版社，2012（上海商务印书馆 1936 年初版）。

〔2〕钱端升、萨师炯等：《民国政制史》上册，商务印书馆，2018（1939年初版、1945年和1946年增订再版）。

〔3〕钱穆：《中国历代政治得失》（第2版），生活·读书·新知三联书店，2005。

编辑部章程

第一章 总则

第一条 《法律文化研究》是由中国人民大学法律文化研究中心与北京市法学会中国法律文化研究会组织编写、曾宪义法学教育与法律文化基金会资助、社会科学文献出版社出版的学术集刊。

第二条 《法律文化研究》编辑部（以下简称编辑部）负责专题的策划、征稿、审定、编辑、出版等事宜。

第三条 《法律文化研究》为年刊或半年刊，每年出版一辑或两辑。

第二章 组织结构

第四条 编辑部由编辑部主任一名、副主任两名、编辑若干名组成。编辑部主任负责主持编辑部的日常工作，统筹《法律文化研究》刊物的总体策划与协调。

第五条 《法律文化研究》实行各辑主编责任制，负责专题的拟定、申报（或推荐）和稿件编辑工作。每辑主编采取自荐或者他人推荐的方式，经编辑部讨论后确定。

第六条 编辑部成员须履行下列义务：（1）遵守编辑部章程；（2）积极参加编辑部的各项活动，连续两年不参加活动者视为自动退出。

第七条 编辑部每年召开一次编务会议，审议稿件并讨论第二年的工作计划。

第三章　经费使用

第八条　编辑部经费来源于曾宪义法学教育与法律文化基金会。

第九条　编辑部给予每辑主编一定的编辑费用，由各辑主编负责编辑费用的管理、支配和使用，并按照主办单位的财务要求进行报销。

第十条　编辑部不向作者收取任何费用，也不支付稿酬。作品一旦刊发，由编辑部向主编赠送样刊 30 本，向作者赠送样刊 2 本。

第四章　附则

第十一条　本章程由《法律文化研究》编辑部负责解释。

第十二条　本章程自 2014 年 4 月 1 日起施行。

征稿启事

《法律文化研究》发刊于 2005 年，是由曾宪义教授主编，中国人民大学法律文化研究中心、曾宪义法学教育与法律文化基金会组织编写的学术集刊。自创刊以来，承蒙学界同人的支持，至 2010 年已出版六辑，并获得学界的肯定，在此向支持《法律文化研究》的各位专家学者致以诚挚的感谢。

自 2014 年度起，《法律文化研究》改版续发，每年年底由中国人民大学法律文化研究中心、北京市中国传统法律文化研究会组织，编辑部审议所申报的选题，并决定次年的出版专题。《法律文化研究》由曾宪义法学教育与法律文化基金会资助，社会科学文献出版社出版，每年出版一辑或两辑。选题来源于各位同人的申报以及编辑部成员的推荐，申报者自任主编，实行主编负责制。

改版后的《法律文化研究》，向海内外学界同人诚恳征稿。

注释体例

一 一般体例

1. 引征注释以页下脚注形式每页重新编号编排。

2. 正文中出现一百字以上的引文，不必加注引号，直接将引文部分左边缩排两格，并使用楷体字予以区分。

3. 引征二手文献、资料，需注明该原始文献资料的作者、标题，在其后注明"转引自"该援引的文献、资料等。

4. 引征信札、访谈、演讲、电影、电视、广播、录音、未刊稿等文献、资料等，在其后注明资料形成时间、地点或出品时间、出品机构等能显示其独立存在的特征。

5. 引征网页应出自大型学术网站或新闻网站，应附有详细的可以直接定位到具体征引内容所在网页的 URL 链接地址，并注明最后访问日期。

6. 外文作品的引征，从该文种的学术引征惯例，但须清楚可循。

二 脚注格式

1. 专著

标注格式：责任者及责任方式，文献题名/卷次，出版者，出版时间，页码。

示例：

侯欣一：《从司法为民到人民司法——陕甘宁边区大众化司法制度研究》，中国政法大学出版社，2007，第 24~27 页。

张晋藩主编《制度、司法与变革：清代法律史专论》，法律出版社，2015，第 1 册，第 32 页。

2. 译著

标注格式：责任者及责任方式，文献题名/卷次，译者，出版者，出版时间，页码。

示例：

〔美〕D. 布迪、C. 莫里斯：《中华帝国的法律》，朱勇译，江苏人民出版社，2010，第 96 页。

3. 期刊

标注格式：责任者，文章篇名，期刊名/年期（或卷期、出版年月）。

示例：

苏亦工：《得形忘意：从唐律情结到民法典情结》，《中国社会科学》2005 年第 1 期。

4. 报纸

标注格式：责任者，文章篇名，报纸名/出版年、月、日，版次。

示例：

何勤华：《走进法律历史的深处——我国法律史研究的现状、问题与思考》，《人民日报》2015 年 2 月 9 日，第 16 版。

5. 辑刊/论文集

标注格式：析出文献著者，析出文献篇名，文集责任者与责任方式/文集题名/卷次，出版者，出版时间，页码。

示例：

黄源盛：《民初大理院民事审判法源问题再探》，载李贵连主编《近代法研究》第 1 辑，北京大学出版社，2007，第 5 页。

6. 学位论文

标注格式：责任者，文献题名，类别，学术机构，时间，页码。

示例：

尤陈俊：《话语竞争与社会变迁：明清区域性诉讼社会中的讼师形象》，博士学位论文，北京大学法学院，2010，第 96 页。

7. 会议论文

标注格式：责任者，文献题名，会议名称，会议地点，召开时间，页码。

示例：

张晋藩：《构建新时代中华法系的几点思考》，中国法律史学会 2022 年年会暨"中国法律史学的创新发展"学术研讨会，北京，2022 年 12 月，第 1~7 页。

8. 古籍

（1）刻本

标注格式：责任者与责任方式，文献题名/卷次，版本，页码。

示例：

（清）汪辉祖：《学治臆说》卷下，清同治十年慎间堂刻汪龙庄先生遗书本，第 4 页 b。

（2）点校本

标注格式：责任者与责任方式，文献题名/卷次，点校人，出版者，出版时间，页码。

示例：

（清）薛允升：《读例存疑》，黄静嘉编校，成文出版社，1970，第 858 页。

（3）影印本

标注格式：责任者与责任方式，文献题名/卷次，出版者，出版时间，页码。

（清）刘锦藻撰《清朝续文献通考》，浙江古籍出版社，1988 年影印本，第 2 册，第 1002 页上栏。

9. 档案文献

标注格式：文献题名，文献形成时间，藏所，卷宗号或编号。

示例：

《大理院为请饬催议复刑事民事诉讼法折已奉旨事致法律馆咨文》，光绪三十二年十二月初二日，中国第一历史档案馆馆藏，档案号：10-00-00-0007-002。

《沈宗富诉状》，嘉庆二十二年十二月二十日，四川省档案馆藏，档案号：6-2-5505。

图书在版编目(CIP)数据

法律文化研究.第十七辑,中国监察制度专题/马
小红总主编;赵贵龙主编.--北京:社会科学文献出
版社,2025.3.--ISBN 978-7-5228-4697-2

Ⅰ.D909-55

中国国家版本馆 CIP 数据核字第 2024X2U128 号

法律文化研究　第十七辑:中国监察制度专题

总 主 编／马小红
主　　编／赵贵龙

出 版 人／冀祥德
责任编辑／芮素平
文稿编辑／齐栾玉
责任印制／王京美

出　　版／社会科学文献出版社·法治分社(010)59367161
　　　　　地址:北京市北三环中路甲 29 号院华龙大厦　邮编:100029
　　　　　网址:www.ssap.com.cn
发　　行／社会科学文献出版社(010)59367028
印　　装／三河市龙林印务有限公司

规　　格／开 本:787mm×1092mm　1/16
　　　　　印 张:36.25　字 数:588 千字
版　　次／2025 年 3 月第 1 版　2025 年 3 月第 1 次印刷
书　　号／ISBN 978-7-5228-4697-2
定　　价／248.00 元

读者服务电话:4008918866